河南蒙古族自治县年鉴

2022

河南县志鉴编纂委员会　编

方志出版社
Publishing House of Local Records

图书在版编目（CIP）数据

河南蒙古族自治县年鉴．2022 / 河南县志鉴编纂委员会编．—北京：方志出版社，2022.11
ISBN 978-7-5144-5415-4

Ⅰ．①河… Ⅱ．①河… Ⅲ．①河南蒙古族自治县—2022—年鉴 Ⅳ．①Z524.44

中国版本图书馆CIP数据核字（2022）第244728号

责任编辑：王娜
责任校对：刘玉霞
责任印制：梅中英
出 版 者：方志出版社
地　　址：北京市朝阳区潘家园东里9号（国家方志馆4层）
邮　　编：100021
网　　址：http://www.zgfzcb.cn
发　　行：方志出版社图书营销中心（010-67110500）
印　　刷：成都市兴雅致印务有限责任公司
开　　本：889毫米×1194毫米　1/16
印　　张：28
字　　数：715千字
版　　次：2022年11月第1版
印　　次：2022年11月第1次印刷
定　　价：298.00元

《河南蒙古族自治县年鉴（2022）》
各单位撰稿人名单

序号	单位名称	撰稿人
1	县委办公室	扈添军
2	县委组织部	张国领
3	县委宣传部	索南拉毛
4	县委统战部（民宗局）	索南本
5	县委巡察办	增太措
6	县委“两新”工委	张生维、改桑卓玛
7	县委编办	松特措
8	县委党校	刘雪丽
9	县委机要和保密局	李海红
10	县委老干部局	张国领
11	县档案局	才让中科
12	县党史研究室	杨太多尖参、严莉婷
13	县人大	拉毛加
14	县政府办公室	陶森森
15	县新农村服务中心	扎西吉
16	县政协	普华措
17	县纪委监委	王玉祥、马振华
18	县总工会	才让拉毛
19	团县委	许志强
20	县妇女联合会	刘文洁
21	县残疾人联合会	曲吉多杰
22	县红十字会	才让措吉
23	县科学技术协会	冶玉仙
24	县人民武装部	沧洋郎姆
25	县武警中队	李军峰
26	县司法局	夏吾东主
27	县委政法委	柔旦措
28	县公安局	董格卓玛
29	县人民检察院	邢潇
30	县人民法院	郝颖
31	县发展和改革局	才让措
32	有机产业科技园区管理委员会	金芸
33	县自然资源和林业草原局	罗俊文

续表

序号	单位名称	撰稿人
34	县市场监督管理局	普日俄达培
35	县审计局	杜娜
36	县统计局	冉江波
37	县农牧水利和科技局	李英兰、李成云
38	县住房和城乡建设局	马忠林
39	县生态环境局	索南才让
40	青海洮河源湿地公园管理服务中心	叶仲
41	县交通运输局	董炳
42	邮政公司	王福长
43	移动公司	童辉
44	联通公司	石成磊
45	电信公司	祁喜芳
46	供电公司	周健佑
47	河南县供销合作社联合社	仁青措
48	县烟草局	多杰尖措
49	县财政局	徐磊
50	县税务局	增太姐力
51	中国农业银行河南县支行	华青多杰
52	青海河南农村商业银行	索南卓玛
53	人保财险河南支公司	辛亚伟
54	县气象局	陈海莲
55	县教育局	杨进萍
56	县文体旅游广电局	王魏
57	县融媒体中心	先巴
58	县卫生健康局	那进福
59	县人力资源和社会保障局	王薇、德青措
60	县医疗保障局	缪晨晨
61	县民政局	郝琴
62	县应急管理局	张国锋
63	县消防救援大队	杨昆
64	县退役军人事务局	李建霞
65	县乡村振兴局	代吉拉毛
66	优干宁镇	赵生平、荣家璇
67	宁木特镇	白华旦
68	赛尔龙乡	祁思睿
69	托叶玛乡	祁珍
70	多松乡	才让多杰
71	柯生乡	达哇卓玛

编辑说明

一、《河南蒙古族自治县年鉴》是在中共河南蒙古族自治县委、河南蒙古族自治县人民政府的领导下，由河南县志鉴编纂委员会编纂的年度资料性文献。《河南蒙古族自治县年鉴》作为权威的地情信息载体，全面、系统、准确地记述全县自然、政治、经济、文化、社会等方面的综合情况，为广大读者了解、宣传和推介河南县提供基本资料。

二、《河南蒙古族自治县年鉴（2022）》（简称“本年鉴”）以马克思列宁主义、毛泽东思想、邓小平理论、“三个代表”重要思想、科学发展观、习近平新时代中国特色社会主义思想为指导，坚持辩证唯物主义和历史唯物主义的立场、观点和方法，紧紧围绕县委、县政府中心工作，全面客观地反映各级党委、政府的主要工作和各乡镇、各部门、各行业取得的重大成就。力求做到观点正确、框架科学、资料翔实、记述准确、编写规范、特色鲜明，突出时效性，讲求实用性。同时也为编史修志积累资料，保存地方文献。

三、本年鉴收录时间为2021年1月1日至12月31日，部分事件适当上溯。在编辑中，突出当年的主要举措、工作特色，适当插入具有重要意义和存史价值的随文图片。

四、本年鉴采用分类编辑法，除个别地方外，总体结构按类目、分目、条目3个层次编排，各层次标题所用字体、字号均有所区别。条目标题统一用黑体字加“【 】”表示。

五、本年鉴横排门类、依事列目。设特载、专文、大事要闻、县情概览、中共河南县委员会、河南县人民代表大会、河南县人民政府、政协河南县委员会、河南县纪委监委、群众团体、法治、军事、经济管理、农牧业·水务、工业·建筑业、商贸·旅游业、城乡建设、乡村振兴、生态环境、金融业、交通·通信、科技·教育、文化、卫生健康·体育、社会生活、乡镇、荣誉表彰、附录、索引。

六、本年鉴中“河南蒙古族自治县”简称“河南县”，“黄南藏族自治州”简称“黄南州”。记述“全年”或没有用年份表述的时间均为2021年，数据增加或减少未说明与某年份比较的，均与2020年比较。

七、本年鉴所用稿件均由各乡镇、各部门、各单位提供，并经单位主要领导签发。统计数据使用法定计量单位，因统计时间、口径不同等原因，个别数据在不同稿件中可能不一致。反映全县国民经济和社会发展情况的数据，以统计部门资料为准。

数字河南 2021

全县面积	6700.32 平方千米
全县户籍人口数	41609 人
人口自然增长率	13‰
乡	4 个
镇	2 个
社区居委会	4 个
村民委员会	39 个
地区生产总值	205208.86 万元
第一产业增加值	102233.49 万元
第二产业增加值	34248.24 万元
第三产业增加值	68727.13 万元
三次产业比重	49.8 ∶ 16.7 ∶ 33.5
公共财政预算支出	167849 万元
地方财政预算收入	4251 万元
社会消费品零售总额	17924.3 万元
城镇常住居民人均可支配收入	37220.7 元
农村常住居民人均可支配收入	13863.3 元
公路通车里程	1618.28 千米
旅游总收入	16685.5 万元
金融机构人民币各项存款余额	163302.84 万元
金融机构人民币各项贷款余额	122855.7 万元
医疗机构床位	326 张

俯瞰县城

庆祝中国共产党成立 100 周年

重温红色经典 · 共抒爱国情怀

2021 年 6 月 23 日，河南县举办“重温红色经典 · 共抒爱国情怀”歌咏比赛，来自各乡（镇）、各部门、各单位的 24 支代表队参赛

表彰大会 / 文艺会演

2021 年 6 月 24 日，举办庆祝建党 100 周年表彰大会，表彰全县优秀共产党员、优秀党务工作者和先进基层党组织、创建民族团结进步先进集体和先进个人、河南县脱贫攻坚先进集体和先进个人、全县扫黑除恶专项斗争先进集体和先进个人，还为 10 名党龄达到 50 周年、一贯表现良好的老党员代表颁发纪念章，并送上诚挚的祝福

2021 年 6 月 24 日，举办庆祝中国共产党成立 100 周年文艺汇演。通过群众喜闻乐见、干群普遍参与的方式，表达河南县人民对党的生日的诚挚祝福，展现大家团结奋进、开创新局的初心和决心

庆祝中国共产党成立100周年
The 100th Anniversary of the Founding of The Communist Party of China
炫彩青春 一起出发
2021年河南县彩跑大赛
Hyun-chae youth, let's go
The Henan Mongol Autonomous County 2021 race
五四运动102年
START
纯净河南 幸福蒙旗
FINISH
第二名
第一名

热烈庆祝中国共产党成立100周年

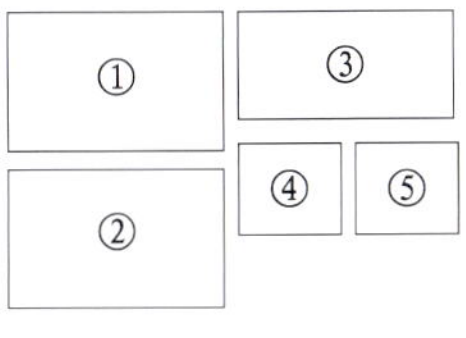

① 2021年4月22日，“迎五一、庆五四·喜迎建党100周年”系列活动之“炫彩青春一起出发”彩跑大赛在县文化园区举行

② 2021年6月29日，宁木特镇开展喜迎建党一百周年“七一”集中慰问活动

③ 2021年7月，县新农村建设服务中心干部职工在河南县人民政府旧址开展庆祝中国共产党成立100周年主题党日活动

④ 2021年7月1日，县有机产业科技园区管理委员会开展庆祝中国共产党成立100周年系列活动

⑤ 2021年7月，赛尔龙乡举办中国共产党成立100周年庆典暨“那达慕”大会。图为最受群众欢迎的赛马比赛

换届篇

| ① | ② |
| ③ | ④ |

① 2021 年 1 月 1 日，村（社区）党支部换届选举工作现场
② 2021 年 1 月 21 日，村民委员进行选举投票
③ 2021 年 1 月 21 日，多松乡多松村村民委员会选举大会
④ 2021 年 1 月 21 日，托叶玛乡曲龙村村民委员会选举大会现场

① 2021 年 3 月 18 日，县乡领导班子换届工作领导小组会议召开
② 2021 年 6 月 16 日，党群系统选区县乡人大代表选举大会现场
③ 2021 年 6 月 19 日，柯生乡第十六届人大会在乡政府召开
④ 2021 年 6 月 19 日，赛尔龙乡第十六届人民代表大会第一次全体会议

①
②

① 2021年7月13日，河南蒙古自治县第十六届人民代表大会第一次会议召开
② 2021年7月14日，河南县第十六届人大人民代表大会第一次会议代表合影

党建篇

①

②

① 2021年1月14日，省委、州委、县委全会精神专题学习会在西宁干休所开展

② 2021年3月5日，中共河南县第十四届纪委第八次全体会议召开，会上为全县党风廉政先进集体颁奖

河南县住房和城乡建设局节前集中慰问

弘扬爱国精神 铭记百年党史

“书香黄南.红色阅读永远跟党走”

发扬西路军奋斗精神 不忘初心永远跟党走

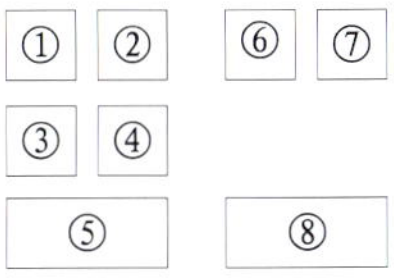

① 2021年2月5日，县住建局在联点村赛尔永村开展“节前”集中慰问送温暖活动

② 2021年3月21日，河南县“藏汉双语民兵马背宣传文化小分队”在辖区多松乡拉让村宣讲中央一号文件精神

③ 2021年4月1日，河南县开展“缅怀革命先烈、弘扬爱国精神、铭记百年党史”清明节祭英烈活动

④ 2021年4月23日，在县寄宿制中学开展以“书香黄南·红色阅读永远跟党走”为主题的世界读书日全民阅读活动

⑤ 2021年5月28日，优干宁镇机关党支部在西路军纪念馆参观学习，开展主题党日活动

⑥ 2021年6月22日，在“七一”前夕，州“四大班子”在河南县开展慰问活动

⑦ 2021年7月12日，县人民法院在多松乡拉让村开展习近平总书记在中国共产党成立100周年庆典大会上重要讲话精神宣讲活动

⑧ 2021年9月6日，河南县举办科级干部学习贯彻习近平总书记“七一”重要讲话精神专题培训班

①

② ③

④ ⑤

① 2021年10月9日，河南县组织各级干部收听收看纪念辛亥革命110周年大会直播

② 2021年11月17日，在县老干部局活动室开展中国共产党十九届六中全会专题学习会

③ 2021年12月21日，县人民法院举行新任领导和初任法官宪法宣誓仪式暨任前集体廉政谈话

④ 2021年12月25日，县农业银行在作毛村开展主题党日活动

⑤ 2021年12月，县委宣传部联合优干宁镇为牧民群众宣讲中共十九届六中全会精神

党史学习教育

①	
②	

① 2021年3月5日，河南县党史学习教育动员会召开

② 2021年6月30日，县委理论学习中心组学习会暨党史学习教育第四次专题学习研讨会召开

① 2021年5月27日，河南县举办“学党史 悟思想 办实事 开新局”为主题的党史知识竞赛活动

② 2021年3月25日，在全县党史学习教育专题学习会上，县委党史研究室向全县各级党组织发放《中共党史知识问答》和《党史可以这样讲》

③ 2021年4月20日，举行党史学习教育“我为群众办实事”志愿服务周启动仪式

④ 2021年6月3日，县财政局举办全县财税金融系统党史学习教育“诗歌朗诵、再唱红歌”系列比赛活动

⑤ 2021年8月，赛尔龙乡机关党支部全体党员干部赴黄南州党群服务中心开展“学史力行践初心”主题党日活动

生态畜牧篇

①
②

① 2021 年 10 月 14 日，生态环境部在云南省昆明市举办的《生物多样性公约》第十五次缔约方大会生态文明论坛上授予河南县第五批“绿水青山就是金山银山”实践创新基地称号

② 2021 年 10 月 26 日，州委副书记、州长扎西才让（中）调研河南县畜牧业发展情况

① 2021 年 4 月 23 日，县委副书记、县长钢夫（右三）在克其合滩实地调研

② 2021 年初，县农牧水利和科技局组织人员在柯生乡、托叶玛乡、饲草料仓库等地开展调研，实地了解各乡镇的降雪以及防灾饲料发放情况

③ 2021 年 5 月 17 日，河南县联合天津科技大学召开绿色有机畜产品战略合作座谈会并签订框架协议

① 2021年9月，县人大常委会主任索南才让（中）与部分人大代表调研河南县畜牧业发展情况

② 2021年6月，县老干部观摩团参观县特色农畜产品

③ 2021年7月31日，县有机管委会牵头举办第三届青海·热贡文化旅游节系列活动之河南蒙古族自治县建党100周年庆典暨第22届“那达慕”盛会——天堂河曲“天骄杯”传统耐力赛马大会优良畜种评比大赛

河南县生活垃圾资源化利用及无害化处置项目运营启动仪式

① ② ④ ⑤
③ ⑥ ⑦

① 2021 年 9 月 15 日，河南县生活垃圾资源化利用及无害化处置项目启动仪式现场

② 2021 年 9 月 17 日，青海洮河源湿地公园管理服务中心在宁木特镇第三寄宿制完小开展湿地科普进校园之“中秋送温暖，慰问暖人心”为主题的活动

③ 2021 年 12 月底，县委副书记、县长钢夫（右三）在乡镇调研有机饲草料储备情况

④ 2021 年 9 月 22 日，第十一届“国字号”雪多牦牛优良畜种评比大赛在赛尔龙乡举办

⑤ 2021 年 9 月 22 日，第十一届“国字号”雪多牦牛优良畜种评比大赛之传统厨艺比赛现场

⑥ 2021 年 10 月 8 日，团县委志愿者赴青海洮河源湿地公园开展“河我一起　保护母亲河”净滩行动

⑦ 2021 年 10 月 16 日，宁木特林场开展新修订《森林防火条例》《草原防火条例》宣传

①
②

① 2021 年 12 月 23 日，青海洮河源湿地公园管理服务中心到赛尔龙乡和柯生乡召开“生态效益补偿告知”会议

② 项目技术人员检查草籽和有机肥拌种比例及免耕机下籽量

①
②

① 防火点巡察
② 优干宁镇克其合滩灭鼠工作剪影

①
② ③
④ ⑤ ⑥

① 2021 年，大型机械防治毒害草
② 2021 年，免耕机补播治理黑土滩
③ 2021 年，黑土坡补播后铺设无纺布
④ 2021 年，人工种植黑土坡
⑤ 2021 年，种植后的黑土坡铺设无纺布
⑥ 2021 年，黑土坡种植后出苗情况

河南县特色产品

2021年4月6日，县委书记司吉昇（左），县委副书记、县长钢夫（前右）调研有机产业发展

2021年7月23日，河南县特色产业产品在青洽会展览

畜牧业产品

2021 年，县宝英塔拉游牧民专业合作社生产的蒙古点心、曲拉汁糖、酥油

2021 年，青海三江牧场农牧科技有限公司生产的 450 克精选羊后腿

2021 年，县土尔扈特黄皮袄商贸有限公司生产的土尔扈特黄皮袄

2021 年，喇庆廊民间传统工艺传播工作室生产的牛皮制品、手机套、钱包等

2021 年，乐乐玛蒙藏特色手工制品开发有限责任公司生产的产品

乡村振兴篇

2021 年 6 月 2 日，河南县乡村振兴局正式揭牌成立。县委书记司吉昇（上图右），县委副书记、县长钢夫（上图左）共同为县乡村振兴局揭牌。县委副书记万马乃（下图后排左四），县委常委、县纪委书记郭辉（下图后排右三），县委常委、组织部部长赵伟凯（下图后排左三），县委常委、副县长何春德（下图后排右二），县委常委、宣传部部长仁青（下图后排左二），州乡村振兴局副局长赵德龙（下图后排右一）出席县乡村振兴局揭牌仪式。揭牌仪式结束后，县乡村振兴局全体干部职工和出席领导一起合影留念

① 2021 年 3 月，优干宁镇秀甲村合作社分红现场
② 2021 年 4 月 8 日，国家统计局财务司副司长刘晓东（右二）一行在河南县调研统计工作
③ 2021 年 4 月，医保政策宣传月期间县医保局发放宣传册及口罩、消毒液等物品
④ 2021 年 5 月 27 日，河南县公务用车社会化租赁服务启动仪式举行
⑤ 2021 年 6 月 16 日，河南县与青海大学农牧学院召开县城创新驱动项目推进会现场
⑥ 2021 年 6 月，县邮政新投递部搬迁后正式作业

河南县医保局 宣

河南蒙古族自治县公务用车社会化租赁服务启动仪式

①
②
③

① 2021 年 7 月 15 日，室外训练塔及综合训练馆附属建设项目全部竣工
② 2021 年 7 月 22 日，在第 22 届青洽会上，县委副书记、县长钢夫（左三）介绍河南县特色产品
③ 2021 年 7 月 26 日，绿色有机农畜产品示范省创建暨全省牦牛产业发展现场观摩会在黄南州举行。图为观摩团在河南县兰龙有机畜牧业专业合作社观摩

①	②
③	④

① 2021 年 9 月 6 日，县农商银行城西支行开展金融知识宣传活动
② 2021 年 9 月 7 日，县供电公司开展 10 千伏松二路夏日达哇支线农网改造
③ 2021 年 9 月，县乡村振兴局干部在幸福小区开展入户调查工作
④ 2021 年 9 月，“雨露计划”装饰装修工短期技能培训班开班仪式现场

①	②
③	④
⑤	⑥

① 2021 年 10 月 13 日，县税务局开展“一政一讲、一措一谈”纳税人培训
② 2021 年 11 月 15 日，优干宁镇村庄道路清洁工作剪影
③ 2021 年 12 月 19 日，县电信公司开通优干宁镇派出所监控
④ 2021 年，水利项目现场验收
⑤ 2021 年，县气象局仪器保障员维护及标定雪深自动观测仪
⑥ 2021 年，县融媒体中心（广播电视台）应急广播指挥平台

抗疫篇

2021 年 2 月 3 日，河南县开展新冠肺炎疫情防控应急综合演练

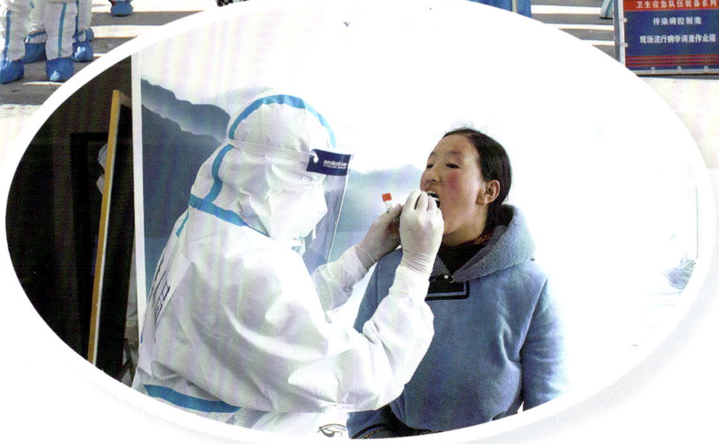

①	②
③	④
⑤	⑥

① 2021年3月17日，县新冠病毒疫苗接种工作推进会召开
② 2021年4月21日，优干宁镇卫生院工作人员前往老年人家中为老人上门接种新冠疫苗
③ 2021年9月3日，县交通运输综合行政执法大队开展道路运输企业疫情防控大检查
④ 2021年10月21日，开展疫情防控志愿服务活动
⑤ 2021年10月21日，疫情防控期间，县发展和改革局开展全县粮食库存、价格检查等工作
⑥ 2021年10月25日，县农业银行在县疫情防控卡点开展慰问活动

①
②
③

① 2021 年 10 月 25 日，柯生乡干部在乡政府所在地主街道开展防疫宣传
② 2021 年 10 月 31 日，疫情防控期间，县检察院第一检察部干警针对校园疫情防控安全隐患问题向相关部门发出行政公益诉讼诉前检察建议，成功办理全州首例未成年人行政公益诉讼案件
③ 2021 年 11 月，河南县开展 3 ~ 11 岁儿童新冠疫苗接种工作。图为县人民医院接种现场

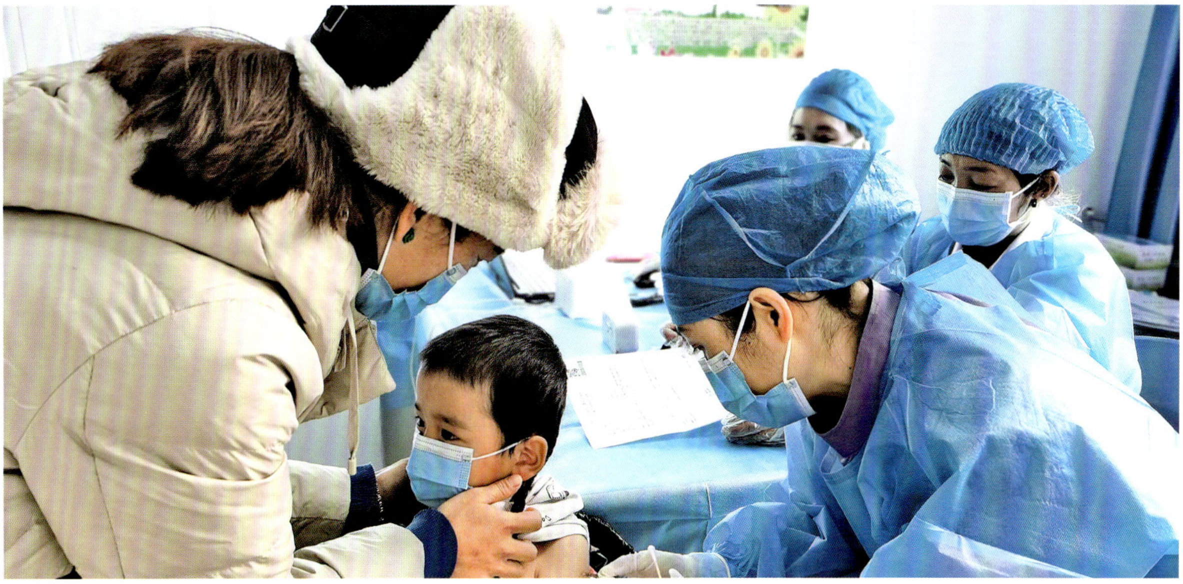

文明和谐篇

新时代文明实践

① 2021年3月25日，柯生乡开展环境整治志愿服务活动
② 2021年3月8日，河南县开展丰富多彩的“三八”妇女节系列活动
③ 2021年3月10日，托叶玛乡曲海村新时代文明实践志愿服务队在曲海村党群服务中心开展环境卫生整治志愿服务活动
④ 2021年6月13日，县电力志愿服务队在县城主街开展志愿服务活动
⑤ 2021年6月28日，县委副书记拉玛杰（左二），县委常委、统战部部长扎德加（左一）一行在达参寺调研
⑥ 2021年7月28日，县民政局联合退役军人事务局在河南蒙古族自治县第22届“那达慕”盛会来临之际开展“爱国卫生·我们在行动”志愿服务活动
⑦ 2021年8月，县新农村建设服务中心环卫摩托车队开展环境卫生整治活动

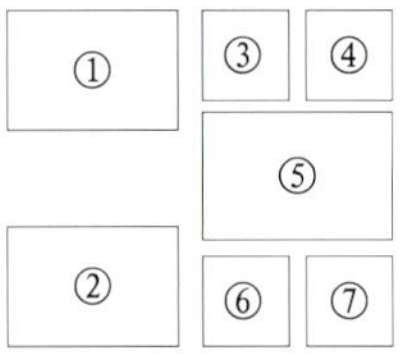

① 2021 年“那达慕”期间，牧民自发清理赛马场垃圾
② 2021 年“那达慕”期间，全县近千名志愿者踊跃参与，争当清洁家园先行者
③ 2021 年 8 月 18 日，平安产险青海分公司在托叶玛乡曲海村开展“乡风文明 100 行动”捐赠活动
④ 2021 年 9 月 28 日，团县委组织全体“青南”计划志愿者联合县消防救援大队、托叶玛乡团委前往县托叶玛完小开展以“消防安全进校园”为主题的教育活动
⑤ 2021 年 10 月 13 日，县新时代文明实践中心办公室组织各志愿服务队开展“我们的节日——情暖重阳”志愿服务系列活动，图为文化体育志愿服务队在敬老院进行慰问演出
⑥ 2021 年 10 月 21 日，全县志愿服务队在成吉思汗广场开展志愿服务活动
⑦ 2021 年 11 月 30 日，在白螺湖救援遇险群众过程中，面对 -23℃的极寒天气，辅警张斌斌毅然跳入极寒冰湖中，保障人民群众的生命安全

黄南支队

弘扬美德
一份和谐
民族团结

中共河南县委办公室新时代文明实践志愿服务队

和谐家园

① 2021 年 3 月 15 日，县委政法委在综治维稳信息中心调度综治平台开展工作
② 2021 年 4 月 30 日，“2·2”电信诈骗专案组远赴上海抓获犯罪嫌疑人
③ 2021 年 5 月 12 日，县应急管理局举办全国防灾减灾日防震减灾科普宣传活动
④ 2021 年 6 月 5 日，全县开展“防风险、除隐患、降发案、保平安”统一清查行动
⑤ 2021 年 7 月 6 日，河南县举办大型地震应急演练，增强应对突发地震灾害的综合协调和应急处置能力、自救互救应对能力
⑥ 2021 年 10 月 19 日，河南县举办新《中华人民共和国安全生产法》专题培训会
⑦ 2021 年 10 月 21 日，国网河南县供电公司在 10 千伏宁二路开展冬季草原防火行动

①

②

③

① 2021年10月25日，县市场监督管理局工作人员在刘杰批发部开展日常巡查工作
② 2021年11月1—4日，县委政法委在宁木特镇开展矛盾纠纷调解。图为调解现场
③ 2021年12月16日，河南县、碌曲县两地开展治超省际联动执法

社会民生篇

教育事业

①
②

① 2021 年 4 月 20 日，宁木特镇第一寄宿制完全小学开展科学实验活动
② 2021 年 6 月 1 日，优干宁镇第一寄宿制完全小学“六一”儿童节运动会开幕仪式

① 2021 年 9 月 27 日，县政协主席当毛（左一）在多松乡中心寄宿制完全小学调研基础设施建设情况
② 2021 年 9 月 24 日，赛尔龙乡中心寄宿制完全小学开展防火演练
③ 2021 年 10 月 9 日，县寄宿制中学开展消防演练活动
④ 2021 年 10 月 15 日，天津保税区管委会动员社会资金帮扶河南县宁木特镇教育事业捐赠仪式举行
⑤ 2021 年 10 月 28 日，县民族中学开展秋季结核病防治工作

文化事业

①	
②	③
④	⑤

① 2021 年 1 月 26 日，河南县举办“幸福蒙旗”春节联欢晚会

② 2021 年 6 月 21 日，《纯净河南·幸福蒙旗》系列丛书新书发布

③ 2021 年 6 月 29 日，文艺情景剧《骏马归来》在县会议中心首演

④ 2021 年 9 月 8 日，《河南蒙古族自治县年鉴（2021）》集中评审会召开

⑤ 2021 年，多松乡组织开展 2021 年环湖赛嘉年华系列活动之河南县冬季那达慕暨多松乡第二届“土尔扈特”杯环城赛系列活动

2021年8月1日，第三届青海·热贡文化旅游节系列活动之河南蒙古族自治县中国共产党成立100周年庆典暨第22届“那达慕”盛会——天堂河曲“天骄杯”传统耐力赛马大会在腾格里赛马场盛大开幕。

①	②
③	④
⑤	⑥

① 开幕式现场
② “蒙旗第一锅”
③ 公务员方队
④ 彩旗方队
⑤ 文艺表演
⑥ 赛马

第三届“我的草原我的梦”书画摄影展

为热烈庆祝中国共产党百年华诞，2021 年 7 月 31 日， 在“那达慕”盛会召开之际，由县委宣传部联合县博物馆举办的第三届“我的草原我的梦”书画摄影展在县新时代文明实践中心书画摄影展馆开幕。

| ① | ② |
| ③ | ④ |

① 书画摄影展开幕式现场
② 给获奖选手颁奖
③④ 书画摄影作品

医疗卫生

① 2021年4月29日，总投资1.3亿元的河南县人民医院整体搬迁项目奠基仪式在县人民医院新址举行

② 2021年9月6日，县蒙藏医院专家在多松乡卫生院开展下乡活动。图为针灸治疗

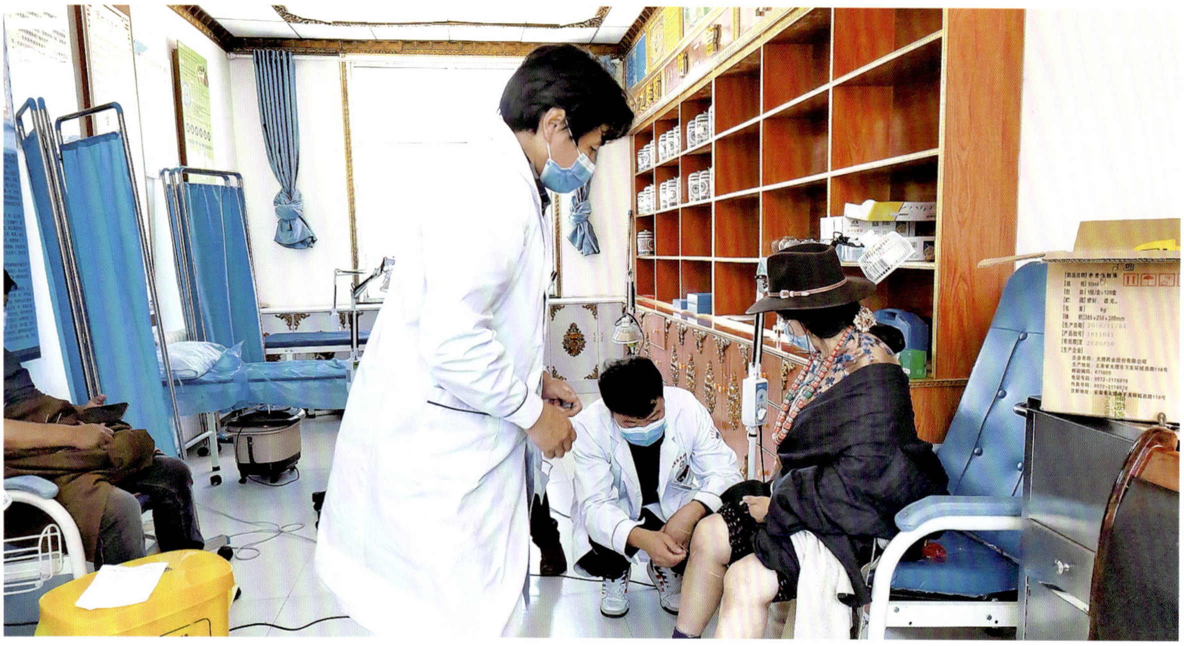

①	②
③	④

① 2021 年 9 月 14 日，县卫健局组织全县职业卫生管理人员参加职业病危害因素及预防控制措施知识培训班

② 2021 年 10 月 28 日，县疾控中心在民族中学展开秋季结核病筛查工作

③ 2021 年 12 月 14 日，青海省疾控中心讲师在武警中队宣讲卫生政策

④ 2021 年 12 月 28 日，县卫生健康局开展卫生系统岗位大练兵技能竞赛活动，邀请省级三甲医院专家作评委，致力提业务、练技能

人民生活

① ②
③

① 2021年5月20日，县残联开展以“巩固残疾人脱贫成果，提高残疾人生活质量”为主题的第31次全国助残日活动

② 2021年5月29日，县卫生健康局开展集中慰问老党员活动。期间为困难老党员发放2400元的慰问金及价值1600元的生活用品并提供免费体检

③ 2021年6月17日，县委副书记、县长钢夫（右一），县委常委、副县长唐建珍（左三），副县长德却（左二）在县自来水厂调研自来水供水情况

① 2021 年 6 月 18 日，县民政局开展临时救助对象入户调查

② 2021 年 7 月 24 日，天津市供销合作社总社领导在对口帮扶村（托叶玛乡宁赛村）进行实地调研和慰问活动

③ 2021 年 9 月 27 日，县人力资源和社会保障局组织开展 2021 年度“雏鹰计划”招募服务人员面试工作

④ 2021 年 10 月底，对辖区供热管道进行隐患排查及抢修，确保群众温暖过冬

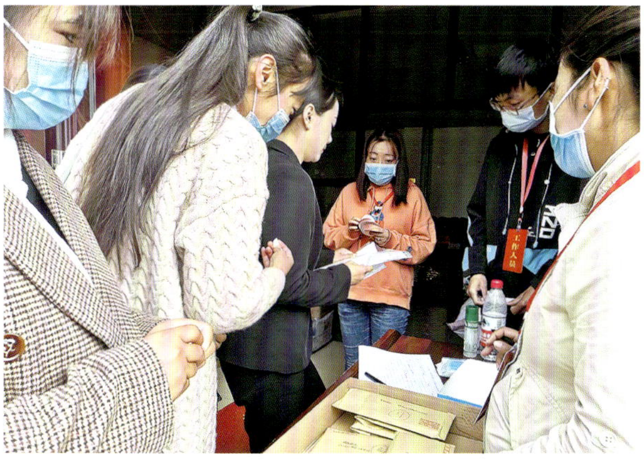

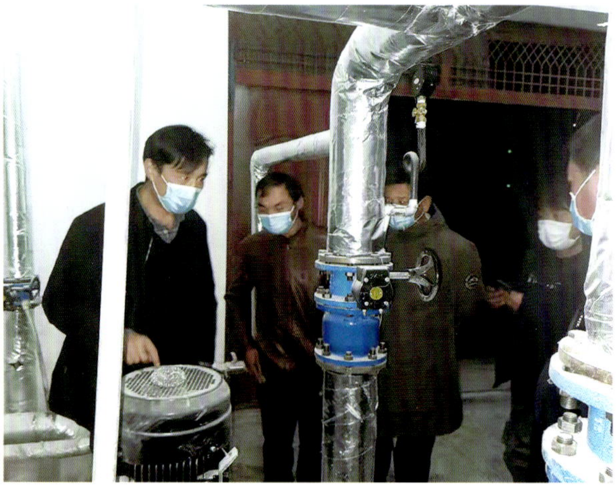

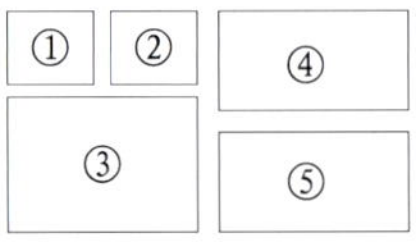

① 2021 年 10 月 12 日，县审计局在联点南旗村查看为民办实事问题解决情况
② 2021 年 10 月底，对辖区供热管道进行隐患排查及抢修，确保群众温暖过冬
③ 2021 年 6 月 6 日，县委副书记秦增多杰（右三），县委常委、纪委书记、监委主任多杰仁增（右二）一行督导检查第二垃圾填埋场整改情况
④ 2021 年 11 月 10 日，县残联举行贫困残疾学生助学金发放仪式
⑤ 2021 年 11 月 10 日，托叶玛乡党委、政府慰问文群村村民

残联关于2021年贫困残疾学生助学金发放仪式
2000元
3000元
3000元
2000元
3000元
3000元
3000元
3000元

① 2021年11月18日，县委、县政府领导参加环卫工作者免费“爱心早餐”启动仪式，并与环卫工作者共同用餐

② 2021年8月9日，县民政局开展“巩固脱贫成果　助力乡村振兴”救助贫困大学生活动

目 录

特 载

专 文

大事要闻

县情概览

中共河南县委员会

河南县人民代表大会

河南县人民政府

政协河南县委员会

河南县纪委监委

群众团体

法　治

军　事

经济管理

城乡建设

乡村振兴

生态环境

金融业

交通·通信

科技·教育

文 化

卫生健康·体育

社会生活

乡 镇

荣誉表彰

附　录

特 载

坚定不移贯彻新发展理念构建新发展格局 奋力开启社会主义现代化新河南建设新征程

——在县委十四届九次全会第二次全体会议上的讲话

中共河南县委书记 司吉昇

（2021 年 1 月 12 日）

全会表决通过了《中共河南县委关于制定国民经济和社会发展第十四个五年规划和二〇三五年远景目标的建议》，钢夫同志总结了全县去年经济社会发展工作，安排部署了今年的重点任务。各乡（镇）、各部门、各单位要认真学习领会，抓好贯彻落实。

下面，我就全面贯彻落实党的十九届五中全会、中央经济工作会议、中央农村工作会议精神及省委十三届九次全会、州委十二届十一次全会精神，做好当前和今后一个时期全县经济社会发展重点工作，讲三个方面的意见。

一、坚定不移推动中央和省州决策部署全面落地

党的十九届五中全会是在我国即将进入新发展阶段、实现中华民族伟大复兴正处于关键时期召开的一次具有全局性、历史性意义的重要会议。习近平总书记在全会上的重要讲话高屋建瓴、总揽全局，创造性地提出了许多新思想新观点新论断新要求，为推动高质量发展、构建新发展格局，夺取全面建设社会主义现代化国家新胜利提供了科学指南和基本遵循。全会通过的《中共中央关于制定国民经济和社会发展第十四个五年规划和二〇三五年远景目标的建议》（以下简称“中央的《建议》”），深刻指明了今后一个时期我国发展的指导方针、主要目标、重点任务、重大举措，是开启全面建设社会主义现代化国家新征程、向第二个百年奋斗目标进军的纲领性文件。中央经济工作会议、中央农村工作会议全面贯彻中共十九大和十九届二中、三中、四中、五中全会精神，以推动高质量发展为主题，对经济社会发展作出全面部署，为我们做好当前和今后一个时期工作提供了根本遵循。省委十三届九次全会深入贯彻落实习近平新时代中国特色社会主义思想，推动

党中央精神走深走实走细、在青海大地落地见效，建军书记的讲话和《中共青海省委关于制定国民经济和社会发展第十四个五年规划和二〇三五年远景目标的建议》（以下简称“省委的《建议》”）为我们做好当前和今后工作提供了重要指导，指明了努力方向。州委十二届十一次全会立足深入贯彻党中央和省委重大战略部署，深入结合黄南发展实际，擘画黄南未来发展蓝图。振昌书记的讲话和《中共海西州委关于制定国民经济和社会发展第十四个五年规划和二〇三五年远景目标的建议》（以下简称“州委的《建议》”）体现时代新变化，符合实践新要求，反映人民新期待，是今后五年乃至更长时期全州经济社会发展的行动指南。省委、州委对“十四五”时期全省、全州工作的安排，贯彻了中央精神、结合了青海、黄南实际，准确把握了全省、全州今后五年发展的阶段性特征，针对性、指导性和可操作性都很强，为我们做好当前和今后一个时期工作注入了强劲动力。中央和省州有部署，我们就要有行动。全县各级党组织和广大党员干部要认真学习领会中央和省委、州委全会精神，把思想认识和行动统一到中央、省委、州委的重大要求、重要决策部署上来，增强“四个意识”、坚定“四个自信”、做到“两个维护”，把贯彻落实中央和省州重大决策部署作为检验“四个意识”强不强的试金石，以夙兴夜寐、只争朝夕的精神状态，以雷厉风行、马上就办的工作作风，不折不扣抓落实，确保党中央大政方针和省委、州委决策部署在河南落地生根、开花结果。

“十三五”时期是河南县发展极不平凡的五年。五年来，面对错综复杂的国内外环境，面对国内经济下行压力加大的形势，面对我县艰巨繁重的改革发展任务，面对新冠肺炎疫情的严重冲击，在以习近平同志为核心的党中央及省委、州委的坚强领导下，县委团结带领全县各族人民，坚持以习近平新时代中国特色社会主义思想为指导，深入贯彻落实习近平总书记视察青海时的重要讲话精神和党中央、省委、州委决策部署，不忘初心、牢记使命，克难攻坚、砥砺前行，解决了许多长期想解决而没有解决的难题，办成了许多事关振兴发展全局的大事，啃下了许多制约改革发展的硬骨头，建成了许多打基础、攒后劲、利长远的重大工程项目，实现了一系列具有标志性意义的突破。全县经济实现较快增长，经济结构持续优化，高质量发展步伐加快，综合实力迈上新台阶。重点领域改革取得新突破，生态环境质量持续向好，基础设施支撑能力显著增强，民生保障水平不断提高，文化软实力持续提升，社会大局持续稳定，民族工作创新发展，全面从严治党成效显著，政治生态持续净化，经济社会实现跨越式发展。脱贫攻坚胜利收官，全面建成小康社会取得决定性成就。全县经济总量、产业结构、基础设施建设、生态文明建设、社会民生不断实现历史性突破，“十三五”规划目标基本实现。这五年，是河南县经济持续较快增长、综合实力实现重大跨越的五年，是新发展理念深入人心、高质量发展迈出重大步伐的五年，是河南地位和优势持续提升、影响力和竞争力显著增强的五年，是短板加快补齐、人民群众得到实惠最多的五年，是管党治党扎实推进、政治生态不断优化的五年。这五年，走过的历程刻骨铭心，取得的成绩殊为不易，积累的经验弥足珍贵。五年来辉煌成绩的取得，最根本是以习近平同志为核心的党中央坚强领导的结果，是习近平总书记掌舵领航、把关定向、科学指挥的结果，是习近平新时代中国特色社会主义思想科学指引的结果。我们必须再接再厉、一鼓作气，为全面建设社会主义现代化新河南奠定坚实基础。

二、坚定不移推动社会主义现代化新河南建设

中央的《建议》、省委的《建议》、州委的《建议》，主旨都是聚焦高质量发展。《中共河南县委关于制定国民经济和社会发展第十四个五年规划和二〇三五年远景目标的建议》（以下简称“《建议》”），也明确提出经济运行保持平稳快速增长、现代生态产业体系基本确立、城镇牧区生活品质显著提升、纯净自然生态环境更加优美、社会治理现代化水平显著提升的目标要求。这五个方面的目标要求，是县委经过反复论证、深入调研、征求各

方意见，结合河南在全州、全省乃至全国的大环境中的地位作出的重要部署。全县上下要围绕目标，以党的十九届五中全会、省委十三届九次全会、州委十二届十一次全会精神引领“十四五”时期发展，深刻领会党中央对国际国内形势的重大判断和省委、州委对全省、全州发展形势的精准把握，科学认识新发展阶段的深刻内涵，切实增强贯彻新发展理念的行动自觉，准确把握构建新发展格局战略，持续深入学习宣传、深刻领会党中央及省委、州委提出的一系列方向性、根本性、战略性重大问题，结合实际抓好贯彻落实，奋力开启现代化新河南建设新征程。

一要牢牢把握新发展阶段，坚定扛起现代化新河南建设的使命担当。建军书记强调，“十四五”时期，全省处在社会主义初级阶段较低层次基本省情没有变，经济社会发展上升的总体态势没有变，是为现代化建设积蓄力量的重要阶段，呈现出生态文明建设攻坚期、转型升级关键期、竞争优势重塑期、改革开放深化期“四期叠加”的特点。河南正处于重要战略机遇期，迎来了服务全省构建新发展格局、国家和省州战略叠加效应集中释放、新一轮科技革命和产业变革集聚迸发、全国产业链供应链大规模深层次调整重构、制度优势和治理效能持续彰显的历史性机遇，必须增强进取意识，抓住机遇、乘势而上。河南正处于风险挑战承压期，外部环境不稳定性不确定性明显增加，区域发展竞争你追我赶，我县高质量发展还有不少短板弱项，必须增强忧患意识，把握挑战、化危为机。河南正处于产业发展变革期，创新发展是大势所趋、河南优势所在，必须增强创新意识，勇挑重担、尽锐出战。河南正处于跨越发展窗口期，全面落实习近平总书记“四个扎扎实实”“三个最大”重大要求，深入贯彻“一优两高”“五个示范省”建设和“全面建设山水黄南，高质量推进‘三区建设’，实现乡村全面振兴”战略部署，基本实现社会主义现代化远景目标，满足人民对美好生活的向往，必须增强担当意识，狠抓落实、实干兴业。要立足基本县情，保持战略定力，在危机中育先机、于变局中开新局，确保河南各项事业始终沿着正确方向不断前进。

二要牢牢把握新发展目标，科学实施“十四五”和到2035年发展的战略安排。这次县委全会审议通过的《建议》，明确了河南经济社会发展的指导思想、必须遵循的原则和主要目标。要坚持党的全面领导，坚持以人民为中心，坚持新发展理念，坚持深化改革开放，坚持系统观念，努力塑造新优势、打造新样板，围绕建设“纯净河南·幸福蒙旗”的目标，构筑生态净地、畜牧业生产基地、文化旅游胜地、青南精神文明高地，绘就山水人城和谐相融的新画卷，坚定地朝着经济强、百姓富、生态美的新阶段现代化新河南进军。“经济强”是新阶段现代化新河南建设的硬核支撑，必然要求总量上台阶、质量上水平、结构更优化，全力扩大总量规模、增强创新能力、推动产业升级，培育“四种经济形态”，全面提升河南在全省发展格局中的地位和影响力。必须要牢牢把握经济工作主动权，坚持稳中求进的工作总基调，千方百计做好“六稳”工作，落实“六保”任务，提升经济发展的整体效能。“百姓富”是新阶段现代化新河南建设的本质体现，要着眼提升满意度、更加突出提高人民生活品质；着眼提升获得感、更加突出提高城乡居民人均收入；着眼提升幸福感、更加突出建设美丽精致的河南；着眼提升安全感、建设更高水平的平安河南。“生态美”是新阶段现代化新河南建设的基本要求，要严守环境质量底线、生态保护红线、资源利用上限，筑牢生态文明之基，走好绿色发展之路，让河南生态价值焕发勃勃生机，促进经济社会发展全面绿色转型。

三要牢牢把握新发展理念，切实明晰推动高质量发展的主攻方向。建军书记指出，高质量发展，是遵循新发展理念的发展。要坚持把绿色作为高质量发展的普遍形态。深刻认识生态保护和经济发展的关系，守好“宁要绿水青山、不要金山银山”的发展底线、抓牢“既要绿水青山、也要金山银山”的发展根本、提升“绿水青山就是金山银山”的发展境界，全力打造“绿水青山就是金山银山”实践创新基地。把生态保护优先作为第一抉择，突出绿色发展这个着力重点，打好生态保护攻坚战、绿色低碳发展持久战、蓝天碧水净土保卫战、生态文明制度建设主动战，建设人与自然和谐共生的现代化。要深入落实黄河流域生态保护和高质量发展重大国家战略，高质量打造黄河流域生态保护和高质量发展试点县，打造“黄河上游最美大草原”金名片。要以打造生态文明高地的思想自觉和行动自觉，全面落实省委“青海行动方案”，全力打造生态安全屏障新高地、绿色发展新高地、国家公园建设新高地、人与自然生命共同体新高地、生态文明制度创新新高地、山水林田湖草综合治理新高地、生物多样性保护新高地，全面展示河南县生态文明建设的现代化成果。要坚持把创新作为高质量发展的第一动力。建军书记强调，在继承中创新，在创新中提高，是我们这一代人必须走实走稳走好的发展新路。高质量是创新发展的必然结果，抓创新就是抓发展，谋创新就是谋未来。要深入贯彻落实习近平总书记“越是欠发达地区，越需要实施创新驱动发展战略”的重要指示精神，着力推进产业创新、科技创新、机制创新、人才强县。尤其要依托企业创新优势，引导和服务生态有机畜牧业、文化旅游业等支柱性产业优化升级、提质增效，走生态经济高端发展的路子，推动光伏等新兴产业蓬勃兴起，跑出创新发展加速度，让创新成为引领高质量发展的第一动力。要坚持把协调作为高质量发展的内生特点，统筹推进区域、城乡融通联动发展，推进形成优势互补、高质量发展的协调发展格局。注重县乡的协调发展，发挥各区域板块特色优势，不断缩小城乡发展差距，着力推动“一核两心三点”新型城镇化建设格局和文化旅游融合发展布局相辅相成、相得益彰，推动高原美丽城镇建设、小康示范村建设等与乡村振兴建设协调发展，促进基本公共服务便利共享，在交通出行、旅游观光、文化体验等方面实现“同城待遇”。要坚持把开放作为高质量发展的必由之路。改革必然要求开放，开放也必然要求改革。通过高质量对外开放牵引乃至倒逼对内深化改革、技术水平和产品及服务质量的有效提升，推动企业强化自主创新，促进技术结构、产品结构、行业结构、能源结构、人力资源结构、经济结构持续优化升级，使我县经济加快融入全省创新链、价值链和服务链，并以后发优势实现跨越式发展。靠改革破解发展难题，靠开放赢得发展空间。用好用活河南青海“南大门”“旱码头”“桥头堡”这一得天独厚的区位优势，深化与“丝绸之路河南道”沿线地区务实合作。以扩大开放促进深化改革，以深化改革促进扩大开放，以体制机制创新赢得区域竞争主动，为经济发展注入新动力、增添新活力、增加新动能、拓展新空间。开放要着眼于人、着力于人，推动干部群众在眼界上、思想上、知识上走向开放，进而不断把整个对外开放提高到新的水平。要坚持把共享作为高质量发展的根本目的，现代化的本质是最广大人民的现代化，要建设各族群众“看得见、摸得着”的现代化，在践行全省“五个示范省”总体战略部署上先行先试、树立标杆，推动各族群众生活品质持续提升。要千方百计“稳就业”，继续加大职业技能培训，鼓励高校毕业生、退役军人、牧民等重点群体以多种形式自主创业、带动就业。要立德树人“抓教育”，持续健全教育投入保障机制，推动教育公平发展和质量提升。要防治结合“补短板”，进一步加大医疗卫生体制改革力度，提升医疗卫生服务水平，深入实施健康河南行动。要多措并举“保基本”，全面实施全民参保计划，织密扎牢民生保障网。要重心下沉“强治理”，进一步加大社会综合治理力度，持续完善地方治理体系，促进人的全面发展和社会全面进步。

四要牢牢把握新发展格局，落细落实巩固拓展脱贫攻坚成果同乡村振兴有效衔接的重点任务。振昌书记强调，实施好乡村振兴战略，对黄南而言，意义重大。扎扎实实抓好乡村振兴战略是黄南实现“十四五”惠泽民生、扩充总量、提质增效，实现更好更快发展，实现“十四五”规划总体目标任务的支撑性战略工程。做好巩固拓展脱贫攻坚成果同乡村振兴有效衔接，关系到全面建成社会主义现代化国家全局和实现第二个百年奋斗目标。要在巩固拓展脱贫攻坚成果的基础上，做好乡村振兴这篇大文章，接续推进经济社会发展和人民群众生活改善。全县上下务必站在讲政治的高度，充分认识实现巩固拓展脱贫攻坚成果同乡村振兴有效衔接的重要性、紧迫性，举全县之力，统筹安排、强力推进，让包括脱贫群众在内的广大人民过上更加美好的生活，朝着逐步实现社会主义现代化新河南建设的目标奋力前行。要在进一步完善乡村规划定位上下功夫，一方面要遵循乡村建设规律，强化分类指导、梯次推进，实现乡（镇）、村发展总体规划与县级层面乡村振兴战略总规高度契合、无缝衔接。另一方面要因地制宜拿规划、定措施、出实招，在符合实际、群众意愿、推进有力的基础上，进一步明晰振兴乡村的自主化出路。县乡党委、政府尤其是乡镇一级，还要在村级产业选择等方面强化指导服务，从大局考虑统筹谋划，切实做到组织领导有力、管理服务到位。要在发展壮大乡村特色产业上下功夫，注重产业后续长期培育，提高产业市场竞争力和抗风险能力。积极规划发展乡村特色产业，实施畜牧业提升行动，拓展衍生精深加工、数字经济、文化旅游等附加业态，进一步完善全产业链支持措施。加快畜产品仓储保鲜、冷链物流设施建设。积极寻求国家和省州的优先扶持，进一步加大与农畜产品流通企业、电商、批发市场的对接力度。依托欧拉羊、雪多牦牛、河曲马等“国字号”地理标志，积极打造区域公用品牌。要在促进脱贫人口稳定就业上下功夫，积极探索在人居环境、乡村道路、水土保持等涉农项目建设和管护时采取以工代赈方式。逐步调整优化草原生态管护员政策。统筹用好公益性岗位，健全按需设岗、以岗聘任、在岗领补、有序退岗的管理机制，逐步调整优化公益性岗位政策。要在持续改善乡村基础设施条件上下功夫，继续加大对乡村基础设施建设的支持力度，重点谋划完善一批水、电、路、网等区域性或跨区域基础设施建设工程。扎实开展乡村厕所革命、危房改造、生活垃圾和污水治理、村容村貌提升等工程。持续推进“四好农村路”建设，推动交通项目向进村入户倾斜，加强通村主干道和产业路、旅游路建设力度。统筹推进县乡村三级物流体系建设。要在持续提升乡村公共服务水平上下功夫，持续改善义务教育办学条件，加强乡村寄宿制学校建设。在保持现有健康帮扶政策基本稳定的基础上，完善大病专项救助政策，继续优化县域内先诊疗后付费政策。持续深化公立医院改革，提升县乡医疗机构诊疗能力。继续加强村级综合服务设施建设，提升为民服务能力和水平。

三、坚定不移加强党的全面领导

开启社会主义现代化新河南建设新征程，使命光荣、任务艰巨。我们要坚定不移加强党的全面领导，攻坚克难、实干担当，全力谱写新时代“纯净河南·幸福蒙旗”奋进新篇章。

一要高举伟大旗帜，书写时代答卷。习近平新时代中国特色社会主义思想是新时代中国共产党的思想旗帜，是国家政治生活和社会生活的根本指针，是推进“十四五”发展、实现二〇三五年远景目标必须全面贯彻的科学指南。要不断增强“四个意识”、坚定“四个自信”、做到“两个维护”，高举习近平新时代中国特色社会主义思想伟大旗帜，紧跟习近平总书记步伐，紧扣党中央节拍，切实在思想上政治上行动上同以习近平同志为核心的党中央保持高度一致，引导全县各族群众像石榴籽一样紧紧围绕在以习近平同志为核心的党中央周围，同心同德同向，顽强拼搏奋斗，为夺取全面建设社会主义现代化国家新胜利贡献河南力量。

二要强化理论武装，提升政治素养。把学习作为永恒主题，持之以恒学习习近平新时代中国特色社会主义思想，做到学而信、学而思、学而行，确立思想理论的“定盘星”、坚定理想信念的“主心骨”、筑就“四个自信”的“压舱石”。深入学习贯彻党中央和省委、州委各项重要决策部署，把自己摆进去、把工作摆进去、把职责摆进去，真正学深悟透、学透吃透，以理论上的绝对清醒保持政治上的绝对坚定，确保在落实部署、付诸行动上见实效。

三要筑牢精神高地，汇聚磅礴力量。要切实筑牢河南精神高地，弘扬河南各民族欣欣向荣、团结一心的优良传统，持续深化新时代爱国主义教育，引导全县各族人民增强对伟大祖国、中华民族、中华文化、中国共产党和中国特色社会主义的认同，进而以实际行动弘扬爱国主义精神，促进各民族大团结大联合，以一生的真情投入、一辈子的拼搏奋斗共同书写中华民族新的光荣和梦想。

四要担当作为实干，凝聚发展合力。贯彻落实党中央和省委、州委决策部署，奋力推进社会主义现代化新河南建设，是我们今后五年乃至更长一个时期必须扑下身子去抓的大事。面对挑战，面向未来，我们必须不忘初心、牢记使命、继续前进，咬住既定目标，形成强大合力，坚持全力赶超，建设现代化新河南。各党委（党组）要统揽全局、协调各方，县人大要加强立法、有效监督，县政府要依法行政、为民服务，县政协要建言献策、参政议政，各级群众组织要扬长避短、发挥优势，各行各业要立足岗位、多作贡献，推动河南经济健康发展、社会和谐稳定、生态持续向好、民生不断改善、人民幸福安康。

五要锚定宏伟蓝图，开创发展新局。绘就好一张蓝图不容易，这是全县人民的智慧。执行好这张蓝图也不容易，这是全县各族群众幸福的寄托。要按照县委的规划《建议》，制定好全县规划纲要，布好全县发展大棋局，以规划《建议》引领新河南建设的具体实践。各乡镇、各部门、各单位要立足实际，突出特色，制定与规划功能互补、统一衔接的子规划，形成上下联动的发展新格局。要发扬钉钉子精神，围绕规划制订年度工作计划，一年接着一年干，一年一年往前走，年年展现新气象、实现新作为。要加强对规划的监测评估，提高规划的执行力和落实力，维护规划的严肃性和权威性。

六要聚焦目标实现，全面从严治党。坚持和加强党的全面领导，是“十四五”规划落地见效和实现社会主义现代化的根本保证。要全面贯彻新时代党的组织路线，加强干部队伍建设，落实好干部标准，提高各级领导班子和干部适应新时代新要求抓改革、促发展、保稳定的水平和专业化能力。要全面贯彻党要管党、全面从严治党要求，持续正风肃纪，加强纪律建设，强化廉政教育，严格党内监督和党内问责，让党员干部知敬畏、存戒惧、守底线，为推进“十四五”规划落地和实现社会主义现代化提供纪律保障。

各位委员、同志们，美好蓝图已经绘就，光荣使命催人奋进，河南已经站在了一个新的历史起点上，我们要紧密团结在以习近平同志为核心的党中央周围，在县委的坚强领导下，解放思想、开拓创新、抢抓机遇、顽强奋斗，奋力夺取全面建设社会主义现代化新河南新胜利。

高举习近平新时代中国特色社会主义思想伟大旗帜 全力谱写“纯净河南·幸福蒙旗”奋进新篇章

——在中共河南蒙古族自治县第十五次代表大会上的报告

中共河南县委书记　司吉昇

（2021年7月6日）

一、过去五年工作回顾

过去的五年，是河南县发展进程中极不平凡的五年。在党中央、省委、州委的坚强领导下，我们深入贯彻落实习近平新时代中国特色社会主义思想、中共十九大和十九届二中、三中、四中、五中全会精神，以及省委、州委历次全会精神，团结带领全县各族人民凝心聚力谋发展、惠民生、促和谐，奋力推进“一优两高”“全面建设山水黄南，高质量推进‘三区建设’”战略部署，全力谱写新时代“纯净河南·幸福蒙旗”奋进新篇章，经济社会发展各项事业全面进步，成绩斐然，实现了“十三五”圆满收官，为“十四五”平稳开局打下了决定性基础。

五年来，全县各项经济指标保持中高速增长稳健势头。与“十二五”末相比，全县地区生产总值从12.23亿元增加到20.46亿元，年均增长10.84%；社会消费品零售总额从0.94亿元增长到1.66亿元，年均增长12%；常住居民人均可支配收入从12753.08元增长到20072.8元，年均增长9.5%；农村常住居民人均可支配收入从9432.9元增加到12708.3元，年均增长6.14%。纵观“十三五”，累计完成固定资产投资68.55亿元，比“十二五”增加14.81亿元，年均增长10%以上；地方公共财政累计收入1.94亿元，比“十二五”增加0.82亿元。

五年来，我们坚持生态优先战略，重保护、善治理，生态文明再创新佳绩。牢固树立“绿水青山就是金山银山”的发展理念，统筹推进山水林田湖草沙系统综合治理，生态文明建设成为河南县靓丽的名片。先后荣获国家生态文明建设示范县、全国村庄清洁行动先进县荣誉称号。制度机制更加健全完善。相继出台实施《河南县生态环境保护条例》《河南县创建全区域无垃圾示范县实施意见》等制度措施，扎实推进县级干部责任田治理模式，建成三江源生态大数据平台，构建起务实管用、系统完整的生态文明建设制度体系。生态修复工程深入实施。累计防治草原鼠虫害132.15万公顷，治理黑土滩18000公顷、毒害草3.93万公顷，封山育林9466.67公顷，国土绿化10840公顷，草原平均植被覆盖度达到92.63%以上，草群平均高度由17.87厘米提高到18.24厘米，可食鲜草量由每公顷6295.5公斤提高到8116.4公斤。污染防治取得显著成效。坚持推行“禁塑令”，“白色污染”得到全面遏制，年均环境空气优良天数达360天以上，优良率达98.63%。水环境质量总体保持良好，污水处理达标排放，县级集中式饮用水源水质达标率100%，黄河等主要河流水域功能达标率100%。紧抓青海省国家公园示范省建设机遇，洮河源湿地公园试点建设顺利通过“国字号”评估验收，蒙旗阿木赫获批国家草原自然公园建设试点，积极推进吉岗山国家公园申报工作。

五年来，我们坚持产业结构优化，抓融合、促转型，绿色发展进入新阶段。积极在继承中创新，在创新中提高，以现代产业布局来融入新发展格局，以现代产业体系来构筑未来发展优势，走实走稳发展新路径，着力打造生态经济核心增长极，启动了高质量发展的新引擎。不断推进发展布局融合。围绕文旅融合发展和新型城镇化建设“一核两心三点”战略布局，积极打造高原特色文化旅游景区，“十三五”期间申报省级旅游度假区3个、国家乡村旅游重点村3个、3A级旅游景区2个、游客集散中心7个，公共文化服务和旅游服务持续提标升级。加快推进特色文旅小城镇转型升级，宁木特镇高原美丽城镇荣获全省建设评估优秀奖第一名。不断推进文旅业态融合。积极推动文化资源“活化”利用，以建设游牧文化旅游基地、优秀传统文化旅游基地为引领，突出区位优势和蒙藏文化融合两大特点，打造高原特色文化旅游景区。加快建设生态旅游文化体验区和雪多牦牛、欧拉羊、河曲马体验观光区、深度旅游体验基地，实现乡村旅游与全域旅游的有机衔接。积极推进并用好“假日经济”，成功举办“那达慕”盛会及系列活动280余场（次），累计接待旅游人数660.28万人（次），旅游综合收入达5.06亿元。不断推进品牌形象融合。持续加大特色产品开发力度，河曲马、欧拉羊、雪多牦牛相继入选国家畜禽遗传资源保护名录并荣获“国字号”地理标志称号。欧拉羊全羊宴、雪多牦牛全牛宴荣获第八届全国烹饪技能竞赛暨内蒙古牛羊厨王争霸赛“苏乎欧拉羊金牌全羊宴”“雪多牦牛金牌全牛宴”荣誉称号和中国牛羊行业特殊贡献奖。雪多牦牛肉系列产品荣获青海省绿色有机农畜产品“百佳优品”称号。启龙牧场有糖型和无糖型舒脂牦牛酸奶荣获国家A级绿色食品认证。“阿米雪”“瀞度”“青清海”“三江牧场”等优质有机品牌逐渐做大做强。蒙古包营造技术入选第五批国家级非物质文化遗产代表性项目名录。雅克库乐、阿玫沃等绒毛制品和乐乐玛手工艺制品、牛羊皮纸等独具蒙藏文化内涵的文创产品相继投放市场，文化品牌知名度和影响力进一步提升。

五年来，我们坚持精准扶贫方略，强信心、聚合力，民生福祉达到新水平。深入贯彻以人民为中心的发展思想，始终把人民对美好生活的向往作为奋斗目标，落实一大批利民惠民举措，各族群众获得感、幸福感显著增强。脱贫攻坚取得全面胜利。稳步推进脱贫攻坚“三步走”战略，提前四年完成脱贫攻坚任务，全县16个贫困村1440户5400名建档立卡贫困人口实现脱贫摘帽，稳定实现“两不愁三保障”，贫困发生率降为零，相继实施产业扶贫、“雨露计划”、易地扶贫搬迁、乡村旅游产业培育等一批工程，村集体经济实现全面“破零”，为乡村振兴打下坚实基础。原县扶贫开发局荣获全国扶贫系统先进集体，宁木特镇人民政府荣获全国脱贫攻坚先进集体，陈敏同志荣获全国脱贫攻坚先进个人荣誉称号。五年内，获得全省扶贫领域先进集体3个，先进个人13人。教育事业全面发展。持续加大教育基础设施建设力度，先后实施民族中学搬迁等36个项目，全县中小学运动场、教学仪器、器材等设备实现全覆盖，办学条件显著改善。15年免费教育全面落实、义务教育进入优质均衡发展新阶段，控辍保学力度持续加大，思政课建设、“三科”教材改革稳妥推行，全县中考成绩连续三年全州第一名。首批天津“异地办班”的40名高考学生，一本上线22人，二本上线4人，本科上线率达65%，教育教学质量稳步提升。就业状况持续改善。累计促进新增就业1594人，城镇失业人员再就业235人，开发公益性岗位2092个，农牧区富余劳动力转移就业1.14万人（次），失业率控制在3.5%以内。医疗水平不断提升。贫困人口基本医疗保险、大病保险、医疗救助实现全覆盖，医共体改革取得新进展。蒙藏医院制剂中心建成投运，县人民医院搬迁建设稳步推进，建成乡镇卫生院6个并配备救护车6辆，医疗硬件设施和卫生服务水平明显提升。民生保障更加有力。城乡居民养老保险基础养老金标准连续提升，城乡居民基本医保省级统筹制度全面实施，农村低保规范化管理水平稳步提升，社会救助覆盖面达100%。

五年来，我们坚持城乡统筹发展，抓重点、补短板，美丽河南展现新面貌。实施城镇化及城镇基础设施建设项目61项，完成高原美丽乡村建设20个、危旧房改造工程2192户、棚户区改造1013户，市政基础设施建设力度持续加大，水电路网基础设施保障能力不断提升。宁木特镇、赛尔龙乡、柯生乡3个城镇供水主体工程顺利完成，多松乡自来水管网建设稳步推进，延曲河河道治理、北山排洪渠、牧区人饮巩固提升工程顺利完成。实施电网延伸、易地扶贫搬迁通电和电网改造工程17项，实现村村通电。全县农村公路通车总里程达1443公里，累计完成新（改）建公路1584.69公里，全面实现了“村村通公路”目标，农村公路列养率、班车通达率均达到100%，被评为省级“四好农村路”示范县。39个行政村4G网络实现全覆盖。

五年来，我们坚持全面深化改革，添动力、增活力，改革发展开创新局面。坚持全面深化改革同贯彻新发展理念、构建新发展格局紧密关联，不断完善改革思路，做实改革举措，提高改革效能，释放改革活力，统筹推进政治体制、经济体制、文化体制、生态文明体制、社会体制、党的建设等领域120项改革事项。经济领域改革取得新成效。财税金融改革不断深化，减税降费和金融服务实体经济效应增强，农牧区集体产权制度改革全面完成，生态畜牧业合作社股份制改造、商事制度改革、互联网+政务服务改革稳步推进，激发了经济社会发展的动力活力。政治体制改革取得新进展。“放管服”改革向纵深推进，营商环境持续优化，机构和行政体制改革、司法体制改革、纪检监察体制改革任务全面如期完成。

五年来，我们坚持稳定压倒一切，防风险、保稳定，社会治理形成新格局。树牢总体国家安全观，以涉藏社会治理示范区创建为契机，深入开展法治河南、平安河南建设，强化社会治安综合治理，巩固提升全国民族团结进步先进县创建成果，有力维护了国家安全、社会安定、人民安宁。先后荣获全国法治先进县、全国民族团结进步创建示范县荣誉称号。2020年中共河南县委被国务院评为“全国民族团结进步先进集体”。法治河南建设成效显现。建成县、乡、村（社区）公共法律服务中心、站、室、亭，受理法律援助案件61件，牧民群众遇事找法、办事靠法的意识显著增强。动态化管控重点人员，落实帮教措施，确保了重点人员底数清、管得牢。平安河南建设水平明显提升。实施“雪亮工程”公共安全视频监控建设，实现重点部位、道路卡口视频监控全覆盖。全面建成县、乡、村三级52个上下对应、配套联动的标准化综治中心，科学划分178个网格，配备295名网格员，全面推行网格化服务管理。建立县、乡、村三级应急处突队伍，人防、物防、技防水平得到全面提高。社会治理体系不断健全。全面推行“三调联动”机制，建成县级人民调解中心，调处各类矛盾纠纷269件。严厉打击各类违法犯罪行为，破获刑事案件216起，治安案件425起，人民群众安全感显著提升。扎实推进扫黑除恶专项斗争，顺利侦破“8·20”涉恶线索。在全州率先开展“两违”整治专项行动，有效遏制了一批社会乱象、清除了一批治安隐患。民族团结进步创建成果持续巩固。坚决贯彻党的民族工作方针政策，以培育和践行社会主义核心价值观为统领，以铸牢中华民族共同体意识为主线，深入推进民族团结进步创建“八进”活动，深化民族团结进步教育，引领全县各族群众和睦相处、和衷共济、和谐发展，有力推动了经济社会各项事业发展取得新成就。国家安全领域各项工作稳步推进。始终坚持党对国家安全的绝对领导，健全完善政治安全、人民防线建设等13个国家安全重点领域工作协调机制，定期开展国家安全分析研判，广泛开展国家安全宣传教育，初步构建起全民维护国家安全的“铜墙铁壁”。

五年来，我们坚持全面从严治党，讲政治、守规矩，党的建设焕发新活力。推进“两学一做”学习教育常态化制度化，巩固拓展“不忘初心、牢记使命”主题教育成果，扎实开展作风问题集中整治专项行动，广大党员干部理想信念更加坚定、党性更加坚强。尤其是今年以来，全县各级党组织和广大党员坚决贯彻落实党中央和省委、州委、县委的号召和部署，以昂扬向上、无限饱满的精气神，扎实开展县乡村换届、热烈庆祝党的百年华诞，全县上下谋发展、谋幸福、谋未来的空前决心、必胜信心更加坚定，感党恩、听党话、跟党走的热情空前高涨。基层组织建设全面过硬。相继实施“三基”建设、“九有工程”“一核三治”“抓乡促村”等基础组织达标提升工程，健全完善村级组织运转经费保障制度和正常增长机制，基层组织建设整体水平得到显著提升。圆满完成6个乡（镇）和43个村（社区）党支部和村（居）民委员会换届工作，39个村、4个社区全部实现“一肩挑”，班子结构得到全面优化，队伍质量得到全面提升，换出了新面貌，选出了新活力。纪律作风建设全面过硬。运用“四种形态”，严肃查处发生在重点领域和群众身边的违纪违法案件，处置问题线索176件，立案32件43人，采取留置措施6人，挽回直接经济损失664.72万元。强化对权利运行的制度约束，建立《中共河南县委常委会工作规则》等7项规则和制度，扎紧织密作风建设制度网络。持续深化推进政治巡察，完成六轮巡察，发现问题759条，整改完成656条。干部队伍建设全面过硬。牢固树立凭实绩、重公认的用人导向，激励干部担当作为。全县现有公务员464名，五年内共调整任用干部784人（次）。全面推行公务员职务与职级并行制度，累计晋升公务员380人（次）。从严从实抓好干部日常监督，推动干部作风持续好转。不断完善干部关心关爱激励机制，健全干部谈心谈话制度，及时了解掌握干部思想状况，全面落实基层一线优秀干部异地疗养制度，干部驾驭工作、服务群众的能力全面提升。意识形态建设全面过硬。建立健全《河南县意识形态领域重大问题处置机制》等9项工作机制，全面压实责任，推动工作落实。选树索南才让等14个先进典型，提升了河南“精神高地”新高度。持续深化文明创建活动，创建省级文明单位7个、州级文明单位17个、县级文明单位29个，创建文明乡镇4个、村社20个，五星级文明家庭5062户。全省新时代文明实践中心试点县工作稳步有序推进。

五年来，我们坚持党的全面领导，严要求、明思路，民主政治建设迈入新境界。始终坚持对人大、政府、政协、群团组织和武装、统战工作的全面领导，支持各方依法依规开展工作，巩固发展了团结一致的政治局面。相继召开县委人大、县委政协工作会议，研究部署阶段性任务，制定出台加强和改进人大、政协工作的贯彻意见，纵深推进“乡镇人大建设年”“乡镇人大落实年”“政协提质增效三年行动”，推动人大、政协工作与时俱进、高质量发展。健全党委统一领导群团工作制度，探索实行群团组织归口管理，全面深化群团组织协同化改革，积极引导社会组织、志愿服务事业健康发展。坚持将武装工作摆上重要议事日程，以党委议军、现场办公、“军事日”等形式帮助解决实际问题，促进军民融合发展，党管武装工作走在全州前列。全面加强统一战线工作，为全县经济社会发展凝聚广泛力量支持，形成全县上下心往一处想、劲往一处使，一心一意谋发展的强大合力。

各位代表、同志们，过去的五年，是我们攻坚克难、逆势奋进的五年，是我们拼搏流汗、大干快上的五年，是我们直面挑战、勇于探索的五年。特别是2020年，面对突如其来的新冠肺炎疫情，我们始终把人民生命健康摆在首位，守住了“南大门”疫情防线，打赢了疫情防控阻击战，疫情防控取得战略性成果。各级党组织自觉扛起疫情防控责任，广大党员积极发挥主力军作用，戴党徽、亮身份，积极投入到疫情防控一线开展工作，让党旗在疫情防控斗争中高高飘扬。率先推广红黄绿三色温馨提示卡管理制度，运用综治中心指挥平台对县乡村三级疫情防控进行监测。全县设立疫情防控检测点82个，设置“三区两通道”，投入疫情防控资金982万元，自愿交纳“特殊党费”、爱心捐款捐物285.95万元。率先在青南牧区完成核酸检测实验室建设并投入使用，实现县域医疗机构采样培训全覆盖，持续抓好进口冷链食品监测，有序开展疫苗接种工作，坚决切断疫情传播途径。统筹推进复工复产复学，实现疫情防控与经济社会发展“两手抓、两不误”，以责任和担当筑牢了疫情防控“铜墙铁壁”，坚决守住了“零输入、零扩散”的底线。

五年来，各位代表和我们一

道亲身经历、亲自参与、亲眼见证了河南的大建设、大发展、大变化，我们洒下了奋斗的汗水，也收获了成功的喜悦。这些成绩的取得，是以习近平同志为核心的党中央科学指引的结果，是省委、州委坚强领导的结果，是历届县委班子共同努力的结果，是离退休老领导老同志、各条战线、各界人士关心支持的结果，这些成绩的取得，凝聚着全县人民的努力、智慧和力量。在此，我谨代表中共河南县第十四届委员会，向所有关心、支持、参与河南县建设、发展的同志们、朋友们，表示衷心的感谢和崇高的敬意！

二、经验启示和目标要求

各位代表，回首过去的路，我们深切体会到，做好河南的事情，党的领导是根本保证。必须毫不动摇坚持和加强党的全面领导，坚定不移地维护和捍卫党中央领导核心，坚决做到“两个维护”，把党的领导贯穿于推动全县经济社会各项事业高质量发展的全过程、各方面，确保党始终总揽全局、协调各方，才能保证河南改革发展稳定各项事业始终沿着正确方向推进。高质量发展是第一要务。必须用发展的眼光、发展的思路、发展的办法解决前进中的困难和问题，抢抓发展机遇，挖掘利用一切有利条件和有利因素，把新发展理念落实到思想认识上、落实到具体行动上，才能保持经济社会又好又快发展态势，更好地满足人民群众对美好生活的向往。生态优先是发展优势。必须立足特殊的生态定位，自觉践行“绿水青山就是金山银山”理念，把生态资源禀赋作为全县经济社会发展的最大根基和优势，坚定不移走“三生共赢”的绿色发展道路，守牢生态红线和环保底线，全力打造黄河流域生态文明建设新高地，才能更好地把绿水青山转化为人民群众的金山银山。和谐稳定是发展基石。必须坚持稳定压倒一切，把安全发展贯穿经济社会发展各领域和全过程，以改革促和谐、以发展固和谐、以稳定保和谐，加快推进平安河南、法治河南建设，统筹推动国家安全各领域保持总体稳定的良好局势，坚定不移巩固好、发展好当前社会大局持续和谐稳定的大好局面，才能实现社会长治久安、经济健康发展、人民安居乐业。良好社会风气是发展动力。必须坚持正确价值取向和舆论导向，持之以恒培育和践行社会主义核心价值观，提升社会文明水平，丰富和改善人民群众精神文化生活，使崇德向善、明德惟馨的思想意识在各族群众心中扎根发芽、开花结果，形成知荣辱、讲正气、做奉献、促和谐的社会风尚。

各位代表，在劈波斩浪的奋进征程中，我们也清醒认识到，河南县的发展依然存在一些困难和问题。主要是：经济增长对投资拉动依赖性强，特色产业层次依然较低，生产经营效益和产品附加值不高；群众增收渠道窄、增收难度大；优秀年轻干部断层现象较为突出；全面从严治党责任、干部作风建设和执行力仍需进一步加强等等，需要我们高度重视，认真研究，着力破解。

展望未来，我们信心十足、斗志满怀。未来五年，全县经济社会发展机遇和挑战并存，我们正处于重要战略机遇期，迎来了国家和省州战略叠加效应集中释放、新一轮科技革命和产业变革集聚迸发、全国产业链供应链大规模深层次调整重构、制度优势和治理效能持续彰显的历史性机遇，必须增强进取意识，抓住机遇、乘势而上；我们正处于风险挑战承压期，外部环境不稳定性不确定性明显增加，区域发展竞争你追我赶，全县高质量发展还有不少短板弱项，必须增强忧患意识，把握挑战、化危为机；我们正处于跨越发展窗口期，脱贫攻坚战取得全面胜利，全面建成小康社会取得决定性胜利，乡村振兴战略全面实施，河南迈入社会主义现代化新牧区建设的崭新旅程，必须增强担当意识，狠抓落实。我们要立足县情实际，切实增强战略定力，坚定战略自信，遵循发展规律，尊重群众意愿，在危机中育先机、于变局中开新局，努力把河南的事情办得更好。

未来五年，全县工作的总体要求是：高举中国特色社会主义伟大旗帜，以习近平新时代中国特色社会主义思想为指导，全面贯彻党的基本理论、基本路线、基本方略，增强“四个意识”、坚定“四个自信”、做到“两个维护”，紧紧围绕“五位一体”总体布局和“四个全面”战略布局，准确把握新发展阶段、全面贯彻新发展理念、深度融入新发展格局，坚持稳中求进工作总基调，以推动高质量发展为主题，以深化供给侧结构性改革为主线，以改革创新为根本动力，以满足人民日益增长的美好生活需要为根本目的，全面贯彻落实“一优两高”，奋力推进“全面建设山水黄南，高质量推进‘三区建设’”，全力谱写新时代“纯净河南·幸福蒙旗”奋进新篇章，推动经济社会发展各项事业和党的建设再上新台阶，为全面建设社会主义现代化新牧区开好局、起好步。

未来五年，全县奋斗的总体目标是：按照中共十九大对实现第二个百年奋斗目标作出的“两步走”战略安排，在全面建成小康社会的基础上，到二〇三五年与全国一道实现社会主义现代化，实现建成社会主义现代化新牧区这一宏伟目标。

具体要实现以下目标：

一是经济运行保持平稳较快增长。处理好保护和发展的关系，坚持在保护的基础上适度发展，努力保持经济平稳较快增长，增长质量和效益稳步提高。到2025年，地区生产总值、规模以上工业增加值、全社会固定资产投资、一般公共预算收入、城乡居民可支配收入等主要经济指标增速名列全州前列。

二是现代生态产业体系基本确立。水产业、有机畜牧、文化旅游、蒙藏医药等特色产业加快发展，优势产业和新兴产业不断壮大，新业态和新经济模式快速发展，产业迈向中高端水平，构建起现代生态产业体系，建成高原现代有机畜牧业生产基地和最美草原蒙藏文化旅游胜地。

三是城镇牧区生活品质显著提升。新型城镇、新型牧区建设取得显著成效，城乡融合发展加速推进。交通、水利、能源、信息化等重大基础设施更趋完善，青、甘、川交界地区枢纽地位逐步显现，成为青南牧区新型城镇化和乡村振兴典范、青南精神文明高地。教育现代化、健康河南、就业创业、社会保障、文化体育等公共服务体系逐步完善。

四是纯净自然生态环境更加优美。建立生态环境保护长效机制，打赢污染防治攻坚战，积极融入黄河流域生态保护和高质量发展，成为黄河上游第一湾生态净地。单位GDP能耗下降、空气质量优良天数比例、黄河及洮河、泽曲河水质达到或优于省州下达标准。加快实现中央和省州确定的碳达峰碳中和目标。

五是社会治理现代化水平显著提升。法治政府建设全面推进，民族团结进步深入开展，社会现代文明水平大幅提升，县域社会治理创新深入推进，人民获得感、幸福感、安全感大幅提升，推动县域治理体系和治理能力现代化走在全省前列，成为全省涉藏地区社会治理示范县。

宏伟目标召唤着我们，人民期待鞭策着我们。我们要齐心协力，不懈奋斗，把握主要任务，抓住关键环节，创新工作举措，努力推动各项事业实现更好更快发展。

三、未来五年工作打算

未来五年，是我们开启全面建设社会主义现代化国家新征程、向第二个百年奋斗目标进军的第一个五年，也是全县经济社会发展进入了由高速发展向高质量发展转变的新发展阶段，我们要坚定不移以五大发展理念和习近平总书记视察青海时的重要讲话精神为指引，准确把握新发展阶段、全面贯彻新发展理念、深度融入新发展格局，全力开创经济社会发展新局面。

（一）坚定不移贯彻习近平总书记重要讲话精神。习近平总书记两次来青海考察、两次参加青海代表团审议时的重要讲话以及在庆祝中国共产党成立100周年大会上的讲话为我们奋力推进“一优两高”“全面建设山水黄南，高质量推进‘三区建设’”，全力谱写新时代“纯净河南·幸福蒙旗”奋进新篇章指明了方向、提供了遵循，我们要坚定不移贯彻好、落实好。一要加快推动高质量发展。坚定不移把高质量发展贯穿到经济社会发展的各方面和全过程，认真把握当前大好的发展机遇，充分利用一切有利条件和有利因素，切切实实把高质量发展的理念落实到思想认识上、落实到具体行动上，不断提升经济社会发展的整体效能，始终保持经济社会又好又快发展的良好态势。二要全面贯彻新发展理念。坚定践行创新、协调、绿色、开放、共享的新发展理念，把创新作为高质量发展的第一动力，厚植大众创业万众创新的沃土。把协调作为高质量发展的内生特点，注重区域协调发展，缩小城乡发展差距。把绿色作为高质量发展的普遍形态，准确处理生态保护和经济发展的关系。把开放作为高质量发展的必由之路，全面深化改革开放。把共享作为高质量发展的根本目的，用实实在在的发展成果不断满足人民群众对美好生活的向往。三要深度融入新发展格局。认真把握党中央关于新时代推进西部大开发形成新格局、推动共建“一带一路”高质量发展等重大战略机遇，主动对接黄河流域生态保护和高质量发展等区域重大战略，牢牢把握全省“四地”建设、培育“四种经济形态”、创建“五个示范省”等战略机遇，加快融入以国内大循环为主体、国内国际双循环相互促进的新发展格局，全面提升河南在全省、全州发展格局中的地位和影响力。

（二）加快构建现代产业体系。积极融入中央和省州战略规划，聚焦高端化、品牌化和特色化建设，大力培育壮大县域经济，推动实现产业基础高级化、产业链现代化。一要把水产业作为强县富县的优势产业来打造。依托黄河流域生态保护和高质量发展，千方百计做好“水”的文章，推动形成黄河上游第一湾水生态经济新业态。突出规划布局、强化市场推介、加强配套建设，持续推进“澔度”生态水产业园发展壮大，加快构建现代仓储物流、产品质量检测、研发设计、知识产权、水文化展示为一体的水产业服务体系，把生态水产业打造成集研发、生产、销售、物流、服务于一体的综合性饮用水产业集群。二要把生态畜牧业作为强基固本的传统产业来打造。加快发展壮大有机畜牧产业基础，依托国家级农畜产品地理标志，建设一批高标准养殖和加工基地，做大做强三江牧场、青清海、雪多牦牛等有机品牌，打造全域绿色有机畜产品示范县，推动实现从有机畜牧业大县向有机畜牧业强县的转变。探索创新生态有机畜牧业发展模式，加快转变传统生产养殖方式，全面提高畜牧业集约化、产业化、规模化水平。积极规划发展乡村特色产业，拓展衍生精深加工、数字经济、文化旅游等附加业态。三要把文化旅游业作为富民安民的支柱产业来打造。以全域旅游为引擎，以生态为基底，以文化为灵魂，以旅游为依托，推动文化旅游融合发展，推进旅游产业链横向对接和纵向延伸。利用夏河、碌曲、同仁高铁站引流，融入张汶高速旅游线路，形成南至兰渝、北至州域、横向青南、全省旅游的四大旅游环线，打通省内外旅游专线，构建全域旅游发展大格局，奋力打造“黄河流域上游最美大草原”旅游胜地，全面打响“纯净河南·幸福蒙旗”文旅品牌。四要把蒙藏医药作为惠民利民的特色产业来打造。依托现有优势，发展以蒙藏药材为重点的特色生物制药，构建以药材种植、中药饮片、药物制剂等为重点的现代蒙藏医药产业体系，全面提高蒙藏医药标准化、品牌化水平。加强蒙藏医药资源保护，实施蒙藏名医培育计划，鼓励蒙藏医药企业积极申请国家医药准字号，加快建设优干宁镇蒙藏医药特色小镇，努力打造全省蒙藏医药生产示范基地。五要把现代服务业作为兴县活县的新兴产业来打造。依托优越的区位和交通优势，加强与西成铁路等物流节点衔接，打通绿色有机农畜产品外运通道，加快建设仓储物流专属园区，拓展青、甘、川商贸物流节点，做大做强“河南蒙旗”电商品牌，推动商贸流通业整体升级。加快引进一批知名品牌住宿、餐饮企业，引导传统零售业向标准化、连锁化、集团化发展，推动便利店、连锁超市、网上商城等业态发展。

（三）加快推进全面深化改革。紧扣贯彻新发展理念，准确把握改革和发展的内在联系，深刻认识全面深化改革的阶段性特点和任务，使改革更好地对接发展所需、基层所盼、民心所向。一要激发市场主体活力。大力实施非公企业强优培育计划，精心筛选一批成长性好、竞争力强、发展潜力大的非公企业，通过强化用地保障、财税支持、资源倾斜等措施，坚决废除各种不合理规定，着力消除影响非公经济发展的体制性障碍。二要加快政府职能转变。进一步优化政府职责体系、理顺部门职责关系，不断完善政府经济调解、市场监管、社会管理、公共服务、生态环保等职能，实现政府职能更加优化、权责更加协调。加快建设法治型、服务型政府，全面提高政务服务标准化、规范化、便利化水平，持续深化简政放权，进一步优化营商环境，吸引更多企业、投资落地落实。三要加大对外开放力度。充分利用“南大门”的区位优势和“旱码头”的交通优势，在“一带一路”倡议中积极谋求合作，建设草原丝绸之路节点城镇和青、甘、川交界地区枢纽城镇。强化与周边地区沟通合作，发挥面向大西南开放“桥头堡”平台作用，大力发展现代物流和过境服务产业，打造服务西部陆上新通道建设的高原驿站和服务中心，推动区域公共服务一体化。

（四）加快推进城乡融合发展。积极融入全省“一群两区多点”新型城镇化发展新格局，切实找准河南在全省、全州整体规划中的定位，建设布局科学、结构合理、边界适中、功能互补、管理有序的新型城镇。一要强化国土空间管控。在“多规合一”试点县基础上，依托资源环境承载能力和国土空间开发适宜性评价，全面摸清国土空间本底条件，统筹划定落实生态保护红线、城镇开发边界等空间管控边界，合理确定城镇建设规模、空间结构、开发强度和市政基础设施布局，推动实现全县国土空间开发保护一张图。充分发掘地域、历史、民族文化底蕴和区域自然特色，着力塑造个性突出、特色鲜明的城镇新景观。二要优化城镇空间布局。以促进人口向城镇化集中为核心，以推动城镇高质量发展为导向，优化调整空间布局，提升节点承载力，加快构建“一核两心三点”城镇发展新格局，建设点状分布、规模适度、功能配套的生态型城镇，促进乡村振兴战略与新型城镇化高效衔接。全力做好国家级特色小镇创建工作，加快推进赛尔龙撤乡建镇，全力打造宁木特镇蒙藏文化特色“高原美丽城镇”，赛尔龙乡蒙古族风情小镇和南大门风情旅游地，打造“洮河源赛尔龙”和水城共融的生态文明典范。三要完善基础设施建设。围绕补短板、强弱项、提质量，全面构建交通网、能源网、水网、信息网等互联互通、高效智慧、保障有力的基础设施体系。推进公共基础设施向村延伸，重点补齐养老托育、健身休闲、医疗卫生设施短板，加快统筹城乡路网统一规划，推进实现发展成果城乡共享。

（五）加快提高社会建设水平。牢固树立以人民为中心的发展思想，扎扎实实推进民生建设工程，让经济社会发展成果更多、更公平地惠及百姓，持续提升基本公共服务均等化水平，打造人民群众高品质生活福地。一要实施教育强县战略。全面贯彻落实党的教育方针，落实立德树人根本任务，有序稳妥推进“三科”教材改革，大力推广国家通用语言文字。巩固提升基础教育质量，发展更加普惠优质的学前教育，扎实做好“控辍保学”工作，提高义务教育巩固水平，全面落实“十五年教育资助”，改善办学条件，积极推进“异地建校办学”“异地办班”，大力引进教育人才，加强师风师德建设，打造高素质专业化教师队伍，办好人民满意的教育。二要加快健康河南建设。建立健全普及健康生活、优化健康服务、完善健康保障、建设健康环境、发展健康产业的体制机制，增强卫生健康治理体系整体效能。深化医药卫生体制改革，建立覆盖城乡的基本医疗卫生制度，完善分级诊疗制度，加快县域紧密型医共体建设，提高医疗卫生服务能力。增强应对突发公共卫生事件能力，完善监测预警、应急指挥体系，改善疾控中心及传染病科室设施设备条件，建立重大疾病防控机制。三要提升社会保障水平。扎实推进社保兜底工程，进一步精准社会救助对象，提升社会救助水平，织密扎牢民生保障网络。健全完善覆盖全民、统筹城乡、公平统一的社会保障体系和救助体系。培育发展慈善和社会公益组织，探索推进政府购买社会救助经办服务工作，成立覆盖各乡镇的“残疾人之家”。四要落实就业优先政策。优化就业创业环境，加快建立县、乡（镇）、村（社）三级公共就业服务平台，建立健全更充分更高质量就业创业机制，持续加大高校毕业生、农牧区转移劳动力、失业人员和转岗职工、退役军人、新成长劳动力等重点群体的免费就业技能培训。支持和保护本土小微企业，吸纳更多劳动力就业。大力发展特色劳务品牌，促进牧区剩余劳动力转移就业，全面建立落实根治欠薪各项制度，建立和谐稳定的劳动关系。五要强化文化服务能力。高质量发展以社会主义核心价值观为引领的文化建设，加强社会主义精神文明建设，构建现代公共文化服务体系，加大蒙藏文化传承保护，规划建设河曲马博物馆。加强文物遗址保护和抢救性保护维修、非物质文化遗产传承保护力度，深入开展以爱国、感恩、团结、法治为核心的宣传教育活动，常态化举办“那达慕”等文化体育活动，不断提升城镇文化软实力，让百姓生活更丰富、精神更愉悦、身体更健康、服务更贴心。

（六）加快推进平安河南建设。始终把社会稳定作为一切工作的底线，坚持总体国家安全观，统筹国际和国内“两个大局”、境内和境外“两个形势”、传统安全和非传统安全“两个方面”，倍加珍惜和传承现有的治理成果，坚决防范和严厉打击危害国家政治安全、社会稳定的人和事，防范化解各类风险隐患，为高质量发展保驾护航。一要铸牢中华民族共同体意识。坚持和加强党对民族工作的领导，倍加珍惜和传承统战民族工作成果，广泛开展民族团结进步宣传教育，实施中华民族视觉形象工程，不断增进各族群众的“五个认同”，深入推进“民族团结进步+”融合发展，坚决防范和严厉打击破坏民族团结的人和事，推动全国民族团结进步创建成果向更高水平、更深层次、更广领域拓展延伸。坚持宗教中国化方向，努力促进宗教与社会主义社会相适应，全面提升寺院社会化管理水平。二要坚持和完善基层治理体系。健全完善“一核三治”村级治理体系，推进乡村治理体系和治理能力现代化，努力打造共建共治共享的新时代基层社会治理新格局，推动牧区社会关系更加协调、社会秩序更加规范、社会风尚更加文明、社会大局更加稳定。三要提高公共安全保障能力。完善和落实安全生产责任制，建立安全隐患排查机制，加强安全生产监管执法，有效化解安全生产风险，有效遏制重特大安全事故。提高食品药品等关系人民健康产品和服务的安全保障水平。提升洪涝干旱、森林草原火灾、地质灾害等自然灾害防御工程标准。完善应急管理体系，健全应急联动机制，加强应急物资储备，提高防灾、减灾、抗灾、救灾能力。四要加大社会治安管控力度。构建矛盾纠纷源头防控、排查梳理、纠纷化解、应急处置的多元化解机制，畅通和规范群众诉求表达、利益协调、权益保障通道，推动新时代“枫桥经验”河南化。加强社会治安防控体系建设，大力创建平安乡镇、平安村、平安寺院、平安学校，积极有序发展网格员、保安员、楼栋长等多种形式的群防群治队伍，动员社会各方面力量参与社会治理，保持社会和谐稳定。五要加快国家安全能力和体系建设。完善维护国家安全的领导体制，严格落实国家安全责任制，健全完善国家安全法治体系、战略体系、政策体系、人才体系和运行机制。加强国家安全宣传教育，增强全民国家安全意识，坚定维护国家政权安全、制度安全、意识形态安全。强化维护国家安全所需资金、物资、技术、装备等方面保障能力。健全重点领域国家安全工作协调机制，完善跨部门会商、评估和预警、危机管控等专项工作机制，完善重大决策社会稳定风险评估机制。

（七）持续深化生态文明建设。统筹山水林田湖草沙系统治理，做好黄河、湿地、山水、草原、林地“五篇文章”，倍加珍惜和传承好生态环境保护的成果，坚决防范和严厉打击破坏生态安全的人和事。一要改善环境质量。高质量打造全省“全域无废”示范县，持续深化“白色污染”治理，重点推进城镇、景区、公路沿线垃圾收集处理转运工程。全面推进水、大气、土壤污染防治行动计划，统筹推进环境保护、生态修复、污染防治。实施清洁能源替代工程，开展全域垃圾分类、无害化处置、资源综合利用、产业带动行动和农牧区人居环境整治工程，打造一批美丽“无废乡村”，巩固国家村庄清洁行动先进县创建成果。二要加强生态治理。打造以洮河源国家湿地公园为主体，黄河、泽曲河、湿地、林地、草原等为一体的自然保护地体系和以国家公园为主体的自然保护地体系示范县。启动三江源生态保护三期工程，加快山水林田湖草沙自然生态系统保护和修复，推进黄河干支流等重点流域的草原生态治理、湿地保护、水资源保护、水污染防治、水环境治理、水生态修复，打造黄河上游生态文明建设新高地，积极创建“绿水青山就是金山银山”实践创新基地，不断丰富和拓展全国生态文明示范县创建成果。三要推动优势转化。坚持绿色低碳发展，充分发挥河南丰富的生态资源、优质的草地资源和优良的畜种资源优势，积极对接省州相关部门，加快融入全省“四地”建设的整体规划，扎实推进绿色技术创新，积极培育新型产业、大力扶持清洁能源产业、持续推进生态旅游产业、做大做强生态畜牧产业，努力走出一条具有河南特色的高质量发展之路，更好地把生态优势转化为发展优势、经济优势，让生态财富更好地造福人民、泽被子孙。

（八）全面实施乡村振兴战略。坚持农业农村优先发展战略，切实把解决“三农”问题作为重中之重，按照产业兴旺、生态宜居、乡风文明、治理有效、生活富裕的总要求，坚定不移走中国特色社会主义乡村振兴道路。要倍加珍惜和传承好脱贫攻坚成果，坚决防范和严厉打击侵害群众利益的人和事。一要巩固脱贫攻坚成果。坚持有序调整、平稳过渡的原则，建立健全巩固拓展脱贫攻坚成果长效机制，做好5年过渡期内领导体制、工作体系、发展规划、政策措施、考核机制等衔接。千方百计巩固和拓展已经取得的脱贫成果，密切关注存在返贫风险和致贫风险的群众，确保脱贫群众不返贫。做好易地扶贫搬迁后续帮扶工作，进一步提升扶贫产业质量效益和竞争力，加快推进乡村产业、人才、文化、生态、组织等全面振兴，实现脱贫攻坚与乡村振兴的有效衔接。二要持续深化农村改革。落实第二轮土地承包到期后再延长三十年政策，健全“三权分置”运行机制，落实集体所有权、稳定承包权、放活经营权，建立覆盖县、乡（镇）、村的三级草牧场流转平台，统一草场经营权流转合同，规范草场流转程序。推进农业供给侧结构性改革，进一步优化牧业生产结构，加快培育牧民合作社、家庭牧场等新型经营主体，持续深化农牧区集体产权制度改革，发展多种形式适度规模经营，推动传统生产养殖方式向现代化、集约化、规模化转变。三要实施乡村建设行动。将中央“一号文件”作为推进乡村全面振兴，加快农业农村现代化的遵循，稳步推动城乡融合发展、实施乡村振兴。加快补齐乡村水、电、路、网等基础设施短板，进一步提升乡村基础设施和基本公共服务能力水平，加快提高生活垃圾、生活污水无害化处置、资源化利用水平，持续改善牧区人居环境质量。健全完善“一核三治”村级治理体系，与时俱进修订完善村规民约、居民公约，不断提升乡风文明程度，推动牧区社会关系更加和谐、社会秩序更加规范、社会风尚更加文明、社会大局更加稳定。

（九）从严从实加强党的建设。党的领导是事业发展的核心，我们要倍加珍惜和传承好现有的发展成果，把坚持和加强党的全面领导贯穿于推动全县社会经济各项事业高质量发展的全过程、各方面，坚决防范和严厉打击不守规矩、没有道德底线的人和事。一要加强思想政治建设。坚持把学习贯彻习近平新时代中国特色社会主义思想作为重大政治任务，严格落实“第一议题”制度，经常性开展思想政治教育，系统性学习党的先进理论路线方针政策，与时俱进运用党的理论创新成果武装头脑、指导实践、推动工作。建立健全党员干部常态化学习制度机制，教育引导广大党员干部崇尚对党忠诚的大德、造福人民的功德、严于律己的品德。二要加强基层组织建设。深入贯彻落实新时代党的建设总要求和新时代党的组织路线，全面推进各领域党建工作，持续巩固“抓乡促村”“一核三治”成果，下大力气强功能、抓基本、补短板，抓实抓好各领域基层党组织标准化、规范化建设，全面提升基层组织建设整体水平。督促指导各级党组织严格落实党内政治生活，规范化、常态化开展好主题党日、“三会一课”、组织生活会等，不断推动党的组织体系建设全面进步、全面过硬。三要加强干部队伍建设。坚持党管干部原则，严格执行选人用人各项规定，健全完善干部选拔、培育、管理、使用的全链条机制，把提高干部能力素质作为新时代干部队伍建设的重大任务，全力打造一支忠诚干净担当的干部队伍。坚持严管与厚爱结合、激励与约束并重，严格执行激励干部新时代担当作为、能上能下、容错纠错三项机制，真正把敢担当、善作为的干部用起来，着力培育各类人才，大力选拔优秀年轻干部，形成重视人才、爱惜人才、激励人才的良好氛围。四要加强纪律作风建设。始终坚持把纪律作风挺在前面，抓住“关键少数”，严肃党内政治生活，严明党的纪律，强化党内监督管理，以作风建设永远在路上的毅力和韧劲，纠治“四风问题”，经受住“四大考验”，防止“四种危险”，营造风清气正的政治生态，不断提高党的创造力、凝聚力和战斗力。五要严肃财经纪律。深入贯彻落实中央八项规定及其实施细则精神、省委省政府若干措施和州委州政府27条措施，统筹抓好财政、税收、审计等工作，把各方面资金管好用好，切实防范金融风险，把过紧日子的要求落到实处。六要加强民主政治建设。坚持党的领导、人民当家作主、全面依法治县有机统一，不断巩固和发展民主团结、生动活泼、安定和谐的政治局面。坚持和完善人民代表大会制度。坚持和完善中国共产党领导的多党合作和政治协商制度，发挥社会主义协商民主独特优势，提高建言资政和凝聚共识水平。持续完善大统战工作格局，巩固和发展大团结大联合局面，发挥工会、共青团、妇联等人民团体作用，把各自联系的群众紧紧凝聚在党的周围。

东方风来满眼春，风起扬帆正当时。各位代表，辉煌的发展成就鼓舞人心，美好的发展前景催人奋进，让我们更加紧密地团结在以习近平同志为核心的党中央周围，高举中国特色社会主义伟大旗帜，在省委、州委的坚强领导下，锚定目标谋新篇，提振精神再出发，加快建设社会主义现代化新河南，向第二个百年奋斗目标奋勇前进！

政府工作报告

——在河南蒙古族自治县第十五届人民代表大会第七次会议上

河南县人民政府县长　钢　夫

（2021 年 3 月 3 日）

一、“十三五”和 2020 年主要工作回顾

“十三五”时期是河南县经受大考验，全面大发展，蓄势大赶超的五年。五年来，面对复杂多变的国内外经济形势、艰巨繁重的改革发展稳定任务，特别是新冠肺炎疫情冲击下，全县上下始终坚持以习近平新时代中国特色社会主义思想为指导，在州委、州政府和县委的坚强领导下，在县人大、县政协的监督支持下，坚持稳中求进工作总基调，全面贯彻落实新发展理念，奋力推进“一优两高”，全面建设山水黄南，高质量推进“三区建设”，扎实做好“六稳”工作，全面落实“六保”任务，团结带领全县各族人民，砥砺奋进、开拓进取，圆满完成了“十三五”期间各项工作任务，向高质量打造“纯净河南·幸福蒙旗”迈出了坚实步伐。呈现出以下特色亮点：一是经济发展稳中向好。全县地区生产总值年均增长 10.13%，固定资产投资年均增长 17.69%，地方公共财政年均增长 7%，社会消费品零售总额年均增长 12%，全体常住居民人均可支配收入年均增长 9.59%，人均收入均高于州平均水平。二是脱贫攻坚成效显著。2017 年顺利通过国家评估验收，实现全县 16 个贫困村、1440 户 5400 名建档立卡贫困人口稳定脱贫目标，成为全国第一批脱贫“摘帽”县，荣获全国扶贫系统先进集体。三是生态治理有序有效。首创推行县级干部生态恢复责任田，划定 41 块 6466.67 公顷退化最严重的黑土滩，通过科学治理，恢复成牧草生长最好的草场；在巩固提升 16 年禁塑成果的基础上，协调推进“互联网+智慧畜牧业”建设，生态治理进入大数据时代。四是基础设施提档升级。乡镇“九有”工程实现全覆盖。牧区饮水安全进一步巩固提升。实施 17 个电力项目，实现村村通电。39 个行政村实现 4G 网络全覆盖。农村公路通车总里程达 1443 公里，行政村通班车率达到 100%，全面实现“村村通公路”的目标，2019 年被评为省级“四好农村路”示范县。五是城乡建设不断融合。实施城镇化及城镇基础设施项目 61 项，总投资 8.32 亿元，顺利完成“多规合一”省级试点工作，29 个行政村初步达到小康示范村建设标准，县城街道亮化率达到 98% 以上，初步建立农村环境连片整治项目长效运行管理机制，托叶玛乡完成恢复建制工作，新型城镇化建设格局初步形成。六是产业发展持续提升。绿色产业体系初步形成，不断探索“企业+合作社+牧户”的产业化运作模式。完成 5 个有机畜产品生产基地、23 处特色标准化养殖示范场建设。“雪多牦牛”“欧拉羊”入选国家畜禽遗传资源名录。成功举办“那达慕”盛会及系列活动 280 余场次，累计接待旅游人数达 660.28 万人次，旅游综合收入 5.06 亿元。七是民生保障明显加强。公共财政用于民生比例每年保持在 70% 以上，教育、卫生、就业、社会保障等各项民生得到显著改善。扎

实推进分级诊疗制度，推动医共体有机结合，养老保险、基本医疗保险、生育保险、工伤保险、失业保险参保率均达到100%，城镇登记失业率为1.76%。八是综合治理稳定有序。县乡村三级综治中心建设完成，人民调解组织更加健全，法律服务体系更加完善，民族团结进步创建成果不断巩固，“七五”普法全面完成，扫黑除恶专项斗争实现“破零”，先后荣获第四批全国法治示范县、第六批全国民族团结进步创建示范县和全国民族团结进步模范集体的称号。

各位代表，过去的2020年是极具挑战和困难的一年，面对突如其来的新冠肺炎疫情，我们在县委的坚强领导下，全县各级干部迎难而上、担当有为，综合实力得到质的提升，各项指标创历年新高，在2020年度州级目标考核中荣获优秀领导班子，同时，也荣获了全国民族团结进步模范集体、国家级农业科技园示范区、国家自然草原公园试点县等5项“国字号”荣誉称号，为开启“十四五”新征程交上了一份非同寻常、特殊考验之年的好答卷。全年完成地区生产总值20.46亿元，增长5.1%，其中：第一产业10.15亿元，增长5.1%；第二产业3.63亿元，增长9.6%；第三产业6.68亿元，增长2.6%。完成固定资产投资12.26亿元，增长16.1%，社会消费品零售总额1.66亿元，增长1%，地方公共财政预算收入3903万元，同比增长18.92%，地方公共财政支出19.16亿元，增长13.79%，全体常住居民人均可支配收入20072.8元，增长7%，城镇、农村常住居民人均可支配收入分别为35131.6元和12708.3元，分别增长4.9%和7.3%。

一年来，我们做了以下工作：

（一）疫情防控取得阶段性成果。面对新冠肺炎疫情，我们始终坚持人民至上，生命至上，紧紧依靠全县人民，同舟共济、科学防治、精准施策，建立落实联防联控、群防群控机制，因时因势调整工作着力点和应对举措，创新使用红黄绿三色温馨提示卡管理制度，运用综治中心指挥平台对县乡村三级疫情防控进行监测，打了一场出色的抗击疫情总体战、阻击战，取得了抗击疫情重大战略成果。全县设立82个疫情防控检测点，设置“三区两通道”，投入疫情防控资金982万元，自愿交纳“特殊党费”、爱心捐款捐物共计285.95万元。率先在青南牧区完成核酸检测实验室建设并投入使用，实现县域医疗机构采样培训全覆盖，全力抓好进口冷链食品监测，有序开展疫苗接种工作，坚决切断疫情传播途径。统筹推进复工复产复学，实现疫情防控与经济社会发展“两手抓、两不误”，以责任和担当筑牢了疫情防控“铜墙铁壁”，坚决守住了“零输入、零扩散”的底线。

（二）脱贫攻坚取得全面性胜利。严格落实“四摘四不摘”要求，扎实开展“九大后续巩固提升行动”“补针点睛”专项行动，脱贫攻坚中央专项巡视“回头看”、成效考核反馈的3类42个问题全部实现整改销号。“十三五”光伏扶贫项目率先并网投用，率先实现确权，率先实现收益分配560万元。22项富民产业项目逐步走向规范化，村集体经济全部实现“破零”。新增林业管护员204名，941户易地扶贫搬迁户“一户一岗”达到100%。落实“两非户”精准防贫保险金160万元，为符合条件的45户发放防贫保险金75.6万元，探索建立了“未贫先防”的工作机制。扎实推进脱贫攻坚与乡村振兴有效衔接，水电路网基础设施短板基本补齐，公共服务水平全面提升，绝对贫困和区域性贫困得到历史性解决，脱贫攻坚取得了全面胜利。宁木特镇人民政府荣获全国脱贫攻坚先进集体，陈敏同志荣获全国脱贫攻坚先进个人荣誉称号。

（三）生态文明取得长足性成效。始终坚持“两山”理念，全面完成中央两轮环保督察及州委、州政府重点领域排查反馈问题整改工作。实施完成了清洁供暖改造任务和县级水源地标准化建设。完成国土绿化任务234.67公顷，封山育林2666.67公顷，公益林、天然林管护任务22.63万公顷。稳步推进投资6913万元的畜禽粪污资源化利用项目、5100万元的“全域无废”示范项目、天津援建800万元的垃圾分拣厂项目等，积极打造全省首家全域无废示范县。全力融入国家公园示范省建设，已获批蒙旗阿木赫国家草原自然公园试点建设，吉岗山省级风景自然公园申报成功。持续推进“禁塑令”、县级干部责任田、农牧区人居环境综合整治、“洁净美”十大专项行动等一系列创新务实举措，荣获全国村庄清洁行动先进县，被评为国家生态文明建设示范县。

（四）绿色产业取得突破性发展。积极创建国家农业科技园区，成为第9批国家农业科技园区之一，完成1家省级和2家州级龙头企业培育工作。荣获全国有机产品（高原牦牛、欧拉羊）基地，“雪多牦牛”荣获农产品“国字号”地理标志认证。在原有特色产品的基础上，进一步研发有机牛羊肉、冰激凌、头骨工艺品、羊毛被、针织品、羊肚菌、有机肥料等新产品。成功举办第21届“那达慕”暨草原牧民运动会46场，年内完成旅游投资达1.35亿元，旅游接待人数达113.2万人次，旅游总收入达1.44亿元，文化产业收入达5482万元，民族手工业销售收入达783万元。大力发展“地摊经济”，开办“草原之约”夜市广场，做活“周末市场”，每周五在阿柔集市进行集中展销，累计销售额达511.7万元。初步规范活畜交易市场，旺季日均交易量可达1000头（只），日交易额500万元以上，成为县域经济发展新的增长极。

（五）项目建设取得实效性增长。扎实开展“百日攻坚”“会战黄金季”“夏秋季攻势”等专项行动，全年新续建项目129项，总投资27.94亿元，已建成91项。完成宁木特镇第一寄宿制完小整体搬迁、宁木特镇第三寄宿制完小综合教学楼、敬老院改建、洮河水污染防治、巴彦乌拉路排水管网改造、城西片区巷道整治工程、优干宁镇至泽库县多禾茂公路、河鄂公路、宁木特镇卫生院整体搬迁、河南县游客集散中心等项目建设。全面完成2829座“厕所革命”建设任务，完成7项天津援建项目并交付使用。宁木特镇高原美丽城镇建设落实整合项目17个，总投资达4.1亿元，被省住房和城乡建设厅评定为全省优秀奖第一名。牢固树立“走出去、引进来”的理念，积极参加第二十一届“青洽会”，主动与青海省内蒙古商会进行合作，签约资金达4.06亿元，招商引资工作成效显著。

（六）民生福祉取得持续性改善。始终把人民对美好生活的向往作为我们的奋斗目标，将增进民生福祉作为一切工作的落脚点，全县财政用于民生支出达14.98亿元，民生支出占78.22%。年初向全县人民承诺的十项42件民生实事已全部兑现。就业创业不断提高。扎实开展稳就业“四送”活动，全面落实就业创业政策，城镇新增就业262人，农牧民劳动力转移就业1800人，城镇登记失业率为1.23%。教育事业不断优化。全面推进“三科”教材改革工作，常态化开展“三科”教师队伍培训，异地办班工作稳步有效，落实教育基础设施资金7054.6万元，着力补齐中小学基础设施建设短板，九年义务教育巩固率达96.16%，各阶段贫困家庭学生资助覆盖率达100%。县民族中学学生中考成绩连续3年位居全州榜首。医疗服务不断提升。建立电子健康建档率92%，家庭医生签约率55%，重点人群签约率72%，建档立卡脱贫户签约率、履约率均为100%。医共体建设中远程诊疗技术层面实现“零”突破。加大县乡两级蒙藏医药体系建设，各乡镇卫生院实现中藏医馆全覆盖。社会救助不断加大。以规范城乡救助体系为重点，发放农村城镇低保金3395.28万元，特困供养金627.67万元，临时救助金2253.23万元，残疾人两项补贴211.11万元。社会保障不断完善。建档立卡户基本医疗保险参保率达100%，政策享受率达100%，住院报销率达90%，全县居民参保率达98%。加大“三项指标”核查力度，追缴冒领养老金6.77万元，更换社会保障卡1.79万张，总持卡率达到99%。基础设施建设不断升级。全县实现城乡公交一体化，全面推行“路长制”，养护农村公路1443.61千米，完成各类交通公路建设93.6千米。实施饮水安全巩固提升工程惠及群众1.75万人，牧区自来水普及率达75%。实施6个农村电网改造项目，解决了308户群众用电问题。加快推进数字化建设，累计建成移动网络基站300余个，39个行政村移动网络实现全覆盖。延伸“惠农通”至各乡镇、村社，39个行政村服务点实现全覆盖。社会治理体系不断健全。以“一核三治”

模式为载体，实现县乡村三级综治中心标准化建设全覆盖。深入推进平安河南建设，扫黑除恶专项斗争扎实有效，从“六清”向“六建”稳步推进，严厉打击各类违法犯罪活动，侦破各类案件109起，破案率同比上升24.38%，刑事案件侦破工作居全州第一。聘请7名专业律师顾问，县政府聘请1家律师事务所，实现“一村一法律顾问”全覆盖。积极打造县级矛盾调解中心，以“下基层转作风、担使命履职责”活动为抓手，加大矛盾纠纷排查化解力度，信访事项按期办结率达75%，群众满意度达93%。全县安全生产状况保持稳定，社会大局稳定向好，人民群众安全感不断提升。

各位代表！回望走过的历程，我们取得的一切成绩和进步，归功于以习近平同志为核心的党中央坚强领导，归功于习近平新时代中国特色社会主义思想科学指引，归功于省委省政府、州委州政府坚强领导、大力支持，归功于县委统揽全局、科学决策，归功于县人大、县政协指导监督、支持协作，归功于历届领导班子辛勤付出、共克时艰，归功于全县各族人民团结拼搏、积极作为，也归功于农业农村部、天津市、省州驻县各单位和社会各界真心相助、真情帮扶。在此，我代表县人民政府，向全县各族干部群众，向人大代表、政协委员和离退休老干部，向各人民团体、工商联和省州驻县各单位、部队官兵、公安干警、消防队员，向所有关心、支持河南县发展的各级领导和社会各界朋友，致以崇高的敬意和衷心的感谢！

各位代表！回首过去，我们信心满怀；展望未来，我们整装待发。面对新的历史起点和新的历史任务，我们也要清醒地看到短板和不足，主要表现在：经济总量较小、产业结构不优，加快高质量发展任务艰巨；生态保护形势依然严峻，生态文明建设任重道远，“绿水青山”向“金山银山”转化通道尚未打通；科技和人才基础薄弱，创新驱动不强，产业链条集聚效应、产业融合叠加效应不足，河南典型特色文创产品的研发有待提高；公共服务供给仍需加强，医疗、教育、社保等领域与人民群众的期盼还有一定差距；少数干部服务意识不强、精神状态不佳，抓落实、转作风还需进一步加强等等。我们必须正视问题、直面矛盾，以奋发昂扬的精神状态、扎实进取的工作作风、只争朝夕的拼搏劲头，努力把政府工作做得更好。

二、2021年重点工作任务

各位代表，今年是中国共产党建党100周年，“十四五”规划开局之年，做好今年工作意义重大。政府工作的总体要求是：要以习近平同志为核心的党中央坚强领导下，以习近平新时代中国特色社会主义思想为指导，全面贯彻中共十九大和十九届二中、三中、四中、五中全会及中央经济工作会议、中央农村工作会议、省委十三届九次全会和州委十二届十一次全会精神，按照县委十四届九次全会部署，坚持稳中求进工作总基调，立足新发展阶段，贯彻新发展理念，服务新发展格局，紧扣“12345”[①]总体要求，主动融入国家和省州重大战略，以推进“一优两高”为主题，以深化供给侧结构性改革为主线，巩固拓展疫情防控、脱贫攻坚和经济社会发展成果，扎实做好“六稳”工作，全面落实“六保”任务，全面建设“山水黄南”，高质量推进“三区建设”，实现乡村全面振兴，高质量打造共同富裕的黄南样板，在谱写“纯净河南·幸福蒙旗”新篇章中，确保“十四五”开好局，以优异成绩庆祝建党100周年。

今年全县经济社会发展主要预期目标为：一是经济增长目标。地区生产总值增长6.5%。其中，第一产业增加值增长5%，第二产业增加值增长7%，第三产业增加值增长7%。二是发展支撑指标。地方公共财政预算收入增长5%以上，固定资产投资增长7%，社会消费品零售总额增长7%，文化产业收入增长8%，旅游总收入增长10%。三是民生保障指标。全体常住居民人均可支配收入增长6.5%，城镇新增就业260人以上，农牧区劳动力转移就业1800人次以上，城镇登记失业率、居民消费价格涨幅控制在省定目标以内。四是生态环保指标。全县空气质量优良天数比例达到90%以上，黄河出境断面水质和集中式饮用水水源地水质优良率达100%，PM2.5、PM10平均浓度持续下降，城镇污水和生活垃圾无害化处理率持续提升，节能减排指标控制在省定目标以内。

为实现上述目标，我们必须解放思想、实事求是，在竭尽全力抓好常态化疫情防控的前提下，发扬“为民服务”孺子牛精神、“创新发展”拓荒牛精神、“艰苦奋斗”老黄牛精神，重点做好七个方面的工作。

（一）坚持守住生态红线，着力实现高质量发展新境界。坚持绿水青山就是金山银山的理念，大力推进生态文明建设，积极创建“两山”实践创新基地，促进经济社会发展全面绿色转型，让生态文明成为河南县靓丽的名片。

突出生态优先。深刻汲取木里煤矿非法采矿教训，统筹山水林田湖草综合治理、系统治理、源头治理，积极融入黄河流域生态保护与高质量发展国家战略，全力打造黄河流域生态保护和高质量发展试点县。加快推动《河南县野生动植物保护管理办法》立法进程。全力实施好三江源生态保护工程，持续推进小流域水土流失综合治理工作。深入实施国家公园示范省建设“三步走”[②]战略，高质量做好洮河源国家湿地公园、蒙旗阿木赫国家草原自然公园、吉岗山省级风景公园保护建设，健全自然保护管理体制，提升县域绿色发展水平。

加强生态保护。全力稳定水量水质、改善生态环境、建设美丽河湖，持续抓好克其合滩草原生态共同治理，认真研究制定克其合滩草原保护与管理方案。严格落实水资源“三条红线”[③]，不断深化饮用水源地保护。持续加强河湖岸线管理力度，以最严格的制度扎实推动“河（湖）长制”工作。实施好投资4040万元，投资1.07亿元的泽曲河、延曲河等河道治理项目，加快推进生态人工湖建设，实现泽曲河水质由Ⅲ类向Ⅱ类提升。全面实施国土绿化巩固提升三年行动，治理退化草原1.8万公顷，完成绿化940公顷，实现蓝天常新、碧水长流、土壤常净。

强化污染防治。以国家“碳达峰”“碳中和”为目标，坚决打好污染防治攻坚战，积极编制《河南县碳排放峰值达峰行动方案》，全力实施清洁能源替代工程，实施好投资1950万元乡镇清洁能源供暖项目，着力打造清洁能源示范县。加快推动“三线一单”成果落地运用，深化生态环境损害赔偿制度和综合行政执法改革。严格执行《河南县水土气污染防治工作方案》，继续开展建筑工地“6个100%”扬尘治理，全力推动明厨亮灶专项治理向乡镇延伸。加强水土气污染管控和治理能力，突出做好医疗废弃物集中处置，强化砂石料场监管，抓好废弃矿山恢复治理。加快推进城镇生活垃圾分类处理，解决推广适合三江源地区的乡村垃圾处理技术。

（二）坚持优化产业结构，着力构建高质量发展新格局。坚持以新发展理念为指引，优化发展路径，创新发展举措，提升发展能力，全面推动产业高质量发展。

做强有机畜牧产业。结合创建绿色有机农畜产品示范州三年行动，率先打造绿色有机农畜产品示范县，积极打造青、甘、川活畜交易集散中心，努力创建国家特色畜产品优势区。高质量建设雪多牦牛和欧拉羊保种繁育基地，加大河南县牦牛藏羊原产地可追溯工程试点建设项目力度，实现优质资源的规模管理、合理利用。继续推进有机生态畜牧业合作社股份制改制工作，探索合作社联动经营模式，加快推进生态畜牧产业转型升级，衍生生态畜牧产业链，提升生态畜牧产业附加值。积极开发雪多牦牛、欧拉羊系列产品，做活做强三江牧场、青清海、瀞度矿泉水等有机产品体系。全力实施奶业战略，持续加大阿米雪品牌扶持力度。推动畜牧业生产、加工、流通高质量发展体系建设，形成产出优质、加工高效、流通优价的新格局。强化基层兽医队伍建设，认真抓好动物疾病防控工作，加强畜产品质量安全监管，强化“三品一标”[④]认证，持续提升畜产品品牌价值和市场优势，不断打响“天赐蒙旗·全域有机”品牌。

做活文旅融合产业。以全域旅游示范区创建工作为切入点，充分挖掘和发挥蒙藏文化和黄河上游“最美大草原”资源优势，推进旅游产业向纵横延伸，融合向县域外发展。实施好投资980万元的李恰如山景区和投资1000万元的黄河大峡谷景区建设，扎实开展文化旅游提升行动，全力推动白螺湖、瀞度两处AAA级景区提标升级。依托黄南州被列入第一批国家文化和旅游消费试点城市为契机，积极争取创建河南县为第一批国家文化和旅游消费试点县。继续加快文创产品开发力度，进一步加大产品研发、产品销售链，打造具有河南独特（文化）的文创品牌。扎实开展庆祝建党100周年活动，高质量办好第22届“那达慕”系列活动，重点做好第二届冬季那达慕和首届草原机车拉力赛等各项活动，丰富文化旅游产品供给，强化文旅宣传营销，持续提升文化旅游热度。

做优蒙藏医药产业。以推进中藏医药传承发展为契机，加大蒙藏医药人才培育力度，建立完善育才、引才、用才工作机制。将民族医药纳入特色文化旅游产业当中，大力开发和培育蒙藏药种植、饮片、制剂、炮制等，创新探索蒙藏医药新模式，全力建设蒙藏医药特色产业小镇建设，实现蒙藏医药发展和经济效益双丰收。加快推进蒙藏医院制剂中心和药浴楼项目投入使用，持续壮大基层卫生院蒙藏医药力量，推进蒙藏医药向家庭和社会延伸。

（三）坚持项目牵引带动，着力提升高质量发展新动能。紧紧围绕抓项目、广招商、强服务、解难题，积极发挥职能作用，全力以赴保市场主体，营造良好发展环境。

锚定目标促发展。根据《中共河南县委关于制定国民经济和社会发展第十四个五年规划和二〇三五年远景目标的建议》，编制了《河南县国民经济和社会发展第十四个五年规划和二〇三五年远景目标纲要（草案）》，确定了“十四五”期间全县经济社会发展指导思想、总体布局、主要目标和重点任务，在此基础上，再奋斗十年，到2035年，全县经济发展水平、科技进步水平、创新发展能力、综合实力将大幅提升，经济总量和城乡居民人均可支配收入将再迈上新台阶。绿色产业竞争力显著增强；城乡全面融合、牧区全面振兴，城乡区域发展差距和居民生活水平差距显著缩小；黄河上游生态屏障更加牢固；教育、卫生、文化服务和社会保障体系更加完善；全面实现社会治理体系和治理能力现代化。

坚定不移抓项目。按照“谈成项目抓签约、签约项目抓开工、在建项目抓进度、竣工项目抓达效”的目标，实行项目目标管理责任制，落实“周安排、月调度、季总结”的工作机制，完善县级领导联系重点项目建设制度，提高项目开工率和投产率。持续开展重点项目提速攻坚行动，今年新续建项目91个，重点推进河南县通用机场建设、四星级宾馆，扎实做好同赛公路协调工作，争取落实乌玛高速河南至玛沁段。全力实施好投资2150万元的汽车站整体搬迁项目，3105万元的优干宁镇北环路南延伸段道路整治项目，确保项目投资持续增长。

多措并举建平台。以国家农业科技园区为抓手，积极整合农畜产品科技示范园、扶贫产业园、蒙藏医药产业园等资源，探索“园区+企业+合作社+牧户”模式，大力培育品牌、扶持龙头企业，努力培育经济发展新的增长极。推动传统消费改造升级，加快传统百货、购物中心、商业步行街提升改造，打造新型商业综合体、进口商品直销平台，鼓励发展生鲜超市，拓展夜间经济、假日消费。加快家政服务、快餐配送、体育健身等现代服务业发展，培育智能消费、信息消费、电商直播等商业新模式。大力推进大数据平台建设和区块链应用，推动发展动能转换升级。

（四）坚持城乡统筹发展，着力打造高质量发展新形象。坚持城乡融合、内外兼修、建管并重，全力优化空间布局、提升功能品质、改善人居环境，推动城乡建设迈上新台阶。

以新型城镇化为引领。加快推进国土空间规划编制工作，扎实完成生态红线、城镇开发边界等管控空间，稳步推进3000万元城乡建设用地增减挂钩项目。以部省共建高原美丽城镇示范省试点工作为抓手，加快推进投资4.1亿元的宁木特镇高原美丽城镇建设项目，实施好投资2.65亿元的河南县商业步行街及察罕丹津大街风貌改造项目和投资1.8亿元的河南县综合商业街建设项目。积极推进高原美丽宜居乡村建设项目和牧民居住条件改善工程，实施好投资1362万元的柯生乡生态美丽乡镇建设，不断打造城镇新形象。积极争取赛尔龙乡撤乡建镇，优化城乡功能布局，提升城镇新品位。

以乡村振兴为动力。严格落实“四不摘”要求，巩固“两不愁三保障”成果，健全完善防止返贫动态监测和帮扶机制，持续加强产业培育、就业技能培训扶持力度。扎实做好易地搬迁后续工作，进一步完善配套基础设施和公共服务，真正让搬迁群众稳得住、有就业、能致富，实现脱贫攻坚向全面推进乡村振兴平稳过渡。积极规划发展乡村特色产业，实施畜牧业提升行动，拓展衍生精深加工、数字经济、文化旅游等附加业态，进一步完善全产业链支持措施。坚持上接天线、下接地气，先规划、后建设，统筹推进乡村规划编制工作，不断完善乡村水电路讯等基础设施。加强乡村人才队伍建设，强化牧民群众教育培训，积极吸引各类人才投身到乡村建设。

以环境整治为支撑。深入开展农牧区人居环境综合整治工作和“洁净美”十大专项行动及爱国卫生运动，全面实施“禁塑令”，全力打造星级厕所，突出抓好河道、草原、道路、巷道、厕所干净专项整治。加大草管员、林管员、河湖管员力量整合，不断完善规章制度，实现山水林田湖草系统环境卫生综合整治常态化、规范化、制度化。大力弘扬社会主义核心价值观，强化生态环境和绿色价值观教育，鼓励群众讲卫生、树新风、除陋习。

（五）坚持深化改革创新，着力激发高质量发展新活力。突出创新核心地位，努力破解要素瓶颈，不断增强河南县经济高质量发展的内生动力。

推进重点领域改革。统筹推动国有林场、供销社等领域改革，重点抓好自来水站、汽车站和公车第三方运营改革工作。继续深化财税金融改革，推进财政事权和支出责任划分改革，进一步健全财政收支预算管理，加快建成全方位、全过程、全覆盖的预算绩效管理体系。牢固树立过“紧日子”思想，一般性支出再压减15%，“三公”经费再压减5%，加强政府采购预算约束，严控追加支出“口子”，加强财务质效管理，盘活存量资金，优化支出结构，提高资金使用效益。

持续优化营商环境。全面推进“放管服”“证照分离”“审批破冰”等改革工作，将工程建设项目审批、企业、个体户设立登记时间分别压缩到30个工作日、2个工作日和半个工作日，优化服务效能，提升服务水平。加快构建社会信用体系，稳步推进信用体系二期平台建设，构筑“守信者行遍天下，失信者寸步难行”的社会诚信体系。严格落实减税降费、降本减负政策，加强对中小微企业的普惠性扶持，提振实体经济发展信心。

扩大对外开放融合。制定《河南县招商引资优惠政策》，进一步放宽和鼓励民间资本市场准入。充分利用青洽会、津洽会及特色产业推介会等平台，开展精准招商，优化招商层次和水平。深化与农业农村部、天津、内蒙古、海西等地区（部门）的合作交流，增强借梯登高能力。发挥过境跨省交通网络汇集优势，促进边界经济、跨省经济联建共促，高质量打造三省接合部“旱码头”“桥头堡”、商贸物流集散中心。

（六）坚持保障民生改善，着力共享高质量发展新成果。坚持以人民为中心的发展理念，把增进民生福祉作为出发点，用心用情用力解决群众“急难愁盼”问题，让河南县发展更有“温度”，民生幸福更有“质感”。

坚持就业优先。落实积极的就业创业政策，完善促进创业带动就业机制，扩大就业容量，提升就业质量。加强创业就业孵化实训基地平台建设，实施精准就业培训，大力发展第三产业和劳务经济，鼓励和引导高校毕业生及富余劳动力重点群体创业就业。加大专项行动和执法力度，确保农民工工资按时足额支付。

兜牢民生底线。持续落实社保减负政策，推进社保提标扩面工作，进一步完善政府购买养老服务政策。健全完善困难人员救助机制，统筹做好社会救助、社会福利等工作，加大城乡无供养老人、孤儿、残疾人等群体帮扶力度，着力改善城乡低收入群体生活。深化殡葬领域改革，推进殡葬事业健康发展。强化退役军人服务保障，精心做好优待褒奖、权益维护、服务管理等工作。

提升教育质量。落实15年教育资助政策，全面提升普惠性学前教育，持续抓好教育改革发展工作，提升教育规范化、科学化管理水平，优化教师队伍结构，提升教师队伍专业素质，促进教育优质均衡发展。优化教育布局调整，实施好投资6041万元的第二幼儿园等11个项目，实施好宁木特镇第一完小搬迁，第三完小回迁工作。充分用好乡村振兴政策红利，积极争取在省内异地建校办学，提升办学水平。继续办好天津、内蒙古异地高中班。

建设健康河南。加强疾病预防控制和重大公共卫生服务体系建设，常态化做好疫情防控各项举措，坚决守住“零输入、零感染”的底线。大力推进和发展“互联网+医疗健康”，全面提升整体县域内信息化建设。推进医药卫生体制改革，深化“五医联动”，加强医保资金监管。加快推进投资1.3亿元的县医院整体搬迁项目，不断改善公立医院基础设施建设，提升中蒙藏医适宜技术服务水平，全面带动基层医疗机构服务水平。进一步加强重大动物疫病防控工作力度，高质量完成春秋季强制免疫和各类生物疫苗的接种工作，从源头杜绝重大动物疫病的发生。加大居民饮用水健康宣传教育，加强饮用水监测和水源地保护力度，稳步推进投资天津援建资金1100万元的供水厂提标改造项目，配齐城乡供水消毒设施。

繁荣文体事业。统筹抓好文化体育惠民工程，结合青海河南蒙古大营建设，全力打造“那达慕”主题公园和赛马之乡，实现天天有活动，月月有赛事。持续加强对非物质文化遗产传承、保护和利用，积极探索利用“线上+线下”新模式，扎实开展“非遗过大年、文化进万家”、文艺轻骑兵优秀节目网络展演活动，充分发挥新时代文明实践中心作用，打造一支群众身边暖心永驻的志愿服务队伍，促进文化事业繁荣发展，丰富人民群众精神文化生活。

各位代表，今年我们继续按照民生实事“群众提、大家定、政府办”的理念，面向全社会广泛征集了民生实事项目，从中梳理确定了教育强基、城镇建设、民生保障等10类30项民生实事工程。这些民生实事工程，是对全县人民的郑重承诺，我们一定带着责任、带着感情，瞄准人民群众所急所忧所盼，用情用心用力多办一些造福群众的实事，说到做到、办就办好，让河南的各族群众更有获得感、幸福感、安全感！

（七）坚持创新社会治理，着力巩固高质量发展新局面。坚持“三治”融合，加快构建社会协同、公众参与、人人共享的社会治理共同体，维护社会和谐安定。围绕涉藏社会治理示范区建设，巩固提升“一核三治”社会治理河南样板，加快建设“雪亮工程”，加强治安防控“五张网”[5]建设，稳步推动宁木特镇派出所业务用房建设项目。全力推进依法治县工作，深化“法律七进活动”，全面开启“八五”普法工作。筑牢民族共同体意识，实施“民族团结进步+”融合发展行动，持续推进寺院社会管理规范化建设，依法加强民族宗教事务管理，不断提升全国民族团结进步示范县创建成果。巩固扫黑除恶专项斗争成效，以“零容忍”态度继续深挖彻查严打各种黑恶势力，加强社会治安管理，高压严打违法犯罪行为，妥善处置各种突发事件。坚持和发展新时代“枫桥经验”，继续发挥法律顾问作用，有效开展“一村一法律顾问”工作，深入推进信访法治化建设，加快推动县级人民调解中心投入使用，持续开展信访积案化解攻坚行动，把人民调解、行政调解、司法调解有机结合，强化“三无”创建。严格落实安全生产责任制，强化全县安全生产专项整治三年行动，加大安全隐患排查整治力度，深入开展第一次全国自然灾害综合风险普查工作，提高应急管理、防灾减灾救灾能力和水平，坚决防止各类自然灾害和安全事故发生。深入开展食品药品安全“四个最严”要求专项行动，保障群众饮食用药安全。

同时，我们要统筹做好国防动员、国防教育、双拥优抚、民兵预备役工作。持续抓好第七次全国人口普查后续工作。支持群团组织改革发展，引导支持社会组织、志愿服务、慈善事业发展，切实保障妇女、儿童、老年人、残疾人合法权益。做好宗教、科普、地震、气象、消防、史志、红十字等工作，努力促进各项事业全面进步。

三、加强政府自身建设

新时代、新使命对政府自身

建设提出新的更高要求。我们必须把全面从严治党要求落实到从严治政之中，切实增强“四个意识”，坚决维护以习近平同志为核心的党中央权威，持续提升执政能力和水平，努力建设让人民满意的法治政府、务实政府、廉洁政府和服务型政府。

强化政治建设。旗帜鲜明讲政治，坚持将党的全面领导贯穿于政府各领域、全过程，严守政治纪律和政治规矩，严格执行重大事项请示报告制度，坚决贯彻落实州委州政府和县委的决策部署，不断提高政治判断力、政治领悟力、政治执行力。全面贯彻落实新发展理念，始终厚植人民情怀，切实担负起新时代的历史使命，不断增强对党忠诚、为党分忧、为党尽职、为民造福的政治担当，永葆共产党人的政治本色。

强化法治建设。切实把依法行政作为政府工作的基本准则，推动政府系统工作人员自觉遵法学法守法用法。自觉接受人大法律监督、工作监督和政协民主监督，认真办理人大代表建议和政协提案。自觉发展协商民主，广泛听取各民主党派、工商联和无党派人士意见，发挥工会、共青团、妇联等群团组织联系群众的桥梁和纽带作用。完善政府内部层级监督和专门监督，全面推进政务公开，让权力在阳光下运行。

强化廉政建设。严格贯彻中央八项规定及其实施细则精神，深化廉政风险防控，坚决查处发生在群众身边的“四风”和腐败问题。严格落实“三重一大”相关规定，加大重点领域和关键环节监督力度，开展林业和草原资金使用及项目实施情况审计，有效预防和遏制腐败现象发生。强化过紧日子思想，厉行勤俭节约，严格预算管理，集中财力保工资、保运行、保民生，树立干部清正、政府清廉的良好形象。

强化能力建设。要大力弘扬工匠精神，积极培养领导干部“七种能力”[⑥]提升，以钉钉子的精神抓好各项工作落实。稳步推进天津援建资金1200万元的“人才公寓”建设项目，全力落实干部体检，着力改善干部职工工作和生活环境，研究制定临聘人员待遇保障工作，不断完善临聘人员考核办法，全力营造干部职工想干事、能干事、干成事的良好氛围。充分发挥老干部作用，进一步完善干休所基础设施建设和车辆配套保障工作，积极探索提高老干部服务新模式，不断提升老干部服务水平和能力，让广大老干部老有所为、老有所乐。

强化作风建设。要增强服务本领，深化公仆意识，坚持以发展和民生为己任，诚心诚意为基层服务，尽心尽力为企业服务，全心全意为人民服务。持续巩固作风突出问题集中整治专项行动成果，常态化开展“下基层转作风、担使命履职责”活动，切实做到上访变为下访、群众找干部变为干部找群众，认真倾听百姓心声，持续关注百姓所需，以优质服务赢得民心。

各位代表，乘胜而上开新局，扬帆起航再出发。河南新一轮发展号角已经吹响，宏伟蓝图鼓舞我们砥砺奋进，美好前景鞭策我们只争朝夕。让我们更加紧密地团结在以习近平同志为核心的党中央周围，在县委的坚强领导下，落实精神应该富有、物质相对富裕、文化多元富集、生态环境富养、生活力争富庶、人心必须富足的要求，在逆境中奋起，在追赶中超越，为高质量打造“纯净河南·幸福蒙旗”而努力奋斗！以实际行动和优异成绩庆祝建党100周年！

名词解释：

①“12345”：坚持生态保护优先，推动高质量发展、创造高品质生活，共同守护好地球“第三极”，培育发展生态经济、循环经济、数字经济、平台经济“四种经济形态”，创建国家公园、清洁能源、绿色有机农畜产品、高原美丽城镇、民族团结进步“五个示范省”。

②“三步走”：第一步，到2020年，完成国家公园体制试点任务，构建起以国家公园为主体的自然保护地管理体系基本框架，建成全国生态保护修复示范区、以国家公园为主体的自然保护地体系典范区、人与自然和谐共生先行区、高原大自然保护展示区、优秀生态文化传承区。第二步，到2022年，保护和管理体制机制不断健全，山水林田湖草生态系统良性循环，初步建成以国家公园为主体、自然保护区为基础、各类自然公园为补充的自然保护地管理体系。第三步，到2025

年，以国家公园为主体的自然保护地体系更加健全，统一的分级管理体制更加完善，保护管理效能明显提高，建成具有国际影响力的世界自然保护地典范。

③“三条红线”：严守生态保护红线，严守环境质量底线，严守资源利用上线。

④“三品一标”：“无公害农产品”“绿色食品”“有机农产品”“农产品地理标志”。

⑤“五张网”：社会面治安防控网，重点行业和重点人员治安防控网，乡镇（街道）和村（社区）治安防控网，机关和企事业单位内部安全防控网，信息网络防控网。

⑥“七种能力”：提高政治能力、调查研究能力、科学决策能力、改革攻坚能力、应急处突能力、群众工作能力、抓落实能力。

专文

疫情防控处置

2021年，河南县紧扣习近平总书记在中共中央政治局常务委员会上的重要讲话精神，全面贯彻落实党中央、省委省政府、州委州政府决策部署，按照“外防输入、内防反弹”的总体要求，立足国内外防疫形势，适时调整工作思路，扎实做好疫情防控处置工作。

聚焦工作重心，在常态化举措上下功夫。一方面精准排查。针对国内外疫情实际，第一时间重启联防联控机制，严格落实人员排查信息沟通机制、境外人员到青返县报备制度和协查通报机制，持续做好到青返县人员管理，落实测温验码、核酸检测和环境消杀等各项防控措施，强化对重点场所的分级防控，差异化做好生活服务场所、开放式活动场所、密闭娱乐休闲场所、客运场所和公共交通工具、特殊单位场所以及企事业单位的疫情防控工作，防范人员聚集风险。累计排查返县车辆54085人次，排查人员112356人次；核酸检测能力建设不断提升，累计培训采样人员80人次，日检测能力单采达900人次，混检达9000人次，累计采样24181人份，冷链食品采样779份，结果均为阴性。另一方面全面检测。开展冷链食品抽样检查，对存放售卖冷冻海鲜水产和肉（禽）类食品进行抽样核酸检测，每半个月对冷链食品，特别是从疫情高发国家和地区进口的冷链食品进行新冠病毒核酸检测，扎实开展日常清洁和消杀，对相关从业人员进行抽样核酸检测，对经检验发现问题的要立即报告，并按照相关要求，第一时间采取管控处置措施，对发现不严格按照相关要求进行售卖的商贩和商店，查实一次，惩治一次。同时，建立健全进口冷藏冷冻食品、物品追溯管理，严格落实食品安全索证索票、进货查验登记、销售台账备查等制度，率先在全省关停所有冷链食品店，严防“外源输入”。

持续强化举措，在落实落细上下功夫。按照疫情防控总体要求，进一步整合人力物力，关口前移、重心下移，科学有效落实疫情防控工作。一是强化疫情防控督查。成立专项督查组，对全县重点场所的常态化防控工作展开全面督查，督促全县各医疗机构、学校、超市、餐饮等重点场所严格落实常态化防控措施，确保管控处置及时有效，切实有效形成精准防控、群防群治、联防联控模式，保证疫情防控常态化措施落地见效。二是提升检验检测水平。投入206万元高质量高标准率先在青南牧区完成核酸检测实验室建设，单日混检量达到6000余份。按照“愿检尽检、应检尽检”工作要求，不断强化核酸检测能力建设。三是加大财力投入保障。牢固树立“良医治未病”思想，2021年先后投入300余万元，重点保障防疫物资及医疗设备采购，配备了移动式DR、呼吸机、成像测温仪及防护物资。积极动员全县上下积极储备疫情防控物资，构建县、乡镇、村(社区)、个人物资储备防护网。截至年底，县疫情防控指挥部储备医用口罩50余万个、N95口罩1.9万余个、防护衣1万余件、核酸检测试剂2144人份，满足超负荷运转30天的工作要求，确保关键时期储备物资能调得出、用得上、不误事。2021年安排疫情防控专项资金100万元，3万元用于医务人员慰问及接种工作经费，激励全县医务人员共克时艰的强大正能量。四是提升应急处置能力。多部门联合开展了全县疫情防控应急实战演练活动3次，组织各医疗机构开展演练6次，进一步提高疫情防控实战水平和应急处置能力，全面检验了联防联控机制联动能力及医疗机构疫情防控体系水平和应急响应处置能力。先后分4批次开展《新型冠状病毒肺炎防控方案（第八版）》《新型冠状病毒肺炎诊疗方案（试行第八版）》等相关知识培训，累计培训200余人次。同时，邀请天津滨海新区医学专家到河南县培训指导，查找防控短板，指导河南县医务人员规范操作，有力提升医疗卫生机构、医务人员基本业务知识和应急处置能力。

强化疫苗接种，在构建屏障上下功夫。扎实开展疫苗接种工作，广泛动员全县各行业部门和重点领域人员应种尽种，设置接种点2处，启动“周末加班、午间不休、延时下班”服务，根据实际情况调整时间，不让群众多跑路、白跑路，为广大群众提供“不断档”的疫苗接种服务，让疫苗接种服务有力度更有温度，让接种群众暖心、安心更放心，共同筑牢全县“免疫长城”。县委县政府主要领导多次到县医院疫苗接种点，实地督查疫苗接种工作，要求加强统筹协调，保证接种质量、提高接种效率、加快接种进度，并为坚守在接种一线的志愿者和医务人员加油鼓劲。县政府主要领导亲自约谈交通、通信、金融、电力等部门负责人，现场立下“军令状”，全力推动窗口和服务行业疫苗接种全覆盖。县纪委监委跟踪相关职能部门开展专项监督检查，推动重点人群“应接尽接”。县卫生健康综合执法大队对全县12家个体诊所负责人进行“集中约谈”，督促各个体医疗机构切实履行疫情防控主体责任。截至年底，新冠病毒疫苗第一、二、三剂次接种分别为39391人、36440人、7273人，接种率分别为96.4%、89.11%、86.16%，各阶段、各人群均在既定时间内完成目标任务，为建立全县免疫屏障打下坚实基础。

加强舆论引导，在营造氛围上下功夫。按照“属地管理、分级管理”“谁主管、谁负责”的原则，规范引导和处置突发舆情，组织各相关部门、各乡镇工作人员深入各乡镇、各村社，宣传疫情防治的重要性及防护措施，正面教育提醒广大干部群众引起重视，理解和支持疫情防控常态化工作，及时解疑释惑，回应民众关切，正确引导社会舆论。同时，采取“线上+线下”相结合的方式，开展立体式、多层次、广覆盖的宣传，深入学习宣传习近平总书记关于疫情防控重要指示、国务院联防联控机制和省疫情防控处置指挥部相关会议精神和工作要求，提醒公众做好个人防护和社会面防控，有序引导群众正确认识疫苗接种在防控新冠肺炎疫情中的重要作用。各乡镇、各单位通过发放宣传资料、现场讲解和以会代训等方式，广泛向干部群众讲解新冠疫苗接种的注意事项与相关政策信息，普及新冠疫苗接种常识，引导干部群众积极主动参与疫苗接种，全力构建人群免疫屏障。截至年底，共悬挂横幅1200条，发放藏语和汉语宣传画册2400册，海报530幅。

党史学习教育

河南县认真贯彻落实"学党史、悟思想、办实事、开新局"总要求，严格按照中央、省委和州委关于党史学习教育的部署安排，不断丰富内容载体，创新方式方法，把严和实的作风贯穿学习教育始终，把学习教育成效体现在提高工作水平、推动工作落实上，努力转化为干事创业的精神动力。

坚持统筹推进与督导检查相结合，在对标对表中明责任、促落实。及时成立党史学习教育领导小组，并抽调4名骨干力量充实到党史学习教育领导小组办公室，强化组织队伍保障。制定《河南县党史学习教育实施方案》，明确3个阶段6大专题具体措施，开列任务、学习、办实事"三张清单"，明确时间表、路线图和责任分工，确保党史学习教育"不偏航""不跑调"。县委派出的6个巡回指导组综合运用调研访谈、随机抽查、列席旁听等方式，从安排部署、学习教育、专题研讨、为民办实事等方面对各级党组织学习教育情况真督实导，及时反馈问题，不折不扣把党史学习教育各项任务落实到位。各级党组织主要负责同志带头学、具体抓，压实反馈问题整改责任，确保党史学习教育质量。

坚持专题学习与宣讲活动相结合，在深学细悟中悟初心、担使命。坚持以"学"为先，县委常委会带头制定集中学习、自学计划，以"关键少数"示范带动"绝大多数"，引导广大党员干部从学习教育中汲取奋进力量，从百年历程中传承红色基因。各级党组织紧跟步伐，沿袭两个"半小时"学习法，采取三会一课、主题党日等形式，组织党员干部读"红色书籍"、诵"红色诗词"、看"红色电影"，通过主题突出、特色鲜明的学习活动使广大党员干部在学习中知史增信、在活动中感悟党的伟大。围绕各阶段学习要求，累计开展专题研讨等各类学习活动900场次，参加人数达8000余人次。突出精神引领，在拉毛才让、索南家中设立现场教学点和党性教育基地，将本土先进人物的动人事迹作为党史学习教育的鲜活教材，不断拓展"精神高地"外延，教育引导全县广大党员干部学习先进、争当先锋。灵活运用"宣讲大课堂""送学上门微课堂""互动云课堂"等"三个课堂"，将党的各项惠民政策、生态文明建设、民族团结、法律法规等相关政策知识"声"入广大群众的心里，引导群众从百年党史学习中增强信心、感恩奋进，推动党史学习教育入脑入心、见行见效。

坚持规定动作与自选动作相结合，在百年庆典中聚民心、强信心。坚持规定动作不走样，自选动作有特色，创新推出"十个一"自选动作，精心组织，创新形式，大力营造庆祝建党百年浓厚氛围。以"出版一套丛书、编排一套情景剧、拍摄巡播一部纪录片"等献礼百年华诞，创作编排《骏马归来》生态文艺情景剧、拍摄《幸福的草原》脱贫攻坚纪录片，充分展示在党的民族政策的光辉照耀下，河南县在生态文明、脱贫攻坚、民族团结等经济社会发展各方面取得的可喜成绩，发生的巨大变化和生动故事，不断讴歌党、讴歌祖国，表达了各族干部群众热爱党、感恩党、听党话，坚定不移跟党走的坚定信心。在庆祝建党100周年表彰大会上为全县"两优一先"，在民族团结、脱贫攻坚等工作中表现突出的先进集体和先进个人进行集中表彰，在全社会营造向榜样学习、干事创业、奋发向上的浓厚氛围；举办老干部"百人观礼"观摩活动，让退休老干部们亲眼见证河南县的发展变化，与老干部共庆百年华诞。

坚持学史力行与实干为民结合，在知行合一中办实事、开新局。始终坚持学史力行、厚植担当，扎实推进“我为群众办实事”实践活动，列出114项为民办实事任务台账，对重点工作项目成立专班，建立月台账、明确专人负责，用心用情用力为群众办实事、解难事。聚焦群众“急难愁盼”，让为民惠民有成效。扎实推进十项为民办实事工程。组织实施了汽车站整体搬迁、县人民医院整体搬迁、生活垃圾资源化利用及无害化处置等一批造福于民的项目工程；解决了120余户低保户、低收入住房困难家庭住房保障、110余户群众反映强烈的下水堵塞、地基下沉、屋顶漏水等一批群众急难愁盼的问题；积极推进“一网通办”，从“多头跑”变成“一站式”，降低群众的办事成本，大大缩短办理时限。在天津市中塘镇人民政府的支持和帮助下，为6个乡镇卫生院配发救护车6辆，为群众提供更加安全、快捷、优质的院前医疗服务，群众的幸福感、获得感和安全感不断增强。

坚持转变作风与推动发展相结合，在学思践悟中强作风、提效能。全县广大党员干部自觉从党的百年历史中汲取砥砺奋进的精神力量，不断提高政治判断力、政治领悟力、政治执行力，从改进作风中检验党史学习教育成效，推动经济社会高质量发展。各级党组织开展干部职工精神面貌综合评比检查活动，在干部队伍中转作风、提精神、树立为民服务新形象，以昂扬姿态奋力开启全面建设社会主义现代化新征程。广大党员以“我的岗位我负责、我在岗位请放心”岗位建功立业活动为载体办实事，健全发挥党员作用的机制，全县122个党组织建立党员先锋岗、责任区，引导党员立足本职岗位，履职尽责建功立业。

换届工作

河南县紧紧围绕“绘出好蓝图、选出好干部、配出好班子、树立好导向、形成好气象，实现换届风气清明清正清新”的“五好三清”目标要求。

坚持把党的领导贯穿始终，下好换届“先手棋”。“靠前指挥”系统化部署。县委把换届工作作为当前最大的政治任务来抓，多次召开专题会议学习传达换届工作政策及有关要求，研究部署换届工作。及时成立由县委书记担任组长的换届工作领导小组，建立县级领导干部包乡联村制度，在关键环节驻点指导，做到全面覆盖、全程跟踪。“挂图作战”精准化实施。针对换届工作环节多、程序严的实际，结合县情制定换届工作日程表，把准换届工作重点时间节点，清单化制定换届作战图，建立健全业务联动、督促指导等工作机制，进一步明晰纪检监察、组织、宣传等部门职责分工，将每项工作任务以图表形式张贴呈现，倒排工期，挂图作战，确保各项工作按规定按程序精准落实到位。“督促指导”规范化落实。选派换届工作督查指导组，以集中督导与随机抽查相结合的方式，常态化对换届筹备情况进行实时跟踪、定期指导，进行严格把关，有效提高换届工作的质量和水平。

坚持把选贤任能摆在首位，打好换届“主动仗”。深入考察摸“实情”。成立考察组深入各单位、各乡镇和各村（社区），围绕“班子结构、政治表现、工作成效、作风建设”等内容，开展谈心谈话，全面掌握干部思想动态、个性特点，切实做到“心中有人、心中有数、心中有底”。统筹调配重“导向”。着眼班子配备结构要求和干部培养需要，结合日常考核、年终考核、分析研判等，扎实做好换届人选调整工作，优先提拔重用在经济项目一线、基层一线、急难险重一线工作成效突出的干部，切实做到“人岗相适、人事相宜”。同时，注重拓宽选人视野，盘活用好基层优秀干部资源，对人事安排坚持横向纵向反复比选、关关质检择优选拔，充分征求各方面意见建议，努力把最合适的干部放到最合适的岗位上。选优配强调“结构”。按照好中选优、优中选强的原则，通盘考虑，不断增强领导班子整体战斗力。换届后，全县各级领导班子年龄结构、知识结构、专业结构等得到进一步优化，基层民主进一步扩大，例如，出席中国共产党河南蒙古族自治县第十五次代表大会的党代表大学（专）学历及以上113名，占比达91.13%；乡镇领导班子成员平均年龄33岁，较上一届下降了8岁；共111名高校毕业生、致富能手和外出务工经商等人员进入村（社区）“两委”班子等等一系列新气象，真正实现了把组织放心、群众满意、社会认可的优秀党员干部选拔到领导班子中的目标。

坚持把严关提质落到实处，夯实换届“基础桩”。把好人选素质关。着眼于提高“两代表一委员”人选的先进性和履职能力，严格人选标准和条件，制定“负面清单”，全面落实县乡联审机制，明确纪委监委、组织、公检法、信访等部门的审查职责，严把政治素质关、廉洁自律关、推荐程序关、结构比例关和考察核查关的整体要求，到确保人选结构合理、分布广泛，注重推荐牧民和专业技术人员等人员中先进代表的突出特点，将那些政治立场最坚定、品德作风最优良、工作业绩最突出、党员群众最公认的人员挑选出来。在起草报告过程中，通过深入一线调研、广泛征求意见等方式，摸清民情、集中民智，报告最大限度地反映了社会各方的期待，也凝聚了各方的共识，既有保持经济平稳增长、推进改革开放的重大政策举措，也有很多惠民生的实事、大事，最终形成了内容全面、语言精炼，引领发展、党员群众听得懂的好报告，为全面完成“十四五”规划目标任务奠定了扎实的基础。把好会议组织关。严格落实疫情防控要求，筑牢疫情防控安全防线，认真做好会前宣传和会务准备，营造良好舆论环境，认真做好会场布置工作，创造有利于“两代表一委员”充分讨论、表达意愿的环境。会议期间，掌声从开头一直伴随到结束，代表和委员们以高度的政治责任感和饱满的政治热情，认真履行职责，聆听报告、畅所欲言、热烈讨论，围绕民生热点问题各抒己见、畅所欲言，为打造“幸福蒙旗”献计出力，让奋力“奔跑”成为一种精气神。

坚持把纪律规矩挺在前面，架好换届“高压线”。氛围营造先行。将换届纪律“十严禁”规定作为换届政策宣传的重中之重，及时翻译制定了藏汉双语的换届纪律明白卡，并充分依托室内外LED、“美丽河南”“黄南先锋”智慧党建云平台等媒介，组建宣讲队、召开主题党日集中宣讲、开展警示教育典型案例通报、悬挂横幅等方式，大力宣传有关换届政策规定和纪律要求，积极推送违反换届纪律的警示教育片《镜鉴》，多频次开展换届纪律法规政策宣讲，做到换届政策“领导干部熟悉、工作人员精通、干部群众了解”。强化督查检查。实行县级领导联乡包村制度，开展换届风气巡回督查，切实做到“三个必讲”。同时，畅通电话、信访、网络、短信“四位一体”监督举报渠道，建立联查联办和快查快结机制，加强换届风气问题风险排查。严肃执纪问责。把严格监督贯彻干部提名推荐、考察、公示和换届选举各个环节，建立责任追究机制、失实检举控告澄清等工作机制，对违反换届纪律问题，坚持“零容忍”，对干扰换届的行为依规依纪依法严肃处理，层层签订换届纪律承诺书，做到筑牢换届纪律“防线”、不触换届纪律“红线”、畅通换届纪律“热线”，营造风清气正的换届环境。

生态文明建设

河南县深入贯彻落实习近平生态文明思想，全面践行省委“一优两高”和州委全面建设“山水黄南”，高质量推进“三区建设”发展战略，走出了符合县情实际的生态之路，实现了经济发展与环境保护良性循环，先后荣获全国村庄清洁行动先进县、国家生态文明建设示范县、全国民族团结进步模范集体、国家级农业科技园示范区、国家自然草原公园试点县、“绿水青山就是金山银山”实践创新基地、国家农业现代化示范区等 7 项国家级殊荣。

坚持党建引领，凝聚生态保护合力。坚持把学习贯彻习近平新时代中国特色社会主义思想特别是习近平生态文明思想和党的十九大精神及二中、三中、四中、五中、六中全会精神作为全县生态文明建设政治理论学习的首要任务，贯穿到理论宣讲、课堂教育、干部培训、村民大会、党员活动中，切实把党员干部的思想和行动统一到党中央和省、州关于生态文明建设的决策部署上来，自觉把政治理论学习成果转化为打好生态环境保护的具体行动，将党的组织优势、资源优势转化为推动生态文明建设的磅礴力量。

坚持宣传号召，促进生态文明共识。将习近平总书记重要批示指示精神和生态文明思想纳入到意识形态工作领域，通过网络、报刊、电视广播、微信等开展形式多样的生态文明建设和环境保护知识宣传教育，扩大覆盖面，在思想和舆论上引导广大干部群众树牢生态环境保护意识，明确了“培育绿色产业，打造富裕新河南”和“加强生态治理，打造美丽新河南”两大工作任务。结合美丽河南公众号、抖音等网络平台发布倡议书、树立先进典型、开展反面典型教育，生态环保理念深入人心，干部群众主动参与生态环境保护，形成“河南县最大的价值、最大的潜力、最大的责任在生态”的普遍共识。

坚持制度保障，夯实生态先行理念。牢固树立“绿水青山就是金山银山”理念，率先制定了《河南蒙古族自治县生态环境保护条例》《河南蒙古族自治县生态环境保护条例实施细则》，出台《河南蒙古族自治县草原生态保护补助奖励管理办法》《河南蒙古族自治县天然草原载畜量核定办法》《河南蒙古族自治县县级干部生态保护责任田建设考核办法》《河南蒙古族自治县河湖长制工作“五项”制度》等，从立法、制度层面全面加强生态环境保护。认真落实禁牧休牧轮牧和草畜平衡制度，对保护基本草原、稳定和完善草原承包经营制度、规范承包经营权流转，切实减轻天然草原承载压力，为生态文明建设提供有力的制度体系支撑。

坚持行动先导，落实生态保护任务。打好“蓝天”保卫战。制定河南县《大气污染防治工作方案》，全面推进大气污染防治工作，完成一期、二期、三期燃煤锅炉煤改电任务，所有乡镇清洁供暖改造，严格落实建筑工地扬尘治理、渣土车辆覆篷运输等标准措施，环境空气优良天数比例达 96.8%以上。打好“碧水”保卫战。出台《水污染防治工作方案》，实施最严格水资源管理“三条红线”控制指标，每季度对县级饮用水源进行监督监测，县级集中饮用水源水质达标率为 100%，主要河流黄河、泽曲河水域功能达标率 100%，水环境质量总体保持良好。严格执行河湖长制，深入开展河湖“四清”专项行动，全县 3 大河 7 小河 59 小溪 6 湖泊全部划片分区纳入河湖长制管理之中，实现了涉水领域管理全覆盖。打好“净土”保卫战。

首创提出的“白色污染”治理“禁塑令”，17年得到长期坚持，禁止销售、提供、使用塑料袋已成为全县各族群众的自觉行动。主持参与草原基础研究项目13项，完成草原围栏建设总规模90万亩，累计防治草原鼠虫害1982.3万亩，治理黑土滩27万亩，毒害草59万亩，封山育林14.2万亩，国土绿化16.26万亩，草原平均植被覆盖度达92.63%以上，草群平均高度由17.87厘米提高到18.24厘米，可食鲜草量由每公顷6295.5公斤提高到8116.4公斤，不断夯实了生态根基。

坚持综合施策，加强生态环境保护。狠抓环境卫生整治。在巩固国家生态文明建设示范县和全国村庄清洁行动先进县创建成果的基础上，制定《“洁净美”十大专项行动实施方案》，实行环境卫生区分片包干，每月13日、26日集中开展全县环境卫生整治，着力解决县乡村垃圾积存、暴露、乱倒、死角卫生脏乱差等病灶顽症，形成了全民环卫的新模式。加强科研成果转化。积极争取和参与大中专院校、科研院所草原生态保护与建设科研推广等项目，科研成果积极转化，采用“清囊1号”药品实施的15万亩黄帚橐吾防效率高达94%以上。借助3S、云计算、物联网、大数据和人工智能等新技术，完成生态大数据平台建设项目和生态空间展示厅建设项目，建成5个智慧生态畜牧业技术集成与应用示范试点平台，河南县“生态大数据”平台和生态科研园投运，统筹管理县域生态资源、生态资产，为合理保护与利用生态资源提供了强大的科技支撑。做好绿色产业发展文章。将循环经济作为实现可持续发展的着力点，努力构建低消耗、低排放、高效率、高产出的循环产业集群，推进实施“十三五”村级光伏扶贫项目，打造出三江牧场、蒙旗雪多、阿米雪、瀞度矿泉水、乐乐玛手工艺制品等一批具有地域特色的地方品牌，在原有产业基础上，研发了羊皮纸、牦牛奶冰激凌等新而活、精而美、特而强的新产品，通过在北京、上海、宁波、深圳、杭州、成都、呼和浩特等城市举办推介会，品牌影响力得到新提升，借助电商平台、旗舰店建设等创新营销模式，正在形成全国销售网络渠道，实现从草原到城市，牧场到市场的全新突破。

生态有机畜牧业

2021年，河南县坚定不移贯彻创新、协调、绿色、开放、共享的新发展理念，全面实施乡村振兴，围绕农村产业融合发展，以畜产品加工为主导融合一、二、三产业，建设国家农村产业融合示范园，打造河南县绿色有机畜产品输出地。连续15年完成全县有机基地62.13万公顷的认证，深入推进农业绿色化、优质化、特色化、品牌化发展，精心包装“国家级有机食品生产基地”这一金字招牌，立足于资源优势和“河曲马、雪多牦牛、欧拉羊”三大地理标志认证产品，三江牧场雪多牦牛牛排、牛肉等5种产品获得有机认证，阿米雪酸奶系列，三江牧场雪多牦牛肉、苏呼欧拉羊肉等14个品种获得绿色认证。联合天津科技大学成立河南县绿色有机畜产品研究院，创建政、产、学、研、销共同参与的产品开发创新平台，研制出冷鲜肉、牛肉酱、肉脯、发酵肠、奶酪、运动蛋白粉、中小学生、中老年奶粉、黄蘑菇及菌类等24种新产品，全面优化了河南县产品同质化问题，推动河南县畜牧业高质量发展。绿色有机牛羊肉以高于市场价10元/千克销售，收益26.27万元，涉及合作社牧户6户，户均4.38万元。

树立品牌形象，促进河南县

由有机畜牧大县向品牌畜牧大县转变，组织4家企业、32家合作社分别完成部省共建青海绿色有机农畜产品示范省现场观摩会、青洽会、黄南州第二届“智汇三江源，助力新青海”人才项目洽谈会等大型活动，圆满完成第三届青海·热贡文化旅游节系列活动之河南蒙古族自治县建党100周年庆典暨第22届“那达慕”盛会——天堂河曲“天骄杯”传统耐力赛马大会优良畜种评比活动，聘请网红对河南县优良畜种、蒙旗第一锅、特色农畜产品进行直播宣传，充分展出河南县绿色、有机特色农畜产品，加深外界对河南县全域有机形象的认识，使河南县优良畜种，特色产品广为人知。

建设“河南县牛羊交易市场建设项目”“河南县启龙牧场牦牛奶粉设备购置项目”“河南县雪多牦牛及欧拉羊精深加工项目”，不断加强有机产业科技园基础设施建设，提升特色畜产品加工能力、完善特色产业信息化服务及科技研发建设，补齐冷链仓储物流短板，加快推进园区特色加工业按照多业态复合型进行横向耦合，有效带动园区走向集约化、规模化、产业化经营之路，保障牧民的利益，拓展牧民就业渠道，增加牧民收入，进而从根本上巩固脱贫攻坚成果与乡村振兴有效衔接。

大事要闻

十大新闻

党报携手地方共同发展，助力乡村全面振兴

2021 年 6 月 30 日，河南县举行雪多牦牛肉精深加工项目投产仪式

2021 年 6 月 30 日，河南县举行雪多牦牛肉精深加工项目投产仪式。总投资 2700 万元实施项目一期工程，修建配置标准化厂房 3000 平方米，建成牦牛肉饺子、包子、卤煮三条生产线，具有每小时生产饺子 8 万个、包子 4 万个、卤肉 500 千克的产能，是西北地区同类产品产能最大的加工企业，也是国内牦牛肉饺子包子产能最大的生产企业。河南县进一步优化营商环境，围绕有机畜牧业、文化旅游等，年内对外推介招商引资项目 10 个，巧借青洽会“东风”，青洽会期间完成签约项目 4 个，签约金额 3. 67 亿元，全部落地实施，为“十四五”开局打下良好的基础。开办河南县店、西宁市民惠城店、同仁店 3 家牦牦语饺子店。

选优配强“好班子” 凝心聚力“筑新梦”

2021年7月7日，中国共产党河南蒙古族自治县第十五届委员会第一次全体会议召开，大会高举习近平新时代中国特色社会主义思想伟大旗帜，全力谱写“纯净河南·幸福蒙旗”奋进新篇章，提出“五大产业”发展战略，为奋斗新征程指明方向。

2021年7月，河南县村（社区）“两委”换届选举

换届工作启动后，河南县围绕“五好三清”目标要求，精心组织、周密部署、严明纪律，于7月15日率先在全省完成县乡领导班子、村（社区）“两委”换届选举，所有候选人均全票当选。该次换届中，党员群众参与度最高、满意度最高，43个村（社区）全部实现书记、主任“一肩挑”，呈现出“两升一降”的可喜变化，换出结构优功能强的新班子，得到省、州的肯定，为“十四五”开好局、起好步和高质量实施乡村振兴战奠定组织基础。河南县托叶玛乡文群村党支部书记兼村委会主任才让南杰，经审核推荐和州委组织部实地考察，考核聘用为乡镇（街道）事业单位工作人员。

相约纯净河南·幸福蒙旗 共享那达慕盛会

2021年8月1日，第三届青海·热贡文化旅游节系列活动之河南蒙古族自治县中国共产党成立100周年庆典暨第22届“那达慕”盛会——天堂河曲“天骄杯”传统耐力赛马大会在腾格里赛马场盛大开幕。黄南藏族自治州委书记王耀春出席大会并宣布河南蒙古族自治县中国共产党成立100周年庆典暨第22届“那达慕”盛会——天堂河曲“天骄杯”传统耐力赛马大会开幕。青海省人大常委会原副主任昂毛、李玉兰，省政协原副主席陈瑞珍，州委副书记、州长扎西才让等出席大会。县委书记司吉昇主持开幕式，县委副书记、县长钢夫致辞。

2021年8月1日，在腾格里赛马场举行“那达慕”盛会

“飞地种草”点燃畜牧业现代化发展新引擎

2021年秋去冬来，一场大雪迎来了霜降，寒风凛冽，但在泽库县宁秀乡的巴滩牧场上，饲草已泛黄成熟，一片热火朝天的丰收景象。割草机、捆草机轰鸣着驶过一眼望不到边的饲草基地，留下一排排整齐的饲草“豆腐块”，各类农用车往来穿梭，不一会儿一辆大卡车上饲草已经被码得整整齐齐，朝河南县的方向驶去。

2021年河南县飞地饲草种植基地

原来，这一片333.33公顷的流转土地是河南县“借地生草”的飞地饲草种植基地。这一车车的有机燕麦饲草，为河南县牲畜保障了越冬“口粮”，也让群众吃上了“定心丸”。为何要将河南县的饲草种植在毗邻的泽库县，河南县政府副县长德却告诉记者：“跳出河南县发展河南县，河南县地处青南牧区，气候条件恶劣，灾害频繁，防灾饲草料调入运距长、成本高、浪费严重，防灾饲草储备工作难度大，为防患于未然，降低饲草成本，我们转变旧观念，启发新思路，以这种‘飞地种草’的模式来补齐饲草短板，填补河南县没有饲草基地的空白，既有效保护了牧区草原生态平衡，也可以缓解草畜矛盾，这不仅是一次创新，更是一次河南县现代有机畜牧业实现新跨越的生动实践。”

河南县：实现从全域无垃圾向全域无废转型升级

经过前期紧张的施工建设及设备调试磨合，2021年9月15日，河南县生活垃圾资源化利用及无害化处置运营项目正式启动。项目的正式启动运行标志着河南县生活垃圾处理方式实现实质性转变，开启了生活垃圾资源化利用新模式。

2021年9月15日，河南县生活垃圾资源化利用及无害化处置运营项目正式启动

献礼百年华诞　激发奋进力量

2021年是中国共产党成立100周年，河南县突出本地特色，坚持规定动作不走样，自选动作有特色，创新推出“十个一”自选动作，以出版一套丛书、编排一部情景剧、拍摄一部巡播纪录片献礼百年华诞，以唱响一首红歌、开展一次表彰、举办一次观摩等活动赞颂百年华诞，在文化活动中回顾党的百年辉煌、感受党的光辉伟大。唱响共产党好、社会主义好、改革开放好、伟大祖国好、各族人民好的时代主旋律，隆重庆祝中国共产党成立100周年。

2021年，河南县庆祝中国共产党成立100周年

“两山”实践结硕果　绿色发展起新篇

2021年10月14日，在云南昆明举办的《生物多样性公约》第十五次缔约方大会生态文明论坛上传来喜讯，生态环境部授予河南县第五批“绿水青山就是金山银山”实践创新基地称号。河南县委书记司吉昇登台接牌。这是国家对河南县生态文明建设成果的充分肯定，对于推动河南县绿色高质量发展意义重大、影响深远。河南县在生态文明建设上荣获国家生态文明建设示范县、全国村庄清洁行动先进县、“绿水青山就是金山银山”实践创新基地称号3项“国字号”荣誉。

2021年10月14日，生态环境部授予河南县第五批“绿水青山就是金山银山”实践创新基地称号

做优做强绿色有机产品 再辟牧民增收路

2021年11月1日，河南县青海三江牧场农牧科技有限公司生产的雪多牦牛、欧拉羊等12个系列产品喜获中国绿色食品发展中心绿色食品认证，为河南县做强做优绿色有机农牧产品、扩大品牌影响力、增强市场竞争力、带动产业发展、促进牧业增效、牧民增收再辟集聚发展之路。依托资源禀赋，大力发展有机畜牧业，做优做强绿色有机畜产品，培育了三江牧场、阿米雪、瀚度、青清海等一批叫得响的“两品一标”品牌，完成26项143类商标注册，为打造绿色有机农畜产品输出县夯实了基础。聚集突破产业发展瓶颈，转变旧观念，河南县主动为合作社想点子、出实招，以“飞地种草”模式，为牲畜保障了越冬“口粮”，探出了生态畜牧业现代化发展新路子。

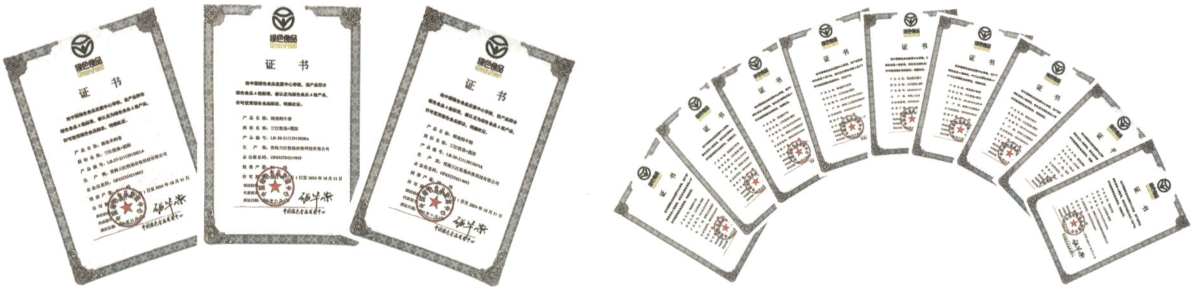

2021年，河南县“两品一标”品牌认证

河南辅警张斌斌：-23℃“冻人又动人”

2021年11月30日，河南县公安局指挥中心接到群众报警称：县城白螺湖内有一辆私家车落入湖中，车内有两名群众，具体情况不明，请求出警。河南县交警大队辅警张斌斌，不顾-23℃极寒天气，毅然决然跳入极寒冰湖中，不惜一切代价保障了人民群众的生命安全。

2021年12月3日，中央电视台新闻频道报道河南县交警大队辅警张斌斌见义勇为事迹

河南县上榜全国首批农业现代化示范区

2021 年 12 月 10 日，农业农村部、财政部、国家发展改革委联合公布 2021 年农业现代化示范区创建名单，全国共有 100 个地区入选农业现代化示范区，其中青海省 2 地上榜，河南县名列其中。

全国首批农业现代化示范区的确立，对河南县来说是对成绩的肯定更是机遇，示范区创建将对生态资源合理整合利用、农牧业提质增效以及农牧民增收就业等多方面产生积极的综合效益，为青海省有机畜牧业发展乃至现代农牧业发展提供可复制、可借鉴的发展经验，从而起到典型示范和辐射带动作用。

中华人民共和国农业农村部
Ministry of Agriculture and Rural Affairs of the People's Republic of China

政府信息公开

高级检索

索引号	07B060314202101137	信息所属单位	发展规划司
信息名称	农业农村部 财政部 国家发展改革委关于公布2021年农业现代化示范区创建名单的通知		
文号	农规发〔2021〕14号	生效日期	
		发布日期	2021年12月10日
内容概述	为贯彻党中央关于建设农业现代化示范区的决策部署，落实《中共中央国务院关于全面推进乡村振兴加快农业农村现代化的意见》要求，推进农业现代化示范区创建工作，经县级政府申请、省级部门择优遴选、专家评审和社会公示后，农业农村部、财政部、国家发展改革委研究同意将北京市平谷区等100个县（市、区）列入2021年农业现代化示范区创建名单。现予以公布并就有关事项通知如下。		

农业农村部 财政部 国家发展改革委关于公布2021年农业现代化示范区创建名单的通知

发布时间：2021年12月10日　　字体：[大 中 小]

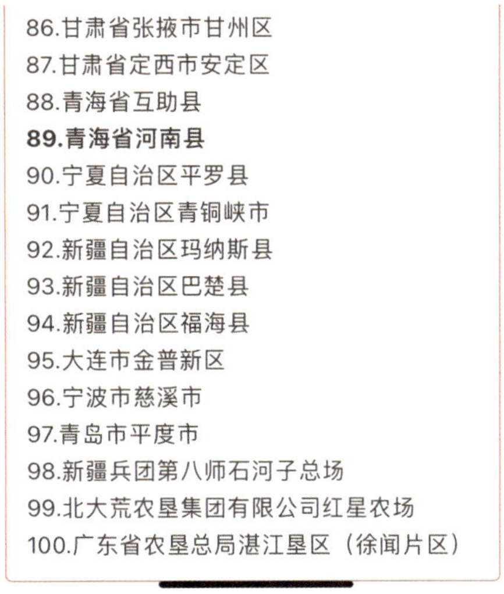

86.甘肃省张掖市甘州区
87.甘肃省定西市安定区
88.青海省互助县
89.青海省河南县
90.宁夏自治区平罗县
91.宁夏自治区青铜峡市
92.新疆自治区玛纳斯县
93.新疆自治区巴楚县
94.新疆自治区福海县
95.大连市金普新区
96.宁波市慈溪市
97.青岛市平度市
98.新疆兵团第八师石河子总场
99.北大荒农垦集团有限公司红星农场
100.广东省农垦总局湛江垦区（徐闻片区）

2021 年 12 月 10 日，河南县入选农业现代化示范区

大事记

1月

1日　州委常委、组织部部长陈容率队在河南县村（社区）党支部换届选举现场，检查推动换届选举工作高质量落实，在优干宁镇荷日恒村、托叶玛乡托叶玛村换届选举现场为广大党员干部和牧民群众送去新年祝福，为换届选举工作提出指导建议。

8日　河南县举办为期3天的新任村（社区）党支部书记和委员专题培训班，137名新一届党支部班子成员参加培训。

10日　县公安局宁木特派出所却旦加卜被公安部授予“全国公安系统二级英雄模范”称号。

11—12日　中共河南县委十四届九次全体会议召开。全会以习近平新时代中国特色社会主义思想为指导，深入学习贯彻中共十九大和十九届二中、三中、四中、五中全会以及中央经济工作会议、中央农村工作会议、中央第七次西藏工作座谈会、省委十三届九次全会、州委十二届十一次全会精神，贯彻落实党中央和省委、州委“十四五”发展决策部署，审议通过《中共河南县委关于制定国民经济和社会发展第十四个五年规划和二〇三五年远景目标的建议》，全面总结2020年工作，部署2021年工作，为奋力推动全县“十四五”发展开好局、起好步。

26日　县委常委会班子召开2020年度民主生活会，县委书记司吉昇主持并作表态发言，州委第四督导组成员、州纪委常委夏吾多杰到会指导，对开好民主生活会提出要求并作点评讲话。

同日　县人大常委会党组、县人民政府党组、县政协党组分别召开2020年度民主生活会，全县各单位也相继召开2020年度民主生活会。

同日　宁木特镇作毛村迎来第七年分红，分红金额达到929.68万元，全村139户股民收到新年的第一份“大礼包”，大家提前进入“过年模式”。

同日　河南县2021年“幸福蒙旗”春节联欢晚会精彩开演。副州长王岐岳应邀与县“四大班子”领导和干部群众一同观看晚会。晚会还特别邀请离退休干部、先进典型、新任村干部代表到场观看。

28日　州委一级巡视员马明生、州人大常委会副主任周加才让、州热贡文化生态保护区管委会主任乔得林一行代表州“四大班子”在河南县开展2021年“两节”期间集中慰问送温暖活动，对老党员、困难群众、困难职工、州级劳模、党外人士、宗教人士、重点优抚对象、自主择业军队转业干部、贫困残障人士等70余人进行集中慰问，为他们发放慰问金和慰问品。

2月

2日　州政协副主席张仕清一行3人在托叶玛乡督查指导近期重点工作开展情况。

23日　柯生乡退休干部索南才让入选第六批全国岗位学雷锋标兵。

25日　全国脱贫攻坚总结表彰大会在北京人民大会堂举行，全县广大党员、干部职工、群众通过电视、手机、网络新媒体等方式收听收看表彰大会直播盛况，宁木特镇人民政府获“全国脱贫攻坚先进集体”称号，河南县干部陈敏获“全国脱贫攻坚先进个人”称号。

3 月

2—4 日　中国人民政治协商会议第十三届河南蒙古族自治县委员会第六次会议召开。河南县政协十三届六次会议应出席委员75人，实到65人，符合规定人数。大会审议通过政协第十三届河南蒙古族自治县委员会第六次会议关于常务委员会工作报告的决议、政协第十三届河南蒙古族自治县委员会第六次会议政治决议。

3—4 日　河南蒙古族自治县第十五届人民代表大会第七次会议召开。会议应到代表86人，出席大会的代表79人，出席人数符合法定人数。大会审议通过《河南蒙古族自治县人民政府工作报告决议草案》《河南蒙古族自治县国民经济和社会发展第十四个五年规划和二〇三五年远景目标纲要的决议草案》《河南蒙族自治县人民政府2020年国民经济和社会发展计划执行情况与2021年国民经济和社会发展计划的决议草案》《关于河南蒙古族自治县人民政府2020年财政预算执行情况和2021年财政预算的决议草案》《河南蒙古族自治县人民代表大会常务委员会工作报告的决议草案》《河南蒙古族自治县人民法院工作报告的决议草案》《关于河南蒙古族自治县人民检察院工作报告的决议草案》七个决议草案。

5 日　中共河南蒙古族自治县十四届纪委第六次全体会议召开。县委书记司吉昇出席并讲话，州纪委常委、第三监督检查室主任夏吾多杰到会指导。

同日　河南县召开党史学习教育动员会，深入学习贯彻习近平总书记在党史学习教育动员大会上的讲话和全省、全州党史学习教育动员会精神，动员部署全县党史学习教育，激励全县上下学党史、悟思想、办实事、开新局，以更加优异的成绩向中国共产党成立100周年献礼。县委书记司吉昇作动员讲话。

15—16 日　为贯彻落实省委书记王建军在省两会期间参加黄南代表团审议时的讲话精神，州委一级巡视员马明生，州政府一级巡视员杨志军，州委常委、秘书长蒋明宽，副州长李鑫一行20人在河南县开展实地调研并召开座谈会。

15—19 日　县委副书记、县长钢夫，副县长唐建珍带领县发改、教育、卫生、文体等部门相关负责人前往内蒙古伊金霍洛旗、乌特拉中旗等地走访考察。

18 日　副州长更太一行11人在河南县分会场召开2021年全州教学质量分析暨教育工作会议。

同日　省委常委、省军区司令员刘格平率工作组在河南县开展检查调研工作。

23 日　州委常委、副州长宋建一行在河南县调研对口支援工作。

31 日　州委常委、州委宣传部部长、州总工会主席、州委党史学习教育第四巡回指导组组长李学军一行在河南县开展巡回指导工作。

4 月

13 日　州委副书记、政法委书记力本嘉一行在河南县检查指导政法队伍教育整顿第一阶段工作落实情况。

13—15 日　州委换届风气督导组先后在优干宁镇、宁木特镇、托叶玛乡，以听取汇报、查阅资料、座谈了解等方式，实地督导指导河南县乡镇换届工作。

14 日　州委常委、州委宣传部部长、州总工会主席、州委党史学习教育领导小组办公室主任李学军在河南县为全县干部职工讲授党史学习教育专题党课，省委党史学习教育第二巡回指导组组长周洋城、副组长李芳丽等到会指导。

15 日　中共河南县委召开十四届十次全体会议。县委书记司吉昇主持，县委委员、候补委员出席。

19—21 日　邀请京师时代教科院院长、广州大湾区教育研究院院长、全国“十佳”校长陈二泉，广东外语外贸大学附设番禺外国语学校副校长刘万庆，广东东莞阳光中学教学处主任时守俊3名专家在河南县共谋教育发展，对全县教育存在的短板提出指导性建议。

29 日　河南县2021年项目集中开复工暨县医院整体搬迁奠基仪式举行，州委副书记、州政府党组书记扎西才让应邀出席仪式并宣布河南县2021年度项目正式开复工。

5月

11日　九三学社青海省委常委、秘书长、二级巡视员常月宁带队九三学社青海省委调研专家组一行5人在河南县开展调研。

同日　河南县在有机产业科技产业园区举行河南县与天津科技大学合作建设的河南县绿色有机畜产品研究院揭牌仪式。

同日　州政协副主席张仕清一行在河南县就深化教育体制改革、提升教师队伍素质进行调研并召开座谈会。

18—19日　青海大学畜牧兽医科学院二级调研员、“全国先进工作者”“青海学者”荣誉称号获得者马玉寿在河南县指导黑土滩（坡）治理工作。

19—20日　州委党史学习教育第四巡回指导组副组长、州政协副主席关却加，指导组成员、州纪委常委夏吾多杰一行3人在河南县开展巡回指导。

20日　州政协副主席李加一行在河南县就助力黄南州民营经济高质量发展开展调研并召开座谈会。

24—25日　省、州联合督查组对河南县三江源二期工程实施情况进行督查。

26日　政法队伍教育整顿省驻州指导组组长满志方一行在河南县督查指导政法队伍教育整顿工作。

同月　共青团青海省委印发《关于命名2019—2020年度青海省青年文明号的决定》，黄南州河南蒙古族自治县消防救援大队被评为“2019—2020年度青海省青年文明号”。

6月

1日　省民政厅副厅长杨凤欣一行在河南县调研民政工作。

1—2日　黄南州林草局督察组在河南县督查林草执法监管和重大项目实施情况。

2日　河南县乡村振兴局正式挂牌成立。

4日　黄南州人大常委会副主任周加才让一行在河南县检查指导县乡人大换届选举及乡镇人大建设年提升行动等工作。

6日　随着首届中国（青海）国际生态博览会如期召开，县委副书记、县长钢夫与蒙古国驻华大使图布辛·巴德尔勒在蒙古国展览馆会面。

7日　河南县围绕推进绿色有机畜产品研究开发召开远程视频协商会，县委副书记、县长钢夫与天津科技大学食品与工程学院党委书记、院长杜欣军等专家学者开展协商。

8日　黄南州人大常委会主任蒋树成、州人大常委会秘书长汪智一行在河南县检查指导县乡人大换届选举和乡镇人大建设工作。

同日　州政法队伍教育整顿查纠整改环节评估验收组在河南县开展查纠整改环节评估验收工作。

10日　省审计厅副厅长何世海一行3人组成调研组在河南县调研并指导审计工作。

11日　河南县生态大数据平台建设工作研讨会在青海省气象局气象科学研究所召开，副县长德却参会并指导。

16日　河南县启龙牧场生产的舒脂牦牛酸奶（有糖型）、舒脂牦牛酸奶（无糖型）2个农畜加工产品获得国家A级绿色食品认证，认证总产量为60吨。

18日　河南县组团参加黄南州“大美青海·神韵黄南”文化旅游资源专场推介会。会上，河南县围绕“纯净河南·幸福蒙旗”宣传理念，依托当地自然山水原生态优势、草原民俗民风，打造天赐蒙旗——游牧文化体验游。

21日　河南县《纯净河南·幸福蒙旗》系列丛书新书发布会举行，县委书记司吉异致辞，副县长唐建珍主持发布会。

同日　河南县组团参加黄南州“大美青海·神韵黄南”文化旅游资源专场推介会（上海站），以“纯净河南·幸福蒙旗”为旅游主导，通过短视频、PPT深度讲解，诚邀上海人民走进河南县。

24日　河南县庆祝中国共产党成立100周年表彰大会在县会议中心举办。县委书记司吉异出席并讲话，县委副书记秦增多杰主持。

同日　州人大常委会主任蒋树成带队在河南县开展“七一”

走访慰问活动。

29日　文艺情景剧《骏马归来》在县会议中心首演。该原创剧用丰富的艺术形式，将歌、舞、剧、灯光等有机融合，分6个场次，以荣获“青海省岗位学雷锋标兵”称号的“青海最美湿地管护员”曲配扎西为主角，以蒙旗草原令人惊叹的秀美风景为底色，以河南大地独特绚烂的风土人情为点缀，生动讲述在创建全国生态文明示范县中，河南县各族干部群众用实际行动呵护家园保护生态的感人故事。

同日　河南县组织全县广大党员干部职工收听收看中国共产党成立100周年“七一勋章”颁授仪式现场直播和习近平总书记重要讲话精神，引起强烈反响。

同日　省民政厅副厅长杨凤欣一行在赛尔龙敬老院和达参大爱敬老院调研指导工作。

6月30日至7月2日　十二届州委第九轮生态环保领域专项巡察组组长吉毛才让、副组长李文胜带领相关成员入驻河南县。

7月

1日　河南县党政机关干部、部队官兵、牧民群众、个体工商户等社会各界人士满怀激情，通过电视、手机、网络直播等多种形式收听收看庆祝中国共产党成立100周年大会。

5日　副州长王桂莲一行5人调研督导河南县固定资产入库和住建行业重点目标任务完成情况。

6日　中国共产党河南县第十五次代表大会在县会议中心开幕，大会应到代表124人，实到代表120人，司吉昇代表中国共产党河南县第十四届委员会向大会作报告。

同日　州委常委、州委宣传部部长、州总工会主席宋辉在河南县调研融媒体中心和新时代文明实践中心建设工作。

6—7日　北京大学保护生物学教授、自然保护与社会发展研究中心执行主任、山水自然保护中心创始人吕植带领其团队在河南县指导草原生态保护工作。

6—7日　中国共产党河南县第十五次代表大会在县会议中心召开，大会应到代表124人，实到代表120人，司吉昇代表中国共产党河南县第十四届委员会向大会作了报告。大会选举产生中国共产党河南县第十五届委员会委员29人、候补委员6人，纪律检查委员会委员15人，出席州第十三次党代会代表34人，州委批准的候选人全部全票当选。会议通过关于中国共产党河南县第十四届委员会报告和中国共产党河南县第十四届纪律检查委员会工作报告的决议。

7日　中国共产党河南县第十五届纪律检查委员会第一次全体会议召开，县第十五次党代会选举出的15名县纪委委员出席，多杰仁增主持。会议以举手表决的方式通过《中国共产党河南县第十五届纪律检查委员会第一次全体会议选举办法（草案）和监票人名单（草案）》；以无记名投票方式选举产生中国共产党河南县第十五届纪律检查委员会常务委员会委员、书记、副书记，并报请中国共产党河南县第十五届委员会第一次全体会议通过。选举结束后，新当选的县纪委书记多杰仁增在新一届县纪委一次会议上讲话。

9日　天津食品集团有限公司党委常委、副总经理张庆东一行4人与黄南州委常委、副州长、天津援青指挥部总指挥宋建一行6人在河南县调研有机产业发展情况。

12—14日　中国人民政治协商会议第十四届河南县委员会第一次会议在县会议中心召开。会议应到委员131人，实到委员128人，县政协党组书记、主席人选当毛代表政协河南县十三届委员会常务委员会向大会作工作报告。县政协党组成员、副主席人选公保杰代表县政协十三届委员会常务委员会向大会作提案工作情况的报告。大会选举产生当毛为政协第十四届河南县委员会主席，王龙武、公保杰、拉卡仓·旦增更登尖措为政协第十四届河南县委员会副主席，扎德加等23人为政协第十四届河南县委员会常务委员会委员。会议通过政协第十四届河南县委员会第一次会议关于常务委员会工作报告的决议、政协第十四届河南县委员会第一次会议政治决议。

13—15日　河南县第十六届人民代表大会第一次会议在县会议中心召开。大会应到代表137人，实到代表132人。县委副书记、县长钢夫代表县人民政府向大会作题为《奋楫扬帆立潮头 擘画蓝图启新程 全力跑出“纯净河南·幸福蒙旗”加速度》的政府工作报告。大会选举产生县人大常委会主任1人、副主任3人、委员25人；县人民政府县长1人、副县长7人；县监委主任；县人民法院院长；县人民检察院检察长及出席黄南州第十六届人民代表大会的36名代表，所有候选人均全票当选，并选举产生3名人大常委会专委会主任委员、18名委员。大会通过关于河南县人民政府工作报告的决议、河南县人大常委会工作报告的决议、河南县人民法院工作报告的决议和河南县人民检察院工作报告的决议。

14日　第十六届河南县人民政府召开第一次全体会议，县委副书记、县长钢夫出席并讲话。

19日　州政协副主席多杰才让带领州政协文化文史和学习委员会及部分州政协委员在河南县开展“推进移风易俗、树立文明乡风”界别联合视察调研活动。

20日　省乡村振兴调研督导组在河南县就乡村振兴工作推进情况进行调研督导。

22—25日　第22届中国·青海绿色发展投资贸易洽谈会（青洽会）期间，河南县三江牧场、青清海、阿米雪等9家企业参展，涉及肉、奶制品、水、文创产品等9大类，雪山咖啡、牛肉饺子、阿米雪酸奶、气泡水、牦牛肉、羊皮纸等120种系列产品在第22届青洽会展厅展出。

23日　黄南州招商引资项目签约仪式在青海省西宁市城南新区会展中心B馆举行。县委书记司吉昇，县委副书记、县长钢夫参加黄南州专场签约仪式。河南县对外推介招商引资项目10个，完成签约项目4个，分别为金融一条街、雪多牦牛肉精深加工、那达慕宾馆贵宾楼、蒙旗“王府花园”高端住宅小区。

24日　天津农学院计算机与信息工程学院党委书记、院长何玉香教授，副院长刘同海教授带领天津农学院博士团队在河南县兰龙生态有机畜牧业牧民专业合作社，对接河南县绿色农牧产业转型升级关键技术示范项目。

同日　为推动河南教育的提升和发展，河南县人民政府与广州大湾区教育研究院就教育交流、师资培训、本土教师培养、人才引进、教育课题研究等方面签订“教育协作框架协议”。

26—27日　绿色有机农畜产品示范省创建暨全省牦牛产业发展现场观摩会在黄南藏族自治州举行，观摩学习黄南州尖扎县芦笋种植、泽库县国家现代农业产业园三产融合发展、河南县兰龙有机畜牧业专业合作社等6个先进典型样板，总结部署示范省创建及牦牛产业发展工作。副省长才让太出席并讲话。

29日　省疫情防控指挥部驻黄南州调研指导工作组杨小民一行4人在河南县调研指导常态化疫情防控工作及新冠病毒疫苗接种工作。

8月

1日　为期4天的第三届青海·热贡文化旅游节系列活动之河南蒙古族自治县中国共产党成立100周年庆典暨第22届“那达慕”盛会——天堂河曲“天骄杯”传统耐力赛马大会在腾格里赛马场盛大开幕。省人大常委会原副主任昂毛、李玉兰，省政协原副主席陈瑞珍，州委副书记、州长扎西才让等出席大会。县委书记司吉昇主持开幕式，县委副书记、县长钢夫致辞。

2日　内蒙古自治区鄂尔多斯市伊金霍洛旗委常委、统战部部长张国翻一行12人在河南县考察调研，副县长海洋、旦正才让及县文化、农牧、卫生等部门负责人一同考察并参加座谈会。

11—12日　省疫情防控督查组一行4人在河南县督导检查工作。县委副书记拉玛杰、副县长罗藏卓玛及相关成员单位主要负责人一同检查。

13日　西北高原生物研究所研究员周华坤、青海省草原总站高级畜牧草原师侯秀敏、农科院研究员魏有海组成验收组对县草原综合专业队与青海省畜牧兽医科学院协作的高寒草地恶性毒草——黄帚橐吾防控技术研究与示范项目进行现场验收并召开验收会。

23日　省级畜禽遗产资源利用中心专家组冯宇成一行在县兽医站召开畜禽种质资源普查工作

及申报工作会议，县农牧水利和科技局、兽医站主要负责人参加。

26日 省林草局督导检查组组长马良义及检查组成员一行在河南县督导检查国有林场项目和重点工作，县自然资源（林草）局负责人参加督导检查。

同日 由省委老干部局副局长李金海带队的调研组在河南县围绕离退休干部政治生活待遇落实课题开展调研。州委组织部副部长、老干部局局长辛璐，县委常委、组织部部长刘国强，副县长海洋及相关单位负责人一同调研。

30日 县蒙藏医院举行高原医学博士研究生工作站、河南蒙古族自治县蒙藏药实验室、河南蒙古族自治县蒙藏药现代化示范中心、河南蒙古族自治县蒙藏医院蒙藏药制剂质检中心揭牌仪式。县委副书记拉玛杰，青海大学高原医学研究中心藏药研究室主任、博士生导师芦殿香分别致辞。县委常委、副县长唐建珍主持揭牌仪式。

9月

1日 州人大常委会主任蒋树成、副主任马进贤一行在河南县各乡镇督导调研“乡镇人大建设年”提升行动暨“两室一平台”规范化建设工作。县人大常委会主任索南才让一同调研。

6—7日 农业农村部规划设计研究院副院长刘海启一行在河南县对《绿色有机农畜产品输出地建设规划》《绿色有机农畜产品输出地示范产业园区建设规划》开展编制前期调研。

7日 《民政部关于表彰第十一届“中华慈善奖”获得者的决定》正式发布，授予182个爱心个人、爱心团队、捐赠企业、慈善项目和慈善信托第十一届“中华慈善奖”。赛尔龙乡尕庆村原党支部书记索南获第十一届“中华慈善奖”。

8日 天津援青（爱玛）电动车发放仪式举行。县委副书记拉玛杰，县委常委、副县长杨燕峰参加捐赠仪式，县委常委、组织部部长刘国强主持仪式，各乡镇及相关部门主要负责人参加并领取物资。

15日 河南县生活垃圾资源化利用及无害化处置运营项目正式启动。项目的正式启动运行标志着河南县生活垃圾处理方式实现实质性转变，开启河南县生活垃圾资源化利用新模式。

16日 副州长李鑫一行组成督导组，在河南县围绕各领域项目建设开展调研，先后在多松乡多松村四队通村公路工程、李恰如山景区游客集散中心建设项目、柯生乡生态美丽乡镇建设项目、黄河大峡谷景区游客集散中心建设项目、宁木特镇至黄河沿旅游扶贫公路、县人民医院整体搬迁等项目进行实地察看，对项目建设中存在的问题和困难现场协调解决。

18日 州政协副主席张剑利一行在河南县就“助推脱贫攻坚与乡村振兴有效衔接”开展调研，县政协主席当毛、副县长德却及相关部门负责人一同调研。

22—25日 州委书记王耀春，州委副书记、州长扎西才让率黄南州党政代表团一行在天津对接对口支援相关工作，县委书记司吉昇随团考察交流。

23日 河南县在县人民医院举行救护车发放仪式，县人民政府、天津市中塘镇人民政府共同投资111.3万元，为各乡镇卫生院配发救护车6辆。

27—28日 省督查组一行对河南县巩固拓展脱贫攻坚同乡村振兴有效衔接进行专项督查。

10月

3日 副州长、州公安局党委书记、局长李勇在河南县实地督导检查国庆节期间安全保卫工作情况，并看望坚守在一线工作岗位的民警、辅警，向他们表示亲切慰问。

9日 河南县党政机关干部、部队官兵、牧民群众、个体工商户等社会各界人士通过电视、手机、网络直播等多种形式收听收看纪念辛亥革命110周年大会直播，聆听学习习近平总书记重要讲话。

12日 州委常委、组织部部长刘建昱在河南县调研基层党建、党史学习教育、党建引领乡村振兴、村集体经济发展等工作。

14日 在云南省昆明市举办的《生物多样性公约》第十五次缔约方大会生态文明论坛上传来

喜讯，生态环境部授予河南县第五批“绿水青山就是金山银山”实践创新基地称号。县委书记司吉昇登台接牌。

15 日　天津港保税区管委会党委常委、管委会副主任单国雁在河南县考察调研对口支援工作推进情况。县委副书记拉玛杰，县委常委、副县长杨燕峰，副县长朱文辉一同调研。

15—17 日　全国卫生监督骨干智力支援一行 6 人青海黄南工作组带教帮扶工作在河南县开展。

19 日　北京中绿华夏专家组在河南县实地检查有机认证工作。

20 日　州政协副主席白萍带领州政协教科文卫和学习文史委员会部分委员及州卫健委分管乡村卫生室建设的负责人在河南县开展“乡村卫生服务一体化”界别调研活动。县政协主席当毛一同调研。

21 日　州委副书记、州长扎西才让在河南县督导检查疫情防控工作。

26—27 日　州委副书记、州长扎西才让在河南县各乡镇及部分村（社区）、园区、企业、合作社、项目建设现场、疫情防控卡点等，调研年度目标任务完成、生态环境保护、特色产业发展、美丽城镇建设、民生保障、疫情防控等重点工作推进情况。

29 日　优干宁镇荷日恒村新时代文明实践典型案例“‘四大四小’推动文明实践走深走实”作为全省唯一村级案例入选中央文明办《建设新时代文明实践中心“怎么干”》。

11 月

1 日　河南县青海三江牧场农牧科技有限公司生产的雪多牦牛、欧拉羊 12 个系列产品获中国绿色食品发展中心绿色食品认证。

10 日　州人大常委会副主任马进贤一行在河南县调研人大工作并宣讲中央人大工作会议精神，县人大常委会主任索南才让一同调研。

17 日　州政协副主席张剑利一行在河南县开展“创建绿色有机农畜产品示范州”专题调研。县政协主席当毛、副县长海洋及相关部门负责人参加调研。

24—25 日　州委书记王耀春在河南县调研党政领导班子思想政治建设、林草长制等工作，并与相关部门负责人召开座谈会。分管政法、党风廉政、乡村振兴、统战、组织、宣传工作的州级领导分别为全县副科级以上领导干部讲授专题党课。

25 日　《河南蒙古族自治县年鉴（2021）》于 11 月底由九州出版社公开出版发行，全书约 63.8 万字，完成“一年一鉴，公开出版”工作目标。

26 日　全省民族团结进步示范区、示范单位名单公布，优干宁镇、柯生乡柯生村、托叶玛乡曲龙村团支部榜上有名。

30 日　州政协秘书长张春生一行在河南县就“如何落实中央民族工作会议精神”开展专题调研，县政协主席当毛及相关部门负责人参加调研。

同日　县公安交警大队辅警张斌斌、曲配尼玛勇救 2 名落水群众。

12 月

7 日　全省市（州）、县党校、行政学院办学质量评估委员会在县委党校开展办学质量评估“回头看”工作。

9 日　县公安局代表队创建的“雪域猎鹰分析研判”模型在第二届青海省公安机关大数据建模应用技能比武竞赛决赛中获团体三等奖。

10 日　农业农村部官网发布《农业农村部　财政部　国家发展改革委关于公布 2021 年农业现代化示范区创建名单的通知》。通知显示，河南县入选 2021 年农业现代化示范区创建名单。

14 日　州委常委、副州长、天津援青指挥部总指挥宋建一行 5 人在河南县考察调研。调研期间，县委书记司吉昇就天津对口支援河南县工作与调研组进行交流，县政府有关负责人一同考察。

16 日　《河南蒙古族自治县植物资源图鉴》由青海民族出版社公开出版发行。

县情概览

建置区划

【位置境域】　河南蒙古族自治县（简称“河南县”）位于青藏高原东部、青海省东南部，九曲黄河第一右旋弯曲部弦部的南端。地理位置为北纬34°05′~34°56′，东经100°53′~102°16′。东临甘肃省甘南藏族自治州夏河县、碌曲县，南临甘南藏族自治州玛曲县，西北与青海省果洛藏族自治州玛沁县和海南藏族自治州同德县毗连，北与黄南藏族自治州泽库县为邻。县区东西长127.67千米，南北宽94.36千米，土地总面积6700.32平方千米（折合670032公顷）。县城优干宁镇位于县境北部优干宁滩，北距黄南州首府隆务镇137千米，距省会西宁市328千米。河南县西倚青藏，东襟甘陇，北通宁海，南望川康，是青、甘、川三省津要之所在。

【建置沿革】　河南县古为西羌牧地。

西汉神爵元年（公元前61年），赵充国进击诸羌，驻牧今河南县境，诸羌曾与西汉王朝建立羁縻关系。

东汉建安十九年（214年），曹操大将夏侯渊攻克枹罕，今河南县境归附东汉朝廷。

西晋末年（约307—312年），辽东鲜卑族慕容氏一支部落首领吐谷浑率部进驻青甘南部地区，今河南县境为吐谷浑辖地。

东晋时期（317—420年），今河南县境先后受前凉晋兴郡、后凉三河郡、西秦沙洲郡、南凉浇河郡、北凉浇河郡羁縻。

南北朝时期（420—589年），今河南县境复为吐谷浑牧地。

隋大业五年（609年）于青海赤水置河源郡，今河南县境为河源郡辖地。

唐初，今河南县境属唐朝藩部吐谷浑辖地。唐景龙四年（710年），唐划河曲之地与吐蕃，作为金城公主汤沐邑，吐蕃置洪济、大漠门等城以守之。今河南县境随之成为吐蕃属地。天宝十二载（753年），唐收复九曲之地后置洮阳、浇河二郡。安史之乱，朝廷无暇西顾，九曲之地复归吐蕃。

北宋时期，河湟地区崛起藏族地方政权——唃厮啰政权，历时百年之久，今河南县境属唃厮啰政权管辖。

南宋绍兴元年（1131年），金将完颜宗弼（金兀术）、完颜阿鲁补略定兰、洮、河、廓、西宁、积石等州，女真政权进入青海黄河南部地区，今河南县境时为金的属地，历时近90年。

蒙古蒙哥汗三年（1253年），蒙古军在河州设吐蕃宣慰使司，蒙古至元元年（1264年），忽必烈征大理，土默达尔吾部进入作格浪地区，设阿依以伯站、术赤站，成为河曲地方入住最早的先民。是年改为吐蕃等处宣慰使司都元帅府，今河南县境先后为该宣慰使司都元帅府辖治。元初在今黄南地区设必里万户府，今县境属该万户府辖，属宣政院辖地。

明洪武四年（1371年），设河州卫，今县境属河州卫朵甘都司答思麻万户府节制。万历十六年（1588年），东蒙古（土默特蒙古）火落赤部由环海地区进驻捏贡川，今河南县境成为火落赤部的牧地。

清顺治九年（1652 年），西蒙古（厄鲁特蒙古）和硕特部达尔加·博硕克图济农率部进入今河南县境，成为河南县蒙古族先民，直至雍正二年（1724 年）清廷平定罗卜藏丹津事件前，今县境都为达尔加·博硕克图济农及其子裔辖治。雍正三年（1725 年），清廷将青海蒙古收为内藩，仿照内蒙古扎萨克制度，划旗定界，划青海蒙古为 30 旗，黄河南部河曲地区驻牧 5 旗，除察汗诺们旗外，余四旗由河南亲王统领。直接由“钦差办理青海蒙古番子事务大臣（俗称西宁办事大臣）衙门”管理。

民国元年（1912 年），原西宁知府廉兴改任青海办事长官，今县境隶青海办事长官辖。民国 18 年（1929 年）青海建省，今县境为青海省政府管辖。民国 24 年（1935 年）同德县成立，省政府将河南四旗中的和硕特南左中旗（俗称拉加旗）划归同德县。民国 29 年（1940 年）青海省在同德县设第七行政督察专员公署（当年改为第三行政督察专员公署），今河南县境行政上属该专员公署管辖，实际上直至 1952 年 8 月中共河南工委进驻河南蒙旗前，一直由河南亲王自行治理。

1952 年 8 月，中共河南蒙旗工作委员会干部 58 人，随行民警 54 人，随西北军政委员会青海南部牧区访问团进驻河南蒙旗开展工作，河南蒙旗和平解放。1954 年 10 月 16 日，成立县级民族区域自治政权——河南蒙族自治区人民政府，由省人民政府直接管理。1955 年 6 月，改河南蒙族自治区人民政府为河南蒙族自治县人民委员会，仍由省人民政府直管。1959 年 1 月，经国务院批准，河南蒙族自治县由黄南藏族自治州代管。1964 年 10 月，经国务院批准，河南蒙族自治县改称河南蒙古族自治县。1967 年 12 月，河南蒙古族自治县人民政府改称河南蒙古族自治县革命委员会。1981 年 8 月，河南蒙古族自治县革命委员会复名河南蒙古族自治县人民政府，仍由黄南藏族自治州代管至今。

【行政区划】 2021 年，全县辖 2 个镇、4 个乡，分别是优干宁镇、宁木特镇和赛尔龙乡、柯生乡、多松乡、托叶玛乡，有 39 个村民委员会、135 个牧业社（包括 4 个未设牧业社的村民委员会）、4 个社区。

【人口民族】 2021 年末，全县户籍人口总数 41609 人，其中城镇人口 6490 人、乡村人口 35119 人。主要有蒙古族、汉族、藏族、回族、撒拉族、土族、保安族 7 个民族。其中，蒙古族 39069 人，占总人口的 93.90%；汉族 786 人，占总人口的 1.89%；藏族 1217 人，占总人口的 2.92%；回族 289 人，占总人口的 0.69%；撒拉族 30 人，占总人口的 0.07%；土族 181 人，占总人口的 0.44%；保安族 25 人，占总人口的 0.06%。

地理环境

【地形地貌】 河南县是青海省唯一的蒙古族自治县，俗称河南蒙旗，位于青海省东南部、青藏高原东北隅、九曲黄河第一右旋大弯曲的弦部南端，是三江源国家级自然保护区重要组成部分。县域内地势东北高、西南低，东西长、南北较窄，大部分地区海拔 3600 米以上，高差 1371 米。地貌属青海高原东部高山区，山峦陡峭，河谷深阻，丘陵连绵，草原平缓。全县山体连绵，均属高海拔、浅切割山体，其中海拔 4000 米以上的山峰就有 40 余座。主要大山有西倾山主脉莫尔藏阿米山，支脉李恰如山、吉岗山、卓毛山，此外还有孤琼山、哇吾扎玛日山、哲赫拉布肖山等；有大小河流数十条，除黄河、泽曲河外，其余均发源于县境内。滩地南北分布，南部滩地主要集中在柯生、多松及托叶玛乡北部丘陵地带，北部滩地主要集中在优干宁镇境内和赛尔龙乡北部地区。河南县丘陵海拔多在 3600～3800 米，相对高差均在 150 米左右，主要分布在县城附近，属高海拔、小起伏高原丘陵类型。河南县沟壑纵横，深谷遍布，有名大沟 200 余条，无名小沟不计其数，均属高海拔、浅切割高原山地类沟壑。

【气候状况】 气候概况。2021

年，河南县年平均气温为0.9℃，较历年平均值相比偏高1.2℃；年降水量为607.4毫米，较历年平均值相比偏多8%。年极端最高气温为23.4℃，出现在7月22日；年极端最低气温为-28.9℃，出现在1月11日。一年中最长连续降水日数为12天，累计降水量为53.7毫米，出现在3月31至4月11日；一日最大降水量为29.4毫米，出现在6月24日。

气象灾害。1月6日，出现大风天气，造成多松乡、宁木特镇3户、15人受灾，有1户房屋损坏、1户1顶帐篷损坏、1户围墙倒塌，直接经济损失1.88万元。1月17日，出现大风天气，造成柯生乡、托叶玛乡、多松乡3户、12人受灾，有7间房屋墙面分裂及房顶砖瓦掀开、封闭式玻璃破碎，直接经济损失2万元。1月27日，出现大风天气，造成多松乡1户、4人受灾，有1户2间房屋严重损坏、2间房屋墙面分裂及房顶砖瓦掀开，直接经济损失2万元。4月7日，河南县遭受雪灾的影响，据统计，灾害造成优干宁镇、赛尔龙乡、托叶玛乡、宁木特镇、多松乡11户、61人受灾，因灾死亡羊96只、牛7头，有4户11间砖混结构房屋受损，直接经济损失30.30万元。8月11—12日，因强降水造成优干宁镇参美村受到洪涝灾害，导致1户、3人受灾，有2间砖房倒塌，直接经济损失3万元。10月，因天气异常，短时强降水、雷雨大风、冰雹等强对流天气造成优干宁镇、宁木特镇、多松乡及赛尔龙乡受到不同程度的气象灾害，共11个村、47户受灾，3户牧民的玻璃房损坏，44户牧民帐篷损坏，直接经济损失约为11.5万元。其余月份未出现气象灾害。

自然资源

【土地资源】　河南县土地总面积为6700.32平方千米（折合670032公顷），占黄南州总面积的36.8%。县域内天然草原面积为6615平方千米，占全县总面积的98.73%，优良草场分布集中，草质优良，地势平缓，水源充足，是全省优良的牧场之一，是作为集中合理利用草场和实现集约化、现代化畜牧业生产的基础和保障。有林地面积356.87平方千米，占全县土地面积的5.33%，是典型贫林县。水面和道路面积23.55平方千米，占全县土地面积的0.35%；裸山岩石面积153.87平方千米，占全县土地总面积的2.30%。

【农牧资源】　河南县三大畜种分别为河曲马、欧拉羊、雪多牦牛，被誉为“河曲马的故乡，欧拉羊的家园”。河曲马是中国三大名马之一，河南县是河曲马的中心产区，是全国优良的乘骑兼用马种，在《青海省畜禽品种区域布局总体规划》中，河南县被列为河曲马种保护生产基地。苏呼欧拉羊是牧民依据当地自然条件长期选择的产物，具有良好的产肉性能，对高海拔地区生态条件有极强的适应性，是珍贵的品种资源，被列入国家畜禽遗传资源名录。雪多牦牛是由青海省黄南州河南蒙古族自治县当地野牦牛经千百年自然选择和人工驯化发展而成的，与高原牦牛、环湖牦牛并称青海三大牦牛，被列入国家畜禽遗传资源名录。多年来“雪多牦牛”因个体大、产肉多、肉质好、极耐粗饲、抵抗力强等多个优点而深受当地牧民喜爱，是青海高海拔地区牦牛类群中极具特色的一支，是培育牦牛、肉牛新品种、品系及发展牦牛的优良种源和重要资源基础，也是发展高原绿色生态养殖业和特色畜产品产业的宝贵材料，其推广应用前景被普遍看好。此外，在高原生物类群研究中牦牛类群的迁徙、进化以及生物多样性等方面具有一定学术研究价值。

【水能资源】　河南县境内地表水资源丰富，黄河为过境河，洮河、泽曲河、沃乎德河、乌尔哈斯河、大毛曲河5条黄河一级支流，另有二级支流5条。县境地表水资源总量为14.25亿立方米，全县水资源总量为14.25亿立方米，全县流域面积100平方千米以上的河流有22条、23段。河流总数有69条（包括季节性河流20条和非季节性河流49条），纳入河湖长制的有49条。有水电站5座，其中停运4座、正常运行1座。尕孔水电站建于2008年，位于泽曲河下游，引水隧道动力渠长6千米，引水流量33米^3/秒；

有3台机组，装机容量33000千瓦（11000×3千瓦）；水头120米，输出110千伏，多年平均发电量18000万千瓦时。河南县理论水能蕴藏量为129.64万千瓦。其中黄河河段理论水能蕴藏量为112.82万千瓦，可开发装机容量83万千瓦。分段计算的理论蕴藏量为入境口至永曲入黄口为23.6万千瓦，永曲河口至泽曲入黄口为49.37万千瓦，泽曲河口至出境口为39.86万千瓦。其他河流理论蕴藏量为16.81万千瓦，其中洮河境内段落差大、流量稳、长年不冻，理论水能蕴藏量3.44万千瓦，可开发装机容量3075千瓦。

【植物资源】 县境内野生植物种类较多，约在300种以上。经济价值高的药用植物有雪莲、贝母、大黄、羌活、秦艽、黄芪、杜鹃、马勃、柴胡、当归、党参、远志、麦冬、射干、藿香、松香、手掌参、冬虫夏草等；纤维植物有马蔺、狼毒、锦鸡儿等；浆果植物有醋栗、沙棘、蛇莓、悬钩子等；枝条林有红柳、沙柳等；食用植物有蕨麻、蘑菇、萎陵菜、珊瑚菌等。

【动物资源】 县境内珍贵禽兽有蓝马鸡、苏门羚、白唇鹿；名贵皮毛兽有赤狐、沙狐、猞猁、马熊、旱獭、水獭、松鼠、鼢鼠、白鼬、香鼬、鼠兔、草猫、石貂、荒漠猫、金钱豹等；药用禽兽有雪鸡、麋鹿、香麝、梅花鹿；肉用动物有石羊、黄羊、盘羊、原羚、野猪、野兔、山鸽、山鸡、环颈雉、毛腿鸡、斑头雁、高原山鹑等；猛禽有秃鹫、大鹫、胡兀鹫、金雕、鹞雕、草原雕；水禽有野鸡、黄鸭和过境天鹅、灰鹅、黑颈鹤等；经济兽类有雪豹、猪獾、苍狼等；淡水鱼有湟鱼、花鱼（厚唇鱼）、青海高原鳅（俗称“狗鱼”）；尚有其他种类繁多的高原昆虫类和爬虫类动物。

【矿产资源】 河南县矿产资源缺乏，发现有黄铁、黑铁、辉锑、石膏、芒硝、泥炭、金、锰、铜、汞等十几种。

【旅游资源】 境内草原辽阔，水草丰美，天池、湖泊、瀑布众多，黄河大峡谷两岸松柏苍翠、峭壁陡立，仙女洞幽深奇特、神秘莫测；蒙元文化与藏文化融合，使河南县形成独特的民族风情，是领略青藏高原、美丽草原，感受蒙元文化、独特民族风情的胜地。有白螺湖、圣湖、仙女洞、吉岗山、双鱼湖、洮河源湿地公园、李恰如山风景区、黄河大峡谷风景区等自然景点。

重点文物及遗址选介

【曲格亲王府】 曲格亲王府建于20世纪40年代初，又名福宁宫，是黄河南蒙古亲王府的夏宫，“文化大革命”中被毁，2009年在原址重建。新建的亲王府是集“黄河南蒙古文史陈列馆”“亲王府”“中共河南蒙旗工委早期办公处”三位一体的纪念馆。主体建筑在原亲王府基础上修建，是蒙、汉、藏建筑风格相结合的三层宫殿。主体建筑基座高25个台阶，象征九世亲王更噶环觉年轻的25年人生；东西阔46米象征十世亲王扎西才让46年人生年华，数字46个位十位倒置64象征着扎西才让的母亲兰曼措不朽的64年人生；宫殿建筑南北宽12米象征着扎西才让12年的从政生涯。大殿一层为工委早期办公处和文史陈列馆，二层、三层为亲王府邸及和硕特蒙古先祖家神祠堂和佛堂等。这个王府也是扎西才让这位最后额亲王从一个旧制度下的贵族脱胎为人民政权的公仆的历史见证，真实记录着那段令人难忘的岁月，是新型爱国主义教育基地，也是河南蒙古族人民永远纪念的圣地。

【黄河南蒙古历史文化博物馆】 黄河南蒙古历史文化博物馆是青海省首个蒙古族博物馆，于2012年10月正式奠基兴建，原馆址是“那达慕文化广场”。博物馆施工建设总投资5850万元，建设面积7737平方米。馆内展厅共分5个厅，一楼是自然资源展厅，展厅面积1709平方米，展示河南县丰富的河流资源、森林资源、草场资源、植物资源、药用植物资源、动物资源、旅游资源等；二楼是河南县成立60周年展厅，展厅面积1709平方米，展示河南县成立以来在民族团结、教育卫生、畜牧生产、文化发展、生态保护等各方面取得的成就；三楼是民俗文化展厅，展厅面积1709平方米，展示河南县蒙古族生活习俗、宗教习俗、婚嫁习俗等，征集文物235件；四楼是历史文化展厅，展厅面积1709平方米，展示黄河南蒙古从南宋宝祐元年（1253年）至今的历史沿革和地方人文，时间跨度长，其中展示黄河南蒙古历史文化的唐卡长卷长达300米；五楼是供奉厅，展厅面积901平方米，展示河南县蒙古族的供奉习俗，陈列品以珍贵的历史文物和精美独特的民族器物为主。

【曲格寺】 位于河南县宁木特镇政府所在地，距县城35千米。曲格寺原名“曲格桑昂曲宗朗”，后改名为“曲格扎西曲宗朗”，于民国26年（1937年）开始建寺，由河南亲王之母兰曼措创建。曲格寺于1958年拆毁，1981年重新恢复，再次重建经堂、囊欠、僧舍、佛塔等，现有经堂一座（9间），僧舍100多间。曲格寺建寺以来，寺僧要求严格，承袭了拉卜楞寺的学经制度。寺内遵守佛教戒律外，还制订符合本寺的寺规18条，在学经、持戒、参加佛事活动以及日第生活等方面都有严格规定。此外，曲格寺增人藏戏《智美更登》表演驰名各地。

【拉卡寺】 拉卡寺位于河南县城东约3千米处，建于民国10年（1921年）。1981年，广大信教群众出资出力，修复经堂1座、房舍9间。1985年，修复大经堂、房舍35间。大经堂内有千佛文殊等大小香泥佛像1200余尊；大小响铜佛像300余尊，缎制唐卡9幅，织布唐卡20余幅；绘布唐卡60余幅，三布甘珠312函、丹珠220函；其他文集、道咒70函，大小间唐16幅。2座小经堂内有千佛像和35个忏悔菩萨的香泥佛像1250尊，从尼泊尔迎请的释迦牟尼铜像10尊，甘珠和丹珠340函；历世达赖和班禅的文集280函，大小唐卡10幅，大小间唐9幅。

【香扎寺】 香扎寺位于河南县柯生乡政府西南角，南临黄河峡谷，西为草场，北为河玛公路，该寺建于清光绪十五年（1889年），距县城75千米。主要建筑风格为早期典型的藏式石木结构。寺院内有佛神像14303尊、间唐150副、绸缎唐卡55副；有200余年历史的嘉木样铜像，也有相传2300余年历史的佛陀像，还有藏文古籍经典9类共5000卷。

【达参寺】 位于河南县赛尔龙乡政府所在地，洮河北面、严巴河南面，居河南县东端，距离县城63千米。寺院全称为达参扎西噶丹林，意为达参吉祥如意俱喜洲，属于藏传佛教格鲁派。民国13年（1924年）由拉卜楞寺第四世智贡巴仓活佛嘉样旦巴嘉措（1868—1941）创建。初为达参扎萨克所属黄色帐房寺，为拉卜楞寺属寺。寺院总占地面积为180万平方米，建筑面积为3.34万平方米。主要殿堂有大经堂一座（3层45间）、马头明王殿一座（2层9间）、护法殿一座（2层9间）、寺主智贡巴仓及优加活佛等囊欠共4院，僧舍92院320间。此外，寺内藏有19世纪的《甘珠尔》《丹珠尔》为主的经典卷以及金汁、银汁书写的经典3卷等各教派经典共1.8万卷。

经济社会发展

【地区生产总值】 2021年，根据地区生产总值统一核算结果，河南县完成生产总值20.52亿元，按可比价格计算，比2020年增长1.9%。其中，第一产业增加值10.22亿元，增长4.6%；第二产业增加值3.43亿元，下降11.9%；第三产业增加值6.87亿元，增长5.3%。三次产业结构为49.8∶16.7∶33.5。

【农林牧渔业】 全县完成农林牧渔业总产值130750.96万元，按可比价计算（下同），比2020年增长4.61%。其中，农业产值4336万元，增长1.05%；牧业产值123698.96万元，增长4.68%。实现农林牧渔服务业产值2716万元，增长7.23%。全县各类牲畜存栏54.28万头（只），比2020年减少0.28万头（只），下降0.49%。其中，牛存栏30.8万头，增长1.66%；羊存栏23.48

万只，下降3.22%。出栏各类牲畜26.23万头（只），增加0.43万头（只），增长1.67%。其中，牛出栏11.59万头（只），下降0.43%；羊出栏14.64万头（只），增长3.39%。全县肉类总产量13721.51吨，比2020年增加617.51吨，增长4.7%。其中，牛肉产量10738.24吨，增长0.64%；羊肉产量2983.27吨，增长22.6%；牛奶产量14408.77吨，减少3546.77吨，下降19.75%。

【工业发展】 全县规模以上工业企业完成工业产值69757.2万元，增长3.9%，实现工业增加值13616.83万元，按可比价计算，下降0.8%；规模以下工业企业增加值增长3.7%。规上工业企业累计完成发电量12387.7万千瓦时，下降38.7%；商品混凝土11.3万立方米，增长177.6%；乳制品344.5吨，下降21.4%；包装饮料35328吨，增长11.1%；鲜冷藏肉683.5吨，下降37.7%。

【固定资产投资】 全县500万元及以上固定资产投资增长6.6%，全县民间投资增长33.1%。三次产业呈现“二一三”格局，第一产业投资增长4.2%，第二产业投资增长36.5%，第三产业投资增长0.9%，三次产业的比重为11.37∶19.2∶69.43。分行业看，电力、热力、燃气和水生产供应业投资下降3.2%，交通运输和邮政业投资下降41.4%，水利、环境和公共设施管理业投资下降15.5%。

【社会消费品零售总额】 全县实现社会消费品零售总额17924.3万元，增长7.8%。按销售地区分，城镇实现社会消费品零售额16410.5万元，增长7.9%；乡村实现社会消费品零售额1513.8万元，增长6.6%。按消费形态分，商品零售15595.3万元，增长7.2%；餐饮收入2329万元，增长12%。

【城乡居民收入】 全县常住居民人均可支配收入21820.6元，增长8.9%。城镇常住居民人均可支配收入37220.7元，增长5.9%；农村常住居民人均可支配收入13863.3元，增长9.1%。

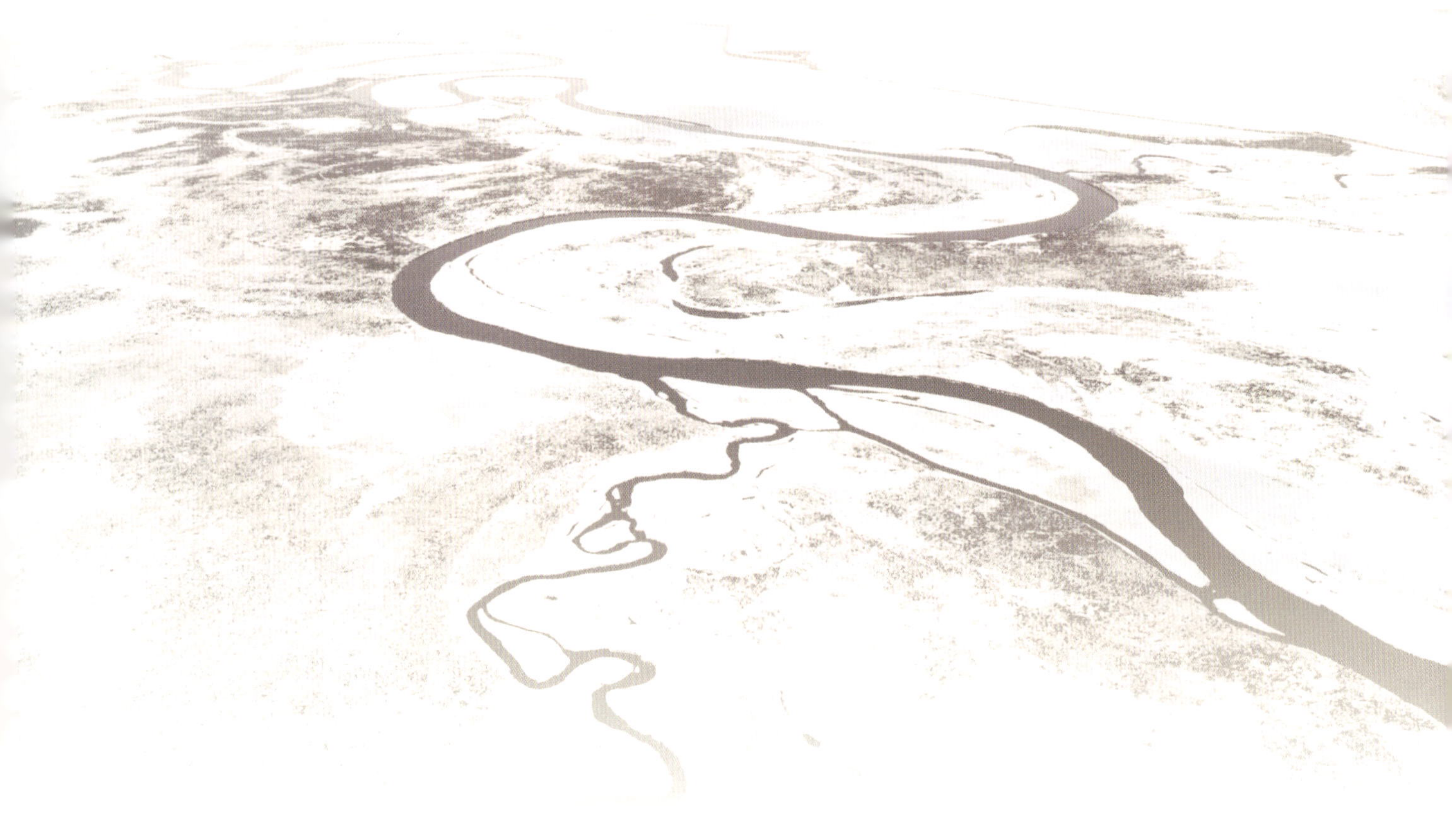

组织机构和负责人名录

中国共产党河南蒙古族自治县委员会

书　记：司吉昇
副书记：钢　夫（蒙古族，县长）
　　李义起（县委党校校长、县委教育工委书记，1月离任）
　　万马乃（藏族，县委政法委书记，5月离任）
　　秦增多杰（藏族，县委党校校长、县委教育工委书记，5月任职）
　　拉玛杰（蒙古族，5月任职）
常　委：扎德加（藏族，县委统战部部长）
　　郭　辉（纪委书记、监委主任，6月离任）
　　杨燕峰（援青，县政府副县长）
　　赵维凯（县委组织部部长，5月离任）
　　何春德（县政府副县长，5月离任）
　　万玛本（藏族，优干宁镇党委书记，4月离任）
　　白贵龙（县人武部部长，10月离任）
　　仁　青（藏族，县委宣传部部长）
　　罗藏卓玛（女，蒙古族，县总工会主席，5月离任）
　　祁乐荣（女，蒙古族，县总工会主席，5月任职）
　　万玛本（藏族，县委政法委书记，6月任职）
　　多杰仁增（藏族，纪委书记、监委主任，6月任职）
　　唐建珍（土族，县政府副县长，5月任职）
　　刘国强（县委组织部部长，5月任职）

县委工作部门

县委办公室（设全面深化改革委员会办公室、国家安全委员会办公室、党的建设领导小组办公室，挂县委机要和保密局、县档案局牌子）

主　任：吴生名
副主任：拉加才让（藏族）
　　祁顺德（藏族）
　　韩成才（撒拉族，6月离任）
　　李　靖（6月离任）
　　惠吉龙（6月任职）

机要和保密局
局　长：祁晓萍（女，蒙古族）

档案局
局　长：才让扎西（蒙古族）

县委组织部（与县直属机关工作委员会合署办公，挂公务员局、非公经济组织和社会组织工作委员会、老干部局牌子）

部　长：赵维凯（5月离任）
　　刘国强（5月任职）
副部长：李年栋（县直属机关工委书记，5月离任）
　　权国钧（土族，县直属机关工委书记，5月任职）
　　聂　尕（蒙古族，县委老干部局局长）
　　钟　麒
　　张生维（县非公经济组织和社会组织工作委员会副书记）
　　李　英（女，藏族，8月任职）

县直属机关工作委员会

书　记：李年栋（兼任，5月离任）

权国钧（土族，兼任，5月任职）

县非公经济组织和社会组织工作委员会

副书记：塔哇本（藏族）
张生维

县委宣传部（挂县政府新闻办公室、精神文明建设指导委员会办公室牌子）

部　长：仁　青（藏族）
副部长：石　炯（挂职，6月离任）
严红瑜（藏族，3月离任）
张真真（女）
仁青东知（藏族，3月任职）

县委统战部（与县民宗局合署办公，挂县侨务办公室牌子）

部　长：扎德加（藏族，县委常委）
副部长：叁彭闹日（藏族，县民族宗教事务局局长）
才让扎西（蒙古族，3月离任）
公巴太（藏族）
斗务东周（蒙古族，3月离任）
才让三智（蒙古族，4月任职）

县拉卡寺管理委员会

主　任：公保杰（蒙古族，6月离任）
尼玛才让（蒙古族，6月任职）
副主任：旦增尖措（蒙古族）

县委政法委员会（与县司法局合署办公）

书　记：万马乃（藏族，县委副书记，6月离任）
万玛本（藏族，县委常委，6月任职）
副书记：尕　桑（藏族，县司法局局长，6月离任）
兰才旦（藏族）
严成虎（11月离任）
尕藏当周（蒙古族，11月任职）
黎　生（蒙古族，县司法局局长，6月任职）

县委老干部局

局　长：聂　尕（蒙古族，县委组织部副部长）

县委事业单位

县委党校

校　长：李义起（兼任，7月离任）
秦增多杰（藏族，兼任，7月任职）
常务副校长：南炳东（土族）
副校长：拉龙多杰（藏族，聘任）
扎西吉（女，蒙古族）

县党史研究室（挂县地方志办公室牌子）

主　任：潘　英（女）
副主任：吴艳春（女，4月离任）
公保东知布（藏族，8月任职）

县融媒体中心（挂天河之南报社、广播电视台牌子）

主　任：杨晓云（蒙古族，聘任）
副主任：旦增卓玛（女，蒙古族，8月任职）

河南蒙古族自治县人大常委会

主　任：加　多（蒙古族，5月离任）
索南才让（蒙古族，6月任职）
副主任：赵生满
曹得仓·尕桑克智嘉措（蒙古族）
李年栋（5月任职）

工作委员会

县人大民族宗教科文卫委员会主任：
公保才让（蒙古族）
县人大农牧环保委员会主任：角巴加（蒙古族）

专门委员会

县人大民族和监察法制委员会主任：
公保才让（蒙古族）
县人大社会建设委员会主任：角巴加（蒙古族）
县人大财政经济和农牧环境资源委员会主任：
丹珍佳（蒙古族，3月离任）
尕　桑（藏族，6月任职）

县人大常委会办公室

主　任：公保南杰（蒙古族，6月任职）
副主任：多吉当知（藏族）

河南蒙古族自治县人民政府

县　长：钢　夫（蒙古族，县委副书记）
副县长：何春德（县委常委，5月离任）
唐建珍（土族，县委常委，5月任职）
杨燕峰（县委常委）
当　毛（女，蒙古族，5月离任）

付伟卫（5月离任）
赵德龙（蒙古族，5月离任）
娘吉才让（藏族）
孙　辉（援青）
秦建军（7月离任）
德　却（藏族）
海　洋（藏族，5月任职）
罗藏卓玛（女，蒙古族，5月任职）
朱文辉（6月任职）
旦正才让（蒙古族，5月任职）

政府工作部门

县政府办公室（挂信访局、政务服务监督管理局、机关事务管理局、政府行政审批制度改革办公室牌子）

主　任：王克鹏（6月离任）
韩成才（撒拉族，6月任职）
副主任：陈少华（兼县机关事务管理局局长）
惠吉龙（兼县政府行政审批制度改革办公室主任，6月离任）
仁青加（藏族，兼县信访局局长）
马洪财（回族）
高　凤（女）

县发展和改革局（挂工业商务和信息化局、粮食局、招商局牌子）

局　长：王　栋（兼县工业商务和信息化局局长、县粮食局局长、县招商局局长）
副局长：吕金生（土族，8月离任）
扎西尼玛（蒙古族）
宋利军（8月任职）

县教育局（挂政府教育督导室牌子）

局　长：才　让（藏族，县委教育工委副书记、兼县政府教育督导室主任）
县委教育工委专职副书记：宋贤仓
副局长：宋贤仓
扎西才让（蒙古族）

县民族宗教事务局（与县委统战部合署办公）

局　长：叁彭闹日（藏族，兼任）

县公安局

局　长：娘吉才让（藏族，县政府副县长）
政　委：徐克泉
副局长：彩　周（蒙古族）
尕藏当智（蒙古族）
杨正涛
史　亮

县民政局（与县退役军人事务局合署办公）

局　长：才让扎西（蒙古族，兼县退役军人事务局局长）
副局长：德杰拉毛（女，蒙古族，兼县扶贫开发局副局长）
李积鹏（蒙古族）

县司法局

局　长：尕　桑（藏族，县委政法委副书记，6月离任）
黎　生（蒙古族，县委政法委副书记，6月任职）
副局长：公保南杰（蒙古族，6月离任）

县财政局（挂县金融工作办公室牌子）

局　长：朱文辉（5月离任）
张全寿（6月任职）
副局长：白红芳（女，藏族）
羊玉琴（女，11月任职）

县人力资源和社会保障局

局　长：权国钧（土族，6月离任）
索南昂加（蒙古族，6月任职）
副局长：旦正加（蒙古族）
李　英（女，藏族，8月离任）
卓　玛（女，蒙古族，8月任职）

县自然资源局（挂林业和草原局、三江源自然保护地河南县管理局牌子、自然资源确权登记局牌子）

局　长：旦正才让（蒙古族，兼林业和草原局局长、三江源自然保护地河南县管理局局长、县自然资源确权登记局局长，6月离任）
李照东（兼林业和草原局局长、三江源自然保护地河南县管理局局长、县自然资源确权登记局局长，6月任职）
副局长：张海洋
仁青楞宝（蒙古族）

县生态环境局
局　长：恩　科（蒙古族）
副局长：昂　秀（藏族，4 月离任）
萨仁花（女，蒙古族，11 月任职）

县住房和城乡建设局
局　长：才　配（蒙古族）
副局长：文昌才让（藏族，3 月离任）
曹光耀（藏族，11 月离任）
才　让（蒙古族，3 月任职）
杨永发（11 月任职）

县交通运输局
局　长：黎　生（蒙古族，6 月离任）
逯启贤（6 月任职）
副局长：宋利军（8 月离任）
完玛扎西（蒙古族，4 月任职）
吕金生（土族，8 月任职）

县农牧水利和科技局（挂河湖长制办公室牌子）
局　长：张全寿（兼县河湖长制办公室主任，6 月离任）
才旦公保（蒙古族，兼县河湖长制办公室主任，6 月任职）
副局长：曾晓燕（女，兼县科学技术协会主席）
才让多杰（蒙古族，4 月任职）

县文体旅游广电局（挂县文物局牌子）
局　长：拉旦才让（蒙古族，县委宣传部副部长，兼县文物局局长，4 月离任）
尼玛才让（蒙古族，县拉卡寺管理委员会主任，县委宣传部副部长，兼县文物局局长，6 月任职）
副局长：宗晓琴（女，土族）
索　南（蒙古族，3 月任职）

县卫生健康局
局　长：仁青卓玛（女，土族，9 月离任）
才让代吉（女，蒙古族，11 月任职）
副局长：才让扎西（蒙古族，6 月离任）
王海远（土族）

县应急管理局
局　长：昂青南加（藏族）
副局长：公保才让（蒙古族，11 月离任）
张国锋（藏族）
梁启顺（11 月任职）

县审计局
局　长：金　梅（女，蒙古族）
副局长：扎西吉（女，蒙古族）
索南东知（藏族）

县市场监督管理局
局　长：旦正加（蒙古族）
副局长：晁学龙（土族，11 月离任）
昂青才让（蒙古族）
尼玛才让（蒙古族，3 月任职）

县统计局
局　长：周毛措（女，蒙古族）
副局长：牛文福（土族）

县乡村振兴局
局　长：李照东（6 月离任）
汪晓刚（土族，6 月任职）
副局长：才让扎西（蒙古族）
侯华珍（女）

县医疗保障局
局　长：才项南加（藏族）
副局长：张　柯（女，11 月离任）
公保才让（蒙古族，11 月任职）

政府直属事业单位

县新农村建设服务中心（挂县农村环卫所牌子）
主　任：华旦才让（蒙古族）
副主任：扎西东周（蒙古族）

县供销合作社联合社（挂县电子商务服务中心牌子）
主　任：才让扎西（蒙古族）

县有机产业科技园区管理委员会
主　任：公保东智（藏族）
副主任：金　芸（女）

青海洮河源湿地公园管理服务中心
主　任：才让南杰（蒙古族）
副主任：索南尖措（藏族）

政协河南蒙古族自治县委员会

主　席：索南才让（蒙古族，6 月离任）

当　毛（女，蒙古族，6月任职）
副主席：王龙武
彭文生（藏族，5月离任）
公保杰（蒙古族，5月任职）
拉卡·旦增更登尖措（藏族）

县政协专门委员会

县政协提案委员会主任：旦正加（蒙古族）
县政协经济农牧和资源环境委员会主任：
仁青扎西（蒙古族）
县政协社会和民族宗教委员会主任：
旦正才让（蒙古族）

县政协办公室

主　任：郝少勇（藏族）
副主任：赛　措（女，蒙古族）

中共河南蒙古族自治县纪委、县监察委员会

纪委书记、监委主任：
郭　辉（县委常委，6月离任）
多杰仁增（藏族，县委常委，6月任职）
县纪委委员、常委、副书记，县监委副主任：
才让代吉（女，蒙古族，5月任职，11月离任）
张永强
严成虎（11月任职）
县纪委委员、常委：
桑杰土登（藏族，4月离任）
索南昂旦（蒙古族，4月任职）
赵秀丽（女，4月任职）
县纪委委员、常委，县监委委员：
更尕扎西（蒙古族，4月离任）
魏占玉（女，11月离任）
谢晓晖（女，11月任职）
华　卡（藏族，4月任职）
县监委委员：
赵秀丽（女，4月离任）
普　化（蒙古族，县纪委监委第三纪检监察组组长）
德吉措（女，蒙古族，4月任职）

县委巡察工作领导小组办公室

主　任：汪晓刚（土族，6月离任）
王克鹏（6月任职）
副主任：华　卡（藏族，4月离任）
增太措（女，藏族，4月任职）

县纪委监委派驻纪检监察组

县纪委监委派驻第一纪检监察组组长：
斗　格（蒙古族）
县纪委监委派驻第二纪检监察组组长：
才让多杰（蒙古族）
县纪委监委派驻第三纪检监察组组长：
普　化（蒙古族）

法院、检察院

县人民法院

院　长：华青太（藏族）
副院长：红卓玛（女，蒙古族，11月离任）
仁青措（女，藏族）
旦巴尖措（藏族，11月任职）
李永伟（挂职，11月离任）

政治部

主　任：崔　峰
副主任：才么加（女，土族）

执行局

局　长：王晓翠（女，蒙古族）

立案庭

庭　长：斗拉才让（藏族）

综合审判庭

庭　长：桑之杰（藏族）
副庭长：马　黎（回族，挂职，11月离任）
综合办公室主任：韩玉琛（撒拉族）

县人民检察院

检察长：拉加才让（藏族，5月离任）
多杰卓玛（女，藏族，7月任职）
副检察长：马　敏（回族，第二检察部主任）
拉本加（藏族，第三检察部主任）
政治部主任：才德布（女，蒙古族）
专职检察委员会委员：姜　亚（4月离任）

第一检察部主任：郝长勇（土族）

群众团体

县总工会

主　席：
　罗藏卓玛（女，蒙古族，县委常委，5月离任）
　祁乐荣（女，蒙古族，县委常委，5月任职）
常务副主席：贡保南加（蒙古族）

团县委

书　记：仁青措（女，蒙古族，4月离任）
　　　　李　靖（6月任职）

县妇联

主　席：陈　敏（女）

县科协

主　席：曾晓燕（女，兼任）

县工商联

负责人：公巴太（藏族，兼任）

县残联

理事长：才让拉忠（女，蒙古族）
副理事长：扎　白（女，蒙古族）

省、州驻县单位

县委机构编制委员会办公室

主　任：张　哲（4月任职，兼县委组织部副部长，8月任职）

县税务局

局　长：王景武（10月离任）
　　　　刘传渔（10月任职）
副局长：唐建峰（土族）
　　　　毛玉辉（10月离任）
　　　　解　颖（女，10月任职）
纪检组组长：尤　伟

县气象局

局　长：马　强
气象台台长：马晓珍（女）

县邮政公司

总经理：娄华能（女，11月离任）
　　　　王福长（12月任职）
副总经理：李金金（女）

县烟草专卖局

局　长：王靖平

县供电公司

支部书记：张得全
经　理：车海涛
副经理：梅占荣

县电信公司

总经理：石成亮
副总经理：刘　扬

县移动公司

经　理：蔡志愿（6月离任）
　　　　童　辉（女，7月任职）

县联通公司

经　理：南卡尖参（藏族，11月离任）
　　　　石成磊（11月任职）

金融机构

县农业银行

行　长：尕　代（蒙古族，10月离任）
　　　　胡晓文（10月任职）
副行长：李先加（藏族）
　　　　万玛措（女，土族）
　　　　夏吾才项（藏族，3月任职）

县农商银行

董事长：苏德格日勒（女，蒙古族）
行　长：李鸿昌（回族，8月离任）
　　　　刘元彰（8月任职）
监事长：刘全军
副行长：李智措毛（女，藏族）
董事会秘书：杜彩成
工会主席：李智措毛（女，藏族）

县邮政储蓄银行

总经理：娄华能（女，11月离任）
　　　　王福长（12月任职）
副总经理：李金金（女）
支局长：纵肖肖（女）

县人保财险公司

经　理：祁生旭

副经理：普华加（蒙古族）

乡　镇

优干宁镇

党委书记：万玛本（藏族，县委常委，4月离任）
　　　　　华旦多杰（蒙古族，4月任职）

党委副书记、镇长：
　华旦多杰（蒙古族，4月离任）
　尕藏罗智（蒙古族，4月任职）

党委副书记、人大主席：
　尕藏罗智（蒙古族，4月离任）
　卓玛加（蒙古族，4月任职）

党委副书记、政法委员：
　仁青东知（藏族，3月离任）
　王万春（4月任职）

党委委员、纪委书记：
　扎西才让（蒙古族，4月离任）
　吴艳春（女，4月任职）

党委委员、组织委员：康彩红（女，8月离任）
　　　　　　　　　　魏占玉（女，11月任职）

党委委员：卓玛加（蒙古族，4月离任）
　　　　　索南多杰（蒙古族，4月任职）

党委委员、副镇长：罗藏尖措（蒙古族）
　　　　　　　　　扎西才旦（蒙古族）
　　　　　　　　　王万春（4月离任）

副镇长：德吉措（女，蒙古族，4月任职）
　　　　才让多杰（蒙古族，4月离任）
　　　　扎西才让（蒙古族，4月任职）
　　　　周　毛（女，蒙古族，4月离任）

司法所所长：扎西当智（藏族）

宁木特镇

党委书记：才旦公保（蒙古族，4月离任）
　　　　　斗格加（蒙古族，4月任职）

党委副书记、镇长：斗格加（蒙古族，4月离任）
　　　　　　　　　叁　培（蒙古族，4月任职）

党委副书记、人大主席：更登扎西（蒙古族）

党委副书记、政法委员：
　高　凤（女，3月离任）
　李冬生（4月任职）

党委委员、纪委书记：
　增太措（女，藏族，4月离任）
　久血加（蒙古族，4月任职）

党委委员、组织委员：
　华卡才让（藏族，4月离任）
　完么东智（藏族，4月任职）

党委委员：斗格才让（蒙古族，4月离任）
　　　　　尕旦东周（蒙古族，4月任职）

党委委员、副镇长：
　董　贵
　马乃吉（女，藏族，4月任职）

副镇长：尼玛才让（蒙古族，3月离任）
　　　　李青青（女，4月任职）
　　　　马乃吉（女，藏族，4月离任）
　　　　代吉拉毛（女，蒙古族）

司法所所长：才项杰（藏族）

赛尔龙乡

党委书记：尕藏当周（蒙古族，4月离任）
　　　　　拉旦才让（蒙古族，4月任职）

党委副书记、乡长：华觉才让（藏族）

党委副书记、人大主席：
　才让三智（蒙古族，4月离任）
　桑杰土登（藏族，4月任职）

党委副书记、政法委员：
　席永莲（女，蒙古族）

党委委员、纪委书记：李伟凡

党委委员、组织委员：
　俄金吉布（藏族，4月离任）
　万德加（藏族，4月任职）

党委委员、副乡长：周毛才让（女，藏族）

党委委员：才公加（藏族）

副乡长：万　加（蒙古族，4月离任）
　　　　更尕曲卓（女，蒙古族，4月任职）
　　　　扎　果（藏族）

司法所所长：冶长青（回族）

托叶玛乡

党委书记：黄维军
党委副书记、乡长：
  叁　培（蒙古族，4月离任）
  仁青措（女，蒙古族，4月任职）
党委副书记、人大主席：
  达热吉（女，蒙古族，4月离任）
  仁青加（藏族，4月任职）
党委副书记、政法委员：杜格才让（蒙古族）
党委委员、纪委书记：秦昂毛（女，藏族）
党委委员、组织委员：安太美（女）
党委委员：冷本扎西（藏族）
党委委员、副乡长：
  曲青卓玛（女，蒙古族，3月离任）
  格日加（蒙古族，4月任职）
副乡长：仁青加（藏族，4月离任）
  尼群加（蒙古族，3月任职）
  万德加（藏族，4月离任）
  杨小霞（女，4月任职）
司法所所长：旦　扎（蒙古族）

柯生乡

党委书记：张　晖
党委副书记、乡长：代吉卓玛（女，蒙古族）
党委副书记、人大主席：
  完玛扎西（蒙古族，4月离任）
  昂　秀（藏族，4月任职）
党委副书记、政法委员：
  牛丹阳（女，11月离任）
  曹光耀（藏族，11月任职）
党委委员、纪委书记：
  尼群加（蒙古族，3月离任）
  严海峰（3月任职）
党委委员、组织委员：才让多杰（藏族）
党委委员：尕旦东周（蒙古族，4月离任）
  华卡才让（藏族，4月任职）
党委委员、副乡长：
  严海峰（土族，3月离任）
  南吉卓玛（女，蒙古族，4月任职）
副乡长：向　上（蒙古族，3月离任）
  郝元龙（藏族，4月任职）
  李　璐（女）
司法所所长：叶旦措（女，蒙古族）

多松乡

党委书记：尼玛才让（蒙古族，4月离任）
  仁青措（女，蒙古族，4月任职）
党委副书记、乡长：
  仁青措（女，蒙古族，4月离任）
  更尕扎西（蒙古族，4月任职）
党委副书记、人大主席：
  才　让（蒙古族，4月离任）
  万　加（蒙古族，4月任职）
党委副书记、政法委员：唐　江
党委委员、纪委书记：才让德吉（女，蒙古族）
党委委员、组织委员：李吉莲（女）
党委委员：尕藏才培（蒙古族）
党委委员、副乡长：
  德吉措（女，蒙古族，4月离任）
  夏吾尕藏（藏族，4月任职）
副乡长：尕桑加（蒙古族）
  夏吾卡（藏族）
司法所所长：更藏措毛（女，藏族）

中共河南县委员会

综　述

【概况】　2021年是中国共产党成立100周年，是"十四五"开局起步之年，是河南县发展史上全新的历史纪元。县委常委会高举习近平新时代中国特色社会主义思想伟大旗帜，深入学习贯彻中共十九大和十九届二中、三中、四中、五中、六中全会，以及省委十三届历次全会和州委十三届二次全会精神，切实增强"四个意识"、坚定"四个自信"、做到"两个维护"，按照县第十五次党代会确定的发展目标、思路和举措，团结带领全县各族干部群众，奋力推进"一优两高""全面建设山水黄南、高质量推进'三区建设'，推动乡村全面振兴，打造共同富裕的黄南样板"战略部署，全力谱写新时代"纯净河南·幸福蒙旗"奋进新篇章，与全国同步建成全面小康社会，全县经济社会发展进入新发展阶段。

【贯彻重要讲话精神】　县委常委会坚持把学习习近平总书记参加青海代表团审议和到青海考察时的重要讲话精神作为理论武装的重中之重，牢牢把握习近平总书记对青海发展提出的"推动高质量发展、保护生态安全、维护国家安全、推动共同富裕、在党史学习教育中做到学史崇德"的重大要求，常委会专题学习研讨、专题研究部署，带头吃透精神实质、掌握核心要义，贯通运用习近平总书记重要讲话精神统揽全局、推动工作，对标习近平总书记重要讲话精神谋思路、定措施、求实效，引领全县上下学习领会抓落实、对标县情抓落实、分解任务抓落实、讲究方法抓落实，不断提高政治判断力、政治领悟力、政治执行力，自觉做到在政治上坚定拥护核心、思想上高度认同核心、组织上自觉维护核心、情感上衷心爱戴核心，坚定不移做领袖思想的坚定信仰者和忠实践行者，习近平总书记重要讲话精神在河南县大地落地生根、开花结果。

【庆祝中国共产党成立100周年】　坚持把高标准、高水准办好庆祝中国共产党成立100周年庆典作为一项重大政治任务，在全社会营造积极、向上、喜庆、热烈的氛围。以出版发行《纯净河南·幸福蒙旗》系列丛书、创作编排《骏马归来》情景剧、拍摄巡播《幸福草原》纪录片、举办"重温红色经典·共抒爱国情怀"歌咏比赛和开展老干部"百人观礼"观摩活动等"十个一"系列庆祝活动向中国共产党成立100周年深情献礼。全县上下收听收看中国共产党成立100周年大会，党员干部读红色书籍、诵红色诗词、看红色电影、唱红色歌曲、观红色基地，各个领域、各条战线开展庆祝活动，共襄党的百年华诞。颁发"光荣在党50周年"纪念章，慰问功勋党员、困难党员、老党员，表彰"两优一先"及脱贫攻坚、扫黑除恶专项斗争、民族团结等工作中的先进单位、先进个人，激励全县上下接续奋斗、奋勇争先。在全社会唱响中国共产党好、社会主义好、改革开放好、伟大祖国好、各族人民好的时代主旋律，全县各族干部群众感党恩、听党话、跟党走的信心和决心更加坚定，爱党、爱国、爱家乡的热情空前高涨。

【县乡村三级换届选举】 把做好换届选举工作作为一项重大政治任务，牢牢把握“五好三清”目标要求，从严从实从紧把好各个环节，率先在全省完成县乡村三级换届选举。县乡领导班子结构得到进一步优化、整体功能得到进一步增强、领导能力得到进一步提升，形成以中青年干部为主体、学历层次高、专业能力强、综合素质优的领导班子，选出群众公认、坚强有力的领导班子。村（社区）“两委”班子呈现能力上升、学历上升、年龄下降的变化，基层组织战斗力、凝聚力和组织力得到全面提升。通过换届，干部干事创业的热情空前高涨，全县上下对未来发展充满信心，人心思进、人心思干、人心思变的氛围更加浓厚，为推动全县经济社会高质量发展奠定组织基础。

【县委党的建设】 思想政治建设。全面加强换届后各级领导班子思想政治建设，常委会带头落实“第一议题”制度，深入学习习近平新时代中国特色社会主义思想，深刻领会习近平总书记“七一”重要讲话以及习近平总书记对青海工作的重要指示精神。各级党组织采取中心组学习、集中宣讲、干部轮训、专题研讨等多种方式，持续强化思想理论武装，全县广大党员干部增强“四个意识”、坚定“四个自信”的思想更加自觉，捍卫“两个确立”、做到“两个维护”的行动更加坚定。

基层组织建设。完成“抓乡促村”提标升级任务，通过“以评促建”达标验收。推进“两新”组织建设工作，“两新”组织覆盖率达到100%。全面推进发展党员违规违纪问题排查整顿“回头看”等专项整治省级试点工作，认定处理发展违规违纪党员47人，发展党员184人。做好村级换届选举“后半篇文章”，分批次对新一届村（社区）“两委”班子进行系统培训，基层组织凝聚力和战斗力迅速提升。

干部队伍建设。坚持正确选人用人导向，注重从急难险重任务和基层一线培养干部、锻炼干部、选拔干部。全面落实干部政治待遇、职级待遇、生活待遇、福利待遇，持续推进公务员平时考核工作，健全完善容错纠错机制，确定10种情形、5个方面“免责清单”，树立起为担当者担当、为干事者撑腰的鲜明导向。用情用心做好老干部教育、管理和服务工作，引导老干部继续发挥余热。全面加强人才工作，组织开展人才项目柔性引进对接，天津科技大学人才团队被评为全省十大特色人才项目之一。

民主政治建设。支持县人大、政府、政协和县人民法院、人民检察院依法行使职权，定期听取各党组（党委）、各部委工作汇报，落实人大、政协主要负责同志列席常委会会议制度。支持群团组织围绕中心、服务大局发挥作用，凝聚起各方面推动发展的强大合力。做好新时代党管武装工作，落实基层武装工作经费，开展党政领导干部“军事日”活动，促进军政军民团结，河南县党管武装工作经验做法在全省推广并上报中央军委。全面加强对“三农”、财经审计、依法治县等工作的领导，党的领导优势、政治优势、组织优势得到发挥。

意识形态建设。全面加强党对意识形态工作的绝对领导，落实意识形态工作责任制，强化意识形态领域风险研判，处置网络舆情信息8条。全面加强对外宣传工作，各类主流媒体报道河南5000余篇次，其中《人民日报》刊发12篇、《青海日报》刊发41篇、“学习强国”学习平台刊发104篇、中新网刊发184篇，中央电视台报道2次、青海电视台报道19次。培育和践行社会主义核心价值观，开展道德模范、“最美人物”“身边好人”等评选活动，涌现出慈善楷模索南、道德模范索南才让等一批先进典型，进一步丰富河南“精神高地”的内涵外延。持续深化新时代文明实践活动，“荷日恒村‘四小四大’推动文明实践走深走实”作为全省唯一村级案例入选中央文明办新时代文明实践典型案例。

班子自身建设。县委常委会高度重视自身建设，把新一届班子自身建设作为首要任务，持续加强班子思想政治、纪律作风和能力建设，着力锻造信仰坚定、忠诚向党、实干担当、善作善成、清正廉洁的领导班子。贯彻民主集中制原则，健全县委议事规则和决策程序，班子成员带头落实党的组织生活制度，履行“一岗双责”，严格落实中央八项规定及其实施细则精神，以及省委、省政府、州委、州政府若干措施，营造团结向上的干事氛围，班子整体凝聚力和战斗力全面提升。

【全面从严治党】 县委落实主体责任。把履行党风廉政建设主体责任列入县委重要议事日程，纳入县委常委会年度工作要点，与全县改革发展稳定各项事业同谋划、同部署、同检查、同考核。召开县第十五次党代会及其一次全会对党风廉政建设进行全面部署，常委会定期听取和研究部署党风廉政建设工作，对涉及党风廉政建设的重要部署、重大决策和重要举措，常委会集体决策、集体学习、集体研究、集体审议，做到党风廉政建设议题随提随议、随议随决、随决随办。

书记履行第一责任。把党风廉政建设作为全县各级党组织书记必须自觉肩负的政治责任持续压紧压实，督促引导各级书记履行党风廉政建设第一责任人责任，发挥“关键少数”示范带动作用，带头讲授廉政党课、接受警示教育、遵守纪律规定、向身边不正之风和腐败问题“亮剑”，在领导、执行、推动上率先垂范、身先士卒，带动形成上行下效、上下同心、整体发力的联动效应，推动全面从严治党不断向纵深发展。

纪委履行监督责任。常委会全力支持纪检监察机关依法依纪履行监督责任，协调解决纪委办案中的困难问题，加强纪检监察部门力量配备，听取县纪委对重点岗位乡镇纪委书记任免意见，推动党的纪律检查工作双重领导具体化、程序化、制度化，有效调动纪检干部工作积极性和纪委加强监督的主动性。

严肃追究责任。始终保持党风廉政建设和反腐败高压态势，严肃查处发生在重点领域和群众身边的违纪违法案件。全面分析研判各行业部门、各乡镇廉政风险点，制定“个性谈话提纲”，实现全县各级党委（党组）主要负责同志及班子成员谈心谈话全覆盖。依法严肃处置违纪违规干部，年内运用“第一种形态”提醒教育75人、“第二种形态”处理5人、“第三种形态”处理1人、“第四种形态”处理3人。

【经济发展】 县委常委会坚持用改革的眼光、改革的思路、改革的方法解难题、破困境、探新路，集中精力抓经济、谋改革，走实走稳“四种经济形态”发展新路径，推动改革和发展深度融合、高效联动，实现“十四五”开门红，高质量成为河南县经济社会发展的新主题。全年完成地区生产总值20.52亿元，固定资产投资13.07亿元，社会消费品零售总额1.79亿元，全体居民人均可支配收入22100.2元。

【项目建设】 借助青洽会等招商引资契机，完成签约项目4项，签约资金达3.67亿元，签约项目全部落地。建立县级领导包抓重大项目工程机制，为项目建设提供全过程、全方位服务，新续建项目148项，总投资40.63亿元。同赛高速公路建设、察罕丹津大街风貌改造、县人民医院整体搬迁等一批大项目、好项目落地河南。

【企业发展】 集中力量保护和激发市场主体活力，持续深化行政审批制度改革，全力推进“一网通办”“一窗通办”“一事通办”，简化企业办事流程，建立县级干部联系企业制度机制，落实纾困惠企政策，为企业发展保驾护航、赋能助力，生态畜牧、文化旅游、清洁能源等领域各类企业呈现出总量增加、质量提升的良好势头，青清海农牧科技商贸有限公司等一批企业顺势崛起。

【产业发展】 抢抓全省“四地”建设机遇，立足黄南国家级农业科技园区核心区优势，发展生态畜牧业、文化旅游业、生态水产业、蒙藏医药业、现代服务业“五大产业”，打造特色鲜明、布局合理、竞争力强的现代产业集群。

生态畜牧业。融入全省绿色有机农畜产品输出地建设，举办全省绿色有机农畜产品示范省创建暨牦牛产业发展现场观摩会，河南生态有机品牌全面打响。与天津科技大学联合成立绿色有机产品研究院，研发出有机牦牛蛋白粉、中老年人奶粉等一批新产品。雪多牦牛、欧拉羊14个系列产品获中国有机食品和绿色食品“双认证”，牦牛奶咖啡、青稞啤酒等144个产品相继投放市场，河南县被评为“首批国家级农业现代化示范区”。

文化旅游业。主动服务全省国际生态旅游目的地建设，全力打造全域旅游示范区，编制完成《河南县省级全域旅游示范区创建实施方案》，制定一批支持全域旅游发展的产业、投资、创业等政策。柯生乡双鱼湖景区和黄河南蒙古历史文化博物馆成功获批国家AAA级旅游景区。举办第22届“那达慕”盛会和第三届“我的草原我的梦”书画摄影展览。全年累计接待旅游人数达109.5万人次，旅游收入达1.66亿元。

生态水产业。立足天然冰川矿泉水资源优势，把水产业作为强县富县的优势产业，紧抓黄河流域生态保护和高质量发展战略机遇，千方百计做好“水”的文章，着力打造成集研发、生产、销售于一体的综合性饮用水产业集群，培育出瀚度、瓒嘎龙源等一批优质企业，打造出矿泉水、气泡水、饮用水等一批品种多、品质好的新产品，水生态产业年产值达4.87亿元。

蒙藏医药业。把蒙藏医药业作为惠民利民的特色产业来打造，建成县蒙藏医院高原医学博士研究生工作站、蒙藏药实验室、蒙藏医药现代化示范中心、蒙藏药制剂质检中心。提高蒙藏医药产业化、集约化、品牌化水平，在省药品监督管理局注册备案蒙藏药211种。与内蒙古伊金霍洛旗、海西州德令哈市达成建立蒙藏医院分院意向协议，逐步打开对外市场。蒙藏医药业年产值达到3000余万元。

现代服务业。把现代服务业作为兴县活县的新兴产业，加快打造青、甘、川三省物流仓储服务中心，相继建成县级电子商务公共服务中心和仓储物流配送中心，推进乡镇电子商务服务站和电子商务服务店建设，乡级快递物流覆盖率达到100%，农村服务站点建设及运营覆盖率达到50%。开辟省县物流专线和乡村物流专线，培育电子商务快递物流服务店，形成县乡村三级统一配送体系。

【全面深化改革】 县委全面深化改革委员会以习近平新时代中国特色社会主义思想为指引，把全面深化改革作为推动全县经济社会高质量的战略之举，摆在全局工作的首要位置，坚持把承接省委、州委重大改革事项作为头等任务，持续深化政治体制改革、社会体制改革、生态文明体制改革、党的建设领域改革。承接州委改革任务21项，确定自行改革事项20项。

【社会和谐稳定】 平安河南建设。加强重要节点治安管控，完成中国共产党成立100周年、全国两会、州县党代会等重要节点和重大活动维稳安保任务。加强重点人员管控，实现帮教管控全覆盖、重点人员“零失控”。加强公共安全管控，建成全州首个“消防主题公益示范街”，开展重点单位消防演练，排查各类安全隐患，防范和应对事故灾害能力全面增强。加强社会治安管控，严厉打击“盗抢骗”“黄赌毒”和电信诈骗等违法犯罪行为，常态化开展扫黑除恶专项斗争，平安河南建设水平显著提升。县委政法委被评为“全省扫黑除恶专项斗争先进集体”。

基层治理创新。建成“一站式”多元解纷中心，推进“智慧小区”建设，建成延巴社区综治中心、法律服务站，基层治理体系和治理能力现代化水平进一步提升，优干宁镇德日隆村被评为“第二批全国乡村治理示范村”。启动“八五”普法，编制完成“八五”普法规划。做好新时代党的政法工作，开展政法队伍教育整顿，县委政法委被评为“2016—2020年全国依法治理创建活动先进单位”“2016—2020年全省普法工作先进单位”。

民族团结进步创建。以铸牢中华民族共同体意识为主线，以庆祝中国共产党成立100周年和党史学习教育为契机，利用民族团结进步宣传月、宣传周等节点，开展民族团结进步教育、爱国主义教育和感恩教育，各族群众共同团结奋斗、共同繁荣发展的氛围更加浓厚，全国民族团结进步示范县创建成果得到持续巩固。规划建设中华民族共同体意识展馆以及亲王府、曲格寺民族团结进步教育基地和“党建+民族团结”展馆。

基层宗教治理。加强驻寺干部管理，重新调整分配驻寺干部24人。建立县级领导、统战民宗部门负责人、驻寺干部、民管会成员联系宗教界人士制度，确立乡镇党委副书记分管基层宗教工作制度及村党支部书记、支部委员分别兼任统战委员和宗教事务联络员制度。在宗教领域开展“爱党爱国爱社会主义”主题教育座谈会、“迎七一、升国旗”等庆祝中国共产党成立100周年活动，宗教人士“五个认同”持续增进。

【民生保障】 办好就业、教育、医疗、养老、托幼、住房等民生实事，着力补齐民生短板，破解民生难题，兜牢民生底线，不断满足人民群众对美好生活的向往。开展就业技能培训，支持多渠道灵活就业，城镇登记失业率控制在2.2%。完成义务教育标准化建设任务，宁木特镇第一完全小学整体搬迁、第二机关幼儿园等一批教育领域项目相继开工实施，蒙旗佳苑、泽惠小区幼儿园建成投运；“异地建校”稳步推进，“异地办班”首批天津班本科上线率创历史新高。县蒙藏医院药浴楼建成投运，配齐乡镇卫生院医疗救护车。落实常态化疫情防控措施，守住青海“南大门”疫情输入防线；推进新冠肺炎疫苗接种任务，构筑起全民免疫安全屏障。

【乡村振兴】 推进乡村振兴战略，巩固脱贫攻坚成果，建立脱贫不稳定户与边缘易致贫人口防止返贫监测预警和动态帮扶机制，落实教育、健康、产业帮扶政策，通过防贫保险、就业稳岗等举措，全县“三类人员”全部消除风险。实施巩固拓展脱贫攻坚成果同乡村振兴有效衔接项目33项，推进乡村振兴省级认定试点乡镇和村建设。建立乡村振兴包乡联村联户机制，构建县级干部带头包抓、乡镇干部直接联系的工作机制，以健全的组织体系确保脱贫攻坚与乡村振兴实现有效衔接。

县委重要会议

【县委十四届全体会议】 中共河南县委十四届九次全体会议。1月11—12日召开，全会以习近平新时代中国特色社会主义思想为指导，深入学习贯彻中共十九大和十九届二中、三中、四中、五中全会以及中央经济工作会议、中央农村工作会议、中央第七次西藏工作座谈会、省委十三届九次全会、州委十二届十一次全会精神，贯彻落实党中央和省委、州委“十四五”发展决策部署，审议通过《中共河南县委关于制定国民经济和社会发展第十四个五年规划和二〇三五年远景目标的建议》，全面总结2020年工作，部署2021年工作，为奋力推动全县“十四五”发展开好局、起好步。全会由县委常委会主持。县委书记司吉昇代表县委常委会报告2020年工作，并就《中共河南县委关于制定国民经济和社会发展第十四个五年规划和二〇三五年远景目标的建议（讨论稿）》向全会作说明，围绕学习贯彻中央、省委和州委有关会议精神，全面做好“十四五”时期全县经济社会发展重点工作作讲话。县委副书记、县长钢夫代表县委常委会总结2020年全县经济工作，安排部署2021年经济工作。

中共河南县委十四届十次全体会议。4月15日召开，县委书记司吉昇主持会议，县委委员、候补委员出席会议。会上，县委常委、组织部部长赵维凯宣读《关于召开中国共产党河南蒙古族自治县第十五次代表大会的决议（草案）》；县委书记司吉昇就中国共产党河南蒙古族自治县第十五次代表大会主要任务、代表名额、结构比例、分配原则及选举产生的办法等作详细说明，与会各委员、候补委员讨论《关于召开中国共产党河南蒙古族自治县第十五次代表大会的决议（草案）》并表决通过。

【县委十五届一次全体会议】 7月7日召开，受中国共产党河南蒙古族自治县第十五次代表大会主席团委托，司吉昇主持会议。会议以举手表决的方式通过中国共产党河南蒙古族自治县第十五届委员会第一次全体会议选举办法，通过选举的监票人名单和计票人名单，会议以无记名投票的方式选举产生中国共产党河南蒙

2021 年 7 月 6—7 日，中国共产党河南县第十五次代表大会在县会议中心召开

古族自治县委常委、书记、副书记。全会选举司吉昇、钢夫、秦增多杰、拉玛杰、扎德加、白贵龙、祁乐荣、万玛本、多杰仁增、仁青、唐建珍、刘国强 12 人为中国共产党河南蒙古族自治县第十五届委员会常务委员会委员；选举司吉昇为中国共产党河南蒙古族自治县第十五届委员会书记，钢夫、秦增多杰、拉玛杰为中国共产党河南蒙古族自治县第十五届委员会副书记。

【县委常委会会议】 十四届第 90 次常委会（扩大）会议。1 月 10 日，中共河南县委十四届第 90 次常委会（扩大）会议召开。会议传达学习中央农村工作会议精神、中共青海省委十三届九次全会和中共黄南州委十二届十一次全会精神；研究县委办公室呈报的《关于召开中共河南县委十四届九次全体会议的请示》《关于报请审议〈县委常委会工作报告〉的请示》《关于报请审议〈中共河南县委关于制定国民经济和社会发展第十四个五年规划和二〇三五年远景目标的建议的说明〉的请示》《关于报请审议〈司吉昇同志在县委十四届九次全体会议上的讲话〉的请示》；研究县政府党组呈报的《关于报请审议〈钢夫同志在县委十四届九次全体会议上的讲话〉的请示》；研究县纪委呈报的《关于报请审议〈对各党（工）委书记履行党风廉政建设责任制情况的点评意见〉的请示》；研究县委组织部呈报的《关于报请审议〈对各党（工）委书记抓基层党建责任制情况的点评意见〉的请示》《关于报请审议〈对各党（工）委书记落实意识形态责任制情况的点评意见〉的请示》；研究县目标考核领导小组呈报的《关于表彰奖励 2020 年度目标责任考核优秀领导班子及先进单位、先进个人的请示》。

十四届第 91 次常委会会议。1 月13 日，中共河南县委十四届第 91 次常委会会议召开。会议讨论和听取对《中共河南县委关于制定国民经济和社会发展第十四个五年规划和二〇三五年远景目标建议（讨论稿）》修改情况的报告，审议提交县委十四届九次全会第二次会议的《建议（表决稿）》。

十四届第 92 次常委会（扩大）会议。1 月 25 日，中共河南县委十四届第 92 次常委会（扩大）会议召开。会议传达学习《习近平谈治国理政》第三卷部分内容，1 月 7 日中共中央政治局常委会会议精神，中央政治局民主生活会精神和省委常委会、州委常委会班子民主生活会精神，中国共产党第十九届中央纪律检查委员会第五次全体会议精神，中央政法工作会议精神和省委、州委平安建设领导小组第二次会议精神，中央全面深化改革委员会第十七次会议精神，省军区十三届三次全体（扩大）会议精神和州军分区十二届二次全体（扩大）会议精神，中共青海省委办公厅《关于开展向周永开、张桂梅等 7 名同志学习的通知》精神。研究县委办公室呈报的《关于报请审议〈县委常委会班子 2020 年度民主生活会对照检查材料（讨论稿）〉的请示》《关于报请审议〈2019 年县委常委会班子“不忘初心、牢记使命”主题教育专题民主生活会问题整改情况通报〉的请示》。

十四届第 93 次常委会（扩大）会议。2 月 3 日，中共河南县委十四届第 93 次常委会（扩大）会议召开。会议传达学习《中共中央 国务院关于实现巩固拓展脱贫攻坚成果同乡村振兴有效衔接的意见》精神，《中共中央 国务院关于全面推进乡村振兴加快农业农村现代化的意见》精神，全省两会精神，《中共青海省委办公厅印发〈关于加强对“一把手”和领导班子监督的二十条措施〉的通知》精神，《人民日报》文章《藏传佛教活佛转世的历史定制和原则》，《中共青海省委办公厅印发〈关于贯彻落实〈中国共产党基层组织选举工作条例〉的若干措施〉的通知》精神，《中共青海省委办公厅转发〈关于开展全省党支部“促百分百达标、迎党百年华诞”以评促建活动方案〉的通知》精神，《中共青海省委 青海省人民政府关于印发〈黄河青海流域生态保护和高质量发展规划〉的通知》精神，《中共青海省委办公厅 青海省人民政府办公厅关于印发〈青海省生态环境保护督察工作实施办法〉的通知》精神，《中共青海省委办公厅 青海省人民政府办公厅关于印发〈贯彻落实习近平总书记重要批示精神以木里矿区非法采煤问题为镜鉴开展“以案促改”工作实施意见〉的通知》精神；安排部署近期重点工作。

十四届第 94 次常委会（扩大）会议。2 月 23 日，中共河南县委十四届第 94 次常委会（扩大）会议召开。会议传达学习中央全面深化改革委员会第十八次会议精神，习近平总书记在中央政治局第二十七次集体学习时的讲话精神，《中共中央办公厅印发〈关于进一步解决形式主义问题做好 2021 年为基层减负工作主要措施及分工方案〉的通知》精神，《中共中央办公厅关于做好中国共产党成立 100 周年庆祝活动有关事项的通知》精神和《中共中央关于在全党开展党史学习教育的通知》精神，《中共中央办公厅 国务院办公厅印发〈关于常态化开展扫黑除恶斗争巩固专项斗争成果的意见〉的通知》精神，中国共产党第十九届中央纪律检查委员会第五次全体会议精神和中共青海省十三届纪委五次全体会议精神，全国组织部长会议精神，《中共中央转发〈中共全国人大常委会党组关于做好全国县乡两级人民代表大会换届选举工作的意见〉的通知》精神，全省市县乡领导班子换届工作会议精神，省委农村牧区工作会议精神和《中共青海省委青海省人民政府贯彻〈中共中央 国务院关于全面推进乡村振兴加快农业农村现代化的意见〉的实施意见》精神，《中共青海省委办公厅 青海省人民政府办公厅转发〈关于在全省国土空间规划中统筹划定落实三条控制线的实施方案〉的通知》精神，《中共青海省委办公厅 青海省人民政府办公厅关于印发〈青海省深化生态环境保护综合行政执法改革实施方案〉的通知》精神；安排部署近期重点工作。

十四届第 95 次常委会（扩大）会议。3 月 1 日，中共河南县委十四届第 95 次常委会（扩大）会议召开。会议研究县政协党组呈报的《关于召开中国人民政治协商会议第十三届河南蒙古族自治县委员会第六次会议的请示》《关于成立中国人民政治协商会议第十三届河南蒙古族自治县委员会第六次会议临时党委的请示》《关于报请审议〈中国人民政治协商会议第十三届河南蒙古族自治县委员会常务委员会工作报告〉的请示》《关于报请审议〈中国人民政治协商会议第十三届河南蒙古族自治县委员会常务委员会关于政协十三届五次会议以来提案工作情况的报告〉的请示》；研究县人大常委会党组呈报的《关于召开河南蒙古族自治县第十五届人民代表大会第七次会议的请示》《关于成立河南蒙古族自治县第十五届人民代表大会第七次会议临时党委和各代表团临时党支部的请示》《关于报请审议〈河南蒙古族自治县人大常委会工作报告〉的请示》；研究县委办公室呈报的《关于报请审议〈县委主要领导在河南蒙古族自治县第十五届人民代表大会第七次会议上的讲话〉的请示》《关于报请审议〈县委主要领导在中国人民政治协商会议第十三届河南蒙古族自治县委员会第六次会议上的讲话〉的请示》；研究县政府党组呈报的《关于报请审议〈河南蒙古族自治县人民政府工作报告〉的请示》《关于报请审议〈河南蒙古族自治县第十五届人民代表大会第五次会议代表意见建议办理情况的报告〉的请示》《关于报请审议〈河南蒙古自治县国民经济和社会发展第十四个五年规划和二〇三五年远景目标纲要（草案）〉的请示》《关于报请审议〈河南蒙古族自治县2020年国民经济和社会发展计划执行情况与2021年国民经济和社会发展计划草案的报告〉的请示》《关于报请审议〈河南蒙古族自治县2020年财政预算执行情况和2021年财政预算（草案）的报告（审议稿）〉的请示》；研究县人民法院党组呈报的《关于报请审议〈河南蒙古族自治县人民法院工作报告〉的请示》；研究县人民检察院党组呈报的《关于报请审议〈河南蒙古族自治县人民检察院工作报告〉的请示》；研究县纪委呈报的《关于召开中共河南县十四届纪委第六次全体会议的请示》《关于报请审议〈司吉昇同志在中共河南县十四届纪委第六次全体会议上的讲话〉的请示》《关于报请审议〈县纪委常委会工作报告〉的请示》《关于表彰2020年度河南县党风廉政建设专项考核先进集体的请示》《关于报请审议〈河南县组织工作报告〉的请示》；研究县委宣传部呈报的《关于报请审议〈河南县宣传工作报告〉的请示》《关于报请审议〈2021年河南县宣传工作要点〉的请示》；研究县委统战部呈报的《关于报请审议〈河南县统战工作报告〉的请示》《关于报请审议〈2021年河南县统战工作要点〉的请示》；研究县委政法委呈报的《关于报请审议〈河南县政法工作报告〉的请示》《关于报请审议〈2021年河南县政法工作要点〉的请示》。

十四届第96次常委会（扩大）会议。3月23日，中共河南县委十四届第96次常委会（扩大）会议召开。会议研究县委组织部呈报的《河南县换届拟提任县领导班子成员人选考察对象建议名单》《河南县换届拟提任乡镇党政正职人选考察对象建议名单》《河南县换届拟提任县纪委监委领导班子成员人选考察对象名单》。

十四届第97次常委会（扩大）会议。3月25日，中共河南县委十四届第97次常委会（扩大）会议召开。会议传达学习习近平总书记在中央政治局第二十八次集体学习时的讲话精神，《中共中央关于开展全国政法队伍教育整顿的意见》、省政法队伍教育整顿动员部署会议、州政法队伍教育整顿工作安排部署会议、州委政法工作会议精神，习近平总书记参加十三届全国人大四次会议青海代表团审议时的重要讲话精神，《全国两会信访安全保障工作专题会议纪要》精神，州委州政府主要领导批示精神，全州组织工作会议暨“促百分百达标、迎党百年华诞”以评促建活动动员部署会会议精神，《中共青海省委办公厅 青海省人民政府办公厅关于印发〈2021年全面推进乡村振兴“百乡千村”工程行动方案〉的通知》精神，《中共青海省委办公厅 青海省人民政府办公厅印发〈关于深化新时代教育督导体制机制改革的实施意见〉的通知》，《中共青海省委 青海省人民政府印发〈青海省贯彻落实关于全面加强新时代大中小学劳动教育的意见的若干措施〉的通知》，传达学习《青海信息专报》（第28期）：青海省海东市互助县班彦村干部群众始终牢记习近平总书记的殷殷嘱托续写加油干不停步再出发的新篇章精神，全州宣传思想文化工作会议和网信工作会议精神；听取县人民政府党组关于赴伊金霍洛旗、乌特拉中旗等地学习考察情况的汇报；听取县人民政府党组关于2021年新续建项目情况的汇报；研究县委巡察办提交的《关于报请审议〈县委第五轮巡察综合报告〉的请示》研究县委组织部提交的《关于优干宁镇等6个乡镇召开党代会的请示》；研究其他事项。

十四届第98次常委会会议。略。

十四届第99次常委会（扩大）会议。4月9日，中共河南县委十四届第99次常委会（扩大）会议召开。会议传达学习习近平总书记《论中国共产党历史》部分节选内容，《中共青海省委办公厅关于全省作风突出问题集中整治专项行动情况的通报》，省委全面依法治省工作会议精神，《王建军同志在与群团组织负责人座谈时的讲话》精神，《中共青海省委办公厅关于对中央第十五巡视组巡视青海省反馈意见整改情况专项督查的通知》，《中共青海省委关于印发〈青海省庆祝中国共产党成立100周年活动方案〉的通知》《中共中央办公厅关于庆祝中国共产党成立100周年组织开展“永远跟党走”群众性主题宣传教育活动的通知》精神；听取各乡（镇）党委、县直属机关工委、县党史学习教育领导小组办公室关于党史学习教育工作开展情况的汇报；听取县公安局、县人民法院、县人民检察院、县政法队伍教育整顿领导小组办公室关于政法队伍教育整顿工作开展情况的汇报；听取全县干部精神面貌综合评比检查情况的汇报；安排部署近期重点工作。

十四届第 100 次常委会会议。4 月 15 日，中共河南县委十四届第 100 次常委会会议召开。会议研究县委办公室呈报的《关于报请审议〈中共河南县委常委会 2021 年工作要点〉的请示》；研究县委组织部呈报的《关于中国共产党河南蒙古族自治县第十五次党员代表大会筹备工作初步方案和筹备工作领导小组及工作机构等相关事宜（审议稿）的请示》；研究其他事项。

十四届第 101 次常委会（扩大）会议。4 月 30 日，中共河南县委十四届第 101 次常委会（扩大）会议召开。会议传达学习《青海省“十四五”时期全面深化改革重点任务》的通知精神，《青海省贯彻落实〈关于常态化开展扫黑除恶斗争巩固专项斗争成果的意见〉的若干措施》的通知精神，《中共青海省人大常委会党组关于认真做好 2021 年全省县乡两级人民代表大会换届选举工作的安排意见》的通知精神，《〈中共青海省委青海省人民政府关于率先创建全国民族团结进步示范省铸牢中华民族共同体意识的实施意见〉任务分工方案》的通知精神，《青海信息专报》（第 47 期）刊发的青海循化县红光村弘扬中国工农红军西路军精神讲好红色故事传承红色基因精神，《中共青海省委办公厅关于印发〈全省开展整治违规收送礼金问题专项行动方案〉和〈持续深化整治群众身边腐败和不正之风突出问题工作方案〉的通知》《中共青海省委办公厅印发〈关于深入整治形式主义做好 2021 年为基层减负工作及任务分工方案〉的通知》《中共青海省委办公厅关于 2020 年度党风廉政建设主体责任和监督责任检查考核情况的通报》《中共青海省委办公厅关于海西州都兰县部分乡镇机关夜间值班情况的通报》精神和十二届州委第九轮巡察动员部署会精神，《中共中央办公厅 国务院办公厅关于坚决遏制“两高”项目盲目发展的通知》精神，青海省推动黄河流域生态保护和高质量发展领导小组第三次会议精神，信长星在黄南州调研时的讲话精神，《中共中央办公厅关于印发〈党委（党组）网络意识形态工作责任制实施细则〉的通知》精神；研究县委党的建设工作领导小组办公室提交的《关于报请审议〈中共河南县委党的建设工作领导小组 2021 年党建工作要点（审议稿）〉的请示》；研究县委组织部呈报的《关于报请审议〈中国共产党河南蒙古族自治县第十五次代表大会代表名额分配方案〉的请示》。

十四届第 102 次常委会（扩大）会议。5 月 8 日，中共河南县委十四届第 102 次常委会（扩大）会议召开。会议传达学习习近平总书记《论中国共产党历史》中的“讲好中国共产党的故事”“革命精神是党和国家的宝贵财富”“革命老区是党和人民军队的根”“在纪念毛泽东同志一百二十周年诞辰座谈会上的讲话”“崇尚英雄、学习英雄、关爱英雄”五个方面内容以及新民主主义革命时期历史，黄南州委理论学习中心组学习会暨党史学习教育第一次专题研讨会会议精神，习近平总书记在中共中央政治局第二十九次集体学习时的讲话精神，中共中央政治局会议精神，全省政法队伍教育整顿领导小组第三次会议暨全省第一批政法队伍教育整顿调度推进会精神，2020 年青海省违反保密法律法规案例情况的通报精神，《黄南州换届风气监督工作“五类责任主体”责任清单》精神；党史学习教育第一次专题学习研讨；听取十四届县委第 94 次、95 次、96 次、97 次、98 次、99 次、100 次常委会重点任务办理情况的汇报；听取县政法队伍教育整顿领导小组办公室、县公安局党委、县人民法院党组关于政法队伍教育整顿工作推进情况的汇报；听取县人大常委会党组、县政协党组、县乡领导班子换届工作领导小组办公室关于换届选举工作进展情况的汇报；研究县委组织部提交的《关于河南县各乡镇党政正职换届人事安排的请示》《关于优干宁镇等 6 个乡镇党委和纪律检查委员会组成人员候选人预备人选的请示》；研究县直属机关工委提交的《中共河南县直属机关工委关于出席中国共产党河南县第十五次代表大会代表名额分配方案的请示》。

十四届第103次常委会（扩大）会议。5月21日，中共河南县委十四届第103次常委会（扩大）会议召开。会议传达学习习近平《论中国共产党历史》中的“在纪念邓小平同志一百一十周年诞辰座谈会上的讲话”“在中国实行人民代表大会制度，是中国人民在政治制度史上的伟大创造”“古田会议奠基的我军政治工作对我军生存发展起到了决定性作用”“继续从延安精神中汲取力量”“总结党的历史经验，牢固树立‘四个意识’”五个内容以及社会主义革命和建设时期历史，省党史学习教育工作推进会、省委中心组学习会暨党史学习教育第二次专题研讨会精神；党史学习教育专题学习研讨；传达学习中共中央 国务院印发《关于加强基层治理体系和治理能力现代化建设的意见》，《关于新时代加强和改进思想政治工作的意见》，传达学习中共中央办公厅 国务院办公厅印发《关于夯实筑牢农村基层党组织战斗堡垒防范和整治“村霸”问题的意见》的通知，中共中央关于印发《中国共产党机要密码工作条例的通知》，经济形势部分地方政府主要负责人视频座谈会精神，中共青海省委 青海省人民政府印发《〈关于全面贯彻落实习近平总书记参加十三届全国人大四次会议青海代表团审议时重要讲话精神的若干举措的通知》，中共青海省委 青海省人民政府印发《关于实现巩固脱贫攻坚成果同乡村振兴有效衔接的实施意见的通知》，中共青海省委办公厅关于转发《省委巡视工作领导小组向省委常委会会议和书记专题会议报告巡视工作的规定的通知》，全省双拥工作领导小组第24次全体（扩大）会议精神，州委全面依法治州工作会议精神，全州维稳工作会议精神，黄南军分区党委第一书记任职大会精神；研究县人大常委会党组提交的《关于增加乡级人大代表名额的请示》《关于河南县县级人大代表换届选举选区划分及名额分配的请示》《报请审议〈关于认真做好2021年县县乡两级人大换届选举工作实施意见〉的请示》《关于县乡人民代表大会换届选举日的请示》；研究县委组织部提交的《关于成立优干宁镇等6个乡镇人大换届选举委员会的请示》。研究县委统战部提交的《关于政协第十届河南蒙古族自治县委员会界别增设和委员人数增补的请示》。

十四届第104次常委会（扩大）会议。6月9日，中共河南县委十四届第104次常委会（扩大）会议召开。会议传达学习习近平总书记《论中国共产党历史》中的“把红色基因传承好，把红色江山世世代代传下去”“让井冈山精神放射出新的时代光芒”“在庆祝中国共产党成立九十五周年大会上的讲话”“在纪念红军长征胜利八十周年大会上的讲话”“学好党史、新中国史、改革开放史、社会主义发展史”五个方面内容，《中共中央办公厅〈关于在全社会开展党史、新中国史、改革开放史、社会主义发展史宣传教育〉的通知》，王建军在“四史”宣传教育专题宣讲会上的辅导报告，《中共中央办公厅 国务院办公厅 中央军委办公厅印发〈关于向省级以下退役军人工作机构派驻军队人员的意见〉的通知》，《中共中央办公厅 国务院办公厅关于印发〈党政机关电子政务建设和管理“十四五”规划〉的通知》，《中共中央办公厅 国务院办公厅印发〈关于县以下事业单位建立管理岗位职员等级晋升制度的意见〉的通知》，《中共中央办公厅 国务院办公厅印发〈关于规范民办义务教育发展的意见〉的通知》，6月3日省委常委会（扩大）会议精神，《中共青海省委办公厅 青海省人民政府办公厅关于印发〈省级领导包联重大项目工作推动机制〉的通知》，《中共黄南州国家安全委员会办公室关于印发〈2021年度全州党政机关国家安全人民防线工作指导意见〉的通知》，全州全面推行河湖长制工作领导小组会议精神，《中共中央办公厅关于北京市开展违建别墅清查整治工作情况的通报》，吴晓军、阎柏在全省庆祝中国共产党成立100周年安保维稳工作动员部署会上的讲话精神、王耀春在州委第141次常委会会议上的讲话精神、力本嘉在全州庆祝中国共产党成立100周年安保维稳工作动员部署会上的讲话精神，州委宗教工作领导小组

《工作通报》，全州扫黑除恶专项斗争总结表彰大会精神，王建军在全省学习贯彻《中国共产党统一战线工作条例》研讨班上的讲话精神，《中共青海省委办公厅 青海省人民政府办公厅关于印发〈配合做好审计署有关审计工作方案〉的通知》，《中共青海省委办公厅印发〈关于构建一体推进不敢腐、不能腐、不想腐体制机制的意见〉的通知》，李克强总理关于一季度经济形势和做好当前经济工作的讲话精神、《中共青海省委办公厅 青海省人民政府办公厅关于转发省发展改革委〈一季度全省经济形势分析及下一步重点工作举措建议〉的通知》；听取十四届县委第101、102次常委会重点任务办理情况的汇报；研究县人大常委会党组提交的《关于召开各乡（镇）人民代表大会第一次会议的请示》；研究县人民政府党组提交的《关于报请审议〈青海省河南县与天津科技大学共建绿色有机畜产品研究院方案〉的请示》《关于报请审议〈河南县脱贫攻坚奖评选表彰工作方案〉的请示》《关于报请审议〈第三届青海·热贡文化旅游节系列活动之河南蒙古族自治县建党100周年庆典暨第22届“那达慕”盛会——天堂河曲“天骄杯”传统耐力赛马大会活动方案〉的请示》；研究县政协党组提交的《关于召开中国人民政治协商会议第十四届河南蒙古族自治县委员会第一次会议的请示》；研究县委组织部提交的《关于全县“两优一先”推荐工作的请示》；研究县创建民族团结进步先进区工作领导小组提交的《关于报请审议〈表彰民族团结进步先进集体和先进个人推荐评选方案〉的请示》；研究其他事项。

十四届第105次常委会（扩大）会议。6月15日，中共河南县委十四届第105次常委会（扩大）会议召开。会议传达学习习近平《论中国共产党历史》中的“在庆祝中国人民解放军建军九十周年大会上的讲话”“新时代中国共产党的历史使命”“走得再远都不能忘记来时的路”“深刻总结经济特区建设的宝贵经验”“在纪念马克思二百周年诞辰大会上的讲话”五个内容，专题学习习近平总书记考察青海时的重要讲话精神；听取各乡镇关于县乡人大代表选举前期准备情况的汇报；专题部署中国共产党成立100周年安保维稳工作。

十四届第106次常委会（扩大）会议。6月22日，中共河南县委十四届第106次常委会（扩大）会议召开。会议传达学习习近平总书记《论中国共产党历史》中的“在庆祝改革开放四十周年大会上的讲话”“在纪念五四运动一百周年大会上的讲话”“中国共产党伟大革命精神跨越时空、永不过时”“党在陕甘宁地区的革命活动，建立了光照千秋的历史功绩”“以‘赶考’的清醒和坚定答好新时代的答卷”五个篇目，专题学习习近平总书记考察青海和参加全国人代会青海代表团审议时的重要讲话精神，传达学习省专项工作机制第五次会议暨全省党委督查工作会议精神，中共中央办公厅发布《干部双重管理规定（试行）》；研究县人民政府党组呈报的《关于表彰奖励河南县脱贫攻坚先进集体、先进个人的请示》；研究县委组织部呈报的《关于表彰全县优秀共产党员、优秀党务工作者和先进基层党组织的请示》；研究县扫黑除恶专项斗争领导小组呈报的《关于表彰河南县扫黑除恶专项斗争先进集体和先进个人的请示》；研究河南县创建民族团结进步先进区工作领导小组呈报的《关于表彰河南县创建民族团结进步先进区先进集体和先进个人的请示》；研究县委组织部呈报的关于牛丹阳辞去公职的请示。

十四届第107次常委会（扩大）会议。6月30日，中共河南县委十四届第107次常委会（扩大）会议召开。会议传达学习习近平《论中国共产党历史》中的“了解历史才能看得远，永葆初心才能走得远”“人民政协在建立新中国和社会主义革命、建设、改革各个历史时期发挥了十分重要的作用”“在庆祝中华人民共和国成立七十周年大会上的讲话”“始终做到初心如磐、使命在肩”“在纪念中国人民抗日战争暨世界反法西斯战争胜利七十五周年座谈会上的讲话”五个内容，习近平总书记在庆祝中国共产党成立100周年“七一勋章”颁授仪式上的重要讲话精神和全省脱贫攻坚表彰暨乡村振兴推进大会精神，全州政法队伍教育整顿领导小组第三次会议精神；研究县委办公室呈报的《关于召开中国共产党河南蒙古族自治县第十五次代表大会的请示》《关于报请审议〈中共河南蒙古族自治县十四届委员会工作报告〉的请示》；研究县人大常委会党组呈报的《关于报请审议〈河南蒙古族自治县第十五届人民代表大会常委会工作报告〉的请示》《关于召开河南蒙古族自治县第十六届人民代表大会第一次会议的请示》《关于报请审议〈河南县第十六届人民代表大会常务委员会组成人员建议名单〉的请示》《关于报请审议〈河南县第十六届人民代表大会各专委会主任委员、委员建议名单〉的请示》；研究县人民政府党组呈报的《关于报请审议〈政府工作报告（审议稿）〉的请示》；研究县政协党组呈报的《关于报请审议〈中国人民政治协商会议第十三届河南蒙古族自治县委员会常务委员会工作报告〉的请示》《报请审议〈中国人民政治协商会议第十三届河南蒙古族自治县委员会常务委员会关于五年来提案工作情况的报告〉的请示》；研究县纪委监委呈报的《关于报请审议〈县纪委常委会在中国共产党河南县第十五次代表大会上的报告〉的请示》；研究县委统战部呈报的《关于报请审议〈政协河南蒙古族自治县第十四届委员会换届工作方案〉的请示》；研究县人民法院党组呈报的《关于报请审议〈河南蒙古族自治县人民法院工作报告〉的请示》；研究县人民检察院党组呈报的《关于报请审议〈河南蒙古族自治县人民检察院工作报告〉的请示》；研究县总工会呈报的《关于报请审议〈河南县全面推进群团协同化建设构建新时代下群团工作新格局的实施方案〉的请示》；研究其他事项。

十五届第1次常委会（扩大）会议。7月7日，中共河南县委十五届第1次常委会（扩大）会议召开。会议传达学习习近平《论中国共产党历史》中的“牢记初心使命，走好新时代长征路”“兴办经济特区是党和国家为推进改革开放和社会主义现代化建设进行的伟大创举”“在纪念中国人民志愿军抗美援朝出国作战七十周年大会上的讲话”“中华民族伟大复兴历史进程的大跨越”“在浦东开发开放三十周年庆祝大会上的讲话”五个篇目，专题学习习近平总书记在庆祝中国共产党成立一百周年大会上的讲话精神和《中共中央办公厅关于认真贯彻〈习近平总书记在建党100周年大会上的讲话〉的通知》《中共青海省委办公厅关于认真贯彻习近平总书记在建党100周年大会上的重要讲话精神的通知》；研究县委统战部呈报的《关于报请审议〈政协河南蒙古族自治县第十四届委员会换届工作方案〉的请示》；研究其他事项。

十五届第2次常委会（扩大）会议。7月16日，中共河南县委十五届第2次常委会（扩大）会议召开。会议传达学习习近平总书记致第一届国家公园论坛贺信，习近平总书记在福建武夷山国家公园考察调研时的重要讲话，以及中央全面深化改革委员会有关会议要求，中共中央办公厅、国务院办公厅《关于建立以国家公园为主体的自然保护地体系的指导意见》精神和省委、省政府有关部署要求等内容，传达学习《学史明理、学史增信、学史崇德、学史力行》（《求是》2021年第13期）精神，省政法队伍教育整顿领导小组第五次会议精神，《中国共产党组织工作条例》和省委办公厅《关于认真学习宣传贯彻〈中国共产党组织工作条例〉的通知》精神；研究县委办公室呈报的《关于调整县委常委分工的请示》；研究县人大常委会党组呈报的《关于调整县人大常委会主任、副主任分工的请示》；研究县政府党组呈报的《关于报请审议〈关于调整县政府县长、副县长工作分工方案〉的请示》；研究县政协党组呈报的《关于调整县政协主席、副主席分工的请示》；研究其他事项。

十五届第3次常委会（扩大）会议。7月26日，中共河南县委十五届第3次常委会（扩大）会议召开。会议传达学习习近平总书记关于防汛救灾工作的重要指示精神，全省防汛抗旱指挥部专题会议和全省安全生产电视电话会议精神，7月21日州委常委会（扩大）会议和7月23日州政府党组会议精神，以及王耀春、扎西才让在《尖扎信息》（第97期）和《同仁信息》（第123期）上作出的批示精神，《州政府办公室〈关于贯彻落实习近平总书记重要批示精神做好安全生产工作的督查报告〉》精神；专题部署全县安全生产和防汛工作。

十五届第4次常委会（扩大）会议。8月18日，中共河南县委十五届第4次常委会（扩大）会议召开。会议传达学习《中共中央办公厅印发〈关于加强中央和国家机关纪委建设的意见〉的通知》精神，《中共中央办公厅 国务院办公厅印发〈关于推动城乡建设绿色发展的意见〉通知》精神，《中共中央办公厅 国务院办公厅印发〈关于进一步减轻义务教育阶段学生作业负担和校外培训负担的意见〉通知》精神，《中共青海省委 青海省人民政府印发〈关于构建更加完善的要素市场化配置体制机制的若干措施〉的通知》精神，习近平总书记在中央政治局常委会议审议《中国共产党机要密码工作条例》时的重要讲话、《中共中央办公厅 国务院办公厅关于印发〈涉密人员保密管理办法〉的通知》《黄南州委领导批示〔2021〕（第15号）》精神，中央政治局第三十一次集体学习会议精神，《中共青海省委办公厅 青海省人民政府办公厅关于印发〈青海省重大决策社会稳定风险评估实施办法〉的通知》精神，《黄南州委领导批示〔2021〕第14号》精神，《中共中央办公厅关于转发中央纪委国家监委等〈查办党员和公职人员涉嫌违纪职务违法职务犯罪案件协作配合工作机制〉的通知》精神，《中共青海省委办公厅印发〈关于加强巡视巡察上下联动的实施意见〉的通知》精神，《中共青海省委办公厅 青海省人民政府办公厅印发〈关于妥善防范化解"邻避"问题推进重大项目实施的工作方案〉的通知》精神；听取十四届县委常委会第103次、104次、105次、106次、107次会议及十五届县委常委会第1次、第2次、第3次会议研究事项落实情况的汇报；听取上半年全县经济运行情况的汇报；研究人事事项。

十五届第5次常委会（扩大）会议。8月27日，中共河南县委十五届第5次常委会（扩大）会议召开。会议研究县委组织部呈报的《关于成立河南县开展共产党员信仰宗教、参与宗教活动问题专项整治工作领导小组的请示》《关于报请审议〈河南县开展共产党员信仰宗教、参与宗教活动问题专项整治工作实施方案〉的请示》；研究其他事项。

十五届第6次常委会（扩大）会议。10月9日，中共河南县委十五届第6次常委会（扩大）会议召开。会议传达学习7月30日中共中央政治局会议精神，中共中央党外人士座谈会精神，习近平总书记在中共中央政治局第三十二次集体学习时的讲话精神，习近平总书记重要文章《加强党史军史和光荣传统教育，确保官兵永远听党话、跟党走》《总结党的历史经验，加强党的政治建设》，习近平总书记对深入推进农村厕所革命作出的重要指示精神，习近平总书记向新冠疫苗合作国际论坛首次会议发表的书面致辞精神，习近平总书记向第44届世界遗产大会致贺信精神，中共中央、国务院《关于印发〈国家标准化发展纲要〉的通知》；党史学习教育中央第十六指导组到青海调研指导，7月24日省委常委会会议精神，8月12日省委常委会会议精神，省委中心组学习会精神，省委务虚会暨中心组专题研讨会精神，王建军在青海大学高原医学研究中心调研时的讲话精神，第二届"智汇三江源·助力新青海"人才项目洽谈会精神，中共青海省委办公厅 青海省人民政府办公厅《关于印发〈青海省党政机要密码工作"十四五"规划〉的通知》精神，州委常委会会议精神，全省第二批政法队伍教育整顿动员部署会精神，王建军、信长星对海北州柴达尔煤矿发生冒顶事故作出的指挥救援要求和王建军在视频调度部署时的讲话精神，青海省安全生产委员会办公室《关于深刻汲取事故教训切实加强当前安全防范工作的紧急通知》精神，中央第十五督导组点穴式督导青海省第一批政法队伍教育整顿"回头看"意见反馈会精神和全省扫黑除恶专项斗争领导小组第一次会议精神，中央财经委员会第十次会议精神，省委议军会议精神，中共青海省委《关于深入学习贯彻习近平总书记考察青海重要讲话精神 奋力谱写全面建设社会主义现代化国家青海篇章的决定》《青海省宗教事务条例》和中共黄南州委 黄南州人民政府《印发〈关于巩固提升民族团结进步示范州创建成果全面融入民族团结进步示范省建设的实施意见〉以及〈任务分工方案〉的通知》精神；召开中共河南县委退役军人事务工作领导小组第三次全体会议；研究县委组织部提交的《关于推荐从优秀村（社区）"两委"主要负责人中考核聘用乡镇（街道）事业单位工作人员人选的请示》。

十五届第7次常委会（扩大）会议。10月26日，中共河南县委十五届第7次常委会（扩大）会议召开。会议通报赴云南考察学习情况；会议传达学习中共青海省委办公厅《关于认真学习贯彻〈中国共产党领导国家安全工作条例〉的通知精神》，《中共青海省委办公厅 青海省人民政府办公厅关于印发〈青海省各级领导干部联系民营企业商协会工作的指导意见〉的通知》精神，州委中央巡视反馈意见整改工作领导小组第五次会议精神，《青海省质量提升工作领导小组办公室〈关于印发青海省质量提升行动重点工作实施方案（2021—2022年）〉的通知》精神，中央人才工作会议精神，中共青海省委办公厅《关于认真学习贯彻《中国共产党党徽党旗条例〉的通知》精神，中央人大工作会议精神，习近平总书记在纪念辛亥革命110周年大会上的重要讲话精神，中共中央政治局第三十三次集体学习时的重要讲话精神，习近平总书记在2021年秋季学期中央党校（国家行政学院）中青年干部培训班开班仪式上的讲话精神，全省市县党政领导班子思想政治建设座谈会精神，省委党校建校70周年庆祝大会精神、中共青海省委办公厅 青海省人民政府办公厅《关于转发〈全省党校（行政学院 社会主义学院）系统"十四五"时期建设和发展纲要〉的通知》精神，7月21日、8月20日、9月3日、10月13日州委常委会会议精神，省委平安青海建设领导小组关于印发《关于加强矛盾纠纷多元预防调处化解的意见》《关于建设更高水平的平安青海的二十二条措施的通知》精神，州委宗教办《领导批示》《黄南州统战民宗工作调研报告》《关于黄南州藏传佛教寺庙驻寺干部管理体制机制等相关问题的调研报告》精神，李克强总理关于做好防汛抢险救灾工作的讲话精神，中共青海省委办公厅 青海省人民政府办公厅《〈印发关于进一步深化税收征收管理改革的实施方案〉的通知》精神，中共青海省委办公厅 青海省人民政府办公厅印发《〈关于2021年上半年全省财政运行情况的通报〉的通知》精神，全省巩固拓展脱贫攻坚成果同乡村振兴有效衔接推进暨乡村振兴重点帮扶县工作视频会议精神；听取十五届县委第4次、第5次、第6次常委会（扩大）会议以及实施乡村振兴战略工作领导小组第三次（扩大）会议重点任务完成情况的汇报；研究县委统战部呈报的《关于报请审议〈河南县分管宗教事务的乡镇副书记名单〉的请示》《关于报请审议〈河南县村（社区）统战委员和宗教事务联络员名单〉的请示》；研究县委组织部呈报的《关于斗格等17名同志晋升职级的请示》《关于抽调乡科级干部到县直机关挂职锻炼的请示》。

十五届第8次常委会（扩大）会议。11月4日，中共河南县委十五届第8次常委会（扩大）会议召开。会议传达学习全省、全州新冠肺炎疫情防控处置工作专题会议精神，中共黄南州委巡察工作领导小组办公室《关于配合做好州委涉粮问题专项巡察工作的通知》精神，中共青海省委办公厅《印发〈关于开展县级纪委监督同级党委及其领导班子成员的实施意见〉的通知》精神，中共黄南州委办公室、黄南州人民政府办公室《关于印发〈黄南州机构改革和机构编制管理工作联席会议制度等文件〉的通知》精神；中共黄南州委办公室、黄南州人民政府办公室《关于印发〈黄南州村集体经济收益资金管理使用暂行办法〉的通知》精神；黄南州目标考核领导小组（扩大）会议暨全州重点项目工作推进会精神；听取关于2021年度省、州对县考核指标完成情况的通报；听取关于全县全面从严治党目标任务完成情况的通报；听取关于河南县乡村振兴包乡（镇）联户工作情况的通报；听取十五届县委第7次常委会（扩大）会议重点工作任务进展情况的汇报；研究县人民政府党组呈报的《关于报请审议〈扎西才让州长到河南县调研讲话精神贯彻意见〉的请示》；研究县委统战部呈报的《关于报请审议〈进一步巩固提升民族团结进步示范县创建成果全面融入民族团结进步师范省建设的实施意见〉及〈任务分工方案〉的请示》；研究人事议题。

十五届第9次常委会（扩大）会议。11月15日，中共河南县委十五届第9次常委会（扩大）会议召开。会议专题学习研讨中国共产党第十九届中央委员会第六次全会精神。

十五届第10次常委会（扩大）会议。11月16日，中共河南县委十五届第10次常委会（扩大）会议召开。会议传达学习中共十九届六中全会精神，中共青海省委机构编制委员会《印发〈关于构建简约高效基层管理体制的指导意见〉的通知》精神，中共黄南州委《关于印发〈十三届州委巡察工作规划（2021—2026年）〉的通知》精神，州财政金融风险防范化解工作领导小组第一次会议精神，《领导批示》（〔2021〕28号）精神；安排部署近期重点工作；研究研究县委组织部呈报的《关于调整县关心下一代工作委员会成员的请示》。

十五届第11次常委会（扩大）会议。12月1日，中共河南县委十五届第11次常委会（扩大）会议召开。会议传达学习《中共中央关于党的百年奋斗重大成就和历史经验的决议》和习近平总书记《关于〈中共中央关于党的百年奋斗重大成就和历史经验的决议〉的说明》，中共中央办公厅《关于新时代坚持和完善人民代表大会制度加强和改进人大工作的意见》精神，吴晓军、杨志文同志在全省职业教育大会上的讲话精神，中共黄南州委保密委员会《关于印发〈黄南州厅级以上领导同志身边工作人员保密管理规定〉的通知》精神，中共黄南州委办公室《转发州政协党组〈关于推进全州乡镇政协委员联络室实体化、规范化运行的指导意见〉的通知》精神，中共青海省委 青海省人民政府《关于进一步严肃财经纪律的意见》精神，中共中央办公厅《印发〈关于拓展新时代文明实践中心建设的意见〉的通知》精神，黄南州纪委监委《关于加强反垄断深入推进公平竞争政策实施的意见》精神；研究县人民政府党组呈报的《关于报请审议〈在全县公民中开展法治宣传教育的第八个五年规划（2021—2025年）〉的请示》《关于报请审议〈河南县实现巩固拓展脱贫攻坚成果同乡村振兴有效衔接的实施方案〉的请示》；研究县委巡察办呈报的《关于报请审议〈十五届河南县委巡察工作规划（2021—2026年）〔审议稿〕〉的请示》；研究县委组织部呈报的《关于李强等5名同志职务任免的请示》。

十五届第12次常委会（扩大）会议。12月21日，中共河南县委十五届第12次常委会（扩大）会议召开。会议专题学习中共十九届六中全会精神；深刻认识“两个确立”的重要意义，会议传达学习12月6日召开的中共中央政治局会议和中央经济工作会议精神，中共青海省委办公厅、青海省人民政府办公厅印发《关于〈严格规范村庄撤并工作的若干措施〉的通知》，中共青海省委办公厅、青海省人民政府办公厅印发《全省党政机关及事业单位办公用房专项整治方案的通知》，中共黄南州委办公室印发《关于印发〈黄南州改革完善社会救助制度实施方案〉的通知》；召开河南县迎接2021年度中央巩固拓展脱贫攻坚成果同乡村振兴有效衔接考核评估工作部署会；听取县人大常委会、政府、政协党组，县人民法院、检察院党组年度工作汇报；听取县纪委监委，县委组织部、宣传部、统战部、政法委，工青妇年度工作汇报；研究县委办公室呈报的《关于报请审议〈2021年度党政领导班子述职报告〉的请示》；研究县委办公室呈报的县委党建、党风廉政建设、意识形态工作总结；研究县委统战部呈报的《关于报请审议〈河南县工商联（民间商会）2021年换届工作方案〉的请示》；研究县委机构编制委员会呈报的《关于报请审议〈河南县构建简约高效乡镇管理体制实施方案〉的请示》；研究县科学技术协会呈报的《关于报请审议〈召开河南县科学技术协会第二届第一次代表大会〉的请示》；研究人事议题。

十五届第13次常委会（扩大）会议。12月30日，中共河南县委十五届第13次常委会（扩大）会议召开。会议传达学习中共中央办公厅 国务院办公厅印发《关于〈加强新时代关心下一代工作委员会工作的意见〉的通知》，中共中央办公厅、国务院办公厅印发《关于〈深化“三非”外国人治理的意见〉的通知》，中共中央办公厅印发《关于〈加强和改进新时代市县政协工作的意见〉的通知》，中共中央 国务院 中央军委印发《关于〈军队功勋荣誉表彰条例〉的通知》，中共青海省委办公厅、青海省人民政府办公厅印发《关于〈进一步加强非物质文化遗产保护工作的若干措施〉的通知》，中共州委办公室、州人民政府办公室印发《关于〈贯彻落实省政府主要领导在同仁市宣讲党的十九届六中全会精神时讲话精神的工作方案〉的通知》，中共黄南州委办公室印发《王耀春同志在州人大、州政府、州政协、州法院、州检察院领导班子建设座谈会上的讲话》。研究县委办公室呈报的《关于召开中共河南县十五届委员会第二次全体会议的请示》《关于报请审议〈司吉昇同志在县委十五届二次全体会议上关于县委常委会工作的报告〉的请示》《关于报请审议〈司吉昇同志在县委十五届二次全体会议上的讲话〉的请示》；研究县人民政府党组呈报的《关于报请审议〈钢夫同志在县委十五届二次全体会议上的讲话〉的请示》；研究县委统战部呈报的《关于河南县工商联合（商会）主席、副主席、秘书长、常委、执委、会员代表人选的建议名单的请示》；研究县科学技术协会呈报的《关于河南县科协第二届第一次代表大会代表、委员、常务委员、主席、副主席、秘书长候选人的请示》。

服务保障

【概况】 2021年，县委办公室贯彻落实中共十九大精神及习近平新时代中国特色社会主义思想，围绕全县发展大局和中心工作，切实增强“四个意识”、坚定“四个自信”、做到“两个维护”，坚持解放思想、更新观念、与时俱进，着力推动县委各项工作高效运转，坚持当好县委的推手、助手和排头兵、领头雁，完成各项工作任务，进一步提高“三服务”工作能力和水平，为推动全县经济社会跨越发展做出贡献。

【文秘服务】 县委办公室作为县委的“智库”和领导的“智囊”，切实履行参谋职能，发挥助手作用，为领导科学决策提供决策依据。年内完成县委各项工作会议、常委会及其他以县委名义召开的专题会等重要文稿、重要文件的起草、送审、签发工作，制定县委重要工作、重大活动方案，收、转、发各种材料，确保信息畅通。坚持规范、精简、高效的原则，按照公文处理规则办文，全年共起草县委重要文件文稿、会议文件350余份。加强对公文批转、会务工作、接待服务、机要保密、档案管理、车辆管理、财务制度等方面的管理和能力，实现批转“零差错”“零失误”“零遗漏”。负责组织70余次重要会议和重大接待活动，完成中央、省、州及省内其他县领导到河南考察调研等重大活动的接待工作，得到各级领导的一致好评。开展疫情防控工作，督促指导挂钩联系点抓实疫情防控和复工复查工作，由办公室1名副主任和1名干部职工负责疫情防控工作，做好办公室人员管控和疫情防控物资储备，并对接县疫情防控工作指挥部，确保各类会议、调研疫情防控“零风险”。

2021年4月1日，县委办公室党支部召开党史学习教育专题学习会

2021 年，县委办公室党支部组织干部职工开展“强身健体”文体活动

【信息编报】 采取下发每月信息报送通报、信息约稿通知等方式加强信息编报，编发《河南信息》240 余期，编辑完成汛期雨情灾害等紧急信息报送工作，为县委第一时间处置赢得先机。制定实施河南县信息报送制度，每月明确各乡镇、各部门、各单位提炼工作亮点，编辑报送信息。强化全县节假日值班安排，保证节假日期间全县党政机关运转。发挥网络媒介宣传作用，申请注册“美丽河南”公众号，发布河南重点工作、重大动态、重点措施。向《青海日报》、“学习强国”、《农民报》、河南县融媒体等平台推送新闻稿件近百条，宣传河南的成效和工作经验，提升河南知名度、美誉度和影响力。

【督查工作】 重点围绕全县乡村振兴、重点项目建设、常委会重点任务等事关经济社会发展大局的工作，紧扣上级党委政府领导批示交办事项、各级领导到河南县考察工作指示落实情况、县委、县政府主要领导批示件等专项督查内容，以及民生关注的热点、难点问题进行督查，在全县范围内开展生态环境、巡视整改、疫情防控等重点工作专项督查 9 次，编发《督办通知》9 期，如实填写《督查检查记录表》，确保县委的决策部署落到实处、取得成效。

组织工作

【概况】 2021 年，县委组织部坚持以习近平新时代中国特色社会主义思想为指导，深入贯彻落实习近平总书记到青海考察时重要讲话精神和全国、全省组织部长会议、全州组织工作会议精神，团结奉献、锐意进取，以党的政治建设为统领，深入开展党史学习教育，推进党的组织体系建设，着力培养忠诚干净担当的高素质干部，着力集聚爱国奉献的各方面优秀人才。

【党员队伍建设】 全县党员总数 2927 人，全年发展党员总数 215 人。按发展党员的性别、民族、年龄和学历分，发展女党员 79 人，占发展党员总数的 37%；发展少数民族党员 188 人，占发展党员总数的 87%；发展 35 岁及以下党员 185 人，占发展党员总数的 86%；发展具有大专及以上学历的党员 143 人，占发展党员总数的 67%。按发展党员的职业分，发展工人 1 人，农牧渔民 99 人，企事业单位、民办非企业单位专业技术人员 41 人，企事业单位、民办非企业单位管理人员 15 人，党政机关工作人员 53 人，其他职业人员 6 人。在生产、工作一线发展党员 161 人，占发展党员总数的 75%。全年受表彰的优秀共产党员 36 人，受表彰的优秀党务工作者 23 人。

【干部队伍建设】 截至 2021 年底，全县有干部 1374 人，其中公务员 458 人、事业单位工作人员 916 人。全县有公务员 458 人（县直机关 338 人、乡镇 120 人），中共党员 334 人（党外干部 124 人），占 72.93%。全县有事业单位工作人员 916 人（县直机关 566 人、乡镇 350 人），中共党员 293 人（党外干部 623 人），占 31.99%。

【基层党组织建设】 全县建立党的基层组织 123 个，其中党委 8

2021年1月1日，托叶玛乡托叶玛村党支部党员大会在托叶玛村党群服务中心召开

个、党支部115个。已建立的党组织中，乡镇（含乡镇社区居委会）建立党组织55个，占基层党组织总数的45%；机关单位建立党组织40个，占基层党组织总数的33%；事业单位建立党组织17个，占基层党组织总数的14%；公有企业单位建立党组织2个，占基层党组织总数的2%；非公有企业单位建立党组织10个，占基层党组织总数的8%。在基层党组织建设中，围绕建强基本组织、建优基本队伍、抓实基本活动、强化基本服务、健全基本制度、落实基本保障"六个基本"建设，明确"抓乡促村""一核三治"项目的路线图、任务书、时间表，全县123个党组织均达到创建标准，6个乡镇达标创建、43个村（社区）提标升级，并推进村级党群服务中心建设。通过"一聘二谈三访"，解决卸任村干部心理失落、生活困难等问题，走访慰问卸任村（社区）干部117人次，发放慰问金22万元。提高村干部待遇，"一肩挑"村"两委"主要负责人年度报酬从32175元提高到43625元，其他村干部报酬从22520元提高到24721元，村级组织运转经费提高到5万元，驻村工作队工作经费提高到2万元。做好向重点乡村选派驻村第一书记和工作队结对帮扶工作，按照"大稳定、小调整"的原则，向39个村、1个易地扶贫搬迁安置点选派80家结对帮扶单位、121名干部，举办专题网班2期。以巩固拓展脱贫攻坚成果、全面推进乡村振兴为目标，印发《河南县乡村振兴包乡（镇）联户工作方案》，加快推进乡村治理体系治理能力现代化。建立完善"减负+履职+担当"三维激励机制，实行常态化县、乡、村"三到位"精准核查落实脱产驻村要求，开展361场次谈心谈话，涉及谈话人员480余人次，帮助解决实际问题57个。发展壮大村集体经济，确定6个村作为中央财政扶持壮大村集体经济示范村，以"党支部+"模式投入扶持资金300万元，因地制宜发展特色产业。聚焦突破产业发展瓶颈，"跳出河南县发展河南县"固定思维，在泽库县333.33公顷流转土地建立"借地生草"的飞地饲草种植基地，为现代有机畜牧业实现新跨越做出生动实践。年底，全县39个村集体经济年收入5万~10万元的村2个，10万~20万元的村26个，20万~50万元的村7个，50万~100万元的2个，100万以上的2个。健全完善《村规民约》、村党支部研究决定重大事项制度、村委会定期向村党支部报告工作制度、党员议事制度，落实"一表一册一规范"，执行"四议两公开"制度，强化村集体经济监督。健全完善矛盾纠纷排查化解机制，组建人民调解组织61个，充实人民调解员361人。加强区域治理，与邻县接壤乡（镇）、村组建6个联合党工委和8个联合党支部，构建起跨区域共建共治共享社会治理格局。发挥各级党组织和广大党员在新冠肺炎疫情阻击战中的战斗堡垒和先锋模范作用，把疫情防控工作作为巩固拓展"不忘初心、牢记使命"主题教育成果的实践战场，引导党员干部积极开展相关政策讲解、疫情防控知识宣讲等工作。在疫情防控一线，成立3个疫情监测卡点临时党支部，推行24小时值班制度，党员干部的初心使命得到践行，并划拨党费8万元用于支持新冠肺炎疫情防控工作。

【干部教育培训】 坚持把学习贯彻习近平新时代中国特色社会主义思想和习近平总书记在中国共产党成立100周年大会上的讲话、在党史学习教育动员大会上的讲话、到青海视察重要讲话精神和中共十九届六中全会精神等作为各级党组织和党员干部的首要政治任务，把党史学习教育作为加强党的建设的永恒课题和党员干部的终身课题，坚持和用好党史学习教育好的经验和成果。加快“一县一基地一县一特色”党员教育基地与县乡党校统筹谋划一体推进力度，发挥县乡党校“主阵地”作用，探索推行“党旗红”党性教育基地、新时代文明实践中心、廉政警示教育基地、县人民政府旧址、黄河南蒙旗历史文化博物馆等“一核五点”的展学融合教育教学模式，以河南县涌现出来的尕布龙、尖措等先进人物事迹感染教育广大党员干部守初心、担使命，组织党员开展重温入党誓词等主题党日活动3500人次。

【干部选派】 印发《2018—2022年河南县党员干部教育培训规划》，开展“党支部书记能力提升工程”“党员进党校集中轮训工程”和基层党务工作者3大类9个培训班次，开展5个培训班，累计培训684人次，选派33名干部参加省、州级各类培训班19期，选派128名干部参加线上培训3期。

【干部监督】 健全来信、来访、电话、短信“四位一体”的信访举报平台，向社会公布纪检监察“12388”、组织系统“12380”举报电话、通信地址等，严格落实举报信息专人负责制，实时监测和了解风气状况，确保举报渠道畅通。严格执行干部选拔任用工作条例和换届纪律的规定，严把选人用人政治关、品行关、能力关、作风关、廉洁关，加强和改进干部推荐考察方式，落实“凡提四必”、“双签字”、任前事项报告、重要社会关系报告、全程纪实等制度要求，做到执行标准不走样、履行程序不变通。2021年，未收到任何信访举报等案件。

【干部考核】 全面贯彻落实《青海省公务员平时考核实施办法（试行）》，从指标设置、考核内容、程序制定、等次设定四方面完善制度，强化制度顶层设计，确保考核科学合理。强化考核结果运用，发挥考核“指挥棒”作用，激发干部干事创业激情，提拔任用干部50人，职级晋升干部20人，其中考核结果为“好”等次的占比达90%以上。扩大示范带动效应，挑选基础较好的1个县直机关部门、1个乡镇作作为中央、省级考核工作联系点，加强蹲点指导，推进先行先试，组织部分单位负责人到联系点现场观摩、学习经验。

【公务员管理】 多渠道、全方位掌握干部的政治品质、工作实绩、勤政廉洁情况。换届期间，调整干部70人，其中，提任乡镇党政正职7人，提任正副科级19人，平职交流22人，免现职18人。调整任用干部184人，其中，提拔任用50人，职级晋升20人，调整交流47人，免职并退休5人，兼任9人，挂职1人，免现职24人。

【人才培养】 发挥组织部门牵头抓总作用，以“智汇三江源·助力新青海”人才项目洽谈会为契机，通过州、县天津援青等平台，组织开展5个人才项目柔性引进对接。持续加强天津科技大学、青海大学、西北农林科技大学等科研院校合作，加速科研成果转化，畜牧业系列产品拓展到33种，全面打响“天赐蒙旗·全域有机”产业品牌。其中，引进的天津科技大学人才团队被评为第一届“智汇三江源·助力新青海”人才项目洽谈会“十大特色人才项目”。

【中国共产党成立100周年活动】 依托党性教育基地，开展“党旗在基层一线高高飘扬”“我为群众办实事”等活动，全面落实党支部、党员承诺践诺，全县组织开展下访活动140余次，接待群众3000余人，全力解决群众关切的问题近210余件。开展“先锋党员”评选工作，全县评选出“先锋党员”245人。按照“两优一先”推荐条件和标准程序，评选出优秀共产党员36人、优秀党务工作者24人、先进基层党组织22个。做好首次颁发“光荣在党50年”纪念章工作，“七一”前对70名符合条件的党员获颁纪念章，对获得党内功勋荣誉表彰的党员、生活困难党员、老党员、老干部和烈士遗属、因公殉职党员干部家属368人走访慰问。赛尔龙乡尖克村党支部书记、村委会主任斗拉才让，向党组织交纳1万元的“特殊党费”用于河南省多地发生的洪涝救灾，用实际行动体现基层党员初心使命。组织开展庆祝中国共产党成立100周年表彰大会，对全县“两优一先”、民族团结、脱贫攻坚、扫黑除恶专项斗争中表现突出的先进集体和先进个人进行集中表彰。组织百名退休老干部开展“百人观礼”回家乡看变化观摩活动，为庆祝中国共产党成立100周年营造浓厚氛围。

【村（社区）“两委”换届】 紧扣省委“三优三强三过硬”的目标要求，总结推广“三图两表一清单”工作法，在全省率先完成全县43个村（社区）“两委”换届选举，全部实现“一肩挑”。新一届党支部书记平均年龄较上届平均下降9.4岁，村（居）民委员会主任较上届下降11岁，择优选拔45名本村高校毕业生、“致富能手”和外出务工经商等人员吸纳进党支部班子。

【县乡领导班子换届】 制定《县乡领导班子换届工作实施方案》，明确换届总体要求、换届流程、时间界限、政策要点等，多次召开专题会议研究部署换届工作。印发《县乡两级人大换届选举工作方案》《关于政协河南县第十四届委员会换届工作方案》《换届风气监督工作“五类责任主体”责任清单》《领导班子换届工作谈心谈话工作方案》等，细化领导主体责任和各单位工作责任。完成河南县第十五次党代会、河南县第十六届人代会、政协第十四届委员会，州委批准的候选人均全票当选。2个镇、4个乡完成党委、人大、政府换届工作。

2021年7月7日，新一届县委常委会班子成员集体宣誓

宣传思想工作

【概况】 2021年，河南县坚持以习近平新时代中国特色社会主义思想为指导，全面贯彻中共十九大和十九届二中、三中、四中、五中、六中全会精神，以庆祝中国共产党成立100周年为主线，持续用党的创新理论武装全党，压实责任、管好阵地、强化监管，唱响主旋律、弘扬正能量，为河南县经济社会高质量发展提供坚强思想保证和强大精神力量。

【理论武装】 加强理论武装，落实“第一议题”制度，坚持学习习近平新时代中国特色社会主义思想，发挥党委（党组）理论学习中心组引领作用，增加研讨学习、提高发言频次，确保中心组学习质量。县委理论学习中心组开展集中学习会28次，专家学者专题辅导6场次。把学习宣传贯彻好中共十九届六中全会精神作为当前一个时期重要政治任务，以专题学习、研讨发言深入学，以州级领导专题辅导系统学，全面掀起学习热潮，引导广大党员干部从百年党史中汲取智慧和力量。结合党史学习教育，在全县范围内开展“中国共产党好、社会主义好、人民领袖好”“深学领袖思想、强化履职担当、推动工作落实”主题宣讲20余场，持续深入学习习近平总书记“七一”重要讲话及到青海考察时的重要讲话精神等内容，教育引导广大党员干部增强“四个意识”、坚定“四个自信”、做到

"两个维护"，在学思践悟领袖思想中切实筑牢共同思想政治基础。开展民族团结进步宣传，组织"中华民族一家亲，同心共筑中国梦"等系列主题活动，推动民族团结进步教育深入人心。发挥宗教界人士关键作用，进一步凝聚宗教领域爱国爱教热情，铸牢中华民族共同体意识。

【对外宣传】　建成用好融媒体中心，健全外宣工作协调机制，加强与主流媒体的紧密合作，推动台、网、微、端聚合发力，做好文化、旅游、重大节会等外宣工作，结合中心工作策划推出生态河南、乡村振兴、有机产业专题专栏20余个，及时反映河南县推动高质量发展方面的新举措、新成效、新亮点，《河南县：晒出生物多样性厚实家底》《河南县蒙藏医药的华丽转身》等多篇文章被《人民日报》《青海日报》及"学习强国"学习平台采编采用；《河南县：守望绿水青山铸就金山银山》《河南县：走出一条绿色高质量发展之路》等专题报道全面展示河南良好的生态资源、优美的自然环境、无限的发展潜力。各主流媒体刊发、转载、报道河南县文章5000余篇，其中，《人民日报》12篇、《青海日报》41篇、"学习强国"学习平台103篇、中新网184篇。中央电视台财经频道、新闻频道以及《人民日报》、新华社、《青海日报》等16家媒体密集报道河南县民警张斌斌冰河救人事迹。

【庆祝中国共产党成立100周年】坚持规定动作不走样、自选动作有特色，营造庆祝中国共产党成立100周年的浓厚氛围，凝聚起干部群众奋进新征程强大精神动力。按照"三个阶段、六个专题"内容，坚持做到重点讲话重点学、必学书目深入学、线上线下相融学，以"关键少数"示范带动"绝大多数"，组织开展专题学习、专题研讨等形式多样的学习活动800余次，引导广大党员干部坚定不移听党话、感党恩、跟党走。创新推出"十个一"自选动作，以出版一套丛书、编排一部情景剧、拍摄一部巡播纪录片献礼中国共产党成立100周年，以唱响一首红歌、开展一次表彰、举办一次观摩等活动赞颂中国共产党成立100周年，出版发行《纯净河南·幸福蒙旗》庆祝中国共产党成立100周年系列丛书。组织干部群众、牧民党员开展读"红色书籍"、诵"红色诗词"、看"红色电影"、唱"红色歌曲"、观"红色基地"等活动，通过在学习中做到知史增信、宣讲活动中回顾中国共产党的百年辉煌、在文化活动中感受中国共产党的光辉伟大。

【精神文明建设】　持续推动习近平新时代中国特色社会主义思想深入人心，以群众性精神文明主题实践活动为主要抓手，培育和践行社会主义核心价值观，以"牧区红"宣讲团为主体，以"中央一号文件宣讲""党史学习教育"等活动为抓手，到各乡镇、村（社）就民族团结、乡村振兴、生态环保等相关政策进行宣讲，开展集中宣讲活动500余场次，编印、发放藏语汉语宣讲材料3万余份，受教干部群众3.8万余人次。开展社会主义核心价值观"九进"工作，建设和谐文化，培育文明风尚，满足人民群众文化需求，发挥"一约四会"作用，遏制大操大办、奢侈浪费等不良风气，破除陈规陋习，涵育文明乡风。编印《漫画妙语讲文明》《谚语传理播文明》《翰墨飘香传文明》等系列文明实践手册，成为广大干部群众践行文明规范的公益读物。在3月"学雷锋活动月"开展各类宣传活动10余场次，参与人数达800余人。全县各级各类志愿服务组织开展"清河行动""送学上门""文明实践在行动，志愿服务暖人心"等活动60余次，参与志愿者及牧民群众达4000余人，在全县及各乡镇、村（社区）采取不间断巡逻、循环播放广播的方式向广大牧民群众推送疫情防控相关信息和防疫知识，组织16个志愿服务队400余人，发放疫情防控知识藏语和汉语宣传册2万余份，免费发放一次性医用口罩6000余个。强化德治建设，选树先进典型，弘扬动人事迹，开展道德模范、最美人物、身边好人等评选活动，激励广大干部群众学习先进、争当先进。赛尔龙乡尕庆村原党支部书记索南、柯生乡退休干部索南才让分别获第十一届"中华慈善奖——慈善楷模""第四届青海省道德模范称号"。全县创建县级及以上文明乡镇3个，创建率66.6%；创建县级及以上文明村（社区）28个，创建率65%；2021年创建“五星级文明户”6015户，创建率59.4%；2019—2021年创建县级文明单位29家、文明乡镇5家、文明村社31家、文明校园3家，超额完成省委关于与全国同步全面建成小康社会精神文明建设相关指标。

【志愿服务】　作为全国首批新时代文明实践中心建设试点县，河南县新时代文明实践中心始终坚持把推动习近平新时代中国特色社会主义思想深入基层、深入人心作为工作主线，依托县乡村三级文明实践阵地，调动志愿服务队伍力量，组建各类志愿服务分队314个，有志愿者6000余人，开展各类志愿服务活动500次。挖掘本土化、特色化志愿服务品牌，公保金牌调解室、多松“新风”志愿服务项目品牌在矛盾调解、“扶智扶志”等方面发挥重要作用。荷日恒村新时代文明实践助力乡村振兴工作入选中央文明办《建设新时代文明实践中心“怎么干”》系列丛书推广典型案例。在那达慕盛会期间，县新时代文明实践中心办公室结合活动需求，将招募到的以党员干部为主体的200名志愿者，经严格培训后分配到各小组，参与交通引导、文明劝导、环境整治、礼仪接待、后勤服务、维持秩序等志愿服务工作，设立志愿者驿站，建立志愿服务积分兑换办法等系列激励措施。为志愿者购买意外伤害险，提供装备和食品。为进一步深化党史学习教育，探索新时代文明实践与党史学习教育的融合新模式，开展党史学习教育“我为群众办实事”志愿服务周启动仪式，统筹各方资源，组织理论宣讲、医疗卫生、文化体育、科技科普、法律、教育服务等19个县级层面的志愿服务支队，利用一周时间，开展不同形式、不同内容的文明实践志愿服务活动，将党史学习教育成果转化成为民服务的生动实践，用心用情用力帮助解决基层群众的困难事、烦心事。

统一战线工作

【概况】　2021年，河南县统战民宗部门深入学习贯彻习近平总书记关于加强和改进统一战线工作的重要思想，隆重庆祝中国共产党成立100周年，深入学习贯彻《中国共产党统一战线工作条例》，彰显统一战线重要法宝作用，围绕中心、服务大局，守正创新、砥砺奋进，为全县经济社会高质量发展和“十四五”顺利开局作出了新贡献。

【统战工作】　召开统一战线工作领导小组会议，审议通过《河南县关于〈青海省涉藏州县国家通用语言文字再提升行动方案〉的贯彻意见》，建立全县6个乡镇党委副书记分管宗教事务工作，39行政村（4个社区）党支部书记和支部委员（或村委会委员）分别兼任统战委员和宗教事务联络员。制定《县级领导干部联系宗教界人士联谊交友制度》，教育宗教界人士在关键时刻和大是大非问题上与党和政府同心同德、同心同向，针对宗教人士普遍关心的重点、热点和难点问题开展思想引导工作，共同维护团结合作的政治基础。建立健全90名党外代表人士的优秀人才信息库，其中民主党派和无党派人士20人（占22.22%）、党外知识分子20人、少数民族20人、宗教界人士15人、非公有制经济人士15人。制定《政协河南蒙古族自治县第十四届委员会换届工作方案》，完成政协黄南州第十四届委员会委员拟提名人选26人、政协河南县第十四届委员会拟提名人选131人以及常务委员会候选人23人的推荐、考察等工作。

【民族团结进步创建】　年内召开河南县创建民族团结进步表彰大会，对各单位各部门各行业做出突出贡献的20个先进集体、48名先进个人进行表彰。制定《进一步巩固提升民族团结进步示范县创建成果全面融入民族团结进步示范省建设的实施意见》《任务分工方案》，推进民族团结进步事业向纵深发展，全面融入民族团结进步示范省建设大局。举办以“凝心聚力铸牢中华民族共同体意识”为主题的演讲比赛，全县各乡（镇）、各单位、各部门24名选手参加比赛。实施民族团结进步宣传教育深化工程，加强

2021 年 9 月 18 日，河南县参赛运动员在青海省第七届少数民族传统体育运动会藏棋项目玖棋赛事获得 1 枚金牌、2 枚银牌、4 枚铜牌及团体第二名

中华民族共同体意识教育，推进中华民族视觉形象工程；规划建设铸牢中华民族共同体意识展馆，建设面积约 1180 平方米。在青海省第七届少数民族传统体育运动会上选派出民族式摔跤、民族式射箭、举沙袋、押加等 8 类赛事运动员 66 人，河南县代表队运动员在各类比赛项目获金牌 1 枚、银牌 10 枚、铜牌 6 枚。

【发展少数民族资金】　投入少数民族发展资金 850 万元建设秀甲村集体经济生态牛棚 4 栋及购买雪多牦牛母牛 240 头，托叶玛乡文群村修建乡村道路工程 17 千米。将全县寺院配套基础设施建设规划编制纳入河南县“十四五”规划。

【庆祝中国共产党成立 100 周年系列活动】　围绕庆祝中国共产党成立 100 周年这一主线，开展“书香寺庙·红色阅读永远跟党走”主题阅读活动和“学党史、感党恩、跟党走”革命传统教育活动，感受革命先烈艰苦的革命道路和奋斗历程，引导宗教界代表人士爱党、爱国、爱教，继承和发扬宗教界代表人士与中国共产党风雨同舟、亲密合作的优良传统，激发宗教界人士爱党爱国热情，深入推进宗教界“四史”教育专题学习，号召全县宗教界人士不断提高思想认识，做到同心向党、诚心向法、全心向善。

【民营经济管理】　制定《县级领导干部联系民营企业商协会工作方案》，建立《县级领导干部联系民营企业商协会制度》，畅通联系渠道，着力构建亲清新型政商关系。组织民营经济代表人士 22 人开展集体谈心活动和“一对一”谈心活动。开展“我为群众办实事”实践活动，向 89 名贫困学生、57 名敬老院孤寡老人发放慰问金及物资价值 67915 元。引导全县民营经济人士主动参与疫情防控工作，相继开展慰问疫情防控一线行动，送去食品、生活用品和消毒用品等慰问物资折计 13.5 万余元。

县委巡察

【概况】　县委巡察办贯彻落实县委和县委巡察工作领导小组决策和部署，对县委巡察工作领导小组负责，承办领导小组交办的具体工作，承担综合协调、组织指导、制度建设、监督管理、服务保障等工作。县委巡察工作重点监督的范围和对象为各乡镇单位、县委各部门、县直各机关单位党组织及其领导班子成员。

【十四届县委巡察】　自 2017 年巡察工作开展后，县委高度重视巡察工作，切实扛起巡察工作主体责任，制定印发《中共第十四届河南县委巡察工作规划》。县委第一轮巡察于 2017 年 4 月正式开展，截至 2021 年底，开展 6 轮常规巡察、2 轮交叉巡察和 2 轮提级巡察、对十四届县委第三轮常规巡察开展 1 次反馈问题整改情况“回头看”工作。十四届县委巡察 42 家县直单位党组织、6 家乡（镇）党委、3 个学校党支部、2 个医院党支部和 1 家企业。十四届县委巡察发现问题 678 条，发现问题线索 15 条，移交 15 条，其中立案 3 件 3 人，给予党纪政务处分 3 人、组织处理 13 人，其余问题均完成办理，十四届县委巡察覆盖率达 100%，整改率 96% 左右。完成十四届县委第六轮巡察，发现问题 78 条，立行立改问题 40 条，完成十四届县委一届任

2021 年 3 月 31 日，十四届县委第六轮巡察工作动员部署会召开

期内全覆盖目标任务。巡察期间，召开巡察工作动员部署会 2 次，召开党支部工作汇报会 2 次、座谈会 2 次，个别谈话 34 人次，走访 52 人次，张贴藏语和汉语巡察公告 4 份，设立意见箱 5 处，发放各类民主测评表 114 人次，发放巡察问题调查表 57 人次，列席会议 4 次，查阅各类资料 59 套、财务账册 396 册。

【十五届县委首轮巡察】 为全面推动新一届县委巡察工作开好局、起好步，在总结十四届县委巡察工作基础上，制定出台《十五届河南县委巡察工作规划（2021—2026 年）》。12 月 16 日，在全州率先召开十五届县委首轮巡察工作动员部署会，会议以习近平新时代中国特色社会主义思想为指导，深入学习贯彻习近平总书记关于巡视巡察工作重要论述，深入贯彻落实习近平总书记到青海考察时的重要讲话精神和庆祝中国共产党成立 100 周年大会上的重要讲话精神，全面贯彻落实中央纪委五次全会、省纪委五次全会及州纪委六次全会的部署要求，全面安排部署县委首轮巡察工作。

2021 年 12 月 16 日，十五届县委首轮巡察工作动员部署会召开

【巡察干部培训】 作为新一届县委巡察的开官之年，县委高度重视巡察工作，为补齐巡察工作“巡不深、察不透”的短板，邀请州纪委监委、州委巡察办领导围绕精准落实政治巡察、规范开展巡察工作、严守保密纪律以及学习贯彻中共十九届六中全会精神等内容对巡察干部进行系统全面培训。编制《县委巡察组巡察工作操作手册》《巡察组学习资料》，开展政治巡察应关注的重点及问题分析、巡察工作中如何发现违反中央八项规定精神问题等方面知识的专项培训，增强巡察干部的理论水平和业务能力，为推动巡察监督走深走实打下基础。

【交叉巡察】 为切实保障州委交叉巡察工作在河南县开展，与纪检监察、组织部沟通，先后抽调 6 名工作人员，配合州委交叉巡察工作，并组织召开十三届州委同仁市交叉巡察组进驻河南县开展交叉巡察工作动员部署会，全面贯彻落实全国巡视工作会议及省州巡视巡察工作会议精神，对州委县级交叉巡察工作进行动员部署，把开展交叉巡察工作作为推动基层党组织落实全面从严治党要求的有效抓手，推动基层管党治党从宽松软走向严紧硬。

【巡察反馈问题整改】 按照县委巡察领导小组统一部署，联合派驻纪检组成立巡察整改“回头看”专项检查组，对 2 个乡镇交叉巡察反馈问题整改情况、州委第八轮提级巡察县教育局党委及十一所中小学巡察反馈问题整改情况进行“回头看”。检查结束后，总结分析督查情况，将检查结果上报纪委监委，县纪委监委第一时间谈话提醒县教育局党委班子，强调县教育局党委要进一步提高政治站位，切实增强使命感和责任感，督促指导好整改，对整改不到位的问题继续加强跟踪监督，深化问题整改落实，持续巩固提升巡察成果。

直属机关党建

【概况】 2021年，县直属机关工委始终认真贯彻落实《中国共产党党和国家机关基层组织工作条例》，坚持以党的政治建设为统领，着力深化理论武装、强化基层组织建设、推进正风肃纪，推动县直机关党的建设高质量发展。通过梳理汇总，河南县直属机关党支部共计40个，党员509人，预备党员48人，发展对象89人，入党积极分子46人。

【思想政治建设】 以习近平新时代中国特色社会主义思想、习近平总书记重要讲话精神为主要内容，依托“学习强国”学习平台和“黄南先锋”智慧党建平台，教育引导广大党员干部牢固树立“四个意识”、坚定“四个自信”、做到“两个维护”，强化党员经常性教育培训，提升专业素质和专业能力。结合开展的“人员大培训、岗位大练兵”活动，本着“干什么学什么、缺什么补什么”的原则，坚持线上线下相结合、集中与分散相结合、课堂培训与实战实操相结合等形式，将学习《中国共产党党和国家机关基层组织工作条例》、县委书记司吉昇在县委党建工作领导小组第一次会议上讲话作为学习重点，因地制宜、因时制宜，分级分类开展人员学习培训。同时，组织党员干部围绕党建新知识、新理念或者热点话题开展讨论，加深理解、学以致用，提升广大干部职工能力素质和技术水平。

【基层党组织建设】 为推进党支部规范化建设，于年初抽调党建工作骨干人员10人，组成2个工作小组，分赴县直40个机关党支部，通过听取汇报、审阅资料、实地察看、座谈等形式对“开展党建提质增效行动打造模范政治机关”行动进行达标考核验收，有20个党支部通过验收，达标率为50%。4月，按照“促百分百达标，迎党百年华诞”以评促建活动总体方案，就党支部规范化建设工作开展情况与泽库县进行交叉验收，通过主动争取、协调，验收组对河南县不同层次的16个党支部进行验收，覆盖率达40%，并反馈整改意见建议。9月初，在县委安排部署下，县委组织部再次组织工作人员组成2个工作小组，分赴全县40个县直机关党支部进行督导检查，重点对党建工作推进情况、反馈问题整改情况、党支部自身建设情况等进行检查，督促各党支部推进支部标准化建设。组织召开2021年度县直机关党组织书记抓党建工作述职评议大会，通过听取专项述职、民主评议、“一对一”点评，促使机关党建守正创新。

【机关党员管理】 为建设一支信念坚定、素质优良、结构合理、纪律严明、作用突出的党员队伍，县委组织部先后联合县委党校举办入党积极分子培训班和党员发

2021年9月22—24日，县直属机关工委组织开展入党积极分子培训班

2021年6月30日，县直属机关工委开展“七一”前夕集中慰问党员活动

展对象培训班，培训人数共计130人；督促指导各机关党组织规范召开组织生活会，民主评议党员。撤销河南县粮油党支部，合并至上级单位粮食局；将国家统计局河南县调查队党员组织关系转到县统计局党支部，成立县统计局联合党支部；将河南县扶贫开发局党支部更名为河南县乡村振兴局党支部。县直属机关工委力推党政正职“一肩挑”，换届结束之后有19个党支部重新选举党支部书记、委员，完成率为90%。坚持严管厚爱，发放《机关党组织工作规范》《机关党组织标准化建设工作手册》各40册，指导各机关党组织更好开展党建工作；“七一”前夕，组织开展党员集中慰问活动，慰问34人，送出“七一”党建大礼盒34份、慰问金共计3.4万元。组织开展机关党代表选举工作，把关选举程序，55名代表候选人全票当选为县直机关出席县第十五次党代会代表。

【机关作风建设】 始终将机关廉风廉政建设与党建工作同部署、同落实、同检查，运用好监督执纪“第一种形态”，督促各机关党组织深入学习习近平新时代中国特色社会主义思想、《中国共产党纪律处分条例》《中国共产党支部工作条例》等党内法规。落实主体责任，对县直40个机关党组织就“开展党建提质增效行动打造模范政治机关”行动进行达标考核验收，重点包括组织体系设置、班子队伍建设、党员教育管理、党内组织生活、工作载体建设、工作运行机制、基本工作保障等方面。坚持正面教育与反面警示相结合，督促党员干部学习典型案例，利用电视媒体、“美丽河南”微信公众号、“黄南先锋”智慧党建平台等，循环播放“十严禁”藏汉双语宣传片，畅通换届风气监督举报渠道，加强换届风气实时监测和风险排查。结合“三会一课”，开展讲廉政党课活动，围绕党史学习教育，机关党组织组织党员观看优秀红色影片、参观反腐倡廉警示教育基地。

机构编制

【概况】 2021年，县委编办坚决贯彻落实习近平总书记关于机构编制工作系列重要讲话和重要指示批示精神，执行省、州、县委和省、州委编办决策部署，推进各项改革和管理工作，落实党管机构编制、党对机构编制工作集中统一领导的重大政治原则，把加强党的领导贯穿于机构编制工作各方面、全过程，完善归口管理制度，理顺县委编办与同级组织部门的工作关系。

【第二次机构编制核查】 根据省、州委编办关于第二次机构编制核查工作安排，成立第二次全县机构编制核查工作小组和工作专班，统筹推进全县机构编制核查工作。依托机构编制实名制管理系统，全面核查党政群机关机构设置、编制核定、领导职数配备等情况，摸清机构编制和实有人员底数。12月初，州委组织部副部长、州委编办主任姜乐兵一行在河南县对第二次机构编制核查工作开展情况进行督导检查。督导组通过查阅资料、现场问询、座谈交流等方式就河南县第二次机构编制核查工作、实名制系统管理及使用情况及机构编制工作台账建立情况进行督导检查。强调要逐步探索建立各部门间数据共享机制，实现数据实时共享，保证各单位数据统一、口径统一。根据第二次机构编制核查工作安排，县委编办持续开展机构编制核查工作，按照实地核查比例不低于核查单位总数 30% 的要求，先后对县农牧水利和科技局、县自然资源局、县教育局、县卫生健康局及其所属事业单位开展实地核查工作，对各单位学习贯彻《中国共产党机构编制工作条例》情况、“三定”规定执行情况、机构编制及实际配备情况等相关内容进行核实检查。

【党政机构改革】　为进一步强化山水林田湖草沙系统一体化保护和系统治理职责，形成自然资源和林业草原工作合力，整合设立县级自然资源和林业草原机构，自然资源局统一更名为自然资源和林业草原局，不再加挂林业和草原局牌子，人员编制、机构规格、职能职责等机构编制事项均保持不变。根据相关文件精神，争取成立河南县政协委员履职服务中心事业单位，加强政协委员联络、履职登记服务管理。完成林草机构改革“回头看”工作，恢复河南县草原工作站，并重新明确工作职责、机构规格和人员编制。对县供销联社、县民政局“三定”规定进行意见征求并修改完善。

【乡镇机构改革】　按照省、州委关于乡镇机构改革的工作部署，拟定《河南县关于构建简约高效基层管理体制实施方案》并征求县委编委各成员、县委各常委、各相关单位和各乡镇意见建议，报请州委编办修改完善后，经县委常委会研究审议报州委、州政府印发实施。按照“属地管理事项”工作要求与应急管理局、自然资源局、住建局等 6 部门梳理出 62 项内容主体责任和配合责任清单，选定优干宁镇作为试点开展工作。11 月 19 日，县委副书记秦增多杰主持召开乡镇机构改革工作动员部署会并做重要讲话，县乡镇改革工作领导小组组长、副组长及各成员参加会议。会议传达学习《中共青海省委机构编制委员会印发〈关于构建简约高效基层管理体制的指导意见〉的通知》精神，安排部署乡镇机构改革工作。12 月 1 日，州委组织部副部长、州委编办主任姜乐兵一行组成专题调研组在河南县专题调研乡镇机构改革工作。县委副书记、县乡镇机构改革领导小组组副组长秦增多杰主持座谈会并作工作汇报，各乡镇围绕履职过程中存在问题及意见建议作交流发言，点出重点和症结所在，调研组给予点评指出。

2021 年 12 月 1 日，州委编办在河南县开展乡镇机构改革调研工作座谈会现场

【事业单位登记管理】　开展统一社会信用代码赋码工作，全县办理社会信用代码证书 118 家，其中事业单位 66 家、行政单位 52 家。完成 2020 年度事业单位法人年度报告工作，并报送年度工作总结；按照 3% 比例对事业单位法人开展“双随机、一公开”抽查，及时反馈抽查结果；持续开展党政群机关统一信用代码赋码工作和事业单位法人登记管理事项工作；推进事业单位法人登记管理服务标准化，做好事业单位法人设立、变更等级管理事项，完成事业单位法人登记档案整理工作。

【行业体制改革】　规范乡村振兴工作机构设置，完成县级乡村振兴工作机构设置任务，根据相关文件要求，将县扶贫开发局统一重组为乡村振兴局，重组后，机构规格、人员编制保持不变，职责规定待省、州相应机构职责明确后再确定，现职责保持不变。完成应急职责调整，将防灾减灾救灾、应急救援、防汛抗旱及森林草原防火等相关职责划转至县应急管理局，进一步厘清全县防灾救灾和应急救援工作职责，完善应急救援指挥体系。完成生态环境保护综合行政执法机构执法职责调整，确保职责明确。按照“保基本、保运转”的思路，为县应急管理局核增行政编制1名。配合县卫生行政部门开展医共体改革工作，理顺县乡镇卫生院管理体制，将6个乡卫生院管理体制调整为医共体牵头医院管理，乡镇卫生院挂“×××医院×××分院”牌子。合理统筹调配编制资源，全面推行“县管乡用、乡村一体”机制。

【权责清单管理】　对照省级部门权责清单目录，结合地方立法情况，对权责清单通用目录进行认领、修改、添加、完善，梳理权责清单2995条，并完成合法性审查，在规定时间内完成任务。

【机构编制管理】　为加强部门间工作联动，印发实施《中共河南县委机构编制委员会工作规则》《中共河南县委机构编制委员会办公室工作细则》《河南县机构改革和机构编制管理工作联席会议制度》，促进机构编制工作规范化、程序化。开展机构编制管理基础性工作，建立部门机构编制管理台账，指定专人负责，进一步更新完善部门及所属事业单位机构编制管理台账，建立事业单位法人登记台账，完善资料，夯实工作基础。开展机构编制统计和分析工作，完成2020年度机构编制统计年报工作，报送机构编制统计季报，形成机构编制台账开展本地区机构编制数据分析与研究，完成并上报《河南县学前教育发展现状及工作建议》《对实名制管理平台数据多部门共享的思考》2篇调研报告。开展机构编制“三项制度”执行工作，完善、更新、比对实名制系统数据，确保数据真实、准确、规范、完整。完成年度各项用编审核工作，政法系统招录5人，事业单位招录12人，接收定向医学生10人，接收省内公费师范生9人，配合县委组织部做好选调生招录前期编制审核和调动编制审核工作。统筹机构编制资源，为县应急管理局核增行政编制1人，给县纪委派驻纪检组核增2名机关用事业编制；县域内分别给县重点项目服务中心、县党史研究室各调剂2名事业编制。开展监督检查，各部门各单位对自身贯彻执行《中国共产党机构编制工作条例》情况、机构编制、实有人员、领导职数配备情况、“三定”规定执行情况等方面进行全面自查核查，针对发现的各项问题及时反馈各部门各单位负责人并下发《机构编制问题整改通知书》，限期整改。按照《机构编制违规违纪问题清单整改销号办法》，对各乡镇农牧业技术服务站管理体制进行整改销号。

【政策培训与宣传】　为深入学习贯彻《中国共产党机构编制工作条例》（以下简称“《条例》”），将《条例》学习纳入县委党校主体班次教育培训内容，经县委编

2021年3月10日，县委编办在主干街道开展“3·10”机构编制政策法规宣传活动

委同意，12月23日，县委党校和县委编办联合举办学习贯彻《条例》和实名制系统操作专题培训班，各乡镇党委、县委各部门，县直各机关、事业单位和各人民团体主要负责人等40余人参加培训。开展机构编制政策宣传活动，县委编办全体人员围绕“深入学习习近平法治思想，增强机构编制法规意识，严肃机构编制纪律”活动主题，精心筹备，开展“3·10”机构编制法规政策宣传日活动。活动采取线上线下方式开展。线上利用“互联网+”在线上传、干部工作群等多个微信公众号平台，从《条例》中选择基层部门实用性强的条文及内容电子版宣传。线下发放《条例》20余册、《机构编制监督检查政策及工作用语释义》60余册、宣传彩页1000余份，宣传机构编制政策纪律，强化机构编制“红线”意识。

【县委编委第三次会议召开】 12月1日，河南县召开县委机构编制委员会第三次会议，县委书记、县委编委主任司吉昇主持并讲话。会议传达学习《中国共产党机构编制工作条例》以及省、州相关文件会议精神，听取现阶段全县机构编制工作情况汇报，研究审议相关文件和机构编制具体事项，安排部署下一步重点工作。

党校教育

【概况】 2021年，县委党校认真贯彻落实《中国共产党党校工作条例》《关于加强和改进新形势下党校工作的意见》及全国、全省、全州党校工作会议精神，始终坚持“党校姓党”根本原则，发挥党校培训主阵地主渠道作用，强化党的理论教育和党性教育主业主课，在继续深化“不忘初心、牢记使命”主题教育工作的基础上，深入开展百年党史学习教育。全年举办各类培训、学习班69期，参加人数2467人次，其中主体培训轮训12期，培训人数1112人；“初心与使命”党性专题学习班51期，培训学员865人次；行业部门培训班6期，培训人员490人次。新时代文明实践志愿服务“送学下乡+流动党课”宣讲25场次，受众5860人次。专题讲座及座谈学习11次，参加人数1195人次。开展“道德讲堂”，举办4期专题讲座，参训人员420人次。集体备课4次，新课试讲8次。录制线上视频微党课2期。通过2021年全省党校系统办学质量评估回头看评审。县委党校获评州、县级精神文明单位；中国共产党成立100周年全州党校系统“先进集体”称号。

2021年9月6—7日，县委书记司吉昇在河南县科级干部学习贯彻习近平总书记“七一”重要讲话精神专题培训班上讲专题党课

【校区基础设施】 校区占地面积9372平方米，建筑面积3660平方米。有学员宿舍28间，能容纳56名学员入住；教室3间，其中标准教室2间、多媒体教室1间；报告厅1间，会议室1间；综合办公室7间；党员活动室1间；图书室1间；档案资料室1间。年内投资240余万元，升级改造党校综合教学楼、学员公寓。县政府将教师培训、图书购置、食堂管理和科研经费等列入县财政预算。

【党史学习教育】 河南县党史学习教育启动后，县委党校贯彻落实习近平总书记关于党史学习教育的部署要求，积极行动，勇于担当，切实做到学史明理、学史增信、学史崇德、学史力行。落实学习制度，学好党史书目。采用自学与集中学习相结合，坚持两个“半小时”学习制度，必学书目集中学习，领导干部带头学、带头讲，率先垂范。自主学习自选书目，并撰写个人笔记、心得体会和研讨发言材料。网上学习辅导，积累党课功底。组织全体教师参加3期全国党校（行政学院）系统教研骨干网络培训班、全国党校（行政学院）系统“中共党史”专题师资培训班和“百家讲坛”党史一百讲系列讲座和6期青海干部网络学院、中网院网络班，系统学习习近平新时代中国特色社会主义思想、中共党史等网络直播专题课程。丰富组织生活，加深学习效果。与州委党校、县扶贫局、县审计局等部门和联点吉仁村等党支部进行支部联建活动，通过佩戴党徽、亮出身份、重温誓词、同唱红歌、共诵诗词、入党观看红色电影、“我讲党史给你听”等主题党日活动，教育党员以身作则，发挥模范带头作用。按期开展研讨，助推党史学习教育。按照县委党史学习教育要求，举办党史学习教育专题学习研讨会，全体党员深学精研，认真撰写心得体会。开设党史新课题，备好党史课。组织教师在学习研讨的基础上集中备课，开发《中国共产党的光辉历程》《党史视角下的“四个意识”》等一批党史专题新课程，通过反复试讲评课，研磨出精品讲稿，在主体培训班中开设党史专题课程。成立党史学习教育讲师团，分藏汉两个组赴县直企事业单位、各乡镇开展“中国共产党好、社会主义好、人民领袖好”主题宣讲、“学领袖思想及省州重大会议精神”“爱国、感恩、团结、法治”等主题教育宣讲活动，开展“送学下乡+流动党课”宣讲25场次，受众5860人次。讲座分别邀请省委党校副教授祁元生讲授《中国共产党的百年奋斗历程及基本经验》、县委书记司吉昇讲授《追寻百年记忆 悟初心 勇担时代使命踏新程》，县委常委、武装部部长白贵龙讲授《常态保持党史学习教育的政治自觉，积极投身“纯净河南·幸福蒙旗”建设的生动实践》等专题讲座，领导干部进党校讲党课6次，参训人员995人次。落实为民服务，县委党校对联点吉仁村的党史学习教育、换届选举、疫苗接种、震后安全排查等工作进行组织指导和宣传教育。对帮扶对象和优秀党员慰问4次；对责任区进行党史、生态环境保护等知识宣传教育和植绿、护绿等环境大整治活动10次580人次；国家安全宣传教育、法律法规、民族团结、社会主义核心价值观等宣讲活动6次460人次。

【干部培训】 聚焦主业主课，办好主体班和行业部门联合班次。适时开展培训需求调研，科学设置班次、课程、学制，合理安排培训内容。举办全县新任村（社区）党支部书记和委员专题培训班1期，参训人员137人次；全县村级财务人员培训班1期，参训人员160人次；全县政法系统党史学习教育专题暨政法队伍教育整顿培训班1期，参训人员82人次；全县重点人员及轻微违法人员专题培训班1期，参训人员90人次；新任村“两委”班子成员能力提升专题培训班1期，参训人员132人次；新任乡镇班子成员能力提升专题培训班1期，

2021年1月7—10日，县新任村（社区）党支部书记和委员培训班开班，县委副书记、政法委书记万马乃（中）出席开班仪式并讲话

参训人员29人次；全县副科级以上领导干部学习领袖思想和重大会议精神专题培训班1期，参训人员200人次；全县入党积极分子培训班1期，参训人员50人次；全县党员发展对象培训班1期，参训人员90人次；全县第十六届人大代表培训班1期，参训人员137人；协助行业部门举办培训班6期，参加人数490人次。坚持创新办学，优化师资队伍，采取“请进来、走出去”的方法，聘请实践经验丰富、理论水平较高的专家教授和党员领导干部、先进模范人物等23人兼任客座教师。在反腐倡廉警示教育基地、党旗红党性教育基地、政府旧址党员学习教育基地以党性教育、警示教育、理想信念教育为主题开展“初心与使命”党性专题党课51次，培训学员865人次。创新授课形式，在疫情防控期间，县委党校主动创新“我为群众办实事”工作举措，推出藏语和汉语《学习习近平总书记“七一”重要讲话精神》线上视频微党课，实现疫情防控和理论学习“两不误”。

【科研咨政】 发挥“思想库”“智囊团”的作用，不断加强教学科研建设。校委会组织教学人员深入基层开展调研活动，完成《民族地区加强社区基层党建的原则及做法》《河南县洮河源国家湿地公园生态文明建设研究》《在新常态下，如何加强和改进基层理论宣讲工作的几点思考》等调研报告。县委党校参与完成“讲好黄南民族团结故事”。

【师资队伍建设】 根据新时期干部教育工作需求，加强党校党课专任教师的教育培养，年内选派6名教师、2名宣讲人员先后到广州、天津、南充党校和省委党校、州委党校参加培训。积极主动与州委党校、互助县委党校交流学习1次。铸牢中华民族共同体意识培训项目被列为第三届全省党校、院系统优秀培训项目，在黄南州第一届“优秀精品课”评选中获优秀奖。3名教师分获“青海省法制宣传先进个人”“黄南州优秀党务工作者”“优秀共产党员”称号。

【党的建设】 县委党校坚持以习近平新时代中国特色社会主义思想为指导，按照《中国共产党党校工作条例》的要求，推动党建工作提质增效。重视党建工作，党支部根据党校党建实际情况统筹安排，年初制定支部工作计划，做到党建与党校管理、与中心工作、与队伍建设一体安排、一体推进。结合党建年度工作目标、责任内容，组织全体教师开展公开承诺、践诺、评诺活动。强化学习教育，利用每周一、周四学习日，采用集中学习与自主学习相结合方式，通过“网上党校”、干部教育网络学院和“学习强国”“黄南先锋”“美丽河南”等网络平台深入学习党的知识，增强政治素养。召开专题研讨会12次，参加“网上党校”和干部教育学院网络培训班9期。严肃组织生活，落实“三会一课”制度，创新主题党日活动形式，先后与州委党校、县直机关部分单位、联点村等党支部联合开展主题党日活动，全年开展主题党日活动12次、支部联建活动5次、学习交流8次、组织生活会2次、民主生活会1次。加强制度建设，建立《党员干部述学、考学、评学制度》《党支部第一议题学习制度》，完善《党务、财务公开制度》《请销假制度》和意识形态分析研判制度等，党务政务公开透明，工作纪律公平公正，重大事项集体研究、集体决策，党风校风清正廉明。

机要和保密

【概况】 2021年，河南县保密工作坚持以习近平新时代中国特色社会主义思想为指导，深入学习贯彻习近平总书记关于总体国家安全观的重要论述，切实增强“四个意识”、坚定“四个自信”、做到“两个维护”，全面贯彻落实党中央和省、州、县委关于保密工作的决策部署，坚持党对保密工作的绝对领导，统筹推进保密各项重点工作，维护国家秘密安全。

【保密监督检查】 3月31日至4月7日，由县委宣传部组织，联合县文体局、县公安局、县委机要和保密局、县发改局、县市场监督管理局等部门，对县域内打字复印店、广告图文设计公司、印刷厂、网吧等进行保密专项检查。同时，对从业人员宣传安全保密知识和有关法律法规，要求禁止提供涉密文件资料的复印、传输、打印及制作服务，加强文印设备保密管理，提高国家安全保密意识，严防失泄密事件的发生。

5月24—25日，县委机要和保密局联合县公安局、县委网信办、县市场监督管理局等部门重点对辖区内学校、汽车站、企业及沿街商户LED电子屏运行使用情况、安全防护措施、信息公开保密审查情况等进行专项检查，并与相关负责人签订保密承诺书。

5月27—28日，县委机要和保密局联合县公安局、县市场监督管理局、县文体旅游广电局等执法部门对全县8家废品收购站（点）以突击检查、现场抽检、询问等方式组织开展保密专项检查，并与各收购站（点）建立协作关系，引导各经营业主加强与保密、公安、市场监督管理局、文体旅游广电局等部门的联系、沟通，上报存疑的废旧文件资料，及时阻断涉及国家秘密的文件资料进一步扩散，确保涉密文件资料安全可控，使各废品收购站（点）成为保密工作的终端“监测站”。

6月15日至7月29日，河南县成立以县委副书记为组长，县委办公室主任、县委机要和保密局局长为副组长，县委国安办、县公安局网安大队、县委宣传部网信办业务骨干为成员的联合检查组，对县委统战部、县委政法委、县委宣传部、县法院、县教育局等15家涉密单位安全保密工作通过实地察看、查阅资料、使用专业检测工具等方式进行保密专项检查。其间检查非涉密计算机145台、涉密计算机75台，查阅资料50余份。检查结束后进行现场反馈，并提出要求。

【保密宣传教育】 利用政府门户网站、“美丽河南”等平台，宣传《中华人民共和国密码法》《中华人民共和国保密法》《保密法实施条例》，征订《保密工作》《保密科学技术》杂志等，拓宽宣传平台，强化宣传方式，丰富宣传内容。4月15日，在河南县广场开展以“统筹发展与安全，筑牢维护国家安全的密码防线”为主题的密码安全宣传教育活动，宣传习近平总书记关于总体国家安全观特别是统筹发展与安全的重要论述，宣传密码在维护国家安全、促进经济社会发展、保障人民群众利益的重要作用，加强国家安全法制教育。为庆祝中国共产党成立100周年，继承和弘扬党的保密工作优良传统，提高全县干部职工自觉维护国家安全保密的自觉性，开展以“光辉历程，保密有我”为主题，以党的保密工作优良传统和保密知识常识为主要内容，依托“保密观”微信公众号和“保密观”App等网络学习平台的保密知识竞赛活动，广大干部职工踊跃参加学习、答题活动，全县各部门、各单位干部职工参与率为95%以上。为牢固树立保密意识，增强保密法治观念，提高防范和抵御安全风险能力，河南县组织在全县域内公共场所电子屏、公交车、政府门户网站、公众号、单位大楼电梯电子屏等媒体平台播放保密宣传片，开展保密宣传教育。10月12日，县委机要和保密局协同县委宣传部、县委统战部、县网信办、县教育局等单位组织开展以“网络安全为人民，网络安全靠人民”为主题的国家网络安全知识宣传活动。

【保密知识相关会议及培训】 县委高度重视机要保密工作，将机要保密工作纳入重要议事日程，同部署、同安排、同研究。多次在县委常委（扩大）会议上学习传达保密相关文件精神，安排部署保密重点工作，对做好机要保密工作提出明确要求，并根据人员变动及时调整县委保密委员会、县党政密码工作领导小组成员。8月12日，召开河南县委保密委员会全体会议暨县党政密码工作领导小组（扩大）会议，会议深入学习贯彻中央和省、州保密和密码工作会议精神，深刻分析全县机要保密工作形势，总结河南县2020年机要保密工作，审议有关文件，安排部署下一阶段机要保密工作任务。10月9日，河南县举办保密工作业务知识培训班，培训会围绕当前保密工作面临的形势、涉密人员保密管理、涉密载体保密管理、网络信息管理、定密管理五个方面，为参训人员进行讲解。各乡（镇）党委书记、乡（镇）长、各部门、各单位主要负责人及分管办公室人员70余人参加培训。

党史编研

【概况】 2021年，县党史研究室（县地方志办公室）坚持以习近平新时代中国特色社会主义思想为指导，全面贯彻中共十九大和十九届二中、三中、四中、五中、六中全会精神和习近平总书记关于史志工作的重要指示精神，以"以史鉴今、资政育人"为己任，坚持"创新创优、提质提效"的工作理念，围绕中心，服务大局，完成规划确定的史志工作任务。

【党史理论学习】 坚持"党史姓党、党史为党"的政治原则，牢牢把握党史工作正确政治方向。充分利用周例会、党支部集中学习会开展集中学习，始终坚持学习好、践行好习近平新时代中国特色社会主义思想，组织党史干部参加线上培训，重点对党史专业知识开展集中学习，不断提升党史干部业务素质，同时利用学习强国、黄南先锋、青海干部网络学院等平台做好个人自学，不断提升党史干部政治理论水平，强化使命担当。

【党史宣教】 借助"美丽河南"微信公众平台，开设党史专栏，推送党史知识、历史上的今天等，印制中国共产党历次全国代表大会简介、党史知识问答彩页等，供各级党组织和广大党员干部学习，发放了印有"学党史、听党话、跟党走"的办公用笔，极力营造知史、敬史、传史的良好氛围。发放100册《中国共产党历史（1921—1949）》第一卷、《中国共产党历史（1949—1978）》第二卷和200册《中共党史知识问答》《党史可以这样讲》供各级党组织和广大党员干部学习，不断加大党史宣教力度。在全县范围内组织全体党员干部观看《古田军号》《建党伟业》两部红色影片，从红色影片中汲取奋进新时代的磅礴力量。广泛动员广大党员干部关注"青海党史网上陈列馆"微信公众号，为全县广大党员干部群众在线学习党史、开展红色教育、传承红色基因提供了新平台和更高效直观的途径。制作"学史崇德"K9水晶办公桌摆台100个，发放至全县各级各部门，教育引导全县各级领导干部增强学史崇德、赓续荣光、接续奋斗的思想和行动自觉。开展"立爱国之志、践爱国之行"为主题的爱国主义教育进校园活动。通过讲述尖措、索南、索南才让、勤考等身边榜样的先进事迹，进一步强化学生爱国意识，引导学生养成正确的人生观、价值观和世界观，扣好人生第一粒扣子，立爱国之志，践爱国之行。

2021年9月15日，县党史研究室在县寄宿制中学开展"立爱国之志、践爱国之行"爱国主义进校园活动

【党史二卷编纂】 完成《中国共产党河南县历史（1949—1978）》原始资料的收集、分类、分纂、长篇，9月底形成初审稿；成立《中国共产党河南县历史（1949—1978）》（初审稿）评审小组，12月2日召开《中国共产党河南县历史（1949—1978）》（初审稿）评审会，对初审稿进行把脉问诊。

老干部事务

【概况】 2021年，河南县老干

部工作坚持稳中求进工作总基调，围绕为党和人民事业增添正能量的价值取向一条主线，突出政治引领、生活保障两个重点，推进政治建设、思想建设、党组织建设三项建设，坚持以人为本、精准服务、用心用情、务实创新四种理念。县委成立老干部工作领导小组，每年县委常委至少召开1次专题研究老干部工作会议，年初把离退休干部工作纳入全县组织工作会议一并抓落实，并将离退休干部工作统一纳入党建工作同部署、同安排、同考核，并确保财政保障经费到位。

【思想政治建设】 建立健全离退休干部党组织，加强老干部政治建设、组织建设、思想建设、制度建设、队伍建设。党史学习教育开展后，坚持每周一次的学习制度，采取集中学习与自学相结合的形式，缅怀革命先烈丰功伟绩，激励每名党员牢记党的宗旨，履行党员义务，以实际行动履行自己誓言，同时为老干部阅览室订阅多种党报党刊、生活杂志。组织退休干部在驻宁干休所召开省委、州委、县委全会精神学习会，县级领导干部参会，引领退休老干部凝心聚力、集思广益，共话发展、共谋未来。组织离退休干部和老干部工作者200余人通过中组部“离退休干部工作”微信公众号收看“全国离退休干部网上专题报告会”4场次，并进行学习讨论。组织老干部30余人参加黄南州委老干局举办的以《中国共产党百年辉煌史》为题的宣讲报告会，60余人参加以《百年党史——中国共产党入党誓词演变过程》为主题的党课。

【落实政治待遇】 严明政治纪律，时刻引导老同志在大是大非问题上与党中央保持高度一致，组织老同志开展正能量活动。开展“忆初心、谈初心”活动，激发老同志不忘革命初心、永葆政治本色。紧密结合思想实际，引导离退休干部党支部开展自我教育。加强廉洁纪律教育和警示教育，引导老同志增强“四个意识”。开展离退休干部党支部建设，通过党性体检、干部荣休等方式，“三会一课”、组织生活会等各项组织生活更加规范，组织生活质量明显提高。着力打造“服务桑榆·添彩晚晴”的党建品牌，依托党支部让离退休党员干部“二次上岗”，带头开展主题宣讲、公益活动和志愿服务等，围绕乡村振兴、关心下一代等方面建言献策、牵线搭桥、发挥正能量。

【落实生活待遇】 根据离退休干部的实际情况，广泛开展走访慰问老干部活动，倾听老干部的诉求和愿望，了解老干部所需所盼，及时解决他们最紧迫、最直接和反映最强烈的问题。各级各单位对参加革命时间早、家庭收入低、身患重病不能自理、生活困难的离退休干部给予帮扶和照顾，定期进行走访慰问。利用春节、中秋、重阳等节日，开展一系列尊老敬老宣传和优质服务活动，提升老干部社会优待服务水平。坚持老干部体检制度，建立健全老干部健康档案，做好2名离休干部的服务管理工作。按月足额发放行政和事业单位离休干部的离休费、交通费、护理费，离休干部的离休费全部纳入基本养老统筹，由县人社局负责保障。享受公费医疗的离休干部医药费，由县财政按离休干部上年实际支出数列入年度预算并按时足额拨付。非财政供给未享受公费医疗的离休干部医药费，全部纳入医疗保障，实报实销。兑现退休干部及休干部配偶各项生活待遇，

2021年1月10日，县委书记司吉昇（右二）、县委副书记拉玛杰（左一）、县人大常委会主任索南才让（左二）慰问河南县离退休老干部

按照中央离休干部离休费保障机制、医疗费保障机制、财政支持保障机制“三个保障”机制和老干部待遇略为从优要求，为离退休老干部服务。“两节”慰问离退休干部603人，每人发放300元慰问金，共计18.09万元；吊唁去世退休干部家属13人，每人发放慰问金500元，共计0.65万元；“两节”期间，县四大班子领导集中慰问70岁以上离退休干部73人，每人发放慰问金500元，共计3.65万元。

【文化活动】　在庆祝中国共产党成立100周年期间，组织举办老干部“百人观礼”观摩活动，让退休老干部们亲眼见证河南县近年来的发展变化。组织有爱好书法摄影的老干部参加“百年颂歌，银发先锋”全省老干部书法摄影展，通过笔墨丹青和镜头图片创作反映中国共产党百年奋斗历程与党领导下祖国日新月异的发展成就，描绘人民群众美好生活，抒发爱党、爱祖国、爱人民的真情实感。组织离退休党员干部30余人到红色基地参观重要遗址和旧址，回顾党的历史、感恩党的恩情，引导广大离退休党员坚定理想信念。组织70余名老党员开展与党旗合影活动，讲述支部故事，以红歌诗歌演唱等形式，将“我和我的支部”录制成视频报送上级党组织。

【关工委工作】　在庆祝中国共产党成立100周年期间，组织“五老”人员开展“五个一百”活动（激励全县100名优秀师生、给100名牧区扫盲班学员捐赠课本及学习用品、慰问100名困难师生、走访慰问100名老人、开展党史学习教育100次）。活动中，老同志索南才让捐赠活动经费5.2万元。通过开展“向上向善好青年”“高原好少年”“国旗下演讲”“感恩新时代、争做好队员”“缅怀革命先烈弘扬民族精神”“法律进学校”等各类主题教育活动，教育引导广大青少年学党史、学道德、学理论、学政治，强化学校思想道德建设和校园文化建设。发挥“五老”人员政治资源优势、经验优势、威望优势，组织“五老”人员到学校讲述民族团结的好故事、传播民族团结好声音、宣传党的民族宗教政策。

2021年6月24日，离退休老干部“百人观礼”活动在河南县举办

“两新”工委党建

【概况】　河南县“两新”工委严格落实中央和省委、州委关于“两新”党建工作要求，加强“两新”组织党建工作制度机制建设、组织体系建设，以持续推动“两个覆盖”攻坚为关键，发挥基层党组织战斗堡垒和广大党员先锋模范作用，推动“两新”组织党建工作取得新实效。至年底，全县社会组织共12家，其中民办非企10家、社会团体2家。从业人员589人，党员59人，组建党组织2个，其中：单独组建2个，其余原组织参加开展活动，党组织覆盖率16.66%，党的工作覆盖面100%。

【履行党风廉政建设责任制】按照省委、州委“两新”工委党建工作重点任务，明确年度重点任务、落实措施、责任单位、责任人和完成时限，为全年“两新”组织党建工作“划重点”“定路子”，进一步压实工作责任，并适时召开“两新”组织党建工作推进会。注重“两新”领域党员的政治思想教育，严格执行民主集中制、组织生活会、民主评议党员等制度，规范和落实“三会一课”、主题党日活动，组织“两新”领域党员学习《党章》《中国共产党纪律处分条例》《中国共产党廉洁自律准则》等党内法规，强化对“两新”组织负责人、党组织书记的廉政教育，不断筑牢清正廉洁思想防线。全年举办廉政知识讲座7次，“两新”组织党组织书记向工委述职1次，组织全县“两新”领域党员观看警示教育片4次，开展党风廉政教育专题课10余场。

【履行基层党建责任制】 履行抓基层党建工作职责，坚持把基层党建工作摆上重要议事日程，印发《中共河南县委非公经济和社会组织工委2021年工作要点》，召开专题会议研究“两新”党建工作6次，向县委组织部专题汇报11次，开展集中学习530余次，“两新”领域党组织书记参加省、州、县基层党支部书记主题教育专题轮训班22人次，发放《习近平新时代中国特色社会主义思想学习纲要》《习近平关于“不忘初心、牢记使命”重要论述选编》等主题教育学习资料300余册（含藏汉双语资料）。

【落实意识形态领域责任制】 严格落实党建责任目标的第一责任人，对“两新”领域党建工作负总责，始终自觉把意识形态工作摆上议事日程，增强抓好“两新”领域党组织意识形态工作的使命感和责任感。召开“两新”意识形态工作研讨会2次，跟踪研究“两新”领域意识形态工作的新情况新问题。把意识形态工作与“两新”组织党的建设一同部署、一同落实、一同检查、一同考核，做到管人、管思想、管作风。落实意识形态工作责任制，结合基层党建工作，推进党内政治生活严肃化，在党支部组织集中学习、专题培训，推动党支部建设标准化、党组织生活规范化。在全县10个“两新”领域党组织中开展党课80余次，开展各类“主题党日”活动380余次，参与党员472人。组织“两新”组织人员参加各类培训班4期6人次。

2021年11月，圣湖公司党支部开展“学习十九届六中全会精神”主题党日活动

【阵地建设】 按照“统筹整合、优化配置、共建共享”的原则，采取奖补资金制度、党建项目支持等方式给予党建经费补助，加强“两新”组织党组织阵地建设，推动“两新”组织党建规范发展。以10个党建示范点为组成成员的党建示范群基本确定，青创会党建工作指导站、民族用品产业商会党建工作指导站、额吉协会党建工作指导站完成挂牌。

【社会治理】 针对县域“两新”组织职工法律意识淡薄、防范能力弱等问题，工委主动与政法、公安等部门衔接，在“两新”组织中开展法治、政策宣讲，发放各类宣传资料300余份。以“党建+公益”为新思路，激发“两新”组织参与社会治理的活力。疫情防控期间，河南县启龙牧场、河南县净度有限公司、永恒建筑公司、青年创业者协会等慰问一线工作人员并捐款捐物共计价值7.4万余元。

河南县人民代表大会

综 述

【概况】 2021年，县人大常委会围绕全县中心工作，履行宪法和法律赋予的职责，开展立法、监督、人事任免、代表作用发挥、自身建设等工作。全年人大常委会筹备召集人民代表大会2次、县人大常委会9次、常委会主任会议17次，听取和审议“一府一委两院”工作汇报25项，开展专题调研6次，执法检查2次，做出决议决定25项，集中学习16次，研讨交流8次，观看警示教育片2次，开展党史学习教育主题党课2次、党史学习教育主题党日活动6次。

【坚持党的领导】 县人大常委会始终把坚持党的领导贯穿于人大工作全过程各方面，牢固树立“四个意识”、坚定“四个自信”、做到“两个维护”，通过人民代表大会制度保证党的路线方针政策、决策部署和工作要求得到全面贯彻和有效执行。遵守重大事项请示报告制度，贯彻执行县委对人大工作的指示和要求，坚持重大事项、重点工作、重要活动及时向县委请示，人代会、常委会、党组会等会议情况及时向县委报告，使人大各项工作始终置于党的领导之下。县人大常委会始终在思想上、政治上、行动上同以习近平同志为核心的党中央保持高度一致，以党史学习教育为契机，通过制定完善学习制度，召开党组会、集中学习会、代表培训会等方式深入学习贯彻习近平新时代中国特色社会主义思想和中共十九大，十九届二中、三中、四中、五中、六中全会及省委、州委、县委历届全会精神，习近平总书记在青海考察时的重要讲话精神、习近平总书记在庆祝中国共产党成立100周年大会上的重要讲话精神、中央人大工作会议精神等。特别是把学习贯彻习近平总书记关于坚持和完善人民代表

2021年9月24日，县人大机关全体干部职工赴循化县红光村开展党史学习教育主题党日活动

大会制度重要思想作为人大工作和建设的首要政治任务，紧紧围绕人大工作实际，注重在学懂弄通做实上下功夫，准确把握新时代赋予人大工作的职责、使命和要求，切实增强做好人大工作的思想自觉、政治自觉和行动自觉。

【基层人大建设】 县人大常委会全面加强对乡镇人大工作的支持和指导力度，进一步促进乡镇人大工作的制度化、规范化和科学化，提升整体工作水平，推进乡镇人大工作规范有序开展。按照州人大常委会的要求，制定“乡镇人大建设年”提升行动工作方案，组织召开“乡镇人大建设年”提升行动启动会，对“乡镇人大建设年”提升行动工作进行全面部署，针对扎扎实实抓活动、搞建设、推工作等方面提出要求。各乡镇结合河南县实际，利用藏汉两种文字健全完善乡镇人大工作制度，规范上墙“四项职责”，建立健全“十项制度”“七表”“三册”。不断改进工作方式方法、总结经验、补足短板、增强“两室一平台”的建设工作实效。为加强对乡镇人大工作的指导和联系，县人大常委会班子成员落实联系包干责任制，根据各自责任分工多次到各乡镇检查指导各乡镇“乡镇人大建设年”提升行动及“两室一平台”规范化建设工作，督促各乡镇制订人大主席团年度计划，建立健全各项工作制度。召开常委会会议期间，邀请部分或全部乡镇人大主席团其他成员列席会议，并组织乡镇人大主席参加监督评议工作、调研工作及法律法规的学习。

【人大常委会机关建设】 召开党史学习教育动员部署会，成立领导小组，制定实施方案及学习计划，以《论中国共产党历史》《毛泽东 邓小平 江泽民 胡锦涛关于中国共产党历史论述摘编》《习近平新时代中国特色社会主义思想学习问答》《中国共产党简史》等必修书目为基本学习教材，采取两个“半小时”集中学习会、个人自学、交流研讨、观看视频等形式，开展党史学习教育专题研讨会8次、党史学习教育主题党日活动6次、集中学习会128次。开展“我为群众办实事”实践活动，深入基层、步入一线，体察民情，了解民意，解决群众热点难点问题，以实际成效检验印证党史学习教育实效。同时，组织召开党史学习教育专题组织生活会，检视突出问题、列出问题清单、提出整改措施、规定整改时限，形成5个方面的84个问题全部整改完成。

【制度体系建设】 为提升新时代人大工作质效，制定印发《河南蒙古族自治县人大常委会主任会议成员联系委员、委员联系代表、代表联系群众工作办法》《河南蒙古族自治县人民代表大会常务委员会工作规则》《建立人大常委会主任、副主任及各专委会主任委员联系乡镇人大主席团机制的通知》《河南蒙古族自治县人大常委会办公室财务管理制度》等制度体系，人大法律程序不断健全完善，依法议事、依法办事能力不断提高，切实加强和改进人大工作。

重要会议

【十五届人大七次会议】 3月2—4日，河南蒙古族自治县十五届人民代表大会第七次会议召开。会议听取和审议《河南蒙古族自治县人民政府工作报告》《河南县国民经济和社会发展第十四个五年规划和二〇三五年远景目标纲要草案》（书面）、《河南蒙古族自治县人民政府2020年国民经济和社会发展计划执行情况与2021年国民经济和社会发展计划草案的报告》（书面）、《河南蒙古族自治县人民政府2020年财政预算执行情况和2021年财政预算草案的报告》（书面）、《河南蒙古自治县人民政府关于第十五届人大五次会议代表建议、意见办理情况的报告》（书面）、《河南蒙古族自治县人大常委工作报告》《河南蒙古族自治县人民法院工作报告》《河南蒙古族自治县人民检察院工作报告》，并对各项报告作出相应的决议。

【十六届人大一次会议】 7月11—15日，河南蒙古族自治县十六届人民代表大会第一次会议召开。会议听取和审议《河南蒙古族自治县人民政府工作报告》《河南县第十五届人民代表大会常委会工作报告》《河南县人民法院工作报告》《河南县人民检察院工作报告》，作出相应的报告决议。审议通过《河南县第十六届人民代表大会第一次会议选举办法（草案）》《河南县第十六届人民代表大会第一次会议总监票人、监票人、计票人名单（草案）》。选举产生河南县第十六届人大常委会主任、副主任、委员，各专委会主任委员、委员；县人民政府县长、副县长；县监委主任；县人民法院院长；县人民检察院检察长和河南县出席黄南州第十六届人民代表大会代表。

【十五届人大常务委员会议】

第二十九次会议。1月8日，河南县十五届人大常务委员会第二十九次会议召开。县人大常委会主任加多主持。听取和审议县人民政府《关于开展寺院社会化管理工作情况的报告》《开展社区矫正工作情况的报告》《关于县十五届人大五次会议代表建议、批评与意见办理工作情况的报告》《关于调整2020年县级地方一般预算支出议案》《河南县2020年度环境状况和环境保护目标完成情况的报告》《关于全县地方金融企业国有资产管理情况的专项报告》等各项报告内容并进行满意度测评；决定相关人事任免。

第三十次会议。2月28日，河南县十五届人大常务委员会第三十次会议召开。县人大常委会主任加多主持。审议通过关于召开河南蒙古族自治县第十五届人民代表大会第七次会议的决定（草案）；河南蒙古族自治县第十五届人民代表大会第七次会议议程（草案）；河南蒙古族自治县第十五届人民代表大会第七次会议主席团和秘书长名单（草案）、主席团常务主席名单（草案）、大会执行主席名单（草案）、副秘书长名单（草案）、议案表决办法（草案）、议案截止日期的决定（草案）、各代表团团长和副团长名单（草案）、列席人员名单（草案）；河南蒙古族自治县第十五届人民代表大会第七次会议代表资格审查委员会名单（草案）；河南蒙古族自治县第十五届人民代表大会第七次会议议案审查委员会名单（草案）；河南蒙古族自治县第十五届人民代表大会第七次会议代表资格审查委员会关于自治县第十五届人大七次会议代表变动情况和代表资格审查的报告（草案）；河南蒙古族自治县人大常务委员会工作报告（草案）等十四项议程。

第三十一次会议。4月27日，河南县十五届人大常务委员会第三十一次会议召开。县人大常委会主任加多主持。传达学习关于全省县乡人大换届选举工作联席会议精神及贯彻意见的报告，补选王耀春为黄南藏族自治州第十五届人民代表大会代表。

第三十二次会议。5月21日，河南县十五届人大常务委员会第三十二次会议召开。县人大常委会主任加多主持。审议通过关于县乡人民代表大会换届选举日的议案；关于增加乡级人大代表名额的议案；关于县级人大代表换届选举选区划分及名额分配的议案；关于成立县乡人大换届选举委员会的议案；关于成立各乡（镇）人大换届选举委员会的议案；《关于认真做好2021年全县县乡两级人大换届选举工作实施意见》的议案。

第三十三次会议。7月9日，河南县十五届人大常务委员会第三十三次会议召开。县人大常委会主任人选索南才让主持。审议通过《关于召开河南蒙古族自治县第十六届人民代表大会第一次会议的决定（草案）》《河南蒙古族自治县第十六届人民代表大会第一次会议主席团和秘书长名单（草案）》《主席团常务主席名单（草案）》《大会执行主席分组名单（草案）》《副秘书长名单（草案）》等各项草案；决定相关人事任免。

【十六届人大常务委员会议】

第一次会议。8月26日，河南县十六届人大常务委员会第一次会议召开。县人大常委会主任索南才让主持。听取和审议县人民政府关于《河南蒙古族自治县生态环境保护条例》贯彻执行情况的报告和关于水产业发展情况的报告，并对内容进行满意度测评；决定相关人事任免。

第二次会议。10月28日，河南县十六届人大常务委员会第二次会议召开。县人大常委会主任索南才让主持。听取和审议县人民政府关于2020年度财政决算的报告、县人民政府关于2020年度财政预算执行和其他财政收支审计的报告、县人民政府关于河南县2019年度县本级财政预算执行和其他财政收支情况审计查出问题整改落实情况的报告、县人民政府关于2021年1—9月财政预算执行情况的报告、县人民政府关于2021年1—9月国民经济和社会发展计划执行情况的报告、县人民政府关于乡村集体经济发展情况的报告，并对相关报告进行了满意度测评。审议通过《河南蒙古族自治县人民代表大会常务委员会工作规则（草案）》《河南蒙古族自治县人大常委会各主任联系委员、委员联系代表、代表联系群众工作制度（草案）》《河南蒙古族自治县第十六届人民代表大会常务委员会关于代表资格审查委员会组成人员的决定（草案）》。

第三次会议。12月22日，河南县十六届人大常务委员会第三次会议召开。县人大常委会主任索南才让主持。听取和审议县人民法院“深化信息化应用，建设智慧法院”情况的报告和县人民检察院在社区矫正工作中的职能作用情况的报告、县人民政府关于县第十五届人大七次会议和第十六届人大一次会议代表意见建议办理情况跟踪的报告、县人民政府关于河南县2021年度环境状况和环境保护目标完成情况的报告、县人民政府关于河南县国有资产管理情况的报告、县人民政府关于河南县“七五”普法决议贯彻落实情况的报告，审议通过《河南蒙古族自治县人大常务委员会关于开展第五年法治宣传教育的决议（草案）》，并对县人民政府各项报告进行满意度测评；决定相关人事任免。

重要活动

【执法检查】 《河南蒙古族自治县生态环境保护条例》贯彻执行情况执法检查。8月19日，县人大常委会组织以县人大常委会主任索南才让为组长，部分乡镇人大主席、基层人大代表为成员的执法检查组，通过听取汇报、实地察看、查阅资料、座谈交流等方式对《河南蒙古族自治县生态环境保护条例》贯彻执行情况进行执法检查，并对条例贯彻落实过程中的要点、难点问题交换意见，就进一步推进生态环境保护工作提出建议。

《中华人民共和国未成年人保护法》贯彻执行情况执法检查。9月27日，州人大常委会副主任辛海萍带领州人大执法检查组，对河南县贯彻执行《中华人民共和国未成年人保护法》情况进行执法检查，县人大常委会主任索南才让、副主任李年栋及县人民政府副县长海洋一同参加。执法检查组通过实地察看、查阅资料、听取汇报、交流座谈等形式深入了解关于未成年人政府保护、学校保护、社会保护、网络保护、司法保护等相关方面的贯彻执行情况和存在问题及主要困难，并就如何贯彻执行好《中华人民共和国未成年人保护法》提出意见建议。

【调查研究】 县人大常委会组织代表针对水产业发展、乡村集体经济发展、建设智慧法院、检察机关在社区矫正工作中的职能作用等开展专题调研，形成调研报告，上报常委会，下发审议意见。

4月22日，县人大常委会调研组对全县医保基金运行情况进行调研。县人大常委会副主任赵生满、各专委会主任、部分县级人大代表及各乡镇人大主席参加调研。调研组到县医保局、县人民医院、县蒙藏医院，通过听取汇报、实地察看、座谈交流等形式深入了解全县医保基金运行情况和取得的成绩及存在问题，并提出意见建议。

8月23日，县人大常委调研组对河南县水产业发展情况进行调研。以县人大常委会副主任赵生满为组长，县人大常委会副主任李年栋为副组长，县人大财政经济和农牧环境资源委员会委员、部分乡镇人大主席、县级人大代表为成员的调研组，通过听取汇报、座谈交流、实地察看等方式详细了解全县水产业发展的现状、发展优势，水产业主要面临的问题及水产业发展的对策措施等问题，并就进一步推进全县水产业发展提出意见建议。

9月1日，州人大常委会在河南县督导调研“乡镇人大建设年”提升行动暨“两室一平台”规范化建设工作。州人大常委会主任蒋树成、副主任马进贤，州人大常委会副秘书长、办公室主任桑林青，州人大法制和监察司法委员会主任委员杜俊一行在河南县各乡镇督导调研“乡镇人大建设”年提升行动暨“两室一平台”规范化建设工作。县人大常委会主任索南才让、副主任赵生满和李年栋一同督导调研。督导调研组通过实地查看、座谈交流、查阅资料等方式详细了解“乡镇人大建设年”提升行动及“两室一平台”规范化建设、代表双联系制度、代表活动室工作记录、代表巡视工作、经费预算等情况，并走访基层人大代表，询问代表所提意见建议和其落实情况，并进一步加强“两室一平台”规范化建设工作提出意见。

9月7日，州人大常委会对河南县开展突发公共卫生事件应急管理工作和传染病防治法律法规实施情况进行调研。州人大常委会副主任杜会峰带领州人大常委会调研组在河南县调研突发公共卫生事件应急管理工作和传染病防治法律法规实施情况。县人大常委会主任索南才让、副主任李年栋，有关部门负责人一同调研。调研组先后在县人民医院、宁木特镇卫生院等地开展实地调研，通过边查看、边询问的方式，了解全县突发公共卫生事件应急管理工作和传染病防治法律法规实施情况，并就进一步推进全县突发公共卫生事件应急管理工作和传染病防治法律法规实施情况提出意见建议。

9月27日，县人大常委会对县人民检察院和县人民法院相关工作开展情况进行调研。以县人大常委会副主任赵生满为组长，县人大常委会民族和监察法制委员会主任公保才让为副组长，部分乡镇人大主席、基层人大代表为成员的调研组分别在县人民检察院与县人民法院，通过听取汇报、查阅资料、现场察看等方式深入了解县人民检察院社区矫正职能工作和县人民法院“深化信息化应用、建设智慧法院”的工作取得的成绩和存在的问题及面临的困难，并就进一步做好社区矫正职能工作和“深化信息化应用、建设智慧法院”工作提出意见建议。

10月20日，河南县人大常委会对代表意见建议办理情况进行跟踪调研。以县人大常委会副主任赵生满、李年栋为组长，县人大常委会民族和监察法制委员会主任公保才让与社会建设委员会主任角巴加为副组长的调研组先后在县委组织部、县教育局、县农牧水利和科技局、县交通运输局、县文体旅游广电局等相关部门，通过查阅资料、书面提交汇报材料、办理情况进行打分等方式了解县第十五届人大七次会议代表意见建议和十六届人大一次会议代表意见建议办理情况，并就进一步完善相关资料，加强代表面商交流，解决群众实际问题等方面交换意见建议。

10月13日，州人大常委会督导调研河南县“乡镇人大建设年”提升行动和代表意见建议办理情况。州人大常委会副主任马进贤、州人大法制和监察司法委员会主任委员杜俊一行在河南县各乡镇督导调研“乡镇人大建设”年提升行动和代表意见建议办理情况工作。县人大常委会副主任赵生满、李年栋，办公室主任公保南杰一同督导调研。督导调研组通过实地察看、座谈交流、查阅资料等方式详细了解“乡镇人大建设年”提升行动及“两室一平台”规范化建设、代表双联系制度、代表活动室工作记录等情况，并就加强学习、提高干部自身能力、提炼亮点补齐工作短板、加大宣传力度、发挥“两室一平台”的作用等方面提出意见建议。

【意见建议交办】 4月26日，县人大常委会召开第十五届人民代表大会第七次会议代表意见建议交办会。县人大常委会主任加多与县人民政府及县委组织部、县委统战部、县人大办公室签订人大代表意见建议办理工作目标责任书，并对县第十五届人民代表大会第五次会议意见建议办理人民满意单位县交通运输局、县农牧水利和科技局、县医疗保障局、县公安局进行表彰。

8月18日，县人大常委会召开第十六届人民代表大会第一次会议代表意见建议交办会。县人大常委会主任索南才让与县人民政府及县委组织部、县委统战部、县人大常委会办公室签订人大代表意见建议办理工作目标责任书。对县第十六届人民代表大会第一次会议意见建议办理满意单位县交通运输局、县公安局、县医疗保障局、县乡村振兴局、县文体局，提意见建议优秀代表宁木特镇作毛村代表尕藏多杰、优干宁镇荷日恒村代表斗格加、赛尔龙乡兰龙村代表长爱、乡村振兴局局长汪晓刚、县法院副院长红卓玛进行表彰。

专门委员会工作

【县人大民族和法制监察委员会】2021年，县人大民族和法制监察委员会坚持以人民为中心、坚持新发展理念，围绕河南县经济社会发展大局和中心工作，围绕县委和县人大常委会的工作部署，履行宪法和法律赋予的职责，突出工作实效，完成年内各项工作任务。年内开展视察、执法检查、调研等活动，努力当好常委会的参谋助手；开展调研2次，执法检查1次，协助省、州调研4次，立法调研1次，行政处罚内容专项清理工作开展1次。协助州人大调研和执法检查、立法调研等工作，依次开展《中华人民共和国固体废物污染环境防治法》，对河南县固体废物污染进行执法检查，全州审计工作情况的专题调研、关于开展全州检察机关适用认罪认罚从宽制度工作开展情况、《黄南州城乡社区治理促进条例》立法调研，对执法和调研、立法调研中存在的问题提出建议和修改意见。依次开展《河南蒙古族自治县生态环境保护条例》贯彻执行情况执法检查，对存在的问题提出整改意见，形成整改报告，向第十六届人大常务委员会第一次提交执法检查报告。县人民检察院邀请参加个案听证会，会上提出观点和看法。

【县人大财政经济和农牧环境资源委员会】 县人大财政经济和农牧环境资源委员会始终把学习放在工作的首位，学习中共十九大及十九届历次全会精神和习近平总书记重要讲话精神，并按照中央、省委、州委、县委的统一安排部署，参加党史学习教育研讨会、集中学习会、组织生活会、民主生活会及主题党日活动，自觉用党章和党规党纪规范自己的言行，用党的理论创新成果武装头脑，争做信念坚定、为民服务、勤政务实、敢于担当、清正廉洁，党和人民需要的好干部。着力学习宪法、民法典、监督法、预算法等法律法规和人大业务知识，开阔视野，提高素质，促进工作。加强对预算的审查监督工作，分别在第十五届人大常务委员会第二十九次会议及第十六届人大常务委员会第一次会议、二次会议、三次会议上，听取和审议《关于调整2020年县级地方一般预算支出议案》《河南县2020年度环境状况和环境保护目标完成情况的报告》《关于全县地方金融企业国有资产管理情况的专项报告》《河南蒙古族自治县生态环境保护条例工作报告》《县人民政府关于2020年度财政决算的报告》《县人民政府关于2020年度财政预算执行和其他财政收支审计的报告》《县人民政府关于河南县2019年度县本级财政预算执行和其他财政收支情况审计查出问题整改落实情况的报告》《县人民政府关于2021年1—9月财政预算执行情况的报告》《县人民政府关于2021年1—9月国民经济和社会发展计划执行情况的报告》《听取和审议县人民政府关于河南县2021年度环境状况和环境保护目标完成情况的报告》《县人民政府关于河南县国有资产管理情况的报告》，提出相关意见建议。根据县人大常委会2021年重点工作安排开展相关调研工作，8月23日对全县水产业发展的现状、发展优势，水产业主要面临的问题及水产业发展的对策措施等问题开展调研，就进一步推进全县水产业发展提出意见建议。

【县人大社会建设委员会】 县人大社会建设委员会坚持以保障和改善民生、加强和创新社会治理为主线，围绕全县社会经济工作大局，完成各项工作。深化思想认识，参加党史学习教育各项活动，坚持理论联系实际，不断强化思想自觉，确保各项工作方向正、起点高。根据县人大常委会2021年度重点工作安排开展相关调研，9月16日对全县村集体经济发展模式、做法、成效及主要面临的困难问题开展调研，并征求相关部门的意见建议后形成调研报告。

职责履行

【立法调研】 县人大常委会开展视察、执法检查、调研等活动，努力当好县委、县人民政府的参谋助手。年内开展调研 2 次，执法检查 1 次，协助省、州调研 4 次，立法调研 1 次，开展行政处罚内容专项清理工作 1 次。4 月 13 日，根据专项清理行政处罚内容相关要求，组织有关部门传达《关于开展地方性法规及其他规范文件要求及行政处罚内容专项清理工作》的有关要求，并安排具体清理工作的相关内容和提出具体的工作要求。协助州人大调研和执法检查、立法调研等工作，依次开展《中华人民共和国固体废弃物污染环境防治法》贯彻执行情况的执法检查，全州审计工作情况的专题调研、关于开展全州检察机关适用认罪认罚从宽制度工作开展情况、《黄南州城乡社区治理促进条例》立法调研，对执法和调研、立法调研中存在的问题提出建议和修改意见。依次开展《河南蒙古族自治县生态环境保护条例》贯彻执行情况执法检查，对存在的问题提出整改意见，形成整改报告，向第十六届人大常务委员会第一次会议提交执法检查报告，指出生态环境保护条例贯彻实施中存在的问题。对检察院的社区矫正职能工作和县人民法院“深化信息化应用、建设智慧法院”运行情况进行调研，针对调研中存在的问题提出建议，并形成调研报告，供县委、县政府参考。

【人事任免】　县人大常委会贯彻落实《中华人民共和国宪法》《中华人民共和国全国人民代表大会组织法》等法律法规有关规定，对县委推荐、“一府一委两院”提请任免的干部人选，实行任职票决、任前表态、年度述职、宪法宣誓等制度，规范人事任免程序，实现党委满意与人民满意的有机结合。2021 年，任免国家机关工作人员 57 人次。

人事任命。河南蒙古族自治县第十五届人大常委会第二十九次会议上，决定任昂青南加为县应急管理局局长，李照东为县扶贫开发局局长，才配为县住房和城乡建设局局长。河南蒙古族自治县第十五届人大常委会第三十一次会议上，补选王耀春为黄南州第十五届人民代表大会代表。河南蒙古族自治县第十五届人大常委会第三十三次会议上，决定任命多杰卓玛为县人民检察院检察长。河南蒙古族自治县第十六届人大常委会第一次会议上，决定任命公保南杰为县人大常委会办公室主任，韩成才为县人民政府办公室主任，王栋为县发展和改革局局长，才让为县教育局局长，叁彭闹日为县民族宗教事务局局长，娘吉才让为县公安局局长，才让扎西为县民政局局长兼县退役军人事务局局长，黎生为县司法局局长，张全寿为县财政局局长，索南昂加为县人力资源和社会保障局局长，李照东为县自然资源局局长兼县林业和草原局局长、三江源自然保护地河南县管理局局长、县自然资源确权登记局局长，恩科为县生态环境局局长，才配为县住房和城乡建设局局长，逯启贤为县交通运输局局长，才旦公保为县农牧水利和科技局局长，尼玛才让为县文体旅游广电局局长兼县文物局局长，仁青卓玛为县卫生健康局局长，昂青南加为县应急管理局局长，金梅为县审计局局长，旦正加为县市场监督管理局局长，周毛措为县统计局局长，汪晓刚为县乡村振兴局局长，才项南加为县医疗保障局局长，华卡为县监察委员会委员，德吉措为县监察委员会委员。河南蒙古族自治县第十六届人大常委会第三次会议上，决定任命才让代吉为县卫生健康局局长，严成虎为县监察委员会委员、副主任，谢晓晖为县监察委员会委员，才旦卓玛为县人民检察院检察员，旦巴尖措为县人民法院副院长、审判委员会委员，尕桑尖措为县人民法院审判员，赵志红为县人民法院审判员，李智措为县人民法院审判员。

人事免职。河南蒙古族自治县第十五届人大常委会第二十九次会议上，决定免去汪晓刚县人大常委会办公室主任职务，昂青南加县扶贫开发局局长职务，索南昂加县住房和城乡建设局局长职务，多杰才旦县应急管理局局长职务。河南蒙古族自治县第十五届人大常委会第三十三次会议上，决定免去拉加才让县人民检察院检察长职务。河南蒙古族自治县第十六届人大常委会第一次会议上，决定免去尕桑县司法局局长职务，朱文辉县财政局局长职务，权国钧县人力资源和社会保障局局长职务，旦正才让县自然资源局局长职务，黎生县交通运输局局长职务，张全寿县农牧水利和科技局局长职务，拉旦才让县文体旅游广电局局长职务，赵秀丽县监察委员会委员职务，李照东县乡村振兴局局长职务。河南蒙古族自治县第十六届人大常委会第三次会议上，决定免去仁青卓玛县卫生健康局局长职务，魏占玉县监察委员会委员职务，才让代吉县监察委员会委员、副主任职务，红卓玛县人民法院副院长、审判委员会委员职务，李永伟县人民法院副院长职务，马黎县人民法院综合审判庭副庭长职务。

【人大代表履职】 代表意见办理。县第十五届人大第七次会议提案审查委员会收到代表所提议案143件，由于部分建议内容表述模糊及经济、政治等因素，经审查委员会逐条审查均不符合议案要求，均作为代表建议、批评和意见处理，其中内容类同的合并为1件后，实际立案的共有53件，其中47件属县人民政府工作范围（分别为：教育方面3件、畜牧方面6件、发展改革方面1件、市场监督管理方面1件、人社方面1件、通信方面1件、电力方面1件、公安方面1件、住建方面8件、交通方面3件、产业发展方面3件、民政方面2件、生态环保方面7件、卫生健康方面2件、自然资源方面2件、文化方面4件、其他方面1件）统战方面2件、组织方面3件、人大方面1件。据统计，所提意见建议得到解决或基本解决的（A类件）46件，占86.8%；正在解决或列入计划解决的（B类件）4件，占8.5%；因条件限制暂不能解决的（C类件）3件，占5.6%。从收到的征询意见表和电话等联系反馈来看，代表对办理答复表示满意的50件，占94.3%；基本满意的3件，占5.6%，不满意的没有。

县第十六届人大第一次会议提案审查委员会收到代表所提议案155件，经过审查委员会逐条审查均不符合议案要求，所收议案均作为代表建议、批评和意见处理。共收到代表批评、意见和建议134件，其中不予采纳的21件，采纳的共有113件，其中内容类同的合并为1件后，实际立案的共有57件，其中49件属县人民政府工作范围（分别为：教育方面3件、农牧水利方面11件、发改方面5件、交通方面2件、公安方面4件、自然资源方面6件、住建方面2件、生态环境方面4件、卫生方面2件、人社方面2件、电力方面2件、文化方面4件、市监方面的1件、司法方面的1件）统战方面4件、组织方面3件、人大方面1件。据统计，所提意见建议得到解决或基本解决的（A类件）52件，占91.2%；正在解决或列入计划解决的（B类件）3件，占5.3%；因条件限制暂不能解决的（C类件）2件，占3.5%。从收到的征询意见表和电话等联系反馈来看，代表对办理答复表示满意的54件，占94.8%；基本满意的3件，占5.3%，不满意的没有。

代表培训。通过以会代训、视察调研、举办人大代表培训班等形式，深入学习宣传人民代表大会制度和法律法规，对基层人大代表履行换届选举工作职责和提高代表依法履职能力等方面进行培训，提高人大代表了解和掌握人民代表大会制度和人大工作的基本知识、人大代表应具备的基本素质、正确行使宪法和法律

2021年7月15日，县第十六届人民代表大会选举现场

赋予人大代表权力、自觉履行人大代表义务的能力，增强人大代表履职能力和工作水平，增强换届选举工作的责任感和使命感。培训人大代表 319 人次，县级人大代表培训覆盖面达 100%。

人大代表进“两室”活动。根据省、州人大关于开展“乡镇人大建设年”提升行动相关要求，县人大常委会推进各级人大代表进“两室”活动，多次召开主任会议研究代表进“两室”开展活动工作，全面梳理代表名单，下发《关于县第十六届人民代表大会代表进“两室”开展活动的通知》，制定《河南蒙古族自治县人大常委会主任会议成员联系委员、委员联系代表、代表联系群众工作办法》，合理划分区域，全县各级人大代表利用“两室一平台”，通过召开座谈会、开展调研视察等多种方式接待选民、联系选民。全年开展代表进“两室”活动 23 次，解决牧民群众关注的热点难点问题 42 条。至年底，所有州级人大代表完成“两室”活动，县、乡两级人大代表进“两室”活动陆续推进。

代表民情分析。每月 26 日确定为代表民情分析日，代表民情分析日做到有计划、有方案、有民情日记、有代表小组活动等工作要求。统一制定《人大代表民情日记本》，明确人大代表的履职任务和相应责任，并要求不定期到乡镇、村上开展人大代表进室活动，并把基层最需要解决和最难以解决的事项记录到民情日记本上进行反映。

河南县第十五届人大七次会议代表意见建议目录

表 1

序号	建议类别	建议代表	建议内容	承办单位
1	畜牧方面	万马乃等	关于保护和传承畜牧牧畜疾病的传统医疗手段的建议	县农牧水利和科技局
2	畜牧方面	旦增尖措等	关于解决安全饮水问题的建议	县农牧水利和科技局
3	畜牧方面	扎西尖错	关于解决柯生乡毛曲村 38 户饮水问题的建议	县农牧水利和科技局
4	畜牧方面	旦增尖措	关于解决曲格寺饮水问题的建议	县农牧水利和科技局
5	畜牧方面	万玛加	关于解决赛尔龙尖克村饮水问题的建议	县农牧水利和科技局
6	畜牧方面	多杰才旦	关于解决柯生乡次汉苏村饮水问题的建议	县农牧水利和科技局
7	畜牧方面	公保加	关于宁木特镇赛尔永村修建畜牧棚的建议	县农牧水利和科技局
8	畜牧方面	多布杰	关于多松乡夏日达哇村成立畜牧兽医站的建议	县农牧水利和科技局
9	畜牧方面	达日杰	关于解决宁木特镇浪琴村饮水问题的建议	县农牧水利和科技局
10	畜牧方面	仁增多杰	关于解决托叶玛乡托叶玛村饮水问题的建议	县农牧水利和科技局
11	畜牧方面	公保加	关于修缮柯生乡柯生村水渠的建议	县农牧水利和科技局
12	畜牧方面	公保加	关于防范狼和野猪侵害畜牧安全的建议	县农牧水利和科技局
13	畜牧方面	斗格才让	关于赛尔龙乡尖克村村民饮水问题的建议	县农牧水利和科技局
14	畜牧方面	才让三智	关于解决托叶玛乡夏吾特村村民饮水问题的建议	县农牧水利和科技局
15	畜牧方面	尕藏三智	关于解决托叶玛乡曲海村村民饮水问题的建议	县农牧水利和科技局
16	畜牧方面	才让南杰	关于解决托叶玛乡文群村饮水问题的建议	县农牧水利和科技局

续表1

序号	建议类别	建议代表	建议内容	承办单位
17	畜牧方面	华觉	关于解决优干宁镇秀甲村畜棚和饲草料问题的建议	县农牧水利和科技局
18	畜牧方面	才让东智	关于解决优干宁镇阿木乎村畜棚和网围栏的建议	县农牧水利和科技局
19	畜牧方面	尼尔江	关于解决优干宁镇南旗村畜棚、网围栏、饲料等问题的建议	县农牧水利和科技局
20	畜牧方面	昂旦闹日	关于优干宁镇南旗村发展畜牧业及解决饮水困难的建议	县农牧水利和科技局
21	畜牧方面	斗格杰	关于优干宁镇荷日恒村提升草原网围栏，保障畜牧安全的建议	县农牧水利和科技局
22	畜牧方面	才让扎西	关于解决托叶玛乡曲龙村人畜饮水困难问题的建议	县农牧水利和科技局
23	交通方面	多巴	关于优干宁镇多特村道路交通基础设施建设的建议	县交通运输局
24	交通方面	斗格杰	关于加快修建优干宁镇荷日恒村柏油村级公路的建议	县交通运输局
25	交通方面	才让东智	关于优干宁镇吉仁村修复村级公路的建议	县交通运输局
26	交通方面	公保加	关于优干宁镇参美村新建柏油村级公路的建议	县交通运输局
27	交通方面	扎西东智	关于优干宁镇德日龙村修建村级公路的建议	县交通运输局
28	交通方面	曹得仓·尕桑克智嘉措	关于改善托叶玛乡各村道路状况的建议	县交通运输局
29	交通方面	才让南杰	关于托叶玛乡文群村修建柏油公路的建议	县交通运输局
30	交通方面	尕藏三智	关于托叶玛乡曲海村修建柏油公路的建议	县交通运输局
31	交通方面	仁增多杰	关于托叶玛乡托叶玛村修建村级道路的建议	县交通运输局
32	交通方面	才让东智	关于托叶玛乡夏吾特村修建柏油公路的建议	县交通运输局
33	交通方面	才让扎西	关于修建托叶玛乡曲龙村公路的建议	县交通运输局
34	交通方面	雪太	关于赛尔龙乡尕克村完善基础设施建设和新建居民小区的建议	县交通运输局
35	交通方面	尕藏三智	关于解决托叶玛乡曲海村河马公路占地问题的建议	县交通运输局
36	交通方面	斗格杰	关于赛尔龙乡赛尔龙村基础设施建设的建议	县交通运输局
37	交通方面	万玛加	关于赛尔龙乡乡村厕所卫生管理和恢复自治县民族高中的建议	县交通运输局
38	交通方面	公保加	关于柯生乡与玛曲县、四川省界沿线增设监控设备的建议	县交通运输局

续表1

序号	建议类别	建议代表	建议内容	承办单位
39	交通方面	扎西尖措	关于宁木特镇毛曲村夏季牧场途径路修建乡村公路的建议	县交通运输局
40	交通方面	旦增尖措	关于改善曲格寺转经云廊设施条件的建议	县交通运输局
41	交通方面	万玛加	关于赛龙乡尖克村新建乡村道路的建议	县交通运输局
42	交通方面	多杰才旦	关于修缮柯生乡次汉苏村乡村道路及桥梁的建议	县交通运输局
43	交通方面	多布杰	关于宁木特镇宁木特村修建乡村道路的建议	县交通运输局
44	交通方面	昂多	关于宁木特镇尕群村修建村级道路的建议	县交通运输局
45	交通方面	那先	关于宁木特镇德日旦村修缮村级道路的建议	县交通运输局
46	交通方面	罗西	关于宁木特镇梧桐村新建道路实现全村通路的建议	县交通运输局
47	交通方面	公保加	关于宁木特镇赛尔永村修缮村级道路的建议	县交通运输局
48	交通方面	多布杰	关于多松乡夏日达哇村新建村级道路的建议	县交通运输局
49	交通方面	尕藏多杰	关于宁木特镇作毛村新建道路桥梁、涵洞的建议	县交通运输局
50	交通方面	达日杰	关于宁木特镇浪琴村新建桥梁涵洞的建议	县交通运输局
51	交通方面	尕藏多杰	关于宁木特镇作毛村修建柏油路的建议	县交通运输局
52	教育方面	多布杰等	关于建立民族高级中学的建议	县教育局
53	教育方面	索南昂毛	关于我县教育系统同工同酬人员享受住房公积金的建议	县教育局
54	教育方面	华藏	关于解决我县教育基础薄弱，高校毕业生就业难的建议	县教育局
55	教育方面	才让东智	关于提高教育教学、提升教师队伍整体素质，严格教师专业与学科对口相一致的建议	县教育局
56	教育方面	曹得仓·尕桑克智嘉措	关于建立县民族高级中学和保障牧区完成义务教育的建议	县教育局
57	发展改革方面	多布杰	关于加强国家扶助项目的贯彻落实和提高建设质量的建议	县发展和改革局
58	发展改革方面	谢日尖措等	关于解决春节期间物价上涨严重的建议	县发展和改革局
59	经济和建设方面	角巴	赛尔龙乡赛尔龙村加油站周转资金匮乏，望有关部门帮助解决的建议	县住房和城乡建设局
60	卫生健康方面	加多	关于在宁木特乡公路两侧修楼房的建议	县住房和城乡建设局
61	卫生健康方面	卓玛加	关于在县城修建停车场的建议	县住房和城乡建设局
62	卫生健康方面	德吉卓玛等	关于我县基础设施建设中要严把质量关的建议	县住房和城乡建设局
63	自然资源方面	才让南杰	关于设立草原、车辆专人管理的建议	县自然资源局

续表1

序号	建议类别	建议代表	建议内容	承办单位
64	自然资源方面	谢日尖措	关于治理拉卡寺左侧泽曲河流域山体塌垮问题的建议	县自然资源局
65	卫生方面	达哇藏吾	关于改善多松乡卫生院设施及增派专业医生的建议	县卫生健康局
66	卫生方面	忠克吉公保	关于解决河南县人民医院产科专业人才紧缺问题的建议	县卫生健康局
67	生态环保方面	达哇藏吾	关于解决野生动物侵害吉岗山脉植被问题的建议	县生态环境局
68	生态环保方面	达哇藏吾	关于修建多松乡多松村黄河沿岸防洪堤坝的建议	县生态环境局
69	生态环保方面	加羊加	关于加大拉姆兰措湖景区环境治理力度的建议	县生态环境局
70	生态环保方面	加羊加	关于加大鼠虫害治理力度和治理常态化的建议	县生态环境局
71	生态环保方面	谢日尖措等	关于生态环保方面的议案	县生态环境局
72	生态环保方面	万马乃等	关于环保志愿者的工作和生活亟需得到关注和保障的建议	县生态环境局
73	生态环保方面	公保加	关于优干宁镇参美村（“浩斗曲”至“杨忠尖赞”）拉设方鼠害，加大生态修复力度的建议	县生态环境局
74	生态环保方面	才让东智	关于解决优干宁镇阿木乎村生态环境治理问题（鼠虫害）的建议	县生态环境局
75	生态环保方面	昂旦闹日	关于加强治理优干宁镇南旗村草原鼠虫害、黑土滩及植被退化、沙化问题的建议	县生态环境局
76	生态环保方面	多巴	关于治理优干宁镇德日龙村草原鼠虫害及植被退化的问题和人工种植植被修复生态环境的建议	县生态环境局
77	人社方面	曹得仓·尕藏克智嘉措	关于提升就业率问题的建议	县人力资源和社会保障局
78	民政方面	公报加	关于与四川省、玛曲县的界线铁丝围栏维修与界碑翻新的建议	县民政局
79	民政方面	曹得仓·尕藏克智嘉措等	关于托叶玛乡政府驻地搬迁的建议	县民政局
80	民政方面	万马乃等	关于重视赛尔龙乡的建设和发展的建议	县民政局
81	旅游方面	雪太等	关于赛尔龙乡尕克村“虎头、熊头”山地区列入规划旅游景点的建议	县文体旅游广电局
82	公安方面	扎西尖措	关于严与四川省和玛曲县界沿线重要路口增设监控设施的建议	县公安局

续表1

序号	建议类别	建议代表	建议内容	承办单位
83	扶贫方面	罗科	关于解决柯生乡毛曲村贫困户无房的建议	县扶贫开发局
84	扶贫方面	公保加等	关于加大柯生乡扶贫工作力度的建议	县扶贫开发局
85	扶贫方面	尕罗等	关于落实托叶玛乡夏吾特村救助扶贫项目的建议	县扶贫开发局
86	电力方面	尕藏多杰	关于解决宁木特镇作毛村18户用电困难问题的建议	县供电公司
87	电力方面	罗西	关于解决宁木特镇梧桐村179户用电困难问题的建议	县供电公司
88	电力方面	那先	关于解决宁木特镇德日旦村80户用电困难问题的建议	县供电公司
89	电力方面	昂多	关于解决宁木特镇尕群村66户用电困难问题的建议	县供电公司
90	电力方面	南正驱旦	关于解决宁木特镇卫拉村100多户用电困难问题的建议	县供电公司
91	电力方面	多布杰	关于解决宁木特镇宁木特村87户用电困难问题的建议	县供电公司
92	电力方面	加羊加	关于解决多松乡拉让村50多户用电困难问题的建议	县供电公司
93	电力方面	多杰才旦	关于解决柯生乡次汉苏多户用电困难问题的建议	县供电公司
94	电力方面	万玛加	关于解决赛尔龙乡尖克村23户用电困难问题的建议	县供电公司
95	电力方面	旦增尖措	关于解决曲格寺用电困难问题的建议	县供电公司
96	电力方面	公保加	关于解决柯生乡柯生村用电困难问题的建议	县供电公司
97	电力方面	才让南杰	关于解决宁木特镇文群村用电困难问题的建议	县供电公司
98	电力方面	才让扎西	关于解决托叶玛乡曲龙村用电困难问题的建议	县供电公司
99	电力方面	尕藏三智	关于解决托叶玛乡曲海村用电困难问题的建议	县供电公司
100	电力方面	仁增多杰等	关于彻底解决群众用电困难问题的建议	县供电公司
101	电力方面	扎西尖错	关于解决柯生乡毛曲村用电困难的建议	县供电公司
102	产业发展方面	谢日尖措等	关于积极发展畜牧业的建议	县农牧水利和科技局
103	产业发展方面	加羊加	关于大力发展（合作社等）公有制经济的建议	县农牧水利和科技局
104	产业发展方面	尕藏多杰	关于拨款成立宁木特镇作毛村合作社的建议	县农牧水利和科技局
105	产业发展方面	达哇藏吾	关于创建多松乡土尔扈特羊种品牌的建议	县农牧水利和科技局

续表1

序号	建议类别	建议代表	建议内容	承办单位
106	产业发展方面	才让扎西	关于解决托叶玛乡曲龙村生态有机畜牧业合作社资金短缺问题的建议	县农牧水利和科技局
107	产业发展方面	才让南杰	关于申请托叶玛乡文群村合作社扩建资金的建议	县农牧水利和科技局
108	产业发展方面	扎西东智	关于优干宁镇德日隆村合作社扩建的建议	县农牧水利和科技局
109	产业发展方面	尼尔江	关于优干宁镇南旗村合作社扩建的建议	县农牧水利和科技局
110	产业发展方面	昂旦闹日	关于修建优干宁镇南旗村合作社牛羊圈的建议	县农牧水利和科技局
111	产业发展方面	才让东智	关于扩大优干宁镇吉仁村合作社生产规模的建议	县农牧水利和科技局
112	产业发展方面	仁增多杰	关于托叶玛想托叶玛村的合作社需要引进专业人才和给予在西宁购置特色产品展销店铺的资金支持的建议	县农牧水利和科技局
113	产业发展方面	尕桑三智	关于托叶玛乡曲海村在西宁购置特色产品展销店铺的建议	县农牧水利和科技局
114	文化方面	万马乃等	加强本地传统文化活动的保护和支持力度的建议	县文体旅游广电局
115	文化方面	谢日尖措等	关于发扬民族传统体育文化的建议	县文体旅游广电局
116	文化方面	谢日尖措等	关于挖掘和发展文化旅游资源的建议	县文体旅游广电局
117	文化方面	格日杰	关于优干宁镇荷日恒打造民族族特色旅游接待中心的建议	县文体旅游广电局
118	统战方面	万马乃等	关于政府应保障僧人的自由和权利的建议	县委统战部
119	统战方面	谢日尖措等	关于保护寺院建筑和宗教活动场所的建议	县委统战部
120	统战方面	华觉	关于保护现有寺院建筑和宗教活动场所的建议	县委统战部
121	统战方面	曹得仓·尕藏克智嘉措	关于曲格寺转经云廊建设的建议	县委统战部
122	通讯方面	公保加	关于宁木特真赛尔永村设置通讯设施的建议	县电信公司、县移动公司、县联通公司
123	通讯方面	罗西	关于宁木特真梧桐村设置通讯设施的建议	县电信公司、县移动公司、县联通公司
124	通讯方面	才让扎西	关于托叶玛乡曲龙村曾设通讯设施的建议	县电信公司、县移动公司、县联通公司
125	通讯方面	仁增多杰	关于托叶玛乡托叶玛村曾设通讯设施的建议	县电信公司、县移动公司、县联通公司
126	通讯方面	才让南杰	关于托叶玛乡文群村曾设通讯设施的建议	县电信公司、县移动公司、县联通公司

续表1

序号	建议类别	建议代表	建议内容	承办单位
127	住房和城乡建设方面	才让东智	关于改造翻新吉仁小区的建议	县住房和城乡建设局
128	住房和城乡建设方面	忠克吉	关于优干宁镇荷日恒村新建集中居民区的建议	县住房和城乡建设局
129	住房和城乡建设方面		关于解决优干宁镇德日龙村村民住房困难问题的建议	县住房和城乡建设局
130	住房和城乡建设方面	谢日尖措	关于在县域内兴建停车场等交通安全措施的建议	县住房和城乡建设局
131	住房和城乡建设方面	才让南杰	关于督促宁木特镇文群村文明乡村项目建设落实的建议	县住房和城乡建设局
132	住房和城乡建设方面	索南昂毛	关于解决宁木特镇第一完小职工拖欠取暖费问题建议	县住房和城乡建设局
133	住房和城乡建设方面	多布杰	关于宁木特镇宁木特村增加居民住房的建议	县住房和城乡建设局
134	住房和城乡建设方面	罗西	关于宁木特镇梧桐村黄河桥小镇的住房及基础设施建设的建议	县住房和城乡建设局
135	住房和城乡建设方面	尕藏多杰	关于宁木特镇作毛村基础设施建设的建议	县住房和城乡建设局
136	人大方面	万马乃等	关于人大代表加强自我认识，重视代表意见的建议	县人大常委会
137	组织方面	万玛乃等	关于保护和尊重河南蒙古族自治县自治权的建议	县委组织部
138	组织方面	加羊加	关于注重培养本土人才的建议	县委组织部
139	组织方面	尕藏三智	关于修缮托叶玛乡曲海村党员活动室的建议	县委组织部
140	组织方面	谢日尖措等	关于适当设置各村社长并解决工资报酬的建议	县委组织部
141	组织方面	谢日尖措	关于贯彻实施好自治县《自治条例》的建议	县委组织部
142	组织方面	忠克吉	关于设置各村社长职位并解决报酬问题的建议	县委组织部
143	组织方面	华觉	关于加强本地区民族干部的培养力度的建议	县委组织部
144	组织方面	多巴	关于优干宁镇多特村党员活动室安装供暖设施的建议	县委组织部
145	组织方面	斗布	关于补吉岗生态效益保障公司的资金缺口和村两委卸任的班子成员给予生活补助或卸任报酬的建议	县委组织部

续表1

序号	建议类别	建议代表	建议内容	承办单位
146	其他方面	万马乃等	关于提高基础设施建设水平和把项目做到实处的能力的建议	
147	其他方面	谢日尖措	关于撤销草站队各并管理决定的建议	
148	其他方面	多布杰	关于归还予民众用于多松乡寄宿制小学的筹建资金的建议	
149	其他方面	达哇藏吾	关于安置土尔扈特后裔工作岗位的建议	

河南县第十六届人大一次会议代表意见建议目录

表2

序号	建议类别	建议代表	建议内容	承办单位
1	教育方面	角巴加等	关于异地办学的建议	县教育局
2	教育方面	拉毛措等	关于加强蒙古语言文字教育、解决幼儿园教师、提升教育硬件使用与全面筑牢卫生防疫基础的建议	县教育局
3	教育方面	张晖	关于加强教师培训，提高教师队伍专业水平的建议	县教育局
4	畜牧方面	娘吉才让	关于进一步加强家庭牧场建设的建议	县农牧水利和科技局
5	畜牧方面	李德存等	关于进一步统一畜产品销售渠道的建议	县农牧水利和科技局
6	畜牧方面	加华多杰等	关于需建畜棚问题的建议	县农牧水利和科技局
7	畜牧方面	加华多杰等	关于需要解决人畜饮水问题的建议素质，落实教师专业对口教学的建议	县农牧水利和科技局
8	畜牧方面	黄维军	关于加大托叶玛乡产业合作社培育的建议	县农牧水利和科技局
9	畜牧方面	久谢	关于邀请专家解决草畜平衡问题的建议	县农牧水利和科技局
10	畜牧方面	斗拉才让	关于加强畜牧业保护、促进畜牧业发展问题的建议	县农牧水利和科技局
11	畜牧方面	旦正才旦等	关于需要重拉网围栏的建议	县农牧水利和科技局
12	畜牧方面	祁江加等	关于村级自来水利用价值不大的建议	县农牧水利和科技局
13	畜牧方面	代吉卓玛等	关于加强黄河柯生段水土流失严重的建议	县农牧水利和科技局
14	畜牧方面	卓玛加等	关于保护三大名牌畜种的建议	县农牧水利和科技局
15	发展改革方面	王克鹏	关于提高厕所革命的使用率，创造干净整洁的人居环境的建议	县发展和改革局
16	发展改革方面	斗拉才让	关于赛尔龙乡达日宗马鹿养殖场需要加大支持的建议	县发展和改革局
17	发展改革方面	尼玛才让	关于赛尔龙乡高速公路段需要修一个服务区的建议	县发展和改革局

续表2

序号	建议类别	建议代表	建议内容	承办单位
18	发展改革方面	黄维军	关于托叶玛乡政府驻地搬迁项目事宜的建议	县发展和改革局
19	发展改革方面	代吉卓玛等	关于解决基层产业发展滞后问题的建议	县发展和改革局
20	市场监督管理方面	伟治	关于全域内个体户价格管控制度需要进一步加强的建议	县市场监督管理局
21	人社方面	伟治	关于加强本地人才的培育力度的建议	县人力资源与社会保障局
22	人社方面	长爱	关于促进回乡大学生就业的建议	县人力资源与社会保障局
23	电力方面	才让公保等	关于加强大电网覆盖面的建议	县供电公司
24	电力方面	加华多杰	关于托叶玛乡托叶玛村合作社至作毛村之间的线路改造的建议	县供电公司
25	公安方面	公保南杰	关于村级重点路口建立监控点的建议	县公安局
26	公安方面	祁江加	关于加大建设道路交通指示牌力度的建议	县公安局
27	公安方面	尼玛才让等	关于加强与边界地区的网围栏的建议	县公安局
28	公安方面	才合加等	关于加大对偷盗等违法的打击力度、继续做好扫黑除恶专项斗争工作的建议	县公安局
29	住房和城乡建设方面	才让扎西等	关于增设县域街面停车位的建议	县住房和城乡建设局
30	住房和城乡建设方面	杨昆	关于加强社会面消防工作的建议	县住房和城乡建设局
31	交通方面	才让公保等	关于道路修缮问题的建议	县交通运输局
32	交通方面	桑杰	关于柯生乡次汉苏村合作社无道路问题的建议	县交通运输局
33	统战方面	公保南杰	关于传承非遗文化，挖掘旅游资源的建议	县委统战部
34	统战方面	旦增尖措	关于进一步加强寺院社会化管理和文物保护的建议	县委统战部
35	统战方面	金巴尖措	关于修缮寺院围墙的建议	县委统战部
36	统战方面	金巴尖措	关于支持寺院养老院的建议	县委统战部
37	生态环保方面	尕藏尖措	关于清理拉卡寺周围垃圾的建议	县生态环境局
38	生态环保方面	才昂仁增	关于解决村级垃圾中转站的建议	县生态环境局
39	生态环保方面	祁江加	关于加大环保力度，增加宣传牌的建议	县生态环境局
40	生态环保方面	斗格吉	关于加大基层环保志愿者支持力度的建议	县生态环境局
41	卫生健康方面	仁青卓玛	关于加强卫生防疫建设的建议	县卫生健康局
42	卫生健康方面	雪梅	关于完善医疗机构和卫生体系的建议	县卫生健康局
43	组织方面	多杰昂秀等	关于解决四个社区的党群活动中心的建议	县委组织部
44	组织方面	卓玛措等	关于加强人才培养力度的建议	县委组织部

续表2

序号	建议类别	建议代表	建议内容	承办单位
45	组织方面	李年栋等	关于进一步加强企业党组建设的建议	县委组织部
46	人大方面	仁青措	关于加大人大代表培训力度的建议	县人大常委会
47	自然资源方面	伟治	关于增加草管员的建议	县自然资源局
48	自然资源方面	公保南杰	关于解决狼害的建议	县自然资源局
49	自然资源方面	才让南杰	关于加大草场管护力度的建议	县自然资源局
50	自然资源方面	旦正才旦	关于水源地保护的建议	县自然资源局
51	自然资源方面	旦正才旦	关于进一步保护好洮河湿地公园的建议	县自然资源局
52	自然资源方面	才让多杰	关于克曲合滩草场治理保护的建议	县自然资源局
53	文化方面	尼玛才让	关于修建洮河园蒙古风情牧家乐体验店的建议	县文体旅游广电局
54	文化方面	杨晓云	关于广电设施建设应当因地制宜的建议	县文体旅游广电局
55	文化方面	仁青措	关于加大挖掘非遗传承力度，开发非遗旅游资源的建议	县文体旅游广电局
56	文化方面	久谢等	关于开发保护吉冈山和仙女湖等旅游资源的建议	县文体旅游广电局
57	司法方面	尕藏三智	关于进一步加大法治教育宣传力度的建议	县司法局

【人大监督】 县人大常委会把发展作为第一要务，围绕县委的中心工作，发挥宪法和法律赋予的各项职权，重点加强对经济运行、生态保护、民生热点和法律执行等的监督工作，促进河南县经济社会全面协调发展。组织代表对河南县水产业发展情况与乡村集体经济发展情况，县人民法院“深化信息化应用、建设智慧法院”和检察机关在社区矫正工作中的职能作用等开展专题调研和执法检查8次。在县十六届人大常委会会议上，听取和审议《县人民政府关于水产业发展情况的调研报告》《县人民政府关于乡村集体经济发展情况的调研报告》等调研报告，提出相应的意见建议和今后工作措施并下发审议意见。县人大及其常委会围绕全县发展大局，严格工作程序，在形式上做到重大事项的决定与经济社会的发展合拍，在内容上做到重大事项的决定与人民群众合心，在执行上做到重大事项的决定与“一府一委两院”合力，印发《关于河南蒙古族自治县国民经济和社会发展第十四个五年规划和二〇三五年远景目标纲要的决议》《河南蒙古族自治县人民政府2020年国民经济和社会发展计划执行情况与2021年国民经济和社会发展计划的决议》《河南蒙古族自治县十六届人民代表大会常务委员会关于开展第八个五年法治宣传教育的决议》等25项决议。创新工作思路，将被动监督变为主动监督，不断丰富监督内容，改进监督方式，强化监督措施，落实监督责任，监督成效不断提升。听取和审议县人大常委会及“一府两院”工作报告、审计、财政等专项工作报告23项，并提出相关审议意见，督促整改落实。经常性组织代表参与“一府一委两院”开展的各项活动，密切代表与“一府一委两院”之间的联系，为代表进一步了解工作和有效开展监督搭建桥梁。创新监督方式，每月将服务大厅的所有办理工作及办理结果进行公布，人大代表通过便民服务大厅监督栏随时查看政府工作落实情况，并利用人大代表留言栏及时提出意见建议，方便代表实施监督，并在全县范围内进行推广。

河南县人民政府

综　述

【概况】　2021年，在习近平新时代中国特色社会主义思想的指引下，河南县全面深入学习贯彻习近平总书记关于青海工作的重要讲话和指示批示精神，落实党中央国务院、省委省政府和州委州政府决策部署，贯彻新发展理念，融入和服务新发展格局，牢牢把握河南发展的历史性窗口期，应对国内外变化莫测的经济形势、艰巨繁重的改革发展任务、复杂多变的新冠肺炎疫情态势，全方位推动经济高质量发展。全年地区生产总值同比增长5%，固定资产投资同比增长6.6%，畜牧业同比增长5%，社会消费品零售总额同比增长7.1%，全体居民人均可支配收入同比增长10.1%，多项指标增速位居省、州前列。

【产业发展】　以高质量推进“五大产业”为抓手，进一步明确全县畜牧业发展指导思想、发展定位、目标任务。完成3个生态有机畜牧业合作社股份制改造，与科研单位合作开展产品研发、技术推广、人才培养等工作，14个有机畜产品获中国有机食品和绿色食品“双认证”，河南县被列入首批国家农业现代化示范区。加大水产品研发力度，扶持壮大纯净水小微企业3家，水产业年产值达4.87亿元。举办第22届“那达慕”盛会，柯生乡双鱼湖景区和黄河南蒙古历史文化博物馆被评为国家AAA级旅游景区，优干宁镇阿木乎村列入全省乡村旅游重点村。建设完成蒙藏医院“一站一室两中心”，各乡镇卫生院中藏医馆实现全覆盖，蒙藏药业年产值达0.3亿元。开辟3条省县乡村物流专线，培育电子商务快递物流服务点5个，乡村快递物流实现全覆盖，形成县、乡、村三级统一配送体系。

【乡村振兴】　持续巩固拓展脱贫攻坚成果同乡村振兴有效衔接，筛选实施项目32项，到位资金1.27亿元，项目安排率、开工率均为100%，资金支付率达95%。坚持外出务工和就近就业的方式，实现就业2306人，开展技能培训5次，建档立卡户250名。通过临时救助、安排公益性岗位、纳入低保等方式，有107户376名“三类人员”消除返贫风险。发放“530”贷款529笔1594.2万元，贴息127.98万元；合作社贷款发放39笔8520万元，贴息302.13万元。持续实施“企业+村集体经济+贫困户”的阳光增收模式，贫困村光伏扶贫项目累计发电量达2602.81万千瓦时，分配收益1120万元，每村每年集体收入35万元。

【城乡建设】　推动宁木特镇卫拉村、托叶玛乡宁赛村、多松乡拉让村等5个高原美丽乡村和柯生乡生态美丽乡镇建设，更换智能路灯548盏，提标改造厕所22座。推进农牧区房屋安全隐患排查工作，农牧民居住条件改善工程、抗震改造项目基本完成。全面实施优干宁镇给水管网提标改造工程和供水厂提标改造项目，全力保障群众饮水安全。按照“县道县养、乡道乡养、村道村养”的原则，集中养护公路257.1千米，新建公交站亭20座，统筹划定路边停车位726个。开展城市“牛皮癣”“蜘蛛网”专项治理，城市精细化管理水平不断提升。

【生态建设】 牢固树立生态环境保护就是“国之大者”理念，全面巩固“河（湖）长制”“林草长制”成效，退化草地治理、公益林（天然林）管护、国土绿化、水土流失综合治理等工作全面完成，草原综合植被覆盖度达71.7%，稳居全州第一。推进草原碳汇开发方法学研究，推动清洁能源利用和管网扩建工程，完成乡镇清洁能源供暖项目，实现二氧化硫、氮氧化物等污染物“零排放”。创新开展环境卫生综合整治，生活垃圾资源化利用及无害化处置项目正式启动，两轮次中央生态环保督察问题整改全面清零，获评“绿水青山就是金山银山”实践创新基地。

【民生福祉】 全县财政用于民生支出达13.46亿元，民生支出占79%。年初承诺的10类30项民生实事工程全部办结。常态化疫情防控有力有序，疫苗接种年度目标超额完成，坚决守住“零输入、零感染”的底线。投资111.3万元，为乡镇卫生院配发救护车6辆。新开办3所幼儿园，首批天津“异地办班”40名高考学生，本科上线26人，上线率达65%，升学率创历史新高。各类保险参保率均超额完成，环卫工人“爱心早餐”工程全面启动。民生兜底保障作用发挥有效，社会救助水平不断提升，救助率达100%。开展公共就业和人才服务专项行动，全力做好根治欠薪工作，各族群众幸福指数不断提升。

【惠民实事】 河南县开展惠民实事工作，主要包括教育强基工程、生态提升工程、住房安全工程、幸福家园工程、民生保障工程、品质兴农工程、交通惠民工程、文旅融合工程、健康河南工程和老年服务工程。其中，教育强基工程：完成河南县第二幼儿园、多松乡幼儿园建设项目；实施县民族中学阶梯教室和宁一完小附属设施建设项目；争取启动省内异地建校办学工作。生态提升工程：加快推动《河南县野生动植物保护管理办法》立法进程；实施三江源生态保护工程和国土绿化巩固提升三年行动，完成治理退化草原1.8万公顷，国土绿化940公顷；建设完成泽曲河、延曲河等河道治理项目；加快实施污水处理厂提标改造和尾水处理项目；实施河南县宁木特镇小流域水土流失综合治理、柯生乡香扎寺北山小流域水土流失综合治理项目。住房安全工程：实施牧民住户居住条件改善工程；实施牧区住房抗震改造项目。幸福家园工程：完成4个高原美丽宜居乡村建设项目；加快推进柯生乡生态美丽乡镇项目；加快实施宁木特镇高原美丽城镇建设。民生保障工程：城镇新增就业281人，农牧区劳动力转移就业1808人，城镇登记失业率、居民消费价格涨幅控制在州定目标以内；继续扩大基本养老、失业、工伤保险覆盖面，深入推进根治欠薪；深化殡葬领域改革，推进殡葬事业健康发展，完成殡仪馆设备提升改造。品质兴农工程：建设活畜交易市场，打造青、甘、川牲畜交易集散中心；推进建设河南县牦牛藏羊原产地可追溯试点工程。交通惠民工程：建设河南县宁木特镇至黄河沿扶贫旅游公路；建设河南县托叶玛乡文群村通村公路工程、宁木特镇周龙村林区道路建设项目；实施河南县汽车站整体搬迁项目。文旅融合工程：实施河南县足球场项目，实现足球场建设向村延伸；实施完成黄河大峡谷、李恰如山游客集散中心；举办第22届“那达慕”盛会，积极推进蒙古大营建设，全力打造“那达慕”主题公园，扎实做好“赛马之县”申报工作。健康河南工程：实施县人民医院整体搬迁项目；加快推进蒙藏医院制剂中心和药浴楼项目投入使用；实施天津援建的县城自来水厂水质净化项目。老年服务工程：进一步完善干休所基础设施和车辆保障工作；加快推进老干部服务中心建设。完善政府购买养老服务制度，进一步推进政府购买养老服务工作，健全完善困难人员救助机制。

【项目建设】 全年实施新续建项目148项，完成固定资产投资40.63亿元。其中，县城排洪渠二期工程、优干宁镇巴彦乌拉路南段道路整治工程、2021年三江源生态保护、县第二垃圾填埋场等一大批重点项目全部完工；河南县商业步行街及察罕丹津大街风貌改造、那达慕贵宾楼建设、蒙古大营、泽曲河县城段河道治理工程等一批重大项目稳步推进。藏区专项、以工代赈、生态文明建设、文化旅游发展、社会服务设施兜底工程等投资13.25亿元的56个项目纳入省、州重点支持项目盘子。

河南县2021年部分项目建设情况统计表

表3

序号	项目名称	建设性质	建设规模与内容	总投资（万元）
1	汽车站整体搬迁项目	新建	车站站房1800平方米，车检用房240平方米，维修用房200平方米，值班室40平方米，公厕30平方米，停车场、道路及室外附属配套设施等	2150
2	宁木特镇夏拉村一队、二队、三队通村道路及道路涵洞工程	新建	新建道路11.8千米等	617.5
3	托叶玛文群村公路	新建	主要建设托叶玛乡文群村四级砂路，总长9.4千米	390
4	多松乡多松村四队通村公路工程	新建	建设道路18.9千米等	825
5	2021年农牧民居住条件改善工程	新建	对宁木特镇、赛尔龙乡、柯生乡集中居住片区实施759户农牧民居住条件改善工程	1518
6	优干宁镇北环路南延伸段道路整治工程	新建	整治道路总长1.7千米，中桥1座及配套附属设施	3105
7	供水管网改造工程	新建	建设给水管网共计4.22千米附属配套设施	620
8	县城巴彦乌拉路东段南北两侧巷道整治工程	新建	整治巷道总长1.6千米及配套附属设施	350
9	宁木特镇滨河路、滨河路西段周边环境整治工程	新建	整治市政道路及相关配套设施等	520
10	柯生乡生态美丽乡镇建设项目	新建	整治道理共计1.7千米及配套附属设施	1362
11	供水厂提标改造项目	改造	在现有供水厂的净水设施基础上，增加净水设备1套，主要以离子交换器为主的一整套设备，并增加净水池1座	1300
12	乡镇清洁能源供热项目	新建	供热面积4.44万平方米及配套附属设施	1950
13	县人民医院建设项目	新建	医技住院综合楼1栋，室外给排水、污水处理厂、采暖、供电、围墙、大门、室外活动场地、道路地平、绿化等相关配套附属设施	15490
14	香扎寺北山小流域项目	新建	治理水土流失17.12平方千米。新增水土保持林38.28公顷，人工种草356公顷，封育治理16.74平方千米	856
15	宁木特镇小流域综合治理项目	新建	治理水土17.9平方千米。新增水土保持林130.9公顷，人工种草546公顷，封育治理17.9公顷	895
16	沃合特河河道治理工程宁木特镇段	新建	治理河道长度11千米，修建防洪堤2千米，护岸8千米、河道疏浚1千米，防洪堤准20年一遇	2197

续表3

序号	项目名称	建设性质	建设规模与内容	总投资（万元）
17	延曲河二期工程	新建	修建防洪堤总长 12.89 千米，修建Ⅰ型防洪堤长 0.62 千米；Ⅱ型防洪堤长 12.27 千米，踏步 12 座	3062
18	泽曲河宁木特镇河道治理	新建	新建防洪 3.126 千米	1500
19	泽曲河县城段河道治理工程	新建	新建防洪 8.5 千米	4000
20	2020 年中央林业草原生态保护恢复第二批资金河南县退化草原生态修复项目	新建	重度退化草原坡地治理 666.67 公顷、退化草地补播 1333.33 公顷、毒害草治理 10000 公顷、高原鼠兔防治 23333.33 公顷、草原毛虫防治 16000 公顷	1748
21	2020 年河南县退牧还草工程	新建	休牧围栏 3333.33 公顷、划区轮牧围栏 3333.33 公顷、退化草原改良 7333.33 公顷、黑土滩治理 6666.67 公顷、毒害草治理 26666.67 公顷	8490
22	2021 年第一批中央林业草原生态保护恢复项目	新建	重度退化草地治理坡地治理 666.67 公顷（850 万元）、退化草地补播 1333.33 公顷（400 万元）、草原虫害防控 13333.33 公顷（100 万元）、废弃定居点圈棚、公路两边、沙坑等周边植被恢复 133.33 公顷（200 万元）、国家草原自然公园试点建设项目 1 个（200 万元）、生态护林员补助 204 人（204 万元）	1904
23	2020 年生态效益补偿基金造林项目	新建	人工造林 100 公顷	300
24	2021 年第一批林业改革发展资金森林质量精准提升	新建	森林质量精准提升 666.67 公顷	300
25	2020 年第二批林业改革发展资金森林抚育项目	新建	森林质量精准提升 333.33 公顷	50
26	2020 年天然林资源保护二期工程森林管护造林项目	新建	森林质量精准提升 666.67 公顷	120
27	森林抚育和森林质量精准提升项目	新建	森林抚育 333.33 公顷，森林质量精准提升 133.33 公顷	90
28	2021 年生态效益补偿基金项目	新建	对 13.13 万公顷公益林进行管护，安排精准扶贫管护员 263 名	1776
29	2021 年天然林资源保护二期工程森林管护项目	新建	对 94873.33 公顷天然林进行管护，安排精准扶贫管护员 198 名	1388
30	国有林区公益性基础设施建设项目、宁木特林场道路项目	新建	国有林区公益性基础设施护林草防火道路硬化 16 千米	1125
31	鑫强新能源开发公司生产醇基燃料项目	新建	新建 2 座 50 立方米生物燃料储罐，配套办公室、辅助用房、消防通道、水泵站、加油机 1 台、停车场等	560
32	县第二幼儿园	新建	总建筑面积 4428 平方米，其中教学用房 4428 平方米	1738
33	柯生乡中心幼儿园	新建	总建筑面积 958 平方米，其中教学用房 958 平方米	353
34	优干宁镇第二寄宿制完全小学风雨操场	新建	建设风雨操场 800 平方米	259

续表3

序号	项目名称	建设性质	建设规模与内容	总投资（万元）
35	多松乡中心寄宿制完全小学风雨操场运动场及综合楼建设项目	新建	建设综合楼 800 平方米，运动场 4400 平方米及体育活动室 300 平方米	455
36	优干宁镇第一寄宿制完全小学教师及学生食堂	新建	建设食堂 900 平方米及附属设施	318
37	宁木特镇第一寄宿制完全小学风雨操场、运动场及附属设施	新建	风雨操场 800 平方米，塑胶运动场 4400 平方米及附属设施	1101
38	宁木特镇第一寄宿制完全小学附属设施建设项目（平安与振兴）	新建	附属设施建设	500
39	幼儿园教玩具购置	设备采购	县城幼儿园、泽惠小区、蒙旗佳苑、托叶玛及优干宁镇中心幼儿园	317
40	县民族中学阶梯教室建设项目	新建	在县民族中学建设阶梯教室 1 座，总建筑面积 1250 平方米左右	550
41	李恰如山景区	新建	主要建设游客信息服务中心 2100 平方米及附属设施，生态停车场 2000 平方米及附属设施，厕所 2 座 120 平方米等	980
42	黄河大峡谷景区	新建	主要建设游客信息服务中心 2000 平方米及附属设施，生态停车场 1300 平方米及附属设施，厕所 2 座 120 平方米，道路 1000 米等	1000
43	污水处理厂尾水水质改善工程	新建	对污水处理厂尾水进行水质改善，建设一套尾水深度生态处理系统，对水资源进行回收利用，新建尾水输送管网约 1.5 千米，对历史遗留沙坑生态修复约 10.43 公顷	4040
44	青海洮河源国家湿地公园第二批林业发展和改革资金建设项目	新建	鸟类标本储藏室 128 平方米，观鸟平台 2 座，生态修复 1.2 万平方米，科普宣教	300
45	2021 年河南县湿地保护补助项目	新建	修建湿地保护宣教室 1 座，购买宣教设备，聘用管护人员	500
46	公安干警周转宿舍建设项目	新建	新建干部周转房，地上五层砌体结构，建筑面积 1057.4 平方米，建筑高度 14.9 米，层高为 2.8 米，室内外高差 0.3 米，单套建筑面积 35.25 平方米，并配套建设单体的室外工程	357
47	乡镇派出所配套基础设施建设项目	新建	新建各乡镇派出所基础设施	345
48	县老年活动中心建设项目	新建	主要建设县老年活动中心业务用房 1500 平方米及配套附属设施	600
49	“抓乡促村”提标升级项目		对 43 个村（社区）党群服务中心活动场所进行新建、维修、改造，提标升级	662

续表3

序号	项目名称	建设性质	建设规模与内容	总投资（万元）
50	金融一条街	新建	本次新建共11栋建筑单体（商业4栋，住宅6栋，配套服务用房1栋），总建筑面积53941.36平方米，其中1#—4#商铺总建筑面积11122.97平方米，1#—6#住宅楼总建筑面积29970.72平方米，7#物业用房总建筑面积为287.7平方米，地下室总建筑面积为12559.97平方米，停车位共199个（地上45个、地下154个），容积率1.6，建筑密度24.14%	18890
51	蒙旗“王府花园”高档住宅小区	新建	规划用地位于县城以北土尔霍特南路与滨河路交会处西侧紧邻县人民检察院与法院，距离彩虹桥步行商业街不足百米。项目占地面积约1.87公顷，其中居住约1.2公顷，商业约0.67公顷	6810
52	那达慕宾馆贵宾楼建设项目	新建	本次新建共1栋建筑单体，总建筑面积共15437.89平方米，基底面积：3485.97平方米，地下室建筑面积为965.16平方米，停车位共77个	7800
53	蒙古大营项目	新建	新建1000平方米蒙古大帐2处、500平方米蒙古大帐4处、50平方米蒙古包200处，绿化、道路硬化、木栈道、给排水、停车场等配套工程等	8750
54	和硕特家园建设项目	新建	新建住宅房10300平方米，及配套附属设施	3090
55	青海省牦牛产业集群	新建	年牦牛优势特色产业集群建设项目主要分为设备购置（专项资金）和工程建设（自筹资金）两部分	1300
56	县分公司生产调度用房建设项目	新建	新建生产调度楼1356平方米	580
57	2021年三江源生态保护项目	新建	天然林保护工程、封山育林3333.33公顷、退化林恢复366.67公顷等	5990
58	牛羊交易市场建设项目	新建	新建牛羊活畜交易市场1处，主要包括办公楼、活畜交易大棚、露天交易、检疫检测室、购置仪器设备等配套设施建设	3750
59	易地扶贫搬迁后续产业标准化厂房及冷库建设项目	新建	标准化厂房5600平方米，冷库550平方米（容量2000立方米）及相应的室外配套设施	3000
60	启龙牧场牦牛奶粉加工厂建设项目	新建	扩建牦牛奶粉厂、购置设备	4000
61	柯生村建材市场—集中市场建设、监控系统及室外配套设施建设项目	新建	新建轻钢结构建材市场（集中式）2344.5平方米，配套的沥青混泥土道路停车场、给排水管网、供暖管网、供电路线、安装监控系统等	550
62	生态畜牧业专业合作社建设项目及机井工程	新建	新建机井26眼、修建饮水工程等	1340
63	生态畜牧业特色农畜产品展示及交易中心建设项目	新建	新建农畜产品展示交易中心，包括办公室、接待用房及基础设备等	530

续表3

序号	项目名称	建设性质	建设规模与内容	总投资（万元）
64	优干宁镇、宁木特、多松、柯生、环境整治建设项目	新建	通过示范村建设项目，对村庄进行乡村面貌整治，环境整治，垃圾处置，污水处理建设，改变村容村貌	2300
65	宝音大酒店建设项目	新建	新建框架结构四层、商业楼、建筑面积 3393.03 平方米	850
66	民族文化旅游创业产品建设及少数民族发展项目	新建	实施农村道路维修、维护、安防设施安装等	850
67	乌兰巴托商业楼	新建	新建建筑面积 4500 平方米	1320
68	浮云牧场商业楼	新建	新建建筑面积 5178 平方米	1800
69	县城创业路南段、产业路南段、建业路、朗姆兰措路延伸西段道路工程	新建	县城创业路南段、产业路南段、建业路、朗姆兰措路延伸西段道路工程	2620
70	五期集中供热煤改电清洁能源供暖项目	新建	五期集中供热煤改电清洁能源供暖项目	2760
71	县人民医院血库	新建	建筑面积 200 平方米，购置相关设备等	140
72	县重大传染病监测哨点	新建	购置相关设备等	100
73	四期集中供热煤改电清洁能源供暖项目	新建	拆除原有 2 台 14 兆瓦燃煤锅炉及辅助设备。安装 2 台 20 兆瓦高压电极式锅炉，新建换热站 1 座，建设室外供热管网 4 千米	3950
74	朗姆兰措路周边环境整治工程	新建	整治朗姆兰措路 2.55 千米，车行道罩面、更换部分照明、绿化、环卫设施等；巷道 6.79 千米	1435
75	多松乡南片区道路建设项目	新建	建设 4 条规划路，道路总长 1.35 千米	1015
76	柯生乡远香路、远香北路建设项目	新建	建设两条市政道路总长 1.03 千米及附属配套设施	800
77	宁木特镇乡村道路工程	新建	修建四级砂路 30 千米	1189
78	民兵之家建设项目	新建	新建总面积为 1323.42 平方米业务用房 1 栋，对原有的业务用房局部改造及配套附属设施	500
79	宁木特镇第二幼儿园	新建	主要建设幼儿活动用房、服务用房及附属用房 760 平方米，活动场地 360 平方米，购置必备的玩教具、室内外生活器材和生活设施设备	285
80	宁木特镇第三幼儿园	新建	主要建设幼儿活动用房、服务用房及附属用房 510 平方米，活动场地 240 平方米，购置必备的玩教具、室内外生活器材和生活设施设备	200
81	宁木特镇第二寄宿制完全小学	新建	总建筑面积 1900 平方米，其中：教学用房 1200 平方米，教师周转宿舍 20 套 700 平方米；运动场地 4280 平方米	920

续表3

序号	项目名称	建设性质	建设规模与内容	总投资（万元）
82	赛尔龙中心寄宿制完全小学	新建	总建筑面积1680平方米，其中：生活用房880平方米，体育活动室800平方米，运动场地4400平方米	845
83	优干宁镇第二寄宿制完全小学	新建	新建厕所120平方米	42
84	县寄宿制中学	新建	新建厕所120平方米	42
85	宁木特镇第一寄宿制完全小学迁建附属设施建设项目	新建	主要建设消防水池326.20立方米，围墙730米，硬化1595平方米，地面硬化4086平方米，化粪池100立方米室外管网，变压器2座，强弱电线路、柴发机等	500
86	医疗废物暂存库建设项目	新建	医疗废物暂存库建设项目	285
87	牧区动物防疫专用设施建设项目	新建	牧区动物防疫专用设施建设项目	180
88	江源社区嵌入式养老服务设施	新建	江源社区嵌入式养老服务设施	480
89	延巴社区嵌入式养老服务设施	新建	延巴社区嵌入式养老服务设施	480
90	赛旦社区嵌入式养老服务设施	新建	赛旦社区嵌入式养老服务设施	480
91	河曲社区嵌入式养老服务设施	新建	河曲社区嵌入式养老服务设施	480
92	河曲马旅游文化产业开发项目	新建	建设赛马场、门票销售处、兽医站、人员医护站、办公区域	1320

【社会治理】 按照“突出重点、提质增效”要求，“三保”支出均达运转标准。推进新时代“枫桥经验”河南化，常态化开展“下基层转作风、担使命履职责”活动，健全多元化解机制，调解各类矛盾纠纷38件，办结信访案件13起，县内及边界区域更加和谐稳定。扫黑除恶专项斗争进入常态化，动态化管控重点人员。推进智慧小区建设，建成社区综治中心和公共法律服务中心、站、室，建成全州首个“消防主题公益街”，安全生产形势稳定向好。依法严格审批宗教活动场所，加强寺院法治化、规范化、社会化管理，全县社会大局稳定和谐的局面更加巩固。

【政府重要活动】 河南县2021年项目集中开复工暨县医院整体搬迁奠基仪式。4月29日举行，州委副书记、州政府党组书记扎西才让应邀出席仪式并宣布河南县2021年度项目正式开复工。副州长李鑫、州政府副秘书长唐建福、州总工会常委副主席吕世清、

2021年7月23日，县委、县政府主要领导参加黄南州专场签约仪式

2021 年 8 月 1 日，“那达慕”盛会赛马现场

州交通局局长马进贤、州水利局局长陆宁、州住建局局长阚广宏及在家的各副县级领导，各乡（镇）、各部门主要负责人、县直各机关单位干部职工、项目施工方代表、监理方代表、群众代表以及相关媒体记者共计 400 余人参加开复工仪式。

河南县参加在青海省西宁市城南新区会展中心 B 馆举行的黄南州招商引资项目签约仪式。7 月 23 日，县委书记司吉昇，县委副书记、县长钢夫参加黄南州专场签约仪式。河南县借助自身优势条件，加大招商引资力度，把房地产开发、有机畜牧业、文化旅游等特色产业作为招商引资的重点，对外推介招商引资项目 10 个，完成签约项目 4 个，签约金额 3.67 亿元。分别为金融一条街、雪多牦牛肉精深加工、那达慕宾馆贵宾楼、蒙旗“王府花园”高端住宅小区 4 项。

第三届青海·热贡文化旅游节系列活动之河南蒙古族自治县中国共产党成立 100 周年庆典暨第 22 届“那达慕”盛会——天堂河曲“天骄杯”传统耐力赛马大会。8 月 1 日，在腾格里赛马场开幕。州委主要领导出席大会并宣布开幕。省人大常委会原副主任昂毛、李玉兰，省政协原副主席陈瑞珍，州委副书记、州长扎西才让等出席大会。县委书记司吉昇主持开幕式，县委副书记、县长钢夫致辞。

政府重要会议

【县政府全体会议】 3 月 30 日，十五届河南县人民政府召开第六次全体会议暨党风廉政建设工作会议，县委副书记、县长钢夫出席并讲话，县委常委、副县长何春德主持。围绕省委、州委和县委决策部署，在深化县情认识、准确把握发展脉络的基础上，审时度势、抢抓机遇，咬紧目标真抓实干、开足马力攻坚拔寨，在谋划发展上尽职尽责，在推进工作上亲力亲为，在破解难题上敢作敢当，奋力谱写“纯净河南·幸福蒙旗”新篇章，为“十四五”开好局、起好步，以实际行动和优异成绩庆祝中国共产党成立 100 周年。县人大常委会主任加多，县政协主席索南才让，县委常委、县纪委书记、监察主任郭辉应邀到会指导，在家各副县长，各乡（镇）政府、县政府各部门班子成员 80 余人参加会议。

【县政府常务会议】 十六届县人民政府第一次（2021 年第 11 次）常务会议。8 月 25 日，县委副书记、县政府县长钢夫主持召开。研究县卫生健康局《关于河南县中藏医药传承创新发展实施方案的请示》等 31 项议题。县政府各副县长、县政府办公室主任出席会议，县政府办公室各副主任及相关部门负责人列席会议。

十六届县人民政府第二次（2021 年第 12 次）常务会议。9 月 3 日，受县委副书记、县长钢夫委托，县委常委、副县长唐建珍主持。研究县民族宗教事务局《关于 2021 年第一批少数民族发展资金使用计划的请示》等 16 项议题。县政府各副县长、县政府办公室主任出席会议，县政府办公室各副主任及相关部门负责人列席会议。

十六届县人民政府第三次（2021 年第 13 次）常务会议。9 月 23 日，受县委副书记、县长钢夫委托，县委常委、副县长唐建珍主持召开。研究县乡村振兴局《关于审批河南县2021年“雨露计划”助学补助工作实施方案的请示》等32项议题。县政府在家副县长、县拉卡寺管理委员会主任、县政府办公室主任出席会议，县政府办公室各副主任及相关部门负责人列席会议。

十六届县人民政府第四次（2021年第14次）常务会议。9月30日，县委副书记、县长钢夫主持召开。研究县自然资源局《关于申请解决江源社区等四个社区嵌入式养老服务设施项目用地的请示》等25项议题。县政府各副县长、县政府办公室主任出席会议，县政府办公室各副主任及相关部门负责人列席会议。

十六届县人民政府第5次（2021年第15次）常务会议。11月21日，受县委副书记、县长钢夫委托，县委常委、副县长唐建珍主持召开。研究县卫生健康局《关于在伊金霍洛旗开设县蒙藏医院分院的请示》等5项议题。县政府各副县长、县政府办公室主任出席会议，县政府办公室各副主任及相关部门负责人列席会议。

十六届县人民政府第6次（2021年第16次）常务会议。11月30日，受县委副书记、县长钢夫委托，县委常委、副县长唐建珍主持召开。研究县农牧水利和科技局《关于上报2020年河南县防灾体系饲草料储备项目实施方案的请示》等10项议题。县政府各副县长、县政府办公室主任出席会议，县政府办公室各副主任及相关部门负责人列席会议。

十六届县人民政府第7次（2021年第17次）常务会议。12月9日，受县委副书记、县长钢夫委托，县委常委、副县长唐建珍主持召开。研究县公安局《关于申请解决区间测速设备经费的请示》等35项议题。县政府各副县长、县政府办公室主任出席会议，县政府办公室各副主任及相关部门负责人列席会议。

【县政府专题会议】 县政府党组集中学习（扩大）会议。1月12日召开。传达学习县委十四届九次全会精神和州疫情防控指挥部1号文件精神，安排部署县政府系统贯彻落实工作，并对近期重点工作进行强调。全会贯彻落实中共十九届五中全会，省委十三届九次全会和州委十二届十一次全会精神，审议通过《中共河南县委关于制定国民经济和社会发展第十四个五年规划和二〇三五年远景目标建议》，高度评价决胜全面建成小康社会取得的决定性成就，擘画河南县“十四五”宏伟蓝图和二〇三五年远景目标，准确把握开启现代化建设新征程的新变化和新要求，为高质量打造“纯净河南·幸福蒙旗”指明方向。

2021年综合医改工作专题会议。10月12日召开，县委常委、副县长唐建珍参加并讲话，副县长罗藏卓玛主持会议。会上，县政府与各成员单位签订2021年度目标责任书。

河南县新冠肺炎疫情防控处置工作专题汇报会。11月2日召开，传达学习省、州新冠肺炎疫情防控处置工作专题汇报（视频）会精神，分析当前全县疫情防控形势，安排部署当前疫情防控重点工作。县委书记、县疫情防控处置工作指挥部指挥长司吉昇主持并讲话，县委常委、副县长、县疫情防控处置工作指挥部副指挥长唐建珍安排部署工作。

河南县粮食工作专题会议。11月16日召开，听取全县粮食工作开展情况汇报，安排部署全县粮食安全工作。县委书记司吉昇主持并讲话。会上传达学习《粮食节约行动方案》《2021年全国粮食和物资储备工作视频会议精神》《粮食流通管理条例》《政府储备粮食质量安全管理办法》。

政务综合服务

【概况】 2021年，县政府办公室秉持“团结、务实、严谨、高效、优良”的作风，履行“参与政务、管理事务、综合服务、统筹协调”的职能，开展并完成各项业务工作。

【办文办会】 落实《党政机关公文处理办法》，规范公文写作、报送、收（发）等工作流程。严格文件审批，实行文件质量、数量“双向把控”，编发各类文件670余件。精简会议活动，切实改进会风，各类会议力求节约务实，组织县政府、办公室各类工作会议161次，组织县政府常务会议17次。

【督查督办】　落实“710”督办系统各类督办任务，及时接收并建立承办事项台账，按照督办内容，严卡督办时限，按时报送督办任务完成情况。年内通过“710”督办系统接收州政府督办事项181件，办结181件。以创建国家级生态文明示范县、脱贫攻坚绩效考核为抓手，成立以县委办公室、政府办公室为骨干的督查专班，对督查结果予以全县通报，形成督查专报20余期。

【信息服务】　按照“及时、准确、全面、实效”的原则，加强信息工作对政府中心工作反馈和上报力度，将信息宣传作为有效向上级部门、社会群体展示政府工作的舞台，并鼓励秘书班子推陈出新，创新性开展信息工作，累计报送各类信息200余篇，均在县政府网站及微信公众号发布，其中州委、州政府领导批示信息2篇，被省、州信息刊物采用信息40余篇。

【提案办理】　严格依法办事，办理案件和人大代表建议和政协委员提案，做好行政调解工作。加强对各类行政复议案件的分析、通报工作。对重大的复议案件，及时向县政府报告，未出现重大负面影响。

【规范性文件管理】　执行规范性文件管理的“三统一”（统一登记、统一编号、统一公布）制度，加强对规范性文件的管理，做好县政府规范性文件的审查工作。

信访工作

【概况】　2021年，县信访工作贯彻落实习近平总书记关于加强和改进信访工作的重要批示精神，按照县委、县政府关于信访工作的统一部署和要求，以加强信访问题解决为突破口，加大信访工作力度，创新工作方式和方法，切实维护群众合法权益。

【群众上访案件受理】　受理群众来信、来访、网访等上访案件20起，涉及人数36人。其中，个案18起，涉及人数23人；集体2起，涉及人数13人。结案13起，结案率达65%。集体上访等群体性事件处置率达100%。

【乡镇信访联席会议试点】　贯彻落实黄南州信访工作联席会议办公室《关于开展建立乡镇信访联席会议试点工作方案》的通知要求，结合河南县实际，以优干宁、宁木特2个镇作为试点开展工作，2个镇均落实试点工作方案，按照“属地管理、分级负责，谁主管、谁负责”的原则，建立乡镇信访工作联席会议机制。

【领导干部接访下访】　1—4月，在全县范围内开展8次接访下访活动。有12名县级领导在全县范围组织开展“下基层、转作风、担使命、履职责”“政府领导作风突出问题整治‘三个全覆盖’集中大接访”活动，受理涉及草山纠纷、草场补偿、民事调解不公等各类化解困难、时间长的积案难案信访案件8起，涉及人数568人，解决5起案件，涉及人数7人。“大接访”中坚持权为民所用、情为民所系、利为民所谋，在国家政策法律允许的范围内，合法、合情、合理地解决好群众的合理诉求，让人民群众的“获得感”越来越强。在大接访活动中不能及时化解的落实工作要求，形成主管领导负总责、分管领导亲自抓、各个部门齐抓共管的工作局面。

【依法走访宣传】　为确保河南县社会和谐稳定和广大群众更了解《信访条例》的内容，开展依法走访工作。为加强清欠农民工工资问题的工作力度，将清欠农民工工资问题作为工作的重点高度重视，宣传《依法逐级走访》等关乎农民工切身利益维权常识和权益保护知识，发放藏语、汉语两版《信访条例》《依法逐级走访》《信访工作宣传册》《信访工作责任实施办法》等3000余册。

县直机关事务

【概况】　2021年，县直机关事

务管理局围绕全县工作中心，以管理、保障、服务为主体，推动全县公车、公房、后勤保障等机关事务工作有序开展，拓展工作思路、创新工作机制、强化工作措施，落实完成各项工作任务。

【接待服务】 按照中央八项规定，落实“三单、一票、一函”的要求，完成接待任务，保障重大节日、会议、活动接待服务工作，制定并印发“河南县县直党政机关公务接待餐饮标准参考办法”，接待来宾129次，接待人数1722人次。局下属企业那达慕宾馆专门负责来宾接待，配备总经理1名、副总经理1名、服务员22名；宾馆设有客房48间、餐饮包间8间、餐饮大厅1间，可同时接待来宾300人。开展政府干部职工食堂的管理工作，食堂采取购买第三方服务的方式进行运营，设立干部职工食堂2处（大众食堂1处、清真食堂1处），解决全县400余名干部职工的就餐问题。开展县直集中办公区的安保、保洁、绿化美化、公共秩序等工作，配备后勤管理人员2人、清洁工21人。

【公务用车管理】 全面贯彻落实公务用车管理办法，切实加强公务用车管理工作，加强公务用车购置、配备和使用管理，强化公务用车标识管理使用，注重公务用车日常管理使用行为监督，确保管理规范透明、出行便捷合理。

【公务用车改革】 在改革中，坚持多策并举、分类保障，统筹兼顾、综合平衡，结合县情实际，有序推进各项工作，完成车改工作，录入公务用车平台车辆53辆（前期70辆，评估处置车辆14辆，3辆车因方案调整、系统升级暂未入平台，平台运行正常。留存车辆120辆，公、检、法、司、纪委执法车辆47辆，特种行业用车13辆，实物保障用车2辆，应急公务用车58辆（纪委1辆、机要通信车1辆）。河南县公务用车平台建设完成后，按照车辆调度使用流程规范用车，调度使用车辆3906次。开展车辆处置工作，根据《中共河南县委全面深化改革委员会2021年工作要点》《河南县公务用车制度改革总体方案》要求，按照《河南县公务用车处置方案》对需处置的45辆公务用车进行评估鉴定。实行公务用车社会化租赁，照中央和省上的安排部署和州委、州政府关于公务用车制度改革的各项要求，围绕节约型、廉洁型机关建设，坚持社会化、市场化方向，转变传统的公务用车运行管理方式，根据《河南县公务用车社会化租赁服务方案》对县政府办公室、县委统战部、县财政局、县人事局、县卫生局、县就业局进行公务用车社会化租赁服务试点。

【资产清查及办公用房统计管理】 根据《河南县党政机构改革重点任务方案》的要求，县财政局、审计局、纪委监委及机关事务管理局抽调专人组成专门工作组，按期完成9个涉改部门单位财产核查登记和移交接收手续，确保账账相符、账实相符。对全县57个单位办公用房进行清查统计并录入全国党政机关办公用房数据库。根据《党政机关办公用房建设标准》，整改4家16起超标配置公务用房单位。

【节约型机关创建】 按照“青海省到2021年底要达到50%以上、到2022年底70%以上的县级

2021年12月20日，机关事务管理局组织召开公务用车平台运行培训会议

党政机关达到创建目标”的要求，年初制订《河南县节约型机关创建行动实施方案》，计划到2021年底60%的县级党政机关要完成创建，全力将节约型机关创建工作落到实处。在创建过程中，利用广播、电视、电子显示屏、宣传栏、微信群等宣传工具，加强对节约能源资源的宣传，将节能、节水、垃圾分类等内容纳入干部职工培训体系，定期举办知识讲座、岗位培训等生态文明思想教育活动，增强干部职工节约意识、环保意识和生态意识，营造崇尚生态文明、践行绿色发展的氛围。

政务服务监督

【概况】 2021年，县政务服务监督管理局推行一个窗口受理、“一站式”审批、“一条龙”服务、一个窗口服务的“四个一”运行模式，以利民、便民为目的，以法律法规为准绳，注重简化办事程序，缩短办理时限，通过统一受理、数据共享、流程关联，打破以往多部门、跨部门串联审批，实现企业注册的联合审批。中心内部建设网络化办公系统，并与县政务外网、互联网联通，建立覆盖重点审批事项的一站式办理和网上行政审批、内部电子监控系统，实现集中监管。通过信息化的手段，利用现代化信息技术，打造智能化管理模式，实现政务服务、便民服务的“集约化、一体化、阳光化、智能化”模式。

【政务服务大厅办事服务】 河南县政务服务大厅设有办事窗口32个，行政审批事项178项，公共服务事项98项，网办率达98%，高频事项100条，有10个职能部门进驻，对外办理行政审批事项84项。对外办事窗口10个，有公安局、教育局、民政、市场监督管理局、医疗保障局、社保局、就业局、劳动监察大队、消防大队、总工会等32个窗口部门。大厅内设查询服务台、行政效能电子监控室、等候区等配套功能区，并提供电子叫号排队系统等便民服务。同时对窗口工作进行礼仪培训，月、年度评选优秀服务窗口。

【政务公开与服务】 县政务服务监督管理局结合政务工作实际，不断规范和完善政务公开的内容、流程和监督保障措施，全面深化政务公开，规范公开时间和形式，将服务承诺、办事流程、行政许可和公共服务事项向社会公开，形成全方位、多层次、宽领域、制度化的政务公开新格局。发挥人大代表、政协委员、民主党派、人民团体、社会公众、新闻媒体对政务服务中心政务公开工作的监督作用，探索建立政务公开监督员制度，邀请人大代表、政协委员作为政务服务社会监督员，反馈政务服务有关意见建议，让群众及时了解政务信息，自觉主动接受群众监督。针对网络安全管理人员少、现有管理人员网络安全知识匮乏等实际，制定培训计划，加强系统学习，提高全局人员网络安全专业知识和实际操作能力。加强政务信息公开工作定期和不定期检查，做到“月检查、年总结”，发现问题及时整改。在制定局务会议方案时，对

2021年11月25日，河南县中心幼儿园组织学生开展以“感恩有您，与爱同行”为主题的活动，为政务大厅窗口工作人员献“感恩茶”

研究涉及重大民生事项的议题，各科室提出是否邀请有关方面人员列席会议，是否公开及公开方式等意见，已公开征求意见的，一并附上意见收集和采纳情况的说明。强化政策解读，做到政策性文件与解读方案、解读材料同步组织、同步审签、同步部署，发挥局主要负责人“第一解读人和责任人”的作用，对新出台政策措施及时开展解读，传递权威信息，主动解疑释惑，积极引导舆论。加强政务公开平台建设，落实公开属性源头认定机制，依法依规明确公开属性，确定为依申请公开或不予公开的，应当说明理由。青海政务服务网、“青松办”App、支付宝“青松办”小程序、青海政务服务微信公众号作为该局信息公开的平台，在加强内容更新和技术保障同时，整合网站信息资源，全年通过网站等媒体公开各类信息 276 条，其中公开数量较大的信息有行政许可、公共服务事项办理公示、最新文件、办事流程等。政务服务的信息、动态，在“河南县人民政府行政服务中心”微信公众号进行更新。

【代办服务】　服务大厅根据业务工作量和工作难易度制定代办业务制度。所有代办人员及大厅引导员均佩戴明显标志，负责解答咨询、受理代办申请、指导和督促审批部门在承诺时限内办结审批服务事项，协调解决帮办代办服务中遇到的审批问题。

【减证便民】　落实国务院“放管服”改革要求，与群众密切相关的供水、医保报销等公共服务入驻该中心。在精简材料方面也有所突破，政务服务大厅市场监督管理局窗口事项个体工商户的设立、变更、注销登记由原来的 12 份材料精简为 6 份，公司及分公司设立、变更、注销登记从原来的 12 份材料精简为 6 份。

【电子政务】　开展政务标准化建设工作，实现“应进必进”，网上可办率达到 89%。至年底，河南县梳理出“四办清单”，确定高频事项 100 项，涉及人社、医保、税务、公安、民政、市监、就业等多个部门的相关高频事项。集中进驻大厅 10 家单位，事项进驻率为 98%。

【政务服务体系建设】　按照“整合资源、提高效率、节约成本、便民利民”的原则，将县政务服务监督管理局确定为综合行政服务中心建设改革试点。大厅内设查询服务台、行政效能电子监控室、等候区等配套功能区，并提供电子叫号排队系统等便民服务。梳理出“四办清单”，确定高频事项 102 项，设置完成单点登录对接省域通办事项，涉及市场、人社、医保、民政、公安、卫健等多个部门的相关事项，全面实现“前台受理，后台分类，一窗出件”模式。中心推行一个窗口受理、“一站式”审批、“一条龙”服务、一个窗口服务的“四个一”运行模式，以利民、便民为目的，以法律法规为准绳，注重简化办事程序，缩短办理时限，通过统一受理、数据共享、流程关联，打破以往多部门、跨部门串联审批，实现企业注册的联合审批。中心内部建设网络化办公系统，并与县政务外网、互

2021 年 8 月 18 日，河南县举办乡（镇）、村（社区）便民服务事项认领等专题培训会

联网联通，建立覆盖重点审批事项的一站式办理和网上行政审批、内部电子监控系统，实现集中监管。通过信息化的手段，利用现代化信息技术，打造智能化管理模式，实现政务服务、便民服务的“集约化、一体化、阳光化、智能化”模式。截至12月，中心完成与部分窗口单位自建系统对接，避免窗口工作人员二次、反复数据录入。不定期与县委编办沟通核实，公布全县权责清单、行政审批事项目录。中心对网办事项实行全程实时电子监察管理，采取通报约谈、目标考核、责任追究等方式，确保各类政务服务事项及时办理，推进数据共享，优化服务流程。

政协河南县委员会

综　述

【概况】　2021年，县政协牢牢把握团结和民主两大主题，履行政治协商、民主监督、参政议政，凝聚共识职能，带领全县政协委员及各界人士，勤履职、促发展、惠民生、促和谐，按照年初规划完成全年各项工作任务，为打造“纯净河南·幸福蒙旗”做出贡献。

【坚持党的领导】　县政协坚持重要事项请示制度，政协重点协商计划、重要会议安排报经县委研究同意后实施；坚持重点工作汇报制度，视察调研、提案督办等工作成果及时报告县委，重要会议、重大活动邀请党政领导出席，切实把党的主张转化为政协履职的具体行动，做到政协工作与党政决策同心同向、同频共振，确保政协事业始终沿着正确政治方向不断前进。

【理论学习】　持续推进学习型、服务型、创新型、廉洁型党组织建设，领导班子成员坚持带头参加党支部的理论学习、主题党日等活动，始终把学习作为统一思想、凝聚共识的重要抓手，创新学习形式，丰富学习内容，把学习贯彻习近平新时代中国特色社会主义思想作为重大政治任务，以理论学习深化思想认同，以思想武装促进工作提质增效，树牢“四个意识”、坚定“四个自信”、做到“两个维护”，夯实团结奋斗的共同思想政治基础。

【政协组织建设】　根据《关于印发〈关于在市（州）、县（市、区）、乡（镇）领导班子换届中进一步加强基层政协工作的意见〉的通知》文件精神，将县十四届政协委员界别从十三届的10个界别增加到16个界别，将县政协委员名额从十三届的75名增加到十四届的131名（增加56名）；常务委员会委员从十三届的15名增加到十四届的23名。3月1—4日，召开中国人民政治协商会议第十三届河南蒙古族自治县委员会第六次会议；7月11—14日，召开中国人民政治协商会议十四届河南蒙古族自治县委员会第一次会议并选举产生政协第十四届河南蒙古族自治县委员会主席、副主席、常务委员会委员。

2021年政协河南县十四届第一次委员会常委委员一览表（22人）

表4

姓名	工作单位及职务	出生年月	民族	政治面貌
当　毛	河南县政协党组书记、政协主席	1967年8月	蒙古族	中共党员
扎德加	河南县委常委、统战部部长	1978年8月	藏族	中共党员

续表4

姓名	工作单位及职务	出生年月	民族	政治面貌
王龙武	河南县政协副主席	1969 年 4 月	汉族	中共党员
拉卡仓·旦增更登	河南县政协副主席	1982 年 9 月	藏族	
公保杰	河南县政协副主席	1972 年 12 月	蒙古族	中共党员
尼玛才让	河南县拉卡寺管理委员会主任，县文体旅游广电局党组书记、局长	1981 年 10 月	蒙古族	中共党员
郝少勇	河南县政协办公室主任	1977 年 9 月	藏族	中共党员
公巴太	河南县委统战部副部长	1974 年 4 月	藏族	中共党员
贡保南加	河南县总工会常务副主席	1976 年 1 月	蒙古族	中共党员
才让拉忠	河南县残疾人联合会理事长	1988 年 7 月	蒙古族	预备党员
仁青楞宝	河南县自然资源局副局长	1985 年 4 月	蒙古族	中共党员
李积鹏	河南县民政局副局长	1992 年 3 月	蒙古族	中共党员
王海远	河南县卫生健康局副局长	1976 年 3 月	土族	中共党员
扎西拉吉	河南县乌兰牧骑艺术团团长	1984 年 11 月	蒙古族	
肖志超	河南县寄宿制中学党支部副书记	1976 年 12 月	汉族	中共党员
德合龙仓·罗藏嘉杨谢日尖措	河南县佛教协会会长	1986 年 9 月	蒙古族	
张　晶	河南县畜牧兽医工作站专技七级技术员	1981 年 5 月	汉族	
王建虹	河南县农牧水利综合服务中心专技十一级	1982 年 1 月	汉族	
谢宗芳	河南县财政局预算编制审核中心专技九级	1974 年 6 月	藏族	
梅　朵	河南县启龙牧场总经理	1976 年 1 月	蒙古族	
普华加	河南县赛尔龙乡赛尔龙村退役军人	1990 年 1 月	蒙古族	
俄波泽里	河南县天顺建设工程有限公司董事长	1972 年 4 月	藏族	

2021 年政协河南县十四届第一次委员会委员一览表（131 人）

表 5

界别	人数（人）	姓名
中共界	14	当毛、扎德加、王龙武、公保杰、尼玛才让、郝少勇、公巴太、张生维、才让代吉、仁青扎西、旦正加、旦正才让、徐克泉、马正凯
经济界	16	尕代、李光恒、周毛吉、谢宗芳、马文冰、尕藏东智、久谢加、桑德合、才旦多杰、童辉、石成亮、娄华能、车海涛、南卡尖参、扎西东智（粮油公司）、扎西东智
教育界	8	宋贤仓、肖志超、拉龙才让、万玛加、张海侠、夏吾周毛、普毛扎西、加羊三智
医药卫生界	11	扎西才华、嘉杨扎西、索南才让、王海远、敏文宫、东周、多杰才让、曲羊、石锦、宋亚琮、康晓敏

续表5

界别	人数（人）	姓名
少数民族界	16	韩成才、旦增尖措、多杰才旦、王林、华旦扎西、索南达杰、才科、贡保昂智、斗格才让、公保当智、公保才旦、多杰才旦、东智拉旦、旦正昂杰、德吉拉毛、俄波泽里
宗教界	11	拉卡仓·丹增更登嘉措、赛赤仓·次成木尖措、嘉赤仓·罗藏索南尖措、德合龙仓·罗藏嘉杨谢日尖措、尕曲仓·罗藏切增尖措、更登尖措、香扎仓·罗藏嘉华尖措、尕藏若巴、尼俄尖措、旦增尖措、加华尖措
文艺界	9	斗格才让、才让扎西、张真真、扎西拉吉、尕藏东智、旦增卓玛、才让南赛、王嬗、拦海军
科学技术界	4	马戈亮、苏蕾、马强、石青临
共青团界	6	李靖、多杰加、花旦多杰、尕藏元旦、扎西拉旦、加华次成木
特邀界	6	王万春、李冬生、席永莲、才让多杰、唐江、杜格才让
资源环境界	3	才让南杰、逯启贤、仁青楞宝
工商联界	6	牛铖利、扎西才让、毛用虎、梅朵、公保南杰、宫宝南捷（工商联）
社会福利与社会保障界	7	索南昂加、才让拉毛、才让拉忠、才让多周、李积鹏、普华加、旦正措
农牧界	4	张晶、王建虹、唐燕花、闹多
工会界	3	贡保南加、德青措、庞丽娟
妇联界	7	侯华珍、周毛加、索南拉毛（自然资源）、文措、索南拉毛、武敞红、丹珍卓玛

重要会议

【政协十三届六次会议】 3月1—4日召开，会议听取和审议县政协主席索南才让所作的中国人民政治协商会议第十三届河南蒙古族自治县委员会常务委员会工作报告和县政协副主席王龙武所作的中国人民政治协商会议第十三届河南蒙古族自治县委员会常务委员会关于政协十三届五次会议提案工作情况的报告。通过《中国人民政治协商会议第十三届河南蒙古族自治县委员会第六次会议关于常务委员会工作报告的决议》《中国人民政治协商会议第十三届河南蒙古族自治县委员会第六次会议政治决议》。与会政协委员列席河南蒙古族自治县第十五届人民代表大会第七次会议，听取和讨论河南蒙古族自治县人

2021年3月1—4日，政协第十三届河南蒙古族自治县委员会第六次会议召开

2021 年 7 月 12 日，政协第十四届河南蒙古族自治县委员会第一次会议召开

民政府工作报告及法院、检察院工作报告。

【政协十四届一次会议】 7 月 11—14 日召开，会议审议批准当毛代表政协第十三届河南蒙古族自治县委员会常务委员会所作的工作报告，审议批准公保杰代表政协第十三届河南蒙古族自治县委员会常务委员会所做的提案工作情况的报告。与会委员列席河南县第十六届人民代表大会第一次会议，听取讨论县长钢夫所作的《政府工作报告》，听取讨论《河南县人民法院工作报告》《河南县人民检察院工作报告》等其他报告，会议赞同各项报告。会议选举当毛为政协第十四届河南蒙古族自治县委员会主席，王龙武、公保杰、拉卡仓·旦增更登为政协第十四届河南蒙古族自治县委员会副主席，扎德加等 23 人为政协第十四届河南蒙古族自治县委员会常务委员会委员，完成各项议程。

【政协十三届常委会会议】 第十一次常委会。2 月 26 日召开，会议审议讨论政协第十三届河南蒙古族自治县委员会常务委员会工作报告（草案）和政协第十三届河南蒙古族自治县委员会常务委员会关于政协十三届五次会议提案工作情况的报告（草案）。审议通过关于召开政协第十三届河南蒙古族自治县委员会第六次会议的决定、第十三届河南蒙古族自治县委员会第六次会议议程（草案）和日程（草案）、政协第十三届河南蒙古族自治县委员会常务委员会工作报告和提案工作报告报告人名单（草案）、政协第十三届河南蒙古族自治县委员会第六次会议各次大会执行主席和主持人建议名单（草案）、政协第十三届河南蒙古族自治县委员会第六次会议委员提交提案截止日期（草案）、政协第十三届河南蒙古族自治县委员会第五次会议分组办法及小组召集人名单（草案）。

第十二次常委会。3 月 3 日召开，会议通过政协第十三届河南蒙古族自治县委员会第六次会议关于常务委员会工作报告的决议（草案）；通过政协第十三届河南蒙古族自治县委员会第六次会议政治决议（草案）；听取各小组召集人汇报讨论及酝酿情况。

第十三次常委会。7 月 8 日召开，会议传达学习习近平总书记到青海考察时的重要讲话精神、习近平总书记在“七一勋章”颁授仪式上的重要讲话精神、习近平总书记在庆祝中国共产党成立 100 周年大会上的重要讲话精神、中国共产党河南蒙古族自治县第十五次代表大会会议精神；审议讨论政协第十三届河南蒙古族自治县委员会常务委员会工作报告（审议稿）；审议讨论政协第十三届河南蒙古族自治县委员会常务委员会关于提案工作情况的报告（审议稿）；审议通过关于召开政协第十四届河南蒙古族自治县委员会第一次会议的决定；审议政协第十四届河南蒙古族自治县委员会第一次会议议程（草案）和日程（草案）；审议通过政协第十三届河南蒙古族自治县委员会常务委员会工作报告和提案工作报告报告人名单（草案）；审议通过政协第十四届河南蒙古族自治县委员会第一次会议各次大会执行主席和主持人建议名单（草案）；审议通过政协第十四届河南蒙古族自治县委员会第一次会议委员提交提案截止日期（草案）；审议通过政协第十四届河南蒙古族自治县委员会第一次会议分组办法及小组召集人名单（草案）；审议通过政协第十四届河南蒙古族自治县委员会委员名单（草案）；审议通过政协第十四届河南蒙古族自治县委员会主席、副主席候选人建议名单（草案）；审议通过政协第十四届河南蒙古族自治县委员会常务委员会委员候选人建议名单（草案）。

【政协十四届常委会会议】 8月26日，政协第十四届河南蒙古族自治县委员会召开第一次常委会。会议传达学习《关于认真学习贯彻习近平总书记在中央政治局第三十一次集体学习时重要讲话精神的通知》、中共青海省委十三届十次全会精神、中国共产党黄南藏族自治州第十三次代表大会精神、黄南藏族自治州第十六届人民代表大会第一次会议精神、政协第十四届黄南藏族自治州委员会第一次会议精神等；审议讨论《中国人民政治协商会议第十四届河南蒙古族自治县委员会主席、副主席、专委会主任联系委员制度》（草案）；审议讨论《河南县政协党员委员结对联系党外委员制度》（试行）（草案）；审议通过政协第十四届河南蒙古族自治县委员会常务委员会关于各专门委员会名称更改的决定（草案）；审议通过政协第十四届河南蒙古族自治县委员会常务委员会关于旦正加等人职务任职的决定（草案）。

【党史学习教育相关会议】 *党史学习教育动员大会*。3月8日召开，会议传达中央、省委、州委、县委党史学习教育会议精神，会议强调开展党史学习教育的重要意义。坚持以习近平新时代中国特色社会主义思想为指引，把党史学习教育作为当前和今后的重要政治任务，结合主题教育，通过“学思践悟”，全面了解党成立以来、新中国成立以来以及改革开放以来的重大事件、重要会议、重要文件、重要人物，了解党领导人民进行艰苦卓绝的斗争历程，了解中国近代以来的斗争史、党成立以来的奋斗史、新中国成立以来以及改革开放以来的发展史。

党史学习教育第一次专题学习研讨会。5月8日县政协机关组织召开，县政协党组书记、政协主席索南才让主持会议，县委党史学习教育第四巡回指导组组长加多主任到会指导，全体党员参加会议并分别做研讨发言，会上组织学习《中国共产党历史：第一卷（1921—1949）下册》第十六、十七、十八章：巩固抗日民主阵地、争取人民抗战的最后胜利、争取实现国内和平民主以及《中共党史知识问答（1921—2021）》等内容。

党史学习教育第二次专题学习研讨会。5月24日县政协机关组织召开，县政协党组书记、主席索南才让主持会议，县委党史学习教育第四巡回指导组副组长付伟卫到会指导，全体党员干部参加会议并分别做研讨发言。

党史学习教育第三次专题学习研讨会。6月17日县政协机关组织召开，县委党史学习教育第四巡回指导组组长索南才让到会指导，全体党员围绕学习改革开放新时期历史并结合个人思想上的感悟、工作上的启示交流发言。

党史学习教育第四次专题学习研讨会。6月30日县政协机关组织召开，县政协党组书记当毛主持会议，县委党史学习教育第四巡回指导组副组长朱文辉到会指导，机关全体党员参加并做交流发言，会上还学习习近平总书记在“七一勋章”颁授仪式上的重要讲话精神、《中国共产党章程》《中国共产党历史：第一卷（1921—1949）下册》《中共党史知识问答（1921—2021）》部分内容。

党史学习教育第五次专题学习研讨会。7月20日县政协机关组织召开，县政协党组书记、主席当毛主持会议，机关全体党员参加并做交流发言，会上还学习习近平总书记在庆祝中国共产党成立100周年大会上的重要讲话精神、《学史明理、学史增信、学史崇德、学史力行》、《中国共产党组织工作条例》、中国共产党河南县第十五次代表大会精神等内容。

“党的十八大以来的历史”专题学习研讨会。12月1日县政协机关组织召开，围绕中共十八大以来的历史开展研讨，会上学习《中共中央关于党的百年奋斗重大成就和历史经验的决议》《关于〈中共中央关于党的百年奋斗重大成就和历史经验的决议〉的说明》、王耀春书记到县调研讲话精神、黄南州纪委监委《关于3起违反中央八项规定精神典型问题的通报》精神等内容，全体党员围绕中共十八大以来的历史并结合自身学习体会和工作实际

进行专题研讨交流。

【工作专题（部署）会】 学习省委、州委、县委全委会精神专题会。1月13日县政协机关组织召开，县政协党组书记、主席索南才让主持会议，传达学习中国共产党第十九届中央委员会第五次全体会议、省委十三届九次全会、州委十二届十一次全会和县委十四届九次全会精神。

2021年度党建暨党风廉政建设工作专题会。3月25日县政协机关组织召开，县政协党组书记索南才让出席会议并讲话，机关全体党员干部参加会议。传达学习中央、省委、州委、县委《关于加强新时代人民政协党的建设工作的若干意见》《中国共产党支部工作条例（试行）》《关于在全县各级党组织中开展“促百分百达标、迎党百年华诞”以评促建活动实施方案》和中央纪委、省、州、县纪委全会精神；办公室党支部书记郝少勇作2020年度党建及党风廉政建设工作报告，并对2021年机关党建及党风廉政建设工作做出具体安排。

十四届县委第五轮巡察反馈问题整改工作部署会。3月25日下午召开，会议要求切实提高政治站位，不折不扣地做好十四届县委第五轮巡察反馈问题的整改落实工作，并以巡察整改为契机，全面推动政协机关各项工作提质增效。会议通报十四届县委第五轮巡察政协机关反馈的28条问题，并要求政协办公室认真梳理问题，制定具体整改措施，明确整改时限和责任人。

整治违规收送礼金问题和“小金库”专项行动动员部署会。6月1日，县政协机关组织召开，会议传达学习《河南县关于开展整治违规收送礼金问题小金库“回头看”专项行动方案》《河南县持续深化整治群众身边腐败和不正之风突出问题工作方案》，全体党员干部参加会议。

2021年度重点工作推进会。6月8日县政协办公室组织召开，县政协办公室主任郝少勇主持会议，县政协办公室全体干部职工参加。会议安排部署2021年重点工作，会上明确2021年度目标考核工作的重要性，针对党建、党风廉政建设、意识形态、精神文明、民族团结、综治维稳、普法工作明确分管领导、责任干部、任务分工。

安全生产和疫情防控工作专题会。8月19日县政协机关组织召开，县政协主席当毛主持并讲话，县政协办公室全体干部参加会议。会议传达学习全国安全防范工作紧急视频会议和全省安全生产电视电话会议精神、常务副省长李杰翔在全省安全生产电视电话会议上的讲话精神、青海省人民政府通告（第28号）精神、黄南州新型冠状病毒感染的肺炎疫情处置工作指挥部通告（第4号）精神、黄南州新型冠状病毒感染的肺炎疫情处置工作指挥部通告（第6号）精神以及县委安全生产和疫情防控工作第三次专题会议精神。

【提案交办会】 政协第十三届河南蒙古族自治县委员会第六次会议政协委员提案交办会。5月10日召开，会议邀请县委副书记、政法委书记万马乃，县政府副县长当毛以及主要提案承办单位负责人、部分县政协十三届委员会委员参加会议，县政协副主席王龙武主持会议。交办会上，县政协提案委员会分别与县委办公室、县政府办公室签订政协第十三届河南蒙古族自治县委员会第六次会议政协委员提案交办承办责任书。县政府副县长当毛作表态发言。

第十四届河南蒙古族自治县委员会第一次会议提案交办会。8月17日县政协组织召开，县政协副主席王龙武、提案承办单位主要负责人和部分县政协十四届委员会委员参加会议。交办会上，县政协提案委员会与县委办公室、县政府办公室签订政协第十四届河南蒙古族自治县委员会第一次会议政协委员提案交办承办责任书。

职责履行

【政治协商】 2021年，在政协十三届六次全委会议和十四届一次全委会议期间，全体委员审议政协常委会工作报告，听取政府及“两院”工作报告，围绕中心工作和全县经济社会发展面临的热点难点问题、人民群众普遍关心的突出问题，通过提交提案、小组讨论，深入协商议政，积极建言献策。

【民主监督】 政协十三届六次会议期间，收到委员提案56件。经审查，立案36件，提交意见建议22条；政协十四届一次会议期间，收到委员提案54件。经审查，立案54件，提交意见建议19条，分别于5月10日、8月17日组织召开提案交办会，同县委办、政府办签订目标责任书，明确提出办理时限和要求，确保优质高效完成提案办理工作。

【调查研究】 9月1日，县政协组织委员围绕“健全生态文明体制机制，打造国家级园区”开展专题调研，为助力打造国家级园区建言献策。调研组一行先后到县有机产业科技园区启龙牧场、青清海农牧科技有限公司、楠迦生态农牧科技有限公司实地调研。9月2—3日，县政协组织部分界别委员围绕“如何做好黄河流域生态保护工作，实现高质量发展”议题，到宁木特镇、多松乡、柯生乡开展专题调研。调研组先后到宁木特镇河道治理工程、多松乡垃圾中转站以及柯生乡黄河沿岸水土保持工程、垃圾填埋厂等现场，深入了解黄河流域生态保护和特色产业发展等情况，并就发展现状及存在的问题进行协商交流。9月9日，县政协组织部分界别委员围绕“深化生态文明示范县创建，将绿水青山转化为金山银山”议题开展专题调研。调研组先后到优干宁镇矿山治理工程现场和优干宁镇克其合滩综合整治现场，深入了解全县生态治理和保护情况，并就治理、保护、恢复过程中存在的问题进行协商交流。9月27—28日，为全面准确了解和掌握河南县各学校基础设施现状及存在的问题，县政协组织部分界别委员成立调研组到宁木特乡、多松乡、柯生乡、托叶玛乡学校以及县寄宿制中学、县民族中学、优干宁镇第一完小实地调研，详细了解各学校教育基础设施建设和教育事业改革发展情况，询问在实际工作中存在的困难和问题，并就发展现状及存在的问题进行协商交流，形成的4个调研报告得到县委的肯定。

重要活动

【省、州政协视察调研活动】 4月28日，黄南州政协社会法制和民族宗教侨务委员会主任南加带领民族宗教界委员在河南县就“发挥宗教在社会治理中的积极作用”进行专题调研。县委副书记、政法委书记万马乃，县委统战部部长扎德加，县政协副主席王龙武，相关部门负责人和部分寺管会成员、驻寺干部参加座谈会。座谈会上，县委副书记、政法委书记万马乃就河南县宗教在社会治理中发挥作用情况作汇报，各参会单位作补充发言。

5月17日，州政协副主席张仕清一行在河南县就深化教育体制改革、提升教师队伍素质进行调研并召开座谈会，县政协主席索南才让、县政府副县长何春德、县教育局负责人一同到县寄宿制中学、县民族中学、宁木特乡一完小调研，实地察看各学校办学条件和规模，听取各学校在基础设施、教师队伍、学科结构、教师待遇等方面的工作汇报。通过查阅资料、与师生交流互动，了解教育教学和师资队伍建设中存在的短板弱项。座谈会上，县政府副县长何春德就河南县深化教育体制改革、提升教师队伍素质工作开展情况作汇报，各参会单位作补充发言。

7月11日，中国社会科学院中国边疆研究所所长邢广程一行在河南县就边疆地区宗教治理体系和治理能力建设开展专题调研并召开座谈会。县政协党组书记、主席人选当毛，县委副书记拉玛杰，县委统战部部长扎德加，县人民政府副县长海洋，县民族宗教局、县政协社会和民族宗教委员会等相关部门负责人参加会议并一同调研。座谈会上，县委常委、统战部部长扎德加就河南县宗教治理体系和治理能力建设情况进行专题汇报。与会人员结合工作实际对宗教治理体系和治理能力建设工作作交流发言。调研组一行在曲格寺实地考察基层宗教活动场所，调研组成员与驻寺干部就贯彻落实全国宗教工作会议精神，依照《宗教事务条例》和相关法规，创新工作方式，对宗教事务治理的基本情况、主要经验和存在的问题，以及在坚持中国化方向、提高法治化水平、纳入社会化治理、适应现代化要求等方面情况进行交流探讨。

7月19日，州政协副主席多杰才让带领州政协文化文史和学习委员会及部分州政协委员在河南县开展“推进移风易俗、树立文明乡风”界别联合视察调研活动。县政协主席当毛，县委常委、宣传部部长仁青及相关部门负责人一同调研。调研组一行先后在河南县新时代文明实践中心、多松乡新时代文明实践所、优干宁镇荷日恒村新时代文明实践站、兰龙村新时代文明实践站、赛尔龙乡全国文明家庭索南家、全国学雷锋岗位标兵索南才让家实地调研。调研组采取听汇报、走访座谈的形式，详细了解河南县“推进移风易俗、树立文明乡风”开展情况及存在的问题。倾听群众对开展该项工作的态度、村民有什么反响及要求等。调研中，多杰才让对河南县在推进移风易俗、树立文明乡风工作中高位推动抓导向、宣传教育抓阵地、以点带面抓示范等系列亮点工作给予肯定。

9月7日，海晏县政协主席马志龙一行10人在河南县就草原生态治理工作情况进行考察学习。县政协主席当毛、副主席王龙武、公保杰及相关单位负责人一同考察。考察团一行先后在河南县县级干部责任田、优干宁镇克其合滩综合整治现场详细考察了解河南县黑土滩治理、毒害虫、草原毛虫鼠害防治、草场流转等情况，双方专业技术人员就相关工作进行面对面交流探讨。考察团一行还参观河南蒙古族自治县草生态博物馆。

2021年9月13日，省政协一行在河南县调研“关于支持三江源地区实施清洁采暖”提案

9月13日，省政协副主席杜捷一行在河南县就“关于支持三江源地区实施清洁采暖”提案进行调研。调研组一行在托叶玛乡光伏电站、城镇供暖三期煤改电现场，通过实地察看、听取讲解、互动交流等方式，了解河南县开展清洁采暖的现状和设备运行成本以及减排成效等情况。

9月17日，州政协副主席张剑利一行在河南县就“助推脱贫攻坚与乡村振兴有效衔接”开展调研。县政协主席当毛、县政府副县长德却及相关部门负责人一同调研。调研组一行先后在青年创业联合会饲料加工厂、秀甲村卓玛拉合作社和幸福小区，实地察看产业项目发展、乡村人居环境、乡风文明建设等，详细了解全县脱贫攻坚与乡村振兴有效衔接工作情况，对河南县建立长效机制、稳步推进脱贫攻坚与乡村振兴有效衔接工作取得的成效给予肯定。在座谈会上，张剑利一行听取河南县巩固脱贫攻坚成果同乡村振兴有效衔接工作开展情况；参会的相关单位结合自身职责，围绕推动脱贫攻坚成果巩固逐步向乡村振兴平稳过渡，接续推动特色产业发展壮大和群众稳定就业等方面提出意见建议。

10月20日，州政协副主席白萍带领州政协教科文卫和学习文史委员会部分委员及州卫健委分管乡村卫生室建设的负责人在河南县开展“乡村卫生服务一体化”界别视察调研活动。县政协主席当毛、县政协提案和教科文卫学习委员会主任旦正加及部分县政协医药卫生界委员一同调研。调研组一行先后在河南县优干宁镇卫生院、宁木特镇卫生院、优干宁镇吉仁村卫生室、宁木特镇卫拉村卫生室实地调研。调研组一行听取各乡镇卫生院工作开展情况，详细了解各乡镇“一村一室”建设情况，履行乡镇卫生管理职责、开展公共卫生服务情况、专业技术人员配备情况及村民健康教育、基层卫生防疫、妇幼保健、处置突发事件等工作情况。

11月17日，州政协副主席张剑利一行在河南县开展“创建绿色有机农畜产品示范州”专题调研。县政协主席当毛、县政府副县长海洋及相关部门领导一同调研。座谈会上，副县长海洋就河南县创建绿色有机农畜产品示范州工作开展情况作汇报，调研组一行与相关部门负责人及专业技术人员就工作中存在的困难和问题进行面对面交流探讨。调研组一行先后在兰龙村雪多牦牛养殖基地、青海启龙商贸有限公司河南县启龙牧场、青清海农牧科技有限公司、草生态博物馆实地调研。通过实地察看走访的方式，详细了解河南县绿色有机畜产品生产企业的运行、管理、收益情况。

11月30日，州政协秘书长张春生一行在河南县就“如何落实中央民族工作会议精神”开展专题调研。县政协党组书记、主席当毛，副主席公保杰及相关部门负责人一同调研。为切实掌握情况，调研组分别召开县级党政、教育界、宗教界、乡镇村级4个座谈会，听取河南县在民族工作、宗教工作、意识形态工作、社会治理、民族团结进步创建工作方面的汇报，与会人员结合工作实际，讲问题、说体会、谈措施，对贯彻落实中央民族工作会议精神提出意见、建议。

【县政协视察调研活动】 9月1日，县政协组织委员围绕“健全生态文明体制机制，打造国家级园区”开展专题调研。为助力打造国家级园区建言献策，调研组一行先后在县有机产业科技园区启龙牧场、青清海农牧科技有限公司、楠迦生态农牧科技有限公司实地调研。座谈会上，调研组就打造国家级园区的进展情况、存在的困难等听取县有机产业科技园区管理委员会详细汇报，并与县农牧水利和科技局、县有机产业科技园区管理委员会就相关问题进行协商交流，共同探讨河南县在打造国家级园区方面存在的困难、问题和对策建议。

9月2—3日，县政协组织部分界别委员围绕“如何做好黄河流域生态保护工作，实现高质量发展”议题到宁木特镇、多松乡、柯生乡开展专题调研。调研组先后在宁木特镇河道治理工程、多松乡垃圾中转站及柯生乡黄河沿岸水土保持工程、垃圾填埋厂等现场，深入了解黄河流域生态保护和特色产业发展等情况，并就发展现状及存在的问题进行协商交流。

9月9日，县政协组织部分界别委员围绕“深化生态文明示范县创建，将绿水青山转化为金山银山”议题开展专题调研。调研组先后在优干宁镇矿山治理工程现场和优干宁镇克其合滩综合整治现场，深入了解全县生态治理和保护情况，并就治理、保护、恢复过程中存在的问题进行协商交流。

9月27—28日，县政协组织部分委员围绕“河南县各学校基础设施现状及存在的问题”开展专题调研。调研组一行先后在宁木特乡、多松乡、柯生乡、托叶玛乡学校，县寄宿制中学、县民族中学、优干宁镇第一完小实地调研，详细了解各学校教育基础设施建设和教育事业改革发展情况，询问在实际工作中存在的困难和问题，并就发展现状及存在的问题进行协商交流。

12月2日，按照2021年度政协常务委员会协商工作计划和“我为群众办实事”项目清单安排，县政协组织部分政协委员对政协十四届一次会议重点提案的办理情况进行专项视察。县政协党组书记、主席当毛，副主席王龙武、公保杰参加视察。视察组先后在县住房和城乡建设局、县教育局就“关于在县城修建星级公共厕所并开放使用”“加强我县各学校食堂食品卫生安全监督工作情况”“加快推进异地办学力度情况”重点提案分别听取县住房和城乡建设局、教育局办理落实情况的汇报；提案委员同承办单位面对面进行协商座谈讨论。视察组分别对县教育局、住房和城乡建设局提案办理工作给予肯定并提出意见建议。

【社会服务活动】 *参与疫情防控。* 11月2日，县政协组织全体干部职工进行集中学习，通报最新疫情形势，并就近期疫情防控工作做安排部署。11月18日，县政协主席当毛、副主席公保杰及政协办公室负责人在柯生乡疫情防控卡点，看望慰问值守在疫情防控一线的工作人员。慰问中，当毛、公保杰详细了解一线疫情防控工作情况，给一线工作人员送去4000元慰问金，对他们在疫情防控工作中的辛苦付出表示感谢。

参与扶贫慰问。1月22日，根据县委、县政府安排部署，县政协主席索南才让、县人大常委会副主任赵生满、副县长孙辉同县委宣传部、县政协办公室及有关部门负责人在多松乡和多松乡夏日达哇村开展“两节”慰问送温暖活动，集中慰问老党员、生活困难党员、卸任村干部、困难群众等37人，向老党员、困难群众等致以节日的问候和诚挚的祝福。6月29日，县政协党组书记当毛、副县长人选海洋在多松乡集中慰问老党员、生活困难党员7人，为他们带去党和政府的关怀和温暖，送去节日的问候和美好祝福。

参与生态环保志愿服务活动。按照全县党史学习教育办和新时代文明实践中心办要求，推动生态环保主题实践活动，县政协机关召开全体干部职工会议，组织开展办公室和河曲八骏广场开展“环境美，志愿行”新时代文明实践志愿服务活动。

河南县纪委监委

YEARBOOK · 2022

纪委监委工作

【概况】 2021年，县纪委监委深入学习贯彻习近平新时代中国特色社会主义思想，增强“四个意识”、坚定“四个自信”、做到“两个维护”，坚决贯彻落实党中央决策部署，聚焦主责主业，压实“两个责任”，发挥监督保障执行、促进完善发展作用，全县纪检监察工作实现新发展、取得新成效。

【反腐败斗争】 县纪委监委深刻把握“全面从严治党永远在路上”的形势任务，坚持主体责任与监督责任贯通融合，把一体推进不敢腐、不能腐、不想腐贯穿作风建设全过程，处置问题线索39件（初核24件，谈话函询15件），给予党纪政务处分9人，运用“第一种形态”提醒教育75人、“第二种形态”处理5人、“第三种形态”处理1人、“第四种形态”处理3人，挽回直接经济损失250余万元。各乡镇纪委运用“第一种形态”提醒教育干部21人，其中2个乡镇实现立案破零。加强规章制度落实，组织办案人员学习12项调查措施使用程序，层层签订相关责任书和保密承诺书，落实留置案件“一案一审查”“一案一签字”制度。由监督检查室、审查调查室牵头，整合乡镇纪检力量，探索实施“6个乡镇纪委2个协作片区联合办案模式”，在解决好发生在群众身边腐败问题的基础上着重挖掘、查处隐藏较深的问题线索。在加强处分决定执行力度的同时，做细做实思想政治工作，组织开展受处分人员回访教育工作14人次，抓好执纪审查的“后半篇”文章。推进以案促改工作制度化常态化，结合典型案例，坚持“一案一剖析、一案一警示、一案一整改”，围绕换届工作，召开全县换届纪律警示教育大会，通过编制印发《河南县严肃换届纪律工作手册》、通报典型案例、观看警示教育片等方式，用反面典型警示全县干部正心明道、怀德自

2021年9月6日，县委书记司吉昇为全县副科级以上领导干部讲授党风廉政建设专题党课

2021 年 11 月 29 日，河南县召开县委反腐败协调小组会议

重、在换届工作中讲政治、顾大局、守规矩，并引导全县 6 个乡（镇）逐级召开换届纪律警示教育大会，受教育人数达 500 余人次。围绕典型案例，召开全县副科级以上党员领导干部警示教育大会，集中观看警示教育片，通报典型案例 4 起。同时加强廉政文化阵地建设，在 6 个乡镇打造廉政文化长廊。

【全面从严治党】 根据日常监督、年度考核、述责述廉及党员干部政治画像等情况，全面分析研判各行业部门、各乡镇廉政风险点，对于各“一把手”以上率下做表率，严格自律、严负其责、严管所辖情况，分类制定“个性谈话提纲”，实现全县 39 个党委（党组）主要负责人及班子成员谈心谈话“全覆盖”，了解掌握问题动态 12 个，消除监管盲区，压实“主体责任”。发挥专责机关作用，协同开展政法队伍教育整顿，全面梳理中共十八大后受理和处置的与政法干警相关的信访举报、问题线索，突出查处重点，坚持无禁区、全覆盖、零容忍，严肃查处违纪违法案件，受理并办结 11 件问题线索（自收 10 件、接受移送 1 件）。结合草原补奖政策执行情况，县纪委监委召开草原生态保护补助奖励政策执行集中约谈会，对全县涉及的 48 名公职人员开展约谈；对于国庆期间不在岗的社区、卫生监督部门等主要负责人开展集中约谈；对疫情防控期间履职不力的部分单位主要负责人进行个别约谈，对苗头性问题及时提醒，改正纠偏。做实做细重点监督，紧盯元旦、春节、“五一”、中秋节、国庆等重要节庆点开展督查 20 余次，对违反全县性重要会议会风会纪的 16 名干部下发通报 3 期，对疫情防控处置工作措施落实不到位的 13 家单位下发通报 2 期，对驻寺干部违反安保维稳工作纪律下发通报 1 期。发挥协作配合监督机制，与审计、财政等重要部门协同开展整治违规收送礼金问题和小金库“回头看”专项行动，制定印发工作方案，及时召开安排部署会，压实工作责任，把整治违规收送礼金问题和小金库“回头看”专项行动作为改进党风政风、从严管党治党的重要抓手，惩防并重、一体推进，年内未发现违规收送礼金和私设“小金库”现象。执行党员干部婚丧嫁娶及违规操办“升学宴”“谢师宴”等问题的相关规定，加大明察暗访力度，下发相关通知，并对发现的个别学生家长宴请教师问题进行深入了解，及时督促整改，在全县范围内公开监督举报方式，拓宽监督渠道，持续正风肃纪。

【民生领域监督】 立足全省生态文明先行区建设政策落实情况，成立护航生态文明高地建设专项监督工作领导小组，将自然资源、生态环境等相关部门纳入，以全面排查地貌状态与造成因素为突破口，对生态环境恢复治理项目全面开展“回头看”，倒逼责任落实，反馈并整改治理工作中存在的问题 6 个。开展巩固拓展脱贫攻坚成果同乡村振兴有效衔接专项监督，制定完善督查方案，落实人员成立督查组，到各乡镇、重点项目施工现场开展专项督查 2 次、日常监督检查 3 次，通过现场询问、查阅资料，督促各行业部门依规依纪依法进行工程建设，督办完成相关问题 10 余个。成立专项督查组，对 2019 年后惠民惠农政策补贴“一卡通”的使用、推进情况进行监督检查，发现问题 3 个，及时反馈至相关单位进行整改。持续开展深化整治群众身边腐败和不正之风突出问题，全县各行业系统查找问题30余个，实行阶段性专项整治，不定期进行督导检查，下发督促通知，推动深化整治损害群众利益问题常态长效。开展粮食购销领域腐败问题专项整治，与相关职能部门形成联动机制，全面巡察和专项督查相结合，持续做好监督，发现并督促整改相关问题13个；严肃整治县粮食购销领域存在的运营不规范、监管不到位等问题。把开展供热领域突出问题整治作为“我为群众办实事”活动的“突破口”，下发工作方案、明确目标任务、落实工作责任，做好入户走访工作，各单位开展自查自纠，全力解决群众“急难愁盼”问题。联合财政、审计、农牧水利等相关部门印发《河南县村（社区）合作社财务专项整治工作方案》，将2018年后的村集体经济和注入国家资金的个体牧民合作社纳入整治范围，全面开展自查自纠，并组织各相关部门再次开展重点检查，对问题较多的合作社集中在县纪委监委开展二次排查，涉及问题239个，涉及金额357万元。

【派驻纪检监察工作】 派驻纪检监察组始终坚持和加强党的全面领导，始终把政治学习作为第一需要和终身任务，参加县纪委集中学习100余次，每人撰写读书笔记超过1万字。聚焦监督职责，开展监督检查，对全县30余个单位进行派驻检查，在资金使用项目招投标等腐败易发高发部门、单位进行重点监督检察，结合驻在单位实际情况，创新工作方式方法，通过参加会议、年终考核、分析研判政治生态等方式开展监督，推进政治监督具体化、常态化。在严查违纪问题、“四风”问题的同时，派驻纪检监察组着力寻找作风问题背后的体制机制漏洞，向有关单位提出堵塞漏洞、完善工作机制的建议4条，督促有关单位以问题整改倒逼改革、促进发展。通过走访调研、座谈讨论、深度谈话、参加民主生活会等方式，对2家被监督单位的职能定位、业务特点、权力运行分析研究，指出一些单位存在管党治党宽松软等问题。

纪委监委重要会议

【十四届县纪委六次全会】 3月5日，中共河南蒙古族自治县第十四届纪律检查委员会第六次全体会议在河南蒙古族自治县优干宁镇召开。县委书记司吉昇出席全会并作讲话；县委常委、纪委书记、监委主任郭辉主持会议；县纪委委员12人出席会议；县级党员领导干部，各乡镇党委书记、乡（镇）长、纪委书记，县委各部委、县直及省州驻县各单位主要负责人，各人民团体负责人，特约监察员代表，各学校负责人，县级各公立医院负责人列席会议。全会传达学习中央和省纪委、州纪委全会精神，回顾总结2020年纪检监察工作，部署2021年工作任务。县委书记司吉昇作讲话，为推动全面从严治党工作，为河南县“十四五”规划开好局起好步，为全力谱写新时代“纯净河南·幸福蒙旗”奋进新篇章提供政治保障作出安排部署。县委常委、纪委书记、监委主任郭辉代表县纪委常委会以《践行人民至上理念 强化政治监督根本为全面建设社会主义现代化国家新征程提供坚强保障》为题作工作报告。

【换届纪律警示教育大会】 4月28日召开，会议传达学习中央、省委、州委主要领导关于换届工作的讲话精神与中共中央纪委机关、中共中央组织部、国家监察委员会《关于严肃换届纪律加强换届风气监督的通知》。县委书记司吉昇出席并讲话；县委副书记、县长钢夫主持；县委常委、纪委书记、监委主任郭辉通报3起身边换届选举工作中违纪违法的典型案例，引导全县党员群众以案为鉴，防微杜渐，警钟长鸣。

【全县警示教育大会】 12月16日召开全县警示教育大会，会议组织观看警示教育片《圣境草原不容贪狼窃鼠》，通报4起违纪违法典型案例，其中包括河南县查处的3起案例，剖析典型案例，挖掘违法犯罪根源。县委副书记秦增多杰出席并讲话；县委常委、纪委书记、监委主任多杰仁增主持；全县副科级以上党员领导干部、卫生系统、教育系统主要负责人，全体纪检监察干部240余人参加会议。

群众团体

河南县总工会

【概况】 2021年，河南蒙古族自治县总工会（简称“县总工会”）聚焦重点任务，狠抓工作落实，牢牢把握新时代工会工作新方位新使命，坚持“稳中求进、稳字当头”工作总基调，不断拓展工作思路、创新工作机制、强化工作措施，认真履职尽责，在强化思想引领、职工维权服务、群团协同化建设等方面取得新成绩。

【工会组织建设】 实名制录入全县基层工会组织73家，会员2884人，其中新建工会组织4家，发展会员171人，同比分别增长5.6%和6.3%，会员关系转出47人；全县企业工会组织17家（非公有制企业15家、国有企业2家）；联合工会组织6家（农牧水利系统、教育系统、卫生系统、人事系统、交通系统、公安系统）。

【职工保障服务】 全年工会组织参与签订企业合同50份，参与签订集体合同17份、工资专项合同17份，女职工权益保护专项集体16份，覆盖职工450人，其中女职工114人。全县参加职工医疗和生活互助保障职工1175人，结报人次为72人，共计互保报销26.71万元。举办下岗失业人员专场招聘会1场次，为400余人提供职业介绍服务，联系全县22家企业，提供76个岗位。慰问困难职工32户，发放物资6.25万元。处理职工信访事件1起，追回工资1.4万元，职工满意率98%。建立职工信访工作组织1个，设立信访电话1部，全年走访职工1000余人次，解决困难9个，准备解决的问题3个，职工满意率86%。年内与相关部门联合定期开展企业调查3次，召开职工座谈会了解职工诉求涉及单位15个。

【群团协同化建设】 县总工会牵头制定《河南县全面推进群团协同化建设构建新时代下群团工作新格局的实施方案》，成立由县委常委、总工会主席，县政府联系群团副县长为组长，县总工会常务副主席为副组长，各群团组织负责人及乡镇（村）企业群团组织负责人为成员的群团协同化领导机构，争取州级资金30万元打造群团服务中心，配备专职工作人员4人，每周一至周五免费向广大职工群众开放。内设困难帮扶、维权等政策咨询服务台、健身室、乒乓球室、舞蹈室、声乐室等职工群众开展文体活动功能室，聚焦“组织共建、阵地共用、资源共享、活动共办、服务共融、人才共育、文明共建”重点任务，不断创新体制机制，丰富形式载体，推动群团协同化建设向纵深发展、向基层延伸，探索形成新时代河南群团工作新格局。

【项目建设】 投入资金56万元，打造州级项目16个，其中户外休息室4个、职工书屋4个、职工之家4个、职工技能竞赛项目2个；投入资金5万元，打造县级职工书屋1个、职工之家2个。

【宣传教育】 县总工会举办基层工会干部培训活动2次，参加50余人次，开展基层调研3次、职工文体活动2次。年内组织干部职工开展党史学习教育和业务学习50余次，撰写学习笔记2万字/人、心得体会20余篇。

【为民办实事】 开展“两节”送温暖活动，县“四大班子”领导组成慰问组先后到公安局、环卫所、县疾控等中心一线单位走访慰问，送去价值5万元的慰问金、慰问品；县总工会慰问一线职工和春节值班人员，为环卫工人、公安和交警发放疫情防控“爱心暖包”353份。县总工会联合县就业局、团县委、县妇联开展以“安全防护抗疫情　稳岗就业促发展”为主题的“春送岗位”专场招聘会，联系22家企业提供近76个岗位，涉及服务业、制造业等多个行业，咨询人数400余人，务工登记218人。县总工会、团县委、县妇联、县交通局和圣湖汽车运输有限公司联合举办“爱心送考”志愿服务活动，为中考学生和监考老师提供免费送考，在中考考点设有工青妇党支部爱心服务站点，提供志愿服务。在河南县第22届“那达慕”召开之际，县总工会开展“夏送清凉”活动，以走访和集中慰问两种方式，先后在6个乡镇和环卫、交警、公安、医院和一线企业等80余家单位看望慰问奋战在高温一线的干部职工，为广大一线工作者送去水果、饮料等防暑降温慰问品，共计资金65172元。在疫情防控工作中，为青海永恒建筑有限公司、启龙牧场、圣湖汽车运输公司等9家企业发放消毒液、医用口罩等防护用品，共计资金1500余元；慰问2个检查卡点和6个乡镇卫生院，投入资金44165元。联合县委、县政府、县住建局，为广大环卫工人提供免费早餐，县总工会每年承担总支出的25%。“爱心早餐”工程按照“方便、安全、就近”的原则，根据环卫工人清晨作业时段和分布情况，确定3家餐饮企业为早餐供应点，为129名环卫工提供免费早餐。县总工会开展“普惠职工·真情服务”活动，为12名困难职工免费捐赠家用电器，其中洗衣机2台、电暖气10台，向基层工会发放“工会会员普惠卡”2500张，持“普惠卡”在青百电器购买电视、冰箱、洗衣机、油烟机、灶具、热水器、净水器等设备可抵800元现金。

2021年4月8日，县委常委、县总工会主席罗藏卓玛（中）在困难职工家中开展走访调研活动

【工会活动】 “迎五一、庆五四”喜迎中国共产党成立100周年系列活动。“五一”国际劳动节及“五四”青年节来临之际，河南县工青妇联合中共河南县委党史学习教育领导小组办公室、县残联举办“迎五一、庆五四·喜迎中国共产党成立100周年”“五个一”系列活动。以篮球比赛正式拉开序幕，县群团举办的“中国梦·劳动美——永远跟党走，奋进新征程”全县职工篮球比赛活动有县直机关、企事业单位等18支代表队、170余人参加。在全县党史学习教育持续开展之际，县总工会联合县委党校，邀请马戈亮、卡着才让2名劳模，开展“劳模大讲堂”教育宣讲活动。为响应省、州、县党史学习教育相关要求，县总工会联合中共河南县委党史学习教育领导小组办公室，在全县范围组织广大干部职工开展“奋斗新时代·劳动最光荣”主题线上征文活动。

收文稿18篇，经过层层筛选，最终县自然资源局林业站罗俊文、县寄宿制中学王廷、县民族中学张芳梅、优干宁二完小尖措（藏文）的4篇文稿脱颖而出。县总工会以集中慰问和入户走访形式，慰问6名困难职工和全国级劳模当毛、全国级劳模索南、五一劳动奖章获得者王林和州级劳模扎西东智等14名劳模，在慰问过程中，慰问组详细询问他们的生活状况、身体条件等情况。

第三届青海·热贡文化旅游节系列活动之河南蒙古族自治县中国共产党成立100周年庆典暨第22届“那达慕”盛会——天堂河曲系列活动。在河南县“那达慕”盛会来临之际，为进一步丰富职工及群众业余文化生活，增强体质，培养团结协作、奋发图强的精神，全县乒乓球比赛正式拉开序幕，比赛有40余名职工参加。活动中还举行拔河比赛，有12支队伍参赛，最终男子组优干宁镇、赛尔龙乡、多松乡，女子组赛尔龙乡、优干宁镇、托叶玛乡分别获得第一、第二、第三名。

情满丰收节。为庆祝中国农民丰收节，进一步关心关爱劳模和农民工群体，根据上级工会统一安排部署，县总工会走访慰问粮油购销公司、安江蒙藏服装厂、蒙晟物业公司3家企业，看望慰问4名农民工和1名州级劳模，送去县委、县政府和工会组织的关怀和对节日的祝福，并为每名农民工送去500元慰问金，共计慰问资金0.25万元。

“玫瑰书香”读书分享活动。县总工会开展以“巾帼共奋进 永远跟党走”为主题的活动，全县基层女职工委员会积极行动，广泛开展读书分享，坚持将读书活动与加强职工党史学习教育紧密结合，坚持与提升职工素质和立岗建功行动紧密结合，坚持与社会公德、职业道德、家庭美德、个人品德建设紧密结合。县总工会将持续推动全县各基层工会开展“玫瑰书香”活动作为引领女职工建功立业，推动全社会形成热爱阅读的良好风尚，汇聚起全县广大女职工坚定不移听党话、矢志不渝跟党走的强大精神力量。

共青团河南县委

【概况】 2021年，共青团河南蒙古族自治县委员会（简称“团县委”）围绕奋力推动“一优两高”“全面建设山水黄南，高质量推进‘三区建设’”，全力谱写新时代“纯净河南·幸福蒙旗”这个目标任务，坚持“党建带团建 团建促共建”工作理念，聚焦引领青年、组织动员青年、联系服务青年的基本职能，推进团的各项工作。

【基层团委组织建设】 年初与各乡镇签订目标责任书，下发《共青团河南县委2021年工作要点》，细化分解全年工作。邀请县委党校讲师为青年授课，组织各乡（镇）团委开展团务知识培训会6场次，参加培训150余人。规范团员发展程序，在全县范围内开展团（队）建设示范点工作，共同推进2021年高质量基层团组织规范化建设，发展团员40名，已完成206名团员转接工作并全部录入“智慧团建”系统。完成全县43个村（社区）团组织换届工作，新当选团支部书记43名，其中党员30名、团员13名；团支书进入村（社区）党支部班子19名，进入村（居）委会班子成员24名。推进“两新”组织团建工作，全县有团的“青年之家”实体平台8个，均入驻云平台，年内开展活动5次，参与人数100余人。拨付40155元专项资金，用于基层团组织“阵地建设”，全县2个镇、4个乡的团委全面完成阵地建设更新。

【青少年思想道德建设】 全年以青少年法治宣传教育、民族团结、禁毒防艾、残疾预防、生态环保志愿服务、青少年自护等为主要内容，组织法律工作者、消防大队、志愿者等，到学校、街道、社区等青少年集中的场所开展集中宣传和服务活动。利用“蒙旗儿女”微信公众号、“青春蒙旗”抖音平台优势，推送各类文章共计500余篇，访问量突破8万余次；向团省委“青春之海”推送4篇、向“志愿青春耀江源”推送5篇、向团州委“青春黄南”推送20篇、向“美丽河南”推送13篇。凝聚全县各级团组织开展主题团日、报告宣讲、研讨分享等团建活动，开展青年大学习35

期，参学2.7万余次。4月22日，举办"迎五一、庆五四·喜迎中国共产党成立100周年"系列活动之"炫彩青春 一起出发"彩跑大赛。9月初，在托叶玛完小举行"开学第一课"暨"请党放心，强国有我"主题队日活动。9月9日，组织全体"青南"计划志愿者开展"四个紧密结合"系列活动。11月30日，河南县27名少先队员、成人代表参加州第三次少代会，2个大队获"黄南州优秀少先队大队"称号、3名少先队辅导员获"黄南州优秀少先队辅导员"称号、5名少先队员获"黄南州优秀少先队员"称号。柯生完小郭增辉老师获2021年"晨阳·青海希望工程园丁奖"。

【志愿服务活动】 开展各类志愿服务活动34次，参与志愿服务人数达300余人次。疫情防控期间，按照河南县疫情防控指挥部决策部署，发布系列团属文章，开展线下宣传活动。第一时间通过"蒙旗儿女"微信公众号发布线上招募令，招募疫情防控志愿者100名；慰问快递小哥、环卫工人、交警，发挥青年志愿者在疫情防控中的积极作用，前往疫情防控卡点看望慰问坚守在一线的疫情防控青年团员，在寒冷的冬日为广大团员干部送上团组织的关怀与温暖。聚焦"生态环保促文明"专项生态环保志愿服务活动，开展"垃圾分类家庭先行 垃圾分类从我做起""人与自然和谐共生""共饮黄河水 保护母亲河""低碳生活 绿建未来""'河'我一起，保护母亲河"等6次志愿服务活动，出动志愿者80余人次。6月22日，开展"爱心助考"志愿服务，为中考学子提供矿泉水、医用口罩以及各类考试用品。6月29日，开展"民族团结创建和谐 凝心聚力促跨越"宣传活动，宣传民族团结、民族政策，持续推动干部职工和社会各界人士参与，全面推动民族团结进步事业升级创新，以实际行动庆祝中国共产党成立100周年。组织县足球协会圆满完成第三届青海·热贡文化旅游节系列活动之河南蒙古族自治县中国共产党成立100周年庆典暨22届"那达慕"盛会——天堂河曲"天骄杯"传统耐力赛马大会"天堂河曲"系列活动之"蒙旗杯"足球比赛。10月13日，到县敬老院开展"九九重阳敬老情·爱心慰问暖人心"尊老敬老活动，为孤寡老人送上各类生活用品。

2021年10月13日，团县委联合青创会、在重阳佳节来临之际到敬老院开展慰问活动

【少先队和中学共青团建设】 团县委高度重视学校团（队）日活动，组织志愿者、学校及各机关团支部共计0.3万人收看庆祝中国共产党成立100周年大会和纪念辛亥革命110周年大会实况，带领全体志愿者、团员、少先队员聆听总书记教诲，重温党的光辉历史，感悟革命精神，树立高度的民族自尊心和民族责任感。11月10日，建立团代表联络站，围绕团代表的联系、协调、服务、管理等工作发挥团代表联络站的功能作用。11月25日，在河南县寄宿制中学、河南县民族中学举行团校揭牌仪式，发挥团支部的战斗堡垒作用。

【青少年维权】 为维护青少年合法权益，为青少年健康成长提供服务和保障，组织13名学生到县法院开展模拟法庭活动，打破以往单一的校园普法形式，让学生亲自参与，零距离感受案件审理的全过程，切身感受法律的庄

2021 年 9 月 16 日，团县委志愿者在工地开展“普法惠民生 关爱农民工”维权法律知识进工地活动

严、威严和公平、公正。推动安全法治大宣讲，聚焦“法治教育护幼苗”、“办好实事惠民生”、“消防安全进校园”、“保护青少年合法权益 关爱青少年健康成长”、“法治河南、平安河南”“未成年人保护法”进社区、“12·4”宪法日暨宪法宣传周等 7 次活动，发放相关宣传彩页 5000 余份。10 月 16 日，在优干宁镇第一完小开展“网络安全进校园 我们一直在行动”主题活动，结合孩子们的特点和认知程度分为进教室宣讲一次主题讲座、室外网络安全宣传两个环节。

【青年创业就业】 联合青创会开办为期 3 个月的“草原之约”夜市广场，设摊位 43 个，实现 50 余人灵活就业（贫困户 8 户、大中专毕业生和青年创业者 30 余人），总销售额为 65.73 万元。推荐产生新一届青联委员 28 人。

【团县委十二届四次全委（扩大）会议】 4 月 8 日，团县委召开十二届四次全委（扩大）会议。县委常委、县总工会主席罗藏卓玛出席并讲话，团县委书记仁青措代表共青团十二届常委会作工作报告，并与各乡镇、学校团委签订 2021 年度目标考核责任书。

河南县妇联

【概况】 2021 年，河南蒙古族自治县妇女联合会（简称“县妇联”）强化思想政治引领，团结引领妇女听党话、跟党走，引导广大妇女在实施乡村振兴、抗击新冠肺炎疫情等各条战线上彰显巾帼力量；加强家庭家教家风建设，努力发挥妇女在社会生活和家庭生活中的独特地位，推动社会主义核心价值观在家庭落地生根；强化维权关爱服务，把党的关怀和温暖送到妇女群众中，妇女的获得感、安全感幸福感显著增强。结合党史学习教育，开展各类政策理论学习和宣传，从思想上筑牢妇女精神根基。通过在全县开展寻找“最美家庭”“绿色家庭”等创建活动，陈晓燕家庭获得全国“最美家庭”称号，董格卓玛等 4 户家庭获全省“最美家庭”称号，谭锦花等 2 户家庭获全省“绿色家庭”称号，优干宁镇政府被评为全国“维权先进集体”，慈母家政服务有限公司被青海省妇联评定为“巾帼创业创新示范基地”。

【妇女组织建设】 全县有女性人口 20133 人，占总人口的 49.27%；有妇女组织 43 个，其中县 1 个、县直机关单位 62 个、乡镇 6 个、社区 4 个、自然村妇代会 39 个，60 个妇代会换届 39 个。年内举办妇女干部培训班 10 次，参加人员 254 人。加强基层组织和干部队伍建设，39 个行政村、4 个社区选举产生新一届村妇联执委 215 名，其中村（社区）妇联主席 43 名，兼职副主席 86 名。选举产生的妇联主席中，初高中以上文化程度 39 人，占比 90.7%；平均年龄 29.9 岁，较前一届妇联主席年龄下降 6.2 岁。为提高基层妇联主席、妇联干部政治素养和业务能力，增强服务履职本领方面，举办乡镇、村（社区）妇联主席能力提升培训班，全面提升基层妇女干部的政治思想素质、基本业务水平和协调应变能力，引导妇女干部不断加强学习、增长才干、发挥优势。协调省、州妇联，派出20余名妇联干部赴州委党校、省妇干校、天津市培训交流学习，实地考察，扩展视野。针对新选任的村妇联主席履职能力不强、业务能力不熟等问题，选派3名村妇联主席赴天津、北京参加“巾帼促交融民族一家亲”民族地区学习交流培训班。

【妇女维权】 为深化“建设法治青海·巾帼在行动”活动，以“三八”维权周、民族团结宣传月、普法宣传日、反家庭暴力日等为载体，通过悬挂横幅、法律咨询、发放宣传材料等形式，向广大群众宣传妇女儿童权益保障法、民法典、反家庭暴力法、未成年人保护法、教育法、劳动合同法等相关法律知识，让更多的妇女群众做学法、知法、懂法、守法的文明公民。在活动现场，设立咨询台，为城镇居民详细讲解家庭暴力的相关知识、对家庭暴力的预防和制止、法律责任及如何通过合法渠道维护自身的合法权益。

【妇女儿童帮扶救助】 在“两节”来临之际，集中慰问全县13名困难妇女、6名困难儿童和6名贫困学生，每人发放2000元慰问金，共计5万元。为3名“两癌”患者发放“两癌”救助金共3万元。争取高原之宝牦牛乳业公司支持，开展“关爱牧区妈妈，高原之宝在行动”青海高原之宝牦牛乳业有限公司牦牛奶粉捐赠仪式，为河南县100余名孕产妇妈妈捐赠40箱共480盒，总价值约11.9万元的孕产妇专用牦牛奶粉。争取爱心企业资助，为环卫女工、女记者、退役军人女家属、基层妇联主席捐赠价值3万余元的洗护用品。开展“把爱带回家”2020年寒假儿童关爱服务“四送”特别行动，为80名贫困儿童和留守儿童送去书架、笔袋等学习用具，并发放《儿童安全自护手册》《珍爱生命、远离毒品》《青少年自我保护提示》等书籍。争取到天津滨海新区女企业家及社会各界爱心人士捐款6000元并发放到3名贫困中学生的手中。“六一”儿童节期间，为9所学校220名学生送去马克笔、书架、手提包、学生水杯、素描本等价值5500元的学习用品。联合团县委、公安局、博物馆多部门共同开展“学党史颂党恩 守护安全伴成长”暑期儿童关爱服务活动，组织全县100余名5~18岁少年儿童及陪同家长参观黄河南蒙古历史文化博物馆，参加县公安局“警营开放日”等。对接天津市妇联“爱心妈妈”，对20余名单亲家庭儿童、孤残儿童举办“圆梦微心愿”发放活动，将天津市妇联送来的学习机、电子琴、自行车、画板、服装鞋帽、课外书等送到困难儿童手中。

【妇女就业服务】 为解决高校女毕业生就地就近就业问题，满足各类用人单位用工需求，联合县就业局、县总工会、团县委在成吉思汗广场举办“春风行动”大型就业招聘会。协同就业部门，向各乡镇、社区线上线下发布公告，挖掘就业岗位，全县22家企业提供76个岗位，涉及服务类、手工类、销售类等多个行业，还专门设立妇女招聘平台。引导妇女转变就业观念，与县人社局、

2021年3月3日，县妇联在成吉思汗广场开展“春风行动”专场招聘会

县就业局、黄南州热贡职业培训学校及黄南天华职校在优干宁镇南旗村开展缝纫手工培训和中式烹饪培训 2 期，有 100 余名妇女参加。引导和鼓励广大妇女投身乡村振兴创业实践，与移动公司召开巾帼专业合作社电商平台搭建对接会，对接建立“妇联发动、平台微利、基地盈利”聚合模式。开展巾帼创业创新行动，加大巾帼创业项目培育力度，激励女企业家打造巾帼创业品牌。通过网络平台直播带货，实现巾帼电商与助企带货的有机结合，在将河南县好产品推向全国各地的同时，开辟妇女创业就业新路径。

【妇女表彰】 对 2020 年度工作突出的 3 个妇女工作先进集体和 12 名先进妇女工作者进行表彰。对十二届全国“五好家庭”获得者勤考，青海省最美家庭获得者陈晓燕，青海省绿色家庭获得者措洛、索南卓玛以及 2020 年度“黄南州妇女工作先进个人”、“三八”红旗手、“最美家庭”的获得者共 27 人进行表彰。

【巾帼志愿服务】 开展 2 次“同饮黄河水，共护母亲河”巾帼志愿服务活动，引领城乡妇女参与生态文明建设，组织全县 200 余名巾帼志愿者开展河道垃圾清理活动，坚决抵制破坏生态河道、污染水环境等不良行为，劝阻不文明行为。深化“践行雷锋精神，巾帼志愿者在行动”系列活动，组织巾帼志愿者开展爱心助老、爱心助残、非遗文化传承等知识宣传活动。针对巾帼专业合作社“卖难”问题，县妇联与移动公司对接，搭建电商平台，建立“妇联发动、平台微利、合作社盈利”的销售模式，创建云服务销售平台，全县 9 家巾帼合作社入围平台开展线上销售。在全县“我为群众办实事”党史实践志愿服务活动启动仪式上，组织巾帼志愿者在成吉思汗广场开展非遗文化传承产品展销活动，保护和传承传统手工制作技艺。

【家庭教育促进】 贯彻落实习近平总书记关于家庭、家教、家风建设的重要论述，按照省、州妇联要求，开展 2011—2020 年“两规”终期评估自查工作，推进家庭教育促进工作向基层延伸。争取中国儿童中心调研项目，完成脱贫地区乡村儿童家庭家教家风状况调研，为国家脱贫地区乡村家庭发展提出政策建议和行动计划。开展“颂党史 听党话 书香飘万家”家庭亲子诵读系列活动，各学校以家庭为演出单位，现场演绎红色经典剧目。

【关爱农村留守儿童】 贯彻落实中央、省委关于拓展新时代文明实践中心建设工作部署要求，实施国务院关于加强农村留守儿童关爱保护工作的意见，围绕“服务老、养育小、让中青年发展好”等群众最现实关切，加强对留守和困境儿童群体的人文关怀和心理疏导，为广大留守儿童健康成长创造更好的环境，切实保障留守儿童合法权益。联合新时代文明实践中心办公室在全县开展“爱心妈妈”招募活动，发动社会各界热心女士和爱心人士担任“爱心妈妈”，帮扶留守、困境儿童。第一期召集 50 名“爱心妈妈”，并与 50 名孩子取得联系。

【群团共建】 根据《黄南州深化群团改革推进群团共建试点实施方案》，工青妇打破“各自为政”壁垒，突出党建引领，第一

2021 年 12 月 6 日，县妇联组织召开全国“最美家庭”和省“最美家庭、绿色家庭”表彰分享会

时间成立群团组织一体化改革工作领导小组，依托新建成的职工文化活动中心，打造融服务、宣传、休闲、娱乐等功能于一体的群团服务中心。在服务大厅设立接待受理、群团建设、就业创业、困难帮扶、法律咨询、权益保障6个工作岗位，实现群团组织之间的资源、技术、信息等协同合作。开展联点村帮扶、各类志愿服务活动、精神文明创建工作以及“我为群众办实事”活动，力争达到平台互联、渠道互通、资源共享目标。

【妇女宣教活动】 开展“基层妇女扫盲测考活动与妇女儿童卫生健康宣教”工作，邀请县卫生系统老师讲述妇女日常卫生护理，孕期保健、妇女常见疾病的检查和治疗、“两癌”（乳腺癌、宫颈癌）的防范知识等。在全县10个乡镇、村（社区）开展妇女“两癌”防治知识到村庄、到社区活动，发放藏语和汉语的图文并茂宣传手册2000余份。联合县检察院、县民政局、县妇计中心，在托叶玛完小、优干宁镇第二完小、县寄宿制中学开展《中华人民共和国未成年人保护法》进校园与青春期青少年健康知识宣教活动。

河南县科协

【概况】 河南县农牧水利和科技局挂县科学技术协会牌子，县科学技术协会主席由县农牧水利和科技局副局长兼任。县科学技术协会与县农牧水利和科技局合署办公，无独立编制和工作人员，县科技协会各项工作均由县农牧水利和科技局工作人员承担，县科学技术协会无下属单位和学会。

【青少年科普】 为丰富青少年暑期文化生活，加强对青少年学生的科普知识教育和科技创新能力的培养，县民族中学利用初中生填报志愿的方式开展科普活动。活动中工作人员围绕环境保护、防震减灾、未成年人安全等不同主题对学生进行科普知识辅导，指导学生进行动手实践，营造爱科学、讲科学、学科学、用科学的氛围。

【农村科普】 县科协结合党史学习教育“我为群众办实事”活动，在县农牧水利和科技局会议室组织召开“2021年河南县小微企业科技项目申报培训和科技创新政策解读培训会”，河南县各企业负责人等20人参会。县农牧水利和科技局邀请青海省农业农村厅畜牧业处处长唐国胜和畜牧总站齐晨主任为河南县牧民群众讲解生态畜牧业合作社发展规划相关优秀案例和政策法规，并为河南县荷日恒生态畜牧业股份制改造合作社赠送藏语和汉语版《践行者——青海生态畜牧业合作社建设100例》书籍50份。

河南县工商联

【概况】 县工商业联合会成立于2012年12月，由于机构改革和上级相关职能部门未下发机构成立批文，故无机构及人员编制，由县委统战部分管人员兼职负责县工商联工作。截至2021年底，已年报的全县私营企业636家，个体工商户有2927户。

【党史学习教育】 结合青海省州工商联党史学习教育宣传工作方案，在引导民营经济人士自学的基础上，县工商联组织民营企业开展主题突出、特色鲜明、形式多样的学习活动。河南县瓒嘎龙源水业有限责任公司、宝英塔拉游牧特产有限公司积极开展“我为群众办实事”实践活动，向89人贫困学生、57位敬老院孤寡老人发放慰问金及物资价值67915元。

【思想教育】 按照《关于加强和改进民营经济代表人士综合评价工作的意见的通知》要求，通过筛选对纳入评价范围的22名民营经济人士，就思想政治表现、企业经营状况、企业守法诚信、个人守法情况，在14家单位进行综合评价。组织县民营经济代表人士开展加强新时代民营经济人士理想信念教育座谈会，民营企业开展主题突出、特色鲜明、形式多样的学习活动，不断推进新时代民营经济人士理想信念教育常态化、制度化，会前对各民营经济人士开展集中学习，现场发放相关学习汇编资料，由工商联工作人员领学传达中央和省、州相关文件精神等内容，做好教育引导工作。

2021 年，民营企业家为疫情防控捐款捐物

【社会服务】 引导全县民营经济人士大力弘扬乐善好施、扶危济困的传统美德，企业及商协会带头履行社会责任，主动参与疫情防控工作，启龙牧场、宝英塔拉游牧特产有限公司、青年创业联合会等民营企业和蒙旗爱心志愿协会相继开展慰问疫情防控一线行动，送去食品、生活用品和消毒用品等慰问物资折计 13.5 万余元。其余部分企业用实际行动支持和投入抗击疫情工作。

河南县残联

【概况】 河南蒙古族自治县残疾人联合会（简称“县残联”）是由残疾人及其亲友和残疾人工作者共同组成，受县人民政府委托管理和发展残疾人事业，具有代表、服务、管理的群众团体，是党和政府联系残疾人群众的桥梁和纽带。县残联内设 3 个科室，核定行政编制为 4 名，事业编制 2 名，共 6 名编制。其中，残联理事长 1 名（正科级）、副理事长 1 名（副科级）、一级主任科员 1 名、出纳 1 名（二级主任科员）的行政人员 4 人。全县 4 个乡、2 个镇、40 个村（社区）均成立村（社区）残疾人协会，并配备以分管残联的乡（镇）长为残联理事长以及负责残疾人工作的乡镇专职委员和村级专职委员。

【残疾人类别与分布】 全县有各类残疾人 1431 人。其中，视力残疾 145 人、听力 127 人、言语 46 人、肢体 823 人、智力 185 人、精神 105 人。重度残疾人：一级 170 人、二级 464 人。中轻度残疾人：三级 465 人、四级 332 人。宁木特镇 416 人，优干宁镇 552 人，托叶玛乡 195 人，赛尔龙乡 122 人，柯生乡 75 人，多松乡 71 人。

2021 年河南县残疾人人口基础数据统计表

单位：人

表 6

级别	地区类别	一级	二级	三级	四级	合计
视力	优干宁镇	8	10	11	18	47
	宁木特镇	4	15	9	10	38
	托叶玛乡	3	6	10	8	27
	赛尔龙乡	3	6	5	6	20
	柯生乡	2	0	3	2	7
	多松乡	1	1	2	2	6

续表6

级别 \ 地区类别		一级	二级	三级	四级	合计
听力	优干宁镇	11	17	13	17	58
	宁木特镇	10	3	9	13	35
	托叶玛乡	5	3	2	4	14
	赛尔龙乡	1	2	1	3	7
	柯生乡	4	1	1	4	10
	多松乡	0	1	0	2	3
言语	优干宁镇	2	7	2	2	13
	宁木特镇	7	4	3	2	16
	托叶玛乡	1	0	2	3	6
	赛尔龙乡	1	1	3	0	5
	柯生乡	0	2	1	1	4
	多松乡	1	1	0	0	2
肢体	优干宁镇	16	91	121	83	311
	宁木特镇	12	64	105	76	257
	托叶玛乡	4	28	48	27	107
	赛尔龙乡	4	24	25	11	64
	柯生乡	3	13	15	10	41
	多松乡	4	10	23	6	43
智力	优干宁镇	13	36	21	10	80
	宁木特镇	9	27	7	4	47
	托叶玛乡	5	11	3	2	21
	赛尔龙乡	1	8	8	1	18
	柯生乡	3	4	1	1	9
	多松乡	2	5	2	1	10
精神	优干宁镇	11	28	3	1	43
	宁木特镇	9	12	1	1	23
	托叶玛乡	6	10	3	1	20
	赛尔龙乡	2	4	2	0	8
	柯生乡	2	2	0	0	4
	多松乡	0	7	0	0	7
					合计：	1431

【残疾人临时救助】 10月起，县残联理事长及工作人员到10个乡、镇（社区）对各乡镇、社区上报的100户贫困残疾人临时救助进行入户核查并召开专题研究困难残疾人“临时救助”评审工作会议，进行集体审核审议。在核查过程中，主要核实残疾人上报资料的真实性，了解其家庭实际生活状况及导致其家庭困难的原因。对申请临时救助的残疾人进行逐个审核。审核救助对象102人，发放救助资金20余万元。

【残疾儿童康复救助】 贯彻落实《国务院关于建立残疾儿童康复救助制度的意见》以及省、州政府出台的相关文件精神，为保障全县残疾儿童得到及时有效康复救助，结合河南县实际，制定《河南县蒙古族自治县人民政府关于印发河南县残疾儿童康复救助制度实施办法的通知》，确保残疾儿童康复救助落到实处。持续推进残疾儿童康复事业，集中精力加强残疾儿童精准康复服务工作，与省妇女儿童医院协调，开展残疾儿童筛查工作，力争做到应救尽救。通过宣传残疾儿童康复服务政策，为符合救助条件的14名残疾儿童送往省妇女儿童医院康复中心并接受康复治疗。

【农村残疾人就业培训】 为提高农村残疾人实用技术水平，增加残疾人家庭收入，开展为期3天的农村残疾人实用技术培训暨残疾人专职委员业务培训，有60余名残疾人参加培训。

【残疾人法律维权】 河南县法律援助中心工作站设在县残疾人联合会办公室，主要负责接待残疾人来信来访，解答法律咨询；开展残疾人法律援助宣传、培训；协助、配合县法律援助中心募集法律援助资金等系列保障残疾人权益的工作。县残联结合宪法宣传日等活动发放《中华人民共和国宪法》《中华人民共和国残疾人保障法》《残疾人就业条例》等政策法律法规宣传资料等200余份，接受咨询50余人次。

【残疾人免乘公交车】 召开专门会议把残疾人公交卡、爱心卡的工作布置到各乡镇、村（社区）残疾人专职委员，并要求他们进行广泛宣传，以确保尽可能多的残疾人了解这一政策并享受到这一惠民政策。对符合条件的残疾人进行摸底与审查后，联合县交通运输管理局、县公交车公司进行协调，为全县320名残疾人申办残疾人免费公交卡、爱心卡，新办证残疾人可享受免费乘坐公交车政策。

【残疾人托养服务】 县托养中心建于2015年，2021年6月正式投入使用，投资77.76万元。该中心对16至59岁智力残疾人员实施寄宿制照料，着力改善他们的生活环境，解放其家庭劳动力，减少残疾人家庭负担。中心占地面积为2000平方米，有15间房、30张床位，托养残疾人24人。结合动态更新工作宣传残疾人托养服务政策，并制作藏语版的河南县残疾人托养服务宣传片，宣传托养服务。

【残疾学生教育救助】 为保障贫困残疾学生接受良好的教育，不因家庭和身体原因而失学，确保学龄残疾学生和贫困残疾人子女“有学可上，上得起学”，举办2021年贫困残疾学生助学金发放仪式，对审核审批通过的11名贫困残疾人学生进行资助，发放3.1万元的助学金，其中学前教育4人（每人资助3000元助学金）、高中生2人（每

2021年8月18日，在县公交公司举办残疾人免费公交卡发放仪式

人资助2000元）、大专生5人（每人资助3000元）。在“六一”国际儿童节即将来临之际，到各乡镇学校及黄南州特殊学校看望慰问残疾学生23人，并送去价值4500余元的学习用品及慰问品。

【助残日活动】 县残联联合县总工会、团县委、县妇联、县民政局、县住房和城乡建设局、县扶贫局、县司法局、县就业服务局、县社会保险服务局、县红十字会等10个部门，开展以“巩固残疾人脱贫成果，提高残疾人生活质量”为主题的第31次全国助残日活动。活动中，河南县残联为254名贫困残疾人赠送轮椅、手杖、腋拐、坐便椅、免费助听器、电动三轮摩托车、电动轮椅、儿童轮椅等残疾人辅助器具；为全县各所学校的残疾学生54名（包括随班就读、送教上门）赠送学习用品、残疾儿童专用餐具、儿童雨伞、衣服、鞋子等140余件慰问品；为6名贫困家庭的重度残疾儿童和1名重度残疾家庭进行走访慰问，送去学习用品6套及电动轮椅1副。

【村（社区）残疾人协会发展】 按照《村（社区）残疾人协会工作规范（试行）》《中国残联 民政部关于加强和改进村（社区）残疾人协会工作的意见》规定，开展村（社区）“残疾人协会”成立工作。推选出村（社区）残协主席43人，由村委会主任担任；副主席43人，由村级残疾人专职委员担任；残疾人协会委员129人，由残疾人及亲友和各方面热心服务残疾人的代表担任。

河南县红十字会

【概况】 2021年，河南蒙古族自治县红十字会（简称“县红十字会”）围绕县委、县政府的中心工作和年初工作计划，以弘扬“人道、博爱、奉献”的红十字精神为己任，履行红十字会各项职责，发挥党和政府人道领域的助手作用，为改善民生、促进社会和谐做出贡献。

【博爱项目】 赛尔龙乡兰龙村继续滚动使用“博爱家园”项目生计基金，生计基金项目的投入，使兰龙村生态有机畜牧业牧民专业合作社进一步扩大规模，扶持开展生产经营活动，增加经济收入，分别于2019年、2021年为兰龙村19户贫困牧户每人每年发放分红300元。红十字“博爱家园”项目，通过“小额借款、直接到人、滚动运作、劳动脱贫”的模式，对于受助户提供帮助。为加强和规范博爱卫生站的建设和管理，县红十字会动员社会力量，在赛尔龙乡兰龙村和托叶玛乡文群村开展援建卫生站工作，初步改善人民群众“求医难、求医远”的困境。

【公益筹资】 为弘扬“人道、博爱、奉献”的红十字精神，奋力推进“爱心不停　共抗疫情”，提升红十字会在全县农牧民群众中的知晓率和影响力，县红十字会利用电视、报刊等新闻媒体，加大宣传力度，增强宣传效果。强化疫情防控责任制，激励全县各单位继续发扬优秀风格。

【救助救护】 以上级红十字会援建项目的实施为抓手，以卫生救护培训为载体，宣传、动员社会各界爱心人士善举，拓宽资金来源渠道，逐步提高红十字会救助实力；建立健全救灾制度，做好救灾、备灾各项准备工作。开

2021年9月，乡镇新建红十字博爱卫生站

展“5·8”宣传活动、“两节送温暖”、“国际残疾日文艺活动”，县红十字会工作人员走进贫困残疾人员、计划生育贫困家庭，为残疾、计划生育等20户贫困家庭送去运动鞋500余双、运动毛绒包80个、袜子2袋、衣物1362件、牙刷400个、生活用品3521件。携手县残联、县民政局、县卫健局开展“红十字博爱助困”活动，为贫困家庭发放棉衣、上衣、裤子、毛毯、运动鞋等生活用品，累计发放3561件。

【卫生救护培训】 抓好初级卫生救护培训工作，有计划有步骤地配齐教具，扩大卫生救护知识培训范围，争取在消防、公安、建筑、沙厂、学校等行业的高危人群中开展培训工作，努力提高人们在突发事故中的自救、互救意识和急救技能。

【红会宣传】 在“5·8”博爱周、“6·14”无偿献血日等，利用报纸、横幅、电视等多种媒体，宣传红十字会精神，达到以宣传促基层组织的建立，以宣传促筹资，以宣传提高红十字会的公信度和影响力。

法　治

依法治县

【概况】　2021年，县委依法治县工作会议、县委全面依法治县委员会第三次会议召开，传达学习中央和省委、州委依法治理工作会议精神，通报《中央全面依法治国办对青海省开展党政主要负责人履行推进法治建设第一责任人职责及法治政府建设实地督察反馈问题整改方案》，听取部分乡镇、单位主要负责人履行推进法治建设第一责任人职责情况述职，审议相关文件，并就中央依法治国党政主要负责人履行推进法治建设第一责任职责及法治政府建设实地督察反馈问题整改工作进行安排部署，要求全县各级党组织要把抓好整改工作作为增强“四个意识”的试金石，作为践行“两个维护”的具体行动，不断增强巡视整改的自觉性，主动担责不避责，积极履责不推责，全力推动中央依法治国党政主要负责人履行推进法治建设第一责任职责及法治政府建设实地督察反馈问题整改工作，确保督察反馈问题全部得到有效整改。

2021年8月24日，召开党政主要负责人履行推进法治建设第一责任人职责及法治政府建设实地督察反馈问题整改工作座谈会

【规范性文件监管】　执行规范性文件制定过程中的合法审查制度，收到规范性文件3件，按《青海省行政规范性文件制定和备案办法》提出合法性审查意见并提出意见建议，确保规范性文件备案审查工作向规范化、制度化建设迈进。该3件行政规范性文件还需要进一步修改，等起草部门修改完善后，按程序制定印发备案。

【法治督察】　按照相关文件要求开展法治督察工作，配合州委依法治州委员会法治专项督查组开展好党政主要负责人履行推进法治建设第一责任人职责专项督察和法治政府建设督察工作。督导检查重点执法领域部门履行推进法治建设第一责任人职责及法治政府建设实地督察反馈问题整改工作情况和相关台账、案卷。

【依法治县会议】 县委依法治县工作会议、县委全面依法治县委员会第三次会议召开，传达学习省委全面依法治省委员会办公室第二次（扩大）会议和州委全面依法治州委员会第三次会议精神，听取工作汇报，审议并通过印发《中共河南县委关于〈中共青海省委贯彻落实法治中国建设规划（2020—2025年）〉的实施方案〉的贯彻措施》《中共河南县委关于〈中共青海省委贯彻落实法治社会建设实施纲要（2020—2025年）〉的实施意见〉的贯彻措施》。研究部署2021年全面依法治县工作，审议委员会普法守法协调小组、执法协调小组、司法协调小组工作要点。

政法委及综治

【概况】 2021年，县委政法委推动省委、州委、县委政法工作要点落实，全力做好党史学习教育、政法队伍教育整顿，开展政治安全、维护稳定、平安建设、社会治理等工作，维护县域大局和谐稳定，组织政法各单位坚持以提升人民群众安全感、满意度作为工作出发点和落脚点，紧贴政法工作职能，先后完成以幸福小区为试点的智慧小区建设等民生工程。

【矛盾纠纷排查调处】 坚持将普法宣传作为夯实平安基础的关键举措，突出正面引导，把中国共产党成立100周年大庆同党史学习教育、法治宣传、安全生产、换届选举、教育整顿等工作相结合，制定全县大宣讲活动方案，针对牧民群众日常运用切身相关的20余部法律法规和惠民政策进行为期3个月的宣讲。开展法律进机关、进学校、进寺院、进牧区等活动，通过电视台、微信公众号、条幅、电子滚动字幕等载体，宣传民族宗教政策、扫黑除恶专项斗争法律法规和中国共产党成立以来取得的丰功伟绩，发布信息简报100余期，发放宣传单1.1万余份、平安建设宣传用品6000余套，并利用全县165辆出租车LED顶灯进行滚动宣传。继续推进公共视频系统建设应用，完成"智慧小区"试点建设，在全县实现综治中心应用全覆盖，统筹做好乡村两级网格员培训和60部手持移动终端升级工作。深化乡镇、村（社区）人民调解委员会规范化建设，全县建立58个基层人民调解组织。加大矛盾纠纷管控力度，举办专题培训班，重点宣讲党的惠民政策、民族宗教政策、法律法规，全县排查矛盾纠纷40起，化解完成37起，移交司法程序2起，调解阶段1起。

【社会治理】 以开展市域社会治理现代化试点为抓手，努力建设人人有责、人人尽责、人人享有的社会治理共同体，切实提高社会治理系统化、社会化、精细化、法治化、智能化水平。召开推进会议专题安排部署，定期向县委常委会做汇报，听取各方意见建议，制定下发《2021年全县市域社会治理现代化工作要点》，加强对各乡镇、各成员单位的督导检查，将社会治理作为基础性工作常抓不懈，以"上下一盘棋"的工作态势确保方向不偏、重心不变。以法治建设为"基本

2021年12月2日，县委政法委在成吉思汗广场开展"12·4"法治宣传活动

功”，全面实现“一村一法律顾问”，各乡（镇）和村（社区）设立公共法律服务站和公共法律服务亭，建成县级人民调解中心。发挥“牧区红”宣讲团的地方特色作用，进村入户进行政策法规大宣传，通过政策解析、案例剖析、法律咨询等方式，组织基层调解员和重点人员集中培训1期，对重点人员开展集中慰问1次、集中培训1期，法治宣传25场，悬挂标语横幅100余条，发放定制藏语和汉语版法律书籍、宣传资料3000余册，发放民法典1000余本。全面完成县、乡、村三级综治中心标准化建设。持续深化反暴恐专项工作，全面打压非法宗教渗透活动，筑牢校园安全稳定防线，打击整治治安混乱的重点地区、群众反映强烈的突出问题，先后组织开展“云剑-2021”“昆仑行动2021”“清风行动”“绿盾2021”“1829”等专项行动。与甘肃、四川的6个毗邻县全部签订友好协议，各乡镇与接壤乡镇组建联合党工委8个、联合党支部6个，定期开展友好走访活动。组织协调县公安局与友邻县公安局开展警务协作，加强情报交流、核查反馈、分析研判流动重点人员管控、僧尼管理等领域的工作交流，全力保障社会政治稳定。

【基层治理工作亮点】 县委政法委在探索现代社会治理过程中，围绕创新思路、强服务、促治理、惠民生目标，从叫响“智慧牌子”、迈好“智慧步子”、织出“智慧网子”三方面着手，打通基层治理“最后一公里”，全力提升市域社会治理现代化品质。

2021年3月23日，县委政法委在幸福小区调研“智慧小区”建设情况

叫响“智慧牌子”。树立“网格化+信息化”理念，结合县情实际制定“智慧小区”建设方案，在大量事实论证的前提下，探索建立“2+2+X”智慧管理模式，将县城幸福小区作为试点，依托视频监控、智能道闸、智能门禁等科技设备，将社区被动管理转变为主动协同管理，节约人力、物力、财力，进一步增强网格化的便捷力度，做到及时发现风险，防患未然，提高群众安全感和满意度，为政法机关社会治理、侦查破案和服务群众提供保障。智慧小区建成后，州委领导多次调研推广，切实彰显出“品牌”效应。

迈好“智慧步子”。智慧小区达到品牌效应后，继续开展前端感知设备、数据汇聚分析、便民服务管理平台等项目建设，依托综治中心大数据平台进行并网管理，对网格内的“人、房、事、物、情、组织”等信息进行全面采集和有机整合，发挥大数据条件下即时、便利作用，全力推进社会治理信息化“步子”前移。

织出“智慧网子”。凸显基层治理水平后，在政法各部门开始拓展延伸，逐步形成一张政法“智慧网”，运用智能手段侦办“2·2”电信诈骗案，涉案56万元；侦办“3·6”网络赌博案，涉案金额13万余元。智慧法院建设实现“一张网”办公办案，创新打造线上藏语和汉语法治微课堂，通过校园广播向全县中小学生宣传防疫措施及相关法律知识，定期更新广播法治课堂，重点围绕“校园欺凌”“防性侵”等法律知识，提升青少年自我保护意识；开设“乡村振兴，法治同行”普法专栏，把日常法治宣传活动、牧区普法案例、生活法律小常识等内容通过互联网形式传递给辖区群众，将基层普法从线下延伸到线上。通过政法各部门的局部智慧建设，逐步带动基层社会治理智慧服务做大做强，构建起县域内数字化城市管理及社会治理服务平台，实现以“小智慧”经营“大治理”，以“智慧手段”服务“智慧民生”。

公 安

【概况】 2021年，县公安局在县委、县政府的领导和州公安局指导下，奋力推进“一优两高”“全面建设山水黄南，高质量推进‘三区建设’”战略部署，坚持稳中求进工作总基调，完成全国两会、“那达慕”盛会等重要节点维稳安保工作任务及新冠肺炎疫情常态化防控等重点工作。

【维护社会稳定】 县公安局围绕春节、全国两会、庆祝中国共产党成立100周年安保维稳等重大节点加强情报信息搜集研判。

【刑侦工作】 以“防风险、除隐患、降发案、保平安”专项行动为主线，开展常态化扫黑除恶专项斗争、“团圆行动”、打击整治非标油专项行动等工作。破获刑事案件55起，其中破获电信诈骗案14起，抓获犯罪嫌疑人39人。处理非正常死亡案件5起，登记网上在逃人员5人，撤销网上在逃人员5人，返还电信诈骗案被害人被骗资金22.28万元。侦破“2·2”电信诈骗案，涉案金额56万元；侦破“3·6”利用网络开设赌场案，涉案金额13万余元。

【治安管理】 建设“点、线、面”兼顾、“打、防、管、控”并举的立体化社会治安防控体系，受理行政案件119起，检查各类行业场所4850家次，其中检查宾馆2801家次、物流寄递业367家次、娱乐场所1279家次、客运站26次、加油站377家次，停业整顿6家，下发限期整改通知书43家，当场整改38家，排查出租房屋684家，清理乱点非法小广告150余处，收缴并销毁以次充好、假冒商标混杂销售的烟花爆竹30余件，集中销毁赌博麻将机110台，开展食品安全检查168家次。收缴各类非法枪支20支、管制刀具14把，张贴通告200余份，印发宣传资料2500余份，检查寄递行业124次，现场整改4次，限期整改3次。

【户籍管理】 坚持管理与服务并重，实现“群众跑腿”向“信息跑路”“被动服务”向“主动服务”的转变，完善户籍管理服务，全力提升户政服务水平。签发身份证件3769张，办理临时身份证95张。各派出所启动省内异地首次申领身份证业务，通过启动该业务，解决省内异地群众“办证难、领证难”问题。为让更多群众感受到“放管服”改革给群众带来的“公安福利”，组织警力以发放宣传资料、现场讲解等形式向群众讲解省内异地身份证办理须知。

【废旧市场整治】 坚持突出当前与兼顾长远并重，坚持刑事司法与行政执法并行，依法严厉打击废机油、废轮胎、废电池、医疗废物等行业环境违法犯罪行为，成立专项领导小组，制定《关于清理整治废机油、废轮胎、废电池、医疗废物等行业专项行动工作方案》。在全县范围内开展汽车轮胎铺集中整治，重点检查废轮胎、废机油贮存及处置情况，检查危险废物处置途径，查看是否存在未按规定申报、未经审批擅自处置利用、非法转移处置危险废物等问题，检查汽车轮胎铺18家次，现场整改2家次。

【交通管理】 以隐患排查和源头管理为抓手，始终把客运车辆、危险化学品运输车辆和校车作为源头责任管理的重点对象，双管齐下确保道路交通安全有序。以城市道路、国省道、农村地区道路为主战场，以“两客一危”、农村面包车、摩托车、电动车为重点车辆开展集中整治。以交通安全宣传“八进”活动为主线，围绕“减量控大”“一盔一带”“一老一小”“美丽乡村行”主题开展宣传活动。全年发生一般事故11起，死亡3人，受伤13人，简易事故107起，事故快处快赔录入78起，自行协商240起，直接经济损失20万元。

【出入境管理】 全面强化涉外领域风险防控，从严审发证件，减少非必要不出境的原则，受理、审核公民因私出国（境）申请3

人，均为护照。在全县范围内开展“排查小问题，防止大隐患”活动。到辖区旅店业对外国人住宿登记工作进行严格检查，检查指导20次，登记境外人员临时住宿信息2条。主动对2012—2021年所办理河南籍全部护照进行再梳理、再核实，逐一核实漏管证件持有人，收回护照集中保管10本。

【政法队伍教育整顿】　坚持问题导向、责任导向，狠抓细抓政法队伍教育整顿各项环节。拓展思路抓学习教育，全力以赴提升查纠整改环节，召开“自查从宽、被查从严”政策宣讲暨思想动员会议，在辖区重点路段、人流密集场所和办公区醒目位置张贴和发放《青海省政法队伍教育。整顿第六指导组驻点黄南州联系方式公告》藏语和汉语宣传册，设立河南县政法队伍教育整顿举报箱；成立案件线索查办专班、自查自纠专班、顽瘴痼疾整治专班开展各项案件核查评查工作；全面排查执行“三个规定”的情况，深入开展执法大检查工作，全面提升公安机关执法公信力。

【党史学习教育】　持续深化爱国、爱党教育，围绕公安工作实际推进党史学习教育。通过举办培训班、报告会、网络答题、知识竞赛等形式，引导全体党员民辅警“学思践悟”。利用周一例会、“公安夜校”“两个半小时”集体学习活动，让学习教育与公安业务“两手抓、两不误、两促进”。利用“学习强国”“青海干部网络学院”“法宣在线”“黄南先锋”等学习平台拓宽手机微课堂。组织党员民警参观红色教育基地，铭记光辉党史，重温红色记忆。

【申领机动车驾驶证服务】　交警大队车管所启动科目一、科目四考场，考场设置在县公安局交警大队办公楼一楼，设立考试区、候考区、配置相关设施，一次可容纳15名学员同时考试。车管所发挥考试员作用，实施考试员责任制，指导学员有序考试。针对部分牧民群众存在使用汉语交流困难，在考取驾驶证过程中难以通过理论考试的问题，县公安交警大队联合驾校举办藏语驾考理论培训班。培训课上，精通藏语和汉语的民警和教练员为驾考学员授课，有效解决牧民群众申领机动车驾驶证的实际困难。

【网络安全】　强化互联网安全管理，严厉打击网络非法入侵破坏、窃取网民个人信息、网络盗窃、网络诈骗等多发性网络违法犯罪。组织辖区微信群主通过藏语和汉语、通俗易懂的交流方式开展50人以上的微信群群主法治教育培训，登记74个微信群。开展2021涉疫情防控数据安全技术监督检测、网络安全监督检查、LED大屏及其控制系统安全防护检查、网吧网络安全审核等工作。12月3日，网安大队依法约谈网络主播1人，有效净化规范全县网络空间。

【庆祝首个“中国人民警察节”】自2021年起，每年1月10日被设立为“中国人民警察节”。1月10日，河南县庆祝首个“中国人民警察节”，重温入党誓词、入警

2021年，交警大队新设驾考科目一、科目四考场，为群众开设理论知识培训班

2021年1月10日，在首个“中国人民警察节”，县公安局举行升警旗仪式

誓词，举办首个中国人民警察节从警纪念仪式，向从警10周年、20周年、30周年的民警颁授荣誉警章。

检 察

【概况】 2021年，县人民检察院深入贯彻落实《中共中央关于加强新时代检察机关法律监督工作的意见》，坚决捍卫“两个确立”，坚决做到“两个维护”，主动服务经济社会发展大局，忠实履行法律监督职责，各项工作取得新成效。

【刑事检察】 受理审查逮捕各类刑事案件26件37人，同比持平和上升5.7%。审结审查逮捕案件28件40人（含上期积存），同比上升12%和17.6%。其中，批准逮捕23件35人，同比持平和同比上升9.3%，逮捕率82%，同比下降6.8%；不捕5件5人，同比上升150%和150%，不捕率17.8%，同比上升150%。不捕5件5人中，不构成犯罪不捕1件1人、证据不足不捕1件1人、无社会危险性3件3人，分别占不捕人数的20%、20%、60%。

【刑事侦查和审判监督】 依法监督公安机关立案1件1人，纠正漏捕1件1人。针对侦查机关在办案中和社会治理方面存在的问题，发出检察建议书2份，纠正违法通知书4份，侦查活动监督通知书1份，并提前介入引导侦查取证6次。

【刑事执行和监所监督】 入所安全大检查8次，对监管活动中存在的安全隐患发出检察建议12份，口头建议10余次。加强社区矫正法律监督力度，开展社区矫正巡回检察工作，针对存在的问题发出检察建议7份、纠正违法通知书1份。加大财产刑执行检察监督力度，核查罚金刑79人26.05万元，发出检察建议3份。

【认罪认罚从宽制度】 适用认罪认罚从宽制度案件33件46人，适用率达到97%。提起公诉的被告人为少数民族的案件均用双语诉讼，双语诉讼率达100%。向同级人民法院提出量刑建议35件48人，判决35件48人，采纳量刑建议34件47人，采纳率达到96.9%。办理羁押必要性审查案件1件1人。

【未成年人检察】 受理审查逮捕未成年犯罪案件1件1人，同比持平，审结处理1件1人，不批准1件1人。发出未成年人检察建议2件。受理审查起诉案件0件0人。以最高人民检察院“一号检察建议”为契机，选派多名干警担任法治副校长，到5所校园开展各类主题宣讲活动10余次，制作宣传展板16块，发放宣传册5000余册、学习用具300余份，向家庭贫困学生发放学习礼包9份，普法人数3000余人。加强检校合作，有3名正、副检察长担任法治副校长，开展检察长送法进校园活动的同时针对校园安全提出意见建议。

【民事行政检察】 办理民事监督案件1件，审查公开裁判文书200份，调阅卷宗40卷，发出改进工作检察建议1份。加强对农民工权益保护，参与调解农民工讨薪2次，为农民工提供法律咨询3次，发放宣传材料150余份，引导广大人民群众依法有序维护自身合法权益。为促进依法行政和公正司法，对于行政机关存在行政执法不规范问题，发出改进工作检察建议1份。

【公益诉讼检察】　立案公益诉讼案件22件，发出检察建议13件，同比分别上升10%和下降35%，发出诉前提醒函9份。督促行政机关纠正2个外卖平台22家商铺规范“两证”。督促行政机关履职让全县域内9家烘焙店内的食品都配备“身份证”。助力军残权益保障，召开公开听证会1次，为退役军人和残疾人乘坐公交车免费发放爱心卡。与县文体旅游广电局共同推进文物保护、传承和利用，推动完善文物保护工作，公益诉讼职能和检察服务覆盖面逐步拓展。

【控告申诉检察】　贯彻落实“群众来信件件有回复”的宗旨要求，做到群众来访件件有回复，接待群众来访咨询48件61人，院领导接待30件36人，均属案件咨询，为来访人员安排检察长、副检察长接待并当场答复。检察长接待率100%。办理司法救助案件2件，救助贫困当事人2人，发放司法救助金9万元。

【案件管理】　运用统一系统受理案件25件36人，其中审查逮捕案件25件36人（不批准逮捕案件3件3人）。一审公诉案件35件48人。受理列席审委会案件3件，受理检委会案件4件。线下发出口头预警流程监控56次。随案移送的涉案财物均在2.0统一业务应用系统内入库、流转、出库，登记入库86条，登记出库82条。制作电子卷宗35件，通过政法协同平台接受电子卷宗38件。公开法律文书27件，发布重要案件信息11件，辩护与代理预约数1次，程序性信息发布51次。

【检察队伍建设】　落实党风廉政建设主体责任和“一岗双责”，坚持党委领导和人大监督，向上级院和党委请示10余次、向人大报告2次。签订年度《党风廉政建设责任书》《廉洁从检承诺书》《违规收送礼品礼金承诺书》等，开展谈心谈话4次，组织召开民主生活会、组织生活会4次，集中约谈、廉政谈话5次。开展政法队伍教育整顿工作，坚持理论学习与警示教育、开展教育整顿与忠实履职尽责紧密结合，抓实学习教育、查纠整改、总结提升、“回头看”各环节工作，废改立各类规章制度9项，开展警示教育4次。开展“以案促改、以案促治”专题警示教育活动，汲取腐败案件的深刻教训，开展纪律作风建设专项整治，狠抓“三个规定”落实，持久整治“四风”问题，为工作发展和队伍建设提供坚强纪律作风保障。开展检察业务教育培训，选派年轻干警分别到北京、天津、山西、省检察院等地参加未成年人检察、网络犯罪、认罪认罚、刑事检察及网络专题培训30余次。县检察院3名干警分别被省院、州委政法委、县委政法委评为“扫黑除恶专项斗争先进个人”，1名干警获“第三届检察机关未成年人检察业务能手”称号，3名干警被上级院、县委评为“优秀党务工作者”“优秀党员”等，2名干警通过司法考试，1名干警通过青海省检察机关第五批员额检察官遴选考试。

【智慧检务】　坚持科技强检，全面应用统一业务系统，完成全院检察工作网“云桌面”建设，运用数据化、信息化手段提升办案效率。引入智慧政法数据服务平台，可通过平台查询法律文书、量刑建议、法条等内容，发挥现代科技在检察工作中的深度应用，切实促进司法办案提质增效。建立健全内部控制体系，保证经济活动合法合规、资产安全和使用有效、财务信息真实完整，提高公共服务的效率和效果。

【“脱薄争先”销号】　聚焦目标、挂图作战，从政治、业务、党风廉政、队伍建设、基础建设五个方面，梳理出23项问题，提出有针对性整改措施41条，明确每项任务的责任领导、责任部门及完成时限，制定出攻坚克难的“脱薄争先”销号台账。用足用好政策规定，配齐班子成员，调整、交流5名干警，完成销号39条。

【党史学习教育】 深入学习贯彻习近平总书记在党史学习教育动员大会上的重要讲话精神，通过党组中心组学习、“三会一课”、集中专题学习、支部学习等方式推进党史学习教育集中学习100余次，检察长专题讲党课3场，党支部书记讲党课2次，开展专题研讨7次，参学率达到100%。用好红色资源，开展体验式教育4次，先后到县委党校、黄南州党群服务中心、黄南州检察院反腐倡廉警示教育基地、西路军纪念馆等场馆参观实践。开展红色诗歌朗诵比赛，邀请县委党校老师到院宣讲红色革命故事，接受红色洗礼。利用微信公众号宣传党史知识，推送“党史百年·天天读”300余条，推动“掌上”学习。用好院党建文化、检察文化、廉政文化为一体的党性教育文化长廊，营造红色传承与法治建设相融合的浓厚氛围。

【为民服务】 围绕群众反映强烈的问题，组织开展专项行动，回应人民关切。校园周边环境安全专项检查2次，排查校外违规办理培训机构1次。院党组成员节假日走访慰问困难群众，赠送生活物资4次。党史学习教育和政法队伍教育整顿工作开展后，结合检察职能开展“我为群众办实事”活动30余次。开展疫情防控，聚焦公共卫生安全领域中的监管死角和监管空白，分别向长途客运站、银行等人群密集场所发出提醒函9份。联合县交通运输局制作并张贴《疫情防控温馨

2021年10月31日，县检察院干警组成志愿服务队到疫情防控治安柯生乡卡点，协助公安干警和医务人员对出入人员、车辆进行管控

提示》100余份，在全县165辆出租车LED顶灯上滚动播放疫情防控温馨提示10余次。针对校园疫情防控安全隐患问题，向相关部门发出行政公益诉讼诉前检察建议1份。党员干警组成志愿服务队赴疫情防控和治安卡点，协助公安干警和医务人员对出入人员、车辆进行管控，向河南县3个卡点送去慰问物资，下沉联点村社捐赠防疫物资。

【法治文化宣传】 探索创新法治宣传，成立法治宣讲队，联合县融媒体中心创新法治宣传渠道，开设“河南县人民检察院双语法治微课堂”，通过校园广播、融媒体等多种方式向全县中小学生宣讲法律常识，推行每月一次微视频法治宣讲课。第一期法治微课堂，线上播放量达3000余人次。利用院微信公众号、微博客户端等平台，将河南检察展现在相关媒体上，院微信公众平台发布动态90余篇，被中新网、“青海检察”、“黄南检察”、“美丽河南”采编15篇。实施文化育检战略，筹措资金打造检察文化长廊、图书室、听证室、职工之家、煤改电锅炉等项目，发挥“一室多能”作用，以先进检察文化引导、约束、凝聚和激励干警，队伍精神面貌焕然一新。

法　院

【概况】 2021年，县人民法院围绕“努力让人民群众在每一个司法案件中感受到公平正义”目标，深入开展高质量司法实践，为全力谱写新时代“纯净河南·幸福蒙旗”奋进新篇章提供司法保障和服务。全年受理各类案件364件，审执结342件，结案率93.96%，收案数同比增长22.56%。

【刑事案件审判】 受理刑事案件39件，审结38件，结案率

2021年9月24日，县人民法院举行执行案款集中发放仪式，用实际行动畅通执行案款给付“最后一公里”

97.43%。判处十年以上有期徒刑1件1人，判处五至十年有期徒刑1件1人，判处三至五年有期徒刑7件8人，判处三年以下有期徒刑（含缓刑）30件43人。

【民商事审判】　依法受理民商事案件222件，结案205件，结案率92.34%。依法审结婚姻家庭、继承类纠纷34件；审结合同类纠纷138件，物权、侵权类纠纷38件；审结劳动、人事争议类纠纷8件；民事案件调撤154件，调撤率为74.76%。

【行政审判】　审理行政案件，坚持裁判和协调化解相结合，促进行政争议实质性化解，全年审结行政案件1件，结案1件，结案率100%。有效建立与行政机关沟通联络机制，搭建当事人与行政负责人面对面交流解纷平台，畅通行政主体与行政相对人沟通交流渠道，疏通社会矛盾有效化解，助推法治政府建设。

【执行工作】　依法受理执行案件97件，结案93件，结案率95.87%。申请执行标的4300.1万元，执行标的到位1682.8万元，实际到位率36.45%。加大执行力度，参与州中院“冬季决战”执行攻坚行动，开展执行案款发放，采取执行强制措施严厉打击规避执行、抗拒执行、拒不履行执行义务的被执行人，全年司法拘留3人次，限制高消费20人次、纳入失信被执行人名单11人次。集中整治执行领域突出问题，把案款延期发放、不明款认领等问题作为顽瘴痼疾整治中的重要内容，将执行案款清理作为“我为群众办实事”的具体举措，成立清理小组，专人负责，逐案清理，逐笔认领，行动期间整改瑕疵案件6件，查询、认领、清理案款1662.8万元。

【信访和审判监督】　高度重视涉法涉诉信访工作，落实信访便民利民措施，对近三年涉法涉诉信访案件进行全面评查，对来信来访所反映的问题及时处理，做到事事有回应、件件有着落。依法接受人大、政协监督，邀请人大代表、政协委员和群众代表20余人次参加座谈、庭审，及时向县委及政法委报告重大事项、重要案件或监督集中执行，年内主动向县人大常委会作智慧法院工作专项汇报。在实际工作中主动接受检察院法律监督，邀请检察长列席审委会2件3人次，检察院监督民事生效裁判活动案件1件。落实人民陪审员制度，参审案件11件。

【诉讼服务】　始终将“以人民为中心的发展思想”作为开展工作的基本遵循，在提升司法服务上狠下功夫。加强立案、速裁队伍建设，运用繁简分流机制，通过速裁快审，诉前调解案件15件，速裁团队办理案件4件；与县司法局联合成立诉调对接和多元解纷中心领导小组，聘用2名特邀调解员，发挥人民调解在维护社会稳定和社会治理中第一道防线的独特作用。到各乡镇开展巡回审判工作，巡回立案1件，巡回审理各类案件3件，法治宣传、法律咨询80场次。强化双语诉讼服务水平，深度运用《藏文庭审诉讼样式》，对涉及少数民族当事人的278件均实现双语诉讼，对当事人要求制作藏文裁判文书的均按时制作并送达。

【司法体制机制改革】　围绕“让

审理者裁判，由裁判者负责”要求，以院庭长常态化、实质化、示范化办案为抓手，明确将四类案件纳入院庭长静默式监管范围，压实院庭长监督管理职责，确保放权不放任，监督不越位。抓实抓细制度建设，建立专业法官会议制度，修订办案人员权力清单，完善审判委员会工作规则，召开专业法官会议3次、审判委员会议7次。

【信息化建设】 努力克服疫情的不利影响，持续推进智慧法院和信息化建设，全面推行线上服务。规范诉讼服务中心功能，推广移动微法院应用，强化“网上办公、网上办案”力度，全年网上立案109件，跨域立案10件，网上缴费125件，电子送达823次，多方视频和互联网庭审21次，网络查控194次。依托四大公开平台，增强法院工作的透明度，在中国裁判文书网公开上网裁判文书182篇、藏文文书43份、庭审公开107件次。加大司法宣传工作力度，拓展各类媒体宣传，发布微信公众号文章、微博、官网信息250余条，在官方抖音号及视频号发布工作动态39条。

【法院队伍建设】 推进学习型法院建设，加大人才培养和法官梯队建设力度。将政治理论学习贯穿于干警学习教育始终，开展政治轮训3次、信息化培训6次、公文写作培训2次，有1名干警通过法律职业资格考试。交流调入1名院级领导，晋升2名法警职务职级，2名省聘书记员等级，首授1名法警警衔，确认1名法警警衔，并对新任领导和初任法官进行任职和廉政谈话。主动履行管党治党重要职责，强化全面从严治党，落实执纪监督“四种形态”“三个规定”，对4名干警进行提醒谈话，有3名干警主动填报过问案件情况。开展政法队伍教育整顿，组织开展各类活动15次、知识测试3次。在全院范围内开展自查自纠，评查及核查出瑕疵案件7件，不合格案件1件并整改。在个人重大事项报告填报过程中，运用第一种形态处理10人。持续深化整改，建立完善长效制度10项，推动建章立制工作全面整改落实。

【党史学习教育】 将党史学习内容纳入党组理论学习中心组学习计划，采取集中学习、专题培训、党组书记带头讲党课、参观红色教育基地等形式，推动党史学习教育走深走实，开展理论学习中心组学习12次、集中学习82次、专题研讨6次、党组书记讲党课3次。注重把教育成果转化为实践行动，在解决群众“急难愁盼”问题上，聚焦热点难点制定发布便民措施9条，开展“我为群众办实事”活动30余件。

司法行政

【概况】 2021年，县司法局围绕党委政府中心工作，立足法治建设职能，整合资源优势，主动担当作为，不断开创全县司法行政工作新局面。

【普法宣传教育】 “法律七进+”活动。将法治宣传教育学习与主题党日、专题党课有机结合，邀请律师、党校讲师为全县科级干部、政法队伍讲授党史、法律知识等专题讲座，广泛组织全县各部门、各单位干部职工坚持以习近平新时代中国特色社会主义思想统领普法依法治理工作。动员全县中小学结合实际，分类施教，借助主题班会、升旗仪式、专题讲座、黑板墙报等形式开展宣传活动；邀请法律顾问开展“开学第一课 普法进校园”系列宣传活动，为学生们讲授校园欺凌、未成年人犯罪等方面的法律知识。将《中华人民共和国国家安全法》等相关法律法规纳入寺院法治宣传必讲内容，教育引导宗教教职人员和信教群众正确认识和处理国法与教规的关系，自觉尊崇和维护宪法法律，自觉贯彻执行宗教事务管理法律法规，主动抵制境外利用宗教进行的渗透和分裂破坏活动，自觉维护国家安全。组织普法各成员单位，在“4·15”“安全生产月”“民族团结宣传月”“12·4”等节点日在成吉思汗广场开展集中宣传，各乡镇在本辖区内开展宣传教育。“法律七进+”活动期间，开展法律进学校16次、法律进寺院6次、法律进牧区34次，节点日集中宣传活动23次，邀请法律顾问开展法治宣讲25次，悬挂横幅81个，参与人数1.72万余人。

“八五”普法规划。开展“八五”普法规划意见建议征求工作，制定河南县“八五”普法规划，并通过线上线下两种方式，面对全县各乡镇党委、政府，县委各部委，县直及省州驻县各企事业单位，人民团体开展2轮意见征求，全面征求完毕。11月30日至12月1日，将“八五”普法规划列为议题提交县委全面依法治县守法普法协调小组第三次会议、县政府常务会、县委常委会。

疫情防控宣传。采用动态静态同时进行、线上线下共同开展的方式，助力开展疫情防控工作。动态宣传由县司法局联动各司法所开展法治宣传车每日巡游工作，县司法局出动1辆法治宣传车、司法所出动1辆警车，通过发放宣传资料、宣传车两侧悬挂横幅标语及藏语、汉语广播播报的方式，走村入巷，提醒群众“戴口罩、勤洗手、多通风、不聚集”。静态宣传通过在县司法局显示屏不间断播报疫情防控小视频，内容包括什么是新冠肺炎、新冠肺炎的主要传播途径及疫情防护措施等，主要受众为进出旧政府大楼的干部职工和人民群众。同时在“河南普法”微信公众号上，每日推送3~4篇有关疫情防控的文章，主要包括疫情防控期间可能涉及的法律法规和罪名，“以案释法”等引导广大干部群众正确理性对待疫情，做到不信谣、不传谣、不造谣。

【基层基础建设】 全县累计接收各类社区矫正对象59人，解矫43人，在矫14人，变更居住地执行1人，终止矫正1人。有刑满释放安置帮教人员85人，其中优干宁镇27人、宁木特镇34人、柯生乡7人、多松乡8人、赛尔龙乡5人、托叶玛乡4人，均为男性，均为低风险。坚持发展新时代“枫桥经验”，建立健全县、乡、村三级调解组织和行业型调解组织全网络，完善纠纷预警机制，全年基层人民调解各类矛盾纠纷40件，调解成功37件，移交法院2件，调解阶段1件，成功率95%。强化非诉讼纠纷化解方式之间的有机衔接，打造纠纷联合化解模式，与县人民法院共同建立县级多元化解纷中心，基本建成县级人民调解中心，整合多方力量，全力化解辖区内非诉矛盾纠纷。正式启动基层司法所月考核工作，司法所工作任务增加至13类70项，主要通过县级平台向司法所发布每月重点工作任务，司法所将完成情况及时录入平台并提交县级平台审核。

2021年9月22日，河南县基层司法所工作推进会召开

【公证事项办理】 县公证处办理各类公证事项29件，其中国内民事28件、国内经济1件，公证事项均为常见的继承（小额继承）、委托、亲属关系，放弃继承声明等。

【法律援助与服务】 法律援助。县司法局法律援助中心立案35件，其中结案28件、未结案7件，代写法律文书368份，接待群众来电来访咨询617余人次，为受援人挽回经济损失110万余元。为落实青海省人民检察院、青海省司法厅《关于在人民检察院设立法律援助工作站的通知》的工作要求，进一步完善刑事法律援助机制，加强人权司法保障，促进司法公平正义，于11月30日在县人民检察院设立河南县法律援助中心驻检工作站。

法律服务。司法部、青海省司法厅向河南县派遣的1名“1+1”中国法律援助志愿律师和1名大学生志愿者均入驻县司法局，开展为期1年的法律援助志愿服务，履行办理法律援助案件、化解矛盾纠纷、开展普法宣传和法治讲座、培养当地法律服务人才等职责。在县委、县政府的支持和帮助下，河南县从2019年起率先在全州范围内完成“一村（社区）一法律顾问”工作，至2021年底为6个乡镇、43个牧委会（社区）聘请8名律师担任法律顾问。经招标，与青海雁合律师事务所签订服务合同，律所应各乡镇要求，提供法律宣传活动（含法治讲座）25次，宣讲内容有《中华人民共和国宪法》《中华人民共和国民法典》《中华人民共和国妇女权益保障法》《中华人民共和国未成年人保护法》《中华人民共和国义务教育法》，土地管理以及换届选举等方面的法律知识，受教育群众5000余人，发放各类宣传材料3000余份。

军　事

河南县人武部

【概况】　2021年，河南县人武部（以下简称县人武部）深入贯彻习近平新时代中国特色社会主义思想和习近平强军思想，坚持以党的强军目标为统领，按照“三个过硬”标准要求抓建基层，赓续传承“老高原”精神，服从服务“转型重塑”发展目标，秉持坚持“踏实奋进”工作思路，统筹协力搞建设、全面聚力打基础、持续增力强支撑、激聚合力促转型，全体干部、文职和职工表现出干事创业、锐意进取的精神风貌，全面建设呈现稳定向好、稳步向前的发展态势。

【县委议军会议】　9月1日，中共河南县委召开议军会议，学习贯彻习近平强军思想和习近平主席近期关于加强国防和军队建设重要指示精神，全面贯彻落实党管武装根本原则、新时代军事战略方针以及省委、州委议军会议精神，回顾盘点2021年河南县国防动员和后备力量建设情况，对有效开展全民国防教育、切实建强后备力量、稳步推进营区建设等具体工作进行安排部署，为高质量推进全县党管武装工作，统一思想、定调布局。县委书记、县人武部党委第一书记司吉昇主持会议并讲话。会上，县委常委、县人武部部长白贵龙进行工作汇报，各乡（镇）党委书记进行党管武装工作述职，人武部政治委员虞平讲评述职情况，表彰全县国防动员工作先进集体和个人并颁奖。

【思想政治教育】　坚持不懈学习贯彻习近平强军思想，坚决贯彻军委主席负责制，贯彻落实习近平主席重要指示精神，确保思想上政治上行动上与党中央、中央军委和习主席保持高度一致。落实理论学习制度，坚持读原著、学原文、悟原理，注重加强中共十九届六中全会精神学习，参加上级宣讲宣传，制作学习材料汇

2021年9月1日，县委议军会议召开

编，督促干部、文职和职工抓好学习理解，确保人人学深悟透思想内核、全面掌握精髓要义。县人武部党委推进创新模式，改变以往理论灌输模式，注重传统方法和多媒体方式相结合，利用互联网，组织全体人员学习红色故事、学唱红色歌曲、宣讲革命英雄事迹等，增强爱国爱党的意识。组织全体人员收听收看习近平主席讲话精神，撰写心得体会，围绕“学史明理、学史增信、学史崇德、学史力行，教育引导党员干部学党史、悟思想、办实事、开新局”主题，组织召开专题组织生活。宣扬新时代“卫国戍边英雄”“老高原”精神，撰写心得领悟英雄壮举，制作宣传展板营造政治氛围，进一步提升官兵矢志强军、建功高原的精气神。深刻把握政治教育“3个法规文件”（《关于构建新时代人民思想政治教育体系的意见》《军队思想政治教育规定》《以实际成效检验思想政治教育办法（试行）》）精髓要义，制订年度政治教育计划，巩固深化“不忘初心、牢记使命”主题教育成果，把党史学习教育贯穿全年、覆盖全员，开展“传承红色基因、担当强军重任”主题教育。

2021年5月24日，河南县公路运输连一排集中轮训动员大会

【战备训练】 人武部党委始终坚持以军事训练为中心任务，落实党委议战议训制度，强化党委主体责任，推动军事训练向深向实发展，牢固树立“练精兵、能打赢”的胜仗意识。广泛开展群众性练兵活动，鼓励现役、文职和民兵争当训练尖子，人武部机关和基干民兵训练氛围日益浓厚，训练成绩不断提升，其中选派民兵尖子参加军分区组织群众性练兵比武中，获得多个单项第一和总评第一的成绩。

针对人武部机关和民兵军事训练水平低的实际，采取巩固强化训练、新老搭配提高练等方法科学组训，刚性落实军事训练大纲要求，参加省军区“三级联动训练”和军分区集中训练。落实每周二训练日制度，强化基础理论、基本技能的掌握理解，加强动员行动、使命任务的研究理解，组织进行演练演习，切实提升军事训练水平。组织基干民兵轮训备勤和群众性练兵比武活动，联合县政府印发《关于组织第一、二批民兵集中轮训暨练兵比武的通知》，集中在县委党校进行为期13天的集中轮训。紧盯重大节日、重要时期战备工作需要，适时搞好战备教育，增强人武部和民兵分队战备观念，提高战备意识。开展民兵整组工作，坚持党管武装、建用一致、依法建设、创新驱动等原则，加强民兵整组组织领导，强化军地协作，结合实际细化整组工作方案计划，组织召开动员部署会议，开展宣传发动工作，按计划组织基干民兵点验工作，完成基干民兵和普通民兵的整组工作。

【国防动员】 按照“聚焦备战、突出重点、守正创新、固强补弱、按级负责、军地联动、依法实施、精确采报”的原则，科学筹划部署，详细统计各类潜力数据。按照时间节点、标准要求，完成“四个秩序”规范化建设。根据军分区基层武装部体系化建设任务要求，组织2个乡镇武装部作为试点，协调县委、县政府给予经费支持，基本达到体系化建设标准。落实专武干部任用制度，协调地方组织部门进行考核考察，选好专武干部队伍。根据任务选派专武干部参加全国、省、州培训，提升专武干部能力素质。落实“一年两次征兵”的有关要求，核查统计全县18周岁男性公民人数，发布兵役登记公告，兵役登记率达到100%。加大征兵宣传力度，激发大批优秀适龄青年应战报名。严密组织体检、政审和役前训练工作，开展征兵体检、政审工作。按照“模拟化组织、正规化训练、封闭式管理、全程化淘汰”的原则，组织预定新兵开展役前教育训练，通过体验军营生活，感受训练管理氛围，了解部队纪律要求，端正预定新兵入伍动机，打牢身体素质基础，提高入伍适应能力，淘汰不合格人员，完成兵役征集工作。

【部队管理】 以军队基层建设纲要和条令法规为抓手，坚持用条令条例、规章制度管人管事，全面锻造听党话、跟党走，能打仗、打胜仗，法纪严、风气正的过硬基层。加强人武部干部、文职和职工教育引导，落实条令条例和规章制度，坚持群众纪律，加强营区管理，确保人武部安全稳定。以条令学习活动为抓手，坚持经常组织条令条例学习训练，官兵条令意识和优良作风不断增强。搞好每一次条令教育，用条令规范言行、举止，规范秩序，使条令学习经常化、制度化。抓好日常养成，教育引导官兵注重军人形象，在驻地树立良好的军人形象。牢固树立安全靠建理念，在枪弹管理上严格使用管理制度，做到动枪必验枪。在手机管理上，开展手机和网络使用专项治理，消除网络失泄密隐患。根据季节性变化，做好疫情防控，确保部队安全稳定。在人员管控上，坚持出发有警示教育、有提醒督促、全程有督导检查，落实在外人员联系制度，利用电话、微信视频强化联系，掌握人员动态。

【检查考核】 12月6—7日，为全面检验民兵建设情况，中央军委国防动员指定考核组围绕战斗力建设和战斗力水平对河南县进行全面考核评估。考核组按照考核细则，采取查阅资料、审核档案、现场察看、电话询问等方式，检查考核河南县民兵工作战斗建设。按照“召之即来、来之能战”的战斗力水平标准，对民兵基础训练、防暴队形、卫勤保障、伪装防护等分队行动能力进行实地拉动检验考核。在县委、县政府的支持下，在有关单位的配合下，考核成绩优异。

武警勤务

【概况】 2021年，武警河南中队（以下简称中队）一直担负河南县看守所外围武装警戒任务，以及维护驻地社会安全稳定的重要任务。中队在支队党委的领导下，完成逮捕、执勤处突、抢险救灾等重大任务，并多次参加处置草山纠纷、群体性械斗事件，为河南县社会稳定，经济繁荣做出贡献。中队全体官兵始终牢记党和人民的嘱托，坚持以苦为荣，以苦为乐，把“保祖国边陲守稳定，保人民生活守安宁”化为实际行动，扎根高原、献身使命，完成各项任务。

【政治建设】 中队党支部始终坚持从政治教育入手，坚持把党的最新理论和习近平强军思想作为学习重点，着重学习领会习近平主席全面从严治党、全面从严治军的重要论述，组织观看《铁纪强军》、基层法纪教育专题片等视频教材，运用违纪违法典型案例开展警示教育。开展“传承红色基因，担当强军重任”主题教育、党史学习教育活动。全面掀起学习习近平主席“七一”重要讲话精神热潮，组织开展党史军史武警史知识竞赛，开展“红色故事我来讲”故事会，参观河南县爱国主义教育基地，开展“缅怀先烈、传承血脉”活动；组织官兵观看《支部建在连上》《党史故事100讲》，学唱《不忘初心》《人民军队忠于党》等红色歌曲。围绕庆祝中国共产党成立100周年，结合“卫士风采”系列活动开展重温入党誓词、歌咏比赛、书画摄影、主题板报等文化活动。坚持每天落实“三个半小时”，组织官兵收听收看新闻、阅读报刊并搞好点评。编排“迎华诞、履使命、热贡卫士铸忠诚”主题诗歌朗诵会节目，丰富中队官兵文化生活。

【组织建设】 中队始终把支部班子建设作为中队建设的关键，以理论学习为依托，突出抓好习近平主席关于军队建设的一系列重要讲话，坚持以“传承红色基因，担当强军重任”主题教育和党史学习教育活动为牵引，以学习贯彻党章、履行权利义务、先锋模范作用、遵守党纪党规等方面为重点，强化看齐意识、政治意识。努力提升整体合力，坚持党管党员、管干部、管思想，落实每周一次学习、每月一次分析、上一节党课、两月一次思想汇报等制度，通过全文学习党章、党史军史、条令条例和习近平主席系列讲话等精神，牢牢把握建设方向。

2021 年 12 月 16 日，县武警中队与县妇联、团县委开展联谊活动

【练兵训练】 坚持战斗力标准，狠抓练兵训练，落实军事训练会议精神，以打赢“三场维稳维权行动”为目标，始终坚持以中心任务为牵引，紧贴任务实际，严格落实训练制度，确保训练质量的提升。持续推进“智慧磐石”工程建设，立足现有条件对执勤目标以及哨位设施进行全面升级改造。固定勤务、组织严密、秩序正规，无严重违规违纪问题的发生，圆满完成专项勤务，出动兵力担负河南县联勤武装巡逻勤务和武装押解勤务。

【内部安全管理】 始终坚持从严管理部队，以“条令年”活动为抓手开展“酒驾醉驾专项整治”活动，组织官兵学习近年来中央军委和武警部队涉酒问题通知通报。督促官兵严格遵守条令条例和各项安全预防制度，对照《正规化管理规定》，在一日生活制度落实、日常管理等方面进行整改，并对中队各类库房进行规范改造，配置放物架。加强对在外人员的跟踪管理，确保人员不失管不失控，无事故案件和重大违规违纪问题的发生，内部关系和谐融洽。在日常管理中，做到“科学带兵、文明带兵、以情带兵”，干部骨干主动靠前，帮助解决战士面临的实际困难，无打骂体罚和侵占士兵利益的现象。同时合理利用自助烧烤、文艺晚会、篮球比赛、K 歌等形式，开展文化娱乐活动。

【后勤建设】 着眼建设打仗型后装要求，圆满完成河南县联勤武装巡逻勤务后装保障任务，后装保障能力在遂行任务中得到检验。补充遂行任务所需战备物资器材，基本物资储备到位；挑选后勤人员，采取以老带新、岗位锻炼、评比考核等形式，健全以炊事员、卫生员、军械员、四小工、网管员为主的后勤队伍。中队设置有防火、防盗、防潮设施，物资分类存放，无丢失、霉变的情况，前运袋内物品统一、摆放整齐、分类保管。开展资产大清查活动，对装备物资、武器装备、营产营具、公用被装、保养器材进行全面清查整治，盘点各类资产 800 余件。

【为民服务】 中队始终保持与人民群众血与肉的关系，在县委、县政府和相关部门的帮助下，重建中队温室，改善基础设施条件，提高后勤保障水平。同时，县中队持续开展“精准扶贫”活动，定期开展为扶贫对象送温暖活动，进一步密切警民关系，为河南县打赢脱贫攻坚战贡献力量。

经济管理

宏观经济调控

【概况】 2021年，县委、县政府团结带领全县各族干部群众，奋力推进"一优两高""全面建设山水黄南、高质量推进'三区建设'，推动乡村全面振兴，打造共同富裕的黄南样板"战略部署，全力谱写新时代"纯净河南·幸福蒙旗"奋进新篇章，全县经济社会发展进入新发展阶段。通过政策协调配合，不断强化调控调度，根据地区生产总值统一核算结果，全年完成地区生产总值20.52亿元，同比增长1.9%。其中，第一产业增加值为10.22亿元，同比增长4.6%；第二产业增加值为3.43亿元，同比下降11.9%；第三产业增加值为6.87亿元，同比增长5.3%。全年完成固定资产投资13.07亿元，同比增长6.6%。社会消费品零售总额增长1.79亿元，增长7.8%。其中，商品零售实现零售额15595.3万元，增长7.2%；餐饮业实现零售额2329万元，增长12%。从城乡看，城镇实现社会消费零售额16410.5万元，增长7.9%；乡村实现零售额1513.8万元，增长6.6%。全体居民人均可支配收入21820.6元，多项指标增速位居省、州前列。全县地方财政公共预算收入4251万元，同比增长8.92%。从收入来看，增值税546万元，下降9.45%；企业所得税274万元，增长57.47%。地方财政公共预算支出完成167849万元，下降12.38%。

【规划编制执行】 推动编制实施"十四五"规划和2035年远景日标纲要，指导乡镇和部门编制相关规划，明确发展思路、目标和举措，全县经济发展有了规划、有了保障、有了遵循。

【项目建设与管理】 根据国家投向，编制中央预算内投资项目、省级预算内投资项目和平安与振兴工程计划。结合空间规划、土地利用规划和城镇规划，开展调查研究和政策研究，围绕国家、省、州重点投向，立足区位、畜

2021年12月29日，县发展和改革局在全县各寺院调研基础设施情况

牧业、蒙藏医药、水电资源等优势，谋划储备项目。开展项目建设工作，实施全县各类新续建项目 148 项，总投资 40.63 亿元，生态环保、市政建设、道路交通、供水供电等各领域项目全覆盖。其中，续建项目 56 项，总投资 23.72 亿元；新建项目共 92 项，总投资 16.91 亿元。开展项目管理工作，按照“谁使用谁管理”的原则，理清项目权责关系，做到精细化管理、建设与管理并重。对投资 11.72 亿元的 7 项 2021 年河南县州级重点项目实行县级领导联系督导制度，推进项目投资并联审批、审批直通车和“容缺+承诺制”等改革举措。

【农牧经济】 以“绿色有机农畜产品输出地”建设为抓手，以实现乡村全面振兴为目标，持续优化产业结构，有机畜牧业科技示范园区建设初具雏形，成为第九批国家级农业科技园区之一。推动农牧业供给侧结构性改革，推进现代化畜牧业产业体系建设。全县农林牧渔业总产值为 130750.96 万元，按可比价计算（下同），同比增长 4.61%，其中牧业产值 123698.96 万元，同比增长 4.68%。全县牲畜存栏 54.28 万头只，其中牛存栏 30.8 万头、羊存栏 23.48 万只；牲畜出栏 26.23 万头只，其中牛出栏 11.59 万头、羊出栏 14.64 万只。肉类总产量 13721.51 吨，其中牛肉 10738.24 吨、羊肉 2983.27 吨。牛奶产量 14408.77 吨。

【工业生产】 实现规上工业总产值 69757.2 万元，同比增长 3.9%；完成规上工业增加值 13616.83 万元，同比下降 0.8%。规模以下工业企业增加值同比增长 3.7%。

【招商引资】 河南县牢固树立“走出去、引进来”的理念，借助自身优势条件，参加第二十二届“青洽会”活动，“纯净河南·幸福蒙旗”特装馆在展厅中亮相。在室内设立 2 个展厅，在室外设立全省唯一的县级展厅，展示 9 大类 120 种产品，对外推介招商引资项目 4 个，签约资金 3.67 亿元，签约项目涉及地方经济、特色农牧业、宾馆及住宅小区等建设领域，资金到位率 100%。

【价格认证案件办理】 县价格认证中心办理价格认证案件 22 件，涉及标的金额共计 172225.75 元。22 件认证案件全部为涉嫌刑事案件（盗窃），其中涉嫌盗窃财物案件 4 起、涉嫌盗窃牲畜案件 4 起、涉嫌盗窃摩托车案件 2 起、涉嫌盗窃太阳能案件 1 起、涉嫌盗窃汽车案件 2 起、涉嫌盗窃发动机案件 1 起、涉嫌盗窃酥油案件 1 起、涉嫌盗窃手机案件 7 起。从办理的 22 件认证案件来看，县价格认证工作全部是以配合公安、检察机关办理的涉嫌刑事案件。

【能源建设】 把握国家“碳达峰”“碳中和”战略目标，以清洁能源示范省建设为牵引，调整优化能源结构，实施清洁能源替代工程。推进 1200 兆瓦牧光储项目及 20 兆瓦屋顶分布式光伏项目，实施四期、五期集中供热煤改电清洁能源项目，突出“三个攻坚战”，持续深化“河湖长制”“林草长制”成效，抓好土壤污染管控和修复，做好废弃矿山恢复治理。加快推进城镇生活垃圾分类处理，打造全域无废示范县。

【优化营商环境】 通过持续改善营商环境，纵深推进“放管服”改革，全面推进行政服务“好差评”制度，企业设立登记时间缩短至 3 个工作日。推进“审批破冰”工程，投资项目在线监管并联审批平台系统稳步进行，项目审批缩短至 30 个工作日，全面实行“审核合一”制，进一步提高办事效率。全程电子化登记办理率达 99%以上。梳理出行政许可事项 137 项、公共服务事项 274 项，网办率均达到 87%以上；高频事项 20 项、网办率 55%。梳理出“四办清单”，12 家窗口单位进驻大厅，事项进驻率为 98%。全面推进“互联网+政务服务”改革，加快完善政务服务一体化建设。进园区、进企业、进商超、进社区发放《青海省优化营商环境条例》100 余本，提高企业和群众对《青海省优化营商环境条例》的了解和认知。利用“美丽河南”单位微信公众号和县成吉思汗文化广场 LED 显示屏，开展为期 7 天的《青海省优化营商环境条例》宣传播放。联合县市场监管局、公安局等10余家部门单位，在县成吉思汗文化广场开展以“优服务、促营商、增动能”为主题的集中宣传活动，分发《青海省优化营商环境条例》宣传册700余本，向过往居民群众解读《青海省优化营商环境条例》及相关法律法规政策措施。

【诚信体系建设】 按时填报“双公示”信息，并对“双公示”数据及信用信息共享目录和信用数据归集清单进行梳理，及时上报数据，建立健全信用台账。截至年底，录入数据5378条，其中双公示数据2862条（行政许可297条、行政处罚2565条）。

【对口援建】 河南县对口支援项目4项，总投资1850万元。其中，投资为1300万元的河南县供水厂提标改造项目，完成总工程量的40%；河南县民族中学阶梯教室建设项目投资550万元。对口支援地区开展“民族团结一家亲·百行百业交流行”活动，其中河南县优干宁镇智合茂村和托叶玛乡宁赛村为乡村振兴示范村。

【粮油储备与管理】 严格执行储粮保管责任制，建立健全《保管员岗位责任制》《粮油质量安全追溯制度》《储备粮质量管理制度》等储粮制度，对储粮保管员实行定岗、定职责，要求对粮食品种、数量、质量、出入库时间等做到心中有数，有账可查，账实相符。坚持科学储粮，修建

2021年5月25日，县发展和改革局工作人员在粮油公司检查粮食库存

改造仓储、储粮设施设备，不断改善储粮和仓储作业条件。加强粮油公司职工专业技能培训，适时安排保管人员参加技能培训和外出参观学习交流等。加强食粮品质的检测，随时掌握储粮品质的变化情况，以便及时轮换，确保储粮安全。加强储备粮贷款资金管理工作，按照有关财务管理制度的要求，对贷款资金专人专管，做到账账实相符，做到上级部门规定的各项规章制度。县粮油购销公司存州级储备粮200吨，储备粮贷款资金66.4万元。开展成品油零售经营资格审批工作，完成全县加油站2021年年检工作，上报州工信局均合格。

【企业提质升级】 推进“多起来”战略，完成26项144类商标注册，打造出“三江牧场”“青清海”“阿米雪”等一批在全州、全省乃至在全国有影响力的绿色有机产品品牌。推进乐乐玛、启龙商贸有限公司等企业提质升级，开发一批手工艺饰品、民族服饰、特色餐饮等文旅产品，不断丰富产品形态，推动文旅融合特色化发展。

【电商物流】 依托“电子商务进农村综合示范县”建设，利用“抖音”“一直播”等网络媒介，统筹线上、线下销售双轮驱动，扩大内需与提高外销双管齐下，在西宁市万达大象城、甘肃省临夏市、夏河县等地开设河南县特色产品旗舰店，持续做活“周末市场”、“草原之夜”夜市广场等，延伸产业链条，增加产业价值。开辟3条省、县乡村物流专线，培育电子商务快递物流服务点5个，完成28个县乡村电子商务公共服务中心站点建设，乡村快递物流实现全覆盖，农村服务站点建设及运营覆盖率达50%，农畜产品输出上行销售额增长100%。

【消费促进】 组织全县商贸企业开展为期30天的迎新春“年货节”促消费活动，通过线上线下

促销、行业联动、城乡互动，创造良好的消费环境，引导消费升级推动经济增长，并为10家商贸企业发放促销费资金补助8万元。组织全县7家企业开展“五一”促销活动，以打折让利、赠送礼品的形式进行促销，发放促销费4万元，并为各乡（镇）发放消费代金券600张，共计2万元。利用“国庆中秋”节假日，组织17家商贸企业开展消费促进月系列活动，发放惠民消费券2375张，共计发放补助6万元。为全县企业申报30个项目，落实项目5个。其中，天路计划项目3个，总投资42.3万元；“专精特新”中小企业认定奖励资金项目1个，总投资40万元；2020年规上企业奖励资金1个，总投资20万元。掌握企业融资需求，并组织推荐相关企业填报融资需求申请表，向州工信局沟通汇报，在确保有效防范风险情况下得到上级的支持。

【信息技术服务】 协调各通信公司加大对4G、5G基础通信设施建设力度，完成13个5G基站建设，其中移动4个、电信2个、联通7个，全县39个行政村实现4G网络全覆盖，手机信号网络覆盖率达90%，宽带网络连接到村委会，牧户宽带网络覆盖率达41.9%。构建县、乡（镇）、村三级电商服务网络，完成1个县级电子商务服务中心和25个乡（镇）村级服务站点建设，打通农村电商发展网络“最后一公里”。与西北农林科技大学、青海大学农牧学院、财经学院、成教学院签订草原生态保护与科技创新合作协议，加大草原生态保护与建设科研推广等项目建设力度；借助3S、云计算、物联网、大数据和人工智能等新技术，完成三江源生态大数据平台建设项目和生态空间展示厅建设项目，建成5个智慧生态畜牧业技术集成与应用示范试点平台；“三江源生态大数据”平台和生态科研园投运，统筹管理三江源地区生态资源、生态资产，为合理保护与利用生态资源提供科技支撑。

自然资源管理

【概况】 2021年，河南县自然资源和林业草原局牢固树立“绿水青山就是金山银山”的理念，抓住“国家生态文明建设示范县”、全国第五批“绿水青山就是金山银山”实践创新基地建设机遇，实施生态立县战略，坚定不移走生态优先、绿色发展之路，全面推行林草长制，加强自然资源保护、管理和修复工作，推动自然资源的可持续发展，强化“三区建设”在“纯净河南·幸福蒙旗”落地生根，为筑牢国家生态安全屏障和确保“一江清水向东流”作出贡献。

【规划编制】 开展国土空间规划编制，完成现状调研和现状评估、土地利用总体规划和城市发展总体规划一致性分析、国土空间总体规划（2021—2035年）的文本、图集、说明书、七个重大专题研究并形成初步成果。城镇开发边界的划定，依据相关要求，以“双评价”为基础，统筹划定“三条控制线”，于9月3日完成第九版河南县城镇开发边界方案划定，并报送省厅审查。完成城市体检报告的初步方案。根据青

2021年12月29日，河南县国土空间规划征求意见会召开

海省人民政府办公厅印发《青海省国家重点生态功能区产业准入负面清单（试行）》和青海省青南四州砂石资源布局整合优化实施方案（2020—2023年）文件要求，结合河南县砂石的需求指标，完成河南县砂石矿山布局整合方案，并开展第四轮《河南县矿产资源规（2021—2025）》编制工作。根据中共青海省委办公厅，青海省人民政府办公厅关于印发《2021年全面推进乡村振兴“百乡千村”工程行动方案》《青海省村庄规划“五个一批”行动方案》要求，对浪琴村、夏日达哇村、荷日恒村和河赛尔龙乡（5个村）的村庄规划开展编制工作。完成G0611张掖至汶川高速公路同仁至赛尔龙（青甘界）段（河南段）公路项目征地期工作，确定地类、面积并开展征地工作。

【国土绿化与生态修复】　完成国土绿化1940公顷，其中人工造林面积140公顷，外森林抚育1000公顷，森林质量精准提升800公顷。开展生态修复，通过实施三江源生态保护和建设一期、二期工程、退牧还草、生态修复试点、“三北”防护林体系建设、天然林保护、公益林保护等工程，建设区域覆盖全县国土面积的70%，投资14085万元，建设休牧围栏3333.33公顷、划区轮牧围栏建设3333.33公顷、黑土滩治理6666.67公顷、黑土坡治理2000公顷、退化草原补播2666.67公顷、退化草原改良7333.33公顷、废弃定居点植被恢复266.67公顷、草原有害生物防控鼠害防治15万公顷、毒害草治理43333.33公顷、虫害防治62666.67公顷。完成湿地保护14000公顷，人工造林66.67公顷，低效林改造1066.67公顷，城镇绿化103.33公顷，封山育林项目4800公顷，林业有害生物防控3713.33公顷。投资434.02万元，对全县10个开采区实施矿山生态恢复治理，治理面积14.94公顷。为全县自然资源与林草生态保护修复建设提供项目支撑。推行禁牧和草畜平衡制度，特别是加大克其合滩生态治理力度，推动样板区建设工作。从2016年开始，县委、县政府在全县范围内开展县级干部责任田治理工作，截至2021年底，在6个乡镇确定45块草原合计6833.33公顷草原为县级干部责任田进行挂牌和草原生态的治理工作，从县级干部直接参与草原生态治理的行动来加强、提高和强化全社会对草原生态治理的重视程度，形成的示范带动作用成为全县可复制的天然草原综合治理模式。草原平均植被覆盖率由2016年的86.84%提高到93.6%以上；草群平均高度由17.87厘米提高到23.7厘米，增加32.7%；可食鲜草量由每亩419.7千克提高到541.09千克，提高28.9%；森林覆盖率由33.18%提高到34.5%。

【灾害防治】　开展地质灾害防治工作，结合河南县地质灾害实际，编制2021年全县地质灾害防治预案，对11处隐患点进行多次排查，建立排查台账，全年未发生任何地质灾害事件。开展森林草原防火工作，调整森林草原防火指挥部，落实分片包干责任制；组织开展森林草原防火演练，提高扑火队伍应急处置能力。5月4日起，到虫草采挖点开展巡山护林巡查工作。发放并张贴《关于森林资源和野生动植物保护公告》

2021年，优干宁镇与甘肃省夏河县科才镇举行治理克其合茶卡滩公牧区草原黑土滩生态治理修复协议签订仪式

1500余份。10月14日，在局领导组织安排下开展2021年森林草原防火演练，200余名生态管护员参加演练。12月24日，召开今冬明春森林草原防灭火工作推进会议落实防护工作，签订森林草原防火工作目标责任书。

【自然资源执法监察】 开展全面禁止非法野生动物交易、革除滥食野生动物陋习和保护野生动物宣传，联合相关单位开展清理行动，全面加强野生动物保护和管理。定期对重点地区进行监督、检查、监测，全面严控野生动物及其制品的交易和食用，全面监测野生动物健康状况。每10天对固定地点进行鸟类监测工作。持续开展土地、矿产卫片执法监督检查工作，实现“零约谈”“零问责”，全县完成42个疑似违法用地的图斑核查，并上报结果。查处2018年以来未批先建的违法用地61宗，收缴罚没款总计1026.69万元。依法严格林地、草地、湿地征占用审核管理，查处未批先占、破坏林地、草地、湿地的一切违法行为，1—8月审核上报长期征占用草原事项4件，办理临时征占用草原事项6件，查处草原违法案件4起，收缴罚没款总计7.09万元。加强森林草原资源管护，在管护区设立标志牌，明确标示管护区名称、范围、面积、护林人员责任和禁止事项等内容，并与管护人员签订管护协议书，明确责、权、利，落实管护措施，签订家庭管护制合同4098份、精准扶贫管护合同610份、专业管护人员合同24份。对全县各类苗木复检117批1381259万株，苗木质量不合格退回92993万株，苗木质量合格率6.73%，下发检疫处理通知单24起，复检率100%。全面开展检疫检查，对涉林涉检单位和个人进行复检登记造册，对全县22家从事木材等各种商品的木质包装材料，加工、经营、使用松木及其制品的单位和个人的检疫情况进行全面复检并签订报检协议。7月中旬，全面组织开展全民所有自然资源资产清查试点项目，在技术支撑单位配合下完成资料收集与整理、原始数据预处理、信息提取及清洗等工作，后续工作主要以各类资源数据工作范围要素层补充属性信息、核实问题图斑、实物量清查相关服务等内容开展。

【校地合作】 加大草原生态保护与科研推广等项目建设力度，与西北农林科技大学，青海大学农牧学院、财经学院、成教学院签订草原生态保护与科技创新合作协议，争取并主持的科研课题2项，参与研究的科研课题7项。加大草原生态保护与建设科研推广等项目建设力度，采用“清橐1号”药品实施的10000公顷黄帚橐吾防效率高达94%以上，推动科研成果积极转化。以“碳达峰”“碳中和”河南行动为载体，与青海大学、青海羌域低碳能源科技有限公司签订河南县草原碳汇开发方法学研究合作协议，制定开发草原分类方法及划分标准，明确不同草地类型的特点及分析，确定不同类型草地固碳量的测算方法和计算标准，探索建立全县富民绿色产业。

【土地确权登记】 全面确权登记易地扶贫搬迁项目，易地扶贫搬迁项目941户，其中县城集中安置490户（幸福小区410户、安居小区80户），分散安置451户，完成总量的100%。同时对农村宅基地登记确权进行梳理，农村宅基地发证1733宗，完成总量的100%。

【生态管护】 严格管护责任，落实属地管理，全县生态管护员1106人，其中林管员665人、草管员426人、湿地管护员15人。为全面推行林草长制，统筹安排全县生态管护员，实行网格化管理，结合实际，对每位管护员划分管护片区，要求对各自管护片区的所有林业草原生态安全负主要责任，促进林地和草地资源可持续发展。

【林草长制组织建设】 根据《黄南州关于全面推行林草长制的实施意见》的要求，河南县结合实际制定《河南县林草长制实施意见》，建立县、乡、村、社四级林草长制管理体系和部门协作机制，县级设立总林草长和副总林草长，分别由党委和政府主要负责人担任，同级党委、人大、政府、政协负责人担任副总草长，实行县级干部包乡（镇）制度；乡（镇）设立林草长和副林草长，乡镇党委、政府主要负责人担任林草长，其他负责人担任副林草长。实行乡级干部包村制度；村级设立第一林草长和副林草长，村党组织书记担任第一林草长，其他村干部担任副林草长，分组监督辖区社林草长的责任落实；以社按照林业和草原承包居住区域或牧业小队为单位，推举有管理能力的牧民和林草生态管护员担任第一林草长和副林草长，负责区域内牧民群众使用管理林业和草原资源的责任落实。此外，设立林草长办公室，具体负责区域划分、制度制定、工作协调、责任落实等具体工作，确保全县林草长制各项措施的顺利推行。

【重点项目建设】 2020 年下达 2021 年实施项目。2020 年河南县退化林修复项目，总投资 250 万元，主要建设内容为退化林修复 333.33 公顷，通过省、州联合验收。河南县 2020 年第二批林业改革发展资金森林抚育项目，总投资 50 万元，主要建设内容为森林抚育 333.33 公顷，通过省、州联合验收。河南县 2020 年第二批林业改革发展资金森林质量精准提升，总投资 40 万元，主要建设内容为森林质量精准提升 133.33 公顷，通过省、州联合验收。2020 年河南县林业有害生物防控项目，总投资 520 万元，主要建设内容为新建测报站、检疫检查室 2 处，新建锅炉房 1 座，总建筑面积为 1240.30 平方米，采购有害生物防控设备，完成竣工验收。2020 年河南县采种基地建设项目，总投资 180 万元，主要建设内容为新建祁连圆柏采种基地 202.73 公顷、50 平方米管护站 1 处、207.2 平方米种子储藏室 1 座，道路维修 2.4 千米，采购采种设备，完成竣工验收。2020 年河南县湿地保护项目，总投资 153 万元，主要建设内容为湿地保护 3333.33 公顷，完成县级自查验收。国有林场林区道路建设项目，总投资 1125 万元，主要建设内容为林区道路硬化 16.36 千米，于 6 月 28 日开工实施，至年底完成总工程量的 95%。2020 年河南县退牧还草工程，总投资 8490 万元，建设内容休牧围栏建设 3333.33 公顷、划区轮牧围栏建设 3333.33 公顷、退化草原改良 7333.33 公顷、黑土滩治理 6666.67 公顷、毒害草治理 26666.67 公顷，项目完工。2020 年中央林业草原生态保护恢复资金河南县退化草原生态修复项目，总投资 1250 万元，建设内容为重度退化草原坡地治理 666.67 公顷，废弃定居点、圈棚及周边影响区植被恢复 133.33 公顷，草原毛虫防治 13333.33 公顷，毒害草防治 6666.67 公顷，项目完工。河南县 2020 年第二批中央林业草原生态保护和恢复项目，总投资 1695 万元，建设内容为重度退化草原坡地治理 666.67 公顷、退化草原补播 1333.33 公顷、毒害草防治 10000 公顷、高原鼠兔防治 23333.33 公顷、草原毛虫防治 16000 公顷，项目完工。青海三江源生态保护和建设二期工程 2020 年度河南县草原有害生物防控项目，总投资 1100 万元，建设内容高原鼠兔防治 40000 公顷、高原鼢鼠防治 86666.67 公顷、草原毛虫防治 20000 公顷，项目完工。

2021 年下达实施项目。河南县 2021 年第一批林业改革发展资金森林抚育项目，总投资 50 万元，主要建设内容为森林抚育 333.33 公顷，通过省、州联合验收。河南县 2021 年第一批林业改革发展资金森林质量精准提升，总投资 300 万元，主要建设内容为森林质量精准提升补植补栽 666.67 公顷，通过省、州联合验收。国有贫困林场基础设施建设项目，总投资 40 万元，主要建设内容为宁木特林场有害生物防控用房院内围墙和大门修建，项目完工。青海省重点区域生态保护和修复专项河南县 2021 年中央预算内投资天然林保护和营造林工程，总投资为 830 万元，完成作业设计的审查工作，因季节因素影响年内无法实施，次年实施。河南县 2021 年第一批中央林业草原生态保护和恢复项目，总投资 1550 万元，建设内容为重度退化草地坡地治理 666.67 公顷、退化草地补播 1333.33 公顷、草原毛虫防治 13333.33 公顷、废弃定居点棚圈公路两边沙坑等周边植被恢复 133.33 公顷，项目完工。河南县 2021 年第一批中央林业草原生态保护恢复国家草原自然公园试点项目，建设内容桃形立柱围栏建设 1 万米、退化草地补播 33.33 公顷，项目投资 200 万元，因季节因素影响年内无法实施，次年实施。重点区域生态保护和恢复河南县 2021 年三江源生态保护和修复项目，建设内容围栏封育

60万米、退化草地改良6666.67公顷、人工种草2000公顷、黑土滩治理666.67公顷、毒害草综合治理10000公顷，项目总投资5160万元，因季节因素影响年内无法实施，次年实施。河南县2021年天然林保护94873.33公顷，投资1394.48万元，完成12个月的管护任务，完成全年管护任务的100%，河南县2021年生态效益补偿基金（公益林）管护13.13万公顷，总投资1776万元，完成12个月的管护任务，完成全年管护任务的100%。

【生态监测】 4月10日起，开展国家级固定监测牧草返青监测工作，采集45个样点的数据，按要求上报到上级业务部门。根据青海省林草局《关于开展青海省林草生态综合监测评价工作的通知》要求，对全县151个样地和1个固定监测站进行调查，完成河南县天然草原基况调查试点工作和草原生态综合监测评价工作。完成一年生牧草（燕麦）产量调查工作，根据对监测数据的测算，燕麦草平均高度为100厘米，亩产鲜草达到3688.5千克。草丛平均值比2020年同期相比低1.2厘米（2020年全县草层平均高度为101.2厘米），燕麦草鲜草产量比2020年同期相比减产678千克/亩（2020年为4366.5千克/亩），减产率为16%；对项目区、责任田牧草产量调查，种草项目平均植被盖度达88.7%，平均鲜草产量达526.2千克/亩，责任田可食鲜草产量平均达620.4千克/亩。据2021年秋季基数调查统计，河南县高原鼠兔全县危害面积10.89万公顷（其中严重危害面积10.03万公顷），占全县可利用草地面积的16.9%（其中危害面积占15.6%），危害区最高有效洞口424个/公顷，平均220个/公顷；高原鼢鼠全县发生面积12.64万公顷（其中危害面积10.96万公顷），占全县可利用草地面积的19.6%（其中危害面积占16.9%），危害区最高有效洞口448个/公顷，平均235个/公顷；草原毛虫预计全县发生面积54000公顷，其中危害面积36733.33公顷，危害区虫茧密度最高8个/平方米，平均虫茧密度7个/平方米；草原蝗虫全县发生面积15266.67公顷（其中危害面积11800公顷）危害区虫口密度最高24个/平方米，平均10个/平方米；毒害草全县共发生面积13.75万公顷（其中危害面积92000公顷）。

【禁牧和草畜平衡监管】 9月14日，县政府组织县自然资源局、县农牧局、县统计局、县财政局及各乡镇召开2021年度河南县禁牧和草畜平衡工作推进会，根据核定的载畜量，将减畜任务分解落实到乡、村、户，建立草畜平衡管理责任制，县与乡、乡与村签订草畜平衡及减畜责任书，制定并落实减畜计划，同时核算并给农牧部门和各乡镇政府部门转发年度载畜量预警的函，为全县草畜平衡工作提供理论数据。林草部门成立牲畜核定小组，对全县39个村委会随机进户抽查，每村抽查5户，比较管户员核查的牲畜数量是否一致，确定加强草畜平衡监管和督查，检查牧户是否按所超载家畜的减畜完成任务后保持草畜平衡，实施草畜平衡管理，11月底全县各乡镇基本达到草畜平衡。

【自然公园建设】 青海省蒙旗阿木赫国家草原自然公园。河南县围绕青海建立以国家公园为主体的自然保护地体系示范省建设总体要求，积极融入以国家公园为主体的示范省建设，打造蒙旗阿木赫获批国家草原自然公园。2020年9月17日，经国家林业和草原局公布“青海蒙旗阿木赫国家草原自然公园”为国家草原自然公园试点，并于2021年3月3日由省林草局颁发牌匾，正式挂牌成立。

河南县吉岗山省级地质自然公园。加快推进河南县吉岗山省级地质自然公园建设，通过生态保护、生态旅游、科研监测和文化宣教等活动，推进以草原文化+旅游产业的发展模式，促进林草生态持续好转。

【学术交流及成果】 县草原工作站部分职工先后参加“COP15 2020年联合国生物多样性大会”“青藏高原生态环境保护与可持续发展高级研修班”“久治县年保玉则周边25度以上生态治理研讨会”“中国草学会2020年暨第十届会员代表大会”等学术交流会议，通过学术交流更大程度地提高专业水平，拓展业务知识面。完成与青海大学协作的《河南蒙古族自治县植物资源图鉴》编译出版工作，完成与青海省牧科院协作的《青海冬虫夏草产区药用植物图鉴》藏文版编写工作，完成与青海师范大学生命科学院龙主多杰教授协作的《藏药植物分类学》出版工作。编制《青海种子植物检索》，待出版；与中国科学院、西北高原生物研究院周华坤研究员共同编写的《青海省草原生态保护补助奖励政策绩效评价》出版发行；与中国科学院、西北高原生物研究院周华坤研究员共同编写的《2021年青海省农村奖补政策评价报告》处于编制阶段，待出版；编写的《黄河南蒙古族自治县草地生态系统植物名录及优势植物图志》藏语、汉语版合作编写出版发行；与兰州大学合作的《河南县天保成效生物多样性调查报告及图谱》处于编制阶段，待出版。

【自然资源宣传保护】 开展《中华人民共和国自然资源法》《中华人民共和国草原法》《中华人民共和国森林法》《林业和草原防火条例》《野生动植物保护条例》等法律、法规及林业和草原保护政策法规宣传。组织有关部门查处破坏森林草原违法行为，落实草畜平衡、禁牧休牧制度。严格林地草原征占用审核审批手续，规范审批程序，加大破坏森林和草地资源的监管查处力度，先后制作《老鼠父子的真情告白》《草原守护者》《牧民·草原·家园》《河南县克其合滩生态治理专题片》《河南县草原生态保护与建设图册》等草原保护宣传片，尤其《老鼠父子的真情告白》在青海安多电视台以公益宣传的形式播放长达2年之久；《老鼠父子的真情告白》宣传片和《草原守护者》获6月18日草原学会主办的保护日宣传片特等奖。

财　政

【概况】 2021年，面对复杂严峻的经济形势和疫情的影响，全县财政工作坚决落实中央和省委、州委、县委决策部署，执行县人大各项决议，坚持稳中求进工作总基调，践行新发展理念，推动高质量发展，统筹支持疫情防控和经济社会发展。全县总财力173213万元。其中，地方公共财政预算收入4251万元，上级补助收入158400万元，动用预算稳定调节基金458万元，调入资金145万元，政府债券转贷收入9959万元。公共财政预算支出167849万元，安排预算稳定调节基金246万元，上解上级支出1475万元，债务还本支出745万元，收支相抵，年终结转3500万元。

【地方一般公共预算收入】 全县地方一般公共预算收入完成4251万元，为预算的103.73%，同比增长8.9%。税收收入完成3094万元，分税种：增值税完成546万元；企业所得税完成274万元；个人所得税完成306万元；城市维护建设税完成74万元；房产税完成77万元；印花税完成37万元；城镇土地使用税完成40万元；土地增值税完成32万元；车船税完成175万元；耕地占用税完成1262万元；契税完成68万元；环境保护税完成2万元；其他税收收入201万元；非税收入完成1157万元。

2021年6月3日，由县财政局主办的河南县财税金融系统党史学习教育“诗歌朗诵、再唱红歌”系列比赛活动在县政府会议厅举行

2021 年全县地方一般公共预算收入统计表

表 7 单位：万元

序号	项目	收入额	2020 年同期	增（减）数	比 2020 年增长（±）
1	增值税	546	603	-57	-9.45%
3	企业所得税	274	174	100	57.47%
4	个人所得税	306	171	135	78.95%
6	城市维护建设税	74	76	-2	-2.63%
7	房产税	77	73	4	5.48%
8	印花税	37	15	22	146.67%
9	城镇土地使用税	40	14	26	185.71%
10	土地增值税	32	2	30	1500.00%
11	车船税	175	152	23	15.13%
12	耕地占用税	1262	36	1226	3405.56%
13	契税	68	43	25	58.14%
14	环境保护税	2	3	-1	-33.33%
15	其他税收收入	201	0	201	
17	行政事业性收费收入	153	80	73	91.25%
18	罚没收入	105	138	-33	-23.91%
19	国有资源（资产）有偿使用收入	426	2127	-1701	-79.97%
20	专项收入	473	196	277	141.33%
合计		4251	3903	348	8.92%

【一般公共预算支出】 全县一般公共预算支出完成 167849 万元，为预算的 97.96%，同比减少 12.4%，减支 23706 万元。其中，一般公共服务支出 14104 万元，占总支出的 8.4%；国防支出 21 万元，占总支出的 0.01%；公共安全支出 8320 万元，占总支出的 4.96%；教育支出 21909 万元，占总支出的 13.05%；科学技术支出 80 万元，占总支出的 0.05%；文化体育与传媒支出 2546 万元，占总支出的 1.52%；社会保障和就业支出 25021 万元，占总支出的 14.91%；卫生健康支出 12836 万元，占总支出的 7.65%；节能环保支出 10188 万元，占总支出的 6.07%；城乡社区事务支出 13193 万元，占总支出的 7.86%；农林水事务支出 48880 万元，占总支出的 29.12%；交通运输支出 2245 万元，占总支出的 1.34%；资源勘探信息等支出 200 万元，占总支出的 0.12%；商业服务业等支出 1002 万元，占总支出的 0.59%；自然资源海洋气象等支出 84 万元，占总支出的 0.05%；住房保障支出 4004 万元，占总支出的 2.39%；粮油物资储备支出 40 万元，占总支出的 0.02%；灾害防治及应急管理支出 742 万元，占总支出的 0.44%；其他支出 1695 万元，占总支出的 1.01%；债务付息支出 728 万元，占总支出的 0.43%；债务发行费用支出 11 万元，占总支出的 0.01%。

2021 年全县地方一般公共预算支出统计表

表 8　　　　单位：万元

序号	项目	支出额	2020 年同期	增（减）数	比 2020 年增长（±）
1	一般公共服务支出	14104	13629	475	3. 49%
2	外交支出	0	—	0	—
3	国防支出	21	16	5	31. 25%
4	公共安全支出	8320	5754	2566	44. 60%
5	教育支出	21909	16998	4911	28. 89%
6	科学技术支出	80	362	-282	-77. 90%
7	文化旅游体育与传媒支出	2546	8908	-6362	-71. 42%
8	社会保障和就业支出	25021	24315	706	2. 90%
9	卫生健康支出	12836	14626	-1790	-12. 24%
10	节能环保支出	10188	13945	-3757	-26. 94%
11	城乡社区支出	13193	23706	-10513	-44. 34%
12	农林水支出	48880	61288	-12408	-20. 24%
13	交通运输支出	2245	2445	-200	-0. 08%
14	资源勘探工业信息等支出	200	45	155	344. 44%
15	商业服务业等支出	1002	1008	-6	-0. 60%
16	金融支出	0	0	0	—
17	援助其他地区支出	0	0	0	—
18	自然资源海洋气象等支出	84	482	-398	-82. 57%
19	住房保障支出	4004	2725	1279	46. 94%
20	粮油物资储备支出	40	10	30	300. 00%
21	灾害防治及应急管理支出	742	543	199	36. 65%
22	其他支出	1695	171	1524	891. 23%
23	债务付息支出	728	572	156	27. 27%
24	债务发行费用支出	11	7	4	57. 14%
合计		167849	191555	-23706	-12. 38%

【财政监管】 加强财政监督，夯实财务管理基础，切实扎紧专项资金管理制度笼子。以重大财税政策落实和教育、支农、生态环保项目资金为重点，加大预算执行监督、会计监督、非税收入检查和重点专项资金检查力度，确保财政资金安全、规范、有效使用。开展严肃财经纪律专项治理检查工作，在自查自纠基础上开展重点检查，对全县各预算单位抽查面达到 15%，抽取重点预算单位 15 家。坚持自查从宽、被查从严的原则，督导各预算单位对自查和重点检查处置问题进行限期整改，年内将查出的问题全部整改到位，并完成整改报告。年内同时开展非税收入督查、社

会救助资金督查以及预决算公开质量督查等专项检查工作，通过各类专项检查，坚决纠正和查处财经领域各种违法违规行为，促进各预算单位严格执行财经法规，完善内部控制，加强财务会计管理，切实把好财政资金使用关口，确保财政各项政策有效落实。

【财政改革】 坚持全面深化改革，激发经济社会发展活力。修订完善多项资金管理办法，细化明确绩效目标、适用范围、管理职责、执行期限、申报程序、信息公开等内容，初步建立“部门管项目、财政管资金、资金跟着项目走、监督跟着资金走”的专项资金监管体系。继续深化部门预算改革，推进支出标准体系建设，提高预算管理的规范性；继续细化基本支出和项目支出预算编制，提高预算管理的精细化水平，并完善非税收入收缴和政府采购管理机制，清理整合财政专项资金，规范和改进财政预决算公开工作。加大预算统筹力度，全面运用零基预算并建立健全专项资金定期评估和退出机制，强化绩效评价结果应用，落实零基预算要求，探索实行工作量预算法，按政策安排、履职需要和支出能力安排预算。建立预算稳定调节基金，完善跨年度预算平衡机制，继续推进绩效管理，完善考评体系，加大信息公开力度，提高预算信息透明度，并主动做好新型农村合作医疗补助资金、城乡最低生活保障资金、救灾扶贫资金等作为重点内容向社会公开，向直接受益对象、受益群体公开。加快建成全方位、全过程、全覆盖的预算绩效管理体系，并对财政扶贫资金开展动态监控工作，按照省财政扶贫资金动态监控工作要求，将所有扶贫资金都纳入预算绩效管理体系。完善政府采购管理，完成入围供应商的摸底调查，定期开展代理机构的监督评价，邀请“政采云”公司专业老师开展业务培训。

【政府性债务监管】 坚持底线思维，着力防范化解重大风险。始终将防范化解政府性债务风险作为一项重要的政治任务，自加压力、敢于担当，完成防范化解债务的各项任务。县财政局高度重视政府债务预警工作，建立《地方性债务管理领导小组》《河南县政府性债务风险应急处置预案》《河南县政府债务化解实施方案》。根据基础数据测算本息额度，筹措偿债资金，使县政府性债务控制在可控范围之内。在地方政府性债务管理方面建立隐性债务台账，制定政府性债务风险防范化解机制和实施方案、隐性债务整改时间表和路线图，整改违法违规融资担保行为。同时加强组织领导，严格限额管理，并实现全口径预算管理，风险指标处于安全区域。全年地方政府债券资金共计 11214 万元，其中一般债券 9214 万元（共计 8 个项目）、专项债券 2000 万元（共计 1 个项目），支出 326 万元（均为专项债券资金支出），政府性债务余额 53404 万元，政府性债务限额 54729 万元，政府债务在法定限额以内，政府债务处于绿色安全区域。

【涉农资金统筹整合】 在全县开展财政涉农资金统筹整合使用工作，增强以脱贫攻坚统揽经济社会发展全局的能力，确保实现巩固拓展脱贫攻坚成果同乡村振兴有效衔接。2021 年省下达财政专项扶贫资金（财政衔接推进乡村振兴补助资金）12741.8 万元，全县完成有效支出 11987.54 万元，支出率为 95%。调整后应当纳入整合资金总规模 38372 万元，计划整合各类涉农资金 12571 万元，其中用于产业发展 6663.62 万元，用于基础设施建设 5907.38 万元。

【民生领域支出】 坚持经济发展和民生改善相协调，尽力而为、量力而行，突出保基本、兜底线，持续加大民生领域的投入，在大力压缩一般性支出的同时，有效配置财政资源，确保民生支出需要。全县财政用于民生的支出达到 134585.19 万元，民生支出占比达到 79%。支持教育发展，落实资金 21909 万元，继续巩固完善农村义务教育经费保障和三江源地区教育补偿机制，落实农村义务教育营养改善计划和少数民族地区特殊教育补助，支持薄弱学校改造、学前教育扩大资源规划、初中校舍改造、中小学标准化、教师周转宿舍建设、改善办学条件等；支持卫生事业发展，落实资金 12836 万元，深化县级公立医院改革，推进公立医院改革，落实重点学科建设，支持公共卫生服务体系建设，做好城乡医疗救助工作；支持文化旅游事业发展，落实资金2546万元，加快旅游产业发展，支持文化产业园区基础设施、图书馆、文化馆及村文化活动室建设；支持社会保障和就业，落实资金25021万元，支持社会养老服务体系、综合防灾减灾能力建设和就业再就业政策的有效实施，提高城乡居民社会养老保险基础养老金、医保筹资补助标准，按时足额发放城乡低保资金和孤儿基本生活补助；支持城乡社区建设，落实资金13193万元，支持人居环境整治、道路工程建设；支持农林水建设，落实资金48880万元，支持实施产业扶贫、村级道路建设、特色优势产业发展等建设；保障社会和谐稳定，落实资金94万元，开展“平安河南”建设、扫黑除恶专项斗争，推进重点人员排查管控、公共法律体系建设，保障民族团结进步创建工作；坚持生态保护优先，落实生态环境保护方面专项资金共计10095万元，支持实施林业草原生态保护恢复、节能减排、土壤污染、天然林保护、重点生态保护修复治理等生态环保项目。

【绩效管理】 推进财政事权和支出责任划分改革，进一步健全财政收支预算管理，加快建成全方位、全过程、全覆盖的预算绩效管理体系。牢固树立绩效管理意识，优化财政资源配置效率。强化绩效理念，将绩效理念和方法深度融入预算编制、执行、监督全过程，构建事前、事中、事后绩效管理闭环系统。突出重点，坚持问题导向，聚焦提升覆盖面广、社会关注度高、持续时间长的重大政策、项目的实施效果；加强预算绩效目标管理，不断提高科学决策能力。健全完善预算绩效目标管理办法，在2020年度部分预算单位试点预算绩效目标管理基础上，在编制2021年度部门预算时，全面实施预算绩效目标管理工作，覆盖本级所有预算单位，明确绩效目标，避免设置“无效项目”“低效项目”。开展项目动态监控，督促指导相关部门加强项目的组织实施，加快推进项目建设进度。强化对项目实施进度与资金拨付情况的跟踪监督；强化部门（单位）内部控制制度建设，加强项目及资金管理，提高项目管理及资金管理水平。加大本级财政支出绩效评价工作力度，提高本级财政绩效评价项目资金规模占当年财政安排本级项目资金总额的占比，特别是重点民生支出项目资金评价规模。探索引入第三方机构参与财政绩效评价工作。健全完善预算绩效管理制度，细化、量化项目绩效评价指标体系，加强对本县各部门（单位）财会人员会计培训和业务培训，特别是加强预算绩效管理专业知识和业务技能的培训，增强预算绩效管理工作人员的业务素质，预算绩效管理的工作水平不断提高。

【“三公”经费支出管理】 压减一般性支出、非刚性支出，削减或取消低效无效资金，从严控制一般性支出，完善和规范预算执行制度，确保预算支出资金及时、足额拨付，提高财政资金使用效益。严控“三公”经费支出，强化政府采购预算约束，规范招标程序和超预算管理，以开源节流作为财政收支管理的核心内容，把握好工作节奏和力度，多方挖掘增收，努力缓解财政收支矛盾，实现非重点、非刚性支出压减15%，“三公”经费压减5%以上，做到“三公”经费支出只减不增，提高资金使用效益，确保全县经济合理运行。

【会计管理与培训】 加强财务人员培训，提高履职尽责能力。为全面深化预算管理制度改革，使全县各预算单位财务人员能够熟练掌握各项财务技能，促进其业务素质和工作能力的全面提高，达到财务管理工作规范化、科学化、精细化。落实预算管理一体化规范化要求，保障预算管理一体化系统于2022年1月1日正式上线运行，组织全县预算单位、代理银行开展多期预算执行业务和系统操作培训，使财务人员吃透预算执行相关制度规定，全面掌握一体化系统操作。加强财政管理基础工作和基层财政建设，组织举办财务培训8期，通过专项财务培训，组织开展财务专题培训，提高财务干部政策水平和工作能力、增强财务人员执行财政政策的能力、业务操作能力和

2021 年 4 月 13—15 日，县财政局组织举办 2021 年村级财务人员及寺院财务人员培训班，各村（社区）主任和财务人员及各寺管会财务人员参加培训

解决实际问题的能力。

【政府采购】 按照《中华人民共和国政府采购法》《中华人民共和国政府招投标法》及相关规定办事，履行集中采购机构的职责，做到不越位、不缺位，全面实行“阳光采购”。全县实际采购规模达到 339.54 万元，竞争性谈判 64.64 万元；竞争性磋商采购额 401.48 万元。节约资金 158.16 万元，资金节约率为 31.78%；政采云电子卖场交易 1064 笔，成交金额 2215.64 万元。全县有 17 家供货商，同比增长 5 家。网上成交量 1064 起，同比增长 237 起；成交额 2215.64 万元，同比增长 645.85 万元。在贫困地区农副产品网络销售方面，有 83 家预算单位加入扶贫 832 平台，83 家预算单位激活管理账号和采购账号，预留份额 3.11 万元，交易总额 3.13 万元，超额完成预留份额。

【盘活存量资金】 盘活各领域“沉睡”财政资金，集“零钱”成“整钱”，提高财政资金使用效益。全年收缴存量资金 46834.6 万元（其中可统筹使用 2000 万元、需原渠道返还 44834.6 万元），支出存量资金 46834.6 万元（统筹使用 2000 万元、政府会议纪要安排统筹 8887 万元、原渠道返还 35947.6 万元），形成缺口资金 8887 万元。通过对财政存量资金的统筹盘活使用，一方面减少资金沉淀，提高资金使用效率；另一方面增加政府支出，缓解财力不足的收支矛盾。盘活资金统筹用于稳增长、促改革、调结构、惠民生的重点领域和关键环节，使财政存量资金的流通更加顺畅、使用更加科学。

【财政管理】 加强国有资产监督管理，落实国有资产管理情况报告制度，提高报告质量，严格行政事业性国有资产配置管理，全面推进党政机关和事业单位经营性国有资产集中统一监管改革。加大“闲置资产”盘活力度，提升资产使用效率，发挥国有资产对经济社会高质量发展的保障作用。加大预算绩效考评力度，做实预算执行进度和绩效目标实现程度“双监控”，及时通报存在问题强化整改实效，制定县级绩效指标及标准体系库管理办法，提高预算执行进度和资金使用效益，并做好预算编制工作。做实项目储备，集中力量办大事，强化预算编制对落实重大政策、重要部署保障能力，实现有限资源与政策目标有效匹配。落实月度支出责任，采取加快预算批复下达进度、盘活存量资金、加快政府采购进度等有效措施，狠抓支出进度，紧盯项目实施黄金期，强化资金和项目对接管理，财政支出均衡性大大改善，支出进度明显加快，全县公共财政预算支出执行率达到 100%。

税　务

【概况】 2021 年，国家税务总局河南蒙古族自治县税务局（简称“县税务局”）深入贯彻落实习近平总书记在考察青海时的重要讲话精神，在百年党史中汲取智慧和力量，围绕青海省税务局“一三六”工作思路，以更坚决的态度、更务实的作风、更有力的行动，推进减税降费、征收管理、纳税服务、干部队伍建设等工作。截至年底，全县有纳税人

2821户，其中增值税一般纳税人42户、小规模企业1670户、个体工商户1109户。重点税源企业2户，分别为青海河南农村商业银行股份有限公司、青海聚能滳度饮料股份有限公司。

【税费收入】 全年完成税收收入5313万元，同比增长83.17%，增收2412.36万元。社会保险基金收入13219.48万元，同比增长4.35%，增收550.97万元。完成非税收入542.29万元，同比增长43.01%，增收163.09万元。

2021年全县税费收入统计表

表9 单位：万元

项目	年计划	完成收入	同比（±）	占年计划
一、税收收入合计	5287.00	5313.00	83.17%	99.51%
中央级	1867.00	1880.00	42.31%	99.31%
省级	0	0	0	0
州局	327.00	329.00	51.61%	99.39%
县级	3093.00	3104.00	150.93%	99.65%
其中：1. 国内增值税	2000.00	2021.75	25.77%	98.92%
2. 企业所得税	685.00	684.49	0.00%	100.07%
3. 个人所得税	760.00	764.45	78.99%	99.42%
4. 资源税	75.00	74.59	396.27%	100.55%
5. 城镇土地使用税	40.00	39.85	178.48%	100.38%
6. 城市维护建设税	74.00	74.14	328.08%	99.81%
7. 印花税	37.00	36.99	140.19%	100.03%
8. 土地增值税	32.00	31.63	1420.67%	101.17%
9. 房产税	77.00	77.05	6.22%	99.94%
10. 车船税	175.00	174.73	14.98%	100.15%
11. 耕地占用税	1261.00	1261.91	3453.68%	99.93%
12. 契税	67.00	67.77	58.67%	98.86%
13. 环境保护税	4.00	3.65	-30.61%	109.59%
二、社会保险基金收入	0	13219.48	4.35%	0
三、非税收入	0	542.29	43.01%	0

【减税降费】 县税务局党委始终把加强党的领导和党的建设贯穿于减税降费重点工作的全过程，牢牢抓住减税降费主体责任，明确职责任务。将减税降费相关文件精神及政策列入党委会议、党委中心组学习中进行学习，从讲政治的高度，增强落实好减税降费措施的政治责任感和工作主动性。受疫情影响，在保障公共安全的前提下，县税务局以个税改革工作组为框架，发挥工作职能，在税务人和纳税人之间建立“面”上的网格化责任制和“点”上的“一对一”责任制，引导纳税人错峰、稳妥办理2020年个人所得税年度汇算，推进新税制实施后首次年度汇算工作。自减税降费开始后，分类建立应享未享台账，随时记录应退未退、应享未享纳税人的详细信息，做好留

存工作，保证纳税人能够享受到减税降费的红利。

【税收征管】　强化纳税管理，申报期内及时跟踪纳税人申报进度，做好纳税人日常管理工作，催报逾期申报纳税人115户次，催缴逾期缴纳税款纳税人55户次。完成个体工商户重新核定定额工作，在核心征管系统中完成21户新登记个体的定额核定工作。提高征管质量，承接应对省、州局下发风险总计228条，其中低风险225条、中风险3条，所有风险按时应对反馈。根据征管5C指标，修正780条相关数据；自查核实自2018年至2021年底不予加收滞纳金疑点数据4条；处理企业三类人员存在非正常户的27条疑点数据，开展“僵尸户”、漏征漏管户纳税人情况核实，最终统计1220户纳税人为“僵尸户”。提升申报质量，个人所得税申报完成率达99.29%，全县经营所得税、企业所得税申报率100%；辅导纳税人填报企业“三张表”，4户大企业纳税人申报率100%。

【纳税服务】　将“我为群众办实事”实践活动作为党史学习教育的落脚点，把党史学习教育与税收重点工作相结合，切实为纳税人缴费人解难题、办实事。主动作为，为企业纾困解难，召开纳税人座谈会，了解纳税人的所需所求，组织纳税人开展业务培训，解决纳税人涉税问题，参加培训纳税人157人次，解决纳税人涉税问题76条。规范纳税服务，35户新办企业均使用“一表式登记申请”完成正常登记，31户新领票户均使用税务Ukey正常开具发票，新办企业登记实现1.5个工作日内完成，税务注销实现即时注销。推进“便民办税春风行动”，组织召开专题会议2次，落实办实事举措82条，办实事128件，解决纳税人缴费人个性化急难盼愁问题146件。开展“春雨润苗”行动，建立工作机制，互设联络员2名，组织座谈会1次，开展“体验日”活动1次，线上推送优惠政策及申报注意事项等信息33条，收集并反馈纳税人需求54条，宣传辅导270户次，发放宣传手册1440余份。

【税源监控】　牢固树立以纳税人缴费人为中心的理念，推进税务领域“放管服”改革。继续推动纳税信用管理工作，落实A级纳税人激励措施和D级纳税人惩戒措施，全县信息采集2433户。深化银税互动，开展企业纳税信用修复，鼓励和引导纳税人增强依法诚信纳税意识，全面推动银税互动由线下转向线上，努力实现“银税互动”贷款网上一站式办理，让数据多跑路、纳税人少跑腿。推进“非接触式”办税服务，税务登记与注销均实现网上自助办理，利用“智税平台”及自助拨叫语音系统向纳税人推送信息，通过智税平台推送信息7批次，利用自助拨叫语音系统拨叫6批次，共计通知纳税人319户，67户纳税人致电咨询相关涉税问题。保障纳税人合法权益，健全内部管理机制，畅通投诉受理渠道，提高解决纳税人实际问题的能力。梳理第三方涉税服务收费情况，加大涉企收费整治工作力度，清理收费项目，严肃查处乱收费问题，减轻纳税人的负担。

【依法治税】　推进办税制度改革，推行“首违不罚”工作，前三季度为57户纳税人办理“首违不罚”。开展重大税务案件审理工

2021年9月22日，税务干部下户向纳税人问需问计

作，规范行使税务行政处罚裁量权，规范完善重大税务案件案卷档案管理制度，实现重大税务案件审理案卷管理的标准化、规范化，办理税务行政处罚155户次，其中一般处罚53户次（罚款金额59800元）、简易处罚102户次（罚款金额80500元）。一般处罚重大执法决定法制审核工作共计53件。开展税收执法督察工作，落实全面从严治党主体责任，开展现金税费征缴自查工作，加大以查促改力度，强化日常管理和督审监督，形成现金税费征缴风险防控长效机制，堵塞税费征收漏洞，确保税费安全。

【税收宣传】　强化税法宣传，通过点对点辅导等形式实现100%全覆盖，努力使每一名纳税人和缴费人都了解和掌握优惠政策。宣传税费优惠政策，深入开展税法宣传、“七五”普法、平安建设宣传、宪法宣传等活动，加强税法宣传影响力。以税收宣传月活动为契机，走访企业、两会代表等，征求意见建议，收集意见建议12条。宣传“智税平台”增加纳税人绑定率，向绑定纳税人推送税收政策信息2条，拓宽税收宣传渠道。提高以文辅政水平，提升信息专报质量，报送的信息被中新网、新华网、人民网、青海新闻网、“黄南先锋”、“美丽河南”等媒体采纳134篇次。

【疫情防控】　严抓严防，调动各方力量，采购体温测量设备、消毒液和口罩等防疫物资，每日

2021年7月1日，县税务局干部喜迎中国共产党成立100周年

对全局公共区域进行消毒，为县税务局干部提供充足的物质保障和安全的工作环境。积极行动，主动作为，提前做好办税服务场所的疫情防控工作安排，及时修改应急预案，细化防控措施，确保各项工作部署和人员到位。持续做好疫情防控，县税务局接种新冠疫苗40人，接种率为100%。优化服务，实行不见面服务，推广“非接触式”办税，通过税企微信群、“美丽河南”微信公众号告知纳税人和缴费人网上办理涉税业务渠道，并在办税服务厅设立疫情监测专岗，最大限度降低纳税人办税的疫情风险。

【税务队伍建设】　注重干部选拔培养，结合工作实际，坚持客观公正、注重实绩的原则，开展公务员职级晋升工作，职级晋升共8人次。加强机构队伍建设，根据州局下发的“三定”方案，及时进行人员调整，发挥干部特长，征求干部意愿，竞争上岗，配齐各股室工作人员。加强干部教育培训，开展劳动工具培训13期，围绕专用发票电子化、办税服务厅规范化服务等内容开展业务培训13次，参加培训156人次。多种形式组织学习《关于进一步深化税收征管改革的意见》10次，引导干部认识深化税收征管改革重要意义，全面落实改革各项工作。加大争先创优力度，获党风廉政建设专项考核先进集体等集体荣誉6项，获得全国“百佳局长”等9项个人荣誉。

审　计

【概况】　2021年，县审计局审计项目计划12项，完成12项。查出违规资金1520.3万元，管理不规范资金17391.47万元；应上缴财政资金1516.90万元，实缴财政1508.87万元。向纪检监察机关移送事项2件，涉及金额274.23

2021 年 4 月 23 日，果洛州第二考评组到县审计局检查指导“促百分百达标 迎百年华诞 以评促建”工作

万元；移送其他部门处理事项 1 件，涉及金额 15.35 万元。出具审计报告 12 篇，编发审计信息 140 篇；非金额计量问题 28 项，提出审计建议 40 条，被采纳建议 40 条。被授予州级文明单位称号。

【预算执行审计】 为规范预算管理，提高财政资金的使用效益，促进财政体系的完善，组织开展 2020 年度县本级预算执行及其他财政收支情况审计，查出违规资金 1466.83 万元，管理不规范资金 10.97 万元，其中上缴财政资金 1466.78 万元，非金额计量问题 1 条，无移送事项。当年，对县委办公室和县劳动保障监察大队 2 家单位进行财政收支审计，查出无据列支和超标准报销等 8 项问题，查出违规资金 2.09 万元，管理不规范资金 7.35 万元，其中上缴财政资金 1.98 万元，无移送事项。

【经济责任审计】 完成 5 项领导干部经济责任审计工作，查出违规资金 9.73 万元，管理不规范资金 5714.22 万元，其中上缴财政资金 9.38 万元，非金额计量问题 8 条，有 1 个移送事项。开展对原赛尔龙乡党委副书记、乡长才让代吉的自然资源资产离任审计，非金额计量问题 4 条，无移送事项。

【第三方审计】 为确保推进审计监督全覆盖，为节约审计资源、提升审计质量，县审计局委托有资质的第三方进行审计，对蒙藏医院、县人民医院财务收支进行审计，查出违规资金 33.87 万元，管理不规范资金 11685.93 万元，其中上缴财政资金 30.99 万元，非金额计量问题 13 条，有 2 个移送事项。

【政策跟踪及其他审计】 围绕企业乱收费、供暖、供电、供气等方面，开展第一、三季度重大政策跟踪审计，罚没物品台账账实不一致、乱收费、收取暖气费未及时上缴财政等 4 项问题，促进问题整改 4 项，抽查 17 家单位，涉及违规资金 7.77 万元并全部上缴财政，提出 4 条审计建议，无移送事项。组织开展 2020 年度县级财政及一级预算单位审计全覆盖信息采集工作。

【配合开展工作】 配合省审计厅完成河南县保障性住房跟踪审计工作、配合省审计厅完成税收和非税收入审计工作；配合县委开展十五届县委首轮巡察工作；配合纪委监委开展草原生态保护补助奖励政策审计反馈问题专项核查工作、换届前村级财务指导工作、村级合作社国家专项资金使用情况检查指导工作。

【党史学习教育】 将党史学习教育成效转化为推动审计工作的动力和实效，持续在为民办实事上下“功夫”，结合“下基层、转作风、担使命、履职责”大接访活动，立足审计监督职能，继续发挥“审计志愿”小分队作用，组织业务骨干力量赴乡镇、社区、部门等地进行现场财务指导工作共计 6 次。通过翻阅凭证、票据等形式，现场指导，发现问题，提出意见，帮助基层财务人员掌握相关财务知识，规范单位财务管理，审计监督服务水平进一步提高。

【为民办实事】 着力打通为民办实事“最后一公里”，为确保“我为群众办实事”实践活动落实落地，县审计局会同县电视台了解联点南旗村牧民群众在生产生活等方

2021年9月8日，河南县召开2021年度经济责任审计工作联席会议

面存在的问题，梳理出水、路、电等方面的问题6件，均得到解决。

【2021年度经济责任审计工作联席会议】 9月8日召开，县纪委监委、县委组织部、县委编办、县财政局、县人力资源和社会保障局相关成员单位及审计局业务人员参加会议。会议传达学习《青海省党政主要领导干部和国有企事业单位主要领导人员经济责任审计实施办法》；通报《河南县审计局2020年经济责任审计工作开展情况》；研究讨论县委组织部2021年经济责任审计委托项目情况，联席会议成员进行交流座谈，并有提出意见建议。

【河南县委审计委员会第五次会议】 5月21日召开，会议传达学习全国审计工作会议、省委审计委员会第五次会议、全省审计工作会议精神和信长星省长对全省审计工作提出的要求、朱清在全省审计工作会议上的报告以及州委审计委员会第五次会议精神，审议通过《河南县2021年度审计项目计划》，安排部署全县审计工作。县委书记、县委审计委员会主任司吉昇主持会议并提出要求。

统　计

【概况】 2021年，县统计局全面落实习近平总书记考察青海重要讲话精神，贯彻落实党中央和省委、省政府、州委、州政府各项决策部署，坚持稳中求进工作总基调，统筹疫情防控和经济社会发展，扎实做好“六稳”工作，全面落实“六保”任务，全县经济稳步恢复、稳中向好，为开启“十四五”新征程交上一份满意的答卷。

【统计服务】 围绕发展大局，把服务经济社会发展、抓“六保”促“六稳”作为工作的重中之重，加强统计监测和预警预判，为科学决策提供重要支撑。开展民营经济增加值核算、文化产业、妇女儿童规划等统计监测，向县委、县政府报送《统计报告》11期、《统计信息》24篇，为县委、县政府科学决策、调度全县经济运行提供参考。编印《统计年鉴》《国民经济主要指标》《“十三五”时期经济社会发展手册》，让党政领导和社会公众了解全县经济社会

2021年7月19日，全县统计工作推进会召开

发展状况，统计数据“智库”“数库”作用进一步彰显。

【普查调查】 常规统计调查。实施农业、工业、投资、贸易、劳资、住户、畜禽等行业领域统计调查，获取大量数据信息，客观反映全县经济社会发展实情。

发布第七次全国人口普查数据公报。完成河南县第七次全国人口普查数据审核、评估、分析等工作，在县人民政府门户网站平台发布《河南县第七次全国人口普查数据公报》。

人口变动抽样调查。成立县、乡两级人口变动抽样调查领导小组，申请专项经费10万元。采取张贴公告、标语及向调查户发放一封信等形式，宣传人口变动调查的目的、意义、主要内容。为“两员”购买2000元的保险，采购口罩、消毒液、体温枪等防疫物资。选聘有普查经验、懂双语、责任心强的指导员和调查员42名。对抽中样本名称、区划代码、隶属关系、城乡属性等情况进行实地核实，对建筑物及住房单元进行全面扫描，逐门逐户开展信息核查。整合部门数据，形成“数据套餐”提前下发至调查员手中，运用现场填报、电话访问等方式开展登记，完成15个抽中小区的核查、登记、复查、验收等工作。

【基层基础建设】 优化统计队伍结构，从第七次全国人口普查等普查调查中补充调剂具有统计、财务专业背景的统计人员，配备与统计任务相适应的统计力量。建立起“专题培训+实地走访+网络问询”等多种方式相结合的培训方式，分批选派统计人员和局内业务骨干赴省州参加业务培训。推进乡、企业统计规范化建设，印发联网直报企业统计工作规范，指导乡镇建立《统计员工作职责》等规章制度。

【统计法治建设】 加大统计法治宣传教育力度，增强县委、县政府从政治高度看待依法统计、以规矩意识坚守统计底线的政治意识、法治意识。聚焦第七次全国人口普查等重点工作，开展普法宣传和统计造假警示教育，举办《中华人民共和国统计法》知识竞赛，营造良好法治环境。在县政府门户网站公布举报电话和信箱，畅通统计违纪违法举报渠道。将统计执法检查贯穿统计调查全过程、各领域，以“四上”企业和联网直报单位为重点，按“双随机”原则加大统计执法检查力度，在企业自查基础上对20家企业（项目）开展统计执法检查。严格执行统计调查制度，强化异常数据实时审核，加大对新入库企业、项目的现场核查力度，夯实统计数据源头质量。

【党史学习教育】 按照县委党史学习教育工作安排部署，学习习近平总书记在党史学习教育动员大会上的重要讲话精神和《中国共产党党史知识问答》等规定书籍，召开研讨会5次，开展警示教育1次，参观革命旧址主题党日活动1次。开展联点村矛盾纠纷排查化解工作2次，为统计调查员送知识入户入企1次，走访调研百岁老人活动1次，开展保护母亲河志愿服务活动1次、“情系敬老院，夏日送关怀”主题活动1次。

市场监督管理

【概况】 2021年，河南县市场监督管理局按照县委、县政府和省、州局的工作部署，持续深化“放管服”改革，优化营商环境，全面提升产品和服务质量，切实维护市场秩序，全力服务全县发展大局。截至12月底，全县共有登记在册的各类市场主体达到3759户（其中企业636户、个体工商户2927户、农民专业合作社196户），企业设立登记时间压缩在1.5个工作日以内。

【食品安全监管】 强化日常监管，对全县食品生产、经营单位按照风险等级开展日常监督检查3000余户次，排查食品安全隐患40处并全部整改完成。将学校食堂监管作为食品安全工作重中之重，局党组要求每周一次集中对全县学校食堂全覆盖监督检查，并印发相关宣传单。针对学校食堂开展春、秋季学校食堂专项检查，学校食堂隐患大排查专项行动，落实学校食品安全自查制度，学校及周边食品安全联合专项行动24次；建立完善11家学校食

2021年12月3日，县市场监督管理局联合公安、卫生等部门强化疫情防控相关食品安全检查

堂餐饮管理制度。联合县教育局在各学校成立食品安全检查实验室，完成率为100%。对进口冷链食品生产经营者集中约谈和签订承诺书达到全覆盖，坚决杜绝无进口食品检验检疫证、核酸检测合格证明、消毒证明的进口冷链食品上市销售，集中约谈4次，签订承诺书26家，从事冷藏冷冻食品贮存销售业务的食品生产经营单位7家、大中型超市、大中型餐饮火锅店19家全部建立销售冷链食品台账。为防范新冠病毒通过冷链食品及冷链物流输入引发疫情，联合疾控中心在辖区内开展疫情防控食品安全专项抽检工作，联合冷链食品新冠病毒核酸检测冷链食品749份，检测结果均为阴性。开展食用农畜产品集中交易市场食品安全管理规范提升行动，检查集贸市场16家次、食品经营销售者200余家次。在各乡镇食品安全专项整治行动中，检查食品经营销售店数量609家次，责令整改43家次，立案查处食品案件7起。强化全县集体聚餐监管，为全县343名餐饮业厨师办理健康证。开展小麦粉、糕点行业、调味面制品、放心主食、餐饮具消毒等15次专项整治工作。开展学校食堂（含托幼机构）食品安全及学校周边200米内禁止销售辣条、网络餐饮服务、“药品安全·蓝箭护航”及成品油市场等专项整治工作，全县查处各类食品违法违规案件4件，案值0.2万元，罚没款6.3万元。

【药品安全监管】 强化药品市场日常监管，对医疗机构的监督检查覆盖面达到90%，对药品经营企业监督检查覆盖面达到100%，推进药品经营企业生产经营行为的制度化、规范化建设。坚决查处超范围经营、非法渠道购进、非药品冒充药品等违法行为，全面净化药品市场环境，以确保群众的用药安全。加大稽查工作力度，继续保持打击制售假劣药品违法行为的高压态势。

【食品药品投诉举报及执法办案】受理食品药品投诉举报2起，回复2起，完成率100%。运用“12315”热线、消费者协会投诉、“12315”短信息及网络平台，受理各类消费者投诉举报案件7起，调解率为100%，发布消费警示3条。检查经营场所181家，检查商品50个批次300件，当场没收价值0.2万元的过期食品，并集中销毁查获的各类假冒伪劣商品和过期食品4321件，价值9万余元。立案查处煤炭不合格违法违规案件2件，罚没款2万元，案值0.99万元；不合格成品油案件1起，案值1.15万元，罚款1万元。

【物价管理】 围绕“安民生、保稳定、促和谐”，加强价格监管，营造有利于经济平稳较快发展的价格环境。抽调执法人员重点对肉铺、蔬菜店、各大超市、餐饮单位及各批发店进行检查，现场对经营户宣传稳物价的社会意义，宣传“价格诚信单位”“明码实价店”等正面典型，营造诚信经营的良好氛围，引导经营者诚实标价，提高价格信息透明度。出动执法人员45人次、车辆7台次，检查经营户625家次，检查中未发现哄抬物价、强买强卖、合谋涨价、无证无照经营等违法违纪现象。

【特种设备安全监管】 落实企业主体责任、属地监管责任、部门监管责任、行业监管责任，制定《河南县市场监督管理局开展特种设备专项整治三年行动实施方案》，层层压实责任。特种设备使用数量方面，电梯（在用）共41台，压力容器共61台，气瓶充装单位1家。强化日常监管，对特种设备使用单位检查全覆盖，出动执法人员80人次、执法车辆40台次，检查电梯使用单位18家（检查86台次）、锅炉2家单位（检查8台次），发现隐患1项，下达安全检查指令书16份；检查气瓶使用单位40家，检查86台次。充装单位1家，检查气瓶800只，在用气瓶647只，未发现安全隐患，未查出问题气瓶。

【优化营商环境】　全面推进行政权力事项在线办理，打造“一网通办”全程电子化登记政务服务品牌。对企业从网上提交的设立、变更、备案、注销等各项登记业务，3个工作日内办结；企业名称自主。全年办理全程电子化设立登记62户。纵深推进“多证合一”“证照分离”“先照后证”改革，办理“先照后证”的各类市场主体3443户，其中涉及个体工商户2687户、企业581户、农专175户、食品经营许可证968户等。推进简易注销工作，降低企业注销成本，完善市场退出机制，有21户企业办理简易注销程序。推行企业名称登记管理改革，办理企业名称自主申报核准登记58件。企业年报率增加，应年报的企业共540家，年报519家，未年报21户，年报率为96.11%；应年报的农民专业合作社共148户，年报144户，未年报4户，年报率为97.3%；应年报的个体商户共2570户，年报2301户，未年报269户，年报率为89.53%。

【市场监管系统扫黑除恶专项斗争】　严厉打击经营场所强买强卖、扰乱市场秩序的“市霸”“行霸”，组织召开经营户动员大会和开展宣传活动3场次，制作展板6块，设立举报箱18个，设置喷绘宣传牌2块，悬挂横幅13条，张贴公告等9000余张（份），LED屏滚动播放标语10条，出动50余人次，召开座谈会1次。

农牧业·水务

农牧业生产

【概况】 2021年，县农牧水利和科技局贯彻落实省州、县农牧水利和科技工作会议精神，围绕全县中心工作，完成农牧水利和科技工作目标任务。雪多牦牛和欧拉羊12个系列产品喜获中国有机食品和绿色食品“双认证”，依托全县有机产业基础成功入选首批全国农业现代化示范区创建名单。

【畜牧业生产】 全县牛羊存栏数为54.28万头只，同比下降0.49%。其中，牛存栏数为30.8万头，同比增长1.66%；羊存栏数为23.48万只，同比下降3.22%。全县牛羊出栏数为26.23万头只，同比增长1.67%。其中，牛出栏数为11.59万头，同比下降0.43%；羊出栏数为14.64万只，同比增长3.39%。全县肉类总产量13721.51吨，同比增加617.51吨，增长4.7%。其中，牛肉产量10738.24吨，增长0.64%；羊肉产量2983.27吨，增长22.6%；牛奶产量14408.77吨，减少3546.77吨，下降19.75%。

【行政村集体资产清查】 全县39个行政村集体清查资产29449.27万元，其中优干宁镇10个行政村清查资产总额7320.97万元、宁木特镇11个行政村清查资产总额7793.14万元、托叶玛乡6个行政村清查资产总额4857.78万元、赛尔龙乡5个行政村清查资产总额2984.64万元、多松乡3个行政村清查资产总额2403.16万元、柯生乡4个行政村清查资产总额4089.96万元。

【有机畜牧业建设】 河南县位于青、甘、川交界，全境属国家三江源生态保护综合实验区，为纯牧业区。按照黄南州打造绿色有机农畜产品输出地统筹安排，明确生态优先化、生产基地化、

2021年良种补贴项目欧拉羊鉴定现场

产业集群化、供应链条化“一优三化”建设思路，围绕雪多牦牛、欧拉羊主导产业及河曲马特色优势产业，开展“新三品一标”“三大体系”“五化”“提质、增量、补链、扩输”建设，争取在“绿色有机畜牧业发展、良种繁育体系建设、农牧科技支撑服务、智慧牧业发展”四个方面走在全省前列，打造全省绿色有机农畜产品示范县。

【农牧区经营主体发展】　有养殖大户230个、养殖合作社134家、牧业产业化龙头企业7家，规模经营户和牧业生产经营单位的雪多牦牛、欧拉羊存栏数为22.18万头（只、匹），存栏量占全县总存栏量的40.6%。开拓搭建“公司+合作社+牧户”及“订单牧业”的三产融合发展的运作模式，建成畜牧业参观、体验型的牧家乐2家。

【农牧业产业化】　在建成兰龙、作毛2个示范村的基础上，完成5个有机畜产品生产基地、23处特色标准化养殖示范场建设。“订单牧业”有效带动4000余户牧民增收，22项富民产业项目逐步走向规范化，39个行政村实现村集体经济“破零”，获评“第九批国家级农业科技园区”称号。雪多牦牛、欧拉羊、河曲马三大畜种均被列入国家畜禽遗传资源保护名录库和国家级农产品地理标志。

【牧民专业合作社发展】　河南县发展牧民专业合作社共计145家（其中生态有机畜牧业牧民专业合作社39家），合作社成员数28617人，成员出资总额127112.45万元，辐射带动周边6518户。各生态有机畜牧业牧民专业合作社制定牲畜和草场作价入股方案、合作社章程、社务公开制度、社员盈余分配制度、议事制度和社员（代表）大会制度等制度，各项规章制度齐全。牧民专业合作社不但成为带动牧民增收致富的一支重要力量，合作社还作为畜牧业产业化经营的重要环节，引导牧户发展专业化生产，通过畜产品加工、销售，延伸产业链条，促进畜牧业产业化发展；牧民专业合作社将生产、销售同样产品的牧户组织起来，共同组织生产，共同应对市场，实现畜牧业生产规模化、经济利益最大化。牧民专业合作社坚持“民办、民营、民管、民受益”“入社自愿、退社自由”的办社原则，鼓励和支持社会各方面力量参与牧民合作社建设和发展，创办养殖业、饲草料加工等生产性的专业合作社。合作社以多种形式组建并带动牧户，畜牧业生产领域内合作，以牲畜作价、草场、有偿租赁、有偿承包等形式进行合作经营；以资产、资金、劳动力入股，实行股份制合作；合作社由企业（公司）牵头发起，利用企业（公司）的技术资金及市场优势，在连接社员和市场的服务环节上，发挥合作社的桥梁和纽带作用，结成紧密的产加销一条龙的生产体系；由畜牧等涉牧部门牵头发起，在统一生产、统一品牌、统一营销、统一服务等方面作用较为明显。随着合作社建设进程的不断推进、业务种类不断扩展，从初办社时生产互助、技术互帮、信息互送到资金、技术劳动等形式的合作，从生产领域逐渐向着生产、流通、加工以及农工贸一体化经营方向推进。覆盖面由单一领域向着畜牧、养殖、加工、维修、信息各产业扩展。

【品种改良与补贴】　为加快品种改良，加强养殖技术培训，推广人工授精技术，完善良种繁育体系建设，全面开展品种改良工作，降低生产成本，提高饲养经济效益。落实惠农政策，落实良种补贴扶持资金，良种补贴项目投资276万元。其中，补贴2020年资金238万元，推广雪多牦牛940头、欧拉羊625只；补贴2021年资金18万元，推广雪多牦牛50头、欧拉羊100只。补贴2个省级种畜场能力提升建设资金20万元。

【兽药经营】　为加强动物卫生监督工作，加强兽药质量安全，提高经营管理水平，整治兽药经营秩序，规范经营兽药。对兽药店进行全方位监管，加强兽药安全监管，保证兽药产品质量，降低兽药残留危害，促进养殖业健康发展，维护人民身体健康。对辖区内的5家兽药店开展专项整治工作，检查过程中，执法人员以抓监管、讲法治、抓源头为手段，着力强化兽药质量安全监管。

【饲料饲草生产及管理】　全县储备饲草料18767.23吨，其中饲料储备8112.42吨、饲草储备10654.81吨，完成省定任务（1.76万吨）的106.5%，超额完成。具体储备情况为：优干宁镇储备饲草料2400.6吨，其中饲料储备958.1吨、饲草储备1442.5吨；宁木特镇储备饲草料3911吨，其中饲料储备1040.5吨、饲草储备2870.5吨；托叶玛乡储备饲草料2055.23吨，其中饲料储备888.02吨、饲草储备1167.21吨；多松乡储备饲草料3904吨，其中饲料储备1930吨、饲草储备1974吨；柯生乡储备饲草料3482吨，其中饲料储备1982吨、饲草储备1502吨；赛尔龙乡储备饲草料1250.4吨，其中饲料储备863.8吨、饲草储备386.6吨。县农牧局购置饲草料1762吨，其中饲料450吨、饲草1312吨，至年底饲草料全部发放完成。

【动物疫情监控防治】　全面落实动物防疫工作责任，分别于3月31日和9月27日召开河南县全年春秋动物防疫工作安排部署会议，动物防疫期间县畜牧兽医站组织各乡（镇）专业技术人员及村级动物防疫员（民间兽医）130余人进行为期2天的业务技能提升培训。调运各类疫苗1644万毫升，全年接种牛、羊537.2万头（只），密度为100%。在开展春秋防免疫接种工作的同时，组织完成疫情普查，普查牛羊102.1万头（只），其中牛56.8万头、羊45.3万只，未发现染疫家畜，消毒畜棚（圈）面积45.5万平方米。开展公路动物检查，检查站施行24小时值班制度，对过往运输动物及动物产品的车辆实施监督检查，检查消毒运输车辆464辆，检查牛羊9134头只，未出现违规运输牲畜的现象。开展产地检疫和屠宰检疫方面，1月1日起正式使用新版动物检疫合格证明、动物产品检疫粘贴标志及牛羊卡环式检疫验讫标志，产地检疫牛2312头、羊8863只，屠宰检疫牛肉19.45吨、羊肉3.89吨。开展动物疫病检测，完成主要动物疫病防疫效果监测，检测牛羊血清200份；口蹄疫非结构蛋白抗体试验检测牛羊血清180份；羊包虫病检测羊血清90份；检测犬粪90份；布病免疫检测牛羊血清200份。

水　务

【概况】　河南县境内地表水资源丰富，有黄河、洮河、泽曲河等大小河流49条。河流水质好，分布广，流程长，流域大，水文地质稳定，落差大，水力蕴藏量十分丰富，年平均径流总量13.87亿立方米，水能资源理论蕴藏量为129.64万千瓦。地下补给水总量5.92亿立方米，可开采利用量213.52万立方米，开采利用2.89%。水质略偏碱性，清洁、良好、稳定、无污染，适宜人畜饮用和牧场灌溉，除个别水源汞离子偏高外，98%以上的水源符合国家饮用水标准，是天然优质饮用水。

【"三条红线"控制指标】　河南县"三条红线"控制指标为：用水总量控制指标0.11亿立方米；万元地区生产总值用水量较2020年下降5%；万元工业增加值用水量比2020年降4%；一般江河湖泊水功能区水质达标率100%。年内控制指标完成情况：当年用水总量约为0.093亿立方米，完成0.11亿立方米的控制指标；万元地区生产总值用水量为52.19立方米，同比下降5.01%（2020年不变价折算），完成万元地区生产总值用水量下降5%的控制指标；万元工业增加值用水量约为24立方米，同比下降4.03%（2020年不变价折算），完成万元工业增加值用水量下降4%的控制目标；经对河南县辖区的县城、39个村等地进行检测和生态环境局的断面监测结果显示，水质达标率为100%，完成一般江河湖泊水功能区水质达标率年度控制目标。

【农牧区饮水工程】　河南县2020年农村牧区饮水安全工程。总投资56.50万元，该项目新增机井26眼，解决农牧区群众及牲畜饮水安全问题。其中，柯生乡2个社2户8人、大小牲畜292头（只）；多松乡3个社5户20人、大小牲畜386头（只）；托叶玛乡1个社1户4人、大小牲畜280头（只）；优干宁镇1个社3户12人、大小牲畜685头（只）；宁木特镇2个社12户48人、大小牲畜3888头（只）。

河南县2021年扶贫机井项目。总投资283万元，新增机井77眼，解决河南县6个乡镇26个村77户484人、大小牲畜17099头（只）的饮水安全问题。其中，优干宁镇8个村24户142人、大小牲畜4191头（只）；宁木特镇7个村22户131人、大小牲畜4607头（只）；托叶玛乡3个村9户58人、大小牲畜2172头（只）；柯生乡2个村5户28人、大小牲畜1210头（只）；多松乡3个村8户60人、大小牲畜2014头（只）；赛尔龙乡3个村9户65人、大小牲畜2905头（只）。

河南县2021年季节性缺水牧户安全饮水巩固提升项目。总投资364万元，建设内容为新增机井120眼，解决河南县6个乡镇39个村120户616人、大小牲畜3.6万头（只）的饮水安全问题。

【河道治理工程】 实施青海省黄南州河南县延曲河河道治理（二期）工程项目，总投资3062.11万元，设计规划对河道两岸冲刷较严重地段、局部险工险峻段、重点保护段等进行防护防冲设计采取分段治理，总规划治理长约10.45千米，修建防洪堤总长12.89千米、Ⅰ型防洪堤长0.62千米、Ⅱ型防洪堤长12.27千米、踏步12座。实施黄南州河南县泽曲河宁木特镇段河道治理工程，总投资为1500万元，建设内容为治理河道长3.13千米，左岸新建护坡式防洪堤长3.13千米。实施黄南州河南县泽曲河县城段河道治理工程，总投资为4000万元，建设内容为泽曲河县城段河道治理分县城上游段和县城段两部分，治理河道总长度为6.78千米（县城上游段治理河道长度为3.35千米、县城段治理河道长度为3.43千米），县城上游段及县城段左右两岸修建防洪堤长度为8.5千米，其中县城上游段左右两岸修建防洪堤长度为4.83千米（左岸修建防洪堤长3.07千米，右岸修建防洪堤长度为1.76千米）、县城段左岸修建防洪堤长度为3.67千米，防洪堤结构采用护坡式蜂巢网箱结构。实施河南县香扎寺北山小流域项目，总投资856万元，建设内容为治理水土流失17.12平方千米，新增水土保持林97.74平方千米，人工种草356平方千米。实施河南县宁木特镇小流域综合治理项目，总投资895万元，建设内容为治理水土流失17.9平方千米。实施河南县沃合特河河道治理工程宁木特镇段，总投资2100万元，建设内容为治理沃合特河长11.73千米，疏浚河道长为1720米，新建防洪堤长8671.73米、潜坝6座。

【节水改造】 随着河南县的发展，原有供水管网的布局弊端逐步显现，管网提标改造工程可有效改善管网运行效率低下，漏失严重，维修难度大，末端供水压力偏低等久积的管网病症。年内实施河南县优干宁镇给水管网提标改造工程，项目总投资1600万元，建设管网总长21.76千米及相关配套附属工程。

【水旱灾害防御】 5月，组织开展山洪灾害防御应急演练和超标准洪水演练工作，组织开展全县范围的山洪灾害防御培训班1次，委托第三方修编《河南县2021年山洪灾害防御预案》《河南县中小河流防御预案》等18套应急预案。进入汛期后，发放宣传U盘30份及藏语和汉语宣传资料、宣传雨伞、手提袋等物品200余份，依托山洪灾害预警系统发布预警信息200余条。按照上级部门要求开展值班工作，水旱灾害防御系统运行正常。全年与各行业部门签订《防汛抢险包保责任落实协议书》8份，全县范围内未发生人员伤亡事故。

【水政执法】 5—9月，出动执法车辆40余次、执法人员80人次，到黄河干流、泽曲河、洮河部分地区开展巡河湖鱼工作，总行程3000余千米，其间未发现非法捕捞情况。协助青海省渔业站工作人员到宁木特镇黄河沿、优干宁电站等地开展2次渔情及水质检测工作。9—11月，出动执法车辆12次、执法人员24人次，到四乡两镇黄河干流、泽曲河河段、尕孔电站、优干宁镇水电站开展《关于黄河流域青海段禁捕的通告》宣传工作，其间发放通告宣传册600余本，沿村沿河张贴通告海报300余张。

工业·建筑业

工业经济运行

【概况】 2021年，河南县坚持稳中求进的工作总基调，以“绿色有机农畜产品输出地”建设为抓手，以实现乡村全面振兴为目标，持续优化产业结构，推动农牧业供给侧结构性改革，推进现代化畜牧业产业体系建设。实现规上工业总产值69757.2万元，同比增长3.9%；完成规上工业增加值13616.83万元，同比下降0.8%。完成规下工业增加值同比增长3.7%。

【园区建设】 为提升园区发展总体水平、完善机制、优化布局、厘清思路和目标，明确发展定位和重点，委托第三方编制完成《河南县国家农村产业融合示范园建设项目可行性研究报告》《河南县有机产业科技园总体规划（2021—2025年）》《河南县牛羊屠宰厂建设项目可行性研究报告》，全面规划园区发展。推动绿色有机产品输出地建设，按照多业态复合型进行横向耦合，带动园区走向集约化、规模化、产业化经营之路。与省发改委、省农业农村厅衔接，相继完成2021年全国农业全产业链典型县、河南县国家农业现代化示范园、河南县国家农村产业融合示范园申报工作。依托乡村振兴战略，打造绿色有机畜产品输出地，明确生态有机畜牧业的主导产业、延伸产业链条、完善综合配套，重点建设一批园区支撑、企业主导的产业创新项目，突破一批关键技术，支撑引领战略性新兴产业发展。相继开展《河南县牛羊交易市场建设项目》《河南县启龙牧场牦牛奶粉设备购置项目》《河南县雪多牦牛及欧拉羊精深加工项目》等项目承建工作，保障牧民的利益，拓展牧民就业渠道，增加牧民收入。围绕牧业强、牧区美、牧民富的新局面，加快转变传统畜牧业生产经营方式，探索“企业+合作社+牧户”的产业化运作模式，完成5个有机畜产品生产基地、23处特色标准化养殖示范场建设。

【绿色有机产品】 推进“多起来”战略，完成26项143类商标注册，打造出“三江牧场”“青清海”“阿米雪”等一批在全州、全省乃至在全国叫得响的绿色有机产品品牌。培育壮大乐乐玛、启龙商贸有限公司等企业，开发一批手工艺饰品、民族服饰、特色餐饮等文旅产品，不断丰富产品形态，推动文旅融合特色化发展。

【畜牧业产品创新研发】 畜牧业系列产品拓展到33种，创新研发出雪多牦牛肉休闲系列、青稞白啤、青稞黑啤、舒脂牦牛酸奶系列、雪山咖啡系列、雪多牦牛欧拉羊冷鲜系列、瀞度矿泉水系列等23个系列产品，涉及县级企业4家，雪多牦牛、欧拉羊14个系列产品获中国有机食品和绿色食品“双认证”，牦牛奶咖啡、青稞啤酒等144个产品相继投放市场。

【现代产业体系】 围绕国家推进农村一二三产业融合发展规划，依托构建现代生态产业体系，着力培育壮大县域经济，实现产业发展新突破。持续加大水产品研发力度，扶持壮大纯净水小微企业3家，水产业年产值4.87亿元。成功举办第22届“那达慕”盛会，柯生乡双鱼湖景区和黄河南蒙古历史文化博物馆被评为国家AAA级旅游景区，优干宁镇阿木乎村列入全省乡村旅游重点村。建设完成蒙藏医院“一站一室两中心”，各乡镇卫生院中藏医馆实现全覆盖，蒙藏药业年产值达0.3亿元。组建村级合作社39家，打造16个贫困村22项特色富民产业，重点建设一批园区支撑、龙头企业主导的产业创新项目，突破一批关键技术，支撑引领战略性新兴产业发展。

河南县有机产业科技园区

【概况】　2021年，园区贯彻创新、协调、绿色、开放、共享的新发展理念，全面实施乡村振兴，围绕农村产业融合发展，以畜产品加工为主导融合第一、二、三产业，建设河南县国家农村产业融合示范园，打造河南县绿色有机畜产品输出地。

【品牌建设】　持续推进河南县有机畜牧业农产品“苏呼欧拉羊”“雪多牦牛”品牌建设工作，加强品牌形象塑造、完善品牌文化建设，通过品牌建设促进河南县由有机畜牧大县向品牌畜牧大县转变。至年底，县内雪多牦牛、欧拉羊、河曲马三大畜种均被列入国家畜禽遗传资源保护名录库和国家级农产品地理标志，并制作完成《河南县生态有机畜牧业宣传手册》《河南蒙古族自治县三大优良畜种宣传手册》《农产品地理标志认证苏呼欧拉羊宣传片》《农产品地理标志认证雪多牦牛宣传片》和雪多牦牛、苏呼欧拉羊LOGO设计、吉祥物设计等内容。深入推进农业绿色化、优质化、特色化、品牌化，推进雪多牦牛、欧拉羊名优特新特色畜产品优势区创建工作。精心包装“国家级有机食品生产基地”这一金字招牌，立足于资源优势和“河曲马、雪多牦牛、欧拉羊”三大地理标志认证产品，三江牧场雪多牦牛牛排、牛肉等5种产品获得有机认证，阿米雪酸奶系列，三江牧场雪多牦牛肉、苏呼欧拉羊肉等14个品种获得国家A级绿色认证。加强开拓市场，增加企业产品竞争力，发挥农产品地理标志认证及国家畜禽遗传资源效益，使绿色有机产品优质优价出售。

【园区基地建设】　有机畜牧业科技示范园区建设初具雏形，成为第九批国家级农业科技园区之一。完成5个有机畜产品生产基地、23处特色标准化养殖示范场建设，连续12年取得基地、生产、贸易证书再认证。

【产品开发创新】　扩大畜产品优势资源与产品的宣传推介工作，提高河南县特色有机产品的认知认可度，创新发展格局，5月中旬联合天津科技大学成立天津科技大学河南县绿色有机畜产品研究院，创建政、产、学、研、销共同参与的产品开发创新平台。从加强组织保障、开展培训学习、溯源企业需求等方面开展新产品研制工作，研制出冷鲜肉、牛肉酱、肉脯、发酵肠、奶酪、运动蛋白粉、黄蘑菇及菌类等24种新

2021年5月17日，河南县联合天津科技大学成立绿色有机农畜产品研究院

产品，全面优化河南县产品同质化问题。

【招商引资与宣传】 组织4家企业、32家合作社分别完成部省共建青海绿色有机农畜产品示范省现场观摩会、青洽会、黄南州第二届“智汇三江源·助力新青海”人才项目洽谈会等大型活动，展出河南县绿色、有机特色农畜产品，加深外界对河南县全域有机形象的认识。完成第三届青海·热贡文化旅游节系列活动之河南蒙古族自治县中国共产党成立100周年庆典暨第22届“那达慕”盛会——天堂河曲“天骄杯”传统耐力赛马大会优良畜种评比活动，并聘请“网红”对河南县优良畜种、蒙旗第一锅、特色农畜产品进行直播宣传。

【园区入驻企业】 青海启龙商贸有限公司。2021年，在县委、县政府的协调下，加强与天津科技大学的合作，研制出奶酪、运动蛋白粉、中小学生奶粉、中老年奶粉等系列新产品。县政府协调乡村振兴产业扶贫资金1000万元，用于奶粉厂仪器设备购置，基本完成奶粉加工厂厂房的框架建设。全年实现总产值2679.8万元，同比基本持平。

河南县楠迦生态农牧科技有限公司。2021年，以资源共享为目的，通过共同经营的方式，带动养殖合作社30余家，解决就业岗位30个。全年实现总产值942万元，同比增长1.31%。

青海聚能滫度饮料股份有限公司。2021年，滫度母公司获“全国脱贫攻坚先进集体”称号。实现总产值48715.6万元，同比增长1.01%。

青海三江牧场农牧科技有限公司。2021年，在省内外设立专卖店2家，有有机牛羊肉屠宰分割加工生产2条。实现总产值6110万元，同比增长1%。

河南县青清海农牧科技有限公司。2021年，在省内外开设牦牦雨饺子馆连锁店4家，形成产（牧户）供（三江牧场屠宰）加（青清海公司）销（电商线上线下）紧密衔接的一、二、三产融合发展模式。同年9月，获得SC食品生产许可证书。

建筑业

【概况】 2021年，全县建筑业企业发展到5家，其中二级企业2家。全县建筑业总产值完成21亿元，增加值7.8亿元，实现利税2.7亿元。建设服务业全年实现产值16亿元，同比增长28%，完成利税3.2亿元，同比增长19%。年末，企业数18个，从业人员1350人；总产值19.7亿元，房屋建筑施工面积2.9万平方米，房屋建筑竣工面积3.2万平方米，其中住宅面积2.15万平方米。

【建筑市场监管】 执行建设项目基本程序，要求及时申请办理项目环评、规划、土地等有关前期手续的审批。履行项目报建、招投标、合同备案、施工许可证等相关手续后，方可开工建设。项目建设单位在项目开工前履行工程各项前期手续，对未批先建的将按相关法律法规对建设单位予以处罚。建设项目施工完成后，建设单位办理竣工验收备案手续。明确和规范基本建设程序，在巡查中对未办理项目报建、合同备案、质量安全监督、施工许可等手续擅自施工的工程项目建设单位，一律停工处理并给予处罚；对项目施工、监理单位给予不良行为记录，并纳入信用管理平台进行扣分处罚。全面开展建设工程安全隐患排查和专项整治工作，特别是对多发、易发安全事故的施工机械设备和分部分项工程加大安全检查和整治力度。

【节能建筑企业】 为推广绿色节能建筑，鉴于轻钢材料具有环保性，且防腐耐火、耐久、抗震等特点，县住房和城乡建设局引入节能建筑企业（青海暖行建筑工程有限公司），在县委、县政府的支持下，引导青海暖行建筑工程有限公司在县内投资60余万元，建成200平方米的轻钢建筑样板房。

商贸·旅游业

物　流

【概况】　2021年，全县有4家快递公司（邮政快递、顺丰快递、雪域快递、鸿途快递），从业人员共计28人，年收益共计114万元。

【电子商务】　依托“电子商务进农村综合示范县”建设，利用“抖音”“一直播”等网络媒介，统筹线上、线下销售双轮驱动，扩大内需与提高外销双管齐下，在西宁市万达大象城甘肃省临夏市、夏河县等地开设河南县特色产品旗舰店，持续做活“周末市场”及“草原之夜”夜市广场等，进一步延伸产业链条，增加产业价值。开辟3条省、县乡村物流专线，培育电子商务快递物流服务点5个，乡村快递物流实现全覆盖，形成县乡村三级统一配送体系。

邮　政

【概况】　2021年，河南县邮政分公司围绕县委、县政府重点工作部署和工作要求，根据州邮政分公司年初工作会议精神及要求，落实各项工作，抓经营、强管理，夯实基础工作，以服务求创新，始终坚持抓金融业务发展不放松，深化网点转型，努力上规模，突出效益，改善服务，拓展市场，增强业务发展后劲。融入地方经济，发展邮政业务。至年底，县邮政分公司共25人，其中总经理1人、副总经理1人、财务1人、金融柜员5人、寄递柜员3人、投递部揽投员5人、4个乡镇网点9人。主要经营范围：金融业务、包裹快递业务、机要通信业务、报刊业务、政务图书征订业务、集邮与文化传媒业务、文创产品设计定制业务。

2021年6月，县邮政分公司举办庆祝中国共产党成立100周年活动

【主要业务指标】 收入完成272.24万元，完成全年计划目标的97.58%，同比增长9.63%。其中，代理金融业务收入完成112.62万元，完成年计划的97.93%，同比增长6.70%；寄递业务收入完成90.21万元，完成年计划的95.96%，同比增长19.86%；函件业务收入完成5.67万元，完成年计划的70.93%，同比增长-73%；集邮收入完成8.61万元，完成年计划的107.61%，同比增长26%。截至12月31日，储蓄个人存款余额5385万元，本年新增-156万元，活期占比57.93%；开展蒙藏药寄递工作，完成藏药寄递收入约20万元，电商快包收入约5万元；销售“亲情粽”“思乡月”等16.18万元；报刊大收订，报刊流转额完成91万元，完成计划的103%。

【金融业务】 落实分户管户，对CRM系统内的客户按照“谁认识，谁认领”的原则，确保客户人人在维护、人人手中有客户。加强商铺走访，组织员工分组跑市场，跑商铺、虫草客户、牛羊肉铺、工程老板等，增加基础客户。走访施工现场，代发农民工资，通过与同赛公路项目部沟通，项目部部分工人工资卡在县分公司开户。督导做好外拓、服务、揽收工作，通过比、学、赶、帮、超，提高员工的工作积极性，增强全员维护客户的能力。通过“领题破题”活动，促进余额发展，组织开展“VIP客户答谢活动”“抓鸡蛋、抓乒乓球、幸运大转盘、砸金蛋”等活动，利用卓越助手加大电话邀约力度，利用CRM系统邀约VIP及临界客户参加活动，利用卓越助手电话邀约共计5822户，走访商铺累计1288户，揽收资金2296.10万元；新增手机银行475户，完成率105%，激活率88%；快捷绑卡484户，完成率80.67%。

【快递业务】 通过加强业务培训和服务礼仪演练，提高网点服务能力，减少客户排队时间。指定专人负责“上门揽收群”的管理，回应客户的用邮需求，提升客户体验。利用“邮乐购”线上平台，加强对“阿米雪”“绿草原”“静度水”等产品的宣传，销售牛肉干、咖啡、矿泉水等产品200余件。

【安全生产】 加强“三项制度”检查，严把收寄质量关。增设视频头，实现邮车进局到入库的全过程闭环管理。加强对投递员出归班管理，每天进行酒精测试，杜绝揽投员酒后驾驶，保证投递员的安全。定期组织全员开展防火防抢防盗演练，提高全员的安全意识和自我防护能力，提高全员的协同作战能力。

【普遍服务】 坚持“人民邮政为人民”，做到疫情防控和服务保障两不误，强化管理，狠抓落实，确保普遍服务提质达标。投递党报党刊，把党的声音、方针政策及时传递到乡村基层。推进“邮快合作”“交邮合作”，贯彻落实州委、州政府“快递进村”十项惠民工程，先后与顺丰、极兔签订“邮快合作协议”，解决民营企业快递末端“最后一公里”服务难的问题。推进“交邮合作”，与县工交局沟通，并达成共识。

供销合作

【概况】 2021年，河南县供销合作社联合社按照“政府引导、市场运作、入社自愿、退社自由、利益共享、风险共担”的原则，全年全县供销服务平台购进总额达908万元，提升率为4.9%。其中，从农业生产者购进的农产品总额达798万元，供销服务平台销售总额达3009万元，较2020年销售总额提升率为51%，其中商品销售额达3008万元，城镇消费品零售额和乡村消费品零售额分别达到2288万元、720万元。获青海省供销合作社联合社三星村级综合服务社1个（黄南州原生态畜牧业专业合作社）、四星村级综合服务社1个（宁木特镇浪琴村村级综合服务中心）、农牧民专业合作社示范社1个（赛尔龙乡兰龙村生态有机畜牧业牧民专业合作社）。县供销社通过搭建供销服务平台，促进已建成的4个乡（镇）级基层社全部投入运行。2021年前三季度举办产销对接活动1次，形成“供销社+合作社+企业+牧户”发展模式，带动企业和合作社内生动力，签订收购意向合同，由企业吸收合作社

2021 年，县供销社获评青海省供销合作社联合社三星村级综合服务社、四星村级综合服务社、农牧民专业合作社示范社

产品并为其销售，签订合同 9 分份，完成意向成交额 240 余万元。吸纳 14 家合作社、2 家企业并与其签订入社协议，与 23 家成员社签订河南县供销合作社联合社开放办社协议书。

【项目申报与建设】 根据省供销联社《关于做好 2021 年度省财政支持供销改革发展资金项目入库工作的通知》要求，在州供销联社的监督指导下，通过调研筛选，年内申报 2021 年入库项目 5 个，最后省社下达的 2021 年供销事务发展专项资金项目 2 个，分别为河南县和硕特河曲社区综合服务中心。和河南县兰龙生态有机畜牧业牧民专业合作社、示范社实施县供销联社承接 2020 年续建项目，即投资 35 万元的河南县宁木特镇南浪牧民专业合作社建设项目，该项目于 11 月 26 日竣工验收。

【畜产品推介】 为促进经贸交流与合作，通过宣传供销合作社特色产品，拓展全县特色农畜产品销售渠道，提高农畜产品的附加值，增加牧民收入，发挥供销社为农牧业服务的综合职能。利用 7 月“青洽会”推介会，组织河南县嘎宁畜牧业专业合作社、河南县宝英塔拉游牧特产有限公司参加特色产品推介会，主要推介的产品包括酸奶、牦牛肉干、曲拉、曲拉糖、酥油、蕨麻、蒙古点心等畜产品，销售额达 13 万余元。

【实地调研活动】 7 月 24 日，由天津市供销合作总社副主任刘焕虎率领的代表团一行到河南县对口帮扶村（托叶玛乡宁赛村）开展实地调研活动。省供销联社经济发展处二级调研员宋海宁、黄南州供销合作社联合社理事会主任陈继勤、河南县人民政府副县长海洋、河南县供销合作社联合社社长才让扎西一同参加。代表团一行相继前往青海启龙商贸有限公司、宝英塔拉游牧特产有限公司实地调研。着重了解生产企业从原材料供应、产品生产、包装、运输到销售的具体流程。代表团在河南县托叶玛乡宁赛村召开座谈会，并到结对认亲户家中，详细了解其家庭情况及在生活中面临的困难，并送去慰问品和祝福。

烟草专卖

【概况】 2021 年，河南县烟草专卖局及时传达全省烟草工作会议精神，围绕高质量发展目标，不断解放思想、开拓创新、攻坚克难，在做好疫情防控工作的同时，根据全州烟草工作总要求，明确职责分工，全面落实全年工作任务清单，通过县局干部职工共同努力，完成全年各项工作任务。

【卷烟销售】 县烟草专卖局抓住卷烟销售这个中心工作，贯彻全省、全州烟草工作会议精神、全省销售会议精神，科学分解全年销售任务，认真分析市场需求和市场变化，推进疫情防控和复工复产两不误，勇担政治责任，奋力追赶任务，完成预定目标。全年完成销量 1271.86 箱，同比增长 0.42%；销售收入 3833.94 万元，同比增长 7.3%；单箱额 30144.37 元。在客户服务工作中，坚持“国家利益至上，消费者利益至上”的行业价值观，通过开展“我的客户我辅导”“我为客户办实事”“我的终端我维护”活动，对零售户经营能力、品牌推介、卷烟陈列、扫码枪使用等方面进行指导。做实做好营销基础工作，以手机订货、电子结算工作为契机，不断提升服务水平，提升工作效率，服务辖区零售户。

【专卖管理】 贯彻落实《烟草专卖许可证管理办法》，建立行政许可监管和责任追究机制，响应政府“放管服”要求，实行“简化办证流程、上门引导服务、现场受理”的“一站式”办证服务，全年行政许可新办 10 户，恢复营业 1 户，注销 5 户。截至年底，持证 138 户，正常营业 138 户，其中县城 93 户、其余 45 户。加强证件管理，贯彻落实《烟草专卖许可证管理办法实施细则》及《黄南州烟草制品零售店合理布局规定》，协调公安、市管、邮政等部门开展辖区市场无证经营清理整顿工作，解决群众办证堵点问题。开展内部专卖监督自查、复查和内控制度梳理完善等工作，运用专卖内管信息平台，逐步建立内部专卖管理长效机制。将销售“大户”的经营行为作为专卖管理的重要部分，加强调查研究，掌握分布情况，区别对待，分类管理，减少和杜绝不规范经营行为，确保卷烟市场平稳运行。对于预警处理及时有效，V6 信息系统产生有效预警 20 条，办理 20 条，其中单次订购数量预警 12 条，月总量预警 8 条，年预警信息全部处理。对有异常情况的经营业务，启动调查处理流程转入核查，并对异常预警进行实地走访调查核实。

2021 年 10 月 21 日，县烟草专卖局联合县公安局共同开展打击涉烟违法犯罪整治专项行动

【市场监管】 经营秩序更加规范，持续完善协同监管机制。内管、营销加强沟通，通过周例会等形式讨论开展需求预测纠偏，切实加强对卷烟经营全过程监管。注重全员规范经营教育，强化专卖市场监管。

【卷烟市场监管】 专项治理。在元旦、春节、中秋节、国庆等重大节日期间，制定清理整顿专项行动方案，联合市监开展执法活动 3 次，联合公安开展执法活动 4 次。加强推进“双随机、一公开”和重点监管工作，适时组织专项清理整顿，开展电子烟排查登记，宣传引导和依法监管，建立无证户、中小学、幼儿园周边客户、销售电子烟客户等客户台账，定期掌握经营情况。依据专卖执法教育整顿活动要求，组织教育学习 3 次，按时开展意见征集、交流研讨等活动，运用和巩固好整顿教育活动成果。

卷烟打假。联合公安等部门建立联动协作机制，定期召开联席会议，研究部署卷烟联合打假工作。突出查源头、端窝点、破大案，实行“异地、隐身、交叉、错时”检查，严厉打击贩售假烟违法行为及各类违法经营行为。全年查处各类案件涉烟违法案件 2 起。其中，假烟案件 1 起，查获假冒卷烟 35 条，案值 21800 元；真烟案件 1 起，查获非法流通的真品卷烟 50 条，案值 3000 元。

旅游业

【概况】 河南县是全国面积最大的有机畜牧业生产基地，也是青海省生态保护最好的草原，素有“天赐蒙旗　全域有机”“天堂草原　纯境河南”之称。境内

2021 年，河南县旅游全域全景图

草原辽阔，水草丰美，天池、湖泊、瀑布众多，黄河大峡谷两岸松柏苍翠、峭壁陡立，仙女洞幽深奇特、神秘莫测。县内主要旅游景点有：2 个国家 AAA 级旅游景区（白螺湖景区、瀞度水源地工业景区）；双鱼湖景区，洮河国家湿地公园、李恰如山景区，吉岗山、圣湖、仙女洞景区，黄河大峡谷风景区等。

【旅游景区景点】　双鱼湖景区。国家 AAA 级景区，双鱼湖位于香扎寺南的黄河滩地上，双鱼湖湖水与黄河水有土坝相隔，面积约 8500 平方米，湖中心有一座小山将水分成两块，鸟瞰形似双鱼，湖上每年有许多珍禽来此栖息。枯水时湖中水潜流入黄河，丰水季节黄河水越过土坝灌入双鱼湖中独成一体。湖中心有一座平顶小山将湖水分隔成两部分，俯瞰形似两条首尾相绕的鲤鱼，故名为双鱼湖。值得一提的是，这里的黄河，蜿蜒盘旋于柯生乡境内，当地居民称它是“万里黄河第一湾”。

白螺湖景观。国家 AAA 级旅游景区，白螺湖作为藏文化“吉祥八宝”之一，其源远流长，相传释迦牟尼佛在鹿野苑初转法轮时，帝释天等将白色海螺献给佛祖。自此，白螺湖作为吉祥圆满的象征，被广大信众所尊奉。取名“白螺湖”寓意吉祥、和谐、团结、和睦。

白螺湖由东、西两部分组成。设人工湖 2 座，面积分别为 61600 平方米、33830 平方米，其形状为类似椭圆形。人工湖湖堤高 2.2 米，湖底高程为 3515.3 米，堤顶高程为 3517.5 米，正常水深 1.0 米。设 5 条总 945 米长的钢筋混凝土栈道通向湖心，两座湖心岛上各有凉亭 1 座，亲水码头 2 座。岛与湖岸通过廊桥连接，五条蜿蜒曲折的廊桥分别从湖四周东、南、西、北四个方向汇集于湖心岛。白螺湖四周建有混凝土铺设的环湖休闲游路，上设图案，临水面布置花岗岩护栏，外侧布置混凝土砌块，种植花草，体现绿色环保理念。西湖码头外圆环紧紧围绕中心大圆。白螺湖四周及廊桥安装 LED 防水灯，既增强了夜间照明的效果，又使整个布局更具现代气息，休闲氛围。是全县居民休闲、游览、健身的水生态园。

瀞度水源地工业景区。国家 AAA 级旅游景区，2011 年初，天津滨海聚成投资有限公司与青海省黄南藏族自治州河南蒙古族自治县政府签订招商引资协议，天然冰川活水项目正式启动。同年 4 月，青海聚能瀞度饮料股份有限公司正式成立，“瀞度”品牌由此诞生。为了保证将最健康、最天然、最纯净、最生态的水源送到千家万户，政府特批 300 平方千米作为瀞度专享的水源保护区。在这片保护区里生长着藏红花、高原雪菊、雪莲等 280 多种珍稀的中草药。2013 年，这里被中国民族卫生协会作为中草药示范基地。同年 6 月，中国首支水资源保护队“瀞度 300 平方公里水资源保护队”正式成立。保护区达到二、三级围栏防护措施，实施 24 小时监控与巡查，保证水源保护区的安全无污染。游览观光线路为：观光走廊入口处—“同渠”木门处—“瀞榭”凉亭处—神洂泉石刻字旁—“源筑”木屋旁—长廊下多泉眼处—瀞度天然气泡水水源点玻璃房—瀞度天然矿泉水水源点玻璃房。

洮河源湿地公园（李恰如山风景区）。神山李恰如山是巍巍西倾山脉的一大支脉，被誉为“不冻之河”的黄河一级支流洮河便发源于此，在洮河发源地有108个泉眼，泉水出而细流，流而成溪，继而成河，李恰如山远离污染区，发源地的洮河清澈碧绿，在穿过虎头峰、狮头峰、熊头峰组成的犹如三足鼎立的峡谷时，水势汹涌，有的地方只有两三米宽，许多只有高原牧区的生物物种在两岸山峰中繁衍生长。李恰如山欧达哇天池坐落在石山环绕的怀抱之中，占地约1500平方米，池水清澈碧绿，每年有大量的白鹤、鸬鹚等珍禽在这里栖息。

洮河源国家湿地公园于2013年申报成立，位于青海省黄南州河南蒙古族自治县赛尔龙乡中部，东邻甘肃省碌曲县，西接优干宁镇，南依托叶玛乡、柯生乡，背靠甘肃省夏河县。总面积383.93平方千米。湿地面积13820公顷，占全区总面积的36.00%。其中，河流湿地（水域）面积1500公顷，占总面积的3.91%；沼泽湿地面积为12320公顷，占该区总面积的32.09%。洮河源湿地是青藏高原高寒湿地生态系统的典型代表，洮河源湿地公园内野生动植物资源丰富，高等植物324种，鸟类125种，鱼类43种；国家级保护野生动物11种，为金雕、黑颈鹤、大天鹅等。省级重点保护野生动物有藏码、普通鸬鹚、灰雁等25种。

圣湖、仙女洞景区（吉岗山风景区）。圣湖、仙女洞在距河南县城45千米处的吉岗山北麓尕海滩上，平如明镜，蓝如宝石，深约1米，当地群众称之为“兰措”（意即“圣湖”）。在“圣湖”西北面有51个天然大溶洞，最大的洞位于吉岗山尼康沟。洞内大小溶洞众多，幽深奇特，神秘莫测，因与“圣湖”相毗，故被称为“仙女洞”。这一湖一洞合称圣湖、仙女洞，当地群众称之为“兰措尼康”。

2021年3月26日，河南县文旅企业在西宁参加旅游推介会

吉岗山距县城48千米，位于圣湖的南面，这里野生动植物种类丰富，濒临绝种的石羊、白唇鹿、麝香等珍稀野生动物在这里繁衍生息；野生草药资源种类繁多，可入药的约在300种以上。吉岗山也是历史名山，又是雪域佛教圣地之一，自古素有“千佛魂山”之称。

黄河大峡谷风景区。宁木特峡是黄河上游峡谷中最险峻的峡谷，在这里，两侧的高山被河水深切，山岩陡峭壁立，河中礁石丛生，跌水漩涡不断，急浪险滩相接。峡谷全长60千米，谷深200余米，河水落差近百米。

【旅游规划与建设】 县文体旅游广电局制定并修改《河南蒙古族自治县全域旅游发展规划》《河南蒙古族自治县吉岗山旅游区总体规划》。与青海内蒙古商会合作，共同打造蒙古大营，成为全省高原民俗文化新典范；投资7000万元，建设洮河源湿地公园、瀞度景区、黄河大峡谷等6个游客集散中心。

【旅游宣传】 发挥“文化+旅游”“体育+旅游”全方位融合优势，先后到西宁、天津、上海等地开展文旅资源推介会，举办“5·19中国旅游日”文旅性宣传活动、第三届·热贡文化旅游节系列活动之河南蒙古族自治县中国共产党成立100周年庆典暨第22届“那达慕”盛会——天堂河曲“天骄杯”传统耐力赛马大会，第22届“那达慕”大会暨天堂河曲文体系列活动等活动。通过“那达慕”期间数据统计，旅游收入为982.5万元，接待旅游人数21万人次。

【旅游饭店与接待点】 有三星级旅游饭店2家，分别是那达慕宾馆和吉祥大酒店；四星级旅游接待点3家，分别是天堂草原旅游发展有限公司、香汤旅游发展有限公司、阿木乎蒙藏传统文化旅游接待点。

【旅游线路】 线路一为幸福蒙旗游牧文化风情体验两日游，主要线路：黄河南历史文化博物馆—乐乐玛牛羊毛手工编织体验—香汤旅游牧家乐—白螺湖—“那达慕”赛马场（游牧文化体验）—晚餐、住宿（游牧特色餐饮、夜宿蒙古包、欣赏美丽星空）；瀞度矿泉水水源地—仙女湖—仙女洞—双鱼湖、香扎寺—午餐（品民族美食，感受民俗文化）—甘南州—九寨沟等。线路二为幸福蒙旗青海最美草原生态自驾游，主要线路：黄河南历史文化博物馆—白螺湖—腾格里赛马场（游牧文化体验）—午餐（民俗餐饮体验）—黄河南蒙古亲王府—黄河大峡谷—果洛州久治县/达日县等。线路三为幸福蒙旗寻根溯源探秘游，主要线路：白螺湖—腾格里赛马场（游牧文化体验）—午餐（民俗餐饮体验）—李恰如神山（探秘）—洮河源国家湿地公园（溯源）—甘南州—岷县、永靖县刘家峡（黄河）。

【文化旅游市场执法】 县文化市场综合行政执法大队规范文化旅游市场经营秩序，加强日常文化旅游市场监管执法，在“两会”和节假日等重要节点开展专项检查整治行动。至年底，县文化旅游经营户在册登记83家，其中歌舞娱乐场所4家、营业性演出场所2家、互联网上网服务营业场所3家、音像制品零售企业2家、图书零售4家、印刷31家、艺术团体4家、景区（点）4家，牧家乐及旅游接待点2家、星级宾馆2家、文物保护单位25家。年内出动执法人员942人次、执法车辆38辆次，检查经营户377家次，检查旅游景区4家次、网吧55家次、歌舞娱乐场所30家次、营业性演出场所2家次、印刷企业170家次、出版物18家次、文物保护单位4家次、卫星传送的境外电视节目接收单位19家家次、星级酒店75家次，发放扫黄打非宣传册260余份。

城乡建设

综　述

【城镇风貌规划】　县住房和城乡建设局落实城镇风貌专项规划编制的具体要求，履行牵头部门的责任，坚持把城乡风貌塑造作为年度重点工作，切实抓紧抓好抓出成效。为推进城镇化建设，实现城镇规划满足城镇发展需要，结合乡镇实际，编制宁木特镇、柯生乡、赛尔龙乡、多松乡城镇风貌规划，具体指导城镇建筑风貌设计，保证后期建筑设计风貌有据可依。

【城乡建设项目】　在“十四五”规划的开局之年，以补齐城乡基础设施建设短板为目标，以提升城乡市政服务能力为抓手，衔接省、州住建部门，多方位争取项目。新建续建项目27项，完工18项，推进项目9项，完成投资2.66亿元。在项目验收方面，组织项目管理和质监站骨干力量开展项目自检自验工作，对已完工项目的观感、质量、工程量及竣工资料等方面进行核验，并对存在的问题进行反馈，督促施工、监理单位做好反馈问题的整改工作。

县城环境整治工程。聚焦城市基础设施短板，始终将基础设施建设列为头等大事，争取县级配套资金1111.94万元，实施河南县县城环境整治工程，在县城主要街道更换高光照、低耗能、多色彩的智能化路灯274盏，划定停车位726个，路灯和停车位全部投入使用。

高原美丽乡村工程。实施高原美丽乡村5个村，分别在宁木特镇宁木特村、卫拉村、多松乡拉让村、托叶玛乡夏吾特村、宁赛村实施，主要实施内容为村级室内活动室、村级业务用房、党员活动室维修、围墙等村庄基础设施建设。项目建设总投资850万元，其中省级补助资金650万元（130万元/村）、州级补助资金150万元（30万元/村）、县级配套资金50万元（10万元/村）。

牧区居住条件改善工程。该工程涉及759户，在宁木特镇、多

2021年3月25—26日，住建系统组织人员开展融冰除雪活动

松乡、柯生乡、赛尔龙乡政府所在地实施，主要实施内容为牧户外墙保温、庭院整治等。项目总投资1518万元，其中省级奖补资金1138.5万元（1.5万元/户），县级配套379.5万元（0.5万元/户）。

【污水与垃圾处理设施】 污水处理。污水处理厂位于优干宁镇阿柔路，泽曲河北岸。污水厂占地面积为15998平方米，建筑面积为2198平方米，污水处理厂设计日规模为3000吨/日，近期日处理污水为3000吨，处理率达86%以上，远期预留处理规模为6000吨。投入运行后运行状况稳定，各项污染物排放因子均达到标准，排放运行以来未出现过重大环保污染事故。

垃圾处理。河南县第二生活垃圾填埋场及环卫设施建设项目，总投资为4932万元。县城第二生活垃圾填埋场，位于县城优干宁镇泽雄村，建设年限2019—2020年，建设规模日处理生活垃圾34.83吨，总库容35万立方米。设计年限为15年，设计运营服务年限13年。服务范围：垃场填埋场处理县城区（优干宁镇、托叶玛乡）的生活垃圾之外同时处理宁木特镇、赛尔龙乡、多松乡等5个乡镇的生活垃圾。填埋场生活垃圾采取防渗、覆土、压实等无害化处理措施。每天的城镇垃圾产生量平均为79.2吨，日处理量为77.4吨，无害化处理率为97.75%。

【城建档案管理】 向县档案局移交档案共58盒1836件，其中2020年9盒425件、2019年7盒375件、2018年8盒286件、2017年9盒381件、2016年5盒47件、2015年4盒64件、2014年4盒39件、2013年4盒60件、2012年4盒125件、2011年3盒32件、2010年2盒7件、2009年1盒1件、2008年2盒22件及2003年1盒4件。工程项目资料由该局自行管理和保存。

【工程质量管理】 5月开工后，以住建部颁布的质量安全检查标准为依据，通过质监站例行检查及购买第三方监理服务的方式，开展日常检查次数为16次，第三方服务公司江豪监理对河南县在建项目开展3次全覆盖检查工作，检查项目86次，下发整改通知书45份，停工整改通知书16份。通过检查发现诸多问题，并现场对问题成因及解决办法进行技术指导，形成书面整改方案。在通报会议中，详细解剖施工现场发现的问题难点、要点和普遍性问题。

【安全生产管理】 10月下旬，县住房和城乡建设局下发停工通知，并组织人员对全县项目进行检查。主要检查停工后的现场人员值班情况和施工临时用电、物料堆放等安全问题采取措施情况。截至年底，全县未发生房屋建筑和市政工程建筑施工生产安全事故。开展全国第20个“安全生产月”“安全生产万里行”活动，做好建筑领域安全生产工作，提高文明安全意识，强化安全防范措施，质监站工作人员在成吉思汗广场对过往群众、工人发放宣传手册，讲解安全生产、工伤安全知识，并用展板、横幅等多种形式宣传安全生产，发放宣传手册200余份。

城市管理

【市政公用设施管理】 2021年，城管执法人员落实城市管理执法职责，通过日常巡查、专项执法检查等方式对违规行为进行“零容忍”查处整治，并与沿街商户签订“门前四包”藏语和汉语责任书800余份，更换街道隔离护栏3600余米，检查疏通管道约800米，清淤疏通排水管网32次。结合全国房屋市政基础设施安全风险隐患排查，建立风险隐患排查台账，根据存在的问题，制定具体整改措施，做好风险隐患整治工作和城区地下空间规划，加快推进线路入地改造、智慧化城市建设等工作，推进城市智能化管理服务。

【城市供水供热】 为解决城镇供水水质标准不高、供水能力不足等实际问题，争取落实河南县供水厂提标改造建设项目，项目总投资1300万元。着力打造清洁能源示范县，投资6200万元实施集中供暖一、二、三期清洁能源煤改电项目；争取落实集中供暖五期清洁能源供热建设项目，落实资金2760万元；争取集中供暖四期清洁能源煤改电项目，完成全县燃煤锅炉清

2021 年 11 月 18 日，河南县举行环卫工作者免费“爱心早餐”启动仪式

洁供暖改造任务；在宁木特镇、赛尔龙乡、柯生乡、多松乡实施投资 1950 万元乡镇清洁能源煤改电建设项目；河南县乡镇清洁能源煤改电建设项目竣工验收并投入使用。

【市容环境卫生】 加强“门前四包”责任制。并与沿街商户签订“门前四包”藏语和汉语责任书 800 余份，根据责任书内容对不履行卫生责任区清扫保洁义务或不维护正常秩序的、不按规定遵守的按照相关规定进行整改及处罚。通过切块化管理，对县城城区环卫片区进行统筹划分，分组分区定时开展垃圾清运工作，并于每周四开展环境卫生专项整治行动，环卫工日平均工作时间达到 8 小时以上，日平均清理垃圾 77 吨，生活垃圾无害化处理率 95%。

【园林绿化】 结合宁木特镇美丽城镇建设项目，分别实施宁木特镇滨河路综合改造项目、宁木特镇宁木特路环境综合整治工程、宁木特镇藏阿柔路环境综合整治工程、河南县广场（应急避难场所）建设项目、河南县宁木特镇环境综合整治工程，栽种行道树 1900 余株。

【城市防汛】 提高认识，压实责任，召开防汛工作进行安排部署会，做好汛期期间各项应对工作，未发生人员伤亡、重大财产损失。备齐备足生活垃圾填埋场、污水处理厂等市政设施防汛物资，对隐患进行再排查、再整改，确保汛期期间安全运行；供水供气等单位及时启动应急响应，确保做好民生保障工作。组织市政维修队，做好重点部位的监控、防护。包括局班子成员在内全员在岗，通信 24 小时畅通。市政维修队、综合执法大队加强巡视巡查，做到发现积水点及时上报，一旦发生汛情险情，第一时间做好应急应对工作。

【市容环境综合整治】 建筑工地扬尘治理。加大对建筑施工工地监管力度，督促施工单位按规定落实作业车辆车身轮胎冲洗及场地出入口清扫保洁制度；加强渣土、建材的运输管理，严格落实“覆盖密闭、限时限路运输”要求，加大城管执法渣土车运输检查力度，严厉打击查处违法违规行为。

县城雨污分流管网改造。结合城镇污水垃圾提质增效三年行动，全面排查老旧城区、城乡接合部污水管网覆盖情况及排水现状，建立工作台账，开展城镇污水管网改造建设及处理设施提标升级，健全生活污水应接尽接管理制度，确保建成区内单位、企业、个人依法依规将生活污水接入市政污水管网，严禁污水直排和雨污混接错接，严禁工业企业通过雨水管网违法排污。

户外广告整治。加大排查力度依法拆除违规户外广告、立柱广告；依法拆除未经审批设置的各类墙面户外广告；依法拆除各类违规占用城市道路（绿化带）设置的广告牌、指示牌、标志牌等广告；依法拆除陈旧破损的门市招牌；全面清理临街建筑物立面和公用设施上乱张贴、乱涂写的“牛皮癣”广告，并实现长效保洁；加大非法小广告的查处、打击力度；依法拆除擅自设置在人行道、广场、店面前的揽客牌匾，落地占道摆放的灯箱（广告牌），过街无相关横幅。

占道经营整治。取缔主次干道、广场、校园周边等重点区域的出店经营、占道售卖、占道促销、占道修车、占道洗车、占道加工作业、以街为市、乱摆乱放、乱扯乱挂、散发传单、以车为市贩卖果蔬、广场内儿童游乐设施及农贸市场摊点外溢、城区活禽交易宰杀行为，依法拆除城区临街门市非法占道的各类撑杆搭棚，临街店面设置的焊接式钢架棚，遮阳（雨）棚（伞）、移动布棚、煨桑台等。

【拆迁改造】　根据宁木特镇美丽城镇建设并结合城镇发展需要，将宁木特路、滨河路、藏阿柔路、藏德玛路、藏格玛路纳入项目拆迁范围，计划对186户群众房屋进行拆迁（其中滨河路34户、宁木特路73户、藏阿柔路49户、藏德玛15户、藏格玛路15户），实际完成宁木特镇拆迁53户。

住房管理服务

【城市居民住房保障】　截至2021年12月底，办理公共租赁住房689户，租金279.76万元，押金39万元；退出公共租赁住房86户，租金23.59万元，押金33.54万元；办理干部周转房18户，收取押金5.4万元，退出18户及押金。为有效解决城市低保户、低收入、中低收入、干部职工等无住房困难问题，对收回房源进行重新分配，解决约177户家庭住房困难问题。整改审计反馈问题，根据州审计局《河南县2020年保障性安居工程资金投入和使用绩效审计》，整改完成保障性住房审计反馈的14项问题完善住房保障制度，拟定《河南县公共租赁住房管理办法（试行）》《河南县干部周转房管理办法（试行）》，通过青海雁合律师事务所的法律审核工作及县人民政府法制办合法性审查工作；《河南县公共租赁住房对象资格联合审查及信息共享制度》提交至县人民政府法制办进行审查合法性工作。办理保障性住房各小区“大证”工作，聘请西宁鼎图测绘有限公司开展公租房确权测绘工作，完成东格尔小区、聚福苑小区、蒙鑫苑小区、泽惠小区、平房小区、巴彦小区、乡镇公租房的测绘任务，并将相关资料提交至县自然资源确权登记服务中心；聘请第三方消防检测公司对保障性住房小区进行消防检测。开展保障性住房后期维修工作，结合党史学习教育开展“我为群众办实事”实践活动，多次到保障性住房各小区查看用电、消防、房屋下水堵塞问题，维修下水堵塞及地基下沉95户及单元楼梯口17个、东格尔小区楼顶漏水10户，并整改违规安装网线、电线等问题。

【房地产开发】　县安居房地产开发公司投资1.6亿元，开发建设河南县苍狼白鹿步行街和察汗丹津大街（部分）风貌改造项目，项目完工，建成房屋25600平方米，其中住宅面积约3000平方米、商铺面积约22600平方米。

【物业管理】　河南县入驻2家物业管理服务公司，负责管理的小区共有10个2910户，建筑面积217641平方米。为规范物业服务小区安全生产工作，全面排查物业管理小区消防、供电、供排水、供暖等环节，落实安全隐患排查整治工作，建立物业管理长效机制。将物业公司小区风险隐患排查工作作为一项首要任务，物业公司定期对负责小区全面排查，做到全覆盖，不留死角。经排查，未发现重大安全隐患问题，排查供水、污水管278处、供电设备46处、消防通道58处。

供电服务

【概况】　河南县供电公司成立于2001年10月。辖区内有110千伏变电站1座、35千伏变电站5座、10千伏线路24条，全长2401.02千米；0.4千伏线路全长2327千米；低压台区938台，专变261台，供电客户户数15585户。县供电公司下设综合部、运检部和营销部3个部室，营配班1个班组，赛尔龙和宁木特2个供电营业所。有全民员工33人，其中党员9人，团员19人。三新河南业务部有员工24人，其中党员2人。社会化用工46人，共计103人。

【城乡电网建设】　全县落地实施7项农网工程，县供电公司在

2021 年 7 月 30 日，国网青海电力三江源（黄化河南）共产党员服务队在白云毡房城开展“那达慕”大会保电工作

辖区配电网建设工作中做到全过程管控施工安全、质量和进度，累计投资 4937.327 万元，新建变压器 34 台，增容/更换变压器 24 台，新建/改造线路 181.73 千米，为 208 户无电户通电，改善 859 户村民用电质量。为支撑乡政府及学校的 7 个“煤改电”项目用电，县供电公司多次开展现场勘查，精心研究供电方案，并且和上级部门协商，通过负荷转带的方式，保障该 7 个“煤改电”项目用电。

【供电服务】 严格把关业扩环节，杜绝工作人员“流程加码”，实现供电服务规范化。针对小微企业，县供电公司坚决贯彻“零投资”要求，农网地区 100 千伏安及以下由公网变接入，投资到最后一级支撑物，降低用户办电成本。实现零投资接电用户 138 户，为小微企业减免接电费用 2.7 万元左右。定期开展职工服务意识及接待礼仪培训，落实“首问负责制”“一证受理制”。按照配网“四定”运维管理要求，全面开展所辖 24 条线路、设备缺陷集中整治工作，完成集中检修 37 次，更换重过载变压器 2 台，处理紧急缺陷 7 条、一般缺陷 243 条，更换杆塔 167 基，校正倾斜杆塔 147 基，调整开关定值 76 台。故障报修数量整体下降，累计故障报修总计 291 起，同比下降 1797 起，下降率为 35.8%。敷设低压配电线路 380 米，接通临时疫情防控站点用电 2 处。滚动修编防疫重点单位、社区检测点的保电应急方案，依托共产党员服务队对防疫重要场所开展不间断保电特巡，落实保供电人员、车辆值守，出动党员服务队队员 77 人次、值班车辆 15 台，完成 2 个变电站、17 条配网线路防疫保电特巡工作。

2021 年 6 月 24 日，河南县发生 3.6 级地震，县供电公司组织开展震后特巡

【安全生产】 持续强化各级生产管理人员和职工的安全意识，组织安全教育培训 11 次，开展公司层面、班组层面安全活动 153 次，召开安全生产月度例会 11 次、安委会 3 次，形成《国网河

南县供电公司2021年度安全教育培训计划》。强化保电设备设施维护检查和应急人员日常演练，做好应对雷雨、风雪、冰冻、大风等灾害性气候电网故障应急准备工作，保证关键时段线路设备“零检修”“零施工”，完成河南县2021年大小庆典、重要节假日保电任务。

【服务当地发展】 结合河南县2021年两会会议要求，动员台区经理、收费人员结合日常工作走访用户，以现有改造的专用变及集中供暖公司为样板，宣传电采暖电价政策红利，推广普及电能替代产品。全年新增“煤改电”客户15户，完成“煤改电”电量6358.85万千瓦时。为更好地服务河南县地区电网建设和经济发展，开展规划修编工作，修编完成《河南县供电公司“十四五”配电网规划报告》《“十四五”农村电网巩固提升规划报告》《河南县城10千伏配电网目标网架网格化规划报告》，并通过黄化供电公司规委会审议；协助完成《河南县清洁取暖实施方案》。

乡村振兴

美丽乡村建设

【乡村产业发展】 确定巩固拓展脱贫攻坚成果与乡村振兴有效衔接项目库项目32项，到位资金共12741.8万元，全部开工建设，项目开工率为100%，资金支付率95%以上。推行“企业+基地+合作社+牧户”经营模式，培育县域畜牧产品“阿米雪”“瀞度”“青清海”等一批“两品一标”品牌，先后完成26项143类商标注册；雪多牦牛肉小包装精分割冻制品14个系列产品喜获中国有机食品和绿色食品“双认证”；融入“五大示范省”建设，洮河源湿地公园试点建设通过“国字号”评估验收，蒙旗阿木赫获批国家草原自然公园建设试点，吉岗山省级风景自然公园申报成功。做实产业管理之路，扶贫产业孵化园采取“园区+企业+专业合作社+贫困户”的运行模式，吸纳入驻阿玫沃、宝英塔拉、雅克酷乐等8家小微企业，辐射带动建档立卡户76人，吸纳建档立卡户就业76人。通过合作社股份制改造，实行“专业合作社+牧户”的产业化经营组织形式，实现“优势资源”到“优势产业”的转变；推行“企业+基地+合作社+牧户”经营模式，产品经营主体日趋规范，畜产品附加值不断增加。继续推行“企业+村集体经济+贫困户”的阳光增收模式，全县16个贫困村光伏扶贫项目累计发电量达2602.81万千瓦时，分配收益共1120万元，每村每年集体收入达35万元。以企业发展助推群众致富增收，“飞地种草”模式补齐饲草短板，填补河南县没有饲草基地的空白。鼓励和引导龙头企业利用自有平台渠道参与消费扶贫，年底消费扶贫累计完成销售额5850万元。

2021年“两节”期间，县乡村振兴局慰问泽雄村党员

【乡村建设】 始终坚持“两山”理念，全面完成中央两轮环保督察及州委、州政府重点领域排查反馈问题整改工作。在全省率先制定《河南蒙古族自治县生态环境保护条例》《生态环境保护条例实施细则》，相继出台《草原

生态保护补助奖励管理办法》《天然草原载畜量核定办法》《县级干部生态保护责任田建设考核办法》《“洁净美”十大专项行动方案》《创建全区域无垃圾示范县实施意见》《河长制工作五项制度》等制度。实施完成清洁供暖改造任务和县级水源地标准化建设。完成国土绿化面积4740公顷，其中造林1940公顷，封山育林2800公顷。完成退化草原改良7333.33公顷，黑土滩治理6666.67公顷，黑土坡治理2000公顷，退化草原补播2666.67公顷，废弃定居点植被恢复修复266.67公顷，高原鼢鼠26000公顷，草原毛虫防治49333.33公顷，毒害草治理36666.67公顷。从2007年起连续14年获得“有机产品认证”，获第三批国家有机食品生产基地，12种产品获国家A级食品认证。河曲马、雪多牦牛、苏呼欧拉羊获得地理标志认证，并全部列入国家畜禽遗传资源保护名录。持续十七年推进“禁塑令”，突出抓好固体废物集中收集处置，构建“户集、村收、县转运处理”“户集、村收、乡镇转运处理”“户集、村收、村处理”三种垃圾处理模式，垃圾分类分拣中心全面建成投用。10月，被中华人民共和国生态环境部评为“绿水青山就是金山银山”实践创新基地；11月1日，河南县青海三江牧场农牧科技有限公司雪多牦牛肉小包装精分割冻制品12个系列产品获农业农村部绿色食品认证。有机畜产品基地连续14年通过再认证，有机草场认证面积62.13万公顷，涵盖河南县全境天然草场，先后获第一批、第二批、第三批国家有机食品生产基地“有机产品认证”示范区等称号。

【乡村人才建设】　实施乡村振兴战略，通过对口支援劳务协作，强化职业技能培训，多管齐下促进高校毕业生及贫困劳动力就近就地就业和转移就业，使人才支持和技术培训相结合，为全县提供人才智力支持，优化全县人才结构，促进全县人才队伍发展。召开线上线下劳务协作招聘会2场，完成全县城镇新增就业240人，就业困难人员就业9人，失业人员再就业50人，就近就地就业33人，劳动力转移就业1718人次，开展职业技能提升行动575人次，登记失业率为2.64%。2019年至2021年，连续3年引进30人到河南县进行医疗支援，同时利用县蒙藏医药的影响力和知名度，先后培养600余名藏医专业学员。发挥组织部门牵头抓总作用，以“智汇三江源·助力新青海”人才项目洽谈会为契机，通过州、县天津援青等平台，组织开展5个人才项目柔性引进对接。加强乡土人才培养，围绕乡村振兴、产业发展开展农牧民短期技能培训，培训实用技术550人次。按照“先富帮后富，能人带穷人，实干助脱贫”的要求，紧扣“能力培训、孵化创业、带贫增收”三大环节，加强培育致富带头人，健全完善工作机制，争取非贫困培训名额，年底完成致富带头人培训2期50人。

【乡村人文环境】　坚持把文化振兴作为铸魂工程，在改善基层文化阵地上下功夫，打造文化中心、牧家书屋、文化室等文化设施，让文化“软实力”成为乡村振兴的“硬支撑”，全县39个行政村实现牧家书屋全覆盖。坚持教育引导、实践养成、制度保障三管齐下，开展“文明家庭”“星级文明户”“最美家庭—好婆婆、好媳妇”评选活动，创新开展各类文化活动。以移风易俗行动为契机，通过入户宣传、微信引导、村规民约等，坚决遏制大操大办、天价彩礼、人情攀比等陈规陋习，通过多个平台开展各类宣讲120余次，受益群众达25470余人次。

【乡村治理】　以“组织体系建设三年行动”达标验收为契机，持续推进“抓乡促村”工程，对44个村（社区）的党群服务中心分类进行新建、改扩建、维修和提标升级，全面完成全县6个乡镇和4村（社区）“六化”“六个基本”达标创建。强化支部考核，统筹考评牵头单位，采取第三方暗访、“四不两直”的方式，分批对全县122个党支部考评，同时采取“一对一”“面对面”的形式，引导“不达标”党支部及其负责人切实加强整改。做好向重点乡村选派驻村第一书记和工作队结对帮扶工作，按照“大稳定、小调整”的原则，向18个村选派29家结对帮扶单位54名干部。在前期充分调研摸底的基础上，通过“党支部+”模式为6个重点扶持村投入扶持资金，2019—2021年借力中央村集体经济扶持资金850万元重点扶持17个村壮大村级集体经济。开展换届选举工作，在全省率先完成全县43个村（社区）“两委”换届选举，全部实现“一肩挑”。落实“一表一册一规范”，执行“四议两公开”制度，推进党支部标准化、规范化建设。强化对基层党组织带头人的监督管理，采取“基层党建+督查”模式，结合对重点、阶段性工作任务的督查指导，随时了解掌握履职情况。

【新农村建设服务】 围绕“生产发展、生活宽裕、乡风文明、村容整洁、管理民主”的二十字方针要求，始终践行生态文明理念，结合畜牧业县情发展实际，坚持牧业牧区优先发展，建立健全城乡融合发展体制机制和政策体系，统筹推进牧区经济建设、政治建设、文化建设、社会建设、生态文明建设和党的建设，加快推进社会主义新农村建设，加快推进乡村治理体系和治理能力现代化，加快推进牧业牧区现代化，走中国特色社会主义乡村振兴道路，全面贯彻落实党的各项惠农政策。

【农村环境卫生整治】 结合畜牧业县情，制定并落实《河南县乡村环境卫生整治管理指导意见》等相关条规，从制度和组织上建立长效机制。年初召开各乡镇党员组长动员大会，各组组长召开村民大会，争创打造全域无废示范县。发动全体群众参与环境卫生综合整治工作，书写宣传标语、发放生态保护和环境卫生整治手册等各类宣传单4000份，宣传8000人次。对去往泽库边界、赛尔龙乡、宁木特镇、柯生乡、多松乡等公路沿线周边以牧户草场为区域，在牧户自愿无偿承担环卫清理的情况下签订环境卫生整治协议书，并在各公路沿线配备垃圾箱，通过牧户直接参与到环卫工作。“那达慕”盛会前期，开展交通主线非交通标志牌集中清理整治活动，通过拆除废旧破烂标牌、清理乱扔围栏水泥杆、拆迁破旧房屋等消除公路安全隐患。在“七一”“那达慕”等重大活动期间，全县近千名志愿者踊跃参与，争当清洁家园先行者。按照人口分布与垃圾点服务半径的具体情况，合理规划垃圾收集点的布置，建立一支摩托车环卫队伍，按照网格化管理责任区原则配备保洁员，负责交通沿线环卫作业。每天对公路沿线排水沟、公路路面、草滩边缘积存的垃圾由环卫摩托队进行地毯式清理，确保公路沿线干净整洁，每次平均处理垃圾达到10吨。生活垃圾采取“户分类、村收集、乡转运、县处置”四级综合处理措施，实行环境卫生区分片包干，定期清运，无害处理。根据“全域无废”示范县创建方案要求，与所有乡镇签订目标责任、倡议协议书，各乡镇与村委会签订协议，村委会与牧户签订协议，明确主体责任，层层落实到位，履行全县范围内的环境卫生综合整治责任，全力以赴谱写新时代“纯净河南·幸福蒙旗”奋力新篇章。

2021年7月，县新农村建设服务中心干部职工及环卫摩托车队在洮河源国家湿地公园庆祝中国共产党成立100周年

脱贫攻坚成果巩固

【概况】 2021年，河南县落实“四个不摘”要求，保持帮扶政策总体稳定，筑牢返贫致贫防线，确保不出现规模性返贫，为巩固拓展脱贫攻坚成果后评估奠定坚实基础。按照聚焦重点、平稳有序要求，持续做好巩固拓展脱盆攻坚成果同乡村振兴有效衔接。

【主体责任落实】 定期召开县委常委会、县政府常务会、县实施乡村振兴工作领导小组会议、工作推进会研究部署巩固拓展脱贫攻坚成果同乡村振兴有效衔接工作，着力在巩固、拓展、衔接上下功夫、见实效，接续推进乡村全面振兴。召开县委常委会27次、政府党组会议5次、政府常务会议5次、乡村振兴工作领导会议4次、工作推进会12次。

【工作举措】 结合乡村振兴工作新形势、新任务和新特点，制定印发《关于2021年全县百名干部下乡开展“巩固拓展脱贫攻坚成果全面推进乡村振兴”活动方案》《建立河南县乡村优势产业协调推进机制》《河南县全面推进乡村振兴加快牧业牧区现代化的若干措施》《河南县2021年高原美丽乡村建设工作实施方案》《河南县乡村振兴包乡（镇）联户工作方案》《河南县实现巩固拓展脱贫攻坚成果同乡村振兴有效衔接的实施方案》等；抽调313名干部，组成39个宣讲小组，开展中央、省委“一号文件”和乡村振兴政策宣讲工作。结合党史学习教育和“下基层转作风，担使命履职责”活动，县委、县政府主要负责人下沉基层，深入一线调研巩固拓展脱贫攻坚同乡村振兴有效衔接工作，接访问题43条，解决38条，解决率88%。

【防贫动态监测和帮扶机制】 聚焦防止返贫致贫，“摘帽”后，在深化县情认识和准确把握发展脉络的基础上，针对主要矛盾的变化，综合运用易地扶贫搬迁、整村推进、产业扶贫等多项举措巩固脱贫成果，道路交通、饮水安全、城乡住房等一批基础设施得到加强，就业、医疗、社保、教育等社会事业全面发展，15年免费教育、“六减免、四优先、十覆盖”、“先住院、后结算”等惠民举措全面覆盖。截至年底，全县“三类人员”121户417人，有107户376人通过临时救助、安排公益性岗位、纳入低保等方式完成风险消除。

【巩固“两不愁三保障”成果】

教育方面。巩固义务教育控辍保学成果，全面落实低收入家庭学生教育帮扶机制，全县无因贫辍学学生；在天津、内蒙古等地开设异地高中班，240名学子异地接受优质教育。完成222名贫困家庭大学生和中高等职校生助学补助工作，发放补助资金97.5万元并录入全国扶贫开发信息系统管理子系统。

医疗保障方面。继续实施医保扶贫工作，全县医疗卫生优惠政策覆盖率达100%，养老保险、基本医疗保险、生育保险、工伤保险、失业保险、城乡养老保险参保率均达到100%；家庭医生团队为全县5801名建档立卡户完成

2021年10月，举行“雨露计划”短期技能培训结业仪式

签约及慢病患者履约工作，应签尽签完成率为100%；持续实施对全县建档立卡人群医疗费用“一站式结算”“先诊疗后付费”等政策，建档立卡人口住院医疗报销比为90%以上。

安全住房方面。完成农村牧区和城镇房屋安全隐患排查共计7322户，经鉴定实际存在安全风险房屋共计164户，年底完成54户整治工作；申报实施农牧民抗震改造共计54户，建设完成50户；全面完成河南县941户易地扶贫搬迁户不动产权登记办理工作。

就业方面。坚持外出务工和就近就业“两路并进”，通过公益性岗位就业、转移性就业、季节性就业及外出务工等方式，实现就业共计2306人；开设装饰装修、中式烹饪、刺绣、家政服务及牧家乐5个技能培训班，对250名建档立卡户进行技能培训。

安全饮水方面。新建机井77口，解决河南县6个乡镇26个村77户484人17099头（只）牲畜的饮水安全问题。

金融扶贫方面。衔接金融机构协调争取扶贫贷款资金，发放“530”贷款529笔，金额1594.2万元，贴息127.98万元；合作社贷款累计发放39笔，贷款金额8520万元，贴息金额302.13万元。

【返贫监测】 优化返贫保险框架协议，与人保财险河南支公司签订2021年度精准防贫保险实施协议书，将全县牧业人口纳入防贫保险范畴，并根据防贫“预警线”筛选出易致贫返贫户61户，由县民政局审核筛选出24户，经人保公司进一步入户调查，确认19户符合易致贫返贫户条件。年底，对符合条件的1户边缘户赔付资金42395.1元，各乡（镇）民主评议和公示边缘户17户。

【扶贫项目资产管理】 根据《黄南州财政专项扶贫资金及产业扶贫项目资产清查评估工作方案》要求，成立县清查评估工作领导小组，制定清查评估工作方案，重点围绕全县各单位及6个乡镇39个行政村自2013年以来涉及的4.4亿元中央和省、州、县财政专项扶贫资金安排使用及230个项目实施情况。建立县、行业部门、乡、村扶贫资产管理台账，并完成对扶贫资产进行确权、系统录入工作。

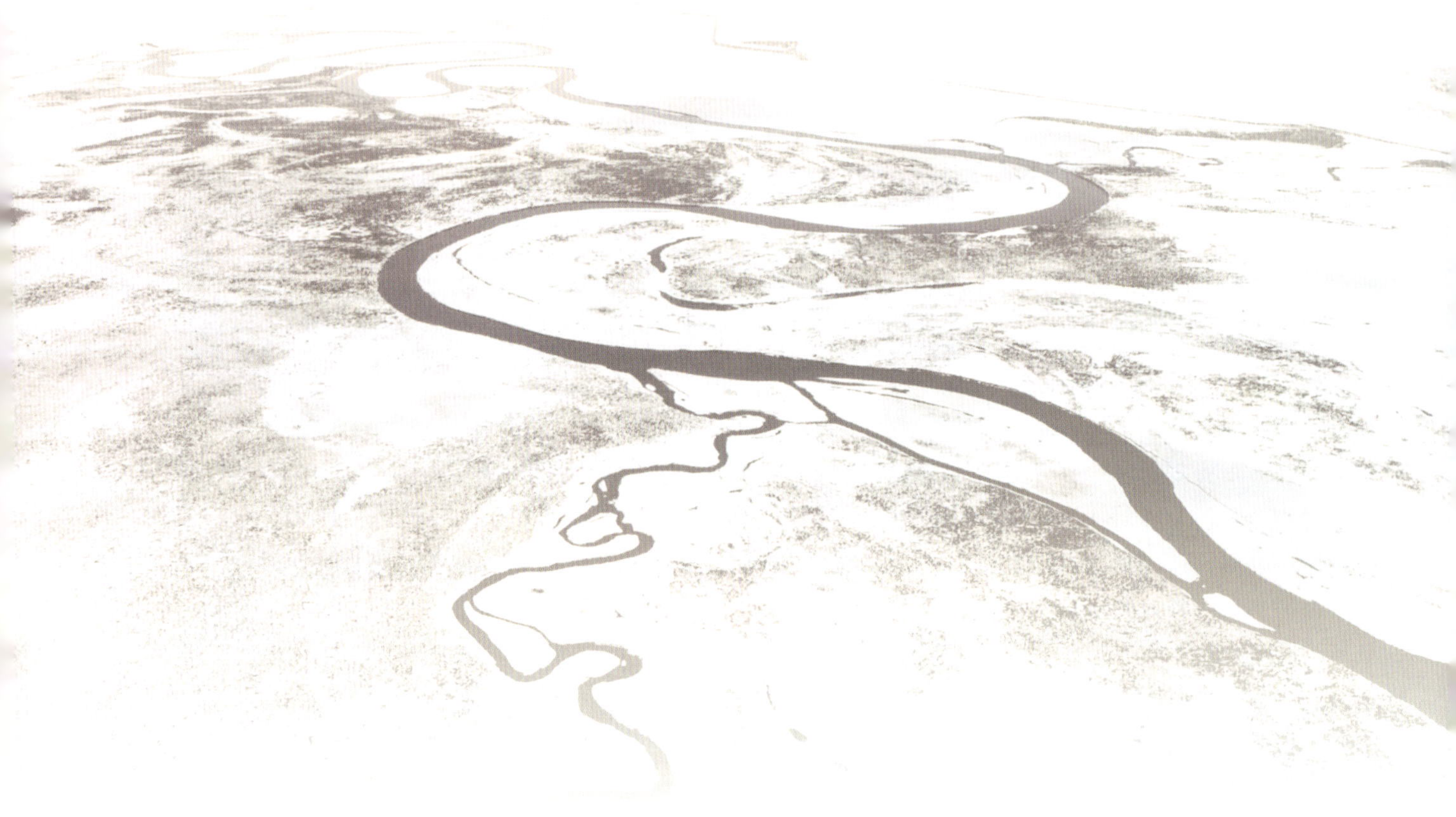

生态环境

生态环境质量

【生态环境规划】 以习近平总书记关于加强黄河流域生态保护和高质量发展理念为抓手，编制完成《河南蒙古族自治县生态文明规划（2019—2025）》。编制《河南县“十四五”生态环境保护规划》，统筹推进山水林田湖草沙冰全面治理，打造蓝天、碧水、净土的纯净河南。

【生态环境监测】 执行《2021年青海省生态环境监测方案》要求，开展生态环境监测。配合第三方运维公司解决河南县空气站房突发问题，确保县域有效监测数据大大提升，全县空气优良率达到97.1%。配合省监测中心，完成对省控、州控地表水监测断面的水质监测工作，水质达标率均100%。完成农村环境质量监测，柯生乡柯生村、多松乡多松村水质、空气和土壤环境质量监测工作。对主要排污单位开展监督性监测工作，并将相关监测数据上传至青海省重点排污单位自行监测信息发布平台予以公布，接受媒体和群众监督。

【生态环境质量达标】 河南县境内地表水国家、省控断面共3处，分别为洮河赛尔龙断面（国家级）、黄河柯生断面和泽曲河曲海断面（省级），洮河水质监测结果满足《地表水环境质量标准》（GB 3838—2002）Ⅱ类水质标准，黄河和泽曲河水质优于《地表水环境质量标准》（GB 3838—2002）Ⅲ类水质标准，地表水国、省控断面丧失使用功能（劣于Ⅴ类）水体断面比例为0。县级集中式饮用水水源水质达到或优于Ⅲ类比例达到100%；空气优良率为97.1%，空气质量约束性指标空气优良率达90%以上。按照相关行业要求开展监测，制定《河南县2021年度土壤污染防治工作方案》，对全县垃圾填埋场

2021年9月18日，第三方对河南县污水开展定期监测

及牧业合作社周边进行土壤检测，监测结果达标。2020年度国家重点生态功能区县域生态环境质量综合考核结果达到“基本稳定”。

生态项目建设

【生活垃圾分拣分选及资源化处置利用项目】 项目位于河南县第一垃圾填埋场东南侧，用地面积6570.26平方米，由生活垃圾分拣分选和生活垃圾综合处理设施组成，在原河南县第一垃圾填埋场地建设生活垃圾分拣分选中心和生活垃圾综合处理设施，结合已完工的生活垃圾高温裂解处理设施，组成生活垃圾处置系统，将生活垃圾进行分拣分选、回收、裂解、填埋等系统作业。有用回收料在精分工段分解出来，对外销售；分解出的废弃物通过生活垃圾综合处理设施进行无害化处理。通过两段处理，使生活垃圾达到无害化和资源化利用的目的，提高环境水平，改善人民生活质量，实现从全域无垃圾向全域无废转型升级。

【洮河水污染防治项目】 项目投资2500万元，为中央水污染防治项目专项资金，位于河南县境内洮河沿岸，分为2个工程类别。其中，生活污水综合处理工程内容包括：新建赛尔龙乡污水处理厂，规模100吨/天，出水水质达到《城镇污水处理厂污染物排放标准》（GB 18918—2002）一级A标准。配套污水管网和中回用水管网工程，污水管网16828米，中水回用管网1750米；赛尔龙生态修复处理工程内容包括：赛尔龙乡现状垃圾堆场清运及堆场生态修复，并对公厕粪便转运至县堆肥厂处理，洮河河岸带生态恢复面积12300平方米，建设546米石笼护岸。

【污水处理厂尾水水质改善工程】 总投资4040万元，建设资金全部申请中央水污染专项资金。建设内容：对黄南州河南蒙古族自治县污水处理厂尾水进行水质改善，建设一套尾水深度生态处理系统，对水资源进行回收利用，包括中间水池、阳光房、臭氧接触池、臭氧缓冲池、生化池、混合池、絮凝池、沉淀池、滤布滤池、储泥池、接触消毒池、鼓风机房、脱水间等建构筑物；新建D500尾水输送重力管线约1.5千米，尾水输送管线起点与现状污水厂D500出水管线衔接；新建处理后DN200压力出水管线80米，对历史遗留沙坑沙生态修复约10.43公顷。截至年底，完成30%工程建设。

生态环境监察

【环境监管“双随机”抽查】 贯彻落实生态环境部在环境监管领域推广随机抽查制度的要求，提高环境执法绩效，规范事中事后监管行为，创新环境监管方式，推进随机抽查制度化、规范化、常态化、透明化。根据依法监管、公正高效、公开透明、协同推进的原则，结合本区实际情况制定抽查工作实施方案，对7个污染源开展“双随机”抽查检查。

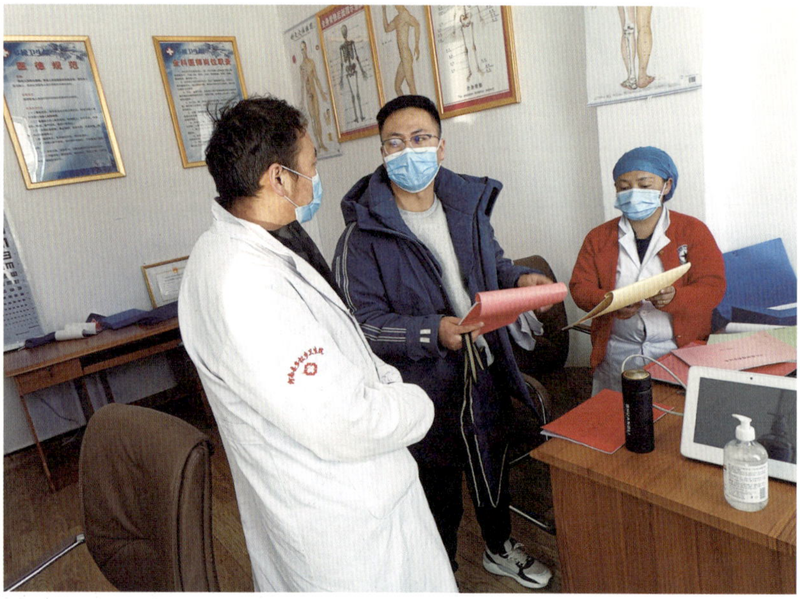

2021年11月28日，县生态环境综合行政执法大队在疫情期间排查各医院医疗废物台账

【专项执法检查】 河南县城镇污水处理厂垃圾填埋场整治专项行动。根据省、州、县下发的关于城镇污水理厂垃圾填埋场问题隐患大整治行动文件要求，针对县第一垃圾填埋场封场工作、县城第二垃圾填埋场、柯生乡垃圾填埋场和县城污水处理厂运行中存在的问题进行逐项摸排检查，逐项整改，督促各相关单位切实肩负起主体责任。

重点企业危险废物和环境安全专项执法检查。检查企业50余家次，检查内容涉及危废的处置、环境应急响应预案以及台账记录等。检查发现，部分加油站未签订有效的危险废物处置协议，危废暂存库房设置不规范，危废产生台账和处置记录不完善；未开展环境监测工作；环境应急预案不完善或未备案；未设置环保沟。汽车（摩托）车修理厂危险废物暂存处置问题突出，环保意识淡薄等。针对以上发现的问题，县生态环境综合行政执法大队下发文件通知，要求各各行业根据自身存在的问题逐项整改到位。

排污许可证专项执法检查。根据《排污许可管理办法（试行）》（部令第48号）要求，对本区6家排污许可证申领单位开展持证情况检查，发现河南县楠迦农牧科技有限公司未按照排污许可证限期整改通知要求开展整改。针对存在的问题，下发督办通知，要求企业限期整改并申领排污许可证。

排污口专项检查。根据《青海省生态环境局关于做好黄河流域入河排污口攻坚排查相关工作准备的函》文件要求，出动10批次20人次，针对河南县黄河干流区域的柯生乡、宁木特镇黄河沿和黄河支流区域的泽曲河段开展地毯式摸排检查，排查出排污口14处，其中生活污水排口2处、雨水排口12处。

“六五”世界环境日生态环境专项执法大检查。为贯彻落实省、州关于2021年“六五”世界环境日国家主场活动生态环境质量保障工作要求，河南县坚持问题导向，强化工作措施，全力开展生态环境问题大排查大整治工作。县生态环境综合行政执法大队对县域重点排污单位的污染物排放和危险废物管理工作、医院射线装置安全使用情况、矿山开采和空心砖制造企业污染治理设施运行情况等系列环境问题开展专项检查。检查时发现部分加油站存在危险废物标识张贴不规范；部分矿山开采企业环境保护主体意识不强，料场乱堆乱放、防尘苫盖措施落实不到位等问题，针对发现的问题，执法人员现场督促指导企业立行立改，确保整改到位。

【执法大练兵活动】 根据生态环境部《关于开展2021年环境执法大练兵的通知》要求，为进一步推进执法队伍建设，规范和提高执法能力水平，考虑到疫情防控的原因，通过与州内兄弟单位加强交流和学习来不断提高环境执法队伍依法行政意识和能力，提升全员执法水平。

【保护母亲河行动】 为规范河道经营秩序，维护黄河生态系统稳定。4月13日，县生态环境局联合各乡镇开展保护母亲河行动，集中整治各乡各村环境卫生。入户宣传，组织村民小组长、妇女小组长带头行动，清理非主干道公共区域杂草和生活垃圾。定职定责，将清扫干净的村干道划定管护责任，做到随脏随扫、全天保洁。完善配套设施，在全村人口密集场所放置垃圾桶和大垃圾箱，以便于群众能够投放垃圾。

生态环境监管

【概况】 根据《中共河南县委办公室 河南县人民政府办公室关于印发〈河南县生态环境保护工作责任规定（试行）〉的通知》，监管各行业执行情况；强化减污降碳，完成主要污染物减排目标及重点工程减排量；贯彻落实黄南州2021年“六五”世界环境日国家主场活动相关要求，筹备“六五”世界环境日系列宣传用品，具体制作展板6块、横幅6条、《河南蒙古族自治县生态环境保护条例》《河南蒙古族自治县生态环境保护条例实施细则》等各类生态环境宣传手册1200余份、环保手提袋500余个、纸巾500余盒、纸杯200余提；围绕打好污染防治攻坚战八场标志性战役部署开展专项执法检查，遏止破坏生态环境的违法行为，保护和改善生态环境质量；全年完成1

起生态损害赔偿案件，与赔偿义务人签订《生态环境损害赔偿磋商协议》，明确生态修复的模式和费用支付方式、修改工程启动的时间和期限，以及修改效果的评估、违约责任、争议解决和其他事项等内容，并要按规定完成生态修复任务。落实“绿水青山就是金山银山”实践创新基地创建工作，河南县被生态环境部命名为“第五批绿水青山就是金山银山”实践创新基地。落实“三线一单”生态环境分区管控，加强“三线一单”应用实施；制定生态领域应急预案5个，年内未发生重大环境污染事故。

【放射源管理】 为确保辐射安全隐患排查工作顺利开展，制定《河南县辐射安全隐患排查工作专项行动实施方案》，成立专项行动工作领导小组，实施方案就排查工作责任分工、完成时限和相关要求进行具体部署和明确，将具体工作明确到人。县人民医院和蒙藏医院2家射线装置使用单位进行现场检查，基本掌握辖区内相关单位的辐射安全许可证办理情况、辐射安全与防护法规标准执行情况、防护设施运行管理情况等。县人民医院和蒙藏医院基本按照国家相关法律法规要求结合实际情况，成立由医院领导为组长的放射安全管理小组，全面负责放射科检查、监督；放射工作人员的健康管理，个人剂量管理，培训管理；放射诊疗设备的定期检测，场地的定期监测等工作。放射源及射线装置的监测、管理及安全保卫方面制度基本健全；对从业人员定期进行个人剂量检测并出具检测报告；基本完善各项人员管理制度，包括健康管理，培训管理，健康体检和培训记录等；制定相关的规章制度和应急预案；场所的放射防护、报警、警示标志、应急出口等按照规定设置标识。

【生态环境法治】 按照“投真情、办实事、见成效”的要求，做好信访矛盾调处，强化问题整改跟踪落实，同时坚持疑难案件领导包案、坚持执法与调解并举，以执法为主，查处环保违法行为。受理各类信访投诉1件，办结率100%；办理破坏环境违法案件1起，行政处罚金额18万元；办结首例生态环境损害赔偿案件，赔偿金额共计55.32万元。

【环境保护督察问题整改】 第一轮中央环保督察进驻期间，向河南县反馈整改问题3项，其中1项个性问题、2项共性问题，3项问题全部整改完成。群众信访举报案件3起，全部整改完成。第二轮中央生态环保督察进驻期间，向河南县反馈整改问题4项，均属共性问题，全部整改完成。

【生态环境保护协会建设】 为深入学习贯彻习近平生态文明思想，整合资源优势，县生态环境局审查生态环境保护协会的章程、工作职责、管理制度及协会入会人员，同意成立8个生态环境环保志愿者协会，分别是河南县优干宁镇生态环境志愿者协会、河南蒙古族自治县志愿者生态环境保护协会、河南县赛尔龙乡环保志愿协会、河南县柯生乡洮河源生态环保协会、优干宁镇南旗村妇女生态环境志愿者协会、河南县宁木特镇生态保护协会、河南县多松乡生态环保志愿者协会、河南县托叶玛乡生态环境保护志愿者协会。

【生态环境宣传】 围绕世界环境日“人与自然和谐共生”主题，举办首次“环保设施公众开放日”活动。活动邀请县完全中学学生代表参观，让学生实地走进生态环境保护、了解生态环境保护、监督生态环境保护。联合共青团志愿者、城市管理局、生态环境保护协会在成吉思汗广场开展以“人与自然和谐共生”为主题的宣传活动，活动现场设立宣传台和咨询台，开展生态环境普法宣传，发放生态环境宣传手册，活动现场发放《河南蒙古族自治县生态环境保护条例》《河南蒙古族自治县生态环境保护条例实施细则》《中华人民共和国固体废物污染环境防治法》等各类生态环境宣传手册1400余份，发放环保手提袋600余个、纸巾500余盒、纸杯200余提，现场解答群众问题20余个。参加州生态环境局宣传活动，生态环境系统干部职工表演《最美草原》《环保人之歌》《让中国更美丽》等文艺节目，传达出关爱自然、保护环境的重要性，并普及生态环境保护法律法规和科学知识。

青海洮河源湿地公园管理

【概况】 2021年，青海洮河源湿地公园管理服务中心树立“绿水青山就是金山银山”的理念，将青山绿水变成金山银山，实现生态、生产和生活共赢，让社区群众分享生态文明建设的成果。对照县委书记司吉昇在县委十四届九次全会第一次全体会议上作的关于县委常委工作的报告、县长钢夫在县第十五届人大第七次会议上作的政府工作报告工作完成情况，坚持生态优先，坚定不移全面打造纯净河南，坚决扛起生态政治责任，打通“打通两山”转化通道，抓好水生态治理，加强土污染和修复，着力打造青南牧区生态文明建设样板。

【湿地公园建设】 全面启动总投资1000万元的黄南州河南县洮河源景区游客集散中心建设项目，主要包括：建设游客集散中心2450平方米及附属设施、生态停车场2000平方米及附属设施建设等建设内容，建设年限2年（2020—2021年），建设内容全部完成。实施青海洮河源国家湿地公2021年第一批湿地保护与恢复项目，总资金额500万元，建设内容为维护自然湿地岸线1120米，完成工程量的60%。设计安装科普宣教厅1项开工。购置生态监测实验室设备，安装生态监测实验室1项、科研监测1项，内容包括：对生态木桩保护岸线的效果进行评估、对公园内湿生植物和特有植物开展调查、对湿生植物和特有植物建立种质资源圃开展抚育或繁育试验。实施2021青海洮河源国家湿地公园湿地生态效益补偿项目，总资金额为500万元，完成生态效益补偿完成户数统计核定、签订湿地使用面积确认书、湿地生态保护意识评价、核实牧户身份信息及指定账户工作。

【湿地公园管理】 依法依规管理湿地公园，组织湿地服务中心领导干部学习关于生态文明建设的理论、政策和法规，树立“两山”理念，深刻理解青海省的“三个最大”省情定位。学习省长刘涛在全省湿地保护专题会议上的讲话，保护好湿地生态系统是建设国家公园示范省的重要内容、确保“中华水塔”丰沛坚固的重要支撑、促进人与自然和谐共生的有效途径。严格湿地用途管制，实施生态保护修复，构建健康稳定的湿地生态系统。夯实湿地保护基础支撑，深化政策和课题研究，助力实现“双碳”目标。将理论学习和实际工作联系起来，全面贯彻落实习近平总书记的生态文明思想和各级领导的指示，依法依规保护好、管理好国家湿地公园。

【湿地保护和恢复】 自然湿地岸线维护142.53米，开工完成30%。聘用湿地管护员2名，按照湿地生态管护员管理办法聘用，工作内容拟定为负责对巡护点进行日常巡护，维护湿地公园的资源。设备购置内容为双筒望远镜10个、相机1台。加强湿地学校建设，购置标本植物30份、鸟类标本20个、图书200册、显微镜1台。加强湿地信息中心建设，购置笔记本电脑1台、手机镜头2

2021年8月19日，青海洮河源湿地公园管理服务中心职工和管护员同天津援青指挥部临时党支部约40余名生态环保志愿者在洮河湿地开展“保护母亲河、我们在行动”活动

个、摄影稳定器1个、建设湿地宣传网站1套。开展科普宣传活动48场，湿地教育20次。

【资源考察】　联合管护员和志愿者开展季节性资源普查，按2000公顷一人的标准对管护员进行责任片区分工，责任到人。根据划分的保育区、管理服务区，对公园全域内进行具体观赏点信息采集，按月和季度对生长的植物和出没的动物确定其分布特点和位置，对具有特殊意义的湿地区域进行面积、类型、分布的调查采集，针对季节性植被生长情况及动物出没情况作定点和登记，完成资源普查11次。检测到公园内国家一级保护鸟类4种，根据鸟类栖息状况，打造出适合栖息6种鸟类的栖息地。8月，管护员在公园内发现国家一级保护动物扭角羚，也叫羚牛，俗称“六不像”，是省境内首次发现羚牛，园区内国家一级保护动物从11种增加到12种。

【科研监测】　为全面掌握湿地公园生态系统，为高寒湿地保护、科普宣教等提供依据，邀请青海大学高寒湿地研究团队作为科技支撑单位，开展湿地公园的科研监测工作，开展植物植被、鸟类、水质、土壤和气象监测和湿地恢复的技术研究。完成各项科研监测工作11次，记录动物活动状况95次，建设试验站1处，采集湿生植物、特有植物种子120份。初步建设洮河源高寒湿地生态系统资源库，对洮河源生态环境修复技术提供新技术支持和生态保护方案。

【管护员巡护】　每月开展1次湿地生态管护培训及巡护工作，与管护员签订《河南县2021年度湿地生态管护合同》，明确管护员职责、任务。每月开展1次管护员党史学习教育、湿地生态系统管理方法、湿地保护相关方针政策和疫情防控等业务知识培训，并进行相关考试考核；管护员每两天进行1次巡护，配合管护中心开展湿地公园科普宣教工作和科研监测工作和春秋季绿化工作，各项工作责任到人，分工明确，并记录巡护日志。根据年内计划，应完成管护巡查工作5400人次，完成4986人次。对所有区域明确分工，每两日开展道路两旁清理、河面杂物打捞、公厕打扫等工作。对严重影响空气质量、水源健康、景点美观的垃圾，如施工垃圾、牛羊尸骸、山体滑坡等，清理运转至河南县垃圾场，垃圾运转45车次，集中清理垃圾144次，清理垃圾401.5吨。

【公园边界确定】　该公园建立起虽有版图，但公园内户数不清、湿地面积不清、公园边界不清，对此联合管护员进行为期3个月的湿地公园面积及边界测量工作，利用GPS定位对公园边界进行勘测定位，确定湿地面积涉及2个乡、3个村，共计测量41040公顷湿地。其中，赛尔龙村涉及湿地牧户76户、湿地面积11229.17公顷；尕克村涉及湿地牧户102户、湿地面积15924.93公顷；柯生村涉及湿地牧户53户、湿地面积13887.02公顷。

【科普宣教】　坚持利用“世界湿地日”“世界水周”“爱鸟周”“世界野生动植物日”等重大节

2021年9月2日，在青海洮河源国家湿地公园内开展自然教育活动

日有利契机，定期开展湿地科普知识进校园、进社区、进牧户“三进”活动，宣传湿地保护知识，倡导生态文明理念，提高国家湿地公园的知名度、美誉度和影响力。全年完成科普宣教进校园6次，受益人数800余人。联合生态管护员，完成科普宣教进牧户280余户，受益人数670余人；完成科普宣教进社区13次，受益人数1600余人。

【湿地效益补偿】 根据2016年国务院办公厅印发的《关于健全生态保护补偿机制的意见》和2019年国家发展改革委关于印发《生态综合补偿试点方案》的通知，借鉴青海省实施草原生态保护补助奖励政策的经验，在省湿地处和湿地中心的指导下推进湿地效益补偿工作，并首次与省湿地处完成衔接并争取到湿地生态效益补偿试点项目。

金融业

金融服务

【概况】 2021年，河南蒙古族自治县金融工作办公室（简称“县金融办”）围绕县委、县政府的总体部署，以提高金融服务实体经济能力为目标，以改革创新为动力，以优化金融环境为着力点，勤勉尽职、敬业奉献，为全县经济持续平稳发展提供金融支撑，在金融助推地方经济发展、改革创新形成区域金融特色、维护稳定防范重大金融风险等方面取得成效。

【农村金融服务】 县内金融机构支持乡村振兴发展，健全农村金融服务体系，不断提升金融服务乡村振兴的针对性和创新能力，不断完善农村金融政策扶持、优化农村金融生态环境，发挥金融服务在乡村振兴中的助力作用。强化普惠金融与巩固脱贫攻坚、实施乡村振兴战略的深度融合，促进全县普惠金融服务乡村振兴改革工作高质量发展。县金融办分别于9月8日与11月2日组织全县金融单位和公司召开河南县金融机构支持乡村振兴发展专题对接会，主要任务是为适应全县农业经营形势及企业对涉农金融产品的需求，提升普惠金融等政策的可操作性，全面落实各项强农、惠农政策，加大对重点企业的支持力度。

【财政财务管理】 加强财政收入组织征管，规范征收行为，确保各类应征预算收入按规定及时足额缴国库。全面推进非税电子化改革，实现非税收入收缴全流程电子化管理。加强预算单位银行账户管理，规范银行账户开立、变更、撤销和使用管理，从源头强化资金监管，确保财政资金运行安全。

【金融风险排查】 对全县金融领域风险情况进行全面系统地摸底排查，做到风险清、底数明，细化全县重大金融风险清单，根据风险变化情况对清单实施动态监测管理。落实风险处置第一责任单位，进一步强化本地企业运行风险的监测预警，完善企业风险排查机制。把握重点领域风险特征和分布情况，理清风险传导链条，识别重大风险隐患，细化风险等级认定标准，分级分类分层次处置化解。完善并落实现场检查与非现场核查、定期检查与不定期抽查制度和监管评级、压力测试等手段，针对性开展重点领域金融风险检查，排查面临的潜在风险。及时制止金融机构经营中存在的高风险行为，金融机构结合金融风险清单进行自查，并建立重点企业风险整改清单。

【融资担保】 优化政府性融资担保体系，建立健全政府性融资担保公司资本金持续补充机制，加强资本管理，构建政、银、企担风险共担机制，增强服务能力，提升风险管理能力。强化政府性融资担保公司内控机制建设，制定业务规范和管理标准，完善利益冲突回避、授权审批等制度，从源头上防范和化解代偿风险，提升风险防范能力。按照《融资担保公司监督管理条例》《金融企业财务规则》等规定，及时足额提取各项准备金，切实发挥准备金的风险缓冲功能。

【打击非法金融】　持续开展非法金融业务清理活动，整治金融乱象，依法及时处置非法金融活动的苗头性、倾向性问题，严厉惩处各类无证经营金融业务行为，坚决取缔非法金融机构、查处非法金融业务活动，遏制非法金融活动蔓延。严厉打击非法集资等各类违法违规行为，严肃查处以财富管理、投资咨询等名义非法吸收公众存款的违法犯罪行为。

【金融知识学习教育】　加强财政金融知识和政策学习，学懂弄通财政金融的事理，在县委党校干部培训课程中充实相关财政金融政策理论等内容。加强公民金融风险教育，增强公众金融风险意识，树立“收益自享、风险自担”观念，提高风险识别防范能力。加大金融法律法规及政策宣传力度，增强公众法治观念，营造金融法治氛围。政府和宣传、网信、金融管理等有关部门密切关注媒体、网络等渠道的社会舆论动向，加强政策解读及舆论引导，稳定金融市场信心。

中国农业银行河南县支行

【概况】　2021年，中国农业银行河南县支行（简称“县支行”）贯彻黄南分行2021年党建与业务经营工作会议精神，牢牢把握稳中求进工作总基调，坚持新发展理念，以员工积分管理为抓手，坚持以人为本，提高员工业务素质，依据全县经济社会发展，围绕年初确定的工作目标，稳步推进各项业务。至年底，县支行有职工20人，其中科级干部4人，本科以上学历20人。

【存款业务】　截至12月底，各项存款余额59247万元，较年初下降8684万元，其中对公存款33980万元、个人存款25267万元。各项贷款余额26694.08万元，较年初增加351.90万元。个人贷款余额8715.42万元，比年初增加2688.25万元。乡村振兴有机畜牧贷款发放2笔，发放600万元。活畜贷主要以赛尔龙乡兰龙村为重点开始发放，储备贷款3500余万元。抵押e贷受理1笔，金额270万元。普惠口径个人贷款完成516.52万元，农户信息建档人脸识别2743户，新增惠农e贷1933.69万元；与农牧担保公司合作贷款发放70笔，金额1650万元。网捷贷新增719.53万元，信用卡新增285户。信用卡分期完成1439.64万元。

【基础业务经营】　根据省分行2021年运营质量评比统计表，县支行第一季度在全省39家牧区支行中排列第29名，第二季度在全省39家牧区支行中排列第31名，第三季度在全省39家牧区支行中排列第11名。在紧抓服务质量的同时，加大线上产品推广力度，紧抓零售业务，全员营销手机银行、微信银行、企业网银等各类电子产品，利用新上线的智慧迎客系统，主抓厅堂营销，掌银促活率为14.03%（位列全州各分行第一位），拉新率为10.95%（位列全州各分行第二位）。12月两

2021年6月20日，县农业银行在兰龙村兰龙合作社发放第一笔活畜贷

柜弹屏进件率12.28%，完成信用卡有效客户新增285户，完成率109.62%，乡村振兴信用卡新增53户，新开立单位结算账户45户。新增三代社保卡1682张、电子社保卡2660个、电子医保凭证2310个、乡村振兴信用卡新增53户、聚合码202户。

【支持经济发展】 县支行响应县委、县政府的号召，发挥党和政府联系农村的金融纽带作用，始终立足“三农”、服务群众。主动履行社会责任，高度关注民生，扶持弱势产业和弱势群体，惠农贷款遍布全辖四乡二镇，涉及户数4561户。加强与农牧担保公司合作，做到贷户资源共享、贷款风险共担。与扶贫联点村多松乡多松村签订《“双基联动”合作贷款协议》，解决农牧户贷款难、贷款贵、贷款慢等问题，并推进“双基联动”合作贷款试点工作。加强与地方政府的沟通协调，根据地方经济发展和产业特点，支持实体经济发展、有机畜牧业发展、村集体经济改革发展、乡村旅游业发展、农牧户发展、农村信用体系建设发展。

支持地方实体经济发展。围绕打造“美丽河南”、推进“三区建设”发展定位，主动履行社会责任，深化“三农”服务，找准工作着力点，运用自身服务资源和产品优势，在信贷投放、资源配置、运作效率、产品创新和金融服务等方面对河南县重点项目工程建设、重点领域涉农项目和新型经营主体等予以倾力支持，优先安排专项信贷资金支持乡村振兴有机畜牧贷，精准扶贫贷款和乡村振兴重点领域贷款持续增加。用好人民银行外部激励优惠政策，全力做好贷款投放工作，为河南县经济社会高质量发展做出贡献。

2021年12月10日，县农业银行在赛尔龙乡开展“两险”征缴工作

支持小微企业发展。全面提升普惠金融服务能力，持续加大小微企业信贷投放力度，围绕监管部门“增量扩面，提质降本”的要求，加大小微企业首贷户投放力度，推广“纳税e贷”“抵押e贷”等产品，拓宽普惠客户净增路径。加强与农担公司的合作，切实解决小微企业“融资难”的问题。

支持有机畜牧业发展。把支持河南县畜牧业发展作为服务“三农”和乡村振兴的重要工作，倾力支持有机畜牧业发展。以河南县打造绿色有机农畜产品示范县为契机，县支行因地制宜创新乡村活畜贷金融产品，并把创新推出的“乡村振兴有机畜牧贷”作为支持乡村振兴的利器，打造信贷支农、兴农的特色信贷品牌。以活体牲畜等生物资产做抵押，解决当地养殖企业（户）融资难、担保难的问题。坚持以“服务到位、风险可控、可持续发展”的原则，对辖区畜牧业养殖企业和养殖农户做到应贷尽贷，提供高质量金融服务。对牦牛养殖的小微企业及专业大户、家庭农场、农民专业合作等经营主体争取全覆盖，对养殖羊和猪的小微企业及专业大户、家庭农场、农民专业合作等经营主体在牦牛取得成熟经验的基础上推广实施。

支持农牧户及优质客户发展。打造“惠农e贷”产品和品牌，运用“农户建档开路、‘惠农e贷’敲门、综合营销跟进”的工作方法，建立农户信息档案，发放“惠农e贷”，开展综合营销，培育壮大基础客户群，综合带动各项业务发展。推动个人住房、消费和生产经营贷款的提质增量，强化与当地优质开发商的关系，抓住乡村拆迁货币补偿机遇，以“农民安家贷”特色产品为抓手，开展支农、惠农、强农工作。对于县域地区公务员、医生、教师等收入稳定的优质客户，在“网捷贷”“乐分易”等产品领域形成营销合力，并通过推广信用卡业务，解决持卡人信用卡普通额度被消费账单分期占用问题，助力县域、乡村居民进一步释放消费潜力。

支持农村流通体系建设。加大和当地商会的联系合作，通过商会提高“获客”能力，进而加大对县域乡镇地区个体工商户、优质企业主的线上产品支持力度。在做大“烟商e贷”“酒商e贷”“流量e贷”等场景创新产品的同时，不断优化“e贷”产品，加快落地“旅游e贷”产品，“乡村智慧旅游”上线18户、“智慧工地”上线8户。

支持农村信用体系建设发展。做好包村规划，按照由近及远、先易后难的原则，有选择、有重点地开展包村活动，突出“五个优选”：参考行政村清单，优选人口密集、产业基础好、农牧民富裕的行政村；对标同业，优选金融资源丰富、需求旺盛的行政村；开展党建引领信用村建设选点村；优选乡镇网点、城郊接合部网点、金融便利店服务辐射范围内的行政村；优选点均交易量高的“惠农通”服务点所在村。做好整村推进，对村“两委”、乡村教师、村医、家庭农场、农业合作社社员以及各种生产经营户全面建档。加强与政府尤其是基层政府的合作，通过“支行+政府发文”形式，把深耕乡村市场、农户建档工作融入当地乡村振兴战略，联合政府推进。采取“网点+乡镇会议”模式，双方联合召开行政村负责人参加的农户信息建档宣讲会，明确政府支持配合事项、建档工作安排等。通过“建档小分队+村委”联动，发动村委在提供村民清单、组织村民评议、入户采集信息等方面提供支持，强力推进农户信息建档提质增效。

青海河南农村商业银行

【概况】　2021年，青海河南农村商业银行股份有限公司（简称“河南农商银行”）按照全省金融工作会议和省联社年初工作会议精神为导向，坚持“立足县域，服务三农”的市场定位，围绕县委、县政府的工作思路，以党建工作为引领，加大支农支牧力度，发挥牧区金融“主力军”作用，以促进业务发展为主线，把握省联社、县委、县政府改革发展思路，对内夯实管理基础，不断完善治理结构；对外提高服务质量，履行农商行担当，在取得自身长足发展的同时，支持地方经济发展。截至年底，河南农商银行有职工115人，其中高管5人、正式员工75人、合同制柜员9人、辅助性劳务用工26人。86%以上从业人员具有金融及相关专业学历，35%以上从业人员具有专业技术职称，具有中级职称以上的人员3人。按照文化程度划分，有研究生学历者3人，本科及以上学历48人，大专学历49人。共有9家部室，6家支行。

2021年7月6日，河南农商行下乡开展营销活动

【业务发展】 全年本行存款余额9.87亿元，比年初减少1.58亿元，同比减少1.58亿元，下降13.8%；各项贷款余额9.62亿元，比年初增加1.51亿元，同比增加1.51亿元，增长18.58%；年末不良贷款余额3775.56万元，不良率3.93%，实现业务收入7493.35万元，净利润539.26万元。

【电子银行服务】 截至12月末，手机银行累计开户8338户，新增3283户，活跃度33.18%；企业网银行累计开户310户，新增66户，活跃度32.14%；聚合支付累计开户836户，交易金额8096万元。在全县39个行政村布设惠农金融服务点23个，新增POS机4台，惠农服务点新增6户，行政村覆盖率达100%，对所有惠农服务点布放智能POS终端进行升级，支持银行卡和条码支付服务。

【信用体系建设】 坚持深化信用普惠工程，持续提升信用户评定覆盖面，将信用评定范围扩展至城镇居民、个体工商户、小微企业、党员等各类客户群体，创新推出“村干部信用贷”“个体工商户信用贷”“城镇居民信用贷”等产品。借助农牧户信用贷款的产品优势和线上贷款的系统优势，推动信用体系“三个提高”，创建信用乡镇6个、信用村39个，评定信用户7357户，覆盖全县乡镇的100%、行政村的100%、农牧户总数的94.36%，信用贷款余额41066.27万元，余额户数4376户，户数用信率达60%，累计发放信用贷款39255万元。

【双基联动】 全面巩固脱贫攻坚成果同乡村振兴有效衔接，以“党建+双基联动”为主线，丰富“双基联动+”工作载体，累计创建双基联动办公室39个。截至12月末，双基联动贷款余额59963.58万元，较年初增加14352.48万元。践行发展普惠金融、巩固脱贫攻坚成果同乡村振兴有效衔接，发放扶贫信贷11440.1万元。借助循环贷款业务优势，创新“天使贷”“政法贷”“园丁贷”等信贷产品，授信循环贷款余额14415.92万元，余额户数465户。支持县域信用体系建设，组织召开“信用体系建设”暨“双基联动”牧民委员会表彰大会，表彰117人次，发放奖金8.97万元。

【绿色金融体系建设】 河南农商银行是黄南地区第一家绿色金融支行单位，根据要求，修订《青海河南农村商业银行股份有限公司绿色信贷工作领导小组》《青海河南农村商业银行股份有限公司绿色信贷管理暂行办法》等，以多松支行作为首家绿色支行试点，并调整信贷计划、目标客户等内容。围绕国家碳达峰、碳中和县委、县政府工作部署，制定绿色信贷工作计划，完善绿色金融制度体系，不断提升绿色产业发展能力，全力打造绿色银行。结合县域实际，推动打造“一村一品”“整村授信”，发放绿色信贷，助推“青信融”平台改革。依托平台功能和信息归集优势，优化业务办理流程，加大宣传力度，在“青信融”平台中发放贷款5笔，金额为1093万元，其中属于绿色信贷的共计2笔（金额155万元）。河南农商银行绿色信贷余额67325.70万元，较年初增加12935.38万元。

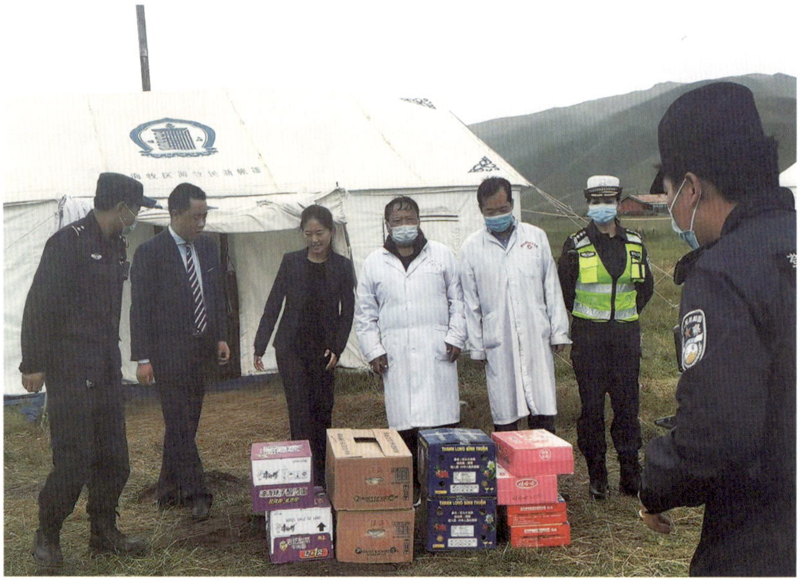
2021年11月11日，河南农商行对边境卡点捐赠防疫物资

【支持乡村振兴】 在信贷规模配置、利率优惠政策等方面，对农牧户经营性贷款进行倾斜；在信贷规模配置方面，满足农牧户贷款信贷规模需要，通过与“生态保护、乡村振兴、绿色产业”的三个结合，加大农牧业信贷投放，做大涉农贷款规模。拓宽网络普惠渠道，推进“金融惠民”工程，着力满足基本牧民群众的金融需求，推广手机银行、线上贷款、“三资”系统等新业务。明确乡村振兴重点领域和薄弱环节，加大产业支持力度。聚焦扶持贫困地区重点产业和扶贫企业发展，对于带动脱贫户致富、拓宽脱贫农牧户增收渠道、引导致富等效果明显的企业，给予信贷倾斜支持，服务和支持企业发展；支持农村牧区基础设施建设，围绕农牧水利建设、现代化农村牧区基地建设、农村牧区科研、技术推广等方面提供信贷支持；重点支持农村牧区龙头企业，持续深化与农牧产品加工、乳制品生产、农村牧区科技研发、生态农村牧区、高端农牧机装备制造等行业龙头企业的业务合作。聚焦主责主业，全力服务乡村振兴战略实施，以县域“国家生态文明建设示范县”以及“有机畜牧生产基地”为依托，主动对接“生态文化旅游”“畜产品加工”等绿色产业集群，走访企业、合作社和个体工商户60家，支持发展牲畜养殖羊肚菌、绿色服务行业。

【内控与风险管控】 强化信用风险防范，制定《青海河南农村商业银行股份有限公司2021年化解处置不良贷款“夯基固本”专项工作实施方案》等工作方案，专题研究部署，加大不良贷款和表内外欠息请收力度，并做好大额贷款动态监测和管理。加强流动性风险管理，强化流动性风险检测手段，提前预判与预警流动性风险，明确应对措施，组织开展业务连续性演练4次、流动性风险演练2次、声誉风险演练1次。加强案件风险管理，明确案防工作职责、目标和任务，建立起“查、防、堵、惩、教”相结合的案件防控长效机制。加强审计监督效能，开展序时审计4次，开展财务管理及财务预算、柜面操作风险、信贷档案管理、薪酬管理、反洗钱等专项审计11项。

【支持中小微企业】 加强与农村小微企业合作，帮助农村加强金融基础设施建设。主动加强与产业、投资、就业、消费等领域的政策协调配合，细化“六稳”“六保”任务落地举措，加大对重点领域和薄弱环节的金融支持。抓住新兴业务快速发展趋势，重点支持科创型、环保型、专精特新及制造业小微企业发展。截至12月末，企业类贷款余额14816.05万元，较年初增加145.67万元。规范小微企业及个体工商户评级授信业务，帮助企业脱困，办理无还本续贷2笔，金额320万元。加强与团省委及县就业服务局的沟通联系，在县域内推广开办再就业小额担保贷款，并与就业局达成协议，签订河南县城镇下岗失业人员小额担保贷款协议，有42笔、余额为380万元的就业贷款。

【“三牲贷”贷款】 通过深入走访调研，聚焦客户需求，走访牧区和养殖户、小微企业等客户，听取农牧户对“三牲贷”的需求，进一步摸清实情、厘清“三牲贷”发放与应用的工作思路，确定改进方向，于12月30日在宁木特镇发放3笔“三牲贷”贷款。

【社保卡推广】 截至12月末，发放三代社保卡35230张，减免卡片费用达42万余元，累计签发电子社保卡7115张，累计宣传社保知识18次，收益人数6581人次。对特殊人群上门服务186次，服务人群1105人。

【疫情防控】 通过日常周例会、月例会督促防疫工作，召开疫情防控专项部署会6次，时刻防范疫情风险。调查接种疫苗情况，组织员工接种新冠肺炎疫苗。多渠道提供金融服务，对办理网上银行、微信银行、手机银行等电子银行业务的用户免收手续费，并引导客户在线上办理业务，减少外出。做好柜面现金消毒、办公设备消毒、营业场所消毒、自助机具消毒，对未佩戴口罩前来办理业务的客户免费发放口罩，并对客户进行检测登记。疫情期间发放创业小额担保贷款380万元。

人保财险河南支公司

【概况】 人保财险河南支公司（简称“河南支公司”）是中国人保财险公司下设的县级机构，有员工83名，其中正式员工11人、“三农”服务劳务派遣人员72人（多为当地大中专失业人员）。下设4个“三农”服务站、村社服务网点139个，覆盖全县各个村社。

【业务发展】 河南支公司主营“三农”保险、车辆保险、团体意外险、责任险、学幼险、普通家财险等业务，2021年全险种保费收入5755.6万元，车险保费收入570.19万元，商非保费收入249.41万元，政策性保费收入4788万元，上缴利税138.75万元。支付赔款4049.75万元，其中车险支付赔款165.35万元，商业非车险支付赔款98.75万元。处理农险赔案25916件，直接赔款3785.65万元。

【保险扶贫】 发挥保险在脱贫攻坚工作中的兜底保障功能，完善“政策性农险+商业型险种”的保险扶贫模式，持续强化产业扶贫、就业扶贫、教育扶贫等工作，助力巩固脱贫成果。推进农房保险，承保全县四类人员的农房保险，为牧区的3678户家庭房屋累计提供近7750万元风险保障。发挥兜底保障功能，承保全县老年人意外险

2021年7月23日，河南支公司查勘员在宁木特黄河沿查勘农房保险

2218人，其中特困老人191人，累计提供6.05亿的风险保障。为扶贫干部保驾护航，承保全县74名驻村干部的驻村书记险，提供9782.5万元风险保障。

【风险防控】 始终把防范化解金融风险作为公司发展的基石，牢固树立合规经营的底线思维，强化对风险的刚性控制。落实上级公司、银保监局风险排查工作要求，开展“保险业案件防控专项治理、车险业务重点风险排查”等各类风险排查工作，对公司案件处置风险、反洗钱风险、非法集资风险、保险欺诈风险、资金管控风险、单证管理风险、印章管理风险进行排查，控制经营风险。

2021年9月18日，河南支公司组织员工到那达慕广场宣传非法集资知识

交通·通信

交通运输

【概况】 2021年，县交通运输局贯彻落实巩固拓展脱贫攻坚成果同乡村振兴有效衔接目标任务，以持续乡村资源路、旅游路、产业路建设为重点，推进城乡客运一体化建设为目标，全面推进“四好农村路”实施和创建工作、全面深化养护体质改革工作和“路长制”推行工作等重点工作。

【交通项目建设】 全年有16项建设项目，总投资11034.05万元，完成投资6987.02万元。其中，续建项目1项，总投资1020万元，完成投资894.53万元；新建项目15项，总投资10014.05万元，完成投资6092.49万元。宁木特镇德日旦村二队自然村通村砂路工程已完工，待验收；宁木特镇夏拉村一队自然村通村砂路工程、宁木特镇夏拉村二队自然村通村砂路工程、宁木特镇夏拉村四队自然村通村砂路工程、河南县多松乡多松村一队自然村通村砂路工程、多松乡多松村二队自然村通村砂路工程，赛尔龙乡尕克村二队自然村通村砂路工程、柯生乡毛曲村一队自然村通村砂路工程、2021年民族发展资金补短板河南县托叶玛乡文群村道路工程、宁木特镇夏拉村一队、二队、三队通村道路工程、多松乡多松村四队通村公路工程已完工，待验收；2021年各村补短板基础设施河南县修建涵洞工程已完工，待验收；托叶玛乡文群村公路工程交付使用；汽车站整体搬迁工程完成总工程量的65%；宁木特镇卫拉村公路工程已完工，待验收；宁木特镇至黄河沿旅游扶贫公路完成总工程量的85%。在公路建设项目中，对路基填筑取料场采取缓坡填筑法恢复取料场，减缓取料场坡比、土壤覆盖于料场表面。建设项目中所有取料场恢复完成，县交通运输局督促要求施工企业进行植被的恢复与取料坑的整平，施工单位组织人员与机械入场并对取料坑开展整平工作。

【城乡公交运输】 县内负责城乡公交运输的企业是河南县华泽

2021年8月4日，河南县公交站台投入使用

城市公交服务有限公司，有1个科室、1个车队、1个保修厂，干部职工23人，营运车辆18台，生产用地1处，占地2公顷，固定资产原值1000万元，净值1000万元。有管运线路4条，线路里程283千米，全县线路日运行班次107个，日运送乘客量1325人次。全年完成营运里程70万千米。为了给人们出行提供便捷服务和改善候车环境，年内在察罕丹津大街新建20座公交亭，为公交车司机定时定点停靠收拢需要乘车的乘客提供方便。开展“我为群众办实事”活动，协调县华泽城市公交服务有限公司，对县退役军人、残疾人发放免费乘坐公交IC卡412张，方便县退役军人、残疾人的出行。

【道路运输】　全县有等级客运站1个（三级站）。全县开通道路客运线路4条，其中跨省线路2条、跨市线路2条，日发班次10个。全年公路客运量29132人，下降7.8%。

2021年全县公共交通情况表

表10

项目	单位	数量
公共汽车	公交线路条数（条）	4
	公交线路长度（千米）	283
	运营公交车辆数（辆）	18
	客运总量（人次）	483625
出租汽车	运营单位（个）	1
	运营车辆（辆）	165
	其中：小客车（辆）	165
	载客车次（万次）	178.2
	运营里程（千米）	13663.2
	营业里程（千米）	82800
	运营收入（万元）	772.2
	乘客人数（万人次）	270

【公路养护】　全县农村公路养护总里程达1618.299千米，其中地养省道里程174.668千米（2条）、县道里程254.059千米（7条）、乡道里程588.545千米（32条）、村道里程601.027千米（60条）。实施公路养护时，对优良路率低、病害多的公路优先进行养护，实施养护工程3项。其中，河南县次汉苏村公路养护工程，总长42.3千米，总投资205.22万元；优大路至托叶玛村公路养护工程，总长21.5千米，总投资128.35万元；河南县柯生乡毛曲村等10条农村公路养护工程，总长193.3千米，总投资55.839万元。截至年底，完成3项养护工程全部养护工作，实施养护总里程257.1千米，养护工程比率达15.8%。

【路政管理】　全县公路巡查里程343千米，发生路政案件查处1起，查处率和结案率均达100%，路赔回收0.6万元，路产回收率100%。查处非法营运出租车1台、违规客车1台、超载货车2台，卸货约101吨。强化“双超”车辆追踪处理，追踪处理车辆10辆次及相关驾驶员10人次。

【工程质量安全】 县交通运输局要求项目部坚决贯彻执行上级颁布的各种质量管理文件、规程、规范和标准，开展工程质量知识教育，提高工人的操作技术水平，在施工到关键部位时，由项目技术负责人和专职质量检查员到现场进行指挥和技术指导。施工现场工程质量管理按照施工规范要求层层落实，保证每道工序的施工质量符合验收标准。坚持做到每个分项、分部工程施工质量自检自查，严格执行“三检”制度；不符合要求的不处理好决不进行下道工序的施工，实行“质量一票否决”制。把好材料质量关，不合格的材料不使用，不合格的产品不进入施工现场。工程施工前及时做好工程所需的材料复试，材料没有检验证明不进入隐蔽工程的施工。建立健全工程技术资料档案制度，专人负责整理工程技术资料，按照工程竣工验收资料要求，根据工程进度做好施工记录、自检记录和隐蔽工程验收签证记录。对违反工程质量管理制度的人，将按不同程度给予批评处理和罚款教育，并追究其责任。对发生事故的当事人和责任人，将按上级有关规定程序追究其责任并做出处理。

【交通运输产业发展】 全县有汽车综合性能检测站1家。机动车驾驶员培训学校1家，培训机动车驾驶员330人、从业资格人员10人。农村客运市场，乡镇通班车率100%，行政村通班车率100%，自然村通班车率100%。有出租公司1家，出租车165辆，从业人175人。

【交通运输行业管理】 开展国省干线和农村公路路面及货运源头企业货运车辆超限超载治理，县治超综合执法大队查处违法超限超载货运车辆2辆，卸载货物101吨。在县域范围内开展河南县交通运输综合执法集中整治“非法运营”活动，每周进行2次集中整治工作，检查车辆120余台次，查处各类道路运输经营业户违法违规行为案件8起。开展新冠病毒疫情防控工作，安排汽车站、公交公司及运输企业做好疫情防控检测登记、统计上报工作，开展道路运输重点人群新冠疫苗免费接种工作。组织出租车司机、公交车司机、班车司机等相关运输从业人员进行疫苗接种，县交通运输局及下属各企业新冠疫苗接种人数总计386人。

移　动

【概况】 中国移动通信集团青海有限公司河南分公司（简称“县移动公司”）在县城东大街商业街段。有工作人员10名，其中合同制4人、派遣制6人；女职工7人，党员4人。全县发展渠道10家，其中自营厅1家、引商入柜1家、专营店1家、授权店2家、泛渠道5家。

【业务指标】 重点围绕市场份额、提升5G客户、宽带业务及智能产品、信息化业务发展提升目标，完成册报收入1461.41万元，完成计划目标的90.18%；家庭宽带在网用户数3857户，净增566户，移动手机用户数15003户，市场份额46%。

【网络规模】 现网运行2G宏站40个，4G基站117个，5G基站18个，其中各乡镇政府所在地各一个，县城12个。传输设备PTN87套，OTN8套，SDH5套，宽带OLT15套，综合业务区1个，光交10个。二干光缆皮长126千米，本地网光缆976皮长千米。商企宽带建设融合通信36家，专线50条，集客维护业务86条，其中专线50条（互联网30条，数据20条）。

【网络保障】 8月1日，第22届“那达慕”盛会——天堂河曲“天骄杯”传统耐力赛马大会在黄南藏族自治州河南蒙古族自治县启幕，为确保大会期间网络通信运行正常和提升用户感知，州公司网络支撑中心与县移动公司网络保障人员提前一周对现场进行优化测试容量评估并进行扩容。大会前完成黄南应急车网络调测，保障安装开通小区数17个，软扩容30个小区，布放线缆6千米，并对县内多处基站进行单站测试，对周围有切换关系的站点进行相应调整和优化，采取7天24小时网络运行监控和值守，确保大会期间通信网络顺畅。

【客户服务】 开展“优势转化

到一线，党业融合在网格”活动，党支部探索网格化经营模式，东、西部网格把握“着力点”创新施策。通过在日常工作中的梳理，不断固化标准体系，网格人员坚持求真务实，把实事办出特色特效。东、西部网格分别与2家重点单位签订党建和创协议，走访重点客户超10家，组建集团V网43家，组织网格内装维人员分阶段、分批次走进各个小区、乡村开展“宽带义诊”活动，解决家宽用户网络中存在的问题，优化用户上网的体验，为河南县家宽客户提供80余次义诊服务，为用户解决家庭用网难题100余件。

联　通

【概况】　中国联通河南县分公司位于河南县优干宁镇察汗丹津东大街87号，隶属于中国联通黄南州分公司直管。公司有员工18人，正式党员4人，合同制员工6人，派遣制员工12人。公司拥有覆盖全县、通达的现代通信网络。主要经营：固定通信业务，移动通信业务，国内、国际通信设施服务业务，卫星国际专线业务、数据通信业务、网络接入业务和各类电信增值业务，与通信信息业务相关的系统集成业务等。

【生产经营】　公司承担的经营业绩责任合同指标方面，实现通服收入1062.61万元，移动网收入完成975.5万元，成本预算控制在800万元。经营指标完成方面，实现通服收入1062.61万元，移动网收入完成975.50万元，完成收入945.1万元。其中3G业务累计收入27.55万元，4G业务累计收入512.79万元，5G业务累计收入404.76万元，固网业务累计收入87.11万元。

【客户服务】　公司设有1个营业厅、客户服务热线“10010”、网上营业厅、短信、手机营业厅、自助服务终端等形式为客户服务。客户服务包括咨询、查询、业务办理、故障申报、投诉及建议受理等。为公司客户提供7×24小时的服务。公司实施相应措施以保证客户问题在约定时限内得到答复，对一些无法在线解决的问题，向用户承诺解决时限或上门处理。发展和提升基于互联网的客户服务，在服务体系及其运营、服务维系等方面持续改进，并持续提升客户服务质量。实施若干提升客户体验的举措，包括开展客户回访和亲情问候等主动服务。针对宽带业务，进一步提升服务透明度，将宽带装移修受理、派单、上门、竣工等关键节点面向客户透明。提升客户感知和客户口碑工作，引入NPS（净推荐值）评价对公司各个专业和各级单位进行全方位监测，促进公司了解客户，适应客户，各个专业面向客户进行改善。

【网络建设】　加强与县教育局和各个学校校长之间的客情关系，在各学校推广关于公司宽带业务，完成宁木特第二完小、优干宁镇第一完小、优干宁镇第二完小、柯生乡寄宿制完小、柯生乡中心幼儿园、多松乡寄宿制完小、多松乡中心幼儿园、吉仁幼儿园和优干宁镇幼儿园等9所学校的宽带接入。拓展宾馆和其他单位宽带业务，完成河南县卫生服务中

2021年，用户挑选号码

心、河南县参美生态旅游公司、河南县公安局网安大队、河南县阿柔宾馆、河南县足佳乐足浴店、河南县民政局和河南县赛旦、延巴、河曲3个社区的宽带接入。截至年底，全面完成38个行政村、17个行政村光纤宽带和74座4G基站建设，其中行政村光纤宽带和4G基站建设、自然村光纤宽带建设建设完成。

【信息化建设】 新冠肺炎疫情防控信息化服务。新冠肺炎疫情发生后，县联通公司发挥信息通信企业业务产品与信息化服务优势，响应县委、县政府及州公司党委的部署，第一时间就有关应对防范和通信保障工作进行安排部署，履行企业社会责任。发挥联通优势，对接县疫情防控指挥部，发挥公司信息化优势，针对疫情中人员流动登记、健康状况排查、会议组织、学生“停课不停学”等情况，开发出“沃填报”、电子通行证、云视频会议系统、“空中课堂”等信息产品。随着工厂复工、学校开学，推出热成像人体测温信息化平台，平台结合当下生物识别技术、热成像测温技术、视频智能分析及5G等技术手段，围绕“高精度、高效率、低成本、灵活布控、安全可靠”多个方面，向8所学校提供热成像人体测温信息化平台并免费安装到位。

关注和支持学校在线教育。重视对学校在线教育工作的关注和支持，免费提供钉钉“空中课堂”软件平台，对河南县中小学进行“空中课堂”的试点部署工作。在县教育局配合指导下，对全县初三和小升初年级学生优先进行在线教育平台部署，对其他年级后期逐步部署，并对学生课程安排、学习内容、直播形式、练习布置、线上答疑、学校联系、老师和学生对软件应用的规范等做了强调工作。为加强学校安全工作，健全警校合作机制，为河南县教育行业网络覆盖提供保障，构建一个多层次、多功能、反应迅速、信息共享的一键报警联网体系，避免巡逻盲区，全方位受理一键报警求助信息，报警联网后教育局、接警中心及时处理各类复杂突发事件，准确迅速地调度指挥，最大限度减少事故伤害。

电　信

【概况】 2021年，中国电信河南县分公司牢牢把握中央企业时代定位，完整、准确、全面贯彻新发展理念，坚持稳中求进工作总基调，以推动高质量发展为主题，统筹发展和安全，践行建设网络强国、数字中国和维护网信安全的初心使命，全面实施云改数转战略，提升党的建设质量，持续推动公司做强做优做大。中国电信股份有限公司河南县分公司依据省公司、州分公司深化改革、划小承包要求，下设政企支局、城镇支局和营业厅。全口径员工32人，其中合同制员工8人、派遣制员工5人、临聘员工19人。

【生产经营】 移动用户11446户，宽带用户4631户，净增655户，ITV业务用户3135户。移动市场份额26.96%，较2020年底提升3.75个百分点。完成收入1163万元，完成计划目标1022万元的113.8%，同比增长23.41%。

【设施与信息化建设】 新建4G基站2个，联通共享4G基站累计50个，全县39个行政村4G信号全部覆盖。新建5G基站15个，优先满足县城重点区域。光网宽带覆盖21个村，覆盖率为47%。与县政府签订智慧社区信息化项目，签订河南县公安局网站制作项目和优干宁镇派出所视频监控项目。

【企业管理】 实行“岗薪制”的分配制度，为员工提供收入和福利保证，并随着经济效益的提高逐步提高员工各方面待遇。公司为员工提供平等的竞争环境和晋升机会，推行岗位责任制，实行考勤、考核制度，评先树优，对做出贡献者予以表彰、奖励。

【规范运作】 按照省、州、县工信部门及当地政府要求，规范运营、施工，通信杆路及线路沿道路两侧规范架设。恪守保密制度，妥善保管信息资料，未泄露客户资料信息和业务信息。上门服务时敲门或按门铃后，当听到客户询问时，在门外简单报明身份。

科技·教育

YEARBOOK · 2022

科学技术

【交流合作】 2021年，县农牧水利和科技局结合特色产业发展趋势，对接陕西师范大学食品学院，对乡村旅游与产品销售结合、解决科技成果与农户对接的“最后一公里”问题进行讨论研究，并对企业的发展、产品的研发、存在的问题给予帮助和支持。

【人才队伍】 河南县贯彻落实科技部以及省科技厅关于组织开展“‘三区’人才支持计划科技人员专项计划”的行动部署，贯彻落实省委组织部、省科技厅、省财政厅、省人力资源和社会保障厅、省扶贫局联合印发的关于印发《青海省边远贫困地区、边疆民族地区和革命老区人才支持计划科技人员专项计划实施方案》的通知要求，按照上级部门下发的相关文件要求，开展“三区”科技人员专项计划。2020年8月1日至2021年8月1日选派“三区”服务人员26人，2021年8月1日至2022年8月1日选派“三区”服务人员30人，并与服务人员签订三方协议。选派的“三区”人才根据受援单位和服务乡镇的产业发展、技术瓶颈需求，开展调查研究和技术攻关，帮助制定和落实产业规划，引进推广先进适用技术，开展科普宣传和先进实用技术培训等工作。科技人才先后多次到受援单位开展科技对接工作，通过调研座谈、现场指导等交流方式，了解到各合作社在生产过程中遇到的技术难题以及在发展过程中如何技术创新，从不同方面帮助企业提升技术人员和管理人员的整体素质。同时开展各项畜牧业技术科技服务，结合受援单位产业发展和技术需求，主要围绕欧拉羊、雪多牦牛高效养殖技术服务、畜禽疫病防治及标准化养殖、基层农技技术服务指导、生态畜牧合作社创业创新、科技示范推广、水利水电工程、粪污资源化处理与利用、种畜禽遗传资源调查等领域提高科技服务。

【科技成果】 截至年底，取得各项科技成果9个，专利申请9个，国家级农业科技园区1个，青海省科技型企业1个，青海省主导产业注册商标数量12个，主导产业绿色食品和有机产品认证个数3个，地理标志农产品3个，省级及以上科研平台数量2个。

【项目建设】 申报“群团协同化阵地建设”项目，经县农牧水利和科技局申报，省科协组织专家评审、会议研究等程序，在11月16日青海省科学技术协会发布的《关于2021年青海省科协科普阵地建设拟实施项目的公式》中同意河南县科协实施“群团协同化阵地建设”项目。继续做好县域创新驱动项目，该项目总投资1000万元，包括大数据平台技术工程、创新平台建设工程、科技成果转化工程。

【获得奖励】 中国科协办公厅发布《关于对2020年全国科普日有关组织单位和活动予以表扬的通知》，其中河南县科学技术协会被评为“2020年全国科普日活动优秀组织单位”。河南县草生态博物馆为黄南州科普教育基地，自

2019年建成至2021年底接待各级领导干部及群众1500余人，展示“种质资源研究”与“草原生态大数据”，坚持“尊重生态、师法自然”的先科研后修复理念，经县科学技术学会申报，2021年6月16日黄南州科学技术协会、州科技局印发《关于命名黄南州科普教育基地的通知》，河南县草生态博物馆被正式命名为“黄南州科普教育基地”。11月15日，在关于黄南州2021年全国学雷锋志愿服务“四个一百”先进典型推荐名单中，河南县新时代文明实践科技与科普志愿服务支队被评为“最佳志愿服务组织”。

【科普种植基地建设】 县科学技术学会通过努力，联合宁木特镇政府，确定赛尔永村高原羊肚菌种植基地为河南县科普种植基地，并在科普种植示范基地开展种植水果、蔬菜种植实践活动。还贯彻“科教兴农”的号召，向牧区广大中小学生普及科普农业知识，提升中小学生自主动手的能力。

教育事业

【概况】 2021年12月底，全县义务教育阶段学校11所，其中乡镇寄校9所、九年一贯制学校1所、民族中学1所；幼儿园13所。有教职工870名，核定编制378名，其中小学专任教师294人，初中专任教师131人。幼儿园专任教师156人，其中在编人员6人。全县义务教育阶段中小学在校生5014人。小学在校生3239人，班级数111个，师生比1∶15；初中在校生1775人，班级数36个，师生比1∶14；幼儿园共13所，在园幼儿2333人，班级数72个，师生比1∶10。

2021年7月24日，县人民政府邀请大湾区教育研究院三合专家在河南县开展专题讲座

2021年河南县师生数量统计表

表11 单位：人

类别	毕业生数	招生数	在校生	教职工情况	
				小计	其中：专任教师
初中	592	583	1775	215	131
小学	604	853	3239	405	294
幼儿园	848	852	2333	250	156

【基础教育】 “十三五”期间，实施各类项目36个，投入资金2亿余元，学前三年毛入园率从“十二五”末的85.6%提升至94.37%，九年义务教育巩固率从93%提升至96.74%，高中毛入学率从72.39%提升至90.47%。

学前教育。全县有学前教育机构13所（含民办幼儿园），在园幼儿2333人，入园率94.37%。

2021 年河南县学前教育基本情况表

表 12

幼儿园名称	园所总数（处）	在园幼儿数（人）	教职工数（人）	园长（人）	教师（人）
河南蒙古族自治县幼儿园	1	712	83	1	68
赛尔龙乡幼儿园	1	102	13	1	13
宁木特镇中心幼儿园	1	148	17	1	17
柯生乡中心幼儿园	1	184	18	1	18
多松乡幼儿园	1	95	10	1	10
托叶玛乡中心幼儿园	1	266	22	1	22
优干宁镇中心幼儿园	1	364	31	1	31
梧桐村幼儿园	1	67	5	1	5
夏拉村幼儿园	1	68	4	1	4
吉仁村幼儿园	1	182	15	1	15
幸福幼儿园	1	78	7	1	7
蒙旗幼儿园	1	40	11	1	8
泽惠幼儿园	1	27	14		11
合计	13	2333	250	12	229

义务教育。全县有 9 所乡镇寄校；招生 853 人，同比增加 105 人；毕业 604 人，同比减少 9 人；在校生 3781 人，同比增加 245 人；男女生比 1.07∶0.93；适龄儿童入学率 100%，巩固率 100%；教职工 405 人，其中专任教师 294 人，专任教师学历达标率 100%；师生比 1∶12。九年一贯制学校 1 所、民族中学 1 所，招生 583 人，同比增加 5 人；毕业 592 人，同比减少 59 人；在校生 1775 人，同比减少 8 人；男女生比 1.08∶0.93；初中毕业升学率 98.14%。

2021 年河南县小学基本情况表

表 13

乡镇名称	学校数（处）	在校生数（人）	毕业生数（人）	教职工数（人）	专任教师数（人）
县城学校	1	542	93	57	27
优干宁镇	2	1507	239	146	103
托叶玛乡	1	548	81	61	41
柯生乡	1	251	34	32	21
赛尔龙乡	1	190	24	35	21
多松乡	1	169	27	27	16
宁木特镇	3	574	106	104	65
合计	10	3781	604	462	294

河南县中学基本情况表

表 14

县（区）名称	学校数（处）	在校生数（人）	毕业生数（人）	教职工数（人）	专任教师数（人）
河南蒙古族自治县	2	1775	592	215	131
合计	2	1775	592	215	131

高中教育。县教育部门先后在天津、内蒙古两地开设河南异地高中班 6 个，学生 240 人。首届（2018 级）40 名学生于 2021 年参加高考，本科上线 26 人，理科最高分 477 分，文科最高分 497 分。本科一批上线 22 人（理科 13 人、文科 9 人），本科一批上线率 55%；本科二批上线 4 人（理科 2 人、文科 2 人）。民考汉本科二批上线率 10%，为本科批次。

【教育经费】 全县教育经费总收入 25457 万元，同比增加 3764 万元，增长 17.36%。全县教育经费总支出 20237 万元，因财政项目拨款时间较晚，形成结转资金，同比减少 4203 万元，下降 17.2%。开展农村义务教育经费保障机制改革，农村小学、初中预算内生均公用经费分别为 945 元、1145 元。各级财政安排教育经费 656.2 万元，到位资金 656.2 万元。

2021 年河南县教育经费使用分配比例表

表 15

序号	项目	支出额（万元）	占比（%）
1	学前教育	3691	14.49
2	小学教育	10826	45.52
3	初中教育	4697	18.45
4	特殊教育补助	4.8	0.018
5	彩票公益金	3	0.011

【教育资助】 加强学生资助信息化管理，全面落实学前教育阶段建档立卡贫困户 308 名幼儿、义务教育阶段学生均享受教育资助政策，资助政策落实达到 100%。持续加大控辍保学力度、全面落实教育资助政策，发放三江源异地办班奖补资金 430.02 万元。落实生源地助学贷款优惠政策，生源地助学贷款金额为 186.87 万元，受益学生（含贫困家庭学生）295 人。

【基础设施建设】 续建项目。全面改薄能力提升建设项目 1 项，即宁木特镇第一寄宿制完全小学生活用房建设项目，建设生活用房 3000 平方米，总投资 900 万元。竣工预验完成厕所革命建设项目 2 项、200 平方米，投资 72 万元。

新建项目。中小学教育优化布局优干宁镇第二寄宿制完全小学风雨操场建设项目 750 平方米，总投资 259 万元。平安与振兴宁木特一完小附属设施建设项目，总投资 500 万元。地方债券宁木特一完小风雨操场运动场及附属设施建设项目，总投资 1101 万元，主要建设风雨操场 800 平方米、运动场 4400 平方米及附属设施。地方债券多松乡寄宿制完全小学综合楼、体育活动室及塑胶运动场建设项目，总投资 455 万元，主要建设综合楼 800 平方米、卫生室 50 平方米、塑胶操场 4400 平方米、体育活动室 300 平方米。河南县第二幼儿园建设项目，建设规模 4428 平方米，购置教玩具及配套附属设施，投资1738万元，计划2022年8月竣工。河南县幼儿园教玩具更新项目投资317万元。优干宁镇第一寄宿制完全小学学生及教师食堂，建设学生及教师食堂900平方米，投资318万元。柯生乡中心幼儿园，扩建园舍958平方米，投资353万元。民族中学阶梯教室建设项目，建设阶梯教室约1250平方米，投资550万元。

【教学科研】 为提升河南县教育质量发展，邀请京师时代教科院院长、大湾区教育研究院院长、全国“十佳”校长陈二泉、广东外语外贸大学附设番禺外国语学校副校长刘万庆、广东东莞阳光中学教学处主任时守俊三名专家到县共谋教育发展，对全县教育存在的短板提出指导性建议。邀请湾区教育研究院副院长骆东风、普宁红领巾实验学校校长刘俊波以“挚爱教育、以方定向、以圆润心”为主题为河南县教师做专题讲座，与教师们分享育人理念、学校管理、教育方式等方面的创新做法和先进思想。

【教育改革】 从学前教育开始加强国家通用语言文字普及和使用，除《藏语文》外均使用国家统编教材。规范“三科”教学管理，开展“三科”教师教材培训，全员研训一体化伴随式网络研修和普通话专项培训。通过支教教师调配、顶岗支教实习大学生和定向委培生调配，教师招聘优先保障“三科”教师，不断充实“三科”教师。建立完善评价激励机制，开展“三科”教师评先评优活动，同等条件下在职称评聘方面向“三科”教师予以倾斜，充分利用“柔性用编”政策，制定出台不能胜任“三科”教学教师转岗或退出办法。

2021年3月11日，教育系统春季开学疫情防控工作会议召开

【师资队伍建设】 针对全县教师专业结构均衡需要，调剂公费师范生9人，顶岗支教实习大学生12人，青南支教教师23人至全县各中小学。调配顶岗支教实习语文教师2名、道德与法治教师2名、历史教师3名，县外青南支教教师中调配“三科”专任教师13名，顶岗支教实习生8名，小学道德与法治教师兼任5名。为提升教师能力素质，有8名教师参加省级培训、18名教师参加国培计划培训、105名“三科”教师参加州级培训、22名幼儿园教师参加省级培训。

【教育系统疫情防控】 全县中小学、幼儿园结合疫情防控工作经验，针对国内、省内疫情形式，推进防疫物资补充、生活物资储备、防控措施更新、人员管控追踪、返县人员情况上报、师生疫苗接种、第三针加强针等工作。教育系统储备口罩12.8万个、额温枪184个、84消毒液921瓶、免洗消毒凝胶793瓶、酒精321千克。全面保障疫苗接种工作，全县教职工接种新冠疫苗742人，48人因患有禁忌证未能接种；15~17岁学生完成接种疫苗1685人，12~14岁学生疫苗接种人数1625人。

文 化

文化综述

【文化服务设施建设】　在县城设立公共图书馆、文化馆，乡镇设置综合文化站，按照国家颁布的建设标准等进行规划建设并提升改造。在文化图书馆内设借阅室、地方文献室、少儿阅览室、旧书室、民族阅览室、期刊阅览室、舞蹈培训室、非遗展示厅等服务区，在文化大厅设置电子书借阅机，提供读者免费阅读，下载大量图书及观看名师课堂。全县5个乡镇综合文化站按照统一标准进行新建或维修改造，站房面积均在240平方米左右，内设书刊阅览室、办公室、活动室。5个乡镇文化站各配置10台电脑、5个音响，其中阅览室配有标准书柜3组、报刊架1个、图书1350册、电子音像制品1种、报纸杂志15种以及阅览桌椅设备。县文化图书馆总分馆共为6个乡镇，发放一体化系统6台，分别为河南县图书馆赛尔龙乡分馆、河南县图书馆优干宁镇分馆、河南县图书馆柯生乡分馆、河南县文化馆宁木特镇分馆、河南县文化馆多松乡分馆、河南县文化馆乌兰牧区艺术团分馆。

【文化活动】　在全县二镇四乡各村、4个社区等地为群众免费开展文艺下乡活动20余场，举办各类培训班10余期、未成年人文化活动8期、大型活动10余次，对外借书4521本，接待读者7156人，办借书证159本。全县各乡（镇）利用公共文化服务设施，开展文艺演出活动10余场次，举办篮球、足球、拔河、喇叭牛、摔跤等体育运动项目达15场次。推进“三区人才”支持工作，选拔下派人员，从县文体旅游广电局、县文化图书馆、博物馆、各乡镇文化站等单位选派23人，下乡服务11次，开展文艺轻骑兵活动10次。在成吉思汗广场开展2021年河南县“文化和自然遗产日”非物质文化遗产宣传展示展演，集中展示河南县非遗代表性项目。在“那达慕”活动期间，开展非物质文化遗产展销展示活动，有文艺表演、棋艺、弹唱、民歌、逗曲比赛5种形式，通过展销活动带动非遗文创产品销售渠道。在全县各学校开展“喜迎建党100周年　重温蒙旗红色记忆”系列主题活动，其间开展天堂河曲之“走出课堂、走进生活、了解历史”“行走的博物馆进校园”等主题活动18期。举办第三届“我的草原我的梦”书画摄影展，20余名省内外著名的书画摄影专家学者应邀出席。开展阅读推广活动7次、图书走进校园系列活动2次，在图书下乡的同时还举行送书活动。开展2021年“4·23”世界读书日《全民阅读　书香河南》阅读推广活动，赠送图书130本、借出534本。

【文化遗产保护】　经挖掘、搜集、整理，河南县有非物质文化遗产项目为202项目，其中已公布国家级非遗项目1项（蒙古包营造技艺）、2021年申报省级非遗项目10项（未公布）、州级非遗项目51项、县级非遗项目150项。非物质文化遗产项目代表性传承人150人，包括省级非物质文化遗产项目代表性传承人1人，2021年申报第四批州级非物质文化遗产项目代表性传承人40人（公布22名），有州级非物质文化遗产代表性传承人35人，县级非物质文化遗产代表性传承人92人。河南县民间工艺大师审批11人，设立传习中心9所、宣传展示点3家。

【图书馆管理】 图书馆根据职工、群众的需要采集相关图书资料，有图书27000余册，其中借阅室15500余册、地方文献室980余册、少儿阅览室2900余册、民族阅览室5700余册、旧书室1920余册。期刊阅览室订阅报纸12种、杂志15种（包括蒙文、藏文杂志），新增图书1500册以上，图书馆建设以政府投入为主，每年拨出约5000元订阅报纸杂志。图书资料配备主要以各个学校、群众、职工需求为主。图书馆藏书，包含有适合中小学生、蒙、藏各民族、各干部职工、各界社会人士阅读的各类图书和报刊。全县有乡镇文化站5个，各乡镇文化站分配1名管理员，并配备2000余册图书及相关阅览桌、书柜、电脑、书架、阅览椅等基础设施。图书馆建立《管理人员岗位职责》《书刊借还制度》《藏书和资料室管理规则》《阅览室守则》《图书丢失和损坏的赔偿制度》《图书的剔旧和处理方法》等规章制度。图书登记规范，制度健全，账物相符，有总括登记、个别登记和注销登记。图书馆对新到图书和报刊及时验收、登记、盖章，并运用《中国图书馆分类法》和图书系统管理软件对新书进行分类编目、排架、上架、流通，报纸刊物当天上架。对有保存价值的报刊，过刊装订成册，编目入库。图书馆以全开架借阅，开展外借、阅览、新书推荐。采取程序化借阅，即集体借阅与个人借阅相结合，借书量每月210余册，阅览室每天开放5小时以上。

【文化市场管理】 对全县75家文旅经营单位进行检查，其中重点检查互联网上网场所2家、星级酒店2家、A级旅游景区2家、歌舞娱乐场所2家、星级乡村接待点3家、打字复印店32家。出动执法人员1126人次，检查文旅企业424家次，查处违规企业1家，没收盗版光盘5张、非法卫星地面接收设施1个，并对出版物经营单位下达整改通知书，责令停止出售非法出版物等违法行为。在开展互联网上网场所检查时发现2家互联网上网场所未按法律规定进行实名登记，给予2家互联网上网场所各罚款1000元的行政处罚。在疫情防控期间全面关停8家文化经营场所，其中网吧3家、KTV 2家、无照经营娱乐场所3家。落实禁止登录淫秽、色情、邪教网站的行为，严厉打击利用电子游戏进行赌博的违法犯罪活动。加强教育监管，向各个文化相关经营户传达上级部门有关管理文件精神。执法人员要求各经营业主在营业期间，强化安全责任意识，在守法经营的同时，切记注意用火、用电等消防安全，完善安全事故预案，在确保不发生事故的同时督促文化市场经营业主增强行业自律，自觉守法经营。

融媒体发展

【概况】 2021年，河南县融媒体中心（广播电视台）始终坚持正确的政治方向、舆论方向和价值取向，加快推进媒体融合纵深发展，深耕“广电+媒体+服务”，

2021年4月22日，县融媒体中心（广播电视台）召开政治理论学习会

不断提升传播力、引导力、影响力、公信力，为迎接中共二十大和省第十四次党代会胜利召开，全力谱写新时代“纯净河南·幸福蒙旗”发展篇章提供舆论支持。

【自办广播电视】 自办广播（FM101.6）内容分为藏语和汉语两档节目，以每周一、三、五、日为藏语节目，二、四、六为汉语节目的形式播出，节目主要有每周新闻快讯、政策解读、蒙语小课堂、文章分享（文学星空）、蒙旗音乐驿站等。全年县自办广播FM101.6制作和播出每周新闻快讯50期、政策解读43期、蒙语小课堂45期、文章分享（文学星空）50期、蒙旗音乐驿站50期。自办电视节目以每周一、三、五、日为汉语节目，二、四、六为藏语节目，主要有《请您欣赏》《每周一歌》《河南新闻》《蒙旗剧场》《周末影院》《蒙旗正能量》《新闻调查》《蒙语课堂》《健康知识宣传》《消防安全小课堂》等10个自办栏目。县融媒体中心（广播电视台）制作和播出自制新闻350条，其中向州台上报218条、省台上报93条；上报云端黄南350条，上报荟萃频道350条，内容涵盖全县各类会议、领导考察调研、经济社会建设、生态环境保护、群众文化宣传、民俗传承活动和人文自然景观等。制作播出疫情防控、安全生产、生态环境保护、扫黑除恶专项斗争、消防安全、防震减灾及全民科学素质等各类公告、通知和通告65条；制作发布新媒体宣传短视频240余条，全年视频总浏览量达65万人次以上，制作发布的8个短视频先后在省、州广播电视台和新媒体平台转发，短视频《选择》获2021年全省抗疫网络视听作品优秀创作奖；制作播出疫情防控相关汉、藏疫情防控公益宣传广告、宣传片共120余条，广播FM101.6累计播出7528小时，有线电视累计播出时长6023小时；制作发布《待在家里就是对疫情防控最好的贡献》《约定》等疫情防控汉语、藏语新冠肺炎疫情防控情景剧短视频、公告共计28条，广播电视滚动字幕累计滚动播出8950余次。完成“两会”“那达慕”等全县重点活动的宣传报道及转播工作任务。

2021年在省、州电视台播发稿件（节目）统计表

表16

级别	台（套）	播发时间	稿件（节目）名称	制作单位（或个人）
省级	青海广播电视台安多卫视	2021年1月14日	河南县克其合滩生态治理拉开序幕	河南县融媒体中心（广播电视台）
省级	青海广播电视台安多卫视	2021年1月21日	河南县持续开展下基层大接访活动	河南县融媒体中心（广播电视台）
省级	青海广播电视台安多卫视	2021年2月8日	宁木特镇作毛村迎来牧民合作社第七年分红	河南县融媒体中心（广播电视台）
省级	青海广播电视台安多卫视	2021年5月4日	河南县举行“我为群众办实事”志愿服务周启动仪式	河南县融媒体中心（广播电视台）
省级	青海广播电视台安多卫视	2021年5月9日	河南县接访路劲让党史学习教育活起来	河南县融媒体中心（广播电视台）
省级	青海广播电视台安多卫视	2021年8月3日	河南县举办2021年“那达慕暨传统耐力赛马大会”	河南县融媒体中心（广播电视台）
州级	黄南州广播电视台	2021年2月13日	河南县2021年春节联欢晚会	河南县融媒体中心（广播电视台）
州级	黄南州广播电视台	2021年4月13日	州委州政府主要领导莅临河南县调研指导工作	河南县融媒体中心（广播电视台）
州级	黄南州广播电视台	2021年5月7日	州委调研组赴河南县就贯彻省委主要领导指示精神情况开展调研	河南县融媒体中心（广播电视台）

续表16

级别	台（套）	播发时间	稿件（节目）名称	制作单位（或个人）
州级	黄南州广播电视台	2021 年 5 月 28 日	河南县召开妇女儿童发展规划 2021—2030 年分领域编制工作安排部署会议	河南县融媒体中心（广播电视台）
州级	黄南州广播电视台	2021 年 6 月 12 日	县委常委会班子召开 2020 年度民主生活会	河南县融媒体中心（广播电视台）
州级	黄南州广播电视台	2021 年 7 月 3 日	河南县《骏马归来》文艺情景剧首演圆满成功	河南县融媒体中心（广播电视台）
州级	黄南州广播电视台	2021 年 8 月 1 日	河南县举办 2021 年“那达慕暨传统耐力赛马大会”	河南县融媒体中心（广播电视台）

【无线广播电视】 截至 12 月 31 日，全县有调频广播发射机 5 部，发射功率为 300 瓦，分别播出中国之声、藏语之声、青海综合、青海藏语、河南县自办广播（FM101.6）；无线数字覆盖基站 7 座，分别是优干宁镇主干台、宁木特镇基站、黄河沿基站、夏拉完小基站、多松乡基站、柯生乡基站、赛尔龙乡基站，发射转播中央广播电视节目 14 套，全年累计播出广播 6480 小时、无线电视 8640 小时。

【应急广播】 县应急广播由县文体旅游广电局牵头，有 113 台高频音柱、200 台室内终端和 164 个高音喇叭，包括 1 个县级播控中心平台（设在县融媒体中心）、6 个乡镇平台及 39 个村级播控平台。县融媒体中心（广播电视台）利用应急广播传播优势，先后制播汉语、藏语《地震常识》《疫苗接种通告》《换届选举十严禁十一律》《疫情防控宣传》《政策解读》《疫情防控期间党员干部职工十不准》《省州县疫情防控处置工作指挥部通告》《疫情防控　责任你我》《祖国，是我们最大的后盾》《十九届六中全会精神要点》等各类宣传资讯共 31 条，循环播出 820 余次，播出时长 3620 小时。

【“户户通”工程】 县融媒体中心（广播电视台）联合县广电网络公司，通过不定期下乡开展巡查，宣传直播卫星户户通使用和维护服务政策，维修故障设备并向基层牧民群众讲解日常故障排除方法。截至 12 月 31 日，全县直播卫星用户共 14745 户，新开通安装“户户通”设备 800 余套，发放直播卫星“户户通”安装使用常见问题及解决方法、故障报修服务联系卡片 800 余份，检修维护“户户通”设备 370 余人次。

【安全播出】 县融媒体中心（广播电视台）健全完善机房安全播出值班制度和安全播出应急预案，成立广播电视安全播出领导小组，在各重要安全播出保障期，督查播出机房值班及播出环节，加大对播出机房安全播出制度执行情况和机房设备工作运行情况的检查、督查力度。对“重保期”可能碰到的问题进行分析，围绕安全播出自检、自查工作，提前完成机房设备的相关测试、检修工作，广播电视重点部位坚持 24 小时值班值守制度，

2021 年 6 月 27 日，县融媒体中心（广播电视台）联合县广电网络公司发放“户户通”设备

2021 年 6 月 16 日，县融媒体中心（广播电视台）到南旗村开展牧民运动会暨心连心联谊活动

在主要节假日和各重要安全播出保障期，依照上级主管部门要求，执行零报告制度，完成 2021 年春节、元宵、两会、“五一”、“庆祝中国共产党成立 100 周年重保期”、国庆节等重大节日和会议的安全播出任务。

【传播矩阵】　为适应互联网新形势，在统管运营原有的自办电视、自办广播 FM101.6 等传统媒介平台基础上，新增“大美河南”App、河南融媒微信视频号及融媒体中心官方抖音号 3 个新媒体宣传平台，初步形成全方位、多平台、广渠道、全覆盖的宣传矩阵。县融媒体中心（广播电视台）于 7 月中旬完成二级等保安全测试并顺利通过全部安全测评指标，8 月底取得青海省互联网新闻信息服务许可证、青海省信息网络传播视听节目许可证，跻身全省为数不多拥有自主发布互联网新闻资讯平台的县级融媒体中心之一。

【人才队伍建设】　根据单位空编情况，衔接州、县人社部门开展人员招聘工作，于 3 月初上报县融媒体中心（广播电视台）人员编内专业技术人员招聘工作方案并纳入年度全州 2021 年度事业单位公开招聘范围，新招聘编制内工作人员 7 人，于 9 月底完成招聘人员笔试、资格复审、面试、体检、政审及公示等各项招聘工作并进入各自工作岗位。围绕提升从业人员采编播业务技能水平，开展业务培训 8 次。

档　案

【概况】　2021 年，河南县档案局（馆）围绕县委、县政府中心工作，协助县党史研究室查阅档案资料，完成全国档案事业统计年报工作，推进档案安全管理工作。截至年底，馆藏档案资料 18348 卷（册）59608 件，其中文书档案 6342 卷 45046 件，会计档案 9473 册（本），实物 608 件，音像档案 237 张（盘），资料 1780 册。

【档案接收】　全年先后接收文书档案 19678 件，其中县委 4756 件、县农牧水利和科技局 3583 件、县委组织部 2483 件、政协办公室 727 件、优干宁镇 1276 件、县发展和改革局 1690 件、县自然资源局 3327 件、县住房和城乡建设局 1836 件；县工会会计账簿 45 卷，会计凭证 114 卷；整理全县重大档案 207 件，报刊、资料 500

2021 年 12 月 15 日，省委办公厅（省档案局）全省档案行政执法检查暨档案工作调研工作组检查指导河南县脱贫攻坚档案

余本，征集照片300余张，书籍12册，实物档案10余件。开展全县“两类档案”进馆工作，全县脱贫攻坚档案共4个乡、2个镇、39个村、4个社区、10个行业，有文书档案2621卷30012件；全县疫情防控档案共81卷939件，其中文书档案822件、实物档案21件、照片档案95张、影像档案1盘。完成全县4个乡、2个镇的婚姻档案接收进馆工作，其中结婚、离婚、补结离档案105盒2291件。

【档案利用】 年内接待查阅档案160人次，提供利用档案500余件；出具各类相关材料90余件。下发《关于全县部分单位尽快移交到期文书档案的补充通知》，对全县各单位到期文书档案归档进行督促指导，对县发改局、县团委、县委统战部等40余个机关单位进行上门指导，为宁木特镇、柯生乡、赛尔龙乡、疫情指挥部等7家单位提供档案整理场所，开展“一对一”指导。以《中华人民共和国档案法》（简称《档案法》）颁布纪念日等为契机，开展《档案法》《档案法实施办法》宣传活动，年内开展3次，发放宣传材料500余份、宣传礼品300件、宣传展板27块，悬挂横幅12条，接受现场咨询70余人次。

【荣誉档案征集】 为全面反映河南县建政以来政治、经济、社会、文化等各项事业取得的辉煌成就，展示好全县各行各业各族人民为之奋斗、为之辉煌的成绩，县档案局（馆）开创新模式，启动荣誉档案征集，印发《关于在全县范围内广泛征集各类荣誉档案的通知》，完成荣誉档案征集作，报州档案部门，同时向县委宣传部联合编印《河南县荣誉档案》一书，向中国共产党成立100周年献礼。

【业务学习培训】 组织干部职工深入学习习近平新时代中国特色社会主义思想、中共十九大和十九届历次全会精神，学习习近平总书记档案工作指示批示以及学习省、州、县两会精神，新修订的《中华人民共和国档案法》《机关文件材料归档范围和文书档案保管期限规定》（国家档案局第8号令）等内容。全体干部职工参加黄南州档案干部赴延安党性教育及业务能力提升培训班，通过缅怀革命先烈、瞻仰革命旧址、追寻伟人足迹，不断汲取创新发展前进力量。到延安市档案馆参观学习档案馆多层次的归档工作以及保管程序，提升干部业务能力和水平。11月23—24日，档案工作人员及立档单位参加国家档案局举办的“十四五”全国档案事业发展规划公益大讲堂线上培训会，学习档案的安全、保护、利用、档案信息化建设等工作。邀请青海政安防火知识咨询中心教官对全体工作人员进行档案消防安全知识培训3期，参加培训人数40人次。

2021年“12·4”国家宪法日来临之际，河南县档案局在成吉思汗广场开展《中华人民共和国宪法》《中华人民共和国档案法》宣传活动

地方志

【月志编印】 2021年，县地方志办公室突出将存史、传史、学史有效结合，以月为单位按期编纂印发《河南蒙古族自治县月志》，旨在通过全面系统、科学准确地收集记录每月县委、县政府召开的重要会议、全县重大活动、重大项目、民生举措、生态环保

2021 年 12 月 2 日，举行《河南蒙古族自治县年鉴（2021）》发放仪式

等各方面内容，为进一步做好全县各项工作提供重要依据，发挥探规律引现实这个“主作用”。全年编印 12 期。

【第二轮县志编修】 《河南蒙古族自治县志（1991—2010）》全面系统地记述 1991—2010 年河南县政治、经济、文化、社会的深刻变化，志首设序、凡例、概述、大事记，志后设附录，约 110 万字。12 月，经州地方志编纂委员会审查批复通过。

【综合年鉴编纂】 《河南蒙古族自治县年鉴（2021）》自 2021 年 1 月开始征集资料，历经资料收集、初稿撰写、复审修改、交由出版社审查、校对定稿等多个程序，全书约 64 万字、296 张图片的《河南蒙古族自治县年鉴（2021）》于 11 月底由九州出版社印刷出版，在全州率先公开出版发行。

民族语言工作

【民族语言翻译】 县民族语文工作中心办公室负责县人代会、县政协会文件的文字翻译和口头翻译工作，负责人民代表和政协委员的提案、意见、建议、议案答复的翻译以及来自基层和有关部门的上访材料和其他材料的翻译工作。截至 12 月底，翻译打印、校对、装订、发行约 82 万条字。

【民族古籍出版】 根据省民宗委安排部署，县民语中心完成黄河南蒙旗史料《先祖言教》共一卷（藏文版）书籍的原稿搜集、整理、录入、校对和审稿等工作。

【《河南政报》藏文版发行】 为加快推进河南县政务公开，实现政府信息公开多元化，提高各项惠民政策、法律法规、健康知识等在广大牧民群众中的知晓率和普及率，促进全县经济社会发展，经县人民政府同意，自 2015 年初起，创办《河南政报》（藏文版）内部季刊并上报有关部门落实准印证号。截至 2021 年底，总出版发行 8 期，累计 24600 余册，发行至县委、县政府各部门及乡镇、村社、学校、寺院等地，得到社会各界及广大牧民群众的好评和肯定。

【督导社会市面用文】 检查督促党的民族语言文字政策落实情况、学习和使用少数民族语言文字情况，对全县 9451 户个体户门牌，全县各行政企事业单位门牌、公章、公文头以及公共场所、公用设施、公共服务行业等名称标牌、广告、宣传栏、指路标志、交通标志进行检查，检查过程中发现部分个体户门面用文不规范，存在错、漏、乱、字体大小不一、位置颠倒、用文不全等问题。县城个体工商户 945 户，使用汉文两种文字以上的 878 户，破旧需要更换的有 4 块，未使用少数民族文字或无挂牌户 12 户，使用少数民族文字错误或不规范 51 块。从全县使用双语情况看，单位公文头、门牌不使用少数民族文字的主要是州驻县企事业单位，部分公共场所、公用设施、公共服务行业等，名称标牌、广告、宣传栏、指路标志、出租车和公共汽车门徽、交通标志的部分管理单位，县民宗局、民族语文工作中心对他们提出要求，并上门或电话催促，对少数未使用少数民族文字的个体户协调市场监督管理局及时进行整改并提供免费翻译服务。

卫生健康·体育

卫生健康

【概况】 2021年，全县有政府主办的县、乡各类医疗卫生机构11个；县级医疗卫生机构5所，分别是河南县人民医院、河南县蒙藏医院、河南县疾病预防控制中心、河南县卫生健康行政执法大队、河南县妇幼保健计划生育服务中心；乡镇卫生院6所，分别是优干宁镇卫生院、宁木特镇卫生院、赛尔龙乡卫生院、多松乡卫生院、柯生乡卫生院、托叶玛乡卫生院。

【医疗卫生机构】 河南县人民医院。河南县人民医院编制床位150张，实际开放95张。编制数为77名，有职工156人。全年总诊疗人次47463人次，其中门诊人次45420人次、住院人次2148人次，同期相比门诊人次增长3.68%、住院人次增长5.13%；公立医院管理费用同比下降37.40%，资产负债率同比下降21.24%。医疗总收入为1025万元，其中住院总收入360万元（住院次均1677.25元）、门诊总收入662万元（门诊次均146.37元）。门诊手术393例，住院手术55例，同期增长5.5%；医疗收入服务占比36.53%，药占比30.17%，基本药物占比为57.5%，基本药物使用率63.93%，百元医疗收入耗材3.33元；年平均住院日为9天。

河南县蒙藏医院。河南县蒙藏医院有职工134人，党员16人，其中在编人员53人、非在编人员81人。有藏医主任医师1人，藏医副主任医师7人，藏医副主任药师2人，中级职称7人，药剂师2人，放射技术师1人，执业（助理）医师58人，执业护士20人，硕士研究生6人，本科生43人。门诊患者33439人次，住院1118人次，业务收入3512.02万元，其中门诊收入3218.76万元。住院总收入293.74万元，住院次均费用2627.45元；门诊次均费用828.57元。门诊手术0例，住院手术0例；医疗收入服务占比4.37%，药占比3.61%，百元医疗收入耗材占比1.67元；年平均住院日为9天；无院内感

2021年，河南县人民医院整体搬迁项目奠基仪式现场

染病例。全院占地总面积41780.9平方米，建筑面积19959.72平方米，住院部建筑面积为3600平方米，医技科占地面积352.48平方米，门诊综合楼建筑面积2999.97平方米，研究所建筑面积1113.42平方米，药浴楼占地面积4515.47平方米，新建制剂中心建筑面积为7388.38平方米。

河南县疾病控制预防中心。河南县疾病控制预防中心在岗职工32人，专业技术人员占23人，其中高级职称3人、中级职称4人、初级职称6人、管理岗1人；其中主治医师1人、助理医师2人、护师3人、检验人员2人，卫生技术人员占总人数的100%。本科学历10人，大专学历13人。内设计划免疫科、地方病科、信息科、健康教育科、结核病防治科、慢性非传染性疾病防治科、检验科、财务室、传染病科、办公室9个科室。有业务用房约1180平方米。配备酶标分析仪、生物安全柜、紫外分光光度计、电子显微镜、生化分析仪、全自动生化分析仪、B超仪、心电图机等一批先进的检测、诊疗仪器和设备。服务半径为50~60千米。

河南县卫生健康综合执法大队。河南县卫生健康综合执法大队由2004年成立的河南县卫生局公共卫生监督所演变而来，2019年河南县卫生局公共卫生监督所更名为河南县卫生计生综合行政执法大队，2020年河南县卫生计生综合行政执法大队更名为河南县卫生健康综合行政执法大队。2021年，机构规格为副科级，核定为全额拨款事业单位，编制6名，其中副科领导1名。

河南县妇幼保健计划生育服务中心。河南县妇幼保健计划生育服务中心由原县计划生育服务指导站和县疾控中心剥离后的妇幼保健职能整合并成立。业务用房面积2000平方米。有职工28人，其中在编职工8人，财政（就业）合同8人，单位内聘12人（包括专家团队6人）；其中副高2名，主治医师1名，主管护师1人，初级护士6人，药剂师1人，中级检验师1人；内设信息科、财务科、后勤科。业务科室有妇幼保健科、儿童保健科、妇产科、医技科、药房及计划生育五大科室。拟设科室产科、男性生殖科、儿科、麻醉科等相关科室。

优干宁镇卫生院。优干宁镇卫生院有职工16人。在编职工7人，临聘4人，“三支一扶”2人，自聘2人，副高2人，中级职称1人（康复主治医师），护士5人，临床医师6人，藏医师4人，中西医师2人，检验师2人，影像2人，药剂师1人，司机1人，会计1人。

宁木特镇卫生院。宁木特镇卫生院人员编制15人，有正式职工15人，其中本科学历6人、中专学历2人、大专学历7人，全科医生5人。临聘人员3人，“三支一扶”1人，自聘3人。内设门诊、药房、妇科检查室、注射室、B超室、心电图、检验室、计免科等科室。辖区有10个村，各村设置有村级卫生室。该院的主要重点工作是负责为辖区10672名牧民群众提供基本公共卫生服务及常见病多发病的诊治服务工作，并对疑难病做好及时转诊工作。

赛尔龙乡卫生院。赛尔龙乡卫生院核定编制为11名，其中正式在编10名、空编1名，临聘人员3名。全科医师2名，临床医师3名，护士2名。副高级职称3名，初级2名，西医师4名，护士3名，藏医师2名。设置有门

2021年投入使用的优干宁镇卫生院计划免疫室

诊室、计划免疫室、B超室、心电图室、药房、处置室、住院部、中藏医馆等科室。辖区服务人口数3678人。

多松乡卫生院。多松乡卫生院有职工15人，其中正式在编6人、临聘人员4人、自聘人员4人、司机1人、清洁工1人。职工中，藏医专业6人、临床专业2人、护理专业2人、医药营销专业2人、康复治疗专业1人。设有门诊室、药房、妇科检查室、注射室、B超室、心电图、检验科、健康档案室、计免科等科室。设施有B超机、心电图机、全自动尿液分析仪、血常规机。重点发展中藏医馆，包括放血、火罐、按摩、针灸、推拿、药浴（泡脚）。

柯生乡卫生院。柯生乡卫生院编制11人，其中在编9人、临聘2人，自聘2人，距离县城90千米。设有中藏医管、门诊、药房、妇科检查室、注射室、B超室、心电图、检验科、健康档案室、计免科等科室。有设施B超机、心电图机、全自动尿液分析仪、血常规机。辖区服务毛曲村、次汉苏村、柯生村、尖克村4个村3196人，提供基本公共卫生服务常见病多发病的诊治服务工作，开展各村的基本公共卫生服务、疫苗接种和健康教育宣传等工作。重点发展中藏医馆，包括放血、火罐、按摩、针灸、推拿、药浴。

托叶玛乡卫生院。托叶玛乡卫生院有职工17人。辖区内有6个村卫生室，为辖区4950名牧民群众提供基本公共卫生服务工作，开展基本公共卫生服务、疫苗接种和健康教育宣传工作。

【新冠肺炎疫情防控】 按照“外防输入、内防反弹”要求，落实落细各项防控措施，累计排查返县车辆54085人次，排查人员112356人次。核酸检测能力建设不断提升，培训采样人员80人次，日检测能力单采达900人次，混检达9000人次，累计采样24181人份，冷链食品采样437份，结果均为阴性。新冠疫苗接种领导小组和督导小组在全县范围内设置接种点8个，其中县医院和优干宁镇卫生院为固定接种点，其余5个乡镇卫生院为临时接种点，统筹安排相关工作人员56人。截至年末，全年接种新冠疫苗76334剂次，使用70937剂次，全县库存剩余5397剂次，第一、二、三剂次分别接种39391人、36440人、7273人，接种率为96.4%、89.17%、86.16%，其中60岁及以上老年人第一、二分别接种2744人、2489人、接种率为91.68%、83.16%，累计监测不良反应70例，均为一般反应。各项年度接种目标任务均在既定时间内高质量完成。

【卫生设施建设】 投资25万元，建设优干宁镇卫生院儿童计划免疫室，完成建设并投入使用；投资113.1万元，为6个乡（镇）卫生院购置6辆救护车，全部配备完成；县疾控中心、妇计中心、执法大队整体搬迁项目投资1500万元，完成可研编制；县人民医院血库项目投资140万元、医疗废物暂存间投资400万元，完成可研编制；投资1.3亿元的县医院整体搬迁项目完成总工程量的45%，传染病区建设完成深化改造。

【健康管理】 开展居民健康档案管理工作，全县有42639人建立居民健康档案（纸质版），电子建档39699人，电子建档率2%，变更维护管理、动态更新管理数39699份。加强慢性病患者健康管理，全县各基层医疗卫生机构累计在管高血压患者1142人，在管2型糖尿病患者223人。加强老年人健康管理，全县各基层医疗卫生机构为辖区内65岁及以上2327名老年人全部建立健康档案，建档率为100%，老年人分配指标数为2327人，管理率为100%。对辖区65岁及以上老年人、贫困人口和计划生育特殊家庭及重点人群开展体检活动3次，进行健康危险因素调查和一般体格检查，总体检老年人1783人，体检覆盖率79%。所有登记在册严重精神障碍疾病患者147人，建档管理143人，管理率为100%，报告患病率（检出率）为3.4‰，同比增幅0.1‰。6月，特邀省第四人民医院专家对河南县疑似重精患者进行筛查确诊，免费发放药物并进行药物调整治疗。

【医养结合】 全县80%老年人均为居家健康养老，家庭医生签约团队承担老年人医养服务工作，为老人提供慢性病管理、年度体检、健康教育咨询等服务，签约率为90%以上。

【贫困群众服务】 围绕群众“少得疾病、看得上病、看得起病、看得好病”的工作目标，为建档立卡贫困群众开辟治疗绿色通道，实行“先住院、后结算”，设立基本医保、大病保险等“一站式结算”窗口。大病救治率、双签约率分别达到100%，建档立卡患者报销率达90%以上。大病救治率、双签约率分别达到100%，建档立卡患者报销率达到90%。

【爱国卫生】 根据《河南县无垃圾示范县实施意见》要求，定于每月13日、26日为环境卫生整治日，开展环境卫生整治大检查活动。县委、县人大、县政府、县政协领导会同县爱国卫生运动委员会部分单位成员组成环境卫生督察组开展环境卫生集中整治情况大检查工作，督察组到县直机关、企事业单位、社区（街道办）、工商个体户、居住户共96个环境卫生责任片区，对发现问题要求限期整改。

【疾病预防控制】 基本情况。2022年1月1日至2月20日，全县报告甲、乙、丙类法定传染病88例，报告发病率为205.18/10万；其他传染病4例，报告发病率为9.33/10万。其中无甲类传染病的报告；乙类传染病76例，报告发病率为177.20/10万；丙类传染病12例报告发病率为27.98/10万。全县无重大传染病暴发流行。全县有9家疫情网络直报单位，县级医疗机构及各乡镇卫生院、社区网络直报率达100%。审核医疗单位上报的各类传染病例，按时完成疫情的月分析文字材料并上报上级相关部门。全年开展流感、禽流感、手足口病防治工作，开展不明原因肺炎和流感、手足口病的监测、报告、采样、送样等预防控制的各项措施，开展流感样病例、手足口病疫情上报工作，每月及时上报发热门诊监测报表，并有各项预防控制措施。

计划免疫。全年县疾控中心计划免疫工作主要是开展新冠肺炎疫情防控。在工作中还加强免疫规划信息化建设，当年正式启用疫苗信息化追溯电子管理系统，落实对疫苗流通环节冷链设备温度的实时监管，实现疫苗受种者接受查询和精准预约服务，实现预防接种卡信息填写和免疫规划管理由手动变为电子信息管理。优干宁镇卫生院和宁木特镇卫生院新建预防接种门诊，以“海洋世界”为设计理念，为家长和孩子营造一个充满童趣、轻松舒适的就诊环境。

传染病防治。全县报告甲、乙、丙类法定传染病，其他传染病及其他疾病646例，报告发病率为1506.18/10万。甲、乙、丙法定传染病611例，报告发病率为1424.57/10万，其中无甲类传染病的报告。乙类传染病505例，死亡病例1例，报告发病率为1177.43/10万。丙类传染病106例，无死亡病例，报告发病率为247.14/10万。其他传染病34例，无死亡病例，报告发病率为81.60/10万。其他疾病1例，无死亡病例，报告发病率为2.33/10万。全县无不明原因肺炎、SARS和人禽流感、新冠肺炎确诊和疑似病例报告。与2020年相比，甲、乙、丙类法定传染病总发病数下降6.29%，其中下降的病种有炭疽下降75%、艾滋病下降66.67%、流行性腮腺炎下降

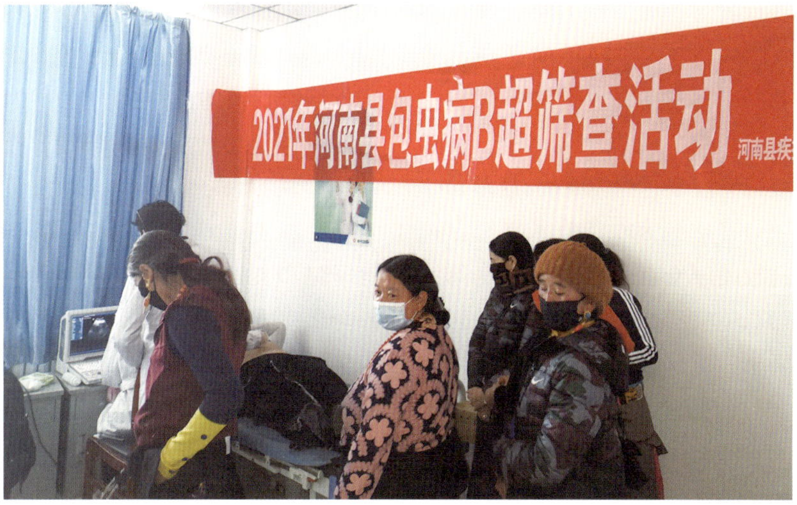

2021年3月18日，包虫病专干在宁木特镇开展“三下乡”包虫病人群筛查活动工作

63.83%、手足口病下降59.52%、包虫病下降55.56%、肺结核下降11.97%、肝炎下降0.53%。其他传染病下降65%。比2020年相比，布病上升500%、流行性感冒上升350%、淋病上升100%、梅毒上升43.80%、痢疾上升11.11%。甲、乙、丙类传染病发病居前三位的病种是：梅毒（发病数197例，发病率为459.31/10万）；病毒性肝炎（发病数188例，发病率为438.33/10万）；肺结核（发病数96例，发病率为223.83/10万）。传染病诊疗机构网络正常运行率100%、第一季度传染病上报及时审核率100%、第二季度传染病上报及时审核率100%、第三季度传染病上报及时审核率100%、第四季度传染病上报及时审核率98.63%，全年传染病上报及时审核率99.63%。

地方病防治。全年筛查5113人，其中学生等重点人群1542人。管理包虫病患者75人，并对已管理的132名有包虫病病史者进行随访管理，外迁1人、死亡8人、失访3人、好转64人、治愈48人、无效8人。包虫病发病率为0.30%，现患率0.17%，患者登记管理率达到100%，规范治疗随访率达到89%。宁木特镇卫拉村牧民群众开展B超筛查，累计筛查1073人，发现已管理的包虫病患者1人，无新发病例。10月下旬在托叶玛集中屠宰场对300头牛的脏器进行检测，其中发现9份疑似病变脏器，送至省地方所复检，复检结果阳性1份，感染率为0.3%；在全县采集家犬及野外犬科动物犬粪共590份，发现阳性21例，将41份犬粪样本（包括初判结果中的21例阳性犬粪）送至黄南州疾病预防控制中心进行复判，复检结果阳性8份，其中家犬1份、野犬7份，感染率为1.35%。开展包虫病防治知识健康宣传6次；对乡镇卫生院工作人员及村医等进行包虫病培训1期，培训11人次。开展鼠疫防治工作，根据省、州重大传染病监测哨点建设项目，2月7日完成监测哨点选址调研工作，并安排开展前期各项工作；发放碘盐16吨。按要求对100名孕妇和200名8到10岁儿童的家庭食用盐和尿碘进行采样检测，碘盐监测329份（学生228份、孕妇101份），合格碘盐食用率为99.39%。儿童和孕妇尿碘监测329人，未发现碘摄入不足者。

手足口病防治。对手足口病按照《中华人民共和国传染病防治法》规定的丙类传染病进行管理。负责报告人发现手足口病病例时，实行网络直报的医疗机构应于24小时内进行网络直报。未实行网络直报的医疗机构应于24小时内寄送出传染病报告卡。托幼机构及各级各类学校有关人员发现可疑手足口病病例时，向当地医院和县疾病预防控制中心报告。全年手足口病全县17例，其中学生4例、散居儿童13例。

结核病防治。肺结核患者登记管理率96%，肺结核患者成功治疗率96%，肺结核病人转诊率94%，非结防机构报告疑似结核病人追踪率100%，报告的肺结核患者及疑似肺结核患者总体到位率100%。病原学阳性肺结核患者密切接触者筛查率达到97%。结核病患者中艾滋病筛查率达到96%，所有确诊肺结核患者痰培养率达到100%，新涂阳肺结核患者和耐多药肺结核高危人群耐药筛查率达到100%，耐多药肺结核患者纳入治疗率达到90%，成功治疗率达到55%，公众结核病防治核心知识知晓率达到87%；定点医疗机构可疑肺结核病人查痰率>96%；随访肺结核病人2月末痰检率>98%；肺结核患者病原学阳性率生达到52%；结核病疑似者及患者信息结核病专报网络报告率达到100%，及时率、完整率、准确率均达到96%；基层医疗卫生机构肺结核患者规范管理率达到75%（以县为单位），疑似肺结核病人初诊量达到全县人口的300/10万（指标122人）完成217人。

慢性病防治。全县建档管理高血压患者1049人，糖尿病患者239人。全县建档立卡管理严重精神障碍患者147人，为123名服药患者免费发放药品予以治疗。按工作规范要求患病率达3.1‰，管理率100%，规范管理率100%，面访率91.6%，服药率93.89%。全县报告死亡病例204例，报告死亡率4.75‰，并上报死亡数据库。全年对县医院、蒙藏医院2家医疗机构和县汽车站、邮政局及极兔快递公司3家非医疗机构企业开展监测工作，在全县范围内对22家重点企业开展职业病摸底排查登记工作。为提高居民健康行为能力，开展15次健康生活方式主题日宣传教育和知识讲座活动，覆盖6000余人次。

【妇女儿童健康服务】 全县总户数9439户，总人口43178人，已婚育龄妇女9034人，新出生593人。产妇总数593人，活产数593人，其中住院分娩593人，住院分娩率100%；全县7岁以下儿童健康管理3930人，覆盖率91.3%；3岁以下儿童系统管理2880人，管理率99%；5岁以下儿童死亡5例，死亡率16.3‰；婴儿死亡4例，死亡率11.68‰；新生儿死亡1例，死亡率0.016‰；新法接生593人，新法接生率100%。新生儿疾病筛查449人，筛查率75%。6岁以下儿童数4303人，视力检测数3932人，检测率91.3%；6岁儿童数763人，检测数632人，检测率90%。完成各类保健资料整理规范，归档及时并准确报送各类信息。优化生育登记服务水平，全面推广使用《母子健康手册》，推进"一次登记、全程服务"。开展"康福家——流动人口关怀关爱行动"专项活动，进一步推进流动人口服务管理均等化，免费婚检208对，婚检率100%。以提高妇女健康指数为目标，开展妇幼保健计生技术服务工作。结合"三下乡"活动，到39个行政村开展"两癌"筛查、孕前优生健康检查等服务工作，牧区妇女"两癌"筛查数1164人。完成免费孕前优生健康检查任务数夫妇527对。0至6岁儿童眼保健和视力检查目标完成率91%。各项健康服务工作超额完成目标任务。

【特殊家庭扶助关怀】 开展计划生育特殊家庭扶助关怀工作，争取扶助资金，加强普惠政策与计划生育惠民政策的有效衔接，提高特别扶助家庭中子女死亡家庭的扶助金标准，由每人每年8000元提高至1万元，伤残家庭每人每年6000元提高至8000元。计划生育家庭奖励扶助人员扶助金标准提高至每人每年1160元提高至1200元。全面落实各项计划生育奖励扶助政策，发放资金67.28万元。兑现民生实事承诺，惠及计生家庭329户。

【医疗废物管理】 加强医疗废物的安全管理，建立健全医疗垃圾规范管理制度，全县8家医疗机构均实行医疗垃圾分类收集、规范暂存等管理模式，有效控制医院感染的发生，减少医院环境污染，防止病原微生物的传播。

【医疗行业监管】 完成公共场所国家"双随机"安全抽检11家，完成率100%；完成学校卫生"双随机"国家抽检任务，完成率100%，完结率100%；完成传染病防治（综合评价）国家"双随机"抽检任务，完成率100%，完结率100%。在信息报告平台中日常监督覆盖率到80%，全面达到目标责任书考核分值。结合扫黑除恶专项斗争，组织各医疗诊所召开打击无证行医工作集体约谈会，规范医疗服务市场秩序，对医疗机构、住宿场所、美容美发机构等开展的专项联合督导检查，在督导检查中发现7起违规案件，主要存在超范围经营、未办理健康体检合格证明、医疗机构诊疗过程不规范等问题，对督查存在的问题进行逐一整改。为规范医疗服务秩序，提高医疗服务质量，联合公安、市场监管部门开展全县打击"黑诊所"等非法行医集中整治行动。

2021年1月10日，县卫健执法大队隔离点工作人员开展监督检查工作

【医政管理】 县医疗卫生系统将学习宣传、贯彻落实《医疗质量管理办法》作为2020年重点工作，采取集中学习、自学等多种形式，使每位医院管理者、医务人员全面掌握《医疗质量管理办法》的规定与要求并加以落实。各医疗机构以提高医疗质量、保证医疗安全为重点，组织开展经常性专项检查，加强对产房、新生儿室、手术室、门急诊等重点部门、重点环节的安全风险管理工作，针对存在问题落实持续改进措施。自查工作结束后，邀请第三方完成2次以上覆盖全县的质量督导检查，实现二级医院相关专业医疗质量标准化、同质化。

【医疗队伍建设】 在医共体内，牵头单位（县级公立医院）下派专家团队60人次；各乡镇卫生院不定期选派骨干医务人员赴医共体牵头单位进行业务交流学习，选派20名医务骨干参加交流学习。县级公立医院组织专家团队分2期（为期50余天）到四乡两镇卫生院为老年人、重点人群及妇幼开展重大公共卫生服务，实现医共体成员单位资源共享。年内举办乡村两级专业人员培训16次，培训500余人次。

体育事业

【体育组织】 河南县体育组织包括县体育总会、篮球协会、足球协会、射箭协会、额吉文体协会、藏棋协会、谚语协会、摔跤协会等。

【竞技体育】 县内竞技体育主要是民族体育项目，包括赛马、摔跤、射箭、拔河等，其他体育项目有篮球赛、足球赛、乒乓球赛等。

【足球场建设】 建成总投资700万元、总面积800平方米的笼式足球场14座，并投入使用，分别是河南县优干宁镇阿木乎村笼式足球场、河南县泽雄村笼式足球场、河南县优干宁镇南旗村笼式足球场、河南县优干宁镇德日隆村笼式足球场、河南县托叶玛乡托叶玛村笼式足球场、河南县多松乡拉让村笼式足球场、河南县柯生乡尖克村笼式足球场、河南县宁木特镇作毛村笼式足球场、河南县赛尔龙乡尕克村笼式足球场、河南县赛尔龙乡赛尔龙村笼式足球场、河南县赛日旦社区笼式足球场、河南县延巴社区笼式足球场、河南县江源社区笼式足球场、河南县河曲社区笼式足球场。建成河南县托叶玛乡标准足球场并投入使用，总投资300万元，面积7500平方米。

【群众体育活动】 以国家《全民健身实施纲要》为载体，举办河南县第22届“那达慕”盛会、天堂河曲文体系列活动、篮球赛、足球赛等群众体育活动，推动全县民族传统体育赛事蓬勃发展。其中，每年8月举办的“那达慕”盛会是蒙古族人民欢庆的重要节日，是蒙古族人民在长期的游牧生活中创造和流传下来的具有独特民族色彩的竞技项目和游艺、体育项目，“那达慕”是蒙古语娱乐、游艺的意思，表示丰收的喜悦之情。“那达慕”大会的内容主要包括摔跤、赛马、射箭、拉趴牛、举沙袋、传统蒙古包搭建比赛、有机畜种评比等民族传统项目。2021年8月1日，第三届青海·热贡文化旅游节系列活动之河南蒙古族自治县中国共产党成立100周年庆典暨第22届“那达慕”盛会——天堂河曲“天骄杯”传统耐力赛马大会在腾格里赛马场盛大开幕。截至2021年底，“那达慕”大会已举办22届。

社会生活

民政救助服务

【概况】　2021 年，县民政局围绕县委、县政府中心工作，切实强化做好新时代民政工作的初心和担当，发挥民政职能作用，努力提高社会保障功能，强化社会管理，规范民政工作要求，树立“民政为民、民政爱民”的工作理念，高质量完成各项工作任务。

【民生保障】　巩固脱贫攻坚成果，发挥民政兜底保障作用，城镇低保 254 户 475 人，发放保障金 363 万元，占全县城镇人口的 7.4%，占全县人口的 1.2%；农村低保 1768 户 6067 人，发放保障金 2354.6 万元，城乡低保占全县人口的 15.9%。完善特困供养体系，发展社会福利事业，特困供养救助 257 人，发放救助资金 507.25 万元，特困供养人员占全县老年人口的 9.6%，占全县总人口数的 0.6%。加大临时救助，对遭遇突发事件、意外伤害、重大疾病、新冠疫情或其他特殊原因导致基本生活陷入困境，其他社会救助制度暂时无法覆盖或救助之后基本生活暂时仍有严重困难的家庭或个人给予的应急性、过渡性的临时救助，临时救助 3829 户 11233 人，发放救助资金 1726.3 万元，救助人口占全县人口的 27.3%。残疾人两项补贴制度惠及 1247 人，发放 150.8 万元。上半年，全县享受高龄补贴 1646 人，发放资金 109.5 万元。有孤儿 1 人，发放救助资金 2.2 万元；有困境儿童 328 人，发放救助资金 53.1 万元。

【“儿童之家”建设】　建立健全基层儿童关爱保护体系，努力营造农村留守儿童、孤儿及困境儿童健康成长的良好氛围，保障儿童生存、发展、受保护权利的有效落实，全力推进“儿童之家”建设工作。根据上级部门要求，及时安排部署，明确工作职责，进一步强化“儿童之家”建设工作的落实，与各乡镇协调衔接，

2021 年 11 月 15 日，县民政局慰问易地扶贫搬迁安置小区困难群众

在39个村和4个社区、各中小学设立“儿童之家”，并制定悬挂统一的“儿童之家”标牌。协调督促各乡（镇）设立儿童主任，村（社区）儿童主任由妇联主任担任，主动对接政府部门和社会组织、爱心人士等各类资源，共同参与“儿童之家”的建设与运行管理，根据儿童实际需求提供各类活动与服务。

【社区居家养老服务建设】 为提高社区居家老人生活水平，与西宁市城西区巾帼居家养老服务中心签订政府购买居家养老服务合同，期限1年，为6个乡（镇）、4个社区共计352人提供助医、助餐、助洁及精神慰藉等居家养老服务，累计服务352人次，服务资金20万元。其中，60岁以上老年人150元服务标准服务（残疾人员135人、低保117人、建档立卡43人、特困26人）；60元服务标准服务高龄人员31人。加快社区嵌入式养老机构建设，县民政局争取上级组织支持，在河南县延巴、河曲、赛日旦、江源4个社区建设嵌入式养老院，项目总投资1920万元，由中央预算内投资解决，完成可行性研究报告、“两证一书”工作。

【困难大学生救助】 通过实施临时救助开展助学帮扶，以“资助一名学子，成就一名人才，脱贫一个家庭”为宗旨，帮助困难家庭解决实际困难，激励困难家庭子女发扬自尊、自信、自强、自立精神，保障困难家庭子女接受高等教育权益。开展“巩固脱贫成果、助力乡村振兴”救助困难大学生活动，部分受助学生代表受邀参加救助金发放仪式，救助573人，发放救助金196.9万元。

【城乡和谐社区建设】 河南县43个村（社区完成村（居）民委员会换届选举任务，全部实现书记、主任“一肩挑”，并完善村级工作经费和干部报酬机制。通过健全城乡社区治理协调议事机构，推动形成党委领导、政府主导、部门配合、社会参与的城乡社区治理工作机制。着力完善村务公开民主管理、民主决策和民主监督的规范化、制度化。在继承原有村规民约的基础上，修订和完善村（居）民公约，针对当前惠民政策落实、乡风文明、乡村振兴、扫黑除恶专项斗争等村民关心关注的热点问题以及切身利益制定并完善新规新约。推进塞尔龙乡撤乡建镇工作，根据省民政厅最新撤乡建镇标准，指导赛尔龙乡将申报审批手续提交至县人民政府。加强村（居）民自治体系建设，县民政局发挥村（居）公约在村（居）民自治中的作用，村（居）民公约的制定由原来的县级引导提供模板变为村（居）民自发讨论研究形成，并召开村（居）民大会决定，达到村（居）民自我管理、自我教育、自我服务、自我约束的目标。

【婚姻管理】 实行“互联网+婚姻”，推动婚姻管理与服务在线深度融合，实现部门间信息数据共享。把以人为本和人性化服务贯穿婚姻登记规范化建设工作始终，依法规范婚姻登记，不断创新服务措施。宣传婚姻自由、男女平等的婚姻制度，杜绝包办婚姻和买卖婚姻的发生。提倡婚前体检，倡导建立和睦文明的婚姻家庭关系，严格审核，把好登记关，防止骗婚或胁迫婚姻的发生，登记合格率保持在100%。规范设立婚姻登记点，全面推进婚姻登记补录工作，撤销6个乡（镇）婚姻登记点。截至2022年1月底，登记478对，其中结婚372对、离婚56对，补发结婚证41对、离婚证9对。

【信用信息管理】 将一批列入异常名录满两年及被撤销登记的社会组织列入严重违法失信名单，通过信用信息管理优化社会组织法人治理结构。全县登记成立社会组织54家，其中民办非企业4家、互助协会29家、社会团体21家。对54家社会组织开展年检和清理整顿非法组织工作，对连续两年未年检的2家民办非企业社会组织依法进行撤销。

【绿色殡葬改革】 切实坚持好遗体火化零报告，加大生态安葬奖补工作，推进生态安葬及移风易俗。

【社会救助审批程序】 社会救助审批程序化繁为简，特别是对特殊救助人员实行先救助后办理手续的措施，切实提高救助实效。对于情况紧急、需立即采取措施以防止造成无法挽回的损失或无法改变的严重后果的救助人员，各乡（镇）人民政府“先行救助（即在1～2日内落实救助政策，发放补助资金）”，后进行补办手续。对救助金额在5000元内的，各乡（镇）人民政府在7个工作日内完成入户调查、审核、审批（暂不进行家庭经济状况核对）的同时，通过“一门受理”系统将个人申请书、核对授权书等相关资料上传至县级民政部门，年内由县级民政部门按照不低于30%的比例开展入户调查和家庭经济状况核对（重点抽查低收入和支出型贫困救助对象）。对救助金额5000元以上的，各乡（镇）人民政府在5个工作日内完成入户调查、审核以及通过“一门受理”系统上传相关资料后，县级民政部门根据乡（镇）人民政府提出的审核意见开展家庭经济状况核对，并在5个工作日内完成救助审批。对申请对象中的低保、特困、孤儿等困境人员，重点核实其生活必须支出情况，不再核查其家庭财产经济状况。

【留守妇女儿童关爱】 完善河南县农村留守妇女儿童和困境妇女儿童关爱服务体系，全县各乡镇、村（社区）设立儿童督导员6名、儿童主任40名。4月1日，县民政局联合县妇联组织开展村（社区）妇联主席（儿童督导员、儿童主任）培训，全面加强基层妇女儿童工作队伍建设。开展政策宣讲，举办“政策宣讲”进村（乡）活动39场，涉及6个乡（镇）、39个村，重点向农村留守儿童和困境儿童及其监护人宣传《中华人民共和国民法典》《中华人民共和国未成年人保护法》《中华人民共和国收养法》等与儿童相关的政策法规，活动中发放宣传手册5000余份。

【收养登记管理】 为加强收养登记管理，做好收养评估工作，维护收养关系当事人合法权益，依据《中华人民共和国民法典》《中国公民收养子女登记办法》《收养评估办法（试行）》等规定，经县民政局党组会议研究决定，成立河南县收养评估领导小组，领导小组办公室设在河南县福利服务中心，主要负责全县收养评估工作的部署、协调、处置等工作。截至年底，收养评估领导小组工作评估3人，为该3名儿童找到符合收养条件的家庭。

人力资源和社会保障

【概况】 2021年，县人力资源和社会保障局始终坚持以习近平新时代中国特色社会主义思想为指导，深入贯彻落实习近平总书记到青海考察时重要讲话精神和全国、全省、全州人力资源社会保障工作会议精神，立足新发展阶段、贯彻新发展理念，构建新发展格局，深入践行“以人为本、为民服务”的工作理念，扎实做好“六稳”工作、全面落实“六保”任务，抓实抓细社会保障、就业创业、人事人才、劳动监察等中心工作，不断增强民生福祉。

【人才队伍建设】 完善事业单位人员聘用和岗位设置管理工作，全县事业单位工作人员聘用合同签订率达100%；组织全县100名事业单位财务人员开展2021年度人事工资软件系统培训；做好全县专业技术人员信息平台录入工作；完成发放2020年第四季度及2021年第一、二、三季度目标考核奖金及2020年度民族团结创建奖、2021年度取暖费，2021年度在职干部带薪年休假工资报酬审核工作；办结22名2020年下半年人事调配会议调动人员的调动手续工作；公开招聘12名全县事业单位人员并完成入职手续办理工作，定向录用10名医学定向生、9名教育师范定向生相关入职工作；做好“三支一扶”服务人员面试及入职手续办理工作；按照州级招募要求完成“雏鹰计划”工作，招募8名服务人员；推进事业单位专业技术及管理人员岗位94人晋升工作；联合县纪委、县委组织部对全县各单位、各乡镇全县临聘人员是否在岗、有无替岗、长期请假等情况开展排查工作，涉及检查财政临聘人员1204人、公益性岗位人员458人、“三支一扶”服务人员70人。

【专业技术管理服务】 河南县事业单位实有在职人员930人，其中管理人员180人（管理七级25人、管理八级60人、管理九级86人、管理十级9人）；专业技术人员722人（教育系统383人、卫生系统

220人、其他事业单位119人)；工勤岗位28人。事业单位人员晋升94人，专业技术岗位晋升79人，管理岗位晋升9人，从专业技术岗位转岗至管理岗位6人。

【工资福利待遇调整】 印发《关于事业单位工作人员正常晋升薪级工资档次的通知》《关于上报事业单位拟晋升岗位等级的通知》及连续计算工龄的通知，做好晋升事业单位专业技术及管理岗位等级等工作；做好各事业单位工作人员在2021年度考核和各级等次的正常晋升一级薪级工资档次，事业单位工作人员892人正常晋升薪级工资，其中管理人员170人、专业技术人员693人、机关事业单位工勤人员29人，正常晋升级别工资档次。完成事业单位31人新录用人员工资待遇，其中教育系统定向9人、卫生系统定向10人、事业单位12人。持续落实机关事业单位带薪休假制度。有14人试用期满转正定级。

【人事管理】 召开人事调配领导小组会议，研究通过关于事业单位工作人员调动的相关事宜，其中跨县调出13人、县内调动1人。完成符合的8名事业单位退休审批工作。根据青海省人社厅文件精神及“四类人员”相关文件要求，完成4名事业单位工作人员计算工龄兑现工资。做好机关事业单位工作人员伤残认定、鉴定申报工作，伤残认定7人。

【就业创业】 坚持重点抓好城镇失业人员、高校毕业生、农村富余劳动力等重点人群的就业创业工作，鼓励重点群体自主创业。全县城镇新增就业人员281人，其中城镇失业人员再就业58人，分别完成年度任务的100.3%和145%。城镇登记失业率2.32%。全年农牧区劳动力转移就业1808人，完成年度任务的100.4%。就业困难人员就业15人，完成年度任务的100%。高校毕业生总体就业率91.5%。为14名灵活就业人员和高校毕业生发放社会保险补贴11.62万元。为457人发放公益性岗位补贴640.19万元。为2121人发放职业培训补贴230.92万元。落实就业政策，线上开通“云MAS业务”，通过将企业用工信息以及创业就业相关政策发送到河南县未就业高校毕业生和待业青年的手机上，实现精准推送岗位。线下组织开展“就业援助月”“春风行动”等公共就业和人才服务专项行动，为就业困难人员提供“一对一”就业服务。全年举办专项招聘活动7场，发布招聘岗位820余个。托底安置就业困难人员，开发公益性岗位，全县新增公益性岗位人员45人。搭建人企对接平台，与全县各企业协调就业岗位，通过与河南县文明环保科技有限公司衔接，推荐高校毕业生求职人员12人，实际招录3人。搭建创业平台，争取省、州高校毕业生创业资金，通过河南县农村信用社提供小额贷款的方式，为高校毕业生创业搭建融资平台，为自主创业创造便利条件。全县有7名高校毕业生、1名城镇失业人员提交创业贷款申请，为7名高校毕业生发放创业贷款85万元。加强东西部劳务协作，天津滨海新区援建河南县建立就业扶贫车间12间，吸纳就业人数339人，其中贫困人口就业153人。

2021年11月23日，县就业服务局在成吉思汗广场举办全国人力资源高校毕业生就业服务周专项招聘活动

2021 年 11 月 18 日，河南县召开根治欠薪冬季专项行动工作部署会

【劳动执法监察】 定期深入用工企业，在全县开展“地毯式”排查，建立清理欠薪工作台账，每月调度、限时整改。对存在欠薪隐患企业进行约谈，限期解决问题，保障广大农民工切身利益。利用劳动监察、劳动仲裁联合办案机制，对有存在争议的引导讨薪者通过劳动仲裁途径解决。联合住建部门建立健全“黑名单”制度，对存在拖欠农民工工资行为的企业或个人拉入失信人员黑名单，计入信用档案，限制或者禁止其参与项目申报和招投标。全面推行建筑工人实名制管理信息化管理系统和农民工工资银行代发制，做到用工实名制管理。按照根治欠薪专项行动工作要求，排查各类劳务纠纷，推进根治欠薪专项行动。协调拖欠农民工工资案件 112 起，涉及金额 637 万元，涉及农民工人数 535 人，农民工工资清欠率达 98%以上。开展女职工产假、哺乳时间等权益专项执法行动 1 次。检查纺织企业 1 家，人员 4 人；检查商业服务企业 1 家，人员 3 人；检查金融企业 2 家，人员 43 人；检查其他企业 1 家，人员 7 人，均不存在违法侵犯女职工权益案件。查处工资类违法案件下降 30%，追发劳动者工资及待遇涉及金额、人数各下降 30%；农民工劳动合同签订 2000 余份，合同签订率达到 96%；检查各类用人单位 130 户次，涉及职工 2000 人次，下达劳动保障监察责令改正书 6 份；到施工企业、施工场所开展法律法规宣传活动 25 次，发放宣传资料 7000 余份；日常巡查用工企业 30 家，现场通过问询等方式调查涉及 230 人。开工后缴纳农民工工资保证金的企业共 57 户，全部实行工资保证金制度，农民工工资保证金覆盖率达到 100%；其中建立农民工工资专用账户 17 家，退还保证金 41 家，缴纳农民工保证金 1423.4 万元，退还农民工保证金 551.15 万元，启动保证金 4 户，涉及金额 57.16 万元。

【劳动争议仲裁】 县劳动保障监察大队接收到工伤劳动仲裁申请 1 起，通过黄南州劳动人事争议仲裁院现场仲裁调解完成申请劳动人事争议仲裁，由黄南州德川建筑有限公司对申请人补偿一次性工伤医疗补助金、一次性就业补助金、一次性伤残补助金、停工留薪期间工资等补助金共计 20.48 万元。全年受理劳动争议案件 1 起，处结劳动争议案件 1 起，按期结案率 100%。

【社会保险事业】 先后推出藏语、汉语养老待遇资格认证视频和社保卡功能宣传视频，针对残疾老人、敬老院等走访入户开展养老待遇资格认证工作，并宣讲各险种政策，发放藏语、汉语宣传资料 3000 余份。下沉各乡镇指导开展核查城乡养老保险待遇领取人员滞留卡工作，细化追缴流程，摸排全县各乡镇无社保卡滞留卡情况，及时核实人员生存状态，及时停发截留挪用、死亡冒领等人员待遇，从源头上杜绝冒领工作，查处死亡冒领人员 300 人。全年全县各项社会保险费征缴总收入 7018.59 万元，总支出 17354.08 万元，社会保险基金累计结余 984895.63 万元。全年审阅退休人员档案 26 份，为符合条件的 25 名人员办理退休手续。发放社会保障卡 13913 张。

2021 年河南县社会保险参保情况表

表 18

保险类别	参保人数	参保率	净增参保人	征缴保险基金（万元）	全年支出（万元）	发放及时率
企业职工基本养老保险	3024	100%	3024	2433.98	1319.9	100%
城乡居民养老保险	21880	100%	21880	223.49	630.83	100%
机关事业保险	3285	100%	3285	3733.75	8528.71	100%
医疗保险	39842	100%	39842	5824.08	2087.25	100%
工伤保险	4452	100%	4452	273.6	35.4	100%
失业保险	2340	100%	2340	286.75	387.83	100%

【劳动工资与技能培训】　根据《青海省人民政府关于调整全省最低工资标准的通知》，全县最低工资标准每月 1700 元。县就业服务局根据农牧民群众就业意愿和培训需求，把高校毕业生就业创业培训与农牧民实用人才培训等活动结合起来，聘请手工编织、缝纫工、中式烹饪等方面的有资质的培训教师授课，立足实际，着眼长远，加强就业培训指导。全年开展城乡劳动力技能培训 22 期，培训城乡劳动力 1071 人。

医疗保障

【概况】　2021 年，县医保局深入推动医疗保障事业平稳发展，贯彻落实各项医保惠民政策，积极探索更加有效途径，不断提升群众对医保改革的公认度和获得感。基本医疗保险参保人数 39842 人，其中城镇职工参保人数 3158 人、城乡居民参保人数 36684 人，参保率达户籍人口的 98%，其中由乡村振兴部门认定的监测户、边缘户参保率达 100%。征收城镇职工医疗保险费 4672.21 万元，待遇支出 1386.49 万元；征收城乡居民医疗保险费 1151.87 万元，待遇支出 700.76 万元。

【全民参保】　组织实施全民参保调研和宣传工作，制定详细参保征缴工作实施计划，完善医保筹资机制，全县城乡居民基本医疗保险实际参保人数 36684 人，其中代缴脱贫户 5796 人，参保率 100%，提前完成目标任务的 100.58%，参保率和增长率位居全州第一、全省前列。

【参保资助】　为衔接乡村振兴战略，完善防范因病致贫返贫长效机制，助力全县乡村振兴战略实施，对“五类人员”进行参保资助。其中，特困户 259 人，资助金额 81326 元；孤儿 2 人，资助 628 元；农村低保 3605 人，资助 1131970 元；城镇低保 398 人，资助 124972 元；精准扶贫脱贫户 5764 人，资助 1809896 元；重残 481 人，资助 151034 元。

【打击欺诈骗保】　联合卫健、公安、市场监管、审计、财政部门制定 2021 年度打击欺诈骗保联席会议制度，将打击欺诈骗保专

2021 年 12 月 23 日，河南县 2022 年度城乡居民医疗保险征缴工作动员会召开

项行动同整治群众身边不正之风结合起来，严厉打击全县参保干部职工违规使用医保基金、死亡冒领个人账户以及定点医药机构虚构医药服务、违规诊疗、串换药品耗材，刷卡出售日化用品、套现、挂名住院、哄抬药价等违法违规行为，追回违规医保基金，全力守护参保群众的“救命钱”。追回分解住院违规医保基金共计1.36万元，追回“死亡冒领”违规基金3.65万元，追回医保基金账户利息未按规定执行金额共计22.08万元。

【疫情防控检测项目费用调整】 在持续强化新冠肺炎疫情常态化防控工作的同时，为更加有效应对疫情形势变化，以减轻各族群众医疗费用负担为主要目标，及时调查收集民意反映，结合全县疫情防控及医用耗材采购使用情况，动态调整检测项目费用。8月23日，将新型冠状病毒病原体核糖核酸扩增定性检测项目价格由80元/人降低至60元/人（含检测试剂），新型冠状病毒抗体检测项目价格由40元/人降低至30元/人（含检测试剂）；11月26日，再次降低核酸检测项目价格，单检降低至40元/人，采用10人混检和5人混检方式的统一降低至10元/人。

【定点医药机构扩面】 为方便群众就近就医，组织专家对全县有加入医保定点意愿的非定点医药机构开展现场评估，研判决定纳入河南县亘攀蒙藏医院、河南县蒙术藏堂诊所等4家符合条件的医药机构并公示，范围延伸至柯生乡。

【医保信息化服务】 根据医疗保障信息编码赋码标准，为全县定点医药机构以及医师、药师、护士设置全国唯一编码，为开启医保信息化建设“码时代”提供数据支撑。4月，青海省医疗保障信息系统上线运行，同时开启异地就医普通门诊医疗费用跨省直接结算业务，为广大参保人员提供更加便利的就医环境。为广泛推行“掌上医保”，到各乡镇村开展宣传活动，为牧民群众安装并现场演示青海医保App以及电子医保凭证使用方法，将医保政策查询、个人信息查询、药品目录查询、参保缴费、自助办理异地就医、家庭共济账户等医保服务“装进口袋”。

【医保“放管服”改革】 全面取消参保职工门诊特殊病慢性病申报15个工作日审核期、2~3家医疗机构定点限制、医保经办机构办证等环节。全面开通城镇职工门诊、购药费用跨省直接结算，有效解决参保人员跑腿垫资等问题。

【药品采购管理】 按季度对公立医院采购制度、配送渠道、采购流程、检查项目和医用耗材施治是否合理等内容开展考核，指导、督促县内医疗机构做好国家组织药品、非乙类医用设备、高值耗材和检验试剂等集中招采工作。加强各医疗机构药品、耗材和医疗服务价格的维护和监管，督促医疗机构对“两病”药品的采购、回款和使用，确保参保患者及时享受降价“红利”。

【政策宣传】 围绕“全民参保、依法享保”、《医疗保障基金使用监督管理条例》等内容，开展为期1个月的“集中宣传月”活动，聚焦人民群众最关心、最现实的医保领域问题，在全县开展医保

2021年11月19日，县医保局开展医保政策集中宣传活动

政策宣传活动，努力增强人民群众参保意识和法治意识，营造全社会关注并自觉维护医疗保障基金安全的氛围。

【业务知识培训】 为全面提升县医疗机构医护人员政策水平和业务实操能力，推进医疗保障各项政策落地见效，更好地为广大参保群众提升优质高效便捷的医疗保障服务，7月1—2日，结合党史学习教育“我为群众办实事”实践活动，组织召开河南县、泽库县定点医药机构业务能力提升专项培训班，并邀请青海省医保信息建设工程师围绕药品耗材零售、普通门诊住院、慢性病、特殊病、“两病”门诊用药、异地就医等刷卡业务以及医保财务系统基金结算风险防范措施进行深入讲解以及操作练习和剖析典型案例，传递最新的医保信息系统知识和相关医保政策解读。

气象服务保障

【气象预报预警】 按照省、州气象部门安排部署下，制定河南县灾害性天气监测技术标准，联防联报制度；学习“青海省气象灾害预警信号及防御指南”、“省突”平台、“气象防灾减灾业务平台”、“县级综合观测业务平台”、“MICAPS系统”等操作技能；收集整理党政领导、敏感行业、农牧业合作社及气象信息员信息，更新预警信号接收人员名录库；建立交通恶劣天气服务应急群、农牧业合作社气象服务群、寺院气象服务群、养殖大户群及气象信息员服务群等传递气象预报预警信号工作群；制作并发布电视天气预报节目；制作发布“12121”手机短信等，拓展天气预报预警信号发布渠道。天气预报预警信号覆盖率95%以上，正确率100%，准确率90%。值班期间，业务人员遵守值班值守制度，24小时内密切监视天气演变，查看卫星云图、雷达图及天气实况等气象要素数据，主动跟州台做好天气联防联报及会商工作。发布灾害性天气预警信号，并将预警信号精细到乡镇，全年发布预警信号76期。

2021年，河南县气象局综合业务办公室

【信息与装备保障】 根据省、州气象局安排部署，优化站网布局，新增天气现象视频智能观测仪、蒸发自动观测仪等自动化设备，完善地面观测自动化业务运行、应急观测管理等规章制度和效益评估。持续开展气象观测质量管理体系，实现质量管理体系全面认证和业务运行。加强数据质量控制管理，做好综合观测业务软件升级、数据质量控制、应用和日常维护，确保气象观测数据可用率达99%。加强信息技术在气象服务中的应用，通过微信工作群（5个）、“12121”手机短信、“省突”平台、应急广播及电视天气预报等多种渠道发布12小时天气预报、灾害性天气预警信号及短时临近预报等信息。

【气象服务】 重新修订气象服务方案，制作气象服务流程，做到监测精密、预报精准、服务精细。成立以主要负责人为组长的“汛期气象服务领导小组”和以业务负责人为组长的“汛期气象服务自查小组”，对汛前工作对照检查，及时发现问题，予以解决。年内发布决策气象服务8期、月趋势预报12期、旬趋势预报36期、旅游气象专报服务3期、重大社会活动专题气象服务13期、重要天气报告25期、灾害性天气预警信号72期、雨（雪）情信息69期、积雪遥感服务15期、灾情公报12期、降雪评估报告8期、疫情专报26期、应急响应专报17期、有机畜牧业专题预报12期等。得到主管县长批示6份。

【气象科技保障】　通过学历教育和毕业生引进，提高本科人员和大气科学相关专业比例。重视业务学习，年内2人取得综合观测岗位资格证。推荐申报优秀人才，获得省级优秀共产党员1人、州级先进个人1人、年度考核优秀3人。业务人员总结日常工作经验，发表科技论文3篇，在青海气象学会交流1篇，并获取优秀论文奖。县政府支持县气象局电视天气预报栏目经费11.9万元、气象信息服务经费10万元，并纳入地方财政预算。

【雷电防护】　履行上级部门以及县安委会的工作安排部署，针对县域内的10家易燃易爆场所开展行业全覆盖、区域无盲点的防雷监管。通过现场察看、听取责任人情况介绍、翻阅安全档案、检查防雷设施等方式，对易燃易爆场所的防雷装置安装、防雷装置定期检测、防雷安全生产台账等进行详细检查，对存在问题的场所下达整改意见书并限期整改。

【气象现代化建设】　综合业务楼新建搬迁。4月28日，完成新建综合业务楼搬迁工作，完成后各类仪器设备运行稳定，各项气象数据传输正常，新综合观测业务平台配备新的计算机、业务操作平台等设施。

2021年6月11日，河南县生态大数据平台建设工作研讨会召开

生态气象大数据建设。6月11日，河南县生态大数据平台建设工作研讨会在青海省气象局气象科学研究所召开，河南县人民政府副县长德却到会进行指导，蒙草集团负责人、技术指导、黄南州气象局、河南县气象局、河南县农牧水利和科技局负责人参会。根据前期双方协定及实际需求，平台完成包括基于卫星遥感和生态气象大数据的牧草动态监测评估产品；适用于河南县草地类型的牧草产量精细化估算模型和估算数据产品；积雪深度（雪灾）评估及监测预测产品，根据遥感、地面实时动态监测和气象条件数据，结合行政区内路网分布、人口密度、牲畜数量等数据，建立积雪对牛羊采食状况的影响模型，利用GIS（地理信息系统）技术分析空间上不同行政区雪灾对畜牧业的影响预测产品；土壤水分实时监测及干旱预测产品；草原火情卫星遥感分钟级监测产品。

气象业务培训。9月2日，联合县应急管理局、农牧水利和科技局、自然资源局、生态环境局、交通局等多部门共同举办气象防灾减灾联席会议暨气象信息员培训会，主管气象副县长德却与各乡镇主管气象灾害防御工作的责任人签订2021年气象灾害防御工作责任书，县气象局局长马强与县应急管理局、生态环境局、农牧水利科技局、交通运输局及自然资源局等10家单位签订气象防灾减灾联动合作协议，并对全县气象协理员和气象信息员进行气象灾害防御知识培训，全面提升基层气象灾害防御能力；气象防灾减灾工作纳入2021年政府考核机制。

气象灾害数据普查统计。按照省、州气象部门及县委、县政府的安排部署，安排4人对大风和沙尘暴、暴雨和雪灾、雷电和冰雹、低温和干旱8种气象灾害数据进行普查统计，并上报国家气象灾害风险普查信息收集系统，完成率为100%。

气象仪器保障。对全县11个

自动气象站（包括区域站）、2个土壤水分站、1个水汽站及1个雷电监测站每月末进行现场维护保障，下站巡查设备20余次，故障响应及时率为100%，气象数据传输率及仪器设备稳定率均达到考核指标；制定网络设备应急预案、气象数据管理制度及网络机房出入库登记、网络系统巡检登记表；参加网络知识培训、应急演练等活动；对自动站数据实行双备份，气象信息化管理能力全面提升。

生态观测场建设。随着河南县社会经济发展，城镇不断扩建，该县牧业气象观测场探测环境遭到严重破坏，无法满足观测需求。8月16日，在省、州气象局及县委、县政府领导支持下选定新址，10月11日新观测场建设项目验收完毕。同时，生态观测场网围栏年年遭到人为破坏，无法正常开展观测工作。经考虑，申请实施优干宁镇阿木乎大队租赁的生态观测站搬迁到优干宁镇科技示范园区牧业气象监测站。地理坐标为北纬34°44′03″、东经101°34′01″，海拔高度3510米。每天值班员巡查本站探测环境，隔日巡查牧业气象观测场、生态观测场探测环境，月末仪器保障员巡查区域自动气象站探测环境，并将巡查情况记录到值班日志。每周一、每月1日上报周、月探测环境报告书。

应急管理

【概况】 2021年，河南县应急管理局深入贯彻落实习近平总书记、李克强总理关于安全生产、防灾减灾重要指示批示精神和党中央、国务院以及省、州委、州政府各项决策部署，牢固树立以人为本、安全发展理念，建立健全“党政同责、一岗双责、齐抓共管”的安全生产责任体系，着力构建安全隐患排查治理体系和安全预防控制体系，狠抓安全生产、森林草原防火、防灾减灾、应急能力等重点工作，切实保障人民群众生命财产安全和有效维护社会和谐稳定，生产安全事故多发易发频发势头得到强力扭转，安全形势持续稳定向好。

【安全生产监督管理】 为明确各安全生产成员单位的安全生产职责，督促各乡镇、各部门及企业落实属地管理责任、部门监管责任、企业主体责任。按照县委、县政府主要领导指示精神，县安委办主动作为，把安全生产摆在突出重要位置，狠抓安全防范措施落实。1月8日，召开全县安全生产工作会议，会上县政府与各乡镇、县安委会成员单位签订2021年度安全生产目标责任书，明确各级领导和部门的安全生产职责；3月10日，组织危化品领域主要负责人召开企业复工复产前的安全生产警示教育约谈会，并与各企业（销售店）负责人签订2021年企业安全生产目标责任书。6月17日，召开全县安全防范工作推进会议，会上对全县当前安全生产工作进行安排部署，根据会议要求制定《河南县安全生产隐患大排查大整治实施方案》，县安委会相关单位及时开展安全生产隐患大排查大整治工作。各行业部门、安委办及时组织检查力量，对道路交通、学校、寺院、施工场所、企业等开展日常监督检查，确保落实安全生产各项制度，制定完

2021年8月9日，县应急管理局联合州应急管理局对非煤矿山进行安全生产检查

善各类预案、严格规范各项操作规程、建立安全生产台账，发现问题及时提出限期整改、督办。

【安全隐患排查】 县安委会各成员单位按照“管行业必须管安全，管业务必须管安全，管生产经营必须管安全”要求，牢固树立安全生产“红线”意识和“底线”思维，突出危险化学品、非煤矿山、建筑施工、道路交通、消防火灾等重点领域，按照《河南县安全生产委员会2021年工作要点和任务清单》《河南县2021年度安全生产监管执法计划》要求，坚持企业自查、部门复查、联合检查、专家协查、综合督查并举，有计划地开展季节性、节假日、重要时段等安全专项检查。对重点行业的隐患和突出问题展开大排查，确保重点单位执法检查覆盖率、违法行为查处率达80%以上。全年未出现乱执法，错执法等现象，全县未发生较大以上生产安全事故，安全生产形势总体稳定。

【安全生产整治】 落实安全生产责任，以综合督查、重点抽查、专项检查相结合，落实“谁主管、谁负责”的要求，常态化地开展隐患排查整治工作。成立检查组23个，督导检查23次，检查生产经营单位（场所）330余家（处），排查出一般隐患130项，整改98项，整改率75%，下发责令限期整改指令书16份，停产停业整顿22家，查获非法烟花爆竹89件，约谈生产经营单17家17人。按照隐患整改要求建立隐患复查台账作为下一轮隐患排查的参考依据，对安全隐患整改情况进行跟踪检查，对隐患整改措施落实情况及时进行“回头看”，对照隐患逐条进行复查，确保整改工作不走过场。

【应急演练培训】 根据省、州防震减灾领导小组关于做好地震应急综合演练相关要求，修订完善河南县《突发事件总体应急预案》《重大自然灾害应急预案》等专项预案，督促各乡镇、各单位修订完善专项应急预案和部门应急预案。全年举行防震减灾、草原防火、疫情防控、山洪灾害等综合应急演练4场，指导企业应急演练8场，组建410名应急救援队伍，在县城、乡镇建成应急避难场所14处。为有效提升全县领导干部应急管理能力和安全生产防范意识，举办专题学习培训班，邀请专家讲座，深入基层、企业、群众开展学习培训，举办各类培训班3期。

【应急值班】 根据省、州应急管理部门值班值守相关文件要求，结合实际，及时妥善应对各种重要紧急情况，对值班工作进行研究安排，提高突发事件应对处置效率。执行24小时专人值班和领导干部在岗带班、外出报备制度。突出抓好节假日期间、重要时间节点以及低温降雪天气的安全监管和应急值守工作。健全紧急重要信息报送和应急值守联动机制，发生突发事件后，立即电话报告州应急局、县委、县政府信息室，并进行书面报告，确保应急处置反应迅速、措施有力、联络畅通。

【物资储备】 全县2所物资储备库储备防御物资棉帐篷439顶、棉被894床、棉被褥894床、棉大衣1734件、手电筒256个、发电机20台、蒸锅160个、睡袋790个、折叠床780张、雨衣200件、雨靴400双、棉靴174双，棉衣裤1050套、毛皮鞋809双、防寒服633件等，储备各类应急物资109类21177件（套），与全县2家运输、粮油企业签订应急物资保障战略合作协议。健全实物和代储相结合的物资储备机制，争取中央救灾资金135万元。为进一步充足应急物资储备和消防救援装备，采购价值108.3万元的应急救援物资棉帐篷、棉被褥、机动泵、液压剪扩器、液压扩张器、液压撑顶器等应急物资和救援装备。

【安全宣传教育】 创新安全法治宣传教育载体和方式，特别加大危险化学品、道路交通、建筑施工、消防等领域的安全法律法规宣传，让安全生产理念、知识和法律法规进企业、进工地、进学校、进乡村、进社区、进家庭，努力营造社会关注安全、重视安全的良好舆论氛围。为进一步提升公众安全意识，组织开展“安全生产月”“安全生产万里行”“‘119’消防宣传月”“安全生产法宣传周”“全国交通安全日”等主题宣传活动。利用电视台、门户网站、“美丽河南”微信公众平台、微信、微博等新媒体开展宣传活动，将安全生产、新《中华人民共和国安全生产法》精神传达到各乡镇、各相关部门和生产经营单位。

【事故查处】 全县非煤矿山、危险化学品、建筑施工、道路交通、工贸行业、生产经营性火灾等领域未发生安全生产经营性事故（未造成人员死亡），全年安全生产经营性事故死亡人数控制在州对县目标考核任务范围内（2021年州对河南县下达生产经营性控制指标2人）。

【安全考核】 建立县安委会成员单位安全生产考核制度，优化安全生产目标责任体系，修订完善安全生产目标责任书，突出工作重点，量化实化考核内容，优化考核评价体系，增强考核实效性。将安全生产考核纳入县政府和相关部门综合考核，实行警示约谈、“一票否决”等制度。按照《黄南州安全生产委员会成员单位安全生产工作考核办法》，研究制定全县安全生产工作考核办法或实施细则，并于12月中旬完成全县安全生产委员会成员单位安全生产目标考核工作。通过全县上下的共同努力，河南县完成州下达的年度各项安全生产工作目标任务，接受州安委会对县级政府安全生产考核工作。

【防灾减灾救灾】 全县先后遭受自然灾害6起，灾情涉及全县5个乡镇25个村，受灾人口233户1069人。为确保受灾群众的基本生活，按照灾情实际，对全县25户125人受灾群众发放救灾救助资金11.37万元，发放救灾面粉3025千克、大米3000千克、青油145升及帐篷、折叠床、棉被褥等救灾物资。持续强化农村住房政策性保险工作，下拨省级补助资金12万元，全县参保户3676户，参保金额73520元。

2021年11月12日，河南县森防办组织开展秋冬季全县森林草原防灭火工作督导检查

【森林草原防灭火与防汛抗旱】 调整充实森林草原防灭火、防汛抗旱协调议事机构，逐步理顺森林草原防灭火、防汛抗旱工作体制机制，发挥指挥部办公室职能作用。超前谋划部署森林草原防灭火、防汛抗旱工作，针对不同时间节点、重要时期、敏感时段，及时召开森林草原防灭火、防汛抗旱指挥部成员单位安排部署会，落实以行政首长负责制为主的森林草原防灭火、防汛抗旱责任制，签订防灭火、防汛抗旱责任书，层层压实责任，组建各村灭火和防汛队伍。加大监督检查和隐患排查力度，采取县乡两级加强督查，各乡镇、林场和地质灾害点实地检查等措施，排查火灾隐患和地质灾害隐患整治。加大宣传教育力度，组织开展防火、防汛宣传进乡镇、进村社、进林场等活动，采取上街宣传、电视、微信群等多种形式，宣传防火扑火、防汛知识。加强预警监测和应急值守，严格落实24小时值班和领导带班制度，全县未发生较大影响的火灾、水灾。

退役军人事务

【概况】 2021年，按照县委机构改革“三定”方案要求，县退役军人事务局与县民政局合署办公。县民政局局长兼任县退役军人事务局局长；根据关于建立健全退役军人服务保障体系机构设置要求，成立县退役军人服务中心，为公益一类事业单位，机构规格为副科级。核定事业编制4名，副科级领导1名。

2021 年 10 月 18 日，县退役军人事务局开展送喜报活动，把喜报送到退役军人家中

【优抚安置】 组织开展“两节”期间集中慰问送温暖活动，慰问部分困难退役军人老党员、优抚对象等。为全面准确掌握优抚对象基本情况，提高优抚对象精细化管理水平，组织开展全县优抚对象数据核查工作，核查全县残疾军人、60 周岁以上农村籍退役士兵、60 周岁以上农村籍烈士子女等优抚对象信息数据，县退役军人服务中心工作人员对年老、行动不便的部分优抚对象登门入户核查，实地走访，逐一核实优抚对象的姓名、身份证、实际居住地、是否享受低保、是否采集信息、医疗保障、是否悬挂光荣牌等各项信息。截至年底，发放优抚对象生活补贴、退役士兵自主就业一次性经济补助资金、自主择业军转干部住房补贴、义务兵家庭优待金补助资金等。建立退役军人求职需求与各单位、企业用工需求共享机制，开展“春风行动”退役军人专场招聘活动，年内为 5 名退役军人提供公益性岗位并建立就业台账。

【双拥工作】 组织召开全县双拥工作领导小组第二次全体会议、河南县退役军人事务工作会议、河南县委退役军人事务工作领导小组第二、三次全体会议。传达学习中央、省委、省政府，州委、州政府退役军人工作文件精神，审议双拥及退役军人工作相关文件，听取 2021 年度双拥、退役军人工作情况汇报，安排部署 2022 年工作。开展“军爱民、民拥军”活动，在“八一”建军节、国庆等重大节日期间，县委、县政府领导和退役军人事务局以集中和入户等方式慰问优抚对象，送去“退役军人纪念品”共计价值 7.8 万元。对县武警中队、县人武部、县消防应急救援大队进行物资慰问，共计 1.4 万元。入户走访慰问困难退役军人。开展中国共产党成立 100 周年慰问活动，慰问 60 岁以上农村籍退役军人 13 名，并发放米、面、油等物品。慰问县武警中队退役人员，发放纪念品共计价值 7200 元。结合党史学习教育“我为群众办实事”实践活动，为本地户籍且经退役军人事务部门信息采集在册的退役军人办理“免费公交卡”，持该公交卡可乘坐县城公交和城乡公交。

【烈士公祭】 清明节前夕，组织全县行政事业单位干部职工及学校学生在县烈士陵园开展“缅怀革命先烈、弘扬民族精神、铭记百年党史”主题清明祭英烈活动。县四大领导班子领导干部、县直各机关企事业单位干部职工、县城中小学生、公安干警、烈属

2021 年 8 月 18 日，河南县公交公司举行退役军人、残疾人免费公交卡发放仪式

代表、退役军人代表、群众代表1000余人参加活动。9月30日，组织开展“缅怀先烈，致敬英雄”公祭活动。在家的县级、副县级领导干部、县直各机关、企事业单位干部职工、各小学以及武警中队官兵等参加烈士纪念日公祭活动。

消防救援

【概况】 2021年，河南县消防救援大队获得“2019—2020年度青海省青年文明号”称号；消防站党支部获得“全州消防救援队伍先进基层党组织”称号，团支部获得州级“五四红旗团支部”称号，大队主要干部分别当选河南县“人大代表”“政协委员”，9名指战员获得不同层级个人奖励。

【思想政治】 大队坚持以基层党组织规范化试点创建为抓手，严格“三会一课”制度，创新建立“一阵地”（党员教育活动阵地）、“一模式”（思政课教育新模式）、“四机制”（AB角互补机制、党建互联互通机制、党员领学机制、信息台账共享机制）党建工作法，推进“践行训词精神、破解四个课题”学习讨论月活动、“牢记领袖训词 永做忠诚卫士”主题教育和党史学习教育，中共十九届六中全会专题学习有序开展。落实总队“1133”思想政治教育法，创新开办“火焰蓝 朗读者”思想政治教育品牌课堂，提升指战员自主学习意识。开展“我为群众办实事”活动，建立动态清单，开展看望慰问孤寡老人、“蓝焰助学捐款”、为辖区企业送水、办理“蒙旗蓝焰”公交卡等活动。以规范“四个秩序”为主线，按照“两严两准”标准抓建队伍，开展队列训练、风纪检查、理论测试、知识竞赛、拍摄情景剧、警示教育大家谈及案例警示教育等活动。

2021年5月21日，县消防救援大队被评为“2019—2020年度青海省青年文明号”

【应急救援】 落实党委议训研训制度，坚持用“干部带训、骨干研训、比武促训、奖惩激训”树立鲜明练兵导向，确保训练制度有效落实。年内，完成400多个训练课时，参训率达95%以上，开展岗位练兵集中学习22次，重点单位熟悉演练70余次，水源普查3次，重新修订大队（消防站）二级类型和对象预案32份。组织开展河南县地震救援拉动和灭火救援综合演练，先后选派9人次参与各层级业务培训。贯彻落实《应急救援作战指挥体系建设指导意见》，逐步优化整合人员力量和装备配备，在分析研判河南县灾害事故类型和风险隐患的基础上，明确人员构成、配备专业装备、固化战斗编成，开展专业理论学习、应用体能达标、合成操法训练，加快大队应急救援作战指挥体系建设进度。全年受理灭火及抢险救援23起，其中火灾11起、抢险救援6起、社会救助6起。完成中国共产党成立100周年、两会期间、河南县“那达慕”大会等消防安保任务。

【火灾防控】 始终把维护消防安全作为第一使命，县政府先后4次召开会议研究部署消防工作，县委书记司吉昇专题听取消防队伍改制转隶三周年报告，并做出批示。突出抓好重点区域、重点行业、重点时段、重点单位的消防监督管理，采取联合检查、召开约谈会、专项整治、消防安全培训和灭火疏散演练等措施，不断完善火灾防控长效机制。利用

“消防宣传公益街”成为消防宣传教育的新亮点、新阵地

广播、电视、楼宇视频等宣传媒介和微博、微信平台等载体加大消防安全警示提醒力度，发动消防宣传大使、村警、网格员、驻村干部“四支力量”，开展消防宣传教育。推进“119”消防宣传月活动，建成全州首家“消防主题公益示范街”。

【后勤保障】　推进消防经费和基础设施保障能力建设，大队体训馆附属设施建设项目和室外训练塔建设项目全部竣工。年内还完成了营房库室，营区道路、围墙维护修缮，场地平整、屋面防水、营区绿化等基础建设工作。

宗教事务管理

【佛协工作】　2021 年，在县佛教协会的指导下，各寺院民管会坚持少而精、易执行、能管用的原则，结合寺院教义教规，修改和完善全县 4 座寺院内部 13 项规章制度（包括寺规僧约、僧侣学习法律法规和政策学习制度，活佛讲法制度，寺院矛盾纠纷排查调处制度等），实现“寺寺制度上墙、僧侣遵守制度、规章与时更新”的工作目标。以“六进”活动为契机，开展寺院法治宣传月活动，学习宣传《中华人民共和国宪法》《中华人民共和国国旗法》等法律法规，将宗教活动场所升国旗作为对广大宗教教职人员时刻进行爱国主义教育的重要方式之一，执行升降国旗制度，保护和尊重国旗，自觉维护国旗尊严，同时举办寺院民管会班子成员及驻寺干部政策法规业务培训班，参加人数达 50 余人次。组织宗教教职人员参加黄南州第七届佛教论坛暨第三届佛教界“民族团结杯”书法展活动，河南县 2 名宗教教职人员的参赛论文和书法作品获全州一等奖。

【宗教活动场所规范化建设】　制定《县级领导干部联系宗教界人士联谊交友制度》，建立《统战民宗负责人、寺管干部、活佛、民管会成员与宗教教职人员的联系制度》，统战民宗负责人、寺管干部、活佛、民管会成员 53 人联系 478 名宗教教职人员。联合消防支队进入各寺院进行安全生产大检查大整改大演练活动，采用“先培训，后示范，再实操”的演练形式，组织寺院民管会及僧侣参与消防安全实战演练活动。召开藏传佛教寺院财税监管工作会议，同时集中培训学习《藏传佛教寺庙会计核算办法》《宗教活动场所财务监督管理办法（试行）》等相关法律法规。按照“守法遵法、严明戒律、规范管理”“正面教育为主，清理清退为辅”的工作原则，严守寺规戒律，强化教风建设，引导藏传佛教与社会主义社会相适应，切实把“主体在县，延伸到乡，落实到村，规范到点”基层宗教事务管理责任落实到“教风建设年”活动的全过程。以“洁净美”专项整治行动为契机，定期组织僧侣对寺院道路两旁、河道两岸、殿堂僧舍前后、院墙角落、煨桑台及寺院周边地区“隆达”抛撒和悬挂经幡区域进行清理，实现寺院环境由“脏乱差”向“洁净美”的转变。

【寺管干部队伍建设】　县委进行研究谋划，在全州率先设立寺院服务管理中心，成立各寺院寺管干部党支部，配齐 26 名寺管干部，健全支部各项规章制度，以党建引领推动寺院管理工作。

乡 镇

优干宁镇

【概况】　优干宁镇位于河南县西北部，东与甘肃省甘南州夏河县科才镇为邻，南、西与宁木特镇相连，北与黄南州泽库县泽曲镇、恰科日乡接壤，是河南县政府所在地，区域面积2242.52平方千米。地理坐标为北纬34°44′8.84″、东经101°35′51.89″，东西长67千米，南北宽53千米，平均海拔3520米，属纯牧业镇。2021年底，全镇人口4370户13971人，蒙古族占常住人口的99%。优干宁镇畜牧业以饲养牲畜为主，草场面积14.02万公顷，辖10个行政村（阿木乎、吉仁、泽雄、德日隆、参美、智后茂、多特、南旗、秀甲、荷日恒）、4个社区（延巴、江源、河曲、赛日旦），有2所小学和1所藏传佛教寺院。全镇核定编制共计35名，其中行政编24名、事业编11名（农牧业技术服务站4名事业编制由县农牧水利和科技局统一管理）。实有干部职工94人（含调训及借调人员12人），其中公务员26人、事业15人（农牧业技术服务指导站人员由该镇管理）、临聘人员53名。全镇有基层党支部15个，其中机关党支部1个、村党支部10个、社区党支部4个。有党员414名，其中牧民党员376名、机关党员38名。

【经济发展】　2021年，全镇人均可支配收入为15433元。有各类牲畜存栏14.12万头只，出栏率52.8%，商品率48.08%，母畜比例58.6%。全镇村集体产业有12个，经济收入100万元以上的有1个村，50万元以上的有1个村，20万～50万元的有3个村，10万～20万元的有4个村，5万～10万元的有1个村，涉及牲畜养殖、商铺出租、牧家乐等方面，其中5个非贫困村村集体经济收益开发公益性岗位15个。

【疫情防控】　始终把人民生命安全和身体健康放在第一位，成立疫情防控指挥部、领导小组，按照中央、省委、州委、县委安排部署，发挥各村动员能力，统筹全镇做好疫情防控工作，对上级发出的重点地区和重点人群管控全方位排查并将管控责任具体落实到人。根据县疫情防控指挥部办公室《关于河南县疫情防控检查点设置和运行实施方案》，镇党委政府积极行动，召开疫情防控安排部署会，安排泽雄村“两委”成员在与泽库县多禾茂乡交界处设置疫情防控监测卡点，并制作疫情防控自查二维码牌，放置在政府门口处及监测点卡点处，按照县疫情防控指挥部统一部署，开展返县人员的排查和居家隔离工作，累计居家隔离59人。加大疫苗接种宣传，动员群众参与疫苗接种，按期完成新冠疫苗接种任务。

【乡村振兴】　严格落实“四不摘”要求，保持现有帮扶政策、资金支持、帮扶力量总体稳定，重新选配驻村“第一书记”、工作队成员到村开展工作。制定《优干宁镇干部职工联户包村工作方案》，镇89名干部联户3141户，工作中进一步完善防贫动态监测和帮扶机制，核查边缘户和监测户外出务工情况，并录入国扶办系统。加大就业技能培训力度，鼓励企业和村合作社吸纳建档立卡脱贫户有劳动力人员就业，完善扶贫产业项目信息，完成国扶办系统信息录入。加强易地搬迁后续扶持，完善搬迁群众利益联结机制。完善基础配套设施和公共服务，征求易地扶贫搬迁后续帮扶政策诉求情况，并上报县乡村振兴局。开展建档立卡脱贫户“雨露计划”大学生补助工作，申报完成大学生75人。落实试点村项目建设，确定阿木乎乡村旅游重点村、荷日恒乡村振兴示范村2个试点村建设项目。截至2021年底，全镇建档立卡贫困户396户1538人，易地搬迁总户数249户，其中县城集中安置户177户、县城分散安置27户、村内安置45户。建档立卡残疾人数91人，整户无劳动力人数19户37人。建档立卡公益性岗位林业管护员172人，草原管护员60人，信息员6人，清洁工3人，环卫工6人，5个贫困村光伏扶贫产业安排公益性岗位158人。

【社会民生】　全年审批临时救助1904户5428人，救助总资金820.2万元。城乡低保方面，全镇享受低保782户2191人，总发放金额97.48万元。开展脱贫监测户救助，脱贫监测户43户133人（脱贫不稳定户19户、边缘易致贫户24户），其中低保户29户、已享受临时救助43户。特困供养方面，全镇特困供养129户129人，其中分散供养16户16人、集中供养（社区）113户113人，发放资金21.93万元。高龄老人方面，全镇享受高龄补贴人员有361人，发放总金额23.84万元。开展事实上无人抚养儿童、孤儿、困境儿童的排查认定救助工作，全镇有困境儿童67人（新增52人），总发放金额7.49万元；事实无人抚养儿童79人（新增12人），总发放金额4.57万元；孤儿1人（已消除），总发放金额5760元。低收入家庭方面，全镇低收入家庭有623户2342人，支出型家庭录入并认定完成257户1075人。开展残疾人救助，有残疾人323人，发放生活补贴45.48万元。医保社保方面，社保参保人数4093人，社保收缴82.37万元，医保参保9053人，医保收缴284.23万元。计划生育方面，全镇已婚妇女1918人，育龄妇女2765人，全部完成“两癌”“三查”工作；全年新生儿47人。

【安全生产】　年初召开全镇安全生产（应急管理）工作会议，成立工作领导小组，设立办公室，与各行政村、社区、镇属各站所层层签订目标责任书，制定方案和预案。开展日常值守应急和信息汇总工作，坚持实行由领导班子成员带班，完善24小时领导带班的值班、值宿工作机制，严格执行重大事项报告制度，落实突发公共事件信息接收、采集和报送工作制度。利用微信、优干宁镇党建等宣传平台，结合全国第19个“安全生产月”，组织镇司法所、派出所等站所干部职工上街宣传，宣传活动中发放安全宣传手册500余份，设立横幅标语10余条。联合县直相关部门到辖区各小区、市场等重点场所检查指导，结合《河南县重点领域问题大排查大整治专项活动督查情况汇报》《河南县重点领域问题大排查大整治专项活动反馈问题整改工作方案的通知》文件精神，到各村（社区）全面排查。完成全国自然灾害普查前期阶段性普查任务，召开2021—2022年森林草原防灭火工作，全面部署全镇森林草原防灭火工作。

【民族团结】　关心关爱特殊群体，在“两节”期间开展走访慰问活动，集中慰问贫困户、老党员和卸任村干部，助力生活困难的牧民群众渡过难关。开展民族团结进步宣传月活动，成立工作领导小组，召开专题会议，制定《优干宁镇民族团结进步宣传月实施方案》，在成吉思汗广场、县域主干道、沿街商铺等人员密集区域通过设立咨询点、发放宣传资料、悬挂横幅等形式开展“共同团结奋斗·共同繁荣发展”“喜迎中秋·欢度国庆”为主题的民族团结宣传活动，宣传党的民族政策、法律法规和民族团结基本知识，活动现场发放有关民族团结、社会治理等宣传资料共计300余份，吸引牧民群众400余人。

【寺院管理】　为确保拉卡寺的消防安全，配合县直行业部门定期对拉卡寺开展专项安全生产检查，结合拉卡寺实际制定《拉卡寺宗教活动场所火灾防控工作实施方案》，加强消防安全宣传，做好防火防汛工作。按照管理与服务并举的要求，协同寺院管委会推动寺院基础设施和公共服务建设，协调有关部门先后实施拉卡寺僧舍危房改造、人饮、食堂、公厕、电网、道路等基础设施建设项目。在寺院管委会直接管理寺院的基础上，明确规定镇1名党委委员、副镇长负责民族宗教工作，并落实2名专职寺管干部负责寺院管理，将党和政府的方针政策传达给宗教界人士。同时，结合寺院传统寺规戒律和各项规章制度，修订完善寺院各项管理制度，并将制度上墙。

【社会治理】　开展基层社会综合治理工作，制订完善《优干宁镇维稳应急预案》《优干宁镇拉卡寺维稳应急预案》，成立维稳工作领导小组和应急处队伍。在镇、村两级加强由干警、村警、人民联防队伍组建的巡防力量，全镇11个联防队开展巡逻，管控主要街道、重点场所，提高街面见警率。结合"大走访、大调研、大排查""中央一号"文件宣讲等活动，开展各类矛盾纠纷排查。加强社区服刑人员监管和刑满释放人员安置帮教工作。前往夏河县科才镇召开睦邻友好乡镇座谈会，以生态环境保护、边界纠纷、法会安保等问题为导向，从源头上预防和减少边界矛盾纠纷，实现边界地区持续安全稳定。建立完善情报信息员报告机制，完善联系机制、宗教佛事活动目录等。完成省委督查组赴荷日恒村检查指导工作。根据县委、县政府的工作部署，将矛盾纠纷调解工作作为改善干群关系的突破口，先后协调解决县级"那达慕"赛马场矛盾纠纷工作，最终牧户同意将牧场租给县政府，确保县级"那达慕"如期召开。协调解决擦玛沟水源地矛盾纠纷；协助县生态环境部门，做好县生态环境局在荷日恒村牧民草场上新建污水处理厂纠纷问题，最终协商达成一致，签订草地补偿协议。

【环境保护】　结合县、乡镇"那达慕"大会，通过悬挂宣传横幅，发放《中华人民共和国环境保护法》等法律法规手册和宣传单，学习中央、省委、州委、县委关于生态文明建设相关文件和会议精神，增强党员干部及牧民群众环境保护意识，营造全民保护生态环境的氛围。落实"河湖长制"制度，召开河长制工作落实专题会2次，按照"绿水青山就是金山银山"的生态理念，组织人员结合镇周会及各村主题党日活动、党员大会、村民大会等方式，加大宣传生态环境保护及河流保护相关政策制度，经常性督促各村河长开展防汛、河道治理、人居环境整治、巡河等工作，对各村水源地污染、河道流域生态环境现状及洪灾易发地等情况排查摸底并治理河道流域，全年开展巡河40余次，整治河流流域环境卫生50余次。根据前期同甘肃省夏河县科才镇签订的协议，为尽快完成克其合滩草原生态修复治理工作，在县委、县政府的支持下，争取到3500万元的草原生态治理修复项目，动员克其合滩共用草场的6个行政村牧民共1000余人开展草原治理恢复工作，完成冬、春季灭鼠、草原生态恢复种草及地下鼠灭鼠工作。

【基层党建】　落实党委理论学习中心组学习制度、周例会学习制度，制定"优干宁镇2021年度镇党委中心组学习计划表""周会学习安排表"，通过周会、党委专题会议、主题党日活动等方式，开展干部理论学习，按照计划完成各项学习任务。深化"不忘初心、牢记使命"主题教育成果，开展"牢记殷切嘱托、忠诚干净担当、喜迎建党百年"党史学习教育。加强党性教育，利用"学习强国""青海干部网络学院""黄南先锋党建"和红色教育基地等开展党员干部政治理论学习和党性教育、警示教育。结合换届选举工作，机关党支部、村（社区）党支部依次开展"守初心、担使命、讲规矩、严纪律"主题党日活动。在"七一"中国共产党成立100周年之际，组织全镇"光荣在党50年"和贫困党员、老党员开展集中慰问活动，为"光荣在党50年"8名老党员颁发纪念章，为34名贫困党员和老党员发放纪念品及慰问金，共计慰问品34份，慰问金3.4万元。为喜迎中国共产党成立100周年，开展党员活动室"提标升级"工作，秀甲村、南旗村党员活动室主体修建完成，其余活动室有关实施项目基本完成。先后组织12名党代表参加中国共产党河南县第十五次代表大会第一次会议，组织14名政协委员参加中国人民政治协商会议河南县第十四届委员会第一次会议，完成会议各项议程。完成果洛州、玉树市、尖扎县等地基层党建工作观摩团在该镇机关及荷日恒村的观摩工作。全年发展入党积极分子52人，27名发展对象如期转为预备党员，如期转正6人。开展公务员平时考核试点工作，促使一般公务员在状态、敢担当、善作为。为检验学习成果，全镇开展以“学习强国”“法宣在线”“科普中国”“黄南先锋”等学习平台为主体的评比工作，表彰154人。围绕中国共产党成立100周年，在党员干部中开展党史学习教育和“永远跟党走”群众性主题宣传教育，统一思想，凝聚共识，教育引导党员干部群众感党恩、听党话、跟党走。

【意识形态工作】 坚持以习近平新时代中国特色社会主义思想为指导，全面学习中共十九大、十九届历次全会精神，省、州、县委全会精神，尤其是学习习近平主席考察青海时讲话精神、“七一”讲话精神，强化党员干部理论武装，切实增强“四个意识”、坚定“四个自信”、做到“两个维护”。召开优干宁镇宣传思想文化工作暨精神文明建设工作安排部署会，安排部署2021年意识形态工作目标任务，与各村（社区）、镇属各站所、学校、拉卡寺管理委员会签订意识形态工作目标责任书。将意识形态工作同镇经济发展工作同安排、同部署，纳入干部年终绩效考核内容，作为评优表彰的重要标准。严格管理全镇各类工作群、微信公众号，全面落实舆情管理工作，引导全镇干部群众不信谣、不传谣、不造谣。开创建设五级文明河南好人奖。

【党史学习教育】 召开党史学习教育动员大会，成立党史学习教育工作领导小组，制定并印发工作方案。组织镇机关党员观看《建党伟业》《榜样》等红色影片，组织班子成员上党课、赴西路军革命烈士纪念馆学习等系列活动，组织党员干部开展党史学习教育“弘扬雷锋精神 倡导时代精神”主题党日活动。组织全镇干部职工准备喜迎中国共产党成立100周年文艺节目，并在全镇辖域内营造庆祝中国共产党成立100周年浓厚氛围。开展“两个半小时”集中学习会，制定印发党史学习教育应知应会手册，利用微信工作群、优干宁镇党建、“学习强国”等平台每日推送党史学习教育重要内容，并按照县党史学习教育办公室的工作要求开展专题研讨。动员各村社区“第一书记”、驻村工作队员、党员干部群众开展“我为群众办实事”志愿服务活动，制定实施方案，成立工作领导小组，为群众办实事30余件。组织机关党支部全体党员开展党史学习教育专题组织生活会，同步督促各村（社区）党支部召开专题组织生活会。专题学习中共十九届六中全会精神，通过专题研讨、提交学习心得，促使学习中共十九届六中全会精神走深、走实。动员各村驻村工作队、村（社）“两委”成员等力量，通过在主要街道悬挂横幅、张贴海报等形式，营造学习全会精神的浓厚氛围，用群众喜闻乐见的方式，在村（社）一线宣传全会精神，全镇上下迅速掀起学习中共十九届六中全会精神的热潮。

【党风廉政建设】 结合全镇实际制订党风廉政建设工作计划，召开党风廉政建设安排部署会，签订党风廉政建设责任书，明确各级领导干部的党风廉政建设职责。利用周会、党委会组织党员及领导干部学习《中国共产党纪律处分条例》《中国共产党廉洁自律准则》《党委〈党组〉落实全面从严治党主体责任规定》等党内法规条例，全镇党员干部党性观念、廉洁自律意识和遵纪守法的自觉性不断提高；组织全镇党员干部传达学习县第十四届纪律检查委员会工作报告的决议，使全镇党员干部统一思想，提高认识，层层传导党风廉政建设工作责任和压力，坚定不移推动全面从严治党。加强廉政教育，通过组织全镇干部观看警示教育片、镇党委领导讲授廉政党课等方式，达到以警促廉的目的；在镇政府院内打造廉政文化长廊，让全镇党员干部潜移默化地接受廉政文化教育，助推党风廉政建设工作走深、走实。加强“节点”教育，落实重要节假日期间作风纪律强化监督检查，做好节日值班，执行廉洁自律规定，开展廉政提醒谈话3次。强化换届纪律，宣传“十个严禁、十个一律”换届纪律，签订换届纪律承诺书。镇纪委书记集中深入开展谈心谈话，提醒、告诫、督促其严守换届纪律，带头贯彻落实换届“十严禁”纪律要求，学习《严肃换届纪律警示教育案例选编》，观看《镜鉴》等警示教育片，以案例说话，警示教育全镇干部职工，确保换届纪律人人知晓，确保换届风清气正。从严管党治党，落实主体责任，压实“一岗双责”，坚持“党委书记负总责、分管领导协助抓、支部书记具体抓”的工作制度。健全完善财务管理、请销假制度等制度，形成用制度管事管人的工作格局。开展小金库专项治理、合作社财务专项整治及群众身边腐败和不正之风等工作，成立工作领导小组，强化组织领导。

【基层人大建设】　按照县、乡两级换届选举工作相关要求，选举产生优干宁镇第五届人民代表大会正式代表55名，选举产生河南县第十五届人民代表大会正式代表33名。召开优干宁镇第五届人民代表大会第一次会议和优干宁镇代表意见建议交办会，交办建议12件。按照“十有”标准建设镇人大代表联络室，把代表联络室和人大主席办公室、人大主席团办公室、人代会会议室设在同一楼层，办公区域面积满足人大日常工作需求。根据乡镇人大建设年相关要求，闭会期间召开人大主席团会议2次，组织代表赴克其合滩调研草场恢复治理工作、赴优一完小调研师资力量及基础设施建设等。组织人大各代表小组开展“疫情防控工作，人大代表在行动”主题活动，配合镇党委开展返县人员排查等疫情防控工作，开展接访人大代表及选民活动，安排各村结合主题党日活动开展代表小组活动。镇党委对已上墙的“四项职责”“十项制度”开展“回头看”，通过学习、交流、实地察看等方式，审查已上墙的各项规章制度、管理办法。建立完善“七表”“三册”，落实人大主席团成员联系代表、代表联系群众的“双联系”登记造册，通过主席团会议及代表小组会议安排落实“双联系”活动。开设“优干宁人大”微信公众号，作为代表“线上”履职和互动的平台，改变以往单一的工作方法。

【党管武装】　把“国防教育、战备思想、人民战争、民兵的光荣传统、民兵的性质和任务、怎样当个好民兵”等内容列入镇年度学习计划中，明确党管武装工作职责，始终把武装工作与全镇经济建设和社会事业发展同重视、同部署、同落实。提升工作规范化水平，完善党政武装会议、现场办公以及学习、报告和请销假等有关制度机制，明确工作规范。完成18岁至45岁兵役登记录入工作，完成征兵工作。制定镇武装部体系化建设方案，完善软件资料，完成省、州军分区司令调研指导工作。按照基层人民武装部规范化建设达标“挂星”考评要求，先后投入5.2万余元用于

2021年6月16日，荷日恒村开展县乡人大代表换届选举

2021年6月28日，优干宁镇党政班子慰问多特村优秀老党员拉毛才让

“三室一库”建设，配齐应急、防火、防汛等器材装备，先后通过州军分区和县人武部的检查验收。

【党建带群团】　选举产生新一届村（社区）团支部委员会委员28名，其中团支部书记14名；选举妇联主席、副主席、执委共计70人，其中妇联主席14名。开展“省委、州委、县委全委会精神”“‘七一’重要讲话精神”“十九届六中全会精神”及党史学习教育等活动，在国际青年节来临之际，开展“献礼建党100周年——青春献温暖·真情燃希望”活动，并为全镇28名贫困群众送去大米、面、食用油等慰问品。完成“智慧团建”系统录入工作。为全镇121名干部发放生日蛋糕卡。加强镇村（社区）妇联管理、培训，加强妇女儿童权益法律法规宣传，发放宣传册400余份。评比各村（社区）的基层党务、团委、妇联工作，表彰优秀集体和先进个人。

宁木特镇

【概况】　宁木特镇位于县境西部，东与本县优干宁镇、托叶玛乡、多松乡接壤，南与甘肃省玛曲县相望，西与果洛州玛沁县、海南州同德县为邻，北与泽库县毗连。地理坐标为北纬34°33′、东经101°59′。东西长54.50千米，南北宽69千米，平均海拔3450米。镇政府所在地距离县城32千米，位于泽曲河下游曲格寺地区，前有泽曲河流淌，后有浪琴山环抱，背风向阳，湿润宜人，共有森林面积16.19平方千米。属纯牧业镇，草场总面积17.49万公顷。辖11个行政村、42个社，有寄宿制小学3所、幼儿园1所及经济社会发展服务中心、农牧业技术服务站、卫生院、农村商业银行、派出所、司法所、林业站、敬老院各1所（个）。全镇2488户11100人，其中夏拉村250户1098人、浪琴村70户336人、德日旦村268户1212人、赛尔永村324户1522人、梧桐村294户1405人、卫拉村311户1295人、作毛村262户1153人、宁木特村200户925人、周龙村152户708人、尕群村66户336人、苏青村281户1050人。镇内多民族聚居，蒙古族占全镇人口的97%，另有汉族、撒拉族、藏族、回族等多个民族。全镇有11个基层党支部和1个机关支部，有党员358人、预备党员35人、积极分子27人。镇政府有干部职工77人，其中行政编制18人、事业编制11人、临聘人员48人。

【疫情防控】　落实县委、县政府关于疫情防控工作的要求和部署，多次召开疫情防控暨新冠疫苗接种工作安排部署会，落实疫情防控举措。开展防控宣传工作，多次组织镇属各站（所）及11个行政村召开疫情防控工作专题会议，学习贯彻省、州、县疫情防控工作会议精神，安排部署疫情防控各项工作。调整完善疫情防控工作领导小组，细化疫情防控工作应急预案，压实疫情防控主体责任。在道路两侧、各商铺张贴健康码、行程码，录制藏语和汉语疫情防控知识、重要提示，利用应急广播、车辆移动广播等方式在全镇大街小巷播放宣传，在公众号及时转发省、州、县新冠疫情防控处置工作指挥部有关通告，确保第一时间将防疫知识传递到群众身边。开展人员摸排，组织动员村“两委”班子、村警、村医、驻村工作队、党群管理员等各方力量，按照“镇不漏村、村不漏户、户不漏人”的要求，对中高风险地区以及疫情发生地区来镇返镇人员严格摸排。在作毛村和尕群村2个主要交通路口设立疫情防控卡点，对所有过往车辆及人员第一时间进行测量体温、“双码”查验、核酸检测报告及基本信息登记。落实防疫措施，按照“供应充足、防控有效”的工作要求，开展防疫物资保障和生活物资保障工作。

2022年1月12日，宁木特镇召开作毛生态有机畜牧业合作社2021年分红大会

【畜牧业发展】 年初存栏牲畜97074头（只、匹），其中牛58354头、羊36560只、马2160匹。第三季度存栏牲畜93243头（只、匹），其中牛58006头、羊33087只、马2150匹。出栏44441头（只、匹），出栏率45.7%。其中，牛出栏21378头，出栏率36.6%；羊出栏23063只，出栏率63%。商品数39485头（只、匹），商品率40.6%。其中，牛商品数20015头，商品率34.2%；羊商品数19470只，商品率53.2%。母畜55577头（只、匹），占比57.2%。其中，牛33427头，占比57.2%；羊20912只，占比57.2%；马1238匹，占比57.3%。仔畜成活数41143头（只、匹），成活率98.7%。其中，牛21247头，成活率99.3%；羊19758只，成活率98%；马138匹，成活率93.8%。年底有各类牲畜总数为103455头（只、匹），其中牛67779头、羊33534只、马2142匹。

【乡村振兴】 落实乡村振兴战略，制定《宁木特镇乡村振兴工作实施方案》《宁木特镇产业发展思路》，成立以党委书记为组长的乡村振兴工作领导小组，设置乡村振兴工作办公室，多次召开乡村振兴工作会议进行专题安排部署。夯实乡村振兴基层基础，培养选拔一批工作能力强，群众基础好、业务水平高的人担任支部书记。把定点帮扶工作作为脱贫攻坚向乡村振兴平稳过渡的有效路径和方法，开展新阶段定点帮扶工作，选派“第一书记”11人、工作队员22人。与夏拉村联点帮扶单位有效衔接，特邀西宁市湘润医院专家团队赴夏拉村实地开展医疗帮扶活动。聚焦民生、聚力发展，下达该镇实施的浪琴村乡村振兴试点村建设项目，项目总投资600万元，项目引进带犊雪多良种母牦牛230头、雪多种公牛4头；购置微波真空烘干机、连续真空包装机等风干肉生产加工设备2套；购置组装式生态牛棚3栋，每栋生态牛棚配套组装运动场2个、注射栏2个，养殖基地配套自动清粪车1辆、自动喂料车2辆等。抓好项目包装策划，建好镇、村两级项目库，纳入镇级项目库48项，涉及基础设施、产业发展、民生保障等多个方面。建立宁木特镇2019—2020年村集体经济项目类型及发展情况台账，对资产情况和收益情况建立动态监管机制。将2016—2020年扶贫产业项目资产清查工作作为开展党史学习教育“我为群众办实事”实践活动的具体行动，对2016—2020年使用各级财政扶贫专项资金、社会扶贫资金发展等项目形成的资产进行清查，确保扶贫资金项目最大效益。为全镇412户易地搬迁户发放不动产权证，解决搬迁群众“有房无证”的后顾之忧。

【项目建设】 宁木特镇将打造高原美丽城镇建设作为落实黄河流域生态保护和社会经济高质量发展的亮点工程，投资1249万元实施宁木特镇滨河路综合改造项目，完成工程量的90%；投资979万元实施宁木特镇宁木特路环境综合整治工程，完成工程量的30%；投资864万元实施宁木特镇藏阿柔路环境综合整治工程，完成工程量的90%；投资990万元实施河南县广场（应急避难场所）建设项目，完成工程量的80%；投资1166万元实施河南县宁木特镇环境综合整治工程，已竣工。其他重点项目：投资6000万元实施优达公路一标段，完成工程量的75%，二标段已竣工；投资1003万元实施周龙村16千米硬化路，已竣工；全镇实施机井22眼；投资1789万元实施沃合德河河道治理工程；投资1500万元实施泽曲河河道治理工程；投资895万元实施水土保湿项目；投资325万元实施赛尔永村人饮水工程。

【村集体经济】 坚持“支部领航、党员带头、群众参与、集体增收”的原则，推行党支部领办合作社，全镇11个村因地制宜发展集体经济项目，培育特色产业，培育出赛尔永村蔬菜大棚、浪琴村风干牛肉加工厂、作毛村、苏青村生态有机畜牧业牧民专业合作社、夏拉村王瓦生态畜牧业合作社、冰魂饮用水厂等一批村集体经济产业发展项目。

【社会民生】 坚持城乡低保统筹发展，有低保户672户2392人，发放保障金834.4万元。针对全镇76名特困人员，努力做到应保尽保；对分散供养的55人，发放救助金90.5万元。分类做好残疾人保障工作，有残疾人414人，发放补助资金48.96万元。加强临时救助保障，救助555户1750人，发放救助金255.33万元，其中在8月对大学生临时救助143人，发放金额49.57万元。开展低收入家庭及贫困支出型家庭录入认定工作，收集档案录入系统1195户5312人，其中低收入家庭提交560户2237人、贫困支出型家庭提交423户2126人，因不符合条件而注销212户949人，核对并认定983户4363人。开展“一来一少”保障工作，对全镇435名享受高龄补贴政策老人，上半年发放金额29.01万元；对事实无人抚养儿童，从生活保障、医疗保障、教育保障、监护照料、关爱服务五大方面实施全方位保障，基本实现“幼有所育”“学有所教”“病有所医”“弱有所扶”，全镇有事实无人抚养儿童19人、困境儿童94人，对6名事实无人抚养儿童发放资助金14568元，对36名困境儿童发放资助金16200元。

【社会治理】 坚持稳定压倒一切的方针，制定完善《宁木特镇庆祝建党100周年突发事件应急预案》《矛盾纠纷排查调处工作机制》等制度；成立宁木特镇反恐应急处突队伍和应急小分队，全年召开社会治理分析研判会13次，并制定应对处置措施；加大值班值守工作力度，24小时不间断在综治中心轮守监测，确保不稳定因素早发现、早处置。开展宣传工作，联合镇派出所、镇司法所到村社通过举行宣讲会、悬挂宣传横幅、发放宣传资料等形式，普及法律法规和制度。实施联防联控，在中国共产党成立100周年、中共十九届六中全会等重大活动期间，组织联防队及派出所干警组成联防巡逻队分时段对镇区进行安全联防巡逻，摸排重点区域、重点人群，对重点人员、轻微违法人员、刑满释放人员进行全面心理疏导，定期开展思想教育。加强防汛、草原防火、工地和校园周边秩序综合治理，对存在工地安全隐患、食品安全隐患和漏洞的环节及时整改，把安全隐患消除在萌芽阶段；落实社会稳定风险评估机制，对重大项目、活动、事项逐一进行风险评估，从源头上减少和预防重大涉稳风险隐患。开展排查化解，推进新一轮影响社会稳定矛盾问题的摸排化解工作，开展“下基层大接访”活动10场次，集中调解矛盾纠纷4起，调解成功3起。规范信访工作，全镇设置举报箱12个，设立信访接待室，全年接待信访案件3起并全部稳妥处置。

密切关注社会舆论和网络安全，发挥网络评论员的作用，通过网站、论坛、微信、微博、QQ等方式回应社会关切，引导网络舆情，有效杜绝蓄意制造、传播危害国家安全有害信息的传播。

【环境保护】 贯彻“绿水青山就是金山银山”发展理念，把习近平生态文明思想、省州县生态环保工作相关会议精神等内容纳入年度学习计划，宣传环境保护法律法规，营造保护环境的宣传氛围。加大环保工作力度，把镇政府周边区域划分为四大片区，压实各片区所承担的生态环保责任。组建生态环保志愿服务队，通过开展环保志愿服务活动，引领广大群众牢固树立讲文明、树新风、勤清洁、重环保的理念。落实每月13日和26日环境卫生整治日活动，全年开展“保护母亲河”等集中专项整治活动20余次，出动人员6000余人次，出动车辆50余次。以“为群众办实事，植树育林护家乡”为主题，组织机关全体党员干部到亲王府广场开展义务植树活动，种植松树苗200余棵；每月定期开展2次环境卫生整治活动，清理道路沿线垃圾。

【基层党建】 健全基层党组织机制，指导各支部完善组织生活、“一表一册一规范”“四议两公开”制度，从严执行“三会一课”、组织生活会、民主评议党员等。完成6个村党群服务中心提标升级。排查和整顿软弱涣散基层党组织，11个村党支部党建工作一项一项“过筛子”、一个一个“号号脉”。开展镇党委和村“两委”换届工作，选出镇党委委员9人、纪委委员5人、人大主席团主席1人、镇长1人、副镇长4人。新一届乡镇领导班子成员中具有两年以上乡镇工作经历的7人，占63.64%。各村党员大会、村民代表大会经过程序，选举产生新一届党支部委员会委员22人、村民委员会22人、“一肩挑”书记11人。加强对干部职工的教育管理，推行一般公务员周纪实、月小结、季考评的平时考核法和干部职工“周会、月晒、季评、年考”管理办法。落实《党员教育管理条例》，严把发展党员入口关，认定处置违规违纪牧民党员，分批次开展党员、党员发展对象、入党积极分子集中培训4次，发展党员发展对象35人、入党积极分子27人。

【意识形态工作】 履行意识形态工作主体责任，研究部署意识形态工作。建立健全意识形态领域重大问题处置机制等9项工作机制，开展意识形态领域分析研判和专项督查。把意识形态工作作为重要工作安排部署，将其纳入镇党委理论学习中心组学习的重点内容进行学习研究。深入学习贯彻习近平总书记在中国共产党成立100周年大会上的重要讲话精神、习近平总书记到青海考察时的重要讲话精神以及省、州、县重大会议精神等内容，组织干部职工集中收听收看中央庆祝中国共产党成立100周年大会盛况直播、神舟十二号载人飞船发射实况直播等，撰写学习心得体会，共同交流学习心得，并利用“学习强国”“青海干部网络学院”等线上学习载体。通过开展党史学习教育活动，不断提高党史学习教育质量，组织全体党员参加党史学习教育集中学习会、党史学习教育研讨会，开展植树育林、支部共建、下基层大接访、党史知识进校园、观看红色电影等活动。加强意识形态分析研判，健全完善信息审查制，搭建信息互通平台，强化载体，打造舆论阵地。在政府院内，通过设立宣传栏，宣传基层党建、社会主义核心价值观、廉政法治文化建设、党风廉政建设等内容，并利用政府微信公众平台发布各项重点工作信息及其理论学习内容。

【党史学习教育】 组织召开党史学习教育动员大会，安排部署全镇党史学习教育工作。镇领导班子成员带头，到所联党支部围绕党史学习教育上专题党课11场次，并就党史学习专题宣讲10余场次，各支部制订党史学习教育学习计划，每天开展“两个半小时”集中学习会，专题学习习近平总书记系列讲话，组织观看红色电影，党员干部撰写心得体会和观后感10余篇，集中开展专题研讨会5次和党史学习教育专题组织生活会1次。推进“我为群众办实事”，组织开展镇、村两级党支部班子“新班子新气象解难题”活动，为需覆盖国家电

2021年8月25日，宁木特镇开展党史读书会活动

网671户、通水480户，维修道路290千米。开展庆祝中国共产党成立100周年活动，包括组织开展“庆祝中国共产党成立100周年职工趣味运动会”活动、“不忘初心公开课”活动、党员“亮身份、亮职责、亮承诺、做表率”活动、“心系党员·温暖同行”慰问帮扶活动、庆祝中国共产党成立100周年文艺会演等。

【党风廉政建设】　镇党委把党风廉政建设作为干部培训教育的重要内容，坚决防止“四风”反弹，通过组织观看警示教育片、参观警示教育基地、召开警示教育大会等方式，警醒全体党员干部时刻牢记入党誓言，不忘初心，恪守红线。执行“四议两公开”“三重一大”议事决策制度，健全村务监督委员会“工作台账”。聚焦“四风”抓整改，聚焦“中央八项规定实施细则”抓落实，修订完善《宁木特镇人民政府考勤制度》《财务管理制度》《村务监督委员会职责》等各项规章制度，并在实际工作中予以落实。组织召开整治违规收送礼金问题和小金库“回头看”专项行动工作动员部署会，组织开展学习教育、自查自纠和专项整治。组织全体党员领导干部召开专项行动谈心谈话会，签署拒收礼金书面承诺书，做到早提醒、早告诫、早约束。强化对全镇11个行政村的村集体经济运行情况、村务决策、村务财务公开、村级“三资”管理及宁木特镇重大工程项目建设和惠农政策措施落实的监督，对于党务、财务、政务及时公开上墙。

【精神文明建设】　把学习教育放在精神文明建设的首要位置，做到与生态环保、重点项目建设、民生事业建设、巩固脱贫攻坚成果和乡村振兴有效衔接等工作同部署、同落实。定期召开精神文明建设专题会议，对精神文明建设进行重点安排部署，提高精神文明建设实效。高标准打造新时代文明实践站1个，成立机关党员志愿服务队、宣传志愿服务队、雷锋志愿服务队、环保志愿服务队、健康志愿服务队、文化志愿服务队、人民调解志愿服务队、法律志愿服务队等8支志愿服务队伍。开展“雷锋志愿服务活动”“植树育林”“洁净美”专项环境整治等活动，提高精神文明建设的有效性和影响力，并针对不同群体及需求到养老院、村社开展文明礼仪、科普人文、生态环保、公民道德等方面的教育引导和宣传工作。在全镇范围内评选五星级文明户、文明村镇、好媳妇、好公婆等先进典型，弘扬男女平等、家庭和睦、邻里团结、遵纪守法等社会公德。

【基层人大建设】　根据“乡镇人大建设年”提升行动的主要内容和工作任务，制定《宁木特镇人大2021年人大工作要点》。增强工作力量，配齐7名镇人大主席团成员，配备2名在编干部担任镇人大工作人员。健全完善人大工作制度，规范上墙“四项职责”，建立健全“十项制度”“七表”“三册”，对人大主席团成员联系代表、代表联系群众的“双联系”登记造册。结合党史学习教育，发挥“两室一平台”作用，使之成为倾听群众心声、落实群众诉求、解决群众困难的重要平台。镇人大主席团成员指导各村“两室”建设，实现镇、村“两室一平台”建设全覆盖。建立微信代表联络群，将州、县、镇三级人大代表编组安排到联络室，有序开展代表接待选民、组织代表培训学习、视察调研等活动。

赛尔龙乡

【概况】 赛尔龙乡位于县东部地区，东邻甘肃省碌曲县，南依河南县托叶玛乡、柯生乡，西接河南县优干宁镇，北靠甘肃省夏河县，距县城64千米。平均海拔3320米。总面积为1036.07平方千米，占全县总面积的14.81%。四面环山，洮河常年不冻，气温较为温和。阿赛公路穿境而过，交通便利，是通往甘肃、四川的交通要道。辖赛尔龙村、兰龙村、尖克村、尕庆村、尕克村5个行政村及18个自然村，有寺院1座和小学1所，总人口1053户3714人，蒙古族人口占比达到99%。乡机关内设党政办、财政所、脱贫攻坚办、安办、交管站、民政所、计生办、警务室、大调解中心、经济发展办、代管中心、农业服务中心、社会事业服务中心。乡政府有干部职工56人，其中行政在编制18人、事业编制9人、临聘人员29人。经济发展中心9人，农牧业技术服务站4人。

【疫情防控】 组织召开疫情防控工作安排部署会6次、工作推进会4次、分析研判会3次，设立疫情防控赛尔龙卡点、尕秀卡点2处，开展卡点24小时轮班值守工作，严格摸排出入境人员、车辆。党支部及党员干部发挥先锋模范作用，带头开展疫情捐款行动，尕庆村党支部32名党员以缴纳“特殊党费”的形式收缴党费共计1820元，为赛尔龙卡点执勤人员送去水果、牛奶、方便面、矿泉水等物资；尖克村党支部书记、村委会主任斗拉才让向党组织交纳1万元“特殊党费”；乡妇联组织兰龙村党支部、尖克村党支部和各村妇女开展疫情捐款活动，共计捐款7000元。开展疫情防控宣传工作，印发藏语、汉语疫情防控温馨提示海报，利用微信群对各村社进行宣传；乡新时代文明实践所组织志愿者发放疫情防控传单和标语，宣传疫情防控知识；安排专车并配备音响设备，上街开展藏语、汉语不间断宣传。疫情防控宣传期间，发放宣传资料800份，宣传教育1000余人次。

2021年5月27日，中国共产党赛尔龙乡第十五次代表大会落幕

【畜牧业发展】 境内草原草场资源丰富，是河曲马、苏乎欧拉羊和雪多牦牛的故乡。草场面积10.36万公顷（占全县总面积的14.81%），其中可利用草场94566.67公顷（占全县可利用草场面积的15.77%）。全乡5个村均建有养殖场，其中尕克村（母牛）养殖场收益约3万元、赛尔龙村（母羊）养殖场产业收益17.25万元、尖克村（母牛）养殖场收益8万元、尕庆村欧拉羊养殖场收益31.4万元、兰龙村雪多牦牛养殖场冷藏室收益4万元。截至年底，各类牲畜72497头（只、匹），其中牛37527头、羊33347只、马1623匹。

【乡村振兴】 学习领会乡村振兴相关政策措施，召开巩固拓展脱贫攻坚成果与乡村振兴有效衔接工作部署会议3次、工作推进会议3次，制定《赛尔龙乡村级产业发展规划》，组织开展巩固拓展脱贫攻坚成果同乡村振兴有效衔接专题学习6次，压实各村工作队和驻村工作队工作任务。落实《赛尔龙乡巩固拓展脱贫攻坚成果全面推进乡村振兴五项行动方案》《赛尔龙乡乡村振兴包村联户工作方案》，组织干部到各村联系户家中了解熟悉情况，围绕具体措施和重要环节制定“一户一档”信息资料。推进兰龙村生态有机畜牧业专业合作社建设，以打造“兰龙雪多牦牛”为特色产业，举办2021年度第十一届“国字号”雪多牦牛优良畜种评比大赛，拍卖雪多牦牛92头。举办各类现场观摩会12场次，调研20余场次，合作社打造发展模式在全州乃至全省推广。

【项目建设】 赛尔龙乡达宗鹿场养殖项目总投资200万元，实施方案现通过专家审核，完成招投标，施工进度70%。乡政府驻地周边牧户住宅风貌改造项目由县住房和城乡建设局牵头实施，该项目主要是对周边牧户住宅墙面统一做围墙刷漆，施工牧户共350户，全部改造完成。乡政府分管领导先后到同赛“高速”项目建设地进行实地察看，对项目实施中草场占用情况、建筑物及牧民房屋占用情况先后开展实地调查工作25次，沟通衔接牧民草场占地共约66.67公顷，项目建设落成并投入使用，协调达成拆迁补偿协议的共有6户，项目所用沙料场和石料厂建设全部落实解决。各村产业项目蓄势待发，赛尔龙乡尖克村土默特水厂项目，总投资10万元，购买设备共计8万元，剩余2万元用于购买其他设备，处于水质监测阶段。

【动物疫病防治】 按照河南县2021年秋防工作部署要求，开展各种疫苗发放工作，发放牛口蹄疫O型—A型二价疫苗33件、羊口蹄疫O型疫苗17件。全乡接种疫苗牲畜达17.01万头（只），其中牛91500头、羊78600只，注射密度达到100%。秋防期间畜（棚）圈消毒5.1万平方米；参与接种人员359人。开展各类疫病的疫情普查，普查牲畜3567头（只），未发现疫情。收回疫苗空瓶2285瓶，全部实行无害化处理。

【社会民生】 为确保贫困适龄儿童全面就学，乡政府与各村村委会、学校、寺院主要负责人签订《赛尔龙乡义务教育“控辍保学”辍学生劝返复学目标责任书》7份，建立一级抓一级、层层抓落实的工作格局。截至年底，赛尔龙乡完小学生入学率100%。在社会保障方面，保障困难群众的基本生活，农村低保对象109户305人，发放保障金99.19万元。完善临时救助办法，确保受助人员基本生活和基本权益，为364户1042人发放救助资金133.19万元。为11名特困供养人员发放资金13.32万元，为11名护理人员发放资金8.16万元。

【安全生产】 本着“安全第一、预防为主、综合治理”的原则，分析研究当前安全生产形势，履行安全生产“一岗双责”机制，成立安全生产工作领导小组，重点围绕草原防火、工程建设、抗灾保畜、食品安全等方面内容召开安全生产工作会议8次。在各重要节点，组织相关人员进入各站所、学校和寺院等场所排查消防设施和开展日常管理工作，消除安全隐患。结合法治宣讲日，

2021年5月，乡新一届领导班子开展“我为群众办实事”大家访活动

重点讲解安全生产法律法规和人身安全、安全生产、安全隐患等基本知识，详细讲解生活中防灭火知识、逃生自救知识及消防灭火器使用方法等知识。

【扫黑除恶专项斗争】　开展扫黑除恶专项斗争，继续以乡党委书记为组长、各村“两委”负责人为成员的扫黑除恶专项斗争工作领导小组开展扫黑除恶专项斗争日常工作，确保工作常态化运转。开展扫黑除恶专项斗争宣讲活动，引导鼓励党员群众参与扫黑除恶专项斗争，不断净化牧区基层政治生态，开展各类宣讲6次。

【环境保护】　推行人居环境整治网格化管理模式，制定印发《赛尔龙乡牧区环境卫生提升“三年行动”实施方案》，将赛尔龙乡划为延河区、洮河源区、巴音乌拉区3个片区，加强街道周边环境卫生管理，实行“门前四包”责任制度，与街面商铺签订“门前四包”责任书。以人居环境综合整治为抓手，通过采取悬挂海报横幅、乡村大喇叭、进村入户集中宣传等方式开展生态文明宣传工作，组织开展宣传活动11次，发放藏语和汉语宣传手册300余份。每月13日、26日组织所辖村开展人居环境整治，清理道路沿线、坑洼沟渠等区域积存的垃圾、杂草。

【精神文明建设】　坚持全乡精神文明创建工作，弘扬优秀家风，逐步创建乡风文明、延续美德的文明乡镇。首先从抓政治思想道德建设入手，结合党史学习教育促进全乡党员干部和牧民群众思想道德水平的提高，及时制定学习计划，坚持“两个半小时”集中学习，定期就相关内容进行专题研讨。7月，举办以“听党话、感党恩、跟党走”为主题的赛尔龙乡中国共产党成立100周年庆典暨那达慕大会，参与人数3.7万余人。在中国共产党成立100周年的重要时刻，集中慰问80岁以上高龄老人61人，并与老人们开展谈心谈话，宣传党的政策，了解老人生活和健康状态，为老人送去党和政府的关心关爱。持续开展“五星级文明户”评选活动，按照宣传动员、评审定星、公示等程序，评选出“五星级文明户”41户。围绕乡风、家风和民风建设，规范牧民群众“道德范围内、法律底线外”的言行，推进“一核三治”基层治理模式，5个村均重新修订完善藏语和汉语版村规民约。

托叶玛乡

【概况】　托叶玛乡位于县域中部，东面、北面分别与赛尔龙乡、优干宁乡邻接，西面与多松乡、柯生乡毗连。地理坐标为北纬34°25′～34°47′、东经101°18′～101°55′。乡境长72千米、宽20千米。辖区总面积约878.08平方千米，境内多系丘陵、滩地及少量山地，地势较为平缓开阔。辖托叶玛、文群、曲海、夏吾特、宁赛、曲龙6个行政村，21个牧业合作社。有藏传佛教寺院1座（曲格寺）、学校2所（托叶玛完小、托叶玛乡中心幼儿园）以及乡卫生院、兽医站、派出所、司法所、信用社、经济社会发展服务中心。全乡总人口1337户5134人，人均纯收入为13374.85元。乡机关干部职工共有58人，核定行政编制18个（领导职数10个），事业编制6个，公益性岗位23人，财政聘用11人。有党支部7个，党员365人（其中预备党员18名）。女党员56人，占党员数的15%；机关党员44人，其中女党员21人；牧民党员321人，其中女党员35人。

【畜牧业发展】　全乡草场总面积约8.53万公顷，占全县总面积的12.27%；可利用草场面积6.29万公顷，占全县可利用草场面积的13.08%。牲畜存栏数为61610头（只、匹），其中牛44361头、羊15180只、马2069匹。商品率47.96%，出栏率53.8%，母畜比例57.51%。牧民年纯收入为13374.85元，同比增长0.04%。开展春、秋两季重大动物防疫工作，完成免疫271780头（只），免疫密度达100%。开展“月月驱虫、犬犬投药”工作，预防犬粪污染环境，牧民群众投药健康意识不断提高。开展草原灭鼠行动，举办全乡兽医工作人员培训班，累计培训30人次。完成全乡畜禽遗传资源普查工作，累计普查河

2021 年 12 月 22 日，托叶玛乡曲海村生态有机畜牧业牧民专业合作社分红大会在曲海村党群服务中心举办

曲马 2339 匹、欧拉羊 15137 只、牦牛 53386 头。

【乡村振兴】 托叶玛、宁赛和曲海 3 个村为贫困村，有贫困户 203 户、贫困人口 793 人，贫困发生率为 16%。为发挥驻村宣传作用，全乡 6 个行政村“第一书记”全部到位，通过入户走访、宣讲中央和省委一号文件，详细了解每户建档立卡户的培训需求和就业意愿，上报技能培训 25 人，截至年底全乡 121 户易地搬迁户除特殊情况 3 户外（该 3 户纳入社会救助范围），其余 118 户全部落实“一户一岗”。曲海村生态有机牧业牧民专业合作社根据村集体经济发展相关文件规定，按照村民入股比例，给全村 180 户牧户发放分红资金 33.92 万元，每股分红额度比往年提高 500 元。持续完善动态监测机制，核查脱贫户 203 户 793 人，外出务工 345 人并录入国扶办系统。识别监测户 20 户 65 人（其中脱贫不稳定户 8 户 32 人、边缘易致贫户 12 户 33 人），为 13 户提供低保兜底，为 9 户提供临时救助，为 1 户提供特困供养。推行“防贫保”，经人保公司入户排查，将 9 户纳入“防贫保”范畴并提交相关资料。开展联户帮扶工作，制定出台巩固拓展脱贫攻坚成果与乡村振兴有效衔接方案和帮扶机制，成立以乡党委书记为组长的领导小组。制定干部联户帮扶机制，全乡 84 名干部面向 1219 户开展联户帮扶，致力于开展巩固拓展脱贫攻坚同乡村振兴有效衔接期间的帮扶。乡党政班子成员每人联系监测户 2 户，不定期深入走访慰问脱贫监测户，掌握其生产生活情况，帮助谋划发展思路，拓宽增收渠道。开展易地搬迁不动产登记办理工作，全面完成托叶玛乡易地扶贫搬迁不动产权证书发放 121 户，其中分散安置 49 户、集中安置 72 户。完善项目库储备工作，根据县乡村振兴局 2022 年项目储备工作要求和该乡“十四五”规划，按照“产业兴旺、生态宜居、乡风文明、治理有效、生活富裕”的总体要求，经村申报和乡审核，储备各类项目 34 项，其中产业发展类 16 项、生态治理类 2 项、基础设施类 7 项、乡风文明类 5 项、生活富裕类 4 项，总投资 45211.22 万元。

【项目建设】 对接县委组织部，完成托叶玛村及曲海村因 6 月 15 日暴雨损坏严重的党群服务中心顶棚修缮，总投资 15 万元，已竣工通过验收。对接县交通局，完成文群村 27 千米路面维修工程，总投资 376 万元。争取宁赛村和夏吾特村的高原美丽乡村建设项目资金 340 万元，完成前期设计工作；对党群服务中心进行升级改造，完成地基建设，进入项目建设阶段。落实托叶玛村、夏吾特村、宁赛村村级道路养护资金 11 万元。衔接县交通局，争取曲海村道路（19 千米）维修资金 420 万元，完成前期设计工作。

【民政事业】 强化低保兜底，全乡低保户 229 户 851 人，分类施保 285 人，发放保障金 293.14 万元。开展特困人员救助，全乡特困供养 24 人（其中分散 24 人，享受护理补贴 18 人），累计发放资金 36.9 万元。开展临时救助，临时救助 414 户 1262 人，发放救助金 181.63 万元。完善儿童福利服务，救助困境儿童 60 人、事实无人抚养 3 人，累计发放补助金 7.53 万元。落实 70 岁以上高龄老人补贴，全年享受高龄补贴老人的共有 191 人，其中 70～79 岁 140 人、80～89 岁 48 人、100 岁以上 3 人，发放高龄补贴 12.8 万元。落实“奖励扶助”“三项制度”，奖励扶助 27 人，每人每年 1200 元，共计 3.24 万元；为 8 户少生快富家庭户均发放奖励补助金额 4000 元。提升残疾人服务水平，完善困难残疾人生活补贴和重度残疾人护理补贴制度，享受生活补贴困难残疾人 184 人，享受护理补贴重度残疾人 77 人，累计发放补贴 24.9 万元。

【社会治理】　贯彻“党政同责、一岗双责、齐抓共管、失职追责”责任制，坚持“人民至上、生命至上”原则，成立防汛减灾指挥部，与乡派出所、司法所建立联动机制，抓好森林草原防灭火工作，开展消防安全隐患排查 20 余次，深刻吸取夏吾特村因高压电线防风线匣脱落造成的火灾事故教训。推进道路交通安全，全面排查重点路段及安全隐患点的排查，加强对非法载人、车辆“带病”上路以及摩托车、电动车的管理，在重点路段安装监控点。发挥村两级综治中心（站）的作用，为全乡 22 个网格配备专（兼）职网格员 23 人，负责对全乡各村网格的信息进行录入，实现全村全覆盖，录入各类信息 4000 余条。巩固扫黑除恶专项斗争成果，持续推进矛盾纠纷多元化解工作，排查矛盾纠纷 7 起，依法调解 6 起，调解成功率 100%。

【环境保护】　践行“绿水青山就是金山银山”的理念，每月开展环境卫生整治 2 次，截至年底 6 个行政村累计开展 140 次，参与人数 2000 余人次。开展“厕所革命”相关工作，排查及摸底 370 户，上报 19 户未能修建、12 户未能正常使用的户厕并衔接行业部门开展维修工作。7 月，托叶玛乡组织干部职工、各村“两委”主要负责人、部分群众、僧侣、新时代文明实践志愿者对仙女湖景区环境卫生进行彻底清洁治理，景区面貌得到全面改善。

2021 年 12 月 14 日，托叶玛乡司法所在托叶玛村党群服务中心开展法治宣讲活动

【基层党建】　按照县委党建工作领导小组下发的总体方案，落实“六化”“六个基本”创建标准，根据乡工作人员职数，按照“因事设岗、一岗多责”方式，重新划分乡政府办公区域及人员分工，设置“三办一室两中心”，规范各项制度 26 个；按照“十有”标准打造党群服务中心，完成 6 个村的创建工程。上半年，曲海村通过“促百分百达标、迎党百年华诞”以评促建考核。完善制度建设，落实党支部“一表一册一规范”“三会一课”制度，执行组织（民主）生活会制度，召开支部大会 10 次、支委会 11 次、专题党课 4 次、主题党日活动 11 次。开展村“两委”换届，选配村“两委”干部 30 人，其中女性 6 人。其中，高中及以上文化程度 7 人，占 23.3%；初中文化程度的 23 人，占 76.7%；30 岁以下的有 9 名，占 30%；平均年龄 38.3 岁。召开乡第十四届人民代表大会，完成乡政府领导班子换届选举任务，组织提名的 5 名人员均满票当选，选出 5 名乡政府领导班子成员，平均年龄 35.4 岁。规范党员管理，落实发展党员政治审查制度、全程纪实制度和责任追究制度，开展党员集中排查工作，对“带病入党”、弄虚作假、违规入党等问题全面清查

核实，排查党员 30 名，整改不合格资料 15 份。

【意识形态工作】 将意识形态工作纳入乡党委重要事项研究部署，组织学习《意识形态工作问责办法（实行）》，加大干部职工知晓率，加强干部职工思想文化培育，经常对年轻干部谈心谈话，杜绝错误思想传播渠道。加强“学习强国”学习平台的使用率，实现积分每周一通报制度，最高积分 37000 余分。加强互联网信息服务平台、微信公众号、群聊管理，引领乡风民风建设，宣传牧民群众向上向善、孝老爱亲，开展提升全乡文明程度和群众文明素质提升行动。开展五星级文明户创建工作，全乡评选出五星级文明户 105 户。对照县文明村镇申报标准与要求，参加申报 2019—2021 年度县级文明村镇评选活动，并被评选为县级文明村镇单位。在创文宣传工作中，将志愿服务活动融入人居环境卫生整治、扶弱助残、河道治理、送教上门、矛盾纠纷排查化解、疫情防控等日常工作当中，开展志愿服务活动 120 余次，有志愿者 200 余名参加，在全乡范围内营造人人参与社会共建、人人思想风貌文明向好的局面。

【党史学习教育】 突出政治引领，以习近平新时代中国特色社会主义思想为指导，贯彻落实习近平总书记考察青海时的重要讲话精神，制订完善《党员党史学习教育计划表》，为基层党组织和党员推出“主题式”菜单，列出学习内容，指明学习方向，梳理学习要点，持续加大对中央及省委、州委、县委关于抓党员党史学习教育常态化制度化的重要指示、政策解读。注重党史学习教育成果转化，开展“我为群众办实事”系列活动，针对“五保户”生活困难问题、党群服务中心设施不齐全、老人及学生人身保险问题、暴雨导致道路及房屋冲毁问题、篮球场设备等关乎群众切身利益的问题进行调研摸排，解决群众的操心事、揪心事、烦心事 37 件。以汛期隐患排查、矛盾纠纷线索摸排、征集群众“微心愿”、书记讲党课等为主要活动载体，深入村社开展调研，其间征集群众及困难职工“微心愿”36 个，发放电磁炉 27 台、微波炉 1 台、绞肉机 8 台，落实“我为群众办实事”实践项目活动清单 37 个，落实党员岗位承诺践诺 5 个。开展庆祝中国共产党成立 100 周年各项工作，包括开展“七一”慰问表彰活动、“两优一先”及“先锋党员”评选活动，在全乡范围内评选出优秀党务工作者 2 人、优秀共产党员 3 人、先进基层党组织 1 个，评选先锋党员 59 人，慰问老党员 28 人。

【党风廉政建设】 从严从实开展监督，把党风廉政建设目标任务按乡科级干部、乡属单位负责人、村党支部书记三个层次进行细化、量化，签订目标责任书及廉政承诺书，建立“两个责任”清单，贯彻落实县纪委全会上提出的点评意见。加强对疫情防控、生态环保、保障改善民生、干部联户、换届纪律、驻村“第一书记”和工作队员在岗及到村工作情况以及各项补助资金发放情况的监督检查。破除乡纪委“零办案”，年内办理上级转办处理牧民党员违纪案件 1 件，给予 1 名党员开除党籍处分。严把政治生态风向标，建立健全科级干部廉政档案信息 10 份。开展作风整治，坚持做好节前廉政提醒、做实节中监督检查、做细节后交办处理，借助公务用车平台，规范公车使用管理；印发督办通知 9 份、通报 3 份，涉及人员 19 人；组织 43 名党员干部参加“黄南先锋”党章、党规知识网络测试活动。对新一届领导班子、村“两委”班子进行集中谈话，做到“凡提必谈”。抓实巡视巡察“回头看”反馈意见整改，乡党委班子带头落实党内政治生活制度，贯彻执行民主集中制原则和“三重一大”议事决策制度，带头执行廉洁自律要求。

多松乡

【概况】 多松乡位于县西南部，南与甘肃省玛曲县接壤，北与托叶玛乡为邻，东与柯生乡毗邻，西与宁木特镇接壤，距县政府驻地 63 千米，辖区面积 577.9 平方千米，东西长 37 千米，南北宽 25 千米。由于海拔较高，地势复杂和受季风影响，高原大陆性气候特点比较明显，属高原亚寒带湿润气候区，每年5—10月温暖、多雨，11月至次年4月寒冷、干燥、多大风天气，春秋时日短，四季不分明，无绝对无霜期。下辖多松、夏日达哇、拉让3个牧委会，有乡完全小学、乡农牧业技术服务站、乡农牧业经济社会发展服务中心、乡卫生院、乡信用社等5个事业单位及企业站所。全乡共712户2858人，以蒙古族为主，占总人口的99.9%。全乡5个党支部，其中乡机关党支部1个、村党支部3个、多松完小党支部1个。有党员109名。全乡人大代表46名，其中州级2名、县级代表6名、乡级代表46名。全乡有干部职工53人，其中行政编制（公务员）13人，正职领导3人（党委书记、乡长、人大主席），副职领导7人（党委副书记、纪委书记、组织委员、人武部部长、副乡长3名）；事业编制12人，临聘干部11人，公益性岗位17人。

【疫情防控】 面对疫情防控严峻形势，按照“外防输入”总体要求，统筹抓好疫情防控和经济社会发展，按照“六稳”“六保”工作总基调，规范落实疫情常态化防控措施，发挥党员“十带头”，召开专题部署会、推进会，制定完善应急预案，抓紧抓实抓细疫情防控重点工作任务。通过“线上+线下”形式广泛宣传疫情防控知识，引导群众“精准施策、科学防治”，全力构筑疫情防控群防群治严密防线。做好中高风险区来乡返乡人员情况摸排、登记上报及健康管理等工作，定期组织工作组督导检查乡域内商铺供给情况、餐厅和宾馆及各站所疫情防控措施落实情况。按照县委、县政府统一安排，动员干部群众接种疫苗，全乡新冠疫苗第一剂次、第二剂次、第三剂次接种人数达2043人。

【畜牧业发展】 全乡可利用草场面积53133.33公顷，多松村可利用草场面积18066.67公顷，拉让村可利用草场面积15000公顷，夏日达哇村可利用草场22400公顷。牲畜存栏59900头（只、匹），其中牛17761头、羊41753只、马386匹；牲畜出栏27132头（只、匹），其中牛10135头、羊16997只、马162匹。牛羊牲畜保险费方面，收缴保险费共计774636.3元。牛总计33518头，其中夏日达哇村11712头、多松村10956头、拉让村10850头；羊总计63449只，其中夏日达哇村18155只、多松村26089只、拉让村18614只、夏日达哇合作社591只。

【乡村振兴】 坚持以实施巩固脱贫攻坚成果与乡村振兴有效衔接战略为统领，以“产业兴旺、生态宜居、乡风文明、治理有效、生活富裕”为总目标，以社会认同度为实施依据，以群众满意度为评价标准，开展文化旅游项目、基础设施建设等方面工作。加快公共文化体系建设，完成各村文化活动室、党员活动室建设；总投资1000万元，完成夏日达哇村仙女洞旅游项目建设。完成多松村一队、二队自然村通村沙路建设，中标价约279万元。总投资177万元，完成垃圾中转站、垃圾焚烧炉建设。总投资600万元，完成夏日达哇村乡村振兴示范村建设项目，其中能繁母牛项目360万元、夏日达哇村村容村貌整治工程项目160万元、加工生产提升工程项目投资80万元。

【项目建设】 完成多松村、拉让村、夏日达哇村党员活动室建设并投入使用，其中多松村投入346万元、拉让村投入94万元、夏日达哇村投入133万元。实施“抓乡促村”提标升级示范工程项目，投入21.9万元。实施夏日达哇村乡村振兴示范试点村600万元项目，其中能繁母牛项目360万元、夏日达哇村村容村貌整治工程项目160万、加工生产提升工程项目投资80万元。实施水利项目，在贫困村投资120万元，改造水源饮水口6座、水源保护7处，管道延伸1000米，解决257户1049人的饮水问题，覆盖贫困户34户151人。

【动物疫病防治】 乡政府和乡农机服务站始终把畜牧防疫工作作为保障牧业生产稳步发展的重要保障措施，按照“预防为主”“村不漏户、户不漏畜”的工作方针和原则，通过加大防疫知识宣传、组织人员开展疫苗接种工作等措施，全力保障全乡畜牧业健康发展。据统计，全乡牲畜口蹄疫、牛出败、羊痘和羊四联疫苗注射率均达100%。健全完善牛羊注射栏设施建设，全乡有9套防疫专用设施（注射栏），其中新建带围圈固定式动物注射栏6套。按期完成全年牲畜参保指标任务，收缴保险费共计774636.3元。

【教育事业】 多松乡中心寄宿制完全小学占地22000平方米，总建筑面积7320平方米（校舍面积3900平方米、体育运动场面积3420平方米）。截至年底，学校有教学班6个，在校学生168人；学校编制数14名，实有在岗教师人数18人，其中在编教师14名；地方特岗教师1名，“三支一扶”教师2名，临聘教师1名，专任教师合格率为100%。学校设党建活动室、多媒体教室、计算机室、科学实验室、语音教室、美术教室、综合实践活动室、图书阅览室等机构。多松幼儿园占地面积1384平方米，建筑面积720平方米。全园有3间教室，教职工9人，均为临聘教师；有幼儿96人，设有大班、中班、小班3个班级。乡党委、政府通过新建锅炉房、小型足球场和修补围墙等措施，加强学校供暖及校园配套设施建设。免费向乡完小捐赠课桌椅100套，与乡寄宿制完小、幼儿园签订控辍保学协议书，对辖区残疾学生进行送教上门活动。全乡辍学学生全部返校，成功劝返率100%。

【民生保障】 坚持“以人为本，预防为主，安全第一”的工作方针，落实“党政同责、一岗双责、守土有责、失职追责”责任，开展城乡低保、特困供养、发放社会救助金、临时救助工作，开创线上评议会，确保临时救助高效、精准实施。截至年底，多松乡低保户共有118户，发放低保户资金1457166元。临时救助落实总户数250户640人，总保障人数640人，总救助金额1174140元。特困供养总人数11人，死亡1人，发放金额166914元。全乡70~90岁以上的共90人，发放资金59540元。完成全乡房屋安全隐患排查工作，共计排查558户，其中非经营性自建房为509户、经营性资金方户数为24户、非自建房户数为25户，存在问题户数为38户。至年底，存在的问题已全部消除。

【社会治理】 坚持源头预防、动态管理和应急处置相结合，落实排查、化解、稳控、处置、跟踪“五位一体”工作机制，化解各类矛盾纠纷6起。建立健全乡、村级人民调解组织4个，调整充实调解员12人。落实对全乡重点联系对象安置帮扶措施，开展民法典、宪法、扫黑除恶专项斗争为宣传重点的法治宣传活动。结合各村实际，修订完善村规民约等自治制度，实现自我管理、自我监督。加大对乡域重点区域的巡逻力度，盘查登记外来人员、游僧、可疑车辆，确保社会大局持续稳定、全面稳定、长期稳定。开展主题宣讲9次，出动宣传车辆30余次，发放各类宣传手册1.5万余册，受教育群众6000余人次。

【环境保护】 贯彻落实习近平总书记“扎扎实实推进生态环境保护”重大要求，牢固树立“绿水青山就是金山银山”发展理念，围绕州委“山水林田湖草”生态环境保护治理、黄河流域高质量

2021年，多松乡组织开展环城赛活动

发展、打造“山水黄南”等目标，把生态文明建设放在突出位置，加大生态环境整治、政策宣传和环保基础设施建设力度。集中解决生态环境突出问题，与乡、村级河长签订河长制目标管理责任书，开展日常巡查和督查工作。规划并建立垃圾中转站、垃圾焚烧炉等环保基础设施建设，实施垃圾无害化、减量化处理。组织机关干部、志愿服务队、林管员、草管员到牧户家中，宣传生态环保政策、草原法、环境保护法等法律法规和政策，并开展“保护母亲河、我们在行动”志愿服务活动和“洁净美”专项行动。截至年底，开展环境保护知识宣讲5场、环境卫生整治活动50余次，参与群众人数2000余人次。

柯生乡

【概况】 柯生乡位于县南部，东与甘肃省玛曲县接壤，南与甘肃省玛曲县欧拉秀玛乡隔黄河相望，西与本县多松乡为邻，北与本县托叶玛乡、赛尔龙乡毗连，距县城92千米。总面积1091.93平方千米。乡政府所在地海拔3425米。辖4个行政村。全乡有699户3344人，人口以蒙古族人口为主。有寄宿制学校1所、幼儿园1所、寺院1座。全乡有4个基层党支部、1个机关支部；有党员129人，其中乡机关党支部22人、牧民党员107人；乡政府工作人员65人，其中行政编制19人、事业编制8人、临聘人员18人、公益性岗位20人。全乡4个村总收入6504.51万元（同比增长2%），其中牧业收入5497.51万元、运输业收入18万元、商业收入73万元、服务业收入22万元、其他收入894万元。4个村总支出1008.37万元，同比增长1.7%；全乡净收入5401.89万元，同比增长0.2%；人均可支配收入16154元。

【畜牧业发展】 全乡草场总面积10.91万公顷，可利用草场99040公顷。截至年底，有牲畜72795头（只、匹），其中牛36742头、羊34018只、马2035匹。

【乡村振兴】 开展乡村振兴产业发展工作，成立以党政主要负责人为组长的乡村振兴工作领导小组，通过专题学习、召开工作推进会，提高政治站位，强化责任担当。落实“四个不摘”要求，调整驻村第一书记3名、工作队员6名。发挥包村联户制度优势，围绕乡村产业发展、巩固脱贫攻坚成果、推进乡村振兴发展思路等，全乡58名干部职工联户703户。落实“村申报、乡审核、县审定”程序，谋划项目41个，包括乡村基础设施、乡村公共服务、产业发展、人居环境整治、促进就业、基层社会治理等方面。坚持问题、目标和结果导向，围绕“两不愁三保障”、防返贫监测帮扶落实、各项帮扶政策落实、扶贫项目后续管理，完善6户监测户入户资料、101户脱贫户明白卡、602户非贫困户包村联户信息卡、123户低保户及15户特困户基本资料。

【项目建设】 全乡新建项目有9项。修建乡镇市政道路，总长2.91千米，投资975万元；新修次汉苏村村级公路，总长9千米，投资350万元，项目基本完工；实施道路基础设施建设，落实资金158万元修建毛曲村通村道路9.7千米，落实资金205.22万元，养护柯生村至毛曲村42.3千米道路；落实柯生村建材市场提档升级项目，投入资金500万元；落实毛曲村文化旅游示范村建设项目，投入资金250万元；实施高原美丽城镇建设项目，投入1360万元实施道路改扩建；实施牧民住房条件改善工程，投入资金528万元，惠及牧民群众288户；实施柯生村整村通大电网项目，投入资金1789.58万元，解决143户牧民群众生产用电问题；投入中央扶持资金50万元，用于次汉苏村合作社发展牦牛养殖；实施双鱼湖游客集散服务中心项目，投入资金980万元。

【社会民生】 开展困难群众救助工作，由村上初步申报审核，乡政府审批研究，临时救助291户865人，发放救助金107.03万元；特困供养老人15人，护理人员11人，发放生活补助137052元、护理补贴54400元、取暖补贴12000元。开展“控辍保学”工作，单独编班（教学点）12

2021 年 6 月 27 日，柯生乡组织慰问老党员

人，送教上门 4 人，随班就读 2 人，劝返实现就学 1 人。落实各项惠民政策，全乡低保户 122 户 447 人，发放保障金 1542524 元；残疾人 67 人，发放残疾保障金 97650 元；为 70 岁以上老人发放高龄补贴 77580 元；完成民政方面基层政权录入系统工作，统计识别低保边缘户 59 户 219 人、支出型家庭 14 户 58 人。注重平时走访慰问，利用教师节、“六一”儿童节等节日，走访慰问学校教师、学生，对 14 名贫困家庭大学生和中高等职校生助学发放补助 6.1 万元，并支持开展“红心向党喜迎百年、童心飞扬共庆华诞”等活动。落实民生保障措施，以中式烹饪、装饰装修技能为内容开展 2 期培训，完成人员培训 100 人；开展“三下乡”医疗技术服务活动。实施孕前优生健康检查，其中夫妇 35 对、“两癌”筛查 131 人、“三查” 384 人；地方病防治宣传 200 余人次，发放宣传资料 300 余份。开展抗灾保畜工作，协调县农牧局为 4 个村合作社的牧民群众发放饲草料 192 吨。

【普法宣传】 第一时间召开动员部署会，制定法治宣传方案，组织理论宣讲志愿服务队、包村领导干部、驻村工作队员、村法律顾问，利用“乡级那达慕”盛会等重要节点到寺院、学校、牧户、企业开展各类法律服务及法治宣传活动，着重宣讲《中华人民共和国宪法》《宗教事务条例》《中华人民共和国未成年人保护法》《中华人民共和国预防未成年人犯罪法》《中华人民共和国民法典》等内容。根据群众法律诉求，普及《中华人民共和国草原法》《中华人民共和国义务教育法》等内容。结合党史学习教育，乡党员干部自觉主动学习法条法规，包括《中华人民共和国宪法》、典型案例、《中华人民共和国交通安全法》、《中华人民共和国民法典》、《中华人民共和国草原法》等内容，并根据省、州、县各项工作动态实时更新学习内容。开展重点人员法治教育培训会，会上重点讲解《中华人民共和国民法典》《中华人民共和国治安管理处罚法》及扫黑除恶专项斗争等内容，以案说法，强调节日期间远离是非场所，遵守疫情防控各项规定。

【社会治理】 开展维稳安保工作，在全国两会、虫草采挖期、“七一”建党节等节点，发挥包村负责人、人民联防队、网格员作用，开展值班巡逻、情报信息收集等工作，落实维稳安保责任，落实每日分析研判机制，上报涉稳动态；派出所民警启动治安卡点一级勤务，加大重点部位、外来人员、车辆排查。维护边界和谐稳定，发挥跨边界联合党委作用，交界村建立联合党支部，签订两省跨边界党组织结对共建协议书 6 份，建立舆情通报、矛盾纠纷联调机制，促进边界和谐稳定；相邻派出所不定期开展联合治安巡逻行动 11 次，有效排除潜在安全隐患，筑牢安全屏障。加大矛盾纠纷调处力度，发挥全国优秀人民调解员“公保个人品牌调解室”作用，排查化解一般性矛盾纠纷 3 起，调处成功率 100%，矛盾纠纷排查登记 480 人。加大重点人员管控力度，落实重点人员帮教管控措施，组织重点人员参加培训，年内解除重点人员 2 名，刑满释放人员 7 人，社区矫正2人，开展重点人员谈心谈话54次。开展扫黑除恶专项斗争，利用微信群、微信公众号等新媒体宣传扫黑除恶专项斗争工作，结合党史学习教育活动，组织开展各类宣传活动3次，发放扫黑除恶专项斗争宣传单1000余份。扎牢织密社会安全防线，受理行政案件8起，破案5起，行政拘留2人；移交刑警大队1起。开展安全生产隐患排查整治，安全检查6次，排查出火灾隐患2处。

【环境保护】 专题学习习近平总书记关于生态环境保护的重要论述、习近平总书记关于黄河流域生态保护和高质量发展重要论述、考察青海重要讲话精神，增强全乡干部职工对生态环保工作重要性及必要性的深刻认识。实施“2021年村庄清洁行动春夏季战役”，每月对沿河沿湖、公路沿线、山体沟道开展环境卫生清扫2次，组织开展活动90余次；与沿街商铺签订“门前四包”承诺书，组织个体工商户清扫门前道路及沿线20余次。落实河湖长制工作，定期巡查辖区内7条河流、1个湖泊，开展河道、湖边环境卫生整治10余次。推进项目建设，与县污水处理厂签订污水处理协议，实现全乡生活污水达标处理；实施香扎寺小流域综合治理项目，总投资856万元，治理水土流失面积1712.18公顷；实施河南县2020年森林生态效益补偿基金造林项目，总投资300万元。开展植树造林面积100公顷，栽植苗木248082株。

【基层党建】 落实第一议题制度，坚持把学习习近平新时代中国特色社会主义思想摆在首位，特别是把学习中共十九届六中全会、习近平总书记“七一”重要讲话、习近平总书记到青海考察和参加青海代表团审议时的重要讲话精神作为第一议题，以党委会议、党委理论学习中心组专题学习研讨和“学习强国”“青海干部网络学院”“黄南党建先锋”等网络学习平台自主性学习相结合，强化理论武装，确保党中央和省委、州委、县委政令畅通、落实有力。完成乡、村换届工作，4个村党支部书记、村委会主任全部实现“一肩挑”；召开中共柯生乡第十五次代表大会，选举产生新一届党委班子；召开乡第十六届人民代表大会，选举产生新一届政府班子成员。严肃规范党内政治生活，召开组织生活会，落实谈心谈话和主题党日等制度。各支部按时间节点每月开展主题党日活动并及时上传“黄南先锋”App，上传次数总计14条。规范发展党员，开展入党积极分子、发展党员培训2次，发展预备党员18人、入党积极分子13人，转正党员6人。

2021年4月13日，乡干部职工在双鱼湖开展“生态环境保护”主题党日活动

【意识形态工作】 坚持党对意识形态工作领导，统筹协调全乡意识形态工作，在行政管理、社会管理中体现意识形态工作要求，维护意识形态安全。抓实理论武装，制订政治理论学习计划，利用周会、政治理论学习会、“学习强国”“黄南先锋”等线上线下学习方式，学习领会习近平新时代中国特色社会主义思想，贯彻落实党中央和省委、州委、县委相关会议精神。开展文明创建活动，以“三八”妇女

节为契机，评选出4名“好婆婆”“好媳妇”。开展“五星级文明户”创建活动，按照程序在全乡评选出70户“五星级文明户”。推动新时代文明实践所（站）建设，建立乡新时代文明实践所、4个新时代文明实践站，打造“群团之家”，完善各项制度，组建乡级志愿服务队9支、村级志愿服务队16支，开展活动100余次。

【党史学习教育】 紧跟省委、州委、县委党史学习安排部署，组织集中学习31次、自学42次、专题研讨7次；在微信公众平台开辟党史专栏，推送党史知识150余条，组织专题测试3次；全乡各党支部开展主题党日活动5次，持续推进“大接访”工作，梳理问题44条，解决41条，践行“我为群众办实事”。

【党风廉政建设】 把开展党风廉政建设作为党的建设重要内容，纳入乡党委年度重要工作，全年召开专题会议2次，讲授专题党课3次，并与副科级干部、各村签订党风廉政目标责任书，层层压实责任。围绕清明节、端午节、中秋节、国庆等节点开展廉政警示教育、集体廉政谈话40余人次，通报违纪违法典型案例，深入学习《廉洁自律准则》《纪律处分条例》，时刻敲响警钟。开展整治违规收送礼金问题和小金库“回头看”专项行动，党员干部签订《拒收礼金承诺书》。严肃财经纪律，规范财务管理，围绕4个村财务上管理不规范等问题，制定整改方案，将涉及上级反馈的17个问题进行整改销号。坚持思想、监督、作风从严，乡纪委开展提醒谈话1人、诫勉谈话2人，围绕换届纪律以换届纪律、重要节点、组织生活会、学习县委十五次党代会精神等为主题开展谈心谈话20余人次。

荣誉表彰

2021 年河南县获得国家、省级、州级荣誉称号先进集体一览表

表 19

单位名称	荣誉称号	表彰奖励时间	授予部门
宁木特镇	全国脱贫攻坚先进集体	2021 年 2 月	中共中央、国务院
县委政法委	2016—2020 年全国依法治理创建活动先进单位	2021 年 12 月	中央宣传部、司法部、全国普法办
托叶玛乡	全省先进基层党组织	2021 年 6 月	中共青海省委
托叶玛乡曲龙村团支部	青海省青少年民族团结进步示范点	2021 年 12 月	中共青海省委
县委政法委	2018—2020 年全省扫黑除恶专项斗争先进集体	2021 年 4 月	青海省扫黑除恶专项斗争领导小组
县司法局	2016—2020 年全省普法工作先进集体	2021 年 12 月	省委全面依法治省委员会守法普法协调小组、省委宣传部、省司法厅
县消防救援大队	2019—2020 年度“青年文明号”	2021 年 5 月	共青团青海省委
县公安局	第二届青海公安机关大数据建模应用技能比武竞赛三等奖	2021 年 12 月	青海省公安厅
宁木特镇第一完小	青海省首批“依法治理示范校”	2021 年 7 月	青海省司法厅、青海省教育厅
县纪委监委党支部	黄南州先进基层党组织	2021 年 6 月	中共黄南州委
县纪委监委	全州扫黑除恶专项斗争先进集体	2021 年 5 月	黄南州扫黑除恶专项斗争领导小组
县纪委监委	黄南州“七五”普法先进集体	2021 年 12 月	州委全面依法治州委员会守法普法协调小组、州委宣传部、州司法局
县委政法委	黄南州“七五”普法先进集体	2021 年 12 月	州委全面依法治州委员会守法普法协调小组、州委宣传部、州司法局

续表19

单位名称	荣誉称号	表彰奖励时间	授予部门
县公安局	黄南州治理工作先进集体	2021 年 5 月	中共黄南州委、黄南州人民政府
县公安局	2018—2020 全州扫黑除恶专项斗争先进集体	2021 年 5 月	黄南州扫黑除恶专项斗争领导小组
县公安局法制大队	黄南州“七五”普法先进集体	2021 年 12 月	州委全面依法治州委员会守法普法协调小组、州委宣传部、州司法局
优干宁镇第一完小	教育工作先进集体	2021 年 9 月	中共黄南州委、黄南州人民政府
县卫生健康局	黄南州“七五”普法先进集体	2021 年 12 月	州委全面依法治州委员会守法普法协调小组

2021 年河南县获得国家、省级、州级荣誉称号先进个人一览表

表 20

姓名	性别	民族	职务（职级）	荣誉称号	表彰奖励时间	授予部门
陈敏	女	汉族	县妇女联合会主席	全国脱贫攻坚先进个人	2021 年 2 月	中共中央、国务院
索南	男	蒙古族	赛尔龙乡尕庆村村民	第十一届中华慈善奖	2021 年 9 月	民政部
却旦加卜	男	藏族	县公安局三级警长	全国公安系统二级英模	2021 年 1 月	公安部
旦正措	女	蒙古族	县就业局管理九级职员	全国人社系统优质服务先进个人	2021 年 12 月	人力资源和社会保障部
曲吉多杰	男	蒙古族	县残疾人联合会干部	全国残疾人工作先进个人	2021 年 7 月	国务院残疾人工作委员会
拉加才让	男	藏族	县委办公室副主任	2021 年全省党政办公厅（室）系统先进个人	2021 年 5 月	中共青海省委、青海省人民政府
惠吉龙	男	汉族	县政府办公室副主任	2021 年全省党政办公厅（室）系统先进个人	2021 年 5 月	中共青海省委、青海省人民政府
昂青南加	男	藏族	县应急管理局局长	青海省脱贫攻坚先进个人	2021 年 6 月	中共青海省委、青海省人民政府
马乃吉	女	藏族	宁木特镇副镇长	青海省脱贫攻坚先进个人	2021 年 6 月	中共青海省委、青海省人民政府
多科	男	蒙古族	县城市管理局局长	青海省脱贫攻坚先进个人	2021 年 6 月	中共青海省委、青海省人民政府
多杰卓玛	女	藏族	县人民检察院检察长	全省扫黑除恶专项斗争先进个人	2021 年 4 月	青海省扫黑除恶专项斗争领导小组

续表20

姓名	性别	民族	职务（职级）	荣誉称号	表彰奖励时间	授予部门
彩周	男	蒙古族	县公安局副局长	全省扫黑除恶专项斗争先进个人	2021 年 4 月	青海省扫黑除恶专项斗争领导小组
久血加	男	蒙古族	宁木特镇纪委书记	全省扫黑除恶专项斗争先进个人	2021 年 4 月	青海省扫黑除恶专项斗争领导小组
才让措	女	蒙古族	县司法局一级主任科员	全省从事普法工作 20 年以上荣誉个人	2021 年 12 月	青海省委全面依法治省委员会守法普法协调小组、中共青海省委宣传部、青海省司法厅
才项杰	男	藏族	县司法局宁木特司法所所长	2016—2020 年全省优秀普法志愿者	2021 年 12 月	青海省委全面依法治省委员会守法普法协调小组、中共青海省委宣传部、青海省司法厅
焦世富	男	汉族	县寄宿制中学教师	全省优秀法制辅导员	2021 年 12 月	青海省委全面依法治省委员会守法普法协调小组、中共青海省委宣传部、青海省司法厅
拉本加	男	藏族	县人民检察院副检察长	扫黑除恶专项斗争个人嘉奖	2021 年 1 月	青海省人民检察院
王虎生	男	回族	县公安局四级警长	个人嘉奖	2021 年 5 月	青海省公安厅
桑杰东智	男	蒙古族	县公安局辅警	全省公安机关建党 100 周年安保维稳暨专项重点工作先进个人	2021 年 3 月	青海省公安厅
夏吾多杰	男	藏族	柯生乡完小教师	青海省优秀乡村教师	2021 年 9 月	青海省教育厅
夏吾太	男	藏族	宁木特镇一完小教师	青海省优秀乡村教师	2021 年 9 月	青海省教育厅
郭增辉	男	汉族	柯生乡完小专职副书记	晨阳·青海希望工程园丁奖	2021 年 9 月	青海省希望工程指导服务中心、青海省青少年发展基金会
杨昆	男	汉族	县消防救援大队政治教导员	全省“最美家庭”	2021 年 9 月	青海省妇联
董格卓玛	女	蒙古族	县公安局司机警长	全省“最美家庭”	2021 年 9 月	青海省妇联
吴建花	女	保安族	县乡村振兴局司机主任科员	全省“最美家庭”	2021 年 9 月	青海省妇联
索南	男	蒙古族	赛尔龙乡尕庆村村民	黄南州优秀共产党员	2021 年 6 月	中共黄南州委
黄维军	男	汉族	托叶玛乡党委书记	黄南州优秀党务工作者	2021 年 6 月	中共黄南州委
仁青措	女	蒙古族	托叶玛乡党委副书记、乡长	黄南州“七五”普法先进个人	2021 年 12 月	中共黄南州委全面依法治州委员会守法普法协调小组

续表20

姓名	性别	民族	职务（职级）	荣誉称号	表彰奖励时间	授予部门
侯华珍	女	汉族	县乡村振兴局副局长	黄南州“七五”普法先进个人	2021年12月	中共黄南州委全面依法治州委员会守法普法协调小组
朱忠海	男	汉族	县公安局二级警长	从事普法工作15年以上荣誉个人	2021年12月	中共黄南州委全面依法治州委员会守法普法协调小组
尕藏三智	男	蒙古族	托叶玛乡曲海村党支部书记	2021年度全州基层社会治理先进个人	2021年12月	中共黄南州委、黄南州人民政府
才让多杰	男	蒙古族	县司法局多松司法所司法助理员	2021年度全州基层社会治理先进个人	2021年12月	中共黄南州委、黄南州人民政府
何山	男	汉族	县综治中心主任	2021年度全州基层社会治理先进个人	2021年12月	中共黄南州委、黄南州人民政府
松日加措	男	蒙古族	县公安局辅警	2021年度全州基层社会治理先进个人	2021年12月	中共黄南州委、黄南州人民政府
马敏	男	回族	县人民检察院副检察长	黄南州“七五”普法优秀法治副校长	2021年12月	中共黄南州委全面依法治州委员会守法普法协调小组
马鑫颖	女	保安族	县司法局干部	黄南州“七五”普法先进个人	2021年12月	中共黄南州委全面依法治州委员会守法普法协调小组、中共黄南州委宣传部、黄南州司法局
专措吉	女	藏族	县寄宿制中学教师	黄南州教育工作先进个人（教坛新秀）	2021年9月	中共黄南州委、黄南州人民政府
南措吉	女	蒙古族	县中心幼儿园园长	黄南州优秀共产党员	2021年6月	中共黄南州委
刘金绣	女	汉族	县中心幼儿园保教主任	黄南州“最美幼师”	2021年8月	中共黄南州委
华旦卓玛	女	蒙古族	优干宁镇第二完小副校长	黄南州教育工作先进个人（优秀校长）	2021年9月	中共黄南州委、黄南州人民政府
南先才让	男	蒙古族	优干宁镇第二完小教导主任	黄南州“育人楷模”	2021年9月	中共黄南州委、黄南州人民政府
白宝山	男	蒙古族	柯生乡完小校长	黄南州教育工作先进个人（优秀校长）	2021年9月	中共黄南州委、黄南州人民政府
拉毛加	女	藏族	柯生乡完小教师	黄南州教育工作先进个人（优秀教师）	2021年9月	中共黄南州委、黄南州人民政府
洋增卓玛	女	蒙古族	赛尔龙乡完小教师	黄南州教育工作先进个人（优秀教师）	2021年9月	中共黄南州委、黄南州人民政府
南加才让	男	藏族	宁木特镇二完小教师	黄南州教育工作先进个人（优秀班主任）	2021年9月	中共黄南州委、黄南州人民政府

附 录

河南县2021年国民经济和社会发展统计公报

2021年是“十四五”规划开局之年。在县委县政府的坚强领导下，深入贯彻中共十九大和十九届历次全会精神，全面落实习近平总书记考察青海重要讲话精神，认真贯彻落实党中央和省委省政府州委州政府各项决策部署，坚持稳中求进工作总基调，统筹疫情防控和经济社会发展，扎实做好“六稳”工作，全面落实“六保”任务，全县经济稳步恢复、稳中向好，为开启“十四五”新征程交上了一份满意的答卷。

一、综合

根据地区生产总值统一核算结果，2021年，全县完成生产总值20.52亿元，按可比价格计算，比上年增长1.9%。其中，第一产业增加值10.22亿元，增长4.6%；第二产业增加值3.43亿元，下降11.9%；第三产业增加值6.87亿元，增长5.3%。三次产业结构为49.8：16.7：33.5。

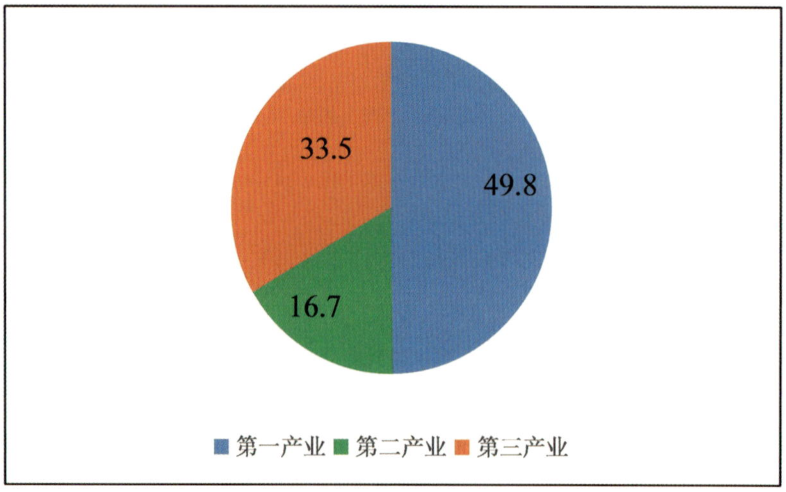

河南县2021年三次产业占比图（%）

二、畜牧业

2021 年，全县完成农林牧渔业总产值 130750. 96 万元，按可比价计算（下同），比上年增长 4. 61%。其中：农业产值 4336 万元，增长 1. 05%；牧业产值 123698. 96 万元，增长 4. 68%；实现农林牧渔服务业产值 2716 万元，增长 7. 23%。

2021 年，全县各类牲畜存栏 54. 28 万头只，比上年减少 0. 28 万头只，下降 0. 49%。其中：牛存栏 30. 8 万头，增长 1. 66%；羊存栏 23. 48 万只，下降 3. 22%。出栏各类牲畜 26. 23 万头只，增加 0. 43 万头只，增长 1. 67%。其中牛出栏 11. 59 万头只，下降 0. 43%；羊出栏 14. 64 万头只，增长 3. 39%。

2021 年，全县肉类总产量 13721. 51 吨，比上年增加 617. 51 吨，增长 4. 7%。其中：牛肉产量 10738. 24 吨，增长 0. 64%；羊肉产量 2983. 27 吨，增长 22. 6%；牛奶产量 14408. 77 吨，减少 3546. 77 吨，下降 19. 75%。

2021 年主要畜种存出栏及畜产品产量情况表

指标名称	单位	数量	比上年增减（%）
牲畜存栏	万（头、只）	54. 28	-0. 49
其中：牛存栏	万（头、只）	30. 8	1. 66
羊存栏	万（头、只）	23. 48	-3. 22
牲畜出栏	万（头、只）	26. 23	1. 67
牛肉产量	（吨）	10738. 24	0. 64
羊肉产量	（吨）	2983. 27	22. 6
牛奶产量	（吨）	14408. 77	-19. 75

三、工业

2021 年，全县规模以上工业企业完成工业产值 69757. 2 万元，同比增长 3. 9%，实现工业增加值 13616. 83 万元，按可比价计算，同比下降 0. 8%；规模以下工业企业增加值同比增长 3. 7%。

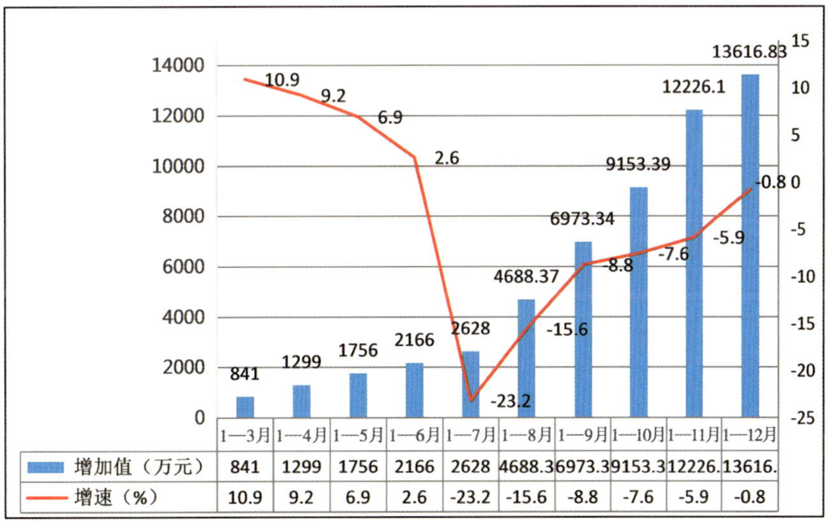

河南县 1—12 月规上工业增加值及增速图

规上工业企业累计完成发电量 12387.7 万千瓦时，同比下降 38.7%；商品混凝土 11.3 万立方米，同比增长 177.6%；乳制品 344.5 吨，同比下降 21.4%；包装饮料 35328 吨，同比增长 11.1%；鲜冷藏肉 683.5 吨，同比下降 37.7%。

四、固定资产投资

今年以来，全县上下把抓好项目建设作为拉动经济增长的重要工作来抓，全县固定资产投资较快增长。全县 500 万元及以上固定资产投资较上年增长 6.6%，全县民间投资比上年增长 33.1%。三次产业呈现“二、一、三”格局。第一产业投资比上年增长 4.2%；第二产业投资比上年增长 36.5%；第三产业投资比上年增长 0.9%，三次产业的比重为 11.37 : 19.2 : 69.43。分行业看，电力、热力、燃气和水生产供应业投资比上年下降 3.2%；交通运输和邮政业投资比上年下降 41.4%；水利、环境和公共设施管理业投资比上年下降 15.5%。

五、消费

2021 年，全县实现社会消费品零售总额 17924.3 万元，比上年同期增长 7.8%。按销售地区分。城镇实现社会消费品零售额 16410.5 万元，增长 7.9%；乡村实现社会消费品零售额 1513.8 万元，增长 6.6%。二是按消费形态分。商品零售 15595.3 万元，增长 7.2%；餐饮收入 2329 万元，同比增长 12%。

六、居民收入消费

全年全县常住居民人均可支配收入 21820.6 元，比上年增长 8.9%。城镇常住居民人均可支配收入 37220.7 元，增长 5.9%；农村常住居民人均可支配收入 13863.3 元，增长 9.1%。城乡居民人均收入比（以农村居民人均收入为 1）为 2.73。

全年全县常住居民人均生活消费支出 14214 元，比上年增长 11%。城镇常住居民人均生活消费支出 15167.1 元，增长 5%；农村常住居民人均生活消费支出 13721.5 元，增长 14.3%。全县居民恩格尔系数为 38.3%，其中城镇为 35.7%，农村为 40%。

2021 年全县居民人均可支配收入情况表

指标名称	绝对量（元）	比上年增长（%）
全体居民人均可支配收入	21820.6	8.9
其中：工资性收入	8212.3	16.1
经营净收入	9515	9.4
财产净收入	697.9	-19
转移净收入	3395.5	-0.4
城镇居民人均可支配收入	37220.7	5.9
其中：工资性收入	20311.5	5.1
经营净收入	13682.7	13.8
财产净收入	422.2	-61.9
转移净收入	2804.3	5.1
农村居民人均可支配收入	13863.3	9.1
其中：工资性收入	1960.5	76
经营净收入	7361.5	4

续表

指标名称	绝对量（元）	比上年增长（%）
财产净收入	840.3	13.3
转移净收入	3701	-1.9

七、财政金融

2021 年，全县累计完成地方公共财政预算收入 4251 万元，同比增长 8.92%。从收入来源看，增值税 546 万元，下降 9.45%，企业所得税 274 万元，增长 57.47%。从支出分类看，全县地方公共财政支出 167849 万元，下降 12.38%，其中，一般公共服务支出 14104 万元，增长 3.49%，教育支出 21909 万元，增长 28.89%，社会保障和就业支出 25021 万元，增长 2.9%，卫生健康支出 12836 万元，下降 12.24%。

全县金融机构各项存款余额为 163302.84 万元，下降 10.36%。其中：住户存款余额 69036.67 万元，下降 0.75%；非金融企业存款余额 94266.17 万元，下降 16.3%。各项贷款余额为 122855.7 万元，增长 14.3%，其中：住户贷款 89890.71 万元，增长 36.73%；非金融企业及机关团体贷款 32964.99 万元，下降 21.02%。

重要文件目录

2021 年县委文件一览表

发文字号	文件标题	发布日期
河发〔2021〕1 号	中共河南县委　河南县人民政府关于印发《河南县全面推进乡村振兴加快牧业牧区现代化的若干措施》	2021 年 6 月 15 日
河发〔2021〕2 号	中共河南县委　河南县人民政府关于表彰奖励 2020 年度目标责任考核优秀领导班子及先进集体、个人的决定	2021 年 1 月 11 日
河发〔2021〕7 号	关于表彰全县优秀共产党员、优秀党员工作者和先进基层党组织的决定	2021 年 6 月 23 日
河发〔2021〕11 号	中共河南县委　河南县人民政府关于印发《河南县贯彻落实〈中共青海省委关于深入学习贯彻习近平总书记考察青海时的重要讲话精神奋力谱写全面建设社会主义现代化国家青海篇章的决定〉任务分工方案》的通知	2021 年 12 月 9 日
河发〔2021〕14 号	中共河南县委　河南县人民政府关于印发《乡镇机构改革方案》的通知	2021 年 12 月 31 日
河办发〔2021〕1 号	中共河南县委办公室　河南县人民政府办公室关于印发《2021 年全县百名干部下乡开展“巩固拓展脱贫攻坚成果全面推进乡村振兴”活动方案的通知》	2021 年 3 月 1 日
河办发〔2021〕2 号	中共河南县委办公室印发《关于在全县各级党组织中开展“促百分百达标、迎党百年华诞”以评促建活动实施方案》的通知	2021 年 2 月 27 日
河办发〔2021〕5 号	中共河南县委办公室　河南县人民政府办公室关于印发《河南县全面推行林草制实施意见》的通知	2021 年 4 月 2 日
河办发〔2021〕7 号	中共河南县委办公室关于印发《县委常委班子党史学习教育工作安排方案》的通知	2021 年 4 月 27 日
河办发〔2021〕8 号	中共河南县委办公室关于印发《2021 年河南县委中心组理论学习安排方案》的通知	2021 年 6 月 2 日
河办发〔2021〕9 号	中共河南县委办公室关于印发《县委常委班子党史学习教育“我为群众办实事”实践活动办理事项》的通知	2021 年 5 月 13 日

续表

发文字号	文件标题	发布日期
河办发〔2021〕10 号	中共河南县委　河南县人民政府关于印发《第三届青海·热贡文化旅游节系列活动之河南蒙古族自治县建党 100 周年庆典暨第 22 届“那达慕”盛会——天堂河曲“天骄杯”传统耐力赛马大会活动方案》的通知	2021 年 6 月 29 日
河办发〔2021〕11 号	中共河南县委办公室关于印发《政协河南蒙古族自治县第十四届委员会换届工作方案》的通知	2021 年 7 月 1 日
河办发〔2021〕12 号	中共河南县委办公室关于认真学习贯彻习近平总书记在庆祝中国共产党成立 100 周年大会上重要讲话精神的通知	2021 年 7 月 12 日
河办发〔2021〕13 号	关于印发《2021 年部省共建青海绿色有机农畜产品示范省现场观摩会工作方案》的通知	2021 年 7 月 22 日
河办发〔2021〕14 号	中共河南县委办公室印发《关于中国人民政治协商会议第十四届河南蒙古族自治县委员会第一次会议政协委员会提案由县委部门答复的任务方案》的通知	2021 年 9 月 1 日
河办发〔2021〕15 号	关于印发《河南县乡村振兴包乡（镇）联户工作方案》的通知	2021 年 10 月 13 日
河办发〔2021〕16 号	关于印发《河南县 2021 年度乡（镇）和县直部门年度考核目标任务》的通知	2021 年 8 月 24 日
河办发〔2021〕17 号	中共河南县委办公室印发《关于认真学习贯彻习近平总书记重要批示精神推动新发展理念全面贯彻落实的通知》的通知	2021 年 11 月 2 日
河办发〔2021〕18 号	中共河南县委办公室关于印发《中国共产党黄南藏族自治州第十三次代表大会工作报告重点任务分工方案》的通知	2021 年 11 月 2 日
河办发〔2021〕19 号	中共河南县委办公室印发《关于推动河南县基础设施高质量发展的实施方案》	2021 年 11 月 9 日
河办发〔2021〕20 号	关于印发《河南县 2021 年度国家重点生态功能区县域生态环境质量检测与评价实施方案》的通知	2021 年 12 月 2 日
河办发〔2021〕21 号	中共河南县委办公室转发州政协党组《关于推进全州乡镇政协委员联络室实体化、规范化运行的指导意见》的通知	2021 年 12 月 7 日
河办发〔2021〕22 号	印发《中共河南县委关于中共青海省委〈法治社会建设实施纲（2020—2025 年）的实施意见〉的贯彻落实》的通知	2021 年 12 月 16 日
河办发〔2021〕23 号	中共河南县委办公室关于印发《河南县实现巩固拓展脱贫攻坚成果同乡村振兴有效衔接的实施方案》的通知	2021 年 12 月 16 日
河办发〔2021〕24 号	中共河南县委办公室关于做好 2022 年元旦春节期间有关工作的通知	2021 年 12 月 29 日
河办字〔2021〕1 号	中共河南县委办公室关于召开中共河南县委十四届九次全体会议的通知	2021 年 1 月 6 日
河办字〔2021〕2 号	中共河南县委办公室　河南县人民政府办公室关于印发《〈河南年鉴（2021）〉组稿方案》的通知	2021 年 1 月 7 日
河办字〔2021〕3 号	中共河南县委办公室关于召开中共河南县委十四届九次全体会议的请示	2021 年 1 月 9 日

续表

发文字号	文件标题	发布日期
河办字〔2021〕4号	关于申请解决中共河南县委十四届九次全体会议经费的报告	2021年1月9日
河办字〔2021〕5号	中共河南县委办公室关于报请审议《司吉昇同志在县委十四届九次全会第二次全体会议上的讲话》的请示	2021年1月10日
河办字〔2021〕6号	中共河南县委办公室关于报请审议《县委常委会工作报告的》请示	2021年1月10日
河办字〔2021〕7号	中共河南县委办公室关于报请审议《中共河南县委关于制定国民经济和社会发展第十四个五年规划和二〇三五年远景目标的建议的说明》的请示	2021年1月10日
河办字〔2021〕8号	中共河南县委办公室　河南县人民政府办公室关于对周边县开展友好走访活动的通知	2021年1月13日
河办字〔2021〕9号	中共河南县委办公室　河南县人民政府办公室关于印发《河南县做好中央巡视组反馈问题自查整改工作方案》的通知	2021年1月14日
河办字〔2021〕10号	中共河南县委办公室　河南县人民政府办公室关于各级力量下沉全力做好村（居）民委员会换届选举工作的通知	2021年1月14日
河办字〔2021〕11号	中共河南县委办公室　河南县人民政府办公室关于调整县级领导干部联系宗教界人士的通知	2021年1月18日
河办字〔2021〕12号	中共河南县委办公室关于报请审议《县委常委会班子2020年度民主生活会对照检查材料（讨论稿）》的请示	2021年1月25日
河办字〔2021〕13号	中共河南县委办公室关于报请审议《2019年县委常委会班子“不忘初心、牢记使命”主题教育专题民主生活会查摆问题整改情况通报（讨论稿）》的请示	2021年1月25日
河办字〔2021〕14号	中共河南县委办公室　河南县人民政府办公室关于调整河南县新冠肺炎疫情防控处置工作指挥部成员的通知	2021年2月4日
河办字〔2021〕15号	中共河南县委办公室　河南县人民政府办公室关于调整河南县新冠肺炎疫情防控应急指挥部成员份通知	2021年2月4日
河办字〔2021〕16号	中共河南县委办公室关于报请审议《司吉昇同志在河南蒙古族自治县第十五届人民代表大会第七次会议上的讲话》请示	2021年3月1日
河办字〔2021〕17号	中共河南县委办公室关于报请审议《司吉昇同志在政协十三届河南蒙古族自治县委员会第六次会议上的讲话》请示	2021年3月1日
河办字〔2021〕18号	中共河南县委办公室关于印发《贯彻落实州委书记王振昌对县委书记司吉昇致信分工方案》的通知	2021年3月4日
河办字〔2021〕19号	中共河南县委办公室关于2020年度全县党风廉政建设专项考核结果的通报	2021年3月4日
河办字〔2021〕20号	中共河南县委办公室关于印发《2021年河南县宣传思想文化工作要点》的通知	2021年3月4日
河办字〔2021〕21号	中共河南县委办公室关于印发《河南县2021年统战工作要点》的通知	2021年3月5日

续表

发文字号	文件标题	发布日期
河办字〔2021〕23 号	中共河南县委办公室关于印发《省委十三届九次全会对黄南州基层党建工作点评意见整改方案》的通知	2021 年 3 月 11 日
河办字〔2021〕24 号	中共河南县委办公室关于河南县 2020 年贯彻执行中央八项规定精神、2020 年形式主义基层减负工作情况总结	2021 年 3 月 12 日
河办字〔2021〕25 号	中共河南县委办公室关于调整河南县禁毒委员会组成人员的通知	2021 年 3 月 23 日
河办字〔2021〕28 号	中共河南县委办公室　河南县人民政府办公室关于成立河南县“抓乡促村”提标升级工程领导小组的通知	2021 年 3 月 23 日
河办字〔2021〕29 号	中共河南县委办公室关于进一步做好县委文件起草审核工作的通知	2021 年 3 月 25 日
河办字〔2021〕30 号	中共河南县委办公室　河南县人民政府办公室关于印发《河南县贯彻落实〈关于进一步做好新时代黄南涉藏工作实施意见〉任务分工方案》的通知	2021 年 4 月 1 日
河办字〔2021〕31 号	中共河南县委办公室　河南县人民政府办公室关于印发《河南县项目集中开复工暨县医院整体搬迁奠基仪式实施方案》的通知	2021 年 4 月 2 日
河办字〔2021〕32 号	中共河南县委办公室关于印发《中共河南县委党校（行政学院）办学质量评估反馈意见建议整改措施》的通知	2021 年 4 月 5 日
河办字〔2021〕33 号	中共河南县委办公室关于在乡（镇）领导班子换届中实行县级领导包抓乡（镇）工作的请示	2021 年 4 月 13 日
河办字〔2021〕35 号	中共河南县委办公室关于报请审议《中共河南县委常委会 2021 年工作要点》的请示	2021 年 4 月 14 日
河办字〔2021〕36 号	中共河南县委办公室关于成立中国共产党河南蒙古族自治县第十五次代表大会筹备工作领导小组及工作机构的通知	2021 年 4 月 16 日
河办字〔2021〕38 号	中共河南县委办公室关于调整中共河南县直属机关工作委员会委员的通知	2021 年 4 月 21 日
河办字〔2021〕40 号	中共河南县委办公室关于申请解决大楼遮阳帘维修经费的报告	2021 年 4 月 22 日
河办字〔2021〕41 号	中共河南县委办公室　河南县人民政府办公室关于开展河南县第二轮干部职工精神面貌综合评比检查的通知	2021 年 4 月 23 日
河办字〔2021〕42 号	中共河南县委办公室关于做好中国共产党河南蒙古族自治县第十五次代表大会代表选举工作的通知	2021 年 5 月 7 日
河办字〔2021〕43 号	中共河南县委办公室关于成立党群系统选区工作小组的通知	2021 年 5 月 11 日
河办字〔2021〕44 号	中共河南县委办公室关于印发《河南县委常委会班子 2020 年度民主生活会整改落实方案》的通知	2021 年 5 月 18 日
河办字〔2021〕45 号	中共河南县委办公室关于派出政法队伍教育整顿指导组的通知	2021 年 5 月 20 日
河办字〔2021〕46 号	中共河南县委办公室关于中央第十五巡视组巡视青海省反馈意见涉及河南县意见建议整改进展情况的报告	2021 年 5 月 21 日
河办字〔2021〕50 号	关于印发《河南县供销合作社联合社职能配置和人员编制规定》的通知	2021 年 5 月 26 日

续表

发文字号	文件标题	发布日期
河办字〔2021〕51号	中共河南县委办公室　河南县人民政府办公室关于调整河南县县级领导干部包乡（镇）联村（社区）情况的通知	2021年6月10日
河办字〔2021〕53号	中共河南县委办公室　河南县人民政府办公室关于印发《河南县脱贫攻坚奖评选表彰工作方案》的通知	2021年6月17日
河办字〔2021〕54号	中共河南县委办公室　河南县人民政府办公室关于印发《青海河南蒙古族自治县天津科技大学共建绿色有机畜产品研究院方案》的通知	2021年6月17日
河办字〔2021〕55号	中共河南县委办公室关于印发《河南县庆祝中国共产党成立100周年组织开展“永远跟党走”群众性主题宣传教育活动方案》的通知	2021年6月28日
河办字〔2021〕57号	中共河南县委办公室印发《关于在2021年“七一”百年华诞前夕组织开展走访慰问活动方案》的通知	2021年6月28日
河办字〔2021〕58号	中共河南县委办公室报请审议《中共河南蒙古族自治县十四届委员会工作报告》的请示	2021年6月30日
河办字〔2021〕59号	关于召开中国共产党河南蒙古族自治县第十五次代表大会的请示	2021年6月30日
河办字〔2021〕60号	关于上报《河南县2021年上半年工作总结及下半年工作计划》的报告	2021年6月29日
河办字〔2021〕61号	关于印发《河南县2021年督查检查考核年度计划》的通知	2021年6月25日
河办字〔2021〕62号	关于召开中国共产党河南蒙古族自治县第十五次代表大会的通知	2021年7月4日
河办字〔2021〕64号	中共河南县委办公室　河南县人民政府办公室关于印发《河南县参加2021年第二十二届中国·青海绿色发展投资贸易洽谈会工作方案》	2021年7月14日
河办字〔2021〕65号	中共河南县委办公室关于调整县委常委分工的通知	2021年7月14日
河办字〔2021〕66号	中共河南县委办公室关于调整县委常委分工的通知	2021年7月14日
河办字〔2021〕67号	中共河南县委办公室　河南县人民政府办公室关于印发《河南县道路交通沿线生活垃圾排放整治工作方案》的通知	2021年7月14日
河办字〔2021〕68号	中共河南县委办公室　河南县人民政府办公室关于调整河南县新型冠状病毒感染的肺炎疫情防控应急指挥部成员的通知	2021年8月6日
河办字〔2021〕69号	中共河南县委办公室关于调整河南县党政密码工作领导小组的通知	2021年8月11日
河办字〔2021〕70号	中共河南县委办公室关于调整河南县保密委员会组成人员的通知	2021年8月11日
河办字〔2021〕71号	中共河南县委办公室关于报送《2019—2021年度县级文明单位》的报告	2021年8月19日
河办字〔2021〕72号	中共河南县委办公室　河南县人民政府办公室关于调整县委督查委员会成员的通知	2021年8月19日
河办字〔2021〕73号	中共河南县委办公室关于印发《中央第十五巡视组巡视青海省反馈意见涉及河南县意识形态工作责任制意见建议整改方案》的通知	2021年8月20日

续表

发文字号	文件标题	发布日期
河办字〔2021〕74 号	中共河南县委办公室　河南县人民政府办公室关于召开 2021 年度专题组织生活会的请示》	2021 年 8 月 26 日
河办字〔2021〕75 号	中共河南县委办公室　河南县人民政府办公室印发《落实中央全面依法治国办对青海省开展党政主要负责人履行推进法治建设第一责任人职责及法治政府建设实地督查反馈问题整改方案》的通知	2021 年 8 月 26 日
河办字〔2021〕76 号	中共河南县委办公室关于调整《中国共产党河南县历史（1949—1978）》编纂委员会成员的通知》	2021 年 8 月 18 日
河办字〔2021〕77 号	中共河南县委办公室　河南县人民政府办公室关于成立河南县同赛高速公路建设协调领导小组的通知》	2021 年 9 月 29 日
河办字〔2021〕79 号	中共河南县委办公室　河南县人民政府办公室关于调整河南县征兵工作领导小组的通知	2021 年 9 月 2 日
河办字〔2021〕80 号	中共河南县委办公室　河南县人民政府办公室关于调整河南县志鉴编纂委员会成员的通知	2021 年 8 月 26 日
河办字〔2021〕81 号	中共河南县委办公室关于申请解决公务用车经费的请示	2021 年 9 月 8 日
河办字〔2021〕82 号	中共河南县委办公室　河南县人民政府办公室关于河南县信访问题整改情况的报告	2021 年 9 月 29 日
河办字〔2021〕83 号	中共河南县委办公室　河南县人民政府办公室关于调整河南县精神文明建设指导委员会成员的通知	2021 年 9 月 29 日
河办字〔2021〕84 号	中共河南县委办公室　河南县人民政府办公室关于印发《河南县“军事日”活动实施方案》的通知	2021 年 9 月 29 日
河办字〔2021〕85 号	中共河南县委办公室　河南县人民政府办公室关于调整河南县全面推行湖长制工作领导小组的通知	2021 年 9 月 17 日
河办字〔2021〕86 号	中共河南县委办公室　河南县人民政府办公室关于成立河南县农业现代化示范区创建领导小组的通知	2021 年 9 月 29 日
河办字〔2021〕87 号	中共河南县委办公室　河南县人民政府办公室关于转发《中共中央办公厅秘书局　国务院办公厅秘书局关于进一步加强新形势下值班工作的通知》的通知	2021 年 10 月 13 日
河办字〔2021〕88 号	中共河南县委办公室关于申请解决公务用车经费的请示	2021 年 10 月 11 日
河办字〔2021〕89 号	中共河南县委办公室关于申请解决专项经费的请示	2021 年 11 月 1 日
河办字〔2021〕90 号	中共河南县委办公室　河南县人民政府办公室关于成立河南县全面推行林草长制工作领导小组的通知	2021 年 12 月 2 日
河办字〔2021〕91 号	中共河南县委办公室　河南县人民政府办公室关于调整河南县信访工作联席会议组成人员的请示	2021 年 12 月 2 日
河办字〔2021〕92 号	中共河南县委办公室　河南县人民政府办公室关于调整县委反腐协调小组组成人员的通知	2021 年 12 月 2 日
河办字〔2021〕93 号	中共河南县委办公室　河南县人民政府办公室关于成立河南县 2021 年度国家重点生态功能区县域生态环境质量检测与评价工作领导小组的通知	2021 年 12 月 2 日

续表

发文字号	文件标题	发布日期
河办字〔2021〕94 号	中共河南县委办公室　河南县人民政府办公室关于成立《中国共产党河南县历史（1949—1978）（初审稿）》评审小组的通知	2021 年 11 月 22 日
河办字〔2021〕95 号	中共河南县委办公室关于调整河南县党风廉政建设责任制工作领导小组组成人员的通知	2021 年 11 月 22 日
河办字〔2021〕96 号	中共河南县委办公室　河南县人民政府办公室关于印发《河南县创建省级全域旅游示范区实施方案》《河南县创建省级全域旅游示范区工作联席会议制度》的通知	2021 年 11 月 30 日
河办字〔2021〕98 号	中共河南县委办公室关于印发《河南县 2021 年度乡（镇）和县直部门领导班子和领导干部目标责任考核实施方案》的通知	2021 年 12 月 8 日
河办字〔2021〕99 号	中共河南县委办公室关于印发《县级领导干部联系民营企业商协会工作方案》的通知	2021 年 12 月 9 日
河办字〔2021〕100 号	关于申请解决青甘川交界县（市）区域社会治理联席会议经费的请示	2021 年 12 月 9 日
河办字〔2021〕101 号	关于申请解决县情概况编印经费的请示	2021 年 12 月 9 日
河办字〔2021〕102 号	中共河南县委办公室　河南县人民政府办公室关于调整河南县深化医药卫生体制改革领导小组组成人员的通知	2021 年 12 月 17 日
河办字〔2021〕103 号	中共河南县委办公室　河南县人民政府办公室关于报请审议《河南县党政班子 2021 年度述职报告》的请示	2021 年 12 月 17 日
河办字〔2021〕104 号	中共河南县委办公室　河南县人民政府办公室关于调整河南县军事设施保护委员会组成人员的通知	2021 年 12 月 20 日
河办字〔2021〕105 号	中共河南县委办公室　河南县人民政府办公室关于调整河南国防动员委员会组成人员的通知	2021 年 12 月 20 日
河办字〔2021〕106 号	中共河南县委办公室　河南县人民政府办公室关于印发《河南县贯彻落实黄督通字（〔2021〕37 号）文件反馈问题清单的整改方案》的通知	2021 年 12 月 20 日
河办字〔2021〕107 号	中共河南县委办公室　河南县人民政府办公室关于报请审议《河南县党风廉政建设工作总结》的请示	2021 年 12 月 20 日
河办字〔2021〕108 号	中共河南县委办公室　河南县人民政府办公室关于报请审议《河南县 2021 年党建工作总结》的请示	2021 年 12 月 20 日
河办字〔2021〕109 号	中共河南县委办公室　河南县人民政府办公室关于调整河南县反恐怖工作领导小组组成人员的通知	2021 年 12 月 29 日
河办字〔2021〕110 号	中共河南县委办公室　河南县人民政府办公室关于印发《河南县“全民反恐　共创平安”反恐怖宣传教育活动实施方案》的通知	2021 年 12 月 29 日
河办字〔2021〕111 号	中共河南县委办公室关于申请解决中共河南蒙古族自治县十五届委员会第二次全体会议工作经费的请示	2021 年 12 月 28 日
河办字〔2021〕112 号	中共河南县委办公室关于印发《河南蒙古族自治县年鉴（2022）组稿方案》的通知	2021 年 12 月 28 日

续表

发文字号	文件标题	发布日期
河办字〔2021〕113 号	中共河南县委办公室关于报请审议《县委常委会工作报告》的请示	2021 年 12 月 29 日
河办字〔2021〕114 号	中共河南县委办公室　河南县人民政府办公室关于报请审议《县委主要领导在十五届委员会第二次全体会议上的讲话》的请示	2021 年 12 月 30 日
河办字〔2021〕115 号	中共河南县委办公室　河南县人民政府办公室关于报请审议召开中共河南蒙古族自治县十五届委员会第二次全体会议的请示	2021 年 12 月 30 日
河办字〔2021〕116 号	中共河南县委办公室　河南县人民政府办公室关于调整河南县社会信用体系建设领导小组成员的通知	2021 年 12 月 10 日
河办字〔2021〕117 号	中共河南县委办公室　河南县人民政府办公室关于 2022 年“两节”期间集中开展慰问送温暖活动的通知	2021 年 12 月 30 日
河办字〔2021〕118 号	中共河南县委办公室　河南县人民政府办公室关于印发《河南县民政局职能配置和人员编制规定》的通知	2021 年 12 月 30 日
河委〔2021〕1 号	关于召开中共河南县委十四届九次全体会议的请示	2021 年 1 月 6 日
河委〔2021〕2 号	关于斗格扎西同志职务任免的通知	2021 年 1 月 6 日
河委〔2021〕3 号	中共河南县委　河南县人民政府关于呈报《河南县 2020 年省对县脱贫攻坚绩效考核目标责任完成情况的报告》的请示	2021 年 1 月 14 日
河委〔2021〕4 号	中共河南县委关于中共河南县委常委会班子召开 2020 年度民主生活会的请示	2021 年 1 月 22 日
河委〔2021〕6 号	关于上报 2020 年度县委常委班子民主生活会情况的报告	2021 年 2 月 1 日
河委〔2021〕7 号	关于同意召开中国人民政治协商会议第十三届河南蒙古族自治县委员会第六次会议的批复	2021 年 3 月 1 日
河委〔2021〕8 号	关于同意成立中共人民政治协商会议第十三届河南蒙古族自治县委员会第六次会议临时党委的批复	2021 年 3 月 1 日
河委〔2021〕9 号	关于同意召开河南蒙古族自治县第十五届人民代表大会第七次会议的批复	2021 年 3 月 1 日
河委〔2021〕10 号	关于同意成立河南县第十五届人大第七次会议临时党委和各代表团临时党支部的批复	2021 年 3 月 1 日
河委〔2021〕11 号	关于同意召开中共河南蒙古族自治县第十四届纪律检查委员会第六次全体会议的批复	2021 年 3 月 1 日
河委〔2021〕17 号	关于华旦多杰等同志职务任免的请示	2021 年 4 月 2 日
河委〔2021〕18 号	关于尕藏罗智等同志职务任免的请示	2021 年 4 月 2 日
河委〔2021〕19 号	关于仁青东知等同志职务任免的通知	2021 年 4 月 1 日
河委〔2021〕20 号	关于才让等同志职务任免的通知	2021 年 4 月 1 日
河委〔2021〕21 号	关于才让同志免职的通知	2021 年 4 月 1 日
河委〔2021〕22 号	关于尼玛才让同志免职的通知	2021 年 4 月 1 日
河委〔2021〕23 号	关于向上、尼群加同志职务任免的通知	2021 年 4 月 1 日

续表

发文字号	文件标题	发布日期
河委〔2021〕24号	关于尼群加、曲青卓玛同志职务任免的通知	2021年4月1日
河委〔2021〕25号	关于措科同志退休的通知	2021年4月1日
河委〔2021〕26号	关于姜亚同志免职并退休的通知	2021年4月1日
河委〔2021〕27号	关于丹珍佳同志免职并退休的通知	2021年4月1日
河委〔2021〕28号	关于严海峰同志免职的通知	2021年4月1日
河委〔2021〕29号	关于同意召开共青团河南县十二届四次全委（扩大）会议的批复	2021年4月1日
河委〔2021〕30号	关于同意召开中国共产党优干宁镇第五届代表大会的批复	2021年4月1日
河委〔2021〕31号	关于同意召开中国共产党宁木特镇第二届代表大会的批复	2021年4月1日
河委〔2021〕32号	关于同意召开中国共产党赛尔龙乡第十五届代表大会的批复	2021年4月1日
河委〔2021〕33号	关于同意召开中国共产党柯生乡第十五届代表大会的批复	2021年4月1日
河委〔2021〕34号	关于同意召开中国共产党多松乡第十五届代表大会的批复	2021年4月1日
河委〔2021〕35号	关于同意召开中国共产党托叶玛乡第十四届代表大会的批复	2021年4月1日
河委〔2021〕36号	关于李青丽同志职务任免的通知	2021年4月8日
河委〔2021〕37号	关于召开中国共产党河南蒙古族自治县第十五次代表大会的请示	2021年4月15日
河委〔2021〕38号	关于华卡等4名同志任职的请示	2021年4月22日
河委〔2021〕39号	关于更尕扎西等3名同志免职的请示	2021年4月22日
河委〔2021〕40号	关于才让三智等同志职务任免的通知	2021年4月21日
河委〔2021〕41号	关于完玛扎西、才让多杰同志任职的通知	2021年4月21日
河委〔2021〕42号	关于王万春等同志职务任免的通知	2021年4月21日
河委〔2021〕43号	关于才让三智同志免职的通知	2021年4月21日
河委〔2021〕44号	关于完玛扎西同志免职的通知	2021年4月21日
河委〔2021〕45号	关于德吉措同志免职的通知	2021年4月21日
河委〔2021〕46号	关于达热吉、万德加同志职务任免的通知	2021年4月21日
河委〔2021〕47号	关于尕旦东周等同志职务任免的通知	2021年4月26日
河委〔2021〕48号	关于更尕扎西等同志职务任免的通知	2021年4月26日
河委〔2021〕49号	关于华旦多杰等同志职务任免的通知	2021年4月26日
河委〔2021〕50号	关于拉旦才让同志免职的通知	2021年4月26日
河委〔2021〕51号	关于仁青措、叁培同志职务任免的通知	2021年4月26日
河委〔2021〕52号	关于尕藏罗智、华旦多杰同志职务任免的通知	2021年4月26日
河委〔2021〕53号	关于更尕扎西、仁青措同志职务任免的通知	2021年4月26日
河委〔2021〕54号	关于叁培、斗格加同志职务任免的通知	2021年4月26日
河委〔2021〕55号	关于桑杰土登等同志职务任免的通知	2021年4月26日
河委〔2021〕56号	关于桑杰土登等同志职务任免的通知	2021年4月26日

续表

发文字号	文件标题	发布日期
河委〔2021〕57 号	关于索南多杰、卓玛加同志职务任免的通知	2021 年 4 月 26 日
河委〔2021〕58 号	关于卓玛加同志职务任免的通知	2021 年 4 月 26 日
河委〔2021〕59 号	关于昂秀等同志任职的通知	2021 年 4 月 26 日
河委〔2021〕60 号	关于昂秀等同志免职的通知	2021 年 4 月 26 日
河委〔2021〕61 号	关于仁青加等同志职务任免的通知	2021 年 4 月 26 日
河委〔2021〕62 号	关于李青青同志职务任免的通知	2021 年 4 月 26 日
河委〔2021〕63 号	关于万加、夏吾尕藏同志任职的通知	2021 年 4 月 26 日
河委〔2021〕64 号	关于赵秀丽等同志职务任免的通知	2021 年 5 月 10 日
河委〔2021〕65 号	关于华卡等同志职务任免的通知	2021 年 5 月 10 日
河委〔2021〕66 号	关于《河南县庆祝中国共产党成立 100 周年活动方案》的请示	2021 年 5 月 10 日
河委〔2021〕67 号	关于河南县各乡镇党政正职换届人事安排的请示	2021 年 5 月 11 日
河委〔2021〕68 号	关于任命县乡人大换届选举委员会的通知	2021 年 5 月 11 日
河委〔2021〕69 号	关于任命优干宁镇等 6 个乡镇人大换届选举委员会的通知	2021 年 5 月 21 日
河委〔2021〕72 号	关于同意增加乡级人大代表名额的批复	2021 年 5 月 21 日
河委〔2021〕73 号	关于同意河南县县级人大代表换届选举选区划分及名额分配的批复	2021 年 5 月 21 日
河委〔2021〕74 号	关于同意认真做好 2021 年全县县乡两级人大换届选举工作实施意见的批复	2021 年 5 月 21 日
河委〔2021〕75 号	关于同意增加乡级人大代表名额的批复	2021 年 5 月 21 日
河委〔2021〕76 号	关于中国共产党优干宁镇第五届委员会和纪律检查委员会组成人员候选人预备人选的批复	2021 年 5 月 21 日
河委〔2021〕77 号	关于中国共产党宁木特镇第二届委员会和纪律检查委员会组成人员候选人预备人选的批复	2021 年 5 月 24 日
河委〔2021〕78 号	关于中国共产党赛尔龙乡第十五届委员会和纪律检查委员会组成人员候选人预备人选的批复	2021 年 5 月 24 日
河委〔2021〕79 号	关于中国共产党柯生乡第十五届委员会和纪律检查委员会组成人员候选人预备人选的批复	2021 年 5 月 24 日
河委〔2021〕80 号	关于中国共产党多松乡第十五届委员会和纪律检查委员会组成人员候选人预备人选的批复	2021 年 5 月 24 日
河委〔2021〕81 号	关于中国共产党托叶玛乡第十四届委员会和纪律检查委员会组成人员候选人预备人选的批复	2021 年 5 月 24 日
河委〔2021〕82 号	关于县委提名到各乡镇参选的县第十五次党代表大会代表的通知	2021 年 5 月 21 日
河委〔2021〕84 号	关于同意政协第十四届河南蒙古族自治县委员会界别增收和委员人数增补的批复	2021 年 5 月 26 日
河委〔2021〕85 号	关于中共河南县委常委会班子 2018 年度以来年度民主生活会“回头看”情况的报告	2021 年 5 月 26 日

续表

发文字号	文件标题	发布日期
河委〔2021〕86号	关于同意政协第十四届河南蒙古族自治县委员会增加委员人数和增设界别的批复	2021年5月26日
河委〔2021〕87号	关于公保杰、彭文生同志职务任免的通知	2021年6月4日
河委〔2021〕88号	关于海洋、赵德龙同志职务任免的通知	2021年6月4日
河委〔2021〕89号	关于秦增多杰同志职务任免的通知	2021年6月9日
河委〔2021〕90号	关于罗藏卓玛等同志职务任免的通知	2021年6月9日
河委〔2021〕91号	关于索南才让等同志职务任免的通知	2021年6月9日
河委〔2021〕92号	关于当毛、索南才让同志职务任免的通知	2021年6月9日
河委〔2021〕93号	关于海洋等同志职务任免的通知	2021年6月11日
河委〔2021〕94号	关于刘国强、赵维凯同志职务任免的通知	2021年6月11日
河委〔2021〕95号	关于索南才让等同志职务任免的通知	2021年6月11日
河委〔2021〕96号	关于李年栋同志任职的通知	2021年6月11日
河委〔2021〕97号	关于公保杰同志任职的通知	2021年6月11日
河委〔2021〕98号	关于优干宁镇人大、政府换届人事安排的批复	2021年6月16日
河委〔2021〕99号	关于宁木特镇人大、政府换届人事安排的批复	2021年6月16日
河委〔2021〕100号	关于赛尔龙乡人大、政府换届人事安排的批复	2021年6月16日
河委〔2021〕101号	关于柯生乡人大、政府换届人事安排的批复	2021年6月16日
河委〔2021〕102号	关于多松乡人大、政府换届人事安排的批复	2021年6月16日
河委〔2021〕103号	关于托叶玛乡人大、政府换届人事安排的批复	2021年6月16日
河委〔2021〕104号	关于万玛本等同志职务任免的通知	2021年6月22日
河委〔2021〕105号	关于秦建军同志免职的通知	2021年6月23日
河委〔2021〕106号	关于尼玛才让、公保杰同志职务任免的通知	2021年6月23日
河委〔2021〕107号	关于公保杰同志免职的通知	2021年6月23日
河委〔2021〕108号	关于县纪委监委换届人事安排的请示	2021年7月9日
河委〔2021〕109号	关于河南县人大、政府、政协领导班子及监察委员会主任、副主任、法检“两长”换届人事安排的请示	2021年7月9日
河委〔2021〕110号	关于多杰仁增、郭辉同志职务任免的通知	2021年6月30日
河委〔2021〕111号	关于多杰仁增、郭辉同志职务任免的通知	2021年6月30日
河委〔2021〕113号	关于调整河南县扶贫工作机构党组织设置的通知	2021年7月1日
河委〔2021〕114号	关于索南昂加等同志职务任免的请示	2021年7月2日
河委〔2021〕115号	关于尼玛才让等同志职务任免的通知	2021年7月2日
河委〔2021〕116号	关于尼玛才让等同志职务任免的通知	2021年7月2日
河委〔2021〕117号	关于确定河南县出席中国共产党黄南藏族自治州第十三次代表大会代表候选人预备人选情况的报告	2021年7月9日

续表

发文字号	文件标题	发布日期
河委〔2021〕118 号	关于才旦公保同志免职的通知	2021 年 7 月 2 日
河委〔2021〕119 号	关于卓玛同志退休的通知	2021 年 7 月 2 日
河委〔2021〕120 号	关于李青丽同志退休的通知	2021 年 7 月 2 日
河委〔2021〕122 号	关于河南县纪委监委换届人事安排的请示	2021 年 7 月 4 日
河委〔2021〕123 号	关于多杰卓玛、拉加才让同志职务任免的通知	2021 年 7 月 9 日
河委〔2021〕124 号	关于河南县委、纪委换届选举结果的快报	2021 年 7 月 7 日
河委〔2021〕125 号	关于同意提名当毛等 23 名同志为政协河南蒙古族自治县第十四届委员会常委候选人的批复	2021 年 7 月 7 日
河委〔2021〕126 号	关于同意提名当毛等 131 名同志为政协河南蒙古族自治县第十四届委员会委员人选的批复	2021 年 7 月 7 日
河委〔2021〕127 号	关于同意提名当毛等 26 名同志出席政协黄南藏族自治州第十四届委员会委员人选的批复	2021 年 7 月 7 日
河委〔2021〕128 号	关于同意召开河南县蒙古族自治县第十六届人民代表大会第一次会议的批复	2021 年 7 月 7 日
河委〔2021〕129 号	关于同意河南县第十六届人民代表大会常务委员会组成人员建议名单的批复	2021 年 7 月 7 日
河委〔2021〕130 号	关于同意河南县第十六届人民代表大会各专委会主任委员、委员建议名单的批复	2021 年 7 月 7 日
河委〔2021〕131 号	关于河南县出席黄南藏族自治州第十六届人民代表大会候选人有关事项的请示	2021 年 7 月 10 日
河委〔2021〕132 号	关于多杰卓玛、拉加才让同志职务任免的通知	2021 年 7 月 4 日
河委〔2021〕133 号	关于关于秦建军同志免职的通知	2021 年 7 月 8 日
河委〔2021〕134 号	关于多杰卓玛、拉加才让同志职务任免的通知	2021 年 7 月 8 日
河委〔2021〕135 号	关于韩成才等同志职务任免的通知	2021 年 7 月 8 日
河委〔2021〕136 号	关于公保南杰、尕桑同志任职的通知	2021 年 7 月 9 日
河委〔2021〕137 号	关于关于李靖托同志职务任免的通知	2021 年 7 月 9 日
河委〔2021〕138 号	关于罗峰、彩周同志任职的通知	2021 年 7 月 9 日
河委〔2021〕139 号	关于同意成立中国人民政治协商会议第十四届河南蒙古族委员会第一次会议临时党委的批复	2021 年 7 月 11 日
河委〔2021〕140 号	关于同意成立河南县第十六届人大第一次会议临时党委和各代表团临时党支部的批复	2021 年 7 月 8 日
河委〔2021〕141 号	关于河南蒙古族自治县第十六届人民代表大会常务文员会主任、副主任、委员，专门委员会主任委员、委员，出席黄南州第十六届人代会代表候选人的建议	2021 年 7 月 7 日
河委〔2021〕142 号	关于政协第十四届河南蒙古族自治县委委员会主席、副主席、常务委员会委员候选人的建议	2021 年 7 月 7 日

续表

发文字号	文件标题	发布日期
河委〔2021〕143 号	关于河南蒙古族自治县县长、副县长、监察委员会主任、人民法院院长、人民检察院检察长候选人的建议	2021 年 7 月 7 日
河委〔2021〕144 号	关于河南蒙古族自治县出席中国共产党黄南藏族自治州第十三次代表大会代表选举情况的报告	2021 年 7 月 13 日
河委〔2021〕145 号	关于河南县政协领导班子换届选举结果的快报	2021 年 7 月 14 日
河委〔2021〕146 号	关于河南县领导班子换届选举结果的报告	2021 年 7 月 15 日
河委〔2021〕147 号	关于河南县人大、政府领导班子和监委主任、法检“两长”换届选举结果的快报	2021 年 7 月 15 日
河委〔2021〕148 号	关于秦增多杰等同志职务任免的通知	2021 年 7 月 16 日
河委〔2021〕149 号	关于卓玛加等同志任职的通知	2021 年 7 月 16 日
河委〔2021〕150 号	关于同意召开中国人民政治协商会议第十四届河南蒙古族自治县委员会第一次会议的批复	2021 年 8 月 9 日
河委〔2021〕152 号	关于河南县公务员工资津贴补贴自查清理的报告	2021 年 8 月 19 日
河委〔2021〕157 号	关于韩成才等同志任职的通知	2021 年 8 月 19 日
河委〔2021〕158 号	关于韩成才等同志任职的通知	2021 年 8 月 19 日
河委〔2021〕159 号	关于赵生满同志任职的通知	2021 年 9 月 2 日
河委〔2021〕160 号	关于康彩红同志免职的通知	2021 年 9 月 2 日
河委〔2021〕161 号	关于宋利军等同志职务任免的通知	2021 年 9 月 2 日
河委〔2021〕162 号	关于郝少勇同志任职的通知	2021 年 9 月 2 日
河委〔2021〕163 号	关于罗峰同志免职并退休的通知	2021 年 9 月 2 日
河委〔2021〕164 号	关于张哲同志职务任免的请示	2021 年 9 月 2 日
河委〔2021〕166 号	关于公保东知布等同志职务任免的通知	2021 年 9 月 29 日
河委〔2021〕167 号	关于卓玛、看着才让同志任职的通知	2021 年 9 月 29 日
河委〔2021〕169 号	关于调整县委审计委员会组成人员的通知	2021 年 9 月 29 日
河委〔2021〕171 号	关于李英同志免职的通知	2021 年 9 月 23 日
河委〔2021〕172 号	关于张哲等同志职务任免的通知	2021 年 9 月 23 日
河委〔2021〕173 号	关于斗格等 17 名同志职级晋升的请示	2021 年 10 月 27 日
河委〔2021〕174 号	关于严成虎、才让代吉同志职务任免的请示	2021 年 11 月 5 日
河委〔2021〕175 号	关于严成虎等同志职务任免的通知	2021 年 11 月 4 日
河委〔2021〕176 号	关于扎西才旦等 6 名同志到乡村振兴局挂职锻炼的通知	2021 年 11 月 11 日
河委〔2021〕177 号	关于董贵同志到农牧水利和科技局挂职锻炼的通知	2021 年 11 月 11 日
河委〔2021〕178 号	关于旦巴尖措等同志职务任免的通知	2021 年 11 月 11 日
河委〔2021〕179 号	关于公保才让等同志职务任免的通知	2021 年 11 月 11 日
河委〔2021〕180 号	关于晁学龙同志任职的通知	2021 年 11 月 11 日

续表

发文字号	文件标题	发布日期
河委〔2021〕181 号	关于魏占玉同志免职的通知	2021 年 12 月 2 日
河委〔2021〕182 号	关于旦巴尖措等同志职务任免的通知	2021 年 12 月 2 日
河委〔2021〕185 号	关于谢晓晖同志任职的通知	2021 年 12 月 2 日
河委〔2021〕186 号	关于魏希慧等同志职务任免的通知	2021 年 12 月 2 日
河委〔2021〕187 号	关于谢晓晖同志任职的通知	2021 年 12 月 2 日
河委〔2021〕190 号	关于调整县关心下一代工作委员会成员的通知	2021 年 12 月 2 日
河委〔2021〕191 号	关于调整县委外事工作委员会组成人员的通知	2021 年 12 月 2 日
河委〔2021〕192 号	关于严成虎、才让代吉同志职务任免的通知	2021 年 12 月 2 日
河委〔2021〕193 号	关于尕藏当周、严成虎同志任职的通知	2021 年 12 月 2 日
河委〔2021〕194 号	关于才让代吉同志任职的通知	2021 年 12 月 2 日
河委〔2021〕195 号	关于严成虎、才让代吉同志职务任免的通知	2021 年 12 月 2 日
河委〔2021〕196 号	关于成立河南县乡镇机构改革领导小组的通知	2021 年 11 月 29 日
河委〔2021〕197 号	关于调整中共河南县直属机关工作委员会委员的通知	2021 年 11 月 29 日
河委〔2021〕198 号	关于县委农村牧区工作领导小组组成人员任职的通知	2021 年 12 月 8 日
河委〔2021〕199 号	关于调整河南县人才工作领导小组的通知	2021 年 12 月 10 日
河委〔2021〕200 号	关于调整县委国家安全委员会组成人员的通知	2021 年 12 月 13 日
河委〔2021〕201 号	关于仁青卓玛同志免职的通知	2021 年 12 月 21 日
河委〔2021〕202 号	关于李强同志任职的通知	2021 年 12 月 29 日
河委〔2021〕203 号	关于才让三智等同志职务任免的通知	2021 年 12 月 29 日
河委〔2021〕204 号	关于命名表彰 2019—2021 年度县级文明村镇、文明单位、文明校园的决定	2021 年 12 月 20 日
河委〔2021〕205 号	关于报请审议《河南县关于构建简约高效乡镇管理体制实施方案》的通知	2021 年 12 月 20 日
河委〔2021〕206 号	关于印发《十五届县委巡察工作规划（2021—2026 年）》的通知	2021 年 12 月 20 日
河委〔2021〕207 号	关于县委宣传思想工作和意识形态工作领导小组组成人员任职的通知	2021 年 12 月 24 日
河委〔2021〕208 号	关于尕藏罗智同志任职的通知	2021 年 12 月 29 日
河委〔2021〕209 号	关于斗格等同志职务任免的通知	2021 年 12 月 29 日
河委〔2021〕210 号	关于恩科等同志任职的通知	2021 年 12 月 29 日
河委〔2021〕211 号	关于河南县行政学校校长任职的通知	2021 年 12 月 23 日
河委〔2021〕212 号	关于仁青卓玛同志免职的通知	2021 年 12 月 23 日
河委〔2021〕213 号	关于仁青卓玛同志免职的通知	2021 年 12 月 23 日
河委〔2021〕214 号	关于表彰青海省第五人民医院支医队员韩国雄等 12 名同志的决定	2021 年 12 月 30 日

注：因主送机关不同，部分文件有文件名称相同、文号不同的情况；部分文件不予公开。

2021 年人大文件一览表

序号	发文字号	发文名称	发文时间
1	河人大常字〔2021〕1 号	关于开展寺院社会化管理情况的审议意见	2021 年 1 月 15 日
2	河人大常字〔2021〕2 号	关于开展社区矫正工作情况的审议意见	2021 年 1 月 15 日
3	河人大常字〔2021〕3 号	河南蒙古族自治县人大常委会对《县人民政府关于县十五届人大五次会议代表建议、批评与意见督办工作情况的报告》的审议意见	2021 年 1 月 15 日
4	河人大常字〔2021〕4 号	关于同意调整《县人民政府 2020 年县级地方一般预算支出议案》的决议	2021 年 1 月 15 日
5	河人大常字〔2021〕5 号	关于河南县 2020 年度环境状况和环境保护目标完成情况报告的审查意见	2021 年 1 月 15 日
6	河人大常字〔2021〕6 号	关于县人民政府关于地方金融企业国有资产管理情况专项报告的审查意见	2021 年 1 月 15 日
7	河人大常字〔2021〕7 号	河南蒙古族自治县人大常务委员会任免名单（县委巡察办）	2021 年 1 月 15 日
9	河人大常字〔2021〕9 号	关于开展全面深化改革工作情况的报告	2021 年 1 月 27 日
10	河人大常字〔2021〕10 号	关于召开河南蒙古族自治县十五届人民代表大会第七次会议的决定	2021 年 4 月 27 日
12	河人大常字〔2021〕12 号	关于召开河南蒙古族自治县十六届人民代表大会第一次会议的决定	2021 年 7 月 9 日
13	河人大常字〔2021〕13 号	关于增加乡级人大代表名额的决定	2021 年 5 月 21 日
14	河人大常字〔2021〕14 号	关于河南县县乡人民代表大会换届选举日的决定	2021 年 5 月 21 日
15	河人大常字〔2021〕15 号	关于成立河南县县级人大代表选举委员会的决定	2021 年 5 月 21 日
16	河人大常字〔2021〕16 号	关于成立各乡（镇）县级人大代表选举委员会的决定	2021 年 5 月 21 日
17	河人大常字〔2021〕17 号	河南蒙古族自治县人大常务委员会任免名单	2021 年 7 月 9 日
19	河人大常字〔2021〕19 号	关于赵秀丽等同志任免的通知	2021 年 8 月 26 日
20	河人大常字〔2021〕20 号	关于《河南蒙古族自治县生态环境保护例》贯彻执行情况执法检查的审议意见书	2021 年 9 月 1 日
21	河人大常字〔2021〕21 号	关于开展河南县水产业发展情况的审议意见书	2021 年 9 月 1 日
22	河人大常字〔2021〕22 号	关于印发《河南蒙古族自治县人民代表大会常务委员会工作规则》的通知	2021 年 11 月 1 日
23	河人大常字〔2021〕23 号	关于印发《河南蒙古族自治县人大常委会各主任联系委员、委员联系代表、代表联系群众工作制度》的通知	2021 年 11 月 1 日

续表

序号	发文字号	发文名称	发文时间
24	河人大常字〔2021〕24 号	关于批准《河南县人民政府关于 2020 年度财政决算报告》的决议	2021 年 11 月 2 日
25	河人大常字〔2021〕25 号	关于调整代表资格审查委员会组成人员的决定	2021 年 11 月 5 日
26	河人大常字〔2021〕26 号	关于《2020 年度财政预算执行和其他财政收支审计的报告》及《2019 年度县本级财政预算执行和其他财政收支情况审计查出问题整改落实情况的报告》的审议意见	2021 年 11 月 1 日
27	河人大常字〔2021〕27 号	关于《河南县 2021 年 1—9 月份财政预算执行情况的报告》的审议意见	2021 年 11 月 1 日
28	河人大常字〔2021〕28 号	关于《河南县 2021 年 1—9 月份国民经济和社会发展计划执行情况的报告》的审议意见	2021 年 11 月 1 日
29	河人大常字〔2021〕29 号	关于河南县 2020 年度财政决算报告的审议意见	2021 年 11 月 1 日
30	河人大常字〔2021〕30 号	关于河南县乡村集体经济发展情况报告的审议意见	2021 年 11 月 1 日
31	河人大常字〔2021〕31 号	关于水产业发展情况的调研报告	2021 年 12 月 9 日
32	河人大常字〔2021〕32 号	关于村级集体经济发展情况的调研报告	2021 年 12 月 9 日
33	河人大常字〔2021〕33 号	关于《县人民政府关于县第十五届人大七次会议和第十六届人大一次会议代表意见建议办理情况的报告》的审议意见书	2021 年 12 月 24 日
34	河人大常字〔2021〕34 号	关于《县人民政府关于河南县国有资产管理情况的报告》的审议意见书	2021 年 12 月 24 日
35	河人大常字〔2021〕35 号	关于《县人民政府关于河南县 2021 年度环境状况和环境保护目标完成情况的报告》的审议意见书	2021 年 12 月 24 日
36	河人大常字〔2021〕36 号	关于《县人民政府关于河南县“七五”普法决议贯彻落实情况的报告》的审议意见书	2021 年 12 月 24 日
37	河人大常字〔2021〕37 号	关于开展第八个五年法治宣传教育的决议	2021 年 12 月 24 日
38	河人大常字〔2021〕38 号	河南蒙古自治县人大常务委员会任免名单	2021 年 12 月 24 日
39	河人大常字〔2021〕39 号	关于才让代吉等同志任免的通知	2021 年 12 月 24 日
40	河人大常字〔2021〕40 号	河南蒙古自治县人大常务委员会任免名单	2021 年 12 月 24 日
41	河人大常党〔2021〕1 号	关于召开河南蒙古族自治县第十五届人民代表大会第七次会议的请示	2021 年 2 月 26 日
42	河人大常党〔2021〕2 号	关于成立河南县第十五届人大第七次会议临时党委和各代表团临时党支部的请示	2021 年 2 月 26 日
43	河人大常党〔2021〕3 号	关于报请审议《河南蒙古族自治县人民代表大会常务委员会工作报告》的请示	2021 年 2 月 26 日
44	河人大常党〔2021〕4 号	关于增加乡级人大代表名额的请示	2021 年 5 月 21 日
45	河人大常党〔2021〕5 号	关于河南县县级人大代表换届选举选区划分及名额分配的请示	2021 年 5 月 21 日

续表

序号	发文字号	发文名称	发文时间
46	河人大常党〔2021〕6号	关于河南县第十六届人民代表大会常务委员会组成人员的请示	2021年5月11日
47	河人大常党〔2021〕7号	报请审议《关于认真做好2021年全县县乡两级人大换届选举工作实施意见》的请示	2021年5月21日
48	河人大常党〔2021〕8号	关于拟设立县乡选举委员会办公室的请示	2021年5月21日
49	河人大常党〔2021〕9号	关于县乡人民代表大会换届选举日的请示	2021年5月21日
50	河人大常党〔2021〕10号	关于召开第一次县乡人大换届选举工作联席会议的请示	2021年5月22日
51	河人大常党〔2021〕11号	关于2021年上半年工作总结和下半年工作计划的报告	2021年6月4日
52	河人大常党〔2021〕12号	关于成立党史学习教育活动领导小组的通知	2021年6月24日
53	河人大常党〔2021〕13号	关于召开河南蒙古族自治县第十六届人民代表大会第一次会议的请示	2021年6月7日
54	河人大常党〔2021〕14号	关于召开各乡（镇）人民代表大会第一次会议的请示	2021年6月9日
55	河人大常党〔2021〕15号	关于增补索南才让同志为党组书记和李年栋同志为党组成员的请示	2021年6月15日
56	河人大常党〔2021〕16号	关于报请审议召开河南蒙古族自治县第十六届人民代表大会第一次会议的请示	2021年6月30日
57	河人大常党〔2021〕17号	关于报请审议河南县第十六届人民代表大会常务委员会组成人员建议名单的请示	2021年6月30日
58	河人大常党〔2021〕18号	关于报请审议河南县第十六届人民代表大会各专委会主任委员、委员建议名单的请示	2021年6月30日
59	河人大常党〔2021〕19号	关于成立河南县第十六届人大第一次会议临时党委和各代表团临时党支部的请示	2021年7月8日
60	河人大常党〔2021〕20号	中共河南蒙古族自治县人大常委会党组	2021年7月8日
61	河人大常党〔2021〕21号	关于河南蒙古族自治县人大常委会办公室党支部召开党员大会的请示	2021年8月17日
62	河人大常党〔2021〕22号	关于开展对《河南蒙古族自治县生态环境保护条例》贯彻执行情况执法检查的请示	2021年8月18日
63	河人大常党〔2021〕23号	关于召开党史学习教育专题组织生活会的请示	2021年8月18日
64	河人大常党〔2021〕24号	关于新一届党支部委员选举结果的报告	2021年8月18日
65	河人大常党〔2021〕25号	关于开展“学党史、悟思想、办实事、开新局”主题党日活动的通知	2021年8月24日
66	河人大常党〔2021〕26号	关于河南蒙古族自治县人大常委会党组成员组成及分工的通知	2021年9月22日
67	河人大常党〔2021〕27号	关于开展“树立消防意识　筑牢安全防线”主题党日活动的通知	2021年10月20日
68	河人大常党〔2021〕28号	关于河南蒙古族自治县人大常委会党组成员组成及分工的通知	2021年7月29日

续表

序号	发文字号	发文名称	发文时间
69	河人大常党〔2021〕29 号	关于 2021 年度工作总结和下一步工作计划的报告	2021 年 11 月 15 日
70	河人大常办〔2021〕1 号	关于对十五届人大第五次会议代表意见建议办理情况进行跟踪调研的通知	2021 年 1 月 5 日
71	河人大常办〔2021〕2 号	河南县人大常委会办公室关于存量资金返还款的报告	2021 年 1 月 7 日
72	河人大常办〔2021〕3 号	关于召开河南蒙古族自治县十五届人民代表大会常务委员会第二十九次会议的通知	2021 年 1 月 5 日
73	河人大常办〔2021〕4 号	关于上报优秀一般公务员的报告	2021 年 1 月 7 日
74	河人大常办〔2021〕5 号	关于征求县人大常委会党组班子及成员意见建议的通知	2021 年 1 月 15 日
75	河人大常办〔2021〕6 号	关于成立河南蒙古族自治县第十五届人民代表大会第七次会议筹备领导小组的通知	2021 年 2 月 25 日
76	河人大常办〔2021〕7 号	关于拨付自治县第十五届人民代表大会第七次会议经费的报告	2021 年 2 月 25 日
77	河人大常办〔2021〕8 号	关于召开河南蒙古族自治县十五届人民代表大会常务委员会第三十次会议的通知	2021 年 2 月 25 日
78	河人大常办〔2021〕9 号	关于召开河南蒙古族自治县第十五届人民代表大会第七次会议的通知	2021 年 2 月 26 日
79	河人大常办〔2021〕10 号	关于上报河南县代表团召集人和临时党支部书记、工作人员名单的报告	2021 年 3 月 4 日
80	河人大常办〔2021〕11 号	关于召开黄南藏族自治州第十五届人民代表大会第七次会议的通知	2021 年 3 月 4 日
81	河人大常办〔2021〕12 号	青海省河南县人大转移支付 2020 年度绩效自评报告	2021 年 3 月 10 日
82	河人大常办〔2021〕13 号	关于开展地方性法规及其他规范性文件涉及行政处罚内容专项清理工作的通知	2021 年 4 月 13 日
83	河人大常办〔2021〕14 号	关于印发《县人大常委会关于开展“乡镇人大建设年”提升行动的实施方案》的通知	2021 年 4 月 16 日
84	河人大常办〔2021〕15 号	关于申请解决 2021 年全县县乡两级人大换届选举工作经费的请示	2021 年 4 月 19 日
85	河人大常办〔2021〕16 号	关于召开河南蒙古族自治县十五届人民代表大会常务委员会第三十一次会议的通知	2021 年 4 月 26 日
86	河人大常办〔2021〕17 号	关于印发《河南蒙古族自治县人大常务委员会 2021 年度重点工作计划》的通知	2021 年 4 月 26 日
87	河人大常办〔2021〕18 号	关于召开县十五届人大第七次会议代表意见建议交办会的通知	2021 年 4 月 22 日
88	河人大常办〔2021〕19 号	关于召开河南蒙古族自治县十五届人民代表大会常务委员会第三十一次会议的通知	2021 年 4 月 26 日
89	河人大常办〔2021〕20 号	关于印发《河南蒙古族自治县人大常务委员会 2021 年度重点工作细化安排表》的通知	2021 年 4 月 27 日

续表

序号	发文字号	发文名称	发文时间
90	河人大常办〔2021〕21号	关于上报河南县代表团召集人和工作人员名单的报告	2021年4月29日
91	河人大常办〔2021〕22号	关于召开黄南藏族自治州第十五届人民代表大会第八次会议的通知	2021年5月6日
92	河人大常办〔2021〕23号	关于召开河南蒙古族自治县十五届人民代表大会常务委员会第三十二次会议的通知	2021年5月20日
93	河人大常办〔2021〕24号	关于召开第一次县乡人大换届选举工作联席会议的通知	2021年5月20日
94	河人大常办〔2021〕25号	关于上报开展地方性法规及其他规范性文件涉及行政处罚内容专项清理工作的报告	2021年5月31日
95	河人大常办〔2021〕26号	关于2018年以来年度民主生活会召开情况“回头看”工作情况报告	2021年6月1日
96	河人大常办〔2021〕27号	关于出席中国共产党河南蒙古族自治县第十五次代表大会代表候选人预备人选的报告	2021年6月23日
97	河人大常办〔2021〕28号	关于出席中国共产党河南蒙古族自治县第十五次代表大会代表候选人预备人选的报告	2021年6月24日
98	河人大常办〔2021〕29号	关于上报征求《青海省宗教事务条例（草案第二次审议稿）（修改稿）》修改意见建议的报告	2021年6月30日
99	河人大常办〔2021〕30号	关于召开河南蒙古族自治县十五届人民代表大会常务委员会第三十三次会议的通知	2021年7月2日
100	河人大常办〔2021〕31号	关于成立河南蒙古族自治县第十六届人民代表大会第一次会议筹备领导小组的通知	2021年7月2日
101	河人大常办〔2021〕32号	关于拨付自治县第十六届人民代表大会第一次会议经费的报告	2021年7月5日
102	河人大常办〔2021〕33号	关于河南县人大常委会主任公保才旦任期经济责任审计的整改报告	2021年7月6日
103	河人大常办〔2021〕34号	关于召开河南蒙古族自治县十五届人民代表大会常务委员会第三十三次会议的通知	2021年7月6日
104	河人大常办〔2021〕35号	河南蒙古族自治县人大常委会办公室关于解决司助人员绩效费用的报告	2021年7月7日
105	河人大常办〔2021〕36号	关于召开河南蒙古族自治县第十六届人民代表大会第一次会议的通知	2021年7月9日
106	河人大常办〔2021〕37号	关于人大常委会办公室分工暨2021年目标考核责任分工的通知	2021年7月27日
107	河人大常办〔2021〕38号	关于成立河南县人大机关“那达慕”工作筹备协调小组的通知	2021年7月27日
108	河人大常办〔2021〕39号	关于调整河南蒙古族自治县人大常委会主任、副主任分工的通知	2021年7月29日

续表

序号	发文字号	发文名称	发文时间
109	河人大常办〔2021〕40 号	关于开展对《河南蒙古族自治县生态保护条例》贯彻执行情况执法检查的函	2021 年 7 月 29 日
110	河人大常办〔2021〕41 号	关于召开黄南藏族自治州第十六届人民代表大会第一次会议的通知	2021 年 8 月 5 日
111	河人大常办〔2021〕42 号	关于开展对《河南蒙古族自治县生态环境保护条例》贯彻执行情况执法检查的通知	2021 年 8 月 17 日
112	河人大常办〔2021〕43 号	关于对河南县水产业发展情况进行调研的通知	2021 年 8 月 17 日
113	河人大常办〔2021〕45 号	关于召开县十六届人大第一次会议代表意见建议交办会的通知	2021 年 8 月 17 日
114	河人大常办〔2021〕46 号	关于召开河南蒙古族自治县十六届人民代表大会常务委员会第一次会议的通知	2021 年 8 月 17 日
115	河人大常办〔2021〕47 号	关于建立人大常委会主任、副主任及各专委会主任委员联系乡镇人大主席团机制的通知	2021 年 8 月 23 日
116	河人大常办〔2021〕48 号	关于制定乡（镇）人大代表建议批评意见办理工作办法的通知	2021 年 8 月 23 日
117	河人大常办〔2021〕49 号	关于申请解决办公设施维修经费的请示	2021 年 8 月 24 日
118	河人大常办〔2021〕50 号	关于上报 2021 年度重点工作目标责任的报告	2021 年 8 月 26 日
119	河人大常办〔2021〕51 号	关于拨付自治县第十六届人民代表大会第一次会议经费的报告	2021 年 8 月 30 日
120	河人大常办〔2021〕52 号	关于督导观摩乡镇人大建设三年行动开展情况的通知	2021 年 9 月 7 日
121	河人大常办〔2021〕53 号	关于对乡村集体经济发展情况进行调研的函	2021 年 9 月 8 日
122	河人大常办〔2021〕54 号	关于印发《河南县人大常委会委员联系代表工作办法》的通知	2021 年 9 月 3 日
123	河人大常办〔2021〕55 号	关于开展整治违规收礼金问题和小金库“回头看”专项行动方案	2021 年 9 月 3 日
124	河人大常办〔2021〕56 号	关于开展县人民检察院在社区矫正工作中的职能工作进行调研的通知	2021 年 9 月 22 日
125	河人大常办〔2021〕57 号	关于开展县人民法院“深化信息化应用、建设智慧法院”工作调研的通知	2021 年 9 月 22 日
126	河人大常办〔2021〕58 号	关于持续深化整治群众身边腐败和不正之风突出问题工作方案	2021 年 9 月 24 日
127	河人大常办〔2021〕59 号	关于持续深化整治群众身边腐败和不正之风突出问题进展情况	2021 年 9 月 24 日
128	河人大常办〔2021〕60 号	河南县人大机关党史学习教育中力戒形式主义官僚主义自查自纠的报告	2021 年 9 月 26 日
129	河人大常办〔2021〕61 号	关于对十五届人大第七次会议和十六届人大第一次会议代表意见建议办理情况进行跟踪调研的通知	2021 年 9 月 26 日

续表

序号	发文字号	发文名称	发文时间
130	河人大常办〔2021〕64号	关于征求《青海省鼠疫防控条例（草案修改稿）（初稿）》修改意见建议的函	2020年12月29日
131	河人大常办〔2021〕65号	关于县十六届人民代表大会代表进“两室”开展活动的通知	2021年10月12日
132	河人大常办〔2021〕66号	河南县人大常委会机关2021年第一季度网络意识形态领域工作落实情况	2021年9月6日
133	河人大常办〔2021〕67号	河南县人大常委会机关2021年第二季度网络意识形态领域工作落实情况	2021年8月29日
134	河人大常办〔2021〕68号	关于召开河南蒙古族自治县十六届人民代表大会常务委员会第二次会议的通知	2021年10月20日
135	河人大常办〔2021〕69号	学习省委十三届十次全会精神、州十三次党代会精神、州“两会”精神的工作开展情况	2021年10月19日
136	河人大常办〔2021〕70号	中共河南蒙古族自治县人大常委会办公室关于办公室党支部组成成员及分工的通知	2021年10月6日
137	河人大常办〔2021〕72号	关于十四届县委第五轮第二巡察组反馈意见的整改报告	2021年10月25日
138	河人大常办〔2021〕73号	关于下拨乡镇人大代表活动经费的通知	2021年11月1日
139	河人大常办〔2021〕74号	关于做好县乡人大代表述职工作的通知	2021年11月5日
140	河人大常办〔2021〕75号	河南县人大机关党史学习教育自评报告	2021年11月19日
141	河人大常办〔2021〕76号	关于河南县第十六届人民代表大会基层代表进行体检的通知	2021年11月23日
142	河人大常办〔2021〕77号	关于举办河南蒙古族自治县第十六届人民代表大会代表培训班的通知	2021年12月2日
143	河人大常办〔2021〕78号	关于召开河南蒙古族自治县十六届人民代表大会常务委员会第三次会议的通知	2021年12月14日
144	河人大常办〔2021〕79号	关于申请拨付机关事业养老保险金的报告	2021年12月15日
145	河人大常办〔2021〕80号	关于成立信用体系建设领导小组的通知	2021年12月16日
146	河人大常办〔2021〕81号	信用体系建设工作方案	2021年12月16日
147	河人大常办〔2021〕82号	关于解决司助人员绩效费用的报告	2021年12月23日
148	河人大常办〔2021〕83号	关于审批尕日尖参、拉毛加同志为中共预备党员的请示	2021年12月7日
149	河人大常办〔2021〕85号	落实中央全面依法治国办对青海省开展党政主要负责人履行推进法治建设第一责任人职责及法治政府建设实地督察反馈问题整改落实情况	2021年12月23日
150	河人大常办〔2021〕86号	关于征集县第十六届人大二次会议代表意见建议的通知	2021年12月31日
151	河人大常办〔2021〕87号	关于申请追加公务用车运行维护费的报告	2021年12月29日
152	河人大常办〔2021〕90号	关于申请拨付五级人大代表开展集中视察活动经费的请示	2021年12月9日

2021 年政府文件一览表

序号	标题	发文字号
1	关于同意《2020 年牦牛特色产业集群建设项目实施方案》的批复	河政〔2021〕4 号
2	关于做好历史遗留矿山和政策性关闭矿山恢复治理工作的通知	河政〔2021〕6 号
3	关于报送隐性债务 2020 年工作总结及 2021 年工作计划的报告	河政〔2021〕7 号
4	关于调整河南县公务用车制度改革领导小组及成员单位职责分工的通知	河政〔2021〕8 号
5	关于同意河南蒙古族自治县驰驹发展投资有限责任公司董事会发展及总经理任职的批复	河政〔2021〕9 号
6	关于同意河南蒙古族自治县驰驹发展投资有限责任公司董事会及监事会发展任职的批复	河政〔2021〕10 号
7	关于同意 2020 年扶贫小额贷款贴息的批复	河政〔2021〕11 号
8	关于河南县 2020 年第四季度重大政策措施落实情况跟踪审计发现问题整改的报告	河政〔2021〕12 号
9	关于调整河南县征兵工作领导小组的通知	河政〔2021〕13 号
10	关于印发《河南县 2021 年春运期间安全返乡工作方案》的通知	河政〔2021〕14 号
11	关于成立河南县流浪乞丐救助管理专项行动工作领导小组的通知	河政〔2021〕15 号
12	关于克其合滩草场禁牧的通知	河政〔2021〕16 号
13	关于申请延长河南县滫度饮料股份有限公司贷款期限的请示	河政〔2021〕17 号
14	关于同意更换博兴支农融资担保有限公司监事会成员的批复	河政〔2021〕18 号
15	关于报送河南县 2021 年地方政府新增债券项目需求计划的报告	河政〔2021〕19 号
16	关于调整 2021 年农牧业机械购置补贴工作领导小组的通知	河政〔2021〕20 号
17	关于同意《2020 年中央林业草原生态保护恢复第二批资金河南县退化草原生态修复项目实施方案》的批复	河政〔2021〕23 号
18	关于印发《河南县黄河干流沿线生态环境保护情况专项审计问题整改方案》的通知	河政〔2021〕24 号
19	关于印发《青海省黄南州河南县 2021 年民生实事工程主要任务及分工》的通知	河政〔2021〕25 号
20	关于印发《省州县〈政府工作报告〉主要任务分工方案》的通知	河政〔2021〕26 号
21	关于申请将荷日恒村和浪琴村纳入 2021 年全省乡村振兴战略师范重点存的请示	河政〔2021〕27 号
22	关于同意《青海洮河源湿地公园林业改革和发展项目实施方案》的批复	河政〔2021〕28 号
23	关于检测平台隐形债务自查自纠工作情况的报告	河政〔2021〕29 号
24	关于河南县民兵整组整顿工作领导小组的通知	河政〔2021〕30 号
25	关于印发《2021 年河南县民兵整组整顿工作实施方案》的通知	河政〔2021〕31 号
26	关于印发《2021 年河南县民兵军事训练计划》的通知	河政〔2021〕32 号
27	关于县城北山排洪渠二期工程建设项目配套资金到位的承诺函	河政〔2021〕33 号
28	关于同意河南县牦牛重大技术协同推广计划重点项目实施方案的批复	河政〔2021〕34 号

续表

序号	标题	发文字号
29	关于同意2020年河南县动物防疫专用设施建设项目实施方案的批复	河政〔2021〕35号
30	关于同意公开处置集中供暖一、二、三期拆除燃煤锅炉残渣废铁的批复	河政〔2021〕36号
31	关于同意《河南县2021年第一批中央林业草原生态保护恢复项目实施方案》的批复	河政〔2021〕38号
32	关于印发《建立河南县乡村优势特色产业协调推进机制》的通知	河政〔2021〕39号
33	关于举办庆祝中国共产党成立100周年暨河南蒙古族自治县第22届“那达慕”盛会的请示	河政〔2021〕40号
34	关于同意《河南县2021年牧民居住条件改善功臣实施方案》的批复	河政〔2021〕42号
35	关于同意申报河南县柯生乡“双鱼湖”旅游景区黄河南蒙古历史文化博物馆国家AAA级旅游景区的批复	河政〔2021〕43号
36	关于同意成立双鱼湖景区黄河南蒙古历史文化博物馆国家AAA级景区工作领导小组的通知	河政〔2021〕44号
37	关于印发《河南县全民所有自然资源资产清查第二批试点实施方案》的通知	河政〔2021〕45号
38	关于同意《2021年河南县高素质牧民教育培训实施方案》的批复	河政〔2021〕46号
39	关于同意《青海省黄南藏族自治州河南县河道采砂规划（2021—2025年）》的批复	河政〔2021〕47号
40	关于同意《河南县河道岸线保护与利用规划》批复	河政〔2021〕48号
41	关于上报督促纠正河南县巴彦小区及文化旅游接待服务中心有关违法问题监察建议办理完成情况的报告	河政〔2021〕49号
42	关于公布第三批河南县县级非物质文化遗产项目代表性传承人名录通知	河政〔2021〕50号
43	关于申请解决河南县“那达慕”盛会活动经费的请示	河政〔2021〕51号
44	关于申请解决河南县“那达慕”盛会低空飞行活动经费的请示	河政〔2021〕52号
45	关于申请解决河南县草原机车活动经费的请示	河政〔2021〕53号
46	关于申请解决河南县“那达慕”盛会赛马经费的请示	河政〔2021〕54号
47	关于申请解决河南县“那达慕”射箭赛事经费的请示	河政〔2021〕55号
48	关于印发重点货运源头企业名单的通知	河政〔2021〕56号
49	关于办理省州县人大代表建议和政协委员提案的通知	河政〔2021〕57号
50	关于青海省黄河干流防洪工程（河南县段）审计报告提出问题整改的报告	河政〔2021〕58号
51	关于同意增加县驰驹投资有限责任公司经营范围的批复	河政〔2021〕59号
52	关于申请解决河南县“那达慕”盛会活动经费的请示	河政〔2021〕60号
53	关于申请解决河南县“那达慕”盛会低空飞行活动经费的请示	河政〔2021〕61号
54	关于申请解决河南县草原机车活动经费的请示	河政〔2021〕62号
55	关于申请解决河南县“那达慕”盛会赛马经费的请示	河政〔2021〕63号
56	关于申请解决河南县“那达慕”射箭赛事经费的请示	河政〔2021〕64号
57	关于同意河南县金太阳市政服务有限公司注销的批复	河政〔2021〕65号
58	关于同意县民族中学学生紧急接种麻腮风疫苗的批复	河政〔2021〕66号

续表

序号	标题	发文字号
59	关于“5·22”玛多县震情期间河南县排查情况的报告	河政〔2021〕67号
60	关于申请河南县多松乡35kV输变电建设项目用地的请示	河政〔2021〕68号
61	关于申请河南县嘉嘉加油站建设项目用地的请示	河政〔2021〕69号
62	关于同意实施宁木特镇入户管网项目的批复	河政〔2021〕70号
63	关于同意2021年精准扶贫保险资金使用的批复	河政〔2021〕71号
64	关于上报河南县黄河干流治理生态环境保护情况专项审计问题整治落实情况的报告	河政〔2021〕72号
65	关于赛尔龙乡兰龙村产业扶贫道路桥梁工程及机井工程项目资金的批复	河政〔2021〕73号
66	关于草原生态保护补助奖励政策审计反馈问题专项核查情况的报告	河政〔2021〕74号
67	关于同意实施河南县易地搬迁后续发展产业活畜交易市场项目资金的批复	河政〔2021〕75号
68	关于同意河南县异地扶贫搬迁基础设施提标升级项目资金的批复	河政〔2021〕76号
69	关于同意实施赛尔龙乡尖克村土默特色纯净水厂扩建项目资金的批复	河政〔2021〕77号
70	关于同意实施河南县扶贫产业孵化园供暖项目资金的批复	河政〔2021〕78号
71	关于同意实施河南县孵化园监控系统服务设备资金的批复	河政〔2021〕79号
72	关于同意实施柯生村建材市场维修项目资金的批复	河政〔2021〕80号
73	关于同意实施易地搬迁幸福小区、安居小区后续照明灯设施配套项目资金的批复	河政〔2021〕81号
74	关于同意调整牧腾公司董事会成员的批复	河政〔2021〕82号
75	关于同意《河南县2021年高原美丽乡村建设实施方案》的批复	河政〔2021〕83号
76	关于同意审批小额信贷个人贷款贴息的批复	河政〔2021〕84号
77	关于同意河南县村级光伏扶贫电站2020年收益分配使用的批复	河政〔2021〕85号
78	关于同意2021年农业机械购置补贴方案的批复	河政〔2021〕86号
79	关于同意调整腾达扶贫开发有限责任公司法人代表的批复	河政〔2021〕87号
80	关于同意国家审计署驻郑州特派员办事处审计反馈问题整改承诺函	河政〔2021〕88号
81	关于省林业局核查核实三江源生态保护和建设二期工程规划项目中虚增治理面积的函的复函	河政〔2021〕89号
82	关于委托审查黄南州河南县宁木特镇等2乡镇城乡建设用地增减项目（2020—2035年）的请示	河政〔2021〕90号
83	关于州委生态环保领域专项巡查组反馈问题落实情况的报告	河政〔2021〕91号
84	关于印发《2020年河南县退牧还草审计整改方案》的通知	河政〔2021〕92号
85	关于调整县政府领导班子工作分工的通知	河政〔2021〕93号
86	关于同意河南县2021年青海洮河源国家湿地公园湿地保护与恢复项目实施方案的批复	河政〔2021〕94号
87	关于同意河南县2021年青海洮河源国家湿地公园湿地牧畜补偿项目实施方案的批复	河政〔2021〕95号
88	关于同意河南县重大林业有害生物灾害应急预案的批复	河政〔2021〕96号
89	关于同意河南县林业有害生物联防联控协作工作方案的批复	河政〔2021〕97号

续表

序号	标题	发文字号
90	关于同意2020年森林生态效益补偿基金实施方案的批复	河政〔2021〕98号
91	关于同意2020年天然林保护实施方案的批复	河政〔2021〕99号
92	关于同意实施河南县修建涵洞工程项目资金的批复	河政〔2021〕100号
93	关于同意河南县易地扶贫搬迁后续产业标准化厂房及冷库建设项目资金的批复	河政〔2021〕101号
94	关于同意实施河南县2021年扶贫机井工程项目资金的批复	河政〔2021〕102号
95	关于同意实施河南县2020年农村牧区饮水安全工程项目资金的批复	河政〔2021〕103号
96	关于同意河南县易地扶贫搬迁后续产业标准化厂房及冷库建设项目可行性研究报告的批复	河政〔2021〕104号
97	关于同意河南县柯生村建材市场—集中市场建设及配套设施建设项目可行性研究报告的批复	河政〔2021〕105号
98	关于同意河南县易地扶贫搬迁后续产业标准化厂房及冷库建设项目的批复	河政〔2021〕106号
99	关于同意河南县柯生村建材市场—集中市场建设及配套设施建设项目的批复	河政〔2021〕107号
100	关于申报“绿水青山就是金山银山”实践创新基地的请示	河政〔2021〕108号
101	关于同意2021年森林草原生态管护员公益性岗位聘用方案的批复	河政〔2021〕109号
102	关于河南县2021年度第二批次城镇建设用地纳入国土空间总体规划的承诺函	河政〔2021〕110号
103	关于河南县2021年度第三批次城镇建设用地的请示	河政〔2021〕111号
104	关于河南县2021年度第二批次城镇建设用地的请示	河政〔2021〕112号
105	关于河南县嘉嘉加油站建设项目用地纳入国土空间总体规划的承诺函	河政〔2021〕113号
106	关于G0611张掖至汶川高速公路同仁至赛尔龙公路项目涉及基本草原的函	河政〔2021〕114号
107	关于同意发布河南县第七次全国人口普查主要数据公报的批复	河政〔2021〕115号
108	关于协商解决瀞度公司贷款期限的请示	河政〔2021〕116号
109	关于同意解决河南县牛羊活畜交易市场建设项目的批复	河政〔2021〕117号
110	关于青海省审计厅《审计报告征求意见书》反馈意见的报告	河政〔2021〕118号
111	关于将巴彦乌拉路划归为地方市政道路的请示	河政〔2021〕119号
112	关于创建农业现代化示范区的请示	河政〔2021〕120号
113	关于同意《河南县2021年财政涉农资金统筹项目方案》的批复	河政〔2021〕121号
114	关于创建农业现代化示范区的请示	河政〔2021〕122号
115	关于印发《河南县中藏医药传承创新发展实施方案》的通知	河政〔2021〕123号
116	关于开展安全生产工作情况的报告	河政〔2021〕124号
117	关于启用河南县疾控中心新刻公章的通知	河政〔2021〕125号
118	关于同意河南县2020年农村牧区饮水安全工程实施方案的批复	河政〔2021〕126号
119	关于同意河南县2021年扶贫机井项目实施方案的批复	河政〔2021〕127号
120	关于同意成立河南县农村产业融合发展示范园管理委员会的批复	河政〔2021〕128号
121	关于同意河南县扶贫产业孵化园供暖项目建设的批复	河政〔2021〕129号

续表

序号	标题	发文字号
122	关于同意河南县优干宁镇荷日恒村乡村振兴示范村项目建设的批复	河政〔2021〕130 号
123	关于同意河南县宁木特镇浪琴村乡村振兴示范村项目建设的批复	河政〔2021〕131 号
124	关于同意夏日达哇村乡村振兴示范村购买母畜及合作社升级改造项目建设的批复	河政〔2021〕132 号
125	关于易地扶贫搬迁幸福小区后续垃圾处理设施配套项目资金的批复	河政〔2021〕133 号
126	关于同意实施河南县启龙牧场牦牛奶粉加工厂建设项目资金的批复	河政〔2021〕134 号
127	关于同意实施河南县雪多牦牛及欧拉羊精深加工项目资金的批复	河政〔2021〕135 号
128	关于河南县看守所、武警中队营房附属设施项目实施情况说明	河政〔2021〕136 号
129	关于上报畜禽粪污资源化利用整县推进项目问题整改情况的报告	河政〔2021〕137 号
130	关于做好河南县“十四五”有关民政公共服务设施工程项目的报告	河政〔2021〕138 号
131	关于 2021 年巩固拓展脱贫攻坚成果和乡村振兴项目库计划公示的批复	河政〔2021〕139 号
132	关于同意河南县 2021 年第一批财政专项扶贫资金国有林场基础设施建设项目的批复	河政〔2021〕140 号
133	关于同意 2021 年草原管护区 296 名生态管护员聘用方案的批复	河政〔2021〕141 号
134	关于《经济责任审计报告和自然资源资产责任审计意见（征求意见稿）反馈意见的报告》	河政〔2021〕142 号
135	关于同意青海省河南蒙古族自治县赛尔龙乡雪多牦牛产业强镇建设项目实施方案的批复	河政〔2021〕143 号
136	关于同意河南县生态畜牧业专业合作社建设项目实施方案的批复	河政〔2021〕144 号
137	关于同意河南县藏羊产业发展项目实施方案的批复	河政〔2021〕145 号
138	关于同意河南县 2021 年牧区动物防疫专用设施建设项目实施方案的批复	河政〔2021〕146 号
139	关于同意 2020 年河南县退牧户还草审计反馈问题整改项目实施方案的批复	河政〔2021〕147 号
140	关于同意河南县 2021 年第一批中央林业草原生态保护恢复国家草原生态公园试点建设项目实施方案的批复	河政〔2021〕148 号
141	关于青海省黄河干流防洪工程（使用草原范围证明的函）	河政〔2021〕149 号
142	关于同意实施河南县生态畜牧业专业合作社建设项目资金的批复	河政〔2021〕150 号
143	关于同意实施河南县优干宁镇荷日恒村集体经济牛羊养殖基地提升项目资金的批复	河政〔2021〕151 号
144	关于同意实施河南县宁木特镇浪琴村集体经济提升牦牛产业发展水平项目实施资金的批复	河政〔2021〕152 号
145	关于同意实施夏日达哇村集体经济牦牛养殖加工省级建设项目资金的批复	河政〔2021〕153 号
146	关于同意河南县 2021 年季节性缺水牧户安全饮水巩固提升项目实施方案的批复	河政〔2021〕154 号
147	关于同意 2021 年河南县牛羊调出大县奖励资金项目实施方案的批复	河政〔2021〕155 号
148	关于同意 2021 年河南县赛尔龙乡达宗鹿场养殖能力提升项目实施方案的批复	河政〔2021〕156 号
149	关于同意关于重新划定省级文物保护单位保护范围建设控制地带的通知	河政〔2021〕157 号
150	关于同意 2021 年河南县赛尔龙乡达宗鹿场养殖能力提升项目资金的批复	河政〔2021〕158 号
151	关于同意河南县 2021 年季节性缺水牧户安全饮水巩固提升项目资金的批复	河政〔2021〕159 号

续表

序号	标题	发文字号
152	关于同意调整河南县2021年巩固拓展脱贫攻坚成果同乡村振兴有效衔接资金部分项目分配的批复	河政〔2021〕160号
153	关于同意2021年河南县优干宁镇秀甲村集体经济提升牦牛产业发展水平项目实施方案的批复	河政〔2021〕161号
154	关于同意2021年财政衔接推进乡村振兴补助资金（少数民族发展任务）使用的批复	河政〔2021〕162号
155	关于同意实施2021年“雨露计划”短期技能培训项目实施方案的批复	河政〔2021〕163号
156	关于同意实施2021年“雨露计划”短期技能培训项目实施方案的批复	河政〔2021〕164号
157	关于同意实施2021年“雨露计划”短期技能培训项目资金的批复	河政〔2021〕165号
158	关于同意实施创业致富带头人培训项目资金的批复	河政〔2021〕166号
159	关于同意河南县多松乡夏日达哇村村容村貌整治工程项目资金的批复	河政〔2021〕167号
160	关于同意2021年河南县托叶玛乡村一队、二队、五队通村道路工程项目的批复	河政〔2021〕168号
161	关于同意2021年河南县修建涵洞工程项目资金的批复	河政〔2021〕169号
162	关于同意河南县宁木特镇夏拉村一队、二队、三队通村道路工程项目的批复	河政〔2021〕170号
163	关于同意将河南县腾格里集贸市场列为重大火灾隐患单位的批复	河政〔2021〕171号
164	关于同意变更河南县优干宁镇等乡镇城乡建设用地增减挂钩项目设计方案的批复	河政〔2021〕172号
165	关于同意实施河南县生态畜牧业特色农产品展示及交易中心建设项目的批复	河政〔2021〕173号
166	关于同意开设专项资金专户的批复	河政〔2021〕175号
167	关于申请河南县各乡（镇）工作运转经费的请示	河政〔2021〕176号
168	关于黄南州河南县蒙和生态草原文化观光体验旅游景区建设项目真实性说明	河政〔2021〕178号
169	关于上报河南县黄河干流治理生态环境保护情况专项审计问题整治落实情况	河政〔2021〕179号
170	关于同意调整河南县动态检测户产业帮扶项目的批复	河政〔2021〕180号
171	关于同意调配2021年河南县托叶玛乡文群村一队、二队、五队通村道路工程项目二三类费用的批复	河政〔2021〕181号
172	关于同意调配河南县宁木特镇夏拉村一队、二队、三队通村道路工程项目二三类费用的批复	河政〔2021〕182号
173	关于审查《城乡建设用地增减挂钩拆旧复垦安置调整方案——河南县优干宁镇城乡建设用地增减挂钩项目（2019—2021年）》的请示	河政〔2021〕183号
174	关于同意《河南县产业扶贫贷款风险补偿基金实施方案》的批复	河政〔2021〕184号
175	关于同意2021年第一批草原生态保护补助奖励资金的批复	河政〔2021〕185号
176	关于同意实施2021年外出务工脱贫劳动力交通补助项目实施方案的批复	河政〔2021〕186号
177	关于同意实施2021年河南县外出务工脱贫劳动力交通补助项目实施方案的批复	河政〔2021〕187号
178	关于同意调整河南县2021年巩固拓展脱贫攻坚成果同乡村振兴有效衔接资金部分项目二类费用的批复	河政〔2021〕188号
179	关于同意实施2021年柯生乡毛曲村乡村旅游试点村建设项目资金的批复	河政〔2021〕189号
180	关于同意实施2021年优干宁镇阿木乎村旅游重点村建设项目资金的批复	河政〔2021〕190号

续表

序号	标题	发文字号
181	关于同意实施河南县托叶玛乡曲海村一队公路改建项目资金的批复	河政〔2021〕191号
182	关于同意实施2021年金融扶贫项目（“530”小额信贷贴息及创业扶贫项目信贷）项目资金的批复	河政〔2021〕192号
183	关于同意召开县供销合作社联合社第一届第一次代表大会及理事会、监事会组成人员的批复	河政〔2021〕193号
184	关于同意庆祝2020年中国农民“丰收节”资金使用方案的批复	河政〔2021〕194号
185	关于同意下达河南县牛羊活畜交易市场建设项目的批复	河政〔2021〕195号
186	关于同意《河南县2021年财政涉农资金统筹整合使用调整方案》的批复	河政〔2021〕196号
187	关于同意开设零余额账户及公会专户的批复	河政〔2021〕198号
188	关于义务教育薄弱环节改善与能力提升项目规划（2021—2025）	河政〔2021〕199号
189	关于同意实施柯生乡毛曲村乡村旅游试点村建设项目实施方案的批复	河政〔2021〕200号
190	关于河南县赛尔龙35千伏电站建设项目用地农用地转让手续的请示	河政〔2021〕201号
191	关于同意动态调整河南县2021年巩固拓展脱贫攻坚成果同乡村振兴有效衔接项目库及资金安排公示的批复	河政〔2021〕202号
192	关于同意实施优干宁阿木乎村乡村旅游重点村建设项目实施方案的批复	河政〔2021〕203号
193	关于同意实施河南县帮扶车间和工坊补助项目资金的批复	河政〔2021〕204号
194	关于调整河南县水土保持工作领导小组的通知	河政〔2021〕205号
195	关于国家级公益林优化成果数据的报告	河政〔2021〕206号
196	关于申报美丽乡村旅游路工程的请示	河政〔2021〕207号
197	关于上报《河南县2021年第三季度国家重大政策措施落实情况跟踪审计》整改情况的报告	河政〔2021〕208号
198	关于同意开设专项资金专户的批复	河政〔2021〕209号
199	关于举办2022年“蒙旗儿女歌颂共产党·共谱乡村振兴新篇章”春节联欢晚会的请示	河政〔2021〕210号
200	关于同意实施河南县帮扶车间（工坊）补助项目的批复	河政〔2021〕211号
201	关于上报河南县蒙藏和谐综合市场有关问题监察建议办理完成情况的报告	河政办〔2021〕2号
202	关于推荐优秀公务员的报告	河政办〔2021〕3号
203	关于印发县政府领导干部下基层大援防实施方案的通知	河政办〔2021〕4号
204	关于启用河南蒙古族自治县住房和城乡建设局法人章的通知	河政办〔2021〕5号
205	关于启用河南蒙古族自治县政协办公室公章的通知	河政办〔2021〕6号
206	关于组织开展2021年度民兵组织整顿潜力调查工作的通知	河政办〔2021〕7号
207	关于召开2020年度民主生活会的请示	河政办〔2021〕8号
208	关于印发《河南县森林草原印发防火指挥部成员实行分片包干责任制》的通知	河政办〔2021〕9号
209	关于召开2020年度组织生活和开展民主评议党员工作的请示	河政办〔2021〕10号
210	关于上报河南蒙古族自治县人民政府网站整改情况的报告	河政办〔2021〕11号

续表

序号	标题	发文字号
211	关于启用河南县自然资源局综合行政执法大队及确权登记服务中心公章的通知	河政办〔2021〕12号
212	关于启用河南蒙古族自治县退役军人服务中心公章及财务章的通知	河政办〔2021〕13号
213	关于启用河南蒙古族自治县民政局公章的通知	河政办〔2021〕14号
214	关于印发河南县百日攻坚专项行动实施方案的通知	河政办〔2021〕15号
215	关于启用河南蒙古族自治县融媒体中心公章及财务专用章的通知	河政办〔2021〕16号
216	关于开展河南县卫生健康“三下乡”活动实施方案的通知	河政办〔2021〕17号
217	关于赴伊金霍洛旗、巴彦淖尔市开展考察学习的通知	河政办〔2021〕18号
218	关于河南县黄河干流沿线生态保护情况专项审计问题整改方案的通知	河政办〔2021〕19号
219	关于申请解决县政府六楼大会议室改造升级启用的请示	河政办〔2021〕20号
220	关于成立河南县消防安全委员会的通知	河政办〔2021〕21号
221	关于调整县政府办公室班子成员分工的通知	河政办〔2021〕22号
222	关于成立河南县政府办公室党支部党史学习教育领导小组的通知	河政办〔2021〕23号
223	关于调整河南县全民科学素质行动计划纲要工作领导小组成员的通知	河政办〔2021〕24号
224	关于印发河南县2021年重大动物疫病防疫实施方案的通知	河政办〔2021〕25号
225	关于成立河南县防震减灾工作领导小组的通知	河政办〔2021〕26号
226	关于印发《河南县全面推进证明事项告知承诺制工作方案》的通知	河政办〔2021〕27号
227	关于成立协调尕孔水电站相关问题领导小组的通知	河政办〔2021〕28号
228	关于启用优干宁镇人民政府财务专用章的通知	河政办〔2021〕29号
229	关于印发《河南县2021年度国防运动员行为统计调查工作实施方案》的通知	河政办〔2021〕30号
230	关于开展2021年全国防灾减灾日防灾减灾科普宣传的通知	河政办〔2021〕31号
231	关于调整河南县防汛抗旱指挥部领导小组的通知	河政办〔2021〕32号
232	启用宁木特镇委员会、宁木特镇政府公章的通知	河政办〔2021〕33号
233	关于明确2021年各议员包片责任区及开展防汛抗旱汛前检查的通知	河政办〔2021〕34号
234	关于进一步加强信息报送工作的通知	河政办〔2021〕35号
235	关于临聘人员曹光照、杜斌辞职的报告	河政办〔2021〕36号
236	关于成立河南县抗震救灾指挥部的通知	河政办〔2021〕37号
237	关于青海金胜投资管理有限公司河南县分公司非法集资情况的报告	河政办〔2021〕38号
238	关于印发《关于贯彻落实刘超副省长在黄南调研工作时讲话精神的工作方案》的通知	河政办〔2021〕39号
239	关于印发开展整治违规的收送礼金问题和小金库“回头看”专项行动方案的通知	河政办〔2021〕40号
240	关于成立草原生态补助奖励政策审计反馈问题专项检查工作小组的通知	河政办〔2021〕41号
241	关于成立草原生态补助奖励政策审计反馈问题专项检查工作小组的通知	河政办〔2021〕42号
242	关于出席中国共产党河南县第十五届代表大会代表候选人初步人选的报告	河政办〔2021〕43号
243	关于印发《河南县2021年地质灾害防治预案》的通知	河政办〔2021〕44号

续表

序号	标题	发文字号
244	关于做好“那达慕”期间县城周边草场禁牧工作的通知	河政办〔2021〕45号
245	关于印发《河南县政府办公室庆祝建党100周年突发事件应急预案》的通知	河政办〔2021〕46号
246	关于上报河南县上半年工作总结及下半年工作计划的报告	河政办〔2021〕47号
247	关于印发《河南县2021年地震应急综合演练实施方案》通知	河政办〔2021〕48号
248	关于印发《河南县2021年地震应急综合治理实施方案》的通知	河政办〔2021〕49号
249	关于印发《河南县2021年高原美丽乡村建设实施方案》的通知	河政办〔2021〕50号
250	关于开展防灾减灾科普教育集中宣传活动的通知	河政办〔2021〕51号
251	关于开展评选推荐2018—2020年度青海省信访系统先进个人情况的报告	河政办〔2021〕52号
252	关于印发《河南县2021年度安全生产执法工作计划》的通知	河政办〔2021〕53号
253	关于调整2021年河南县汛期带班人员的通知	河政办〔2021〕54号
254	关于印发《2020年河南县退牧还草审计整改领导小组》的通知	河政办〔2021〕55号
255	关于印发《成立2020年河南县退牧还草审计整改领导小组》的通知	河政办〔2021〕56号
256	关于印发《河南县2021年农牧民房屋抗震改造建设实施方案》的通知	河政办〔2021〕57号
257	关于同意成立天然林保护及森林生态效益补偿基金项目领导小组的批复	河政办〔2021〕58号
258	关于同意成立河南县重大林业有害生物灾害防控领导小组的批复	河政办〔2021〕59号
259	关于启用河南蒙古族自治县乡村振兴局公章和财务专用章的通知	河政办〔2021〕60号
260	关于成立河南县未成年人保护工作领导小组的通知	河政办〔2021〕61号
261	关于上报河南县对基层信访工作督查整改情况的报告	河政办〔2021〕62号
262	关于改选党支部书记和支部委员会成员的请示	河政办〔2021〕63号
263	关于启用河南蒙古族自治县自然资源局公章的通知	河政办〔2021〕64号
264	关于启用河南蒙古族自治县自然资源局财务专用章的通知	河政办〔2021〕65号
265	关于成立草原生态保护补助奖励政策摸底排查工作组的通知	河政办〔2021〕66号
266	关于调整河南县中藏医药事业发展工作领导小组的通知	河政办〔2021〕67号
267	关于调整河南县创建全国基层中医药工作先进单位领导小组的通知	河政办〔2021〕68号
268	关于持续深化县政府领导干部下基层大接访活动的请示	河政办〔2021〕69号
269	关于抽调畜禽遗传资源普查工作人员的通知	河政办〔2021〕70号
270	关于印发《畜禽遗传资源普查实施方案》的通知	河政办〔2021〕71号
271	关于调整河南县气象灾害防御领导小组成员的通知	河政办〔2021〕72号
272	关于调整河南县气象为农服务涉农专家联盟委员会成员的通知	河政办〔2021〕73号
273	关于成立全县牧区抗震改造工作领导小组的通知	河政办〔2021〕74号
274	关于对安全生产领域隐患排查整治情况开展专项督查的通知	河政办〔2021〕75号
275	关于成立河南县农村产业融合发展示范园区创建工作领导小组的通知	河政办〔2021〕76号
276	关于申报文明单位的报告	河政办〔2021〕77号

续表

序号	标题	发文字号
277	关于办理县人大代表建议和政协委员提案的通知	河政办〔2021〕78 号
278	关于单位临聘人员才吉措辞职的报告	河政办〔2021〕79 号
279	关于印发《河南县各类自然灾害防灾救灾及应急救援工作职责》的通知	河政办〔2021〕80 号
280	关于调整河南县消防安全委员会成员的通知	河政办〔2021〕81 号
281	关于印发《河南县黄河流域生态环境问题全方位“体检”专项行动工作方案》的通知	河政办〔2021〕82 号
282	关于进一步加强值班信息相关工作的通知	河政办〔2021〕83 号
283	关于印发《河南县运输车辆超限超载治理工作实施方案》的通知	河政办〔2021〕84 号
284	关于印发《河南县第一次全国自然灾害综合风险普查工作方案》的通知	河政办〔2021〕85 号
285	关于成立河南县文物安全联席会议协调领导小组的通知	河政办〔2021〕86 号
286	关于调整河南县防范和处置非法集资及交易场所清理整顿工作领导小组的通知	河政办〔2021〕87 号
287	关于抽调人口变动抽样调查工作人员的通知	河政办〔2021〕88 号
288	关于启用河南蒙古族自治县融媒体中心公章及财务专用章的通知	河政办〔2021〕89 号
289	关于印发《2021 年第四季度政务信息报送要点》的通知	河政办〔2021〕90 号
290	关于申请解决县人民政府聘请常务法律顾问工作经费的请示	河政办〔2021〕91 号
291	关于河南县人民政府网站和政务新媒体整改落实情况的报告	河政办〔2021〕92 号
292	关于转发黄南州人民政府办公室《黄南州“12345”政务服务便民热线优化整合实施方案》的通知	河政办〔2021〕93 号
293	关于调整县委外事工作委员会组成人员的请示	河政办〔2021〕94 号
294	关于印发《2021 年河南县今冬明春抗灾保畜工作应急预案》的通知	河政办〔2021〕95 号
295	关于印发《扎西才让州长赴河南县调研讲话精神的贯彻意见》的通知	河政办〔2021〕96 号
296	关于成立河南县成品油市场综合监管改革协调领导小组的通知	河政办〔2021〕97 号
297	关于印发《河南蒙古族自治县供销合作联合社 2021 年度综合改革重点工作方案》的通知	河政办〔2021〕98 号
298	关于上报推荐县域帮扶车间（工坊）的报告	河政办〔2021〕99 号
299	关于申请解决乡镇那达慕慰问经费的请示	河政办〔2021〕100 号
300	关于印发《河南县 2021 年度大气污染防治工作方案》的通知	河政办〔2021〕101 号
301	关于印发《河南县 2021 年度土壤污染防治工作方案》的通知	河政办〔2021〕102 号
302	关于调整河南县妇女儿童工作委员会组成人员的通知	河政办〔2021〕103 号
303	河南县关于中央、省、州、审计反馈问题整改落实情况报告	河政办〔2021〕104 号
304	关于成立河南县残联儿童康复救助定点机构规范管理试点工作领导小组的通知	河政办〔2021〕105 号
305	关于森林和草原火灾风险普查工作进展情况的报告	河政办〔2021〕106 号
306	关于做好 2022 年部分节假日政府系统领导干部值班情况工作的通知	河政办〔2021〕107 号
307	关于做好 2022 年春节期间值班工作的通知	河政办〔2021〕108 号

注：因主送机关不同，部分文件有文件名称相同、文号不同的情况；部分文件不予公开。

2021 年政协文件一览表

文号	文件标题	文件日期
河协办〔2021〕1 号	关于召开 2020 年度专题组织生活会的请示	2021 年 1 月 21 日
河协办〔2021〕2 号	关于申请更换县政协办公室公章的请示	2021 年 1 月 25 日
河协办〔2021〕3 号	关于启用河南县政协办公室公章的请示	2021 年 1 月 27 日
河协办〔2021〕4 号	上交存量资金情况说明	2021 年 1 月 25 日
河协办〔2021〕5 号	关于成立河南县政协机关党史学习教育领导小组的通知	2021 年 3 月 8 日
河协办〔2021〕6 号	关于召开中国人民政治协商会议第十三届河南蒙古族自治县委员会第六次会议的通知	2021 年 2 月 26 日
河协办〔2021〕7 号	关于成立中国人民政治协商会议第十三届河南蒙古族自治县委员会第六次会议筹备领导小组办公室的通知	2021 年 2 月 26 日
河协办〔2021〕8 号	关于调整办公室、专委会领导班子分工的通知	2021 年 4 月 15 日
河协办〔2021〕9 号	关于印发《2021 年政协机关党员干部学习计划》的通知	2021 年 5 月 10 日
河协办〔2021〕10 号	关于印发《县政协 2021 年度民主协商计划》的通知	2021 年 5 月 10 日
河协办〔2021〕11 号	关于请求成立政协委员履职服务中心的报告	2021 年 5 月 27 日
河协办〔2021〕12 号	关于印发《河南县政协机关开展整治违规收送礼金问题和小金库“回头看”专项行动实施方案》的通知	2021 年 5 月 31 日
河协办〔2021〕13 号	关于印发《河南县政协关于开展“我为群众办实事”实践活动实施方案》的通知	2021 年 6 月 8 日
河协办〔2021〕14 号	关于上报河南县政协 2021 年上半年工作总结及下半年工作计划的报告	2021 年 6 月 23 日
河协办〔2021〕15 号	关于成立中国人民政治协商会议第十四届河南蒙古族自治县委员会第一次会议筹备领导小组办公室的通知	2021 年 7 月 6 日
河协办〔2021〕16 号	关于解决县政协第十四届第一次会议经费的请示	2021 年 7 月 8 日
河协办〔2021〕17 号	关于召开中国人民政治协商会议第十四届河南蒙古族自治县委员会第一次会议的通知	2021 年 7 月 8 日
河协办〔2021〕18 号	关于印发《河南蒙古族自治县政协办公室关于“节约型机关”创建行动实施方案》的通知	2021 年 7 月 15 日
河协办〔2021〕19 号	关于召开党史学习教育专题组织生活会的请示	2021 年 8 月 16 日
河协办〔2021〕20 号	关于召开党史学习教育专题组织生活会的通知	2021 年 8 月 16 日
河协办〔2021〕21 号	关于上报县政协办公室 2021 年重点工作目标任务的报告	2021 年 8 月 1 日
河协办〔2021〕22 号	关于赴县政府相关部门开展“健全生态文明体制机制，打造国家级园区”调研的通知	2021 年 8 月 30 日
河协办〔2021〕22 号	关于申请参评 2019—2021 年度河南县文明单位的报告	2021 年 8 月 19 日
河协办〔2021〕23 号	关于赴县政府相关部门开展“如何做好黄河流域生态保护工作，实现高质量发展”专题调研的通知	2021 年 8 月 30 日

续表

文号	文件标题	文件日期
河协办〔2021〕24 号	关于赴县政府相关部门开展“深化生态文明示范县创建，将绿水青山转化为金山银山”专题调研的通知	2021 年 8 月 31 日
河协办〔2021〕25 号	关于赴县政府相关部门开展“河南县各学校基础设施现状及存在的问题”专题调研的通知	2021 年 9 月 23 日
河协办〔2021〕26 号	关于印发《中央第十五巡视组巡视青海省反馈意见涉及河南县意识形态工作责任制意见建议整改方案》的通知	2021 年 8 月 31 日
河协办〔2021〕26 号	《关于印发〈落实中央依法治国办对青海省开展党政主要负责人履行推进法治建设第一责任人职责及法治政府建设实地督察反馈问题整改工作方案〉的通知》	2021 年 8 月 31 日
河协办〔2021〕27 号	关于印发《2021 年民族团结进步宣传月活动实施方案》的通知	2021 年 9 月 8 日
河协办〔2021〕28 号	关于县委第五轮第二组巡察反馈问题清单整改情况的报告	2021 年 10 月 18 日
河协办〔2021〕29 号	关于发放退休干部旦正多杰丧葬费和抚恤金的报告	2021 年 10 月 18 日
河协办〔2021〕30 号	关于上报县政协办公室 2021 年目标任务考核细则的报告	2021 年 10 月 2 日
河协办〔2021〕31 号	关于上报河南县政协 2021 年工作总结的报告	2021 年 11 月 10 日
河协办〔2021〕32 号	关于印发《河南县政协办公室贯彻落实中国共产党黄南藏族自治州第十三次代表大会工作报告重点任务分工方案的实施方案》的通知	2021 年 11 月 12 日
河协办〔2021〕33 号	关于上报河南县政协 2021 年民族团结宣传月工作总结的报告	2021 年 11 月 2 日
河协办〔2021〕34 号	关于上报河南县政协 2021 年创建民族团结工作总结的报告	2021 年 11 月 17 日
河协办〔2021〕35 号	关于开展十三届六次全委会重点提案办理情况视察工作的通知	2021 年 11 月 29 日
河协办〔2021〕36 号	关于上报 2021 年意识形态领域重点工作开展情况总结的报告	2021 年 11 月 26 日
河协办〔2021〕37 号	关于上报 2021 年政治理论学习情况总结的报告	2021 年 11 月 26 日
河协办〔2021〕38 号	关于印发《河南县政协机关 2021 年“12·4”宪法日暨宪法宣传周活动方案》的通知	2021 年 11 月 24 日
河协办〔2021〕39 号	关于申请解决政协委员培训经费的请示	2021 年 12 月 2 日
河协办〔2021〕40 号	关于申请解决政协基层委员体检经费的请示	2021 年 12 月 2 日
河协办〔2021〕41 号	关于征集县政协十四届二次会议提案的通知	2021 年 12 月 17 日
河协办〔2021〕42 号	关于举办县政协第十四政协委员履职培训班的通知	2021 年 12 月 22 日
河协办〔2021〕43 号	关于审批才华加同志为正式党员的请示	2021 年 12 月 30 日
河协办〔2021〕44 号	关于拟将才华加同志按期为正式党员的公示结果的报告	2021 年 12 月 30 日
河协办〔2021〕45 号	关于举办 2022 年“庆元旦　迎新春”系列活动的通知	2021 年 12 月 24 日
河协〔2021〕1 号	关于印发《中国人民政治协商会议第十三届河南蒙古族自治县委员会常务委员会 2021 年工作要点》的通知	2021 年 5 月 10 日
河协〔2021〕2 号	关于调整县政协主席、副主席分工的通知	2021 年 7 月 28 日
河协〔2021〕3 号	关于印发《开展提质增效三年行动 2021 年实施方案》的通知	2021 年 6 月 9 日
河协〔2021〕4 号	关于印发《中国人民政治协商会议第十四届河南蒙古族自治县委员会主席、副主席、专委会主任联系委员制度》的通知	2021 年 8 月 31 日

续表

文号	文件标题	文件日期
河协〔2021〕5号	关于印发《中国人民政治协商会议第十四届河南蒙古族自治县委员会党员委员结对联系党外委员制度》的通知	2021年8月31日
河协〔2021〕6号	关于变更各专门委员会名称的决定	2021年8月31日
河协〔2021〕7号	关于旦正加等同志职务任职的通知	2021年8月31日
河协党〔2021〕1号	关于召开2020年度民主生活会的请示	2021年1月21日
河协党〔2021〕2号	关于召开中国人民政治协商会议第十三届河南蒙古族自治县委员会第六次会议的请示	2021年2月26日
河协党〔2021〕3号	关于报请审议《中国人民政治协商会议第十三届河南蒙古族自治县委员会常务委员会工作报告》的请示	2021年2月26日
河协党〔2021〕4号	关于报请审议《中国人民政治协商会议第十三届河南蒙古族自治县委员会常务委员会关于政协十三届五次会议以来提案工作情况的报告》的请示	2021年2月26日
河协党〔2021〕5号	关于成立中国人民政治协商会议第十三届河南蒙古族自治县委员会第六次会议临时党委的请示	2021年2月26日
河协党〔2021〕6号	关于印发《河南县政协机关开展党史学习教育实施方案》的通知	2021年3月8日
河协党〔2021〕7号	关于印发《县政协各专门委员会2021年工作计划》的通知	2021年4月7日
河协党〔2021〕8号	关于呈报《政协第十三届河南蒙古族自治县委员会第六次会议委员意见建议》的报告	2021年5月10日
河协党〔2021〕8号	关于召开中国人民政治协商会议第十四届河南蒙古族自治县委员会第一次会议的请示	2021年6月9日
河协党〔2021〕9号	关于报请审议《中国人民政治协商会议第十三届河南蒙古族自治县委员会常务委员会工作报告》的请示	2021年6月30日
河协党〔2021〕10号	关于报请审议《中国人民政治协商会议第十三届河南蒙古族自治县委员会常务委员会关于五年来提案工作情况的报告》的请示	2021年6月30日
河协党〔2021〕11号	关于成立中国人民政治协商会议第十四届河南蒙古族自治县委员会第一次会议临时党委的请示	2021年7月11日
河协党〔2021〕12号	关于调整河南蒙古族自治县政协主席、副主席分工的请示	2021年7月14日
河协党〔2021〕13号	关于呈报《政协第十四届河南蒙古族自治县委员会第一次会议委员意见建议》的报告	2021年8月30日
河协党〔2021〕14号	关于上报《扎实推进生态文明建设　打造国家级园区专题调研报告》的报告	2021年11月10日
河协党〔2021〕15号	关于上报《推动黄河流域生态保护，实现高质量发展专题调研报告》的报告	2021年11月10日
河协党〔2021〕16号	关于上报《河南县各学校基础设施现状及存在的问题专题调研报告》的报告	2021年11月11日
河协党〔2021〕17号	关于上报《深化生态文明示范县创建，将绿水青山转化为金山银山专题调研报告》的报告	2021年11月11日

河南县2021年度工作亮点

资料来源：中共河南县委、河南县人民政府

选优配强“好班子”　凝心聚力“筑新梦”

河南县围绕“五好三清”目标要求，精心组织、周密部署、严明纪律，于7月15日率先在全省完成县、乡领导班子、村（社区）“两委”换届选举，所有候选人均全票当选。

先谋快动，抢前抓早。县委将县、乡、村换届工作纳入年度重点工作任务，多次召开专题会议学习传达换届工作政策及有关要求，研究部署换届工作，建立县级领导干部包乡联村制度，采取多轮次调研走访、专题研议等形式，全面做好村情摸排、人选统筹、组织保障等工作，制定换届工作日程表，健全业务联动、督促指导等工作机制，做到了流程明、任务清、落实快，形成了上下贯通、指挥有力的工作格局。

选优配强，提升活力。着眼班子配备结构要求和干部培养需要，坚持将政治标准摆在首位，在注重交叉任职、干部学历、年龄结构、性别结构的同时，更加注重选拔治理和服务能力强的干部，优先选拔在经济项目一线、基层一线、急难险重一线工作成效突出的干部，拓宽人选来源渠道，做到了结构更优、活力更强。

从严从实，形成合力。将换届纪律“十严禁”规定作为换届政策宣传的重中之重，充分依托各类媒介，大力宣传有关换届政策规定和纪律要求，畅通“四位一体”的监督举报渠道，开展换届风气巡回督查，切实做到“三个必讲”，营造风清气正的换届环境，确保了政策执行不走样、程序环节不出错。

此次换届中，党员群众参与度最高、满意度最高，43个村（社区）全部实现书记、主任“一肩挑”，呈现出“两升一降”的可喜变化，换出了结构优功能强的新班子，得到省州的充分肯定，为“十四五”开好局、起好步和高质量实施乡村振兴战略奠定了坚实的组织基础。

献礼百年华诞　激发奋进力量

为喜迎伟大的中国共产党百年华诞，河南县突出本地特色，以分众化宣传造势、特色化自选动作、全民化庆祝活动、大众化为民服务，弘扬革命精神，传承红色基因，不断汲取奋勇前进的强大力量，以“十个一”系列活动掀起庆典高潮，营造“党的盛典、人民的节日”浓厚氛围，奏响了时代主旋律。

以“出版一套丛书、编排一套情景剧、拍摄巡播一部纪录片”献礼百年华诞。出版发行《纯净河南·幸福蒙旗》系列丛书，集中展示在党的民族政策光辉照耀下，经济社会各项事业取得的伟大成就；创作编排《骏马归来》情景剧，展现全县各族干部群众共同守护青山绿水的美好画卷；拍摄《幸福的草原》脱贫攻坚纪录片已在青海卫视播放，记录了河南县在党的领导下率先脱贫摘帽，群众生产生活发生的巨大变化，获得喜人的成绩和经验。

以“唱响一首红歌、开展一次表彰、举办一场观摩”赞颂百年华诞。举办“重温红色经典·共抒爱国情怀”歌咏比赛，全县各族儿女以激昂高亢的歌声表达对党的赤子之情，对党百年华诞的美好祝福；举办庆祝中国共产党成立100周年表彰大会，为全县“两优一先”以及在民族团结、脱贫攻坚、扫黑除恶专项斗争等工作中表现突出的先进集体和先进个人进行集中表彰，并向80名优秀老党员颁发纪念章，在全县营造了向榜样学习、干事创业、奋发向上的氛围；举办老干部“百人观礼”观摩活动，让退休老干部们亲眼见证河南县的发展变化，与老干部们共庆建党百年华诞。

以“一次集中志愿服务、一场生动党课、一次生动宣讲、一次文艺下乡”致敬百年华诞。激励党员干部感悟初心使命、传承红色基因、补足精神之钙、坚定理想信念，汲取前进力量。激发了全县各族儿女爱党爱国热情，凝聚了创先争优、共谋发展、和谐进取的精气神。

实施包乡联村联户，架起干群“连心桥”

为进一步推动巩固拓展脱贫攻坚成果和乡村振兴有效衔接，以组织振兴“引擎”助力乡村振兴“提速”，河南县探索建立乡村振兴包乡（镇）联户机制，制定印发《河南县乡村振兴包乡（镇）联户工作方案》，采取分层分类的方式，建立工作台账，通过县级干部带头包乡（镇）联村，县级干部带头包6个乡镇联系43个村（社区），506名乡镇公务员、事业单位人员、驻村第一书记及工作队员、村（社区）“两委”主要负责人与9437户牧户建立直接联系，架起与牧户之间服务沟通交流的“连心桥”。建立《统战民宗负责人、寺管干部、活佛、民管会成员与宗教教职人员的联系制度》，采取“一联一”“一联多”包寺联僧工作措施，确定53名统战民宗负责人、寺管干部、活佛、民管会成员直接联系全县4座寺院458名宗教教职人员，及时了解掌握寺院的情况、僧侣生活及思想动态，收集掌握寺院涉藏维稳的情报信息，深入分析、排查宗教领域影响社会稳定的各类矛盾和问题，确保寺院宗教管理工作有序开展。通过划片包干、双向选择、赋权赋能、捆绑考核“四维模式”，全面推行联户“五上门”服务机制，有效凝聚乡村振兴“内核动力”。

“两山”实践结硕果 绿色发展启新篇

10月14日，在云南昆明举办的2020年联合国生物多样性大会上，生态环境部授予河南县第五批“绿水青山就是金山银山”实践创新基地称号。河南县委书记司吉昇登台领奖。

近年来，河南县在习近平新时代中国特色社会主义思想指引下，深入贯彻落实习近平生态文明思想，坚持守好“宁要绿水青山、不要金山银山”的发展底线、紧紧抓牢“既要绿水青山、也要金山银山”的发展根本、不断提升“绿水青山就是金山银山”的发展境界，坚定不移走绿色发展之路，全力推进“禁塑令”、小康示范村、县级干部责任田、生态保护工程等一系列“爱绿、护绿、培绿”务实举措，“两山”理论实践喜结硕果，进入高质量发展阶段。先后荣获全国村庄清洁行动先进县、第四批国家生态文明建设示范县荣誉称号，在认识深化和实践凝练中，让生态文明建设成为名副其实的“国之大者”。

强体制机制保障。制定《河南蒙古族自治县生态环境保护条例》，出台《草原生态保护补助奖励管理办法》《县级干部生态保护责任田建设考核办法》《创建全区域无垃圾示范县实施意见》等，编辑出版《河南蒙古族自治县植物资源图鉴》，建成投运“三江源生态大数据平台”，实现生态体检、生态资源摸底调研、动态监测与预警监测精准对接，构建起务实管用、系统完整、协同增效的生态文明制度体系，推动形成绿色生产和生活方式。

绘生态最美画卷。聚焦“三个最大”省情定位和山水黄南建设，深度融入国家公园示范省建设，矢志不渝践行“绿水青山就是金山银山”理念，打响洮河源国家湿地公园“国字号”生态名片，稳步推进阿木赫国家草原自然公园试点建设，申报打造河南县吉岗山国家地质公园、瀞度河南县水生态保育公园，统筹推进山水林田湖草沙冰综合治理、系统治理、源头治理，以处处有诗意的生态文明建设新作为的时代答卷，打造以河南县为核心的黄南国家农业科技园区，树立了青南地区生态样板。

扬生态经济优势。在生态、生产、生活良性循环转变中，利用草场、畜禽优良品质、优质水等资源禀赋，健全完善新型畜牧业合作经营方式，强化校地合作、政企合作、对口合作，全力推进有机认证、绿色认证、品牌推介，河曲马、欧拉羊、雪多牦牛相继入选国家畜禽遗传资源保护名录并荣获“国字号”地理标志称号，三江牧场、青清海、启龙牧场、瀞度矿泉水厂、乐乐玛、阿美沃、高原牧人等企业研发的产品相继投向市场并获青睐，蒙藏医药产业、文旅融合产业带动作用日益凸显，农牧民生产经营模式从分散变为适度规模生产，从逐水草而居转变为生态守护者、第三产业从业者，实现了生态优势向经济优势的有效转化。

聚全民共建合力。推进“极数河南”建设，全民行动保护“绿水青山”，治理“白色污染”，建设无废示范县，顺利实施三江源生态保护和建设一期、二期工程、退牧还草、灭鼠治虫、黑土滩治理、森林和草原防火等生态保护和治理工程，牧民转型从事生态管护公益岗位，成为护公益岗位，成为江源生态看护和管护的主要力量。

荣获第五批“绿水青山就是金山银山”实践创新基地称号是河南县各族儿女守好绿水青山这一亮眼底色和宝贵财富，在生态文明建设上捧回的又一块“国字号”金招牌，亮出了“黄河上游最美大草原”金名片，全面展示了生态文明建设的现代化成果。

河南县雪多牦牛和欧拉羊 12 个系列产品喜获中国有机食品和绿色食品“双认证”

11 月 1 日，河南县青海三江牧场农牧科技有限公司生产的雪多牦牛、欧拉羊 12 个系列产品喜获中国绿色食品发展中心绿色食品认证，至此，该系列产品获得中国有机食品和绿色食品“双认证”，实现“从牧场到餐桌”的全生态产业链发展，为河南县做强做优绿色有机农牧产品、扩大品牌影响力、增强市场竞争力、带动产业发展、促进牧业增效、牧民增收再辟集聚发展之路。

近年来，河南县抢抓机遇、乘势而上，深入贯彻习近平生态文明思想，牢固树立“五大发展”理念，扎实推进“一优两高”“三区建设”战略，坚持生态优先发展理念，大力发展有机畜牧业，通过加大政策支持和招商引资力度，推进企业品牌、产品品牌协同发展，成功培育一批龙头企业，引导企业走“绿色化、标准化、特色化、品牌化发展”道路。作为河南县创建农业现代化示范区的重要国有龙头企业三江牧场，于 2019 年 9 月进行资金重组上市，主要经营农牧产品收购、牛羊肉小包装精分割冻制品、牛羊副产品等业务，现有有机牛羊肉屠宰分割、精深加工生产线 2 条，年产值 5000 万元，跻身青海省内为数不多的有机食品、绿色食品、地理标志农产品全系认证的屠宰精深加工企业前列，推行“企业+基地+合作社+牧户”经营模式，产品经营主体日趋规范，畜产品附加值不断增加，提升市场化程度上不断实现新突破。按照多点突破、全面开花的思路，大力培育县域畜牧产品，推进优势潜力累积放大。培育打造出三江牧场、阿米雪、瀞度、青清海等一批叫得响的“两品一标”品牌，先后完成 26 项 143 类商标注册，为打造绿色有机农畜产品输出大县夯实了基础。通过不断强化沟通协作，加大对外开放力度，与天津科技大学食品学院联合成立河南县绿色有机食品研究院，支持县域企业进行产品合作研发，提升“河曲马”“欧拉羊”“雪多牦牛”等国家地理标志产品附加值，随着雪多牦牛肉饺子、牦牛奶咖啡、青稞啤酒、运动蛋白粉等具有河南县鲜明地域特色的 114 个产品先后上市，有效拉长了有机畜牧业的产业链，为牧业增效、牧民增收、牧区增绿提供了可借鉴、可复制的产业模式。

“废物利用”刷新县域“无废颜值”

保护好青海生态环境，既是“国之大者”，更是“县之大者”。河南县始终围绕“生态立县”发展战略，以“减量化、资源化、无害化”处理为目标，大力实施生活垃圾资源化利用及无害化处置运营项目，积极探索“全域无垃圾”向“全域无废”转型升级的河南经验，率先打响推进垃圾分类攻坚战。

生活垃圾资源化利用及无害化处置运营项目由生活垃圾分拣分选和生活垃圾综合处理设施组成，结合已完工的生活垃圾焚烧处理设施，组成生活垃圾处置系统。将生活垃圾进行分拣分选、回收、焚烧、填埋等系统作业，其中塑料、金属等回收料，包装后可对外销售；废弃物经加工处理后制成其他可利用资源；绝氧热解还原所生成的炭黑经筛分处理，制成炭棒基料并销售；生成的裂解气，用于裂解还原供能、处理设施供暖和厂区用电发电。废水、废气经过再处理后，按优于国家排放标准的要求实施低排放。据统计，项目可以处理全县生活垃圾 1.8 万吨/年，裂解气满足处理厂供能自用，生产炭黑 2800 吨。

河南县生活垃圾资源化利用及无害化处置运营项目正式启动运行，标志着河南县生活垃圾处理方式实现实质性转变，成为青海省“全域无废”示范项目理念典范，实现了河南县生活垃圾“村（社区）收集、乡（镇）转运、县处置”的三级综合处理目标，开启了生活垃圾资源化利用新模式，使广大人民群众在“绿水蓝天净土”中共享经济发展成果。

全力打造特色鲜明服务有力的新时代文明实践矩阵

河南县坚持先行先试示范引领，通过整合资源、优化配置，构建起集党性教育基地、新时代学习大讲堂、党群服务中心、文化服务站于一体的县乡村三级文明实践阵地，以点带面层层推进新时代文明实践工作，得到省委、州委领导的认可。

创新机制激活文明实践“源头活水”。实施“11246”工作法，探索建立了“中心统筹、所站联动”的工作机制，“群众点单、中心派单”的服务机制，“积分兑换、文明有礼”的激励机制，形成了较为完善的管理体系。年内累计接待尖扎县委、玉树市委宣传部门、全县各级党组织、老干部“百人观礼”观摩学习活动 20 余次，共计 1000 余人次。

志愿服务激活文明实践“阵地效能”。建成县新时代文明实践中心、6 个实践所、43 个实践站，1 个实践点，聚焦群众需求，全面推进“十个一”工程，常态化开展理论宣讲、医疗健康、文艺下乡、法律援助、疫情防控等志愿服务活动 500 余场次，形成中心统筹、站所联动，同向发力的文明实践“一盘棋”工作格局。挖掘打造出柯生乡公保金牌调解室志愿服务品牌、多松乡“新风”志愿服务品牌。

培育新风激活文明实践“内生动力”。将新时代文明实践中心精神高地展馆作为党性教育基地，以本土先进人物的先进事迹作为党史学习教育的活教材，引导广大党员干部从本土精神养分中汲取奋进力量。编印《漫画妙语讲文明》《谚语传理播文明》《翰墨飘香传文明》系列文明实践手册，弘扬文明新风尚。荷日恒村新时代文明实践助力乡村振兴工作入选中央文明办《建设新时代文明实践中心“怎么干”》系列丛书推广典型案例。

做活“林草长制”　走出绿色发展“新路子”

河南县坚定不移走生态优先、绿色发展之路，严格保护和合理利用森林草原资源，不断增强生态服务价值和碳汇能力，扎实推进黄河流域生态保护和高质量发展，用实际行动描绘“林草长制”惠民生福祉的生态画卷。

在生态修复上做文章。顺利实施三江源生态保护和建设一期、二期工程，退牧还草，生态修复试点，“三北”防护林体系建设，天然林保护和公益林保护工程，建设区域覆盖全县国土面积的70%。可利用草场面积64.5万公顷，全面落实禁牧和草畜平衡制度，减轻天然草原承载压力，对实现草原休养生息和永续利用等进行了明确规定。加大克其合滩生态治理力度，与甘肃省夏河县科才镇签订《克其合滩公共牧区草原黑土滩生态治理修复协议》，明确规定克其合滩两年禁牧、三年恢复治理，推动样板区建设工作，6866.67公顷草原退化趋势得到有效的遏制。持续推进县级干部生态保护责任田建设，划分县级干部责任田45块6833.33公顷。治理黑土滩18000公顷，退牧还草补播2333.33公顷，退化草地改良20000公顷，治理鼠虫害132.15万公顷、毒害草39333.33公顷。完成国土绿化任务10840公顷，封山育林2666.67公顷，管护公益林、天然林近22.67万公顷。

在科技支撑上做足功。与西北农林科技大学、青海大学农牧学院、财经学院、成教学院签订草原生态保护与科技创新合作协议，采用“清蘽1号”药品实施的10000公顷黄帚橐吾防效率高达94%以上，实现科研成果转化。凭借“三江源生态大数据”平台和生态科研园运维管理，统筹三江源地区生态资源、生态资产，实现生态体检、生态资源摸底调研、动态监测与预警监测精准对接，草地生态管护治理数据“一张图”，管理“一张网”，服务“一平台”。

在绿色发展上下功夫。以“碳达峰”“碳中和”河南行动为载体，与青海大学、青海羌域低碳能源科技有限公司签订河南县草原碳汇开发方法学研究合作协议，制定开发草原分类方法及划分标准，明确不同草地类型的特点及分析，确定不同类型草地固碳量的测算方法和计算标准，制定编制草原碳汇开发方法学等，将为我县草原创造经济效益，实现绿色低碳循环发展。大力发展以光伏发电为主的清洁能源开发体系，建设50兆瓦分散式风力发电和“绿色”电网项目，完成一、二、三期集中供热煤改电清洁能源项目，实现二氧化硫、氮氧化物等污染物“零排放”。

“飞地种草”探出生态畜牧业现代化发展新路子

河南县结合党史学习教育，深入开展“我为群众办实事”实践活动。聚焦突破产业发展瓶颈，转变旧观念，启发新思路，“跳出河南县发展河南县”，保护好生态、解决好草畜平衡、减轻草原承载力，在泽库县333.33公顷流转土地建立“借地生草”的飞地饲草种植基地，为现代有机畜牧业实现新跨越做出生动实践。

为破解防灾饲草料调入运距长、成本高、浪费严重，防灾饲草储备工作难度大的难题，实现政府、合作社、牧户“多赢”，河南县主动为合作社想点子、出实招，促成原牧生态有机畜牧业专业合作社在泽库县建立“借地生草”的飞地饲草种植基地，种植有机燕麦饲草。“飞地种草”模式在区域优势互补中延伸了链条，不仅为河南县牲畜保障了越冬“口粮”，让群众吃上了“定心丸”，实现两地生态、经济的互赢，也以“飞地种草”的模式，有效保护了牧区草原生态平衡，缓解了草畜矛盾，为推进乡村全面振兴，加快生态畜牧业现代化发展探出了新路子。

巧借青洽会东风　创新产品再起航

河南县牢固树立“走出去、引进来”理念，优化营商投资环境，注重产业结构转型，强化特色产品研发，围绕有机畜牧业、文化旅游建设、房地产开发等，年内对外推介招商引资项目10个，“青洽会”期间完成签约项目4个，签约金额3.67亿元，全部落地实施，为传统产业的加速转型升级和新兴产业的培育壮大，助推一、二、三产业深度融合提供了有力支撑。

在第22届中国·青海绿色发展投资贸易洽谈会期间，河南县在城南会展中心广场、会展中心C馆设立展厅3处，布展产品按照“名、优、特、精”的要求，突出展示内容与地域特征、空间形态高度融合，来自三江牧场、青清海、阿米雪等9家企业参展，涉及肉、奶制品、水、文创产品等9大类，雪山咖啡、牛肉饺子、阿米雪酸奶、气泡水、牦牛肉、羊皮纸等120种产品，多样化、特色化的参展产品吸引人们驻足品尝、围观。7月22日当天，人流量达2万余人次，全方位、多角度、深层次对外展示了河南品牌、河南形象、河南潜力，成为外界走进河南、了解河南的“靓丽窗口”。

异地办班传捷报　蒙旗教育绽新姿

河南县紧紧围绕教育强县发展目标，突出教育优先发展战略，深化教育体制改革，适应新形势，抢抓新机遇，积极推进异地办班，加快推进教育现代化建设之路。

在天津市滨海新区实验中学、内蒙古伊金霍洛旗分别开设河南班，目前两地共有河南县高中班6个，学生240名。2021年天津滨海实验学校河南班首批40名学生参加高考，本科上线26人，上线率达65%，理科最高分477分，文科最高分497分；其余14人全部考入省内外大专院校或职校，升学率创历史新高。截至目前，全县在读高中生人数1380名，其中州外就读（高中、职校）人数560余名。

针对孩子们的知识结构和接受能力，精心制订培育计划，县内选派6名优秀教师随班担任班主任及生活教师，州内招聘2名藏文教师随班开展藏语授课，确保学生适应新环境，更好地接受优质教育。县内选派教师，每人每年落实生活补助、班主任补助、交通补助等1.8万元，以夫妻双方均为教师，同时派往同一地随班任教为主，并协调落实随班教师孩子在伴读地享受同等优质教育。州内招聘的藏语教师，每人每年落实工资薪酬10万元。

县内，不断加快教育结构调整，优化教育资源配置，全县教育事业取得长足发展。抓根本，全面加强党建示范引领。及时调整县委教育工作领导小组，落实党委领导下的校长负责制，11所学校实现党支部书记、校长“一肩挑”。强保障，严密筑牢校园安全防线。统筹推进疫情防控、安全教育、校园“三防”建设等工作，投入430余万元购置平板体温监测计、紫外线消毒灯等防疫物资，稳步推进全县师生新冠疫苗接种工作。持续优化校园安全基础设施，配齐专兼职安保人员和医务人员78名，校园“三防”建设实现“四个百分百”。干实事，着力化解教育发展难题。完成义务教育标准化、校安工程等“五大工程”，累计投入土建资金6041万元，先后实施了中小学危房改造、标准化学校建设、教育信息化建设、宁木特一完小整体搬迁、新建第二机关幼儿园、蒙旗佳苑、泽惠幼儿园等各类教育项目，持续实施“学前教育三年行动计划”，各乡镇中心幼儿园实现全覆盖。惠民生，持续释放教育发展红利。不断加大优秀教师、教育工作者、蒙旗学子表彰奖励力度，县财政每年落实503名“三类编外人员”工资1358.08万元。落实生源地助学贷款优惠政策，累计发放生源地助学贷款171.85万元，受益学生286人。重师道，提升教师队伍综合能力。落实教师考核、评价、激励、管理等机制，每年投入100万元作为绩效奖励基金，分档分层兑现奖励性绩效。推行校长、教师交流制度，7名教师交流到乡镇学校开展工作，选拔7名优秀党员教师任学校党支部专职副书记。依托“国培”“省培”项目，累计培训教师1633人次，全县各中小学专任教师学历合格率100%。

节日经济增添发展新活力

成功举办第三届·热贡文化旅游节系列活动之河南蒙古族自治县中国共产党成立100周年庆典暨第22届“那达慕”盛会—天堂河曲“天骄杯”传统耐力赛马大会和天堂河曲文体系列活动、第三届“我的草原我的梦”书画摄影展，外界及各类媒体的关注度持续增温，通过现场参加、收听收看直播视频、网络跟帖转发、融媒体参与等人数达到近150万人次，“那达慕”盛会知名度、影响力再次刷新纪录。

第22届“那达慕”盛会—天堂河曲“天骄杯”传统耐力赛马大会期间，全县接待旅游人数21万人次，实现旅游收入982.5万元。各乡镇、村多点式、分散式举办“那达慕”暨草原牧民运动会动45场，收入5000余万元。截至年底，全县累计接待人数达109.5万人次，旅游收入达1.42亿元，同比增长17%；文化产业收入达0.55亿元，同比增长12.8%。

节日经济为全县经济回暖向好增添了新活力，也为河南县促进文旅产业深度融合，培育经济增长新动能，实现绿色高质量发展增添了新引擎、拓展了新空间。

下沉一线解难题　畅通渠道应期盼

河南县始终坚持以人民为中心的发展思想，把对人民负责作为工作基本原则，让人民满意作为工作最高追求，顺应时势，精心组织开展“下基层转作风，担使命履职责”活动，用心用情解决基层困难事、百姓烦心事，不断换取河南县人民的幸福指数和满意指数。强化顶层设计。围绕转作风、解民忧、办实事的原则，制定印发《下基层转作风、担使命履职责活动实施方案》，按照每月集中到各乡镇至少接访1次的要求，县政府党组班子联合各相关部门，带着任务接访，带着任务回访，做到变上访为下访、变群众找领导为领导找群众，切实当好群众的服务员。聚焦重点难点。活动开展以来，精心组织活动20余次，受理群众反映强烈的草山纠纷、拖欠工程款、征地补偿安置、农村养老保险等重点难点问题38项，解决29项。建立健全县政府领导干部接访和包案化解制度，共受理群众来信、来访、网访等上访案件6件，涉及8人，已办结案件4件，结案率达66%，做到信访事项有人受理、有人移交、有人承办、有人督办。转变工作作风。结合县“两会”政府工作报告中提出的2021年重点工作和10项民生实事工程，分别细化为28个方面70个具体事项和10个方面30个具体内容，将各项任务落实到具体事、具体人和具体时间节点上，引导群众理解和支持全县社会经济发展各项事业，畅通解决群众反映问题和困难及化解矛盾纠纷的渠道，切实将实事办到了群众的心坎上。

守护“中华水塔” 打造“健康水源”

河南县位于九曲黄河第一弯，故得名“河南”。全县河流总数69条，河段总长1100余千米，洮河、泽曲河、沃乎德河、乌尔哈斯河、大毛曲河等5条黄河一级支流穿域而过，地表水资源“家底”厚实。作为省州水源地保护“最后一道屏障”，牢牢把握黄河流域生态保护和高质量发展战略、守护“中华水塔”任务重大、使命光荣。

河南县始终以习近平生态文明思想为指导，牢固树立“大水源、大生态、大空间”的水源保护理念，不断加快重点工程建设步伐，深入推进水源地保护的源头治理、流域治理，初步构建起水源互联共享的融合发展新格局，全县水资源和水环境承载能力不断提升，不断为群众输送健康水、清洁水，为经济社会可持续发展提供了坚实的资源支撑。抓好水源水质管理。投资1300万元助推河南县供水厂提标改造建设项目稳步实施，整合原有供水管网，改造原有供水厂处理设施和处理规模，不断为牧区群众能用上“健康水”“幸福水”而出谋献力。组织牧民群众参与土著鱼类增殖放流活动，放流花斑裸鲤鱼苗20万尾，切实保护和修复了水域生态环境。结合“我为群众办实事”实践活动，县政府班子深入水源地调研督导水质净化项目建设前期准备工作，实地察看水源地生态环境、水质及安全防护等情况。整治河湖“四乱”问题。推进河湖“清四乱”工作常态化规范化，做实“查、认、改、罚”各个环节，对黄河干支流、农牧区河湖全面清理整治，加强水环境监管保护，组织纪检、检察、司法、公安等执法部门，累计开展执法巡查10余次，重点整治涉河湖违规建设、非法侵占水域、河湖脏乱差等突出问题，严肃查处涉水违法违规行为，重点加强水源地和河流上游保护，确保水源地安全。加强岸线项目治理。加大水域岸线空间管控力度，强化流域水污染防治，落实各级河湖长分层级负责制，督导发改、水利、交通部门全面排查河道管理范围内的已建、在建岸线利用项目。针对违法违规建设项目，本着因地制宜、实事求是的原则，建立问题清单，制定改进措施，督导落实整改，提高核查销号效率。目前，河湖岸线分区控制制度全面落实，岸线管理科学规范、整洁有序，河湖水域生态自然恢复功能明显提升，黄河入境断面和集中饮用水水源地水质优良率达100%。

关心关爱“硬措施” 提振干部“精气神”

河南县从基层干部最关切的问题和最迫切的需求入手，以切实解决好干部“吃、住、行、用”的“硬举措”，持续细化关心关爱干部政策措施，提振全县干部“精气神”。

完善基础设施，让干部吃住“舒心”。从基层干部最关切的问题和最迫切的需求入手，持续细化关心关爱干部政策措施，大力推行以改善乡镇基层干部职工生活条件为内容的“十有工程”，投入300余万元建成县政府食堂，升级改善干部职工用餐条件，建设679套干部周转房，解决基层干部住宿后顾之忧。

完善娱乐出行设施，让干部生活“开心”。用心打造干部职工活动室，提供健身、休闲、娱乐的“第三空间”，丰富干部职工业余生活。设立县驰驹投资公司投资229万元购置10辆车，探索推行公务用车社会租赁服务模式，解决干部出行难、回家难问题，为各乡镇配备救护车，完善干部职工用车保障体系。

完善干部健康制度，让干部干的“安心”。推行干部健康保健网格化管理，建立干部体检档案制度、重大疾病情况报告制度和救助制度，分类制定干部职工健康干预方案和防治措施，进行疾病干预、定期随访、巡诊等健康管理活动。提高干部体检标准，县级干部体检标准从1000元提高至2500元，科级及以下干部从800元提高至2000元。同时，健全完善体检结果研判、运用及报告机制，进一步推动干部医疗保健规范化、制度化、科学化、常态化。

完善干部待遇，让干部干的"暖心"。干部建立基层一线优秀干部职工、基层优秀人才外出学习疗养制度，疗养干部125名。积极发挥好公务员平时考核和年度考核制度作用，用好、用活职务与职级晋升，今年职级晋升19名干部，进一步激发了基层干部干事创业的激情，做到了用"情"用"策"留住干部。

深化"校地合作"　蓄积引才聚才"强磁场"

河南县坚持把人才作为支撑发展的第一资源，充分发挥政策、项目和平台优势，打造了群英荟萃的人才发展新高地，为力促县域经济社会发展提供了坚强的人才保证和智力支持。

坚持党管人才原则，充分发挥县委统揽全局、协调各方的领导核心作用，定期研究协调人才工作中遇到的难题，组织力量对各单位贯彻落实人才工作情况进行全面督查。打造"1+N"校地合作模式，与青海大学、天津科技大学、西北农林科技大学等高校先后签订合作协议，围绕与县域发展高度契合的农牧水利科技、草原管护、畜牧兽医和食品加工等特色专业，启动科技人才双向培养计划，输送高水平专业技术与管理人才。通过建立政、产、学、研、销共同参与的产品开发创新平台和绿色有机畜产品研究院等工作的开展，畜牧业系列产品拓展到33种，为打造绿色有机畜产品输出地奠定了坚实的基础。以"智汇三江源·助力新青海"人才项目洽谈会、"京青服务"活动契机，采取兼职挂职、定期服务、项目合作、科技咨询等多种方式，以"人才+项目"机制，经常性开展"引智"活动。其中，引进的天津科技大学人才团队被评为第一届"智汇三江源·助力新青海"人才项目洽谈会"十大特色人才项目"。通过健全完善党政领导干部直接联系人才机制，全面落实项目扶持、财税支持、住房保障、"服务绿卡"等政策措施，实现"一站式"服务。

省级试点出经验　贡献河南新智慧

近年来，河南县被省委组织部先后确定为公务员平时考核工作、开展发展党员违规违纪问题排查整顿工作试点县，2021年又被确定为开展党员信仰宗教、参与宗教活动问题专项整治试点县。

作为中央巡视反馈意见、全省组织部长会议安排部署的一项重点任务，河南县坚持"刀刃向内"，拿出超常决心推进工作。结合本县特点细化排查整顿措施，从严从实设置42项程序审查内容、11项档案必备材料、8项问题情形认定标准及10项问题处置办法，共排查认定发展党员违规违纪问题29件，处理处置违规违纪问题党员36人，形成了发展党员"风险点工作提醒""三色预警机制""部门联审意见征求"的工作做法。

深入贯彻落实《青海省公务员平时考核实施办法（试行）》，采取"定性"与"定量""考人"与"考事"相结合的方式，分级分类设置共性、个性、动态、民主测评4大指标，将考核内容提炼为5个维度，15个要素，实行"周纪实、月小结、季考评"的考核模式，持续提升平时考核试点工作科学化水平，积累了宝贵经验、贡献了河南智慧。

织密“防疫网” 筑牢“防控墙”

河南县始终将人民生命安全和身体健康放在第一位，严格落实“四早要求”，压实“四方责任”，按照“外防输入、内做排查”的原则，坚持分类指导、分区施策，全力筑牢疫情“防控墙”。

织密“责任网”，确保组织领导到位。全面落实县级干部联乡包村、乡科级干部包村联户、村（社区）干部分片包户工作制度，27名县级干部组成6个指导组分别联点指导各乡镇和村（社区），实行县干部到乡、乡干部到村、村干部到户的县乡村三级联防联控机制。坚持“每日一研判、每日一调度、每日一梳理、每日一报送”工作制度，采取“上级政策+外地经验+河南实际”相结合的决策模式和工作协商制、牵头单位负责制、一线工作法等，实现疫情防控精准到点、快速反应、快速决策。

织密“宣传网”，确保宣传引导到位。利用广播电视、微信公众号等，广泛宣传疫情防控知识，及时发布致广大干部群众的一封信、各级疫情防控指挥部通告等焦点热点信息，制作发布主题鲜明、形式新颖的防疫视频、信息，深度挖掘报道情防控一线先进典型、感人事迹，曝光疫情防控不文明行为，正面发声、正面引导，消除民众疑虑，提高群众自我防护意识和能力。

织密“排查网”，确保精准排查到位。各村（社区）组建由1名乡（镇）干部、1名村社干部、1名医务人员、1名党员构成的“4个1”排查小组工作专班。以社区（村居）为网格，逐级构建乡（镇）、村居、小区、楼栋、居民五级防控体系，采取“包片、包楼、包户”的方式实行全覆盖式疫情防控宣教，精准掌握网格内人员动向。

织密“管控网”，确保防控措施到位。推出“红、黄、绿”三色提示牌，为疫情防控工作高效开展、精准识别提供了有力支撑。设置集中隔离场所“三区两通道”，集中隔离点3处、备用隔离点1处，定点医院1家，定点后备医院1家，预留隔离病床100张，医疗救治床10张。

织密“督查网”，确保纪律保障到位。成立河南县疫情防控监督检查工作领导小组、督查组，印发《关于严明“十严禁”纪律要求进一步做好全县新冠疫情防控工作的通知》，构建起“三位一体”防控监督线，督促整改问题36条，提出工作建议14条，以严明的纪律确保打赢疫情防控阻击战。

织密“社会网”，确保联防联控到位。各界爱心企业和爱心人士主动捐赠疫情防控物资和资金，县城爱心餐馆为卡点值守的民警和医务人员送上免费爱心餐，退伍军人、社会团体等为疫情防控捐赠价值13.3万元的物资，县四大班子领导送上共计25万元的慰问金及慰问品。在2020年投资227.23万元购置储备疫情防控物资的基础上，2021年投资100万元，购置储备了一批疫情防控物资。投资111.3万元，为乡镇卫生院配发救护车6辆，以全社会合力助力抗疫第一线，保障人民群众生命安全和身体健康。

联结“同赛”高速纽带 加快蒙旗经济发展

“要想富、先修路。”高速公路作为现代化的重要公路运输通道，能有效促进各地区经济联系，拉动途径区域内需，刺激延边地区经济繁荣和发展。河南县作为青、甘、川交界的重要枢纽部位，是青海的“南大门”，是沟通联系边界省区的重要交通要道，同赛高速的建成将对河南县实施区域整体发展战略，推进三省融合发展、协调发展、可持续发展具有积极的促进作用。

近年来，河南县坚持以习近平新时代中国特色社会主义思想为指导，全面贯彻落实中共十九大和十九届二中、三中、四中、五中、六中全会精神和省委十三届十次、州委十二届十三次全会精神，牢固树立和贯彻落实创新、协调、绿色、开放、共享的新发展理念，立足实际，着眼长远，加强顶层设计，强化“十四五”时期全县经济社会发展谋划，将同赛高速公路建设作为提升区域经济社会发展活力的有力渠道。深入贯彻落实“以人民为中心”的发展理念，积极衔接协调高速公路建设事宜，动员牧民群众全力支持高速公路建设。先后开展实地调查工作25次，召开项目协调推进会5次，开展征地政策宣讲3次，协调达成拆迁补偿协议6户，沟通衔接牧民草场用地约66.67公顷，就草场占用期限、占地补偿等事宜签订《同赛高速公路牧民基本草场临时占用协议》，有效解决了相关参建施工单位驻地场站临时设施建设和牧民群众草场占地补偿问题，确保牧民群众合法权益得到有效保障，保障高速公路建设顺畅无阻。

打造智慧化服务平台　加快推进社会治理现代化

河南县在探索现代社会治理探索过程中，紧紧围绕创思路、强服务、促治理、惠民生目标，从叫响“智慧牌子”、迈好“智慧步子”、兜牢“智慧网子”三方面着手，构建起县域内数字化城市管理及社会治理服务平台，实现以“小智慧”经营“大治理”，以“智慧手段”服务“智慧民生”，打通基层治理“最后一公里”，全力提升市域社会治理现代化品质。

叫响“智慧牌子”。树立“网格化+信息化”理念，制定“智慧小区”建设方案，探索建立“2+2+X”智慧管理模式，将县城幸福小区作为试点，在居民小区安装智慧门禁系统，依托视频监控、智能道闸、智能门禁等科技设备，将社区被动管理转变为主动协同管理，为社会治理、侦查破案和服务群众提供了有力保障，提高了群众安全感和满意度。

迈好“智慧步子”。持续推进前端感知设备、数据汇聚分析、便民服务管理平台等项目建设，依托综治中心大数据平台进行并网管理，对网格内的“人、房、事、物、情、组织”等信息进行全面采集和有机整合，为网格员配发60部手持移动终端，大数据条件下即时、便利作用充分发挥，社会治理信息化“步子”前移。

织出“智慧网子”。运用智能手段侦破“2·2”电信诈骗案、“3·6”网络赌博案。智慧法院建设实现“一张网”办公办案，依托“全流程网上同步办案”，累计接待当事人1500余人次、立案文书电子送达590件。打造线上藏语和汉语法治微课堂，通过校园广播向全县中小学生宣传“校园欺凌”“防性侵”等相关法律知识，提升青少年自我保护意识。开设“乡村振兴，法治同行”普法专栏，实现基层普法从线下延伸到线上，逐步形成一张社会治理“智慧网”。

纵联横通“平安网”　打造区域“共荣舟”

河南县立足位于青、甘、川三省结合部，人员流动大，多民族聚集，受历史遗留问题影响，社会治理环境复杂，边界安全稳定形势严峻实际，探索创新党的基层组织设置新模式，全力打造共建、共治、共享的社会治理“共荣舟”。

区域协作共同发力，“联合织网”应时而生。在民族节日“那达慕”期间，邀请青、甘、川三省相关县（市）负责人共赴盛会现场召开区域联动协作会议，会上商讨签订《青海甘肃四川三省相关县（市）区域框架协议（补充协议）》。此后，与周边友邻县市建立联席会议制度、跨区域突发事件应急机制、预警机制和信息互通共享机制，搭建起处置各类突发事件和越境矛盾纠纷的高效协作平台，织密了社会治理跨区域协作网。

共建共治稳步推进，“党建筑网”顺利铺展。河南县先后组织宁木特镇、柯生乡、多松乡分别与甘肃省玛曲县欧拉秀玛乡、欧拉乡、尼玛镇及玛沁县拉加镇等组建了 8 个联合党工委、6 个联合党支部，将基层党建工作延伸到“空白”地段。通过党建引领、区域覆盖、协同发展，加强了友邻两地的文化交流，在协调解决区域内虫草资源、草山地界纠纷、牲畜偷盗、黑车交易及其他跨区域矛盾纠纷中，联合共建大网每一处“连接点”都有党建“支撑柱”，党的政治优势、组织优势和群众优势得到极大发挥。

纵横联通相容共促，“平安大网”成效显著。组织协调河南县公安系统与友邻县公安局开展警务协作，签订《公安机关警务协作协议书》，通过密切合作，共与友邻地区联合办案 43 起，抓获犯罪嫌疑人 28 名、登记网上在逃人员 14 名。新冠肺炎疫情防控期间，联合党工委第一时间发挥作用，依托综治平台，绘制作战图，在交界处设立联合卡点，加强交界地区疫情防控和宣传工作，建立完善返乡人员登记和管控制度，形成疫情防控动态监测体系，实现“零输入”。近年来，河南县先后获得全国法治先进县、全国民族团结进步创建活动先进县等诸多殊荣，2021 年县委政法委获得 2016—2020 依法治理创建活动先进单位。

聚焦短板“拓思路”　案件查办“开新局”

今年来，河南县纪委监委为贯彻落实十九届中央纪委五次全会提出纪检监察机关要健全联合办案制度机制，推动内设纪检机构、监督机构等形成监督合力要求，结合实际，立足案件存量多、办案人员少，守正创新，探索“县纪委监委领办，各乡镇纪委主办”的协作片区联合办案模式，实现上下衔接、左右互通、优势互补，有效处置减存量、强化监督遏制增量。

“上下衔接”。联合办案机制准确把握“上与下”的关系，切实发挥组织作用和系统优势，始终秉承“查办案件以上级纪委领导为主”的原则，实现各乡镇问题线索由分管县纪委常委领办，各乡镇纪委主办，根据线索性质、规模，实现“上对下”“一对一、点对点”进行分类指导，“下对上”进行询问学习，对于涉及政策、法律方面的重大问题共同研究把控，在实战中提升基层纪委问题线索处置能力。

“左右互通”。在联合办案过程中，各乡镇纪委书记结合各自案情，提炼好的经验做法，注重交流分享，定期开展案件推进交流活动，从不同案件中体会办案技巧，剖析工作漏洞，及时纠正偏差。

“优势互补”。县纪委监委在组织协调中，既强调联合办案，又突出分工负责，按照个人优势特长，强化力量科学整合，形成“粗心+细致”“急躁+坦然”等性格互补型办案组合，充分发挥各自优势，在办案工作中扬长避短、取长补短，实现共同进步，力争有序高效推动审查调查工作。

“强化督办”。充分发挥监督检查室与案管室督办作用，对于线索办理情况定期发出督办通知，督促办案人员严格按照《中国共产党纪律检查机关监督执纪工作规则》推进案件查办，并且及时上报有关进展，督促完成案卷装订等后续工作，共发出督办函 9 份。年内，县纪检监察机关联合乡镇纪委共办结各类存量案件 20 余起，真正以案件查办新进展践行初心使命，下一步，将切实用好案件查办成果，举一反三，推动全县政治生态持续风清气正。

坦诚相待聚共识　铆足干劲谋新篇

近年来，河南县坚持党对人大、政协工作的全面领导，在领导班子建设中相互信赖、坦诚以待，切实把加强思想政治引领、广泛凝聚共识作为人大、政协履职重要环节抓实抓好。县人大、政协班子紧紧围绕县委中心工作，依法监督、民主监督，认真履职尽责，积极主动作为，凝聚各方面智慧和力量，建言献策，呈现出人心齐、风气正、干劲足，只争朝夕求发展，不负韶华启新篇的奋进局面。切实把好政治引领方向盘。不断强化县人大党组、县政协党组的主体责任，充分发挥党组领导核心作用和“把方向、管大局、保落实”作用，坚定正确政治方向。任命六个乡（镇）人大主席团主席为乡（镇）党委副书记，乡（镇）一名党委委员担任政协工作联络员，以强化党的建设推进人大、政协事业发展。精心画好服务大局同心圆。坚持以代表意见建议、委员提案办理监督为抓手，不断加强办理落实工作，增强办理实效，2021 年办理人大代表意见建议 111 件，政协委员提案 90 件，答复率达到 100%，做到了件件有答复、事事有回应，促进了一大批社会关注、群众关心的问题得到妥善解决，找到最大公约数、画出最大同心圆。打通服务群众“最后一公里”。推进“两室一平台”建设，完善代表、委员活动阵地，联系选民、服务选民。引导人大代表、政协委员入基层牧户宣传政策、传播共识，围绕生态文明建设、生态水产业培育、交通安全整治、校园周边环境治理、提升基层社会治理能力等开展视察调研，察民情、听民声、解疑难，切实担负起把县委对人大、政协工作的要求落下去、把社会各界实现中华民族伟大复兴中国梦的智慧和力量凝聚起来的政治责任，凝聚起了奋力谱写新时代“纯净河南　幸福蒙旗”的强大合力。

战备训练砺斗志　矢志强防锋锐气

河南县始终坚持把党管武装作为巩固党的执政地位的基础工程，认真履行管政治方向、管思想建设、管组织队伍、管作用发挥的职责，“第一书记”亲自谋划、亲自部署、亲自推动的工作格局，明确了练兵备战优先推进、重大事项优先研究、困难矛盾优先解决、抚恤待遇优先落实的“四优先”工作思路。将民兵应急力量纳入全县应急管理体系一并建设、一体演练、一起使用，形成了指挥机构上联合、力量配置上耦合、演练演训上融合、调度使用上整合的良好态势。组织公安局、消防大队、武警中队、民兵分队联演联训，进行封闭式管理和集中统一保障，率先在全省走开了基干民兵院校化教学、基地化训练、社会化保障的备勤轮训路子。通过解决公益性岗位、应急队伍岗位返聘、事业单位岗位招录等办法，妥善解决退役军人安置问题，实现了退役军人 100% 再就业，提升了退役军人转服预备役的积极性。组织县级领导、国动委成员、退役老兵代表参加“军事日”活动，有效增强了广大干部国防意识。组织民兵应急力量积极参加脱贫攻坚、疫情防控、巡逻执勤等工作，在促进经济发展、维护社会稳定方面做出了积极贡献，切实彰显了党管武装政治优势、释放了党管武装社会效能，增强了国防动员和后备力量，趟出了党管武装河南路子、形成了河南特色。

精品意识是关键　“创新驱动”是保障

2021 年，河南县坚持“创新创优、提质提效”的理念，以“以史鉴今、资政育人”为己任，史志工作全面高质量完成规划确定的任务，取得了新成效，实现了新发展。

树立精品意识，实现一年一鉴。《河南蒙古族自治县年鉴（2021）》编纂工作严格按照“369”模式，以要“干货”不要“水货”，重“吨位”更重“品位”的态度，自 2021 年 1 月开始征集资料，历经资料收集、初稿撰写、复审修改、交由出版社审查、校对定稿等多个程序，于 11 月由九州出版社印刷出版，不仅在全州率先公开出版发行，也走在了全省前列，在一年一鉴的基础上实现了当年年鉴当年完成。63.8 万字、296 张图片的《河南蒙古族自治县年鉴（2021）》打破同质性，塑造独特性。彩页部分通过全县各行各业亮点图片和扫二维码看视频的方式充分反映 2020 年河南县重点工作和中心工作；围绕全年重点工作设民族团结、生态文明建设、脱贫攻坚、疫情防控、新时代文明建设以及作风整治五个专题；“十大新闻”以图文并茂的形式呈现河南县全年最值得关注的新闻热点；内文类目及卷末增设图片，充分展现河南县人文景观，使年鉴既有保存价值，也有欣赏价值。

增强创新意识，赓续红色精神。抓好理论武装“必修课”，结合“线上线下”全方位做好宣教工作；在“美丽河南”微信平台开设党史专栏，推送党史知识、历史上的今天等，印制中国共产党历次全国代表大会简介、党史知识问答彩页等，发放 100 册《中国共产党历史》第一卷、第二卷和 200 册《中共党史知识问答》《党史可以这样讲》，供各级党组织和广大党员干部学习，不断加大党史宣教力度，极力营造知史、敬史、传史的良好氛围。开展“立爱国之志、践爱国之行”爱国主义教育进校园活动，通过讲述身边榜样的先进事迹，进一步强化学生爱国意识，引导学生树立正确的人生观、价值观和世界观，扣好人生“第一粒扣”。

媒体看河南

立标杆树典型　践行“我为群众办实事”

2021 年 4 月 28 日　人民网

“从黄河‘荒滩滩’到‘青海小三亚’，翻天覆地的变化离不开党和国家易地扶贫搬迁的好政策……”最近，青海省黄南州尖扎县德吉村里热闹非凡，村大喇叭里不时传来党史以及脱贫攻坚相关的故事，德吉村文化广场也成为了黄南州讲述脱贫攻坚故事的“生动课堂”，吸引不少人来参观学习。

结合脱贫攻坚成果开展党史学习教育是黄南州创新党史学习教育方式，打造“红色党史教育+脱贫成果应用”模式的生动举措。自党史学习教育开展以来，黄南州牢牢把握主题主线，坚决履行主体责任，聚焦学史明理、学史增信、学史崇德、学史力行，以“红色教育+”丰富党史学习教育形式及内涵，积极引导党员干部学党史、悟思想、办实事、开新局。

丰富党史学习教育形式及内涵　力求实效

“人民警察要提高党性修养，更好地为人民服务……”黄南州河南县老党员索南家里，一堂生动的“党课”开讲了，河南县赛尔龙乡派出所的民辅警们围着索南老人认真聆听。

索南家被河南县委党校和赛尔龙乡挂牌为“河南县党员党性教育现场教学点”“赛尔龙乡党员党性教育基地”“新时代文明实践传习所”，老人家中各式各样的奖牌和荣誉证书引人注目，见证着一名老党员的拳拳爱党心。

黄南州河南县是一片“精神高地”，平均海拔 3600 多米、人口仅 4.3 万，却有 31 人获得过国家级荣誉称号，老党员索南就是其中之一，“时代楷模”尕布龙是原河南县委书记、“最美奋斗者”尖措是原河南县委常委、统战部部长，他们都在河南县这片热土上践行党员的初心和使命，他们的感人事迹和崇高精神已成为河南县宝贵的精神财富，河南县在开展党史学习教育的过程中充分运用这些典型人物、典型事迹，拓展“精神高地”的外延，从本土“精神养分”中汲取力量。

同时，党史学习教育全面展开之际，黄南州坚持用好敬业奉献的法院人——乔国胜、践行初心使命的好法官——陆仲青、群众信赖的金牌“和事佬”——公保等身边的典型人物、优秀事迹，编印《党史本土先进典型事迹宣传册》，举办先进典型海报巡回展和“榜样的力量”先进事迹巡回报告会，开展“学榜样、树典型、争先锋”活动，通过集体诵读、学习党史故事和先进模范事迹，把党史学习教育融入群众性主题活动，让爱党爱国、感恩奋进、建设黄南成为人们的行动自觉。

党史学习教育榜样和典型的力量，同样在乡村振兴的道路上延续。黄南州结合脱贫成果开展党史学习教育，推出脱贫攻坚接续乡村振兴专题展，打造“乡村巨变”红色精品线路，组织州、县委党校将党性修养课程与带领尖扎县德吉村致富党员现场教学相结合，将党的宗旨教育与德吉村群众致富现场教学相结合，将红色文化课程与“省级党支部组织生活共享阵地”德吉村文化广场现场教学相结合，把党史学习教育融入党员贯彻党的基本理论、了解形势政策、学习党内法规等，融入群众脱贫致富感恩教育、法律法规教育和技能技术培训等，以现场体验式教学提高当地群众和外地游客的学习获得感，激发党员群众学党史、感党恩、听党话、跟党走。

以“红色教育+”丰富党史学习教育形式和内涵，黄南州一直在积极探索。连日来，黄南州泽库县拉格日村史馆内人来人往，展馆内20年新旧对比的文字、照片让参观者了解到泽库县生态文明建设成果，直观形象，让人感慨。与此同时，黄南州打造的精品党课《拉格日》也在全州引起热议。

拉格日村原是泽库县生态、生产、生活条件最差的村，牧民们一度陷入超载放牧、破坏生态、牲畜品质低的恶性循环，2011年探索生态有机畜牧业合作社，在推动畜牧业由传统粗放式向现代集约化转型的同时，大力推进黑土滩退化草场恢复治理，富了群众，美了草原，打造了绿色发展“拉格日”模式，并在全县推广建成“拉格日”模式合作社64家。

将党史学习教育与泽库县生态文明建设相结合，黄南州通过组织村党支部书记和合作社到拉格日村史馆参观学习、互动体验、集中讨论等形式，推动党史学习教育入脑入心，把群众对党的知恩之心、感恩之情转化为维护民族团结和守护绿水青山的具体行动。

学习党史与日常工作相辅相成 以学促行

学习的实效最终要呈现到工作中来，黄南州在多形式开展党史学习教育的同时，不忘将学习成果转化为工作动力，以学促行，学史力行。

4月20日，河南县成吉思汗广场上人头攒动，热闹非凡，“我志愿成为一名光荣的志愿者，我承诺：尽己所能，不计报酬，帮助他人，服务社会……”来自河南县各行业的200余名志愿者代表，身穿鲜艳的新时代文明实践志愿者马甲宣誓，铿锵有力的声音响彻广场上空，河南县“我为群众办实事”志愿服务周拉开序幕！此次志愿服务周统筹各方资源，组织了理论宣讲、医疗卫生、文化体育、科技科普、法律知识普及、教育服务等19个县级层面的志愿服务支队，利用一周时间，开展不同形式、不同内容的文明实践志愿服务活动，推动党史学习教育走深走实，全力解决群众最关心最直接最现实的利益问题，打通服务群众“最后一公里”，以优异成绩迎接建党100周年。

近期，同仁市各技能培训班里同样热闹，堆绣培训班里，绣娘们穿针引线，各种栩栩如生的图案映入眼帘；烹饪培训班内，锅碗瓢盆丁零当啷，各样美食香味四溢……到处都是学员们忙碌的身影。同仁市就业局坚持把党史学习教育与主责主业深度融合，着力将学习成果转化为工作动力和成效，因地制宜，围绕特色产业和支柱产业在各乡镇相继组织1820名劳动力开展中式烹饪、餐厅服务员、农家乐+创业、电焊工、汽车装饰装潢、堆绣、唐卡等农牧民实用技术培训。

学史力行、服务于民的生动实践在黄南州各处落地生根。“根据进村走访情况，我认为需尽快为南旗村和泽雄村偏远牧户修建通信基站”“我建议解决多特村村道硬化问题”……下基层转作风，担使命履职责，河南县优干宁镇机关干部和村干部提出了多个关系牧民群众生产生活的问题，并提出了办理建议，让“我为群众办实事”落地生根。

带头接访乡镇干部、村干部、牧民群众、社区居民，营造了为民办实事的良好氛围，打通联系、服务群众的“最后一公里”，河南县推动党史学习教育走深走实，在探索和实践中创新了方法。变群众“上访”为干部“下访”，是河南县政府“学史明理 学史增信 学史崇德 学史力行”的生动实践，“干部下访与群众零距离接触，第一时间对矛盾纠纷作出反应，畅通了群众诉求渠道，疏解了群众怨气，上月我们村反映的一起信访积案已经解决了。”优干宁镇吉仁村村支部书记、村主任叶旦加说。据统计，今年以来，河南县政府“下基层转作风　担使命履职责”活动已先后为群众办理了涉及社保、住房、交通、信访等多个领域的21个事项，群众的满意度和幸福感大幅提升。

驻村“第一书记”、工作队队员、联村帮扶单位开展的日常工作中，在倾听民声、畅通民情、凝聚民力、解决民忧上狠下功夫，聚焦群众反映的“痛点”“难点”“堵点”问题，凝心聚力谋发展促和谐，以工作成效彰显学习实效，黄南州切实把开展“我为群众办实事”实践活动贯穿到千名干部下乡活动。

党史学习教育大幕已拉开，立足实际充分发掘运用地方资源，依托“红色教育+”模式力促党史学习教育走深走实走心，同时，黄南州正加紧步伐推动“学史力行”在黄南大地开花结果。

河南县雪多牦牛和欧拉羊12个系列产品喜获中国有机食品和绿色食品“双认证”

2021年11月12日　中国网草原频道

2021年11月1日，河南县青海三江牧场农牧科技有限公司生产的雪多牦牛、欧拉羊12个系列产品喜获中国绿色食品发展中心绿色食品认证，至此，该12个系列产品获得中国有机食品和绿色食品“双认证”，实现“从牧场到餐桌”的全生态产业链发展，为河南县做强做优绿色有机农牧产品、扩大品牌影响力、增强市场竞争力、带动产业发展、促进牧业增效、牧民增收再辟集聚发展之路。

近年来，河南县抢抓机遇、乘势而上，大力发展有机畜牧业，通过加大政策支持和招商引资力度，推进企业品牌、产品品牌协同发展，成功培育一批龙头企业，引导企业走“绿色化、标准化、特色化、品牌化发展”道路。

作为河南县创建农业现代化示范区的重要国有龙头企业三江牧场，于2019年9月进行资金重组上市，主要经营农牧产品收购、牛羊肉小包装精分割冻制品、牛羊副产品等业务，现有有机牛羊肉屠宰分割、精深加工生产线2条，年产值5000万元，跻身青海省内为数不多的有机食品、绿色食品、地理标志农产品全系认证的屠宰精深加工企业前列，推行“企业+基地+合作社+牧户”经营模式，产品经营主体日趋规范，畜产品附加值不断增加，提升市场化程度上不断实现新突破。

河南县依托三江牧场品牌打造，大力培育县域畜牧产品“阿米雪”“瀞度”“青清海”等一批叫得响的“两品一标”品牌，先后完成26项143类商标注册，为打造绿色有机农畜产品输出大县夯实了基础。通过不断强化沟通协作，加大对外开放力度，县政府与天津科技大学食品学院联合成立河南县绿色有机食品研究院，支持县域企业进行产品合作研发，提升“河曲马”“欧拉羊”“雪多牦牛”等国家地理标志产品附加值，随着雪多牦牛肉饺子、牦牛奶咖啡、青稞啤酒、运动蛋白粉等具有河南县鲜明地域特色的114个产品先后上市，有效拉长了有机畜牧业的产业链，为牧业增效、牧民增收、牧区增绿提供了可借鉴、可复制的产业模式。

河南县将持续深化县情认识，认真梳理工作思路，积极探索畜牧业发展新途径，不断补齐畜牧业现代化短板、实施乡村振兴战略，将创建生态文明示范县成果转化为推进“绿水青山就是金山银山”实践创新的务实举措，加快成为全省青南牧区乡村振兴引领示范县和绿色有机示范县，为青海省有机畜牧业发展乃至现代农牧业发展起到典型示范和辐射带动作用，促进县域经济快速增长，走出一条生态效益、经济效益、社会效益相统一的可持续发展道路。

-23℃的勇敢

2021年12月6日　《人民日报》客户端

11月30日晚，青海省黄南州河南县，实时温度-23℃。

一名浑身湿透、衣服上挂着冰的警察冲进警务室。这名警察是河南县交警大队辅警张斌斌，也是一名退役军人。当时他刚从泽曲河爬上来。

当晚，一辆汽车不慎掉入泽曲河中，被困群众站在车顶避险，刺骨的河水已经没过小腿，情况危急。当地警方到达事故现场后发现，车在河中央、夜晚气温低、河水冰冷刺骨，救援难度大。现场参与救援的民警将腰带绑在一起，张斌斌跳入冰冷的河水中，走向待救援群众。经过近20分钟的救援，两名群众被成功救出。

12月1日，被救群众家人向参与救援民警和张斌斌送来锦旗，献上哈达表示感谢。

“我是警察，也是退役军人。”张斌斌说，跳进河里是选择，更是职责。

守护绿水青山　青海河南县唱响“美丽的草原我的家”

2021年11月23日　《青海日报》

“美丽的草原我的家，风吹绿草遍地花，彩蝶纷飞百鸟儿唱，一湾碧水映晚霞，牧民描绘幸福景，春光万里美如画……”

初冬，行走在清清泽曲河畔金色的草原上，心中便会情不自禁地流淌出一首首牧歌的动人旋律。

享有“青海最美草原”的荣誉，坐拥万顷水草丰美的牧场；绿色是这里的底色和价值，生态是这里的责任和潜力。

在青海省黄南藏族自治州河南蒙古族自治县，守护“绿水青山”，铸就“金山银山”的生动实践风头正劲。

河南县委书记司吉昇说，坚持生态保护优先，突出特色和优势，倾力培育和深入推进生态畜牧业、水产业、蒙藏医药等五大特色产业发展，是在“绿水青山”的家园里闯出“金山银山”必经之路。

让良好生态变成厚实家底

今年9月15日，河南县生活垃圾资源化利用及无害化处置运营项目正式运行，这标志着河南县实现从全域无垃圾向全域无废转型升级。通过分拣分选、回收、加工处理等一系列操作，“无处安放”的垃圾被“点废成金”，变成炭棒基料和裂解气，应用于设施供暖、厂区用电发电，全面实现了循环利用。

坚持保护优先，以“国之大者”的姿态认真践行“绿水青山就是金山银山”理念，“纯净河南”的金名片愈加灿烂耀眼，就最近几年内，河南县相继荣获国家生态文明建设示范县、全国村庄清洁行动先进县等诸多荣誉。

荣誉的背后，凝聚的是上下同心的共识力和与生俱来的责任感。依赖草原、守护草原，这是蒙旗人在千百年的游牧生活中总结出的宝贵经验，也是植根于他们心底的深刻信念。

在上世纪与鼠害旷日持久的较量中，河南县坚持用最少的牲畜养活自己，尽最大的努力治理草原。几十年的灭鼠行动伴随着退牧还草，至上世纪末时，曾经鼠患猖獗的蒙旗草原最终赢得胜利，使牧草和植被覆盖率大幅提高。

同样，当面对白色垃圾的泛滥，他们依旧满腔热忱响应号召，自觉投身“禁塑”的队伍中，全县上下勠力同心，誓将草原的纯净归还草原。行走在蒙旗草原，总能在不经意间看到或者遇到，牧人们或三五结伴，或独身一人手提纤维袋，沿河流、公路搜寻垃圾的身影。

曾经，骤然起风，吹起的塑料袋在草原上空乱飞乱窜；塑料品附着的地方，草场上牧草稀疏；牛羊无端死亡，切开其胃部时，里面塞满了塑料品——这既是政府倡导杜绝白色污染的缘由所在，也是商店不卖、群众不用，全民自觉“禁塑”的意义所在。

如今，在河南县城洁净的街头，许多往来于大小超市或蔬果店采购的人们，都手提着一个个红色的环保编织袋——17 年“禁塑”，让一次性塑料袋在蒙旗草原难觅踪影，17 年前提出的抵制“白色污染”的举措，很快由政府倡导走向全民自觉行动。

《河南县生态环境保护条例》《河南县创建全区域无垃圾示范县实施意见》《河南县“洁净美”十大专项行动方案》……进入新时代，面对新征程，河南县相继出台实施了一系列制度条例，实施县级干部草原生态治理责任田，搭建三江源生态大数据平台，参与草原基础研究项目，在草原鼠虫害防治，黑土滩治理，封山育林，国土绿化等项目中取得了前所未有的成绩。

以五大产业撑起发展底气

面对新时代倒逼的发展态势，对于千百年来以牧业为主的河南县来说，保护和发展并举、畜牧业转型升级成为最根本的出路。但往往，当世代延续的生产方式遇到改革劲风时，全县上下无疑将遭遇一场场艰苦卓绝的创业经历。

无论改革路途多么坎坷艰难，如今取得的成绩总能令人为昨天付出的汗水而感到欣慰。有机生态畜牧业的推行，不仅让牧人们将目光瞄得更远，发展底气更足，更为整个河南县带来了前所未有的畜牧业发展动能。

在今天的蒙旗草原，特色优势产业发展已深入人心，成为铸就“金山银山”的源头活水。无论是在县城周边，抑或是地处牧野深处的村落，人们竞相入股有机生态畜牧业合作社、创办企业、搭建厂房，不断书写出一段段关于绿色发展的传奇故事。

仅 2020 年，坐落于托叶玛乡曲海村的瀞度矿泉水厂产值超 5 亿元大关，宁木特镇作毛村生态畜牧业合作社分红金额达到了近 930 万元，赛尔龙乡兰龙村生态畜牧业合作社年度分红金额逾千万元……

河南县政府副县长德却介绍，目前，全县已设立了 39 个生态畜牧专业合作社，81 家牧民专业合作社，培育了农牧业产业化龙头企业 6 家，其中省级龙头企业有 2 家，同时，还培育了多个养殖大户和家庭牧场。

启龙牧场、青清海、绿草原、瀞度……臂揽天赐资源禀赋，筑巢引凤招商引资，倾力扶持培育地方企业，如今的河南县产业发展已取得了非同凡响的效应。

走进河南县有机产业科技园区展示大厅，在充满科技感的灯光照射下，牦牛肉系列产品、矿泉水系列产品，牦牛乳系列产品摆放得错落有致。据了解，在园区建设中，河南县以“企业+合作社+牧户”发展模式，引进三江牧场、青清海、启龙牧场等企业入驻，在场地、资金上给予优惠政策，让企业发展更加顺畅有力。

“为了衍生产业链，我们加强与天津科技大学、青海大学、西北农林科技大学等科研院校的合作，从而加速科研成果转化。目前，畜牧业产品拓展到了 33 种，在此基础上，天津科技大学和县政府联合成立了绿色有机农畜产品研究院，将致力于研发更多充满地域特色的产品。”德却说，除了生态畜牧业和水产业，河南县正利用资源优势，强势推进蒙藏医药、文旅融合、现代服务业取得新成就。

创地域品牌擦亮金色名片

河南县有机畜产品基地连续14年通过再认证，并先后荣获第一批、第二批全国有机农产品基地，第三批国家有机食品生产基地，有机产品认证示范区的称号。

天蓝地绿，水清山高。从党委政府到企业、合作社乃至每一位蒙旗牧民，对充满蒙旗元素的系列产品充满信心。

铸就“金山银山”，不仅要保护和发展并驾齐驱，更要创新发展模式，打牢基础，提升品牌影响力，以此实现特色产品“从牧场到餐桌”的全产业链发展。

每年，河南县的企业和合作社代表在政府的组织下，带着丰富的农畜产品和文创产品走出草原，走向省内外各大城市，通过推介会让更多的人认识河南、向往河南、走进河南。

北京、上海、广州、深圳、宁波、呼和浩特……所到之处，人们折服于蒙旗草原风吹草低见牛羊的壮美景色，惊叹于河流、湖泊、草原、雪山的无比纯净和“全域有机”的金名片。

在蒙旗草原，“全域有机”绝不是一个“噱头”，而是实实在在的实力体现。“坚持‘全域有机’，要在生态保护的基础上，保证草场是有机的，牲畜是有机的，目前，我们的河曲马、雪多牦牛、欧拉羊三大畜种都被列入国家畜禽遗产资源保护名录，国家级农产品地理标志。”河南县有机产业科技园区管理委员会办公室主任公保东智说。

随着“两山”理念的深入践行，河南县广袤草原和有机畜产品逐步被冠以一个又一个“国字号”荣誉，地域品牌形象得到迅速提高。

——去年，在2020年第三次和第四次农畜产品地理标志登记专家评审会上，河南县申报的“雪多牦牛”农产品顺利通过专家评审，获得国家地理标志。

——今年6月，经中国绿色食品发展中心审核，青海启龙商贸有限公司河南县启龙牧场生产的舒脂牦牛酸奶（有糖型）、舒脂牦牛酸奶（无糖型）2个农畜产品获国家A级绿色食品认证，认证总量为60吨。

——10月14日，在云南昆明举办的《生物多样性公约》第十五次缔约方大会生态文明论坛上，生态环境部授予河南县第五批“绿水青山就是金山银山”实践创新基地称号。

——11月1日，河南县青海三江牧场农牧科技有限公司生产的雪多牦牛和欧拉羊12个系列产品获得中国绿色食品发展中心绿色食品认证。至此，这12个系列产品获得中国有机食品和绿色食品“双认证”。

河南县委书记司吉昇说，这为河南县做强做优绿色有机农牧产品、扩大品牌影响力、增强市场竞争力、带动产业发展、促进牧野增效、牧民增收开辟出了集聚发展的路径。

在文旅品牌的创建中，河南县积极融入“五个示范省”建设，洮河源湿地公园试点建设顺利通过“国字号”评估验收，蒙旗阿木赫获批国家草原自然公园建设试点；双鱼湖、亲王府等自然景区和历史遗迹成为青海最养眼、最靓丽的绿色名片，也成为人们心中向往的“诗和远方”。

【短评】绿水青山带笑颜

黄南藏族自治州河南蒙古族自治县地处青、甘、川三省交界地带，黄河、洮河、泽曲河贯通境内，这里草原辽阔、水草丰美，是全国面积最大的有机畜牧业生产基地，也是三江源区一道重要的生态屏障，在全省生态文明建设中占有重要地位。

一点绿意，生生不息。河南县在2020年被生态环境部命名为第四批国家生态文明建设示范县后，着力巩固精准脱贫成果和推进乡村振兴，创新推进“极数河南”生态区建设、创新开展“生态文明小康村”建设、与生态文明建设示范创建一并推行“无垃圾示范县”，在2021年又被生态环境部命名为第五批“两山”实践创新基地。

厚植绿色发展优势，让生态文明成为亮丽底色。河南县紧抓全省生态文明先行区建设政策机遇，全面建设山水黄南，积极争取和实施了一系列国家重大草原生态治理工程，着力推进黑土滩综合治理，截至目前，通过三江源一期、二期、退牧还草等一系列工程的实施，黑土滩综合治理面积近3万公顷，累计投资达6323.26万元，走出了一条具有河南县特色的治理之路。在生态文明建设中，要基于各自生态优势，在机制创新、制度供给、模式探索上大胆探索、先行先试，创造“新经验”，走出一条以可持续为核心的生态治理现代化路径。

生态文明建设没有止境，路子选对了就要坚持走下去。从颁布全省首个“禁塑令”，到推行全省首个全域无垃圾示范县，从最初的政府行为到如今的群众自觉参与，河南县在生态保护和草地有机生态畜牧业上取得了令人骄傲的成绩。从时代楷模尕布龙，到阿什加在南旗村牧场上留下的脚印，一代代蒙旗人坚韧不拔、艰苦奋斗，进一步擦亮了生态草原的金名片。我们应以尕布龙精神为指引，强化政治担当，以责任感使命感筑牢国家生态屏障，将国土绿化的重大责任扛在肩上，在国土绿化建设和环境保护上做到咬定青山不放松，以钉钉子精神抓到底，展现以人民为中心的绿色发展理念。

“绿水青山就是金山银山”的理念，为我们平衡发展和环保的关系提供了思想指引和行动指南，践行“两山”理念，沿着绿色发展之路开拓前行，新时代美丽中国的画卷将更加壮美，美好生态将为人们的幸福生活注入更多正能量。(文：雷欣钰)

河南县：凝聚创新发展之力　开创乡村振兴新局

2021年8月24日　来源：央广网

央广网西宁8月24日消息（记者　滕萌，通讯员　张莹）　自党史学习教育开展以来，黄南藏族自治州河南县以实施巩固拓展脱贫攻坚成果与乡村振兴有效衔接战略为统领，以“产业兴旺、生态宜居、乡风文明、治理有效、生活富裕”为总目标，以党史学习教育推进为民服务，以为民服务助力乡村振兴，不断增强牧民群众获得感、幸福感和安全感。

依托防贫保险，筑牢致贫返贫防线。2021年是巩固拓展脱贫攻坚成果与乡村振兴有效衔接的关键之年，防止返贫工作成为重中之重。县乡村振兴局积极选派专人，与太平洋保险公司沟通协调，将全县牧业人口纳入防贫保险范畴，持续开展防止返贫工作，保障牧民群众生产生活水平。

依托产业发展，夯实增收致富基础。按照“产业兴旺、生态宜居、乡风文明、治理有效、生活富裕”总体要求，确定河南县巩固拓展脱贫攻坚成果与乡村振兴有效衔接项目库项目。据悉，已落实项目资金12691.8万元。

依托技能培训，拓宽就业择业渠道。为调动牧民群众自我发展内生动力，实现致富增收，河南县乡村振兴局积极沟通协调相关部门单位，详细了解每户建档立卡户中具有劳动能力牧民的培训需求和就业意愿，合理设置培训项目和培训计划，开展相应职业技能培训。目前，全县公益性岗位就业、转移性就业、季节性就业及外出务工人员共计2347人，有效提高了脱贫户及牧民群众的收入水平。

依托金融扶贫，增强产业发展活力。创新金融扶贫机制和方式，大力推进诚信体系建设，积极衔接金融机构协调争取扶贫贷款资金，进一步增强了特色产业发展能力。

依托先行示范，打造乡村振兴样板。为进一步巩固拓展脱贫攻坚成果，加快河南县乡村振兴战略稳步推进，优干宁镇阿木乎村和柯生乡毛曲村纳入2021年全省乡村旅游示范村建设，并紧紧围绕打造共同富裕的河南样板，将通过乡村振兴示范村、旅游示范村的建设，调动和激发广大群众参与乡村建设的热情，主动创新创业，积极投工投劳，用自己勤劳双手实现更加幸福美好新生活，共同建设美丽宜居家园。

从“作毛村”喜看草原巨变

2021年6月11日 《青海日报》

进入6月，美丽的蒙旗草原徐徐褪去了枯黄，换上了绿装，广袤的牧野上，清澈的河水静静地流淌，星星点点的牛羊正悠闲地觅食。站在平缓的托叶玛山脚下自家房前，眼前富有诗意的景致，令满拉杰觉得非常享受，也很踏实。“这几年比以前轻松，但收入比以前更好，草原生态也比以前好了。”11年前，在政府部门的引导下，黄南藏族自治州河南蒙古族自治县宁木特镇作毛村动员村民组建合作社，一时，村里流言四起：“这不是又搞生产队吗?”“把父辈留下的牛羊和草场交给村里，这不是笑话吗……”

朴实无华的满拉杰是个有远见的牧人，在大家对此不屑一顾时，几个敢想敢干的村民已赶着牛群，从自家草场上来到了村委会，义无反顾地成为了合作社第一批“股东”，满拉杰便是其中之一，为了入股合作社，他从自家牛群里选了10头最健壮的牦牛。几经周折，合作社成功组建了，但是由于入股户数少，势单力薄，经营不善，前四年分红为“零”。面对残酷的现实，“股东”几近绝望。

“这条路怎么都要走下去，绝不能打退堂鼓！这成了当时合作社理事会共同的想法。”满拉杰说，“第一为了草场生态恢复和脱贫致富，第二为了不让人看笑话。”直面瓶颈，村“两委”班子集思广益，在取得县农牧局和镇政府的支持后，对5个社逐一进行思想动员，最后集合全村群众讨论，终于在2016年8月完成了合作社的股份制改造，村民们以劳力、牦牛、草山、现金入股，实现了三分之一的村民入社，当年合作社分红50万元。自组建合作社算起，至今已走过了10年，从起初寥寥几户“股东”，到2015年的70户“股东”，再到2020年的139户；从前期发展阶段没有分红，到2019年的204万元分红，再到2020年实现929万元的分红，对满拉杰和由此受益的“股东”们来说，真是既骄傲又心酸。

盈利后，通过社员支持，合作社先后扩建了合作社畜棚、饲草料储藏室、厂房，购置了畜产品加工机器，还对接省、州及省外牦牛龙头企业，拓宽市场渠道，几年来，合作社在真正意义上实现了集约化、市场化。2020年，作毛村生态畜牧业牧民专业合作社出栏1342头，创下了历史纪录。今年1月26日，往日里静寂的作毛村村委会异常热闹，作毛村生态畜牧业牧民专业合作社2020年分红大会在这里举行，“丰收”的股东们笑逐颜开，三三两两聚在一起互相打趣，爽朗的笑声飘出村委会高高的院墙。那天，满拉杰代表作毛村五社参加分红大会，回去的车上，将写着红利金额的红色牌子小心翼翼放进怀里，视如珍宝。

走进满拉杰家整洁清爽的客厅，那个他从分红大会上拿回来的红色牌子已经被装了相框，正对房门挂在墙面，上面写着“2019年作毛村有机大牧场年终分红1811160元”。旁边还挂着两个牌子，一个写着“2019年作毛村有机大牧场年终分红325680元”，另外一个写着“2019年作毛村有机大牧场草场租赁费187799元”。“这么多年过去了，谁都能看得出，抱团搞生态畜牧业合作社，我们这个路没走错。”满拉杰自豪地说。从加入合作社以来，2020年是他分红最多的一年，那次分红大会上，他分到了144000元，比上一年增加了6倍。

坐在满拉杰家宽敞的客厅里，脚下的木地板，贴着墙纸的墙面、明亮的窗户，藏式柜子和茶几上的摆设，处处被他和家人收拾得井然有序，一尘不染。2017年，满拉杰借危房改造的项目，加上自家的积蓄，将房子重新修葺了一番，住得更加舒适温馨。除了入社的牛羊，满拉杰还在自家草场上养着70多头牦牛，每年自己卖一批牦牛，加上儿子华青才让在县城的汽车修理厂工作的工资，也有一笔不菲的收入，拿2020

年说，算上合作社的分红，一家人一年入账了20余万元。

【记者感言】走特色高效品牌牧业发展之路

姚 斌 公保安加

面对产业选择空间日渐萎缩的现实状况，面对传统畜牧业发展缓慢的劣势，河南县有机生态畜牧业发展模式，在青南牧区开辟出一片更为壮阔的新天地。

绿水青山就是金山银山，必须着力于生态环保，实现绿色发展，找准可行的现实路径，找准发力的切入点。在黄南藏族自治州河南蒙古族自治县历年来的政府工作报告中，不难找出这样一条集约型、规模型、市场型现代畜牧业的发展路径——简言之，十二字、三个方面——发展绿色、培育特色、全民共享。

同样的牧场，同样的牧民，但谁又能料到，昨天“逐水草而居”的传统畜牧业，今天已然演变为“规模经营市场化”的现代有机生态畜牧业，过去的“牧羊人”变了角色，成了如今按股分红的“股民”。

自然环境的制约，积贫积弱的劣势，创新理念滞后，曾一度造成河南县畜牧业产业结构单一，生产经营粗放，牧业资源转化率低，草畜矛盾日渐突出，当传统畜牧业的游牧方式受到诸多因素制约，畜牧业发展的长期低位运行，便成为“木桶理论”短板效应的有力佐证。

为打破困局，依据环境资源的承载能力，河南县构建起设施养畜、科学养畜、草畜平衡、协调发展为主要内容的草地生态畜牧业，建立了特色草地畜产品生产基地，实现了以草定畜、草畜平衡，推进了牧区劳动力转移和减畜工作，形成了生态保护和畜牧业生产的良性循环。

恪守生态保护补助奖励机制，采取划区轮牧、公羔公犊育肥、种草养畜等多种方式，致力于牧民保护和管理草场的自觉性，有效解决了超载过牧和维护生态环境之间的矛盾，提高了天然草原生产能力。

显而易见，通过政府的引导和扶持，有助于更好地整合资源，有效落实国家惠民政策，整合各类建设项目资金，凸显预期效益。从而建立起经济、社会、生态三大效益协调统一的产业体系，形成了生态保护和畜牧业生产的良性循环。

此外，河南县依靠科技创新，实施畜禽良种工程，通过提质增效实现稳畜增产；加强科研推广，提高生态畜牧业发展的科技含量；建立生态畜牧业长效投入机制，实现可持续发展。

在发展中，突出“特色”“绿色”两个关键，河南推动传统牧业产业变革，从颁布全省首个“禁塑令”，到推行全省首个全域无垃圾示范县，从最初的政府行为到如今的群众自觉参与，并由此出发，继续加大草原生态治理，亮出“亚洲一流、青海最美”生态草原金名片。当前，该县正着力建设大牧场联大企业新机制，鼓励家庭牧场及由家庭牧场联合组成的合作社与大企业联合，建立责权明确的利益联结体，推动产业化经营、品牌化发展。

青海河南县：选好“带头人” 绘就“新蓝图”

2021年1月25日 《人民日报》客户端

“加周，这么早去哪呀？”“回村里参加换届选举投票去，40多里地，要早点去，可不能迟到啊！”

家住青海省河南县宁木特镇浪琴村的加周一直住在县城里带孙子，回村里坐公交车来回要两个小时，但是村民委员会换届选举的开会和投票，她一次也没有落下，说道：“村民委员会换届选举是我们村里的大事，我要行使好法律赋予我的权利和义务，选出我们村的带头人。”

加周的话说出了河南县选民的心声，从河南县城、同仁、西宁赶回来投票的村民有很多，由晚辈们搀扶着走进换届选举会场的更是不少，群众参与热情异常高涨。据统计，在村（居）民委员会换届选举中，河南县共登记选民25794人，登记率为100%，参选率达96.3%。

据了解，通过换届，河南县选出新一届村（居）民委员会委员137名，其中妇女委员37名，占27%，比上届提高10个百分点；委员平均年龄31岁，比上届下降7岁；选出委员会主任43名，平均年龄35岁，比上届下降11岁。委员会委员大专及以上文化程度61名，占44.5%，比上届提高26个百分点；中专及高中文化程度31名，占22.6%，比上届提高15.9个百分点；初中及以下文化程度45名，占32.8%，比上届下降41.7个百分点。66名本村高校毕业生、致富能手和外出务工经商等人员进入班子，全县新一届村（居）民委员会班子结构更加优化合理，呈现出“两升一降”的可喜变化，真正选出了群众认可、实绩突出、作风硬派的带头人队伍。

“你好，请戴好口罩到这边测量体温，谢谢配合！”在换届选举日当天，每个村的换届会场入口都有专人负责体温检测和绿码检查工作。

根据当前疫情防控形势，为全面做好村（居）民委员会换届选举工作的精准指导和全程把控，紧密结合实际，对会议场所、防控物资、消毒范围、隔离场所设置等细节精细把控。采用会场消毒、开窗通风等方式确保会场有序，组织工作人员进行疫情防控培训，对参会人员落实“测温+亮码”，双管齐下做好人员分类管理，确保人员有序，为疫情防控期间顺利开展换届选举工作提供有力保障。

“‘一肩挑’挑着全村的重托，而群众的支持是最大的靠山！”优干宁镇阿木乎村书记、主任“一肩挑”的万玛才让说。才让东智是阿木乎村的上届村委会主任，其本人不是党员，在村中有着较高的威信，但为了实现“一肩挑”的目标，主动退出竞选村委会主任，大力支持年轻干部，帮助年轻干部成长，这都是顾全大局的具体体现，也体现了才让东智为全村发展大局着想，不计个人得失，服务群众的高尚情怀。

在换届前期准备工作中，河南县围绕“乡镇统筹、村社搭台、干部唱戏”，抓住换届前的政策宣传期，通过“守初心、担使命，强堡垒、争先锋，我为换届做贡献”主题党日和“暖心”座谈会等活动，全面开展村（社区）换届“一肩挑”组织意图人选“亮相”活动，为“一肩挑”组织意图人选树信心、赢认同。

“村民的眼睛是雪亮的，上届村干部为村里办了哪些实事，工作上称职不称职，村民心里都有一本‘明白账’。谁一碗水端平，公道正派，带领大家致富奔小康，村民心里也有一本‘明白账’。村民把手里的选票看得如此珍贵，是因为他们在为自己将来的美好日子投票！”多松乡副乡长尕桑加说。

通过换届选举，全县村（社区）“两委”顺利完成新老交替，实现了把政治素质好、领导能力强、有经济头脑和致富本领、敢闯敢拼的人选摆上突出位置，大大增强了村级组织的战斗力。

河南县委常委、组织部部长赵维凯说道，“肩负重任，胸怀使命。我们坚信，换届选举产生的新一届村（社区）‘两委’班子，一定能够不断强化基层组织整体功能，不断开创基层治理新局面，谱写出乡村振兴的河南新篇章！”

索引

使用说明

一、本索引采用内容分析索引法，按索引数字、汉语拼音字母顺序排列。

二、索引词条后的数字表示内容所在的页码。

数字

A

B

C

D

E

F

G

H

J

K

L

M

N

P

Q

R

S

T

W

X

Y

Z